中国建筑业信息化发展报告（2023）智能建造深度应用与发展

《中国建筑业信息化发展报告（2023）智能建造深度应用与发展》编委会　编

中国建筑工业出版社

图书在版编目（CIP）数据

中国建筑业信息化发展报告. 2023：智能建造深度应用与发展 /《中国建筑业信息化发展报告（2023）智能建造深度应用与发展》编委会编. — 北京：中国建筑工业出版社，2023.11（2024. 6重印）
ISBN 978-7-112-29288-2

Ⅰ. ①中… Ⅱ. ①中… Ⅲ. ①建筑业—信息化—研究报告—中国—2023 Ⅳ. ①F426.9-39

中国国家版本馆 CIP 数据核字(2023)第 202737 号

本书共 9 章内容，以智能建造深度应用与发展为主线，聚焦广义的智能化系统，从建筑业高质量发展新阶段切入，深度总结相关关键技术的发展变迁，通过对智能化系统应用现状进行深入调研和分析，全方位呈现智能化系统发展情况；全面展现了智能化应用软件、建筑产业互联网平台新系统、建筑机器人新系统、智能装备新系统等的应用现状，针对各类系统的典型产品，通过应用场景、主要功能、技术特点、应用流程和实践案例等，全景式展现智能化系统的发展成果；归纳总结了国内典型的 BIM 图形平台，为行业自主创新提供了看得见的希望。通读此书，可以帮助读者了解智能建造深度应用现状和未来发展趋势，深刻认识积极开展智能建造的重大意义和价值所在，为智能建造实践提供切实可行的参考和借鉴，助力建筑业高质量发展。

本书适合行业主管部门、行业技术、管理人员及高等院校相关专业师生阅读使用。

责任编辑：刘瑞霞 梁瀛元
责任校对：芦欣甜

中国建筑业信息化发展报告（2023）
智能建造深度应用与发展
《中国建筑业信息化发展报告（2023）智 能 建 造 深 度 应 用 与 发 展》编委会 编
*
中国建筑工业出版社出版、发行（北京海淀三里河路 9 号）
各地新华书店、建筑书店经销
国排高科（北京）信息技术有限公司制版
建工社（河北）印刷有限公司印刷
*
开本：787 毫米×1092 毫米 1/16 印张：23¼ 字数：577 千字
2023 年 11 月第一版 2024 年 6 月第二次印刷
定价：198.00 元
ISBN 978-7-112-29288-2
（41860）

《中国建筑业信息化发展报告（2023）智能建造深度应用与发展》编委会

主任委员：

尚少岩　于　静　石治平　马智亮

副主任委员：

张光明　杨富春　张建平　谢　卫

叶　雯　李云贵　李久林　袁正刚

苑玉平　丁　刚　樊则森　徐　坤

编　　委：（按姓氏拼音排序）

李　宾　刘　刚　刘晓栋　刘　震

秦　军　汪少山　王剑涛　王鹏翊

王先军　徐文浩　张希忠　张晓龙

张义平

《中国建筑业信息化发展报告（2023）智能建造深度应用与发展》编写组

主　　编：

马智亮　张光明

副 主 编：

康　颖　孙璟璐　苑玉平　汪少山　张义平

张希忠　周冬梅　姜　立

编写组成员：（按姓氏拼音排序）

蔡　杨　蔡卫娟　陈蓓蓓　陈桂龙　陈航英

陈文聪　崔启猛　范雷洁　冯　玲　冯俊国

谷春泉　郭　野　郭建伟　胡　杰　黄　波

黄　臣　黄　毅　黄根根　黄锰钢　黄鑫廷

焦　亮　金典琦　金晓伟　鞠沛东　赖浩民

李　健　李　进　李　玉　李昌龙　李洪东

李会涛　李廷睿　李旭光　李学军　梁　斌

林佳瑞　林湧涛　林毓婧　刘　蕾　刘　威

刘保宾　刘根民　刘建兵　刘峻佑　刘苗苗

刘为飞　刘晓颖　柳庆武　卢闪闪　陆　杨

罗本柱　罗豆豆　马群明　马玉超　牛永强

庞　森　彭碧辉　石　磊　时晓伟　史飞剑

宋贺林　宋银灏　苏亚武　孙　庆　谭　鹏

谭　啸　田宝吉　涂　明　万会龙　万祖勇

王　刚　王　磊　王　勇　王　敏　王家波

王开强　王鹏翊　王曦晨　王晓娟　王益涛

王云隆　王长军　魏云霞　吴　刚　吴英琛

吴忠良　向元强　谢向华　熊　佳　胥方涛

徐一鸣　许璟琳　许圣洁　杨保华　杨洪伟

叶　嵩　于彦凯　余方强　张　华　张　俊

张　雷　张　宁　张　杨　张步亭　张建军

张书慧　张晓丽　张一丁　张韵怡　赵金明

赵占利　赵忠杨　郑　鹏　郑国勤　郑开峰

朱　峰　朱思宇　邹　江　左　权

《中国建筑业信息化发展报告（2023）智能建造深度应用与发展》编写单位

主编单位：

住房和城乡建设部信息中心

参编单位：（按编写章节排序）

清华大学土木水利学院

广联达科技股份有限公司

中国建筑第八工程局有限公司

中国建筑第八工程局有限公司南方公司

中建八局发展建设有限公司

中国电信集团有限公司

中国建筑第八工程局有限公司总承包公司

中建八局第三建设有限公司

中建八局第一建设有限公司

上海建工四建集团有限公司

深圳市郑中设计股份有限公司

中国建筑东北设计研究院有限公司

深圳市思倍云科技有限公司

中建三局集团有限公司

中国建筑一局（集团）有限公司

北京中建建筑科学研究院有限公司

中建三局基础设施建设投资有限公司

广州墨斗信息科技有限公司

中建三局第一建设工程有限责任公司

湖北省建设信息中心

品茗科技股份有限公司

中建三局科创产业发展有限公司

深圳市城市公共安全技术研究院

深圳城安软通科技集团有限公司

中建科技集团有限公司

广东博智林机器人有限公司

广东博智林软件科技有限公司

三一筑工科技股份有限公司

中建科工集团有限公司

北京构力科技有限公司

中设数字技术有限公司

广州中望龙腾软件股份有限公司

序　一

2023年是全面落实党的二十大精神、开启新征程的第一年，开好局、起好步十分重要。数字技术与实体经济深度融合，是推动高质量发展的关键所在。“数字住建”是数字时代推进中国式现代化的重要引擎，“数字住建”为行业数字化转型提供了方向指引，智能建造就是数字技术与工程建筑深度融合的重要载体。

作为国民经济的支柱产业，建筑业当前正处于转型升级的关键阶段。传统建造方式的局限性日益凸显，无法满足现代社会对建筑多元化、个性化、品质化的需求。因此，我们必须寻求创新和变革，将智能建造作为引领行业发展的关键。发展智能建造是贯彻落实党中央、国务院决策部署的必然要求，不仅是城乡建设绿色发展和建筑业数字化转型的重要抓手之一，也是新一代信息技术与实体经济深度融合的重要阵地，对加快推动建设行业转型升级和高质量发展具有重要意义。

今年1月召开的全国住房和城乡建设工作会议提出，要以建筑业工业化、数字化、绿色化为方向，不断提升建筑品质。提升住宅设计水平，健全工程质量保障体系，启动涵盖建筑全生命周期的质量保险试点，发展智能建造、装配式建筑等新型建造方式。今年3月，在十四届全国人大一次会议第二场“部长通道”上，住房和城乡建设部部长倪虹表示，要稳住建筑业，因为建筑业量大、面广、用人多。

立足新发展阶段，发展智能建造是当前建筑业突破发展瓶颈、增强核心竞争力、实现高质量发展的关键所在。今年《中国建筑业信息化发展报告（2023）智能建造深度应用与发展》（简称《报告》）的主题是“智能建造深度应用与发展”，实际上，2021年《报告》就以“智能建造应用与发展”为主题展开编写，对智能建造的内涵、意义及具体实践等内容进行介绍。时隔两年，智能建造在内涵、政策、关键基础技术、实践应用等方面都有一些新的进展，今年的《报告》围绕智能建造新理念、新方法、新技术的深化应用，以及智能建造最新发展现状、产业趋势，从应用场景、使用价值、具体案例等角度展开论述，主要具有以下特点：

一是权威性。《报告》由住房和城乡建设部信息中心牵头，编写团队汇聚了来自行业政企学研不同单位的数十位专家、学者，具有较高的权威性，可以为读者提供有价值的指导。**二是聚焦性。**《报告》将焦点集中在“智能化系统”这一关键支撑上，围绕智能化应用软件、建筑产业互联网平台新系统、智能装备新系统、国内典型BIM图形平台等内容深入展开，深刻阐述智能建造在推动建筑业转型升级、实现可持续发展等方面的重要价值。**三是深入性。**《报告》对智能建造的关键基础技术进行了深度剖析，同时针对国产BIM软件无“芯”的“卡脖子”关键技术问题，对国内四个典型BIM图形平台加以介绍；总结设计、生产、施工、运维等各个阶段运用智能化系统的最新进展，多维度深入展现智能建造前沿创新应用。**四是指导性。**《报告》以实际应用流程和实践经验为主线，结合设计、生产、施工、运维等环节的智能化应用列举了多个智能建造典型案例，对于智能建造领域的实践应用具有重要的指导意义。**五是可读性。**在《报告》启动编写前期，编写组先后走访多家智能建造应用标杆企业，了解一手信息，为《报告》的编制提供方向。在《报告》编制过程中则通过线上问卷调查，通过广泛调研，全面、客观地反映行业智能建造发展现状，内容极为丰富，增强了可读性和吸引力。**六是前瞻性。**《报告》从政策和标准引导、技术创新突破、数据安全提升、应用场景挖掘以及行业生态构建等方面入手，展望未来智能建造整体发展趋势，推动中国建造从价值链中低端向中高端迈进。

展望未来，建筑业将实现从传统到数字化的跨越式发展，智能建造将在建筑领域得到广泛应用。信息中心将继续推动住房城乡领域与数字化技术的融合发展，加快智能建造技术的创新应用，促进建筑业的高质量发展。我们也将以《报告》为契机，为建筑业从业者提供智能建造权威解读，呼吁全社会共同关注和支持智能建造的发展，并为智能建造的深入开展提供借鉴和指导。我们也期待与各位同仁、各位合作伙伴共同携手，为推动建筑业信息化的高质量发展做出积极贡献。

住房和城乡建设部信息中心

2023 年 10 月

序　二

党的二十大报告指出："当前，世界百年未有之大变局加速演进，新一轮科技革命和产业变革深入发展，国际力量对比深刻调整，我国发展面临新的战略机遇。"在这个机遇中，数字化是不容置疑的关键力量，它正在加速推动生产方式、社会结构和生活方式发生深刻变化。放眼四周，计算无处不在，网络无处不在，数据无处不在，软件无处不在……这一切带来了传统信息化的重塑，对各行各业的转型升级产生了强大的引擎作用。

数字经济日益成为国民经济的重要增长极，企业数字化转型也将成为中国各个企业发展的关键之路。聚焦建筑业，众多的建筑从业者对数字化带来的巨变深有体会，数字化转型更是成为大部分建筑企业的"一把手工程"。建筑行业的数字化转型，归根结底是通过数字化赋能，推动新一代信息技术与建筑业深度融合，推广绿色化、工业化、信息化、集约化、产业化建造方式，加速培育新产品、新业态、新模式，推动行业绿色低碳发展，切实提高发展质量和效益，最终促进建筑业高质量发展。在这个过程中，推动智能建造与新型建筑工业化协同发展成为核心动力。

智能建造，既是促进建筑业转型升级的现实需要，也是贯彻落实新发展理念的必然要求，更是建筑业与数字技术深度融合的一个关键路径。智能建造的顺利开展与落地见效，需要政府、企业等各方面的积极参与、共同推进。目前我国各级部门对智能建造的发展给予了大力支持，2020 年，住房和城乡建设部等多部门联合发布《关于推动智能建造与建筑工业化协同发展的指导意见》，提出加大智能建造在工程建设各环节应用；2022 年 10 月，住房和城乡建设部将北京等 24 个城市列为智能建造试点城市，以科技创新推动建筑业转型发展，代表着我国智能建造进入了快速发展阶段。在政策引导下，建筑企业积极作为，探索基于 BIM 全生命周期工程管理和应用平台，推动基于建筑施工场景的数字化标准化建设，以及研究如何用数字技术更好提升管理等。为了更好地实现数字化、智能化管理，企业不断深入挖掘数据业务价值，通过工程建设过程中产生大量工程数据的采集、处理、存储、分析，有效服务于工程项目的设计、生产、施工、运维，提升生产效率，实现由"经验驱动"到"数据驱动"的转变。充分挖掘数据资产价值，推进数据资产的有效利用，实现"用数据决策、用数据管理、用数据创新、用数据盈利"的全新发展局面。

在此背景下，由住房和城乡建设部信息中心组织编写的《中国建筑业信息化发展报告（2023）智能建造深度应用与发展》（简称《报告》）对智能建造的各个方面进行了深入阐述，既包括理论基础、技术分析，也包括实践案例。《报告》深入探讨了智能建造的发展背景、发展现状，洞察了相关的关键技术，结合实践案例介绍了各类智能化系统，梳理了典型的图形平台，并展望了智能化系统未来的发展趋势。《报告》的出版，不仅为读者提供了关于智能建造的全面内涵解析与发展洞察，也为智能建造的实践应用提供了有力指导。

不可否认，我国智能建造整体发展尚处于起步阶段，但已取得了一些典型的应用成果。

例如，在建筑设计方面，数字化设计应用已经较为普遍，出现了不少基于 BIM 技术的协同设计平台；在施工方面，施工现场的数字化管理、施工设备的智能化监控运行等应用也取得了一定进展；在建筑运维方面，智能维修、智能能耗管理等也开始了广泛应用。当然，智能建造的发展也需要补齐一些短板，还存在一些“卡脖子”难题，还需加强人工智能、物联网、云计算等技术的应用研发，建立智能建造的标准规范体系，实现不同系统、不同设备的高效协同，同时，还需要培养大量的智能建造高素质人才，更好的推进智能建造的发展。

相信在政府大力推动，在企业和学界的共同努力下，智能建造将会不断为建筑业的可持续发展注入新的动力，智能建造作为建筑业的重要发展方向，也将为我国的建筑行业高质量发展提供全面技术支撑，推动建筑行业工业化、绿色化和智能化全面发展。

石治平

2023 年 10 月

序　三

近年来，数字化、数字经济、数字化转型等一系列词语成为时代热词。这些词语是当今世界发展趋势的集中体现，更重要的是其代表的新经济对整体经济增长的引擎作用越来越明显。国家互联网信息办公室发布的报告显示，2022 年我国数字经济规模达到 50.2 万亿元，总量稳居世界第二，占国内生产总值比重提升至 41.5%。促进数字经济和实体经济深度融合，以数字化驱动生产生活和治理方式变革，成为未来发展的风向标。

聚焦住建领域，“举全行业之力打造‘数字住建’”的提出，为住建行业各领域加快数字化应用指明了方向。作为住建行业的重要组成部分，建筑业的数字化转型是大势所趋。其中，智能建造正成为推动建筑业转型升级、向前发展的关键力量。2020 年 7 月，住房和城乡建设部等 13 部门联合出台《关于推动智能建造与建筑工业化协同发展的指导意见》，明确了 2035 年迈入智能建造世界强国行列的发展目标。随后，多措并举，以试点项目、案例征集、经验推广等积极推进智能建造，并于 2022 年 10 月确定了 24 个智能建造试点城市，从而更好地总结推广可复制经验做法，为建筑业高质量发展提供示范样板。

在此背景下，由住房和城乡建设部信息中心组织编写的《中国建筑业信息化发展报告（2023）智能建造深度应用与发展》（简称《报告》）以“智能建造深度应用与发展”为主题，聚焦智能化系统，总结与审视了近年来智能建造的发展。报告通过实地走访智能建造各领域的代表企业，同时结合充分的网上问卷调查，深度分析与研究了智能化系统在建筑全生命周期的应用现状、成果突破与面临的挑战；围绕智能化应用软件、建筑产业互联网平台新系统、建筑机器人新系统、智能装备新系统等，进行了典型产品及实践的详细剖析，使读者可以更深入地了解智能化系统在实际工程中的应用和效果，从而更好地理解智能建造的核心概念和原理，为智能建造的进一步发展提供了切实可行的参考和借鉴。

通过阅读报告，有几点体会与大家分享：

一是建立行业信息化信心。在国家的政策指引下，我国的智能建造正处于全面发展和提升的阶段。但不可否认的是，数字化、智能化毕竟是新生事物，仍面临着诸多挑战，导致建筑业的许多参与方在推进过程中心存疑惑，认为投入颇大、收效甚微，未来持续推进数字化、智能化的信心不足。《报告》系统总结了智能建造关键基础技术的发展，显示出支撑建筑行业数字化、智能化的技术条件逐渐成熟。同时，《报告》展示了智能软件在建筑全生命周期各阶段的应用情况，从建筑项目前期规划到工程管控，再到项目施工、装配建造等全过程，数字化、智能化技术已经全面应用，更有看得见的实践案例充分验证了智能建造的价值所在。

二是树立系统性数字化思维。当前，智能化系统已成为建筑业的标配，但仅仅拥有智能化系统还不足以实现真正的智能建造。智能建造是一项长期性的系统工程，其发展需要系统性数字化转型来提供助力。系统性数字化是推动智能建造发展的重要举措，围绕“数据＋连接＋算法”构建系统性智能建造解决方案，才能够更好地支撑智能建造的应用和落地。《报告》中提到的智能化应用软件，一定程度上促成了全过程数据的智能感知、采集、分析与管理；建筑产业互联网平台新系统大多是具体业务场景中、各方业务可靠连接的基础；智能装备新系统在项目中的切实应用，对实现人工智能＋算法支撑的数据驱动决策至关重要。

三是共建行业数字化生态。从传统建造到智能建造，涉及多个细分行业、众多参与主体，挑战很大。在智能建造面前，没有一家参与方是全能选手。通过以建筑业务平台为核心底座，为行业提供开箱即用的工程建设领域专业能力和系统性数字化支撑能力，广泛连接行业全参与方，构建良好的众研众创众用的生态环境，才能推动智能建造实现真正意义上的发展，为建筑业高质量发展提供强大动力。

“博观而约取，厚积而薄发”，期望本书的出版，能够强化对行业系统性数字化的指引，加速智能建造发展步伐，让每一个工程项目的成功，推动“中国建造”走向世界，早日跻身智能建造世界强国行列，为中国式现代化贡献行业力量！

袁正刚

2023 年 9 月

目　　录

第1章　引　言

1.1　建筑业进入高质量发展新阶段

1.1.1　建筑业及其市场概况

2022年是党和国家历史上极为重要的一年。党的二十大胜利召开，描绘了全面建设社会主义现代化国家的宏伟蓝图。面对复杂的国际环境和艰巨繁重的国内改革发展稳定任务，以习近平同志为核心的党中央团结带领全国各族人民迎难而上，全面统筹疫情、发展与安全，总体实现经济平稳运行、发展质量稳步提升、社会大局保持稳定。全国建筑业坚决贯彻党中央、国务院决策部署，认真落实“疫情要防住、经济要稳住、发展要安全”的要求，大力推进行业转型升级，建筑业高质量发展取得新成效，为经济社会发展做出积极贡献。

1）行业总体规模持续扩大

据国家统计局初步核算，2022年全年国内生产总值1210207.2亿元，比上年增长3.0%（按不变价格计算）。全年全社会建筑业实现增加值83383.1亿元，比上年增长5.5%（按不变价格计算），增速比国内生产总值高2.5个百分点[1]。如图1-1所示。

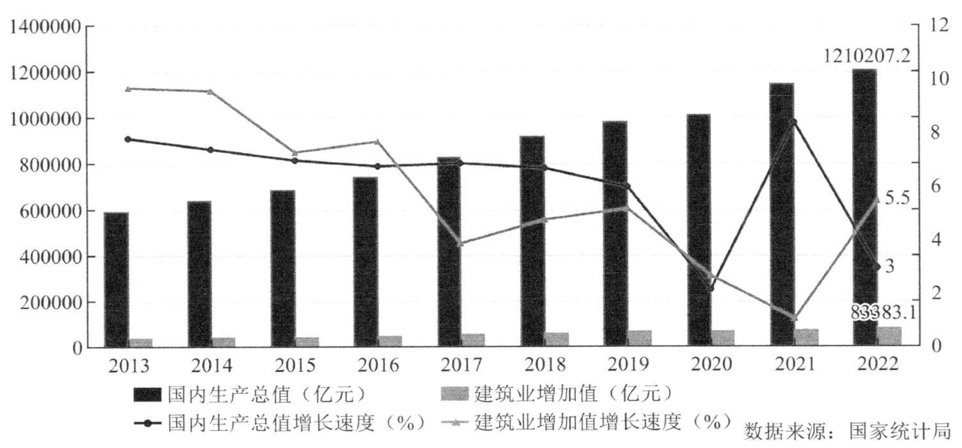

图1-1　2013—2022年国内生产总值、建筑业增加值及增速

2）在国民经济中的支柱产业地位稳固

自2013年以来，建筑业增加值占国内生产总值的比例始终保持在6.85%以上，2022年

达到 6.89%，建筑业国民经济支柱产业的地位依然稳固[1]。如图 1-2 所示。

3）在稳就业、促发展方面持续发挥重要作用

建筑企业数量持续增加，截至 2022 年底，全国共有建筑业企业 143621 个，增速为 11.56%[1]。如图 1-3 所示。

图 1-2　2013—2022 年建筑业增加值占国内生产总值比重

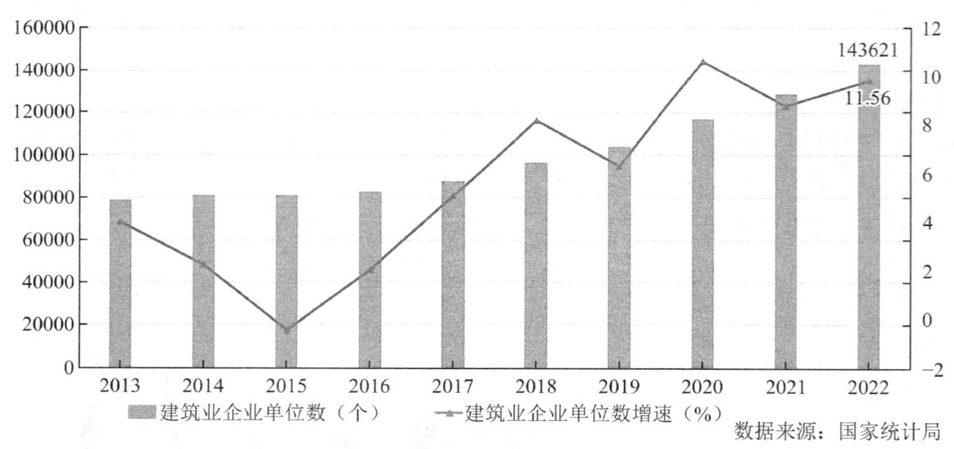

图 1-3　2013—2022 年建筑业企业数量及增速

建筑业从业人数减少，劳动生产率创新高。2022 年，建筑业从业人数 5184.02 万人，比上年减少 1.86%，如图 1-4 所示。2022 年，按建筑业总产值计算的劳动生产率达到 493526 元/人，比上年增长 4.30%，再创新高[1]，如图 1-5 所示。

4）建筑业企业外向度保持稳定

2013 年以来，随着我国建筑业企业生产和经营规模的不断扩大，建筑业总产值持续增长，2022 年达到 311979.84 亿元，比上年增长 6.45%。其中，建筑业企业在外省（注册地以外的其他省份）完成产值达到 105956.84 亿元，比上年增长 5.21%。近年来建筑业企业外向度在 31%～35%之间波动，2022 年为 33.96%，基本保持稳定[2]。

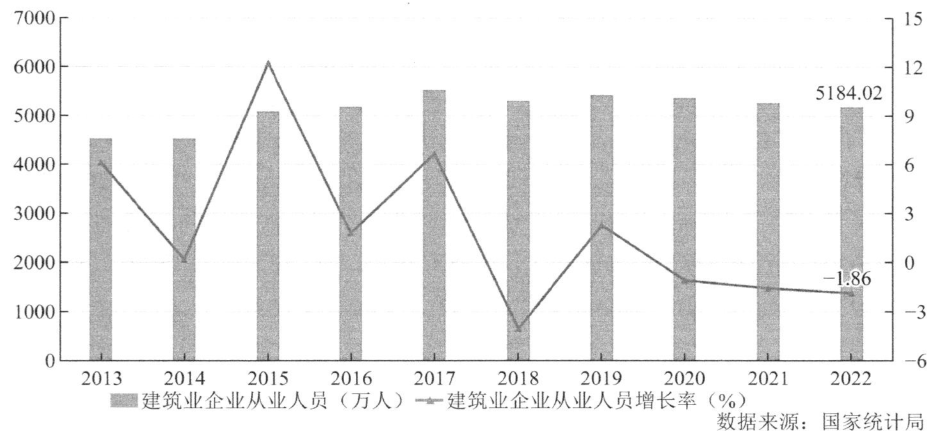

图 1-4　2013—2022 年建筑业从业人数增长情况

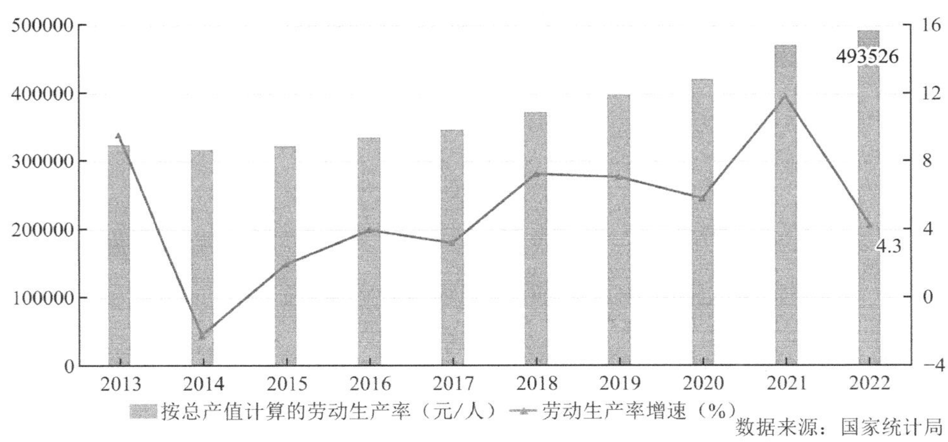

图 1-5　2013—2022 年按建筑业总产值计算的建筑业劳动生产率及增速

1.1.2　建筑业发展面临的挑战

随着我国城市发展由大规模增量建设转为存量提质改造和增量结构调整并重，经济社会也由高速增长转向高质量发展，建筑业在新的发展阶段也面临新的挑战。

1）人民群众住上“好房子”的向往对建筑业提出了更高的要求

据国家统计局最新公布的《中国人口普查年鉴——2020》数据显示，我国家庭户人均居住面积达到 41.76m^2，平均每户居住面积达到 111.18m^2；我国城市家庭人均居住面积为 36.52m^2。经过二十多年的高速发展，目前人民群众的居住需求基本得到满足，人们对住房的要求也从“有没有”开始转向追求“好不好”。2023 年 1 月召开的全国住房和城乡建设工作会议提出，要牢牢抓住让人民群众安居这个基点，以努力让人民群众住上更好的房子为目标，从好房子到好小区，从好小区到好社区，从好社区到好城区，进而把城市规划好、建设好、治理好。未来的建筑除了要满足基本的使用功能外，还要满足安全、舒适、健康等更多高级别的需求；另外，随着老龄化时代的到来，建筑也应该更加适老化，更适合特殊人群的使用，建筑业必须适应社会发展的新需求。

2）建筑业整体发展质量和效益依然不高的现状亟待转变

目前建筑业发展方式依然粗放、劳动生产率总体偏低，工程质量安全事故亦时有发生。同时建筑业供应链资源成本亦不断上升，人口老龄化加剧也导致产业工人短缺，人工成本、原材料价格不断上涨导致建筑企业成本逐步上升。建筑业企业利润总额出现下滑，产值利润率逐步下降。2022 年，全国建筑业企业实现利润 8369 亿元，比上年减少 101.81 亿元，下降 1.20%，增速比上年降低 1.47 个百分点。建筑业产值利润率（利润总额与总产值之比）自 2014 年达到最高值 3.63%，总体呈下降趋势。2022 年，建筑业产值利润率为 2.68%，比上年降低了 0.21 个百分点，连续两年低于 3%[1]。如图 1-6 所示。

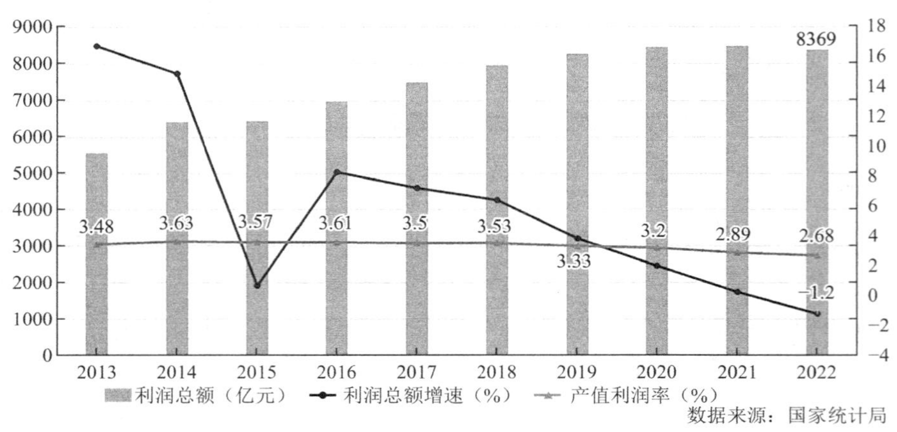

图 1-6 2013—2022 年全国建筑业企业利润总额及产值利润率

3）建筑业绿色低碳发展任重道远

我国已经明确提出 2030 年实现“碳达峰”与 2060 年实现“碳中和”的发展目标，建筑业则是碳减排的重点领域之一。根据中国建筑节能协会能耗专委会发布的《中国建筑能耗研究报告（2022）》，2020 年全国建筑与建造碳排放总量为 50.8 亿 t CO_2，占全国碳排放的比重为 50.9%。在“双碳”战略目标要求下，建筑低碳化设计、低碳化建设与低碳化运行迫在眉睫，建筑业碳减排工作任重道远。

1.1.3 建筑业转型升级高质量发展

在“十四五”期间，立足新发展阶段，贯彻新发展理念，推动建筑业从“量”的扩张转向“质”的提升，实现高质量发展是建筑业转型升级的主要方向。加快推动数字技术与建筑业的深度融合，借助数字化转型对全产业链进行更新、改造和升级，推动智能建造与新型建筑工业化协同发展，全面提升建筑业建造效率和运营效率，降低建筑业的总体碳排放水平，是促进建筑业转型升级的重要举措。

1）数字化发展

随着“万物互联”的数字化时代来临，数字技术成为经济社会高质量发展的重要新引擎。推动建筑业数字化发展，有利于促进建筑业降本增效、防范化解重大质量安全风险，着力提升建筑品质，不断增强人民群众对“好房子”获得感。目前我国建筑业数字化渗透率不高，还有很大提升空间，需加快数字化协同设计、BIM 建造、智慧工地、数字项目综合管理等数字化应用建设，实施精益化项目建设，持续提升行业发展水平。

2）工业化发展

建筑业发展的重要拐点已经到来，需要推进新型建筑工业化发展，大力发展装配式建筑，建立完善装配式建筑标准化设计和生产体系，推动装配式建筑生产和施工智能化升级，提高建筑业工业化水平。另外，应积极推进建筑机器人、智能化装备在生产、施工、维保等环节的典型应用，提高工程建设机械化、智能化水平。

3）绿色化发展

传统建造方式的高碳排放量给行业发展带来巨大挑战，需要从绿色建材、绿色设计与建造、绿色运维等全周期角度出发，以数字化实现精细化设计和施工，减少资源和能源消耗，降低建造过程碳排放量，控制建筑施工现场建筑垃圾产生量，推动建筑废弃物的高效处理与再利用，打造绿色低碳建设与运营方式。应打造研发、设计、建材和部品部件生产、施工、资源回收再利用等一体化协同的绿色建造产业链，提高产业链现代化水平，以应对劳动力减少，适应资源节约、绿色低碳的新发展需求。

1.2 数字中国与数字住建

1.2.1 数字中国确定建筑业未来发展主旋律

2023 年 2 月，中共中央、国务院印发了《数字中国建设整体布局规划》（以下简称《规划》），指出：“建设数字中国是数字时代推进中国式现代化的重要引擎，是构筑国家竞争新优势的有力支撑。加快数字中国建设，对全面建设社会主义现代化国家、全面推进中华民族伟大复兴具有重要意义和深远影响。”

“数字中国”的提出，是我国发展战略的一次重大调整，意味着数字技术在各个领域中都将发挥越来越大的作用。随着数字技术应用范围的逐渐扩大，数字中国建设也将进入一个全新阶段。目前，我国数字化建设已取得了显著成效。2022 年我国数字经济规模达到了 50.2 万亿元，占 GDP（国内生产总值）比重为 41.5%[3]。聚焦建筑行业，《规划》的印发，为建筑行业的未来发展指明了方向。目前主要有如下 3 个热点方向：

1）智能建造

做强做优做大数字经济、推动数字技术和实体经济深度融合，是《规划》明确提出的重点任务之一。对建筑业而言，智能建造是落实该任务的有效途径之一。

在推进智能建造过程中，需要以数字化技术为基础，不断优化传统建造工艺，采用信息化、智能化技术来提升建造效率和质量，最终实现工程质量可控、绿色环保、安全生产。

智能建造在建筑行业的应用范围较广，主要是通过在工程项目中应用数字化技术、智能技术等先进技术，使项目更加规范化、科学化和现代化。首先，是要实现工程项目的信息化管理。通过数字化技术打造建筑信息模型（BIM），实现工程项目的数字化管理，让相关人员能及时掌握项目情况。其次，要利用物联网、大数据、云计算等先进技术，提高施工现场的自动化生产水平，并实现对施工现场的实时监控与数据采集，保障施工过程的安全和质量。最后要实现工程项目全生命周期中的绿色生产与管理。通过智能建造技术对工程项目环境的影响程度，提高节能减排效果。

2）数字化监管

在全面赋能经济社会发展方面，《规划》提出“发展高效协同的数字政务”。数字化监管是数字政务的一个缩影。

数字化监管是通过建设数字监管平台，对事前审批、事中监管和事后问责进行数字化处理，构建起覆盖所有建设过程的全生命周期监管体系，实现对建设项目全过程、全方位的监管。

目前我国已建成全国一体化政务服务平台，汇聚了各类政务服务资源超过1亿项，并且已经全面实现了“一网通办”“跨省通办”。与此同时，全国一体化政务服务平台还为“互联网＋政务服务”提供了有力支撑，促进了数据的共享交换和互联互通[4]。

3）智慧工地

在“数字中国”的推动下，智慧工地将迎来新一轮的发展浪潮。智慧工地可以从设备管理、质量管理以及绿色施工等方面入手，全面提升工地的施工效率和安全管控水平，让每一个工地管理都能做到科学、规范、高效。

1.2.2 数字住建为建筑业发展提供新动能

“数字住建”是“数字中国”的重要组成部分，指运用大数据、云计算、区块链、人工智能等前沿技术推动城乡建设和管理手段、管理模式、管理理念创新，从数字化到智能化再到智慧化，让城市和乡镇更聪明一些、更智慧一些，是推动城乡治理体系和治理能力现代化的必由之路。

1）“数字住建”必要可行

2023年初召开的全国住房和城乡建设工作会议明确，要大力推进数字化建设，举全行业之力打造“数字住建”。“数字住建”的提出，是数字中国战略在住房和城乡建设领域的系统承接，使得数字中国战略在住房和城乡建设领域的落地有了目标和方向，也有了检视的标准。

“数字住建”是国家数字化战略的重要组成部分，目的在于推动新一代信息技术在住房和城乡建设领域的创新应用，加快城市管理、住房管理和工程建造等方面的数字化转型。对于建筑行业而言，打造“数字住建”有其必要性，也有可行性。

一方面，在国家大力推行数字中国战略的背景下，“数字住建”的提出有其深刻的现实意义，是推动建筑行业数字化转型的必然选择[5]：

一是助力行业转型升级。“数字住建”的提出为建筑行业高质量发展指明了方向。目前行业从业人员老龄化、生产发展模式亟须更新换代，行业发展需要向工业化、绿色化、智能化发展，打造“数字住建”是实现产业“多快好省”跨越式升级的关键。

二是提高企业核心竞争力。“数字住建”的提出为企业数字化转型提供了行动指南。企业数字化转型究竟应该围绕什么方向开展，国家、行业对于企业数字化转型有何要求、期待以及统一标准？项目应该先做什么、后做什么、重点做什么？随着“数字住建”的开展，这些问题都能找到答案。

三是增进百姓民生福祉。“数字住建”的提出为百姓在城市服务和住宅方面的消费提供了保障。目前我国建筑品质仍然有待提高，难以满足人们日益增长的对品质住房的内在要求。打造“数字住建”，能够在一定程度上提升建筑品质，助力改善百姓生活质量。

另一方面，BIM（建筑信息模型）等技术的成熟、部分企业先行先试的数字化实践以及产业互联网平台的成型，为建筑行业的“数字住建”推广应用提供了可行性。

技术基础方面，“云物移大智”等技术的快速迭代带来生产力和生产关系的深刻变革，催生建筑行业的理念重塑、模式转型，目前支撑行业数字化发展的核心技术如 BIM、CIM（城市信息模型）技术日臻成熟，为“数字住建”的实现提供了技术基础。

安全保障方面，“数字住建”的打造需要基于完全自主的产业互联网平台展开，必须在充分考虑国家数据安全、国土安全的前提下进行。当前国内具有自主知识产权的核心技术日益成熟，软件产品和平台逐渐成型赋予了“数字住建”发展可靠的安全保障。

2）“数字住建”推进路径

一是面向建筑市场。用好数字化手段，加强工程项目建设全过程动态监管，以数据为中心，让监管有“数”可依，让决策有“据”可循。全国住房和城乡建设工作会议提出，过去三年，通过系统普查，形成了反映房屋建筑空间位置和物理属性的海量数据，要以这些数据为“底板”，建设数据枢纽并动态更新，实现与工程建设领域改革、“四库一平台”、建筑工人管理服务等已有信息管理系统互联互通。这无疑给各级住房和城乡建设管理部门提出了更高的要求。要用新一代数字技术，全面助力监管升级，将定性事务定量化、把模糊板块数据化，用数字化手段为庞大的建筑市场梳理转型脉络。

二是面向施工现场。一方面抓项目，要向科技进步要质量、要安全、要效益，用科技建设一个又一个好项目。在广泛调研后，广联达建筑工程项目成功量化指标包括：工程进度加快 50%，工程成本降低 1/3，二氧化碳排放量减少 50%，零重大质量缺陷，零重大安全事故，这些都需要依靠数字技术实现。另一方面抓人员，要重点培养建筑行业的“数字工匠”，壮大高技能人才队伍，让数字技术把人从“脏乱累差”的重复性劳动中解脱出来，让从业者体面、聪明、创新地工作。

三是面向新时期建筑方针。适用、经济、绿色、美观的新时期建筑方针要贯穿到设计、施工、运维全过程，下功夫抓建筑设计这个源头，建设符合时代和人民需要的好建筑。重视 BIM 技术在设计、算量、施工等全生命周期的贯通，努力发挥 BIM 技术在建筑设计中的重要作用。BIM 技术具有可视化功能和协调性，通过构建模型，人们能直观地看到建筑设计的关键环节，也可在初期对整个建筑进行有效布局以及合理优化，使建筑设计更加科学合理，推动实现经济效益最优、方案综合最优、绿色环保最好的结果。

2021 年，住房和城乡建设部信息中心组织出版了《中国建筑业信息化发展报告（2021）智能建造应用与发展》。为了更加深入地促进智能建造发展，在上述背景下，本书再次聚焦智能建造。

1.3 智能建造不断发展

1.3.1 智能建造的概念辨析

智能建造不是一个新概念。早在 2018 年，教育部批准同济大学建立全国首个智能建造专业，可以说是第一次出现在官方层面。2020年7月，住房和城乡建设部等13个部门发布了《关于推动智能建造与建筑工业化协同发展的指导意见》[6]，反映国家多个部门已经开始重视智能建造。

但是，智能建造一直没有一个官方定义，而学者们给出的定义则五花八门。

刘占省等于2021年在《施工技术》杂志上曾综述过时至当时的10个主要的定义[7]，并把智慧建造视同为智能建造，因为最早提出来的是智慧建造。2012年，王耀武等定义“智能建造是一种新的管理理念和模式，其手段为BIM、物联网等先进技术，其目的在于满足工程项目的功能性需求和使用者的个性化需求，通过构建智能化的项目建造和运行环境，以技术和管理的创新对工程项目全生命周期的所有过程进行有效改进”。2019年至2021年，建筑行业的三位院士——丁烈云、肖旭文和钱七虎针对智能建造在媒体或学术期刊中分别给出如下定义：

“智能建造利用以数字化、网络化、智能化（三化）和算据、算法、算力（三算）为特征的新一代信息技术，以建设要素数字化为基础，以规范化建模、网络化交互、可视化认知、高性能计算、智能化决策为支撑，实现基于数字链的工程决策、设计、施工、运维各阶段的集成和协同，以实现工程建设价值链的拓展、产业形态和产业结构的改造、交付以人为本和环保可持续的智能化的土木工程产品和服务的目的，是土木工程建造与新一代信息技术相结合的工程建设新模式。”

“智能建造是面向工程产品全生命期，实现泛在感知条件下建造生产水平提升和现场作业赋能的高级阶段，是工程立项策划、设计和施工技术与管理的信息感知、传输、积累和系统化过程，是构建基于互联网的工程项目信息化管控平台，在既定的时空范围内通过功能互补的机器人完成各种工艺操作，实现人工智能与建造要求深度融合的一种建造方式。”

“智能建造首先是全面透彻的感知系统，通过传感器等信息化设备对建设工程进行全面感知，其次是物联网、互联网等通信系统，进行感知信息的高速和实时传输，第三是智慧平台的建设，技术人员通过智慧平台对数据进行分析、处理、模拟等，从而辅助决策。”

毫无疑问，这些定义均反映了智能建造的本质特征，对行业从业人员认识智能建造具有重要价值。但是，为了理解这些定义，读者往往需要有行业及信息技术两方面的很多知识作为铺垫。

为了便于行业从业者普遍掌握智能建造的概念，本书的姊妹篇——2021年出版的《中国建筑业信息化发展报告（2021）智能建造应用与发展》[8]中，做了如下定义：

“智能建造意味着在建筑工程设计、生产、施工等各阶段，充分利用云计算、大数据、物联网、移动互联网、人工智能等新一代信息技术，以及建筑信息模型（BIM）、地理信息系统（GIS）、自动化和机器人等新兴应用技术，通过应用智能化系统，提高建造过程的智能化水平。”

并进行了以下进一步解释：

“其中智能的含义在于，计算机系统，包括软件系统（如信息系统）和硬件系统（如机器人），拥有人类才具有的能力，可以经过研发将其用于从事只有人类才能从事的工作，从而实现完全取代人或减少对人的需求。”

“智能化系统既可以是软件系统也可以是硬件系统。以建造过程中的管理决策为例……，相应的系统就是以软件形式存在的智能化系统的例子。又如，在施工过程中可以使用建筑机器人，像外墙喷涂机器人……即为以硬件形式存在的智能化系统的例子。当然，这样的硬件中包含了软件。再如，在超高层建筑施工中集成化施工平台（属于智能装备）……也是以硬件形式存在的智能化系统的例子。”

这个定义的特点在于，既说明了智能建造涵盖的对象和阶段（建筑工程设计、生产、施工等各阶段），也罗列了智能建造中应用的主要技术（云计算、大数据、物联网、移动互联网……），同时突出了智能建造的应用形式（智能化系统），还给出了智能建造的目标（提高建造过程的智能化水平）。在这个定义的解释当中，对智能化系统的具体形式又进行了阐述。

在该行业发展报告中，还进一步将智能建造（亦即智能化系统）的应用场景分为智能设计、智能生产、智能施工、智能运维、建筑产业互联网以及智能装备共6个方面，并对主要的应用场景（亦即应用热点）进行了介绍，例如，针对智能设计的场景，包括：标准化设计、参数化设计、基于BIM的性能化设计、基于BIM的协同设计、BIM智能化审图以及BIM设计智能化等。

1.3.2　智能建造新政策

2020年7月，住房和城乡建设部等13个部门联合发布《关于推动智能建造与建筑工业化协同发展的指导意见》[6]，拉开了国家层面推动智能建造的序幕。该指导意见明确提出了推动智能建造与建筑工业化协同发展的指导思想、基本原则、发展目标、重点任务和保障措施。其中，发展目标是：

“到2025年，我国智能建造与建筑工业化协同发展的政策体系和产业体系基本建立，建筑工业化、数字化、智能化水平显著提高，建筑产业互联网平台初步建立，产业基础、技术装备、科技创新能力以及建筑安全质量水平全面提升，劳动生产率明显提高，能源资源消耗及污染排放大幅下降，环境保护效应显著。推动形成一批智能建造龙头企业，引领并带动广大中小企业向智能建造转型升级，打造‘中国建造’升级版。

到2035年，我国智能建造与建筑工业化协同发展取得显著进展，企业创新能力大幅提升，产业整体优势明显增强，‘中国建造’核心竞争力世界领先，建筑工业化全面实现，迈入智能建造世界强国行列。”

2020年8月，住房和城乡建设部等9部门又发布了《关于加快新型建筑工业化发展的若干意见》[9]。在全部37条意见中，第19条专门针对智能建造：

“推进发展智能建造技术。加快新型建筑工业化与高端制造业深度融合，搭建建筑产业互联网平台。推动智能光伏应用示范，促进与建筑相结合的光伏发电系统应用。开展生产装备、施工设备的智能化升级行动，鼓励应用建筑机器人、工业机器人、智能移动终端等智能设备。推广智能家居、智能办公、楼宇自动化系统，提升建筑的便捷性和舒适度。”

2022年1月，住房和城乡建设部发布了《“十四五”建筑业发展规划》[10]，其中提出了7个方面的任务，第一个方面就是“加快智能建造与新型建筑工业化协同发展”，包含：完善智能建造政策和产业体系、夯实标准化和数字化基础、推广数字化协同设计、大力发展装配式建筑、打造建筑产业互联网平台、加快建筑机器人研发和应用、推广绿色建造方式共7条。

2022年8月，为了进一步推动智能建造发展，住房和城乡建设部发布通知，征集遴选智能建造试点城市[11]。其目标是，“通过开展智能建造试点，加快推动建筑业与先进制造技术、新一代信息技术的深度融合，拓展数字化应用场景，培育具有关键核心技术和系统解决方案能力的骨干建筑企业，发展智能建造新产业，形成可复制可推广的政策体系、发展路径和监管模式，为全面推进建筑业转型升级、推动高质量发展发挥示范引领作用”。在各城市申报的基础上，住房和城乡建设部确定了24个试点城市，包括：北京市、天津市、重庆市、河北雄安新区、河北省保定市、辽宁省沈阳市、黑龙江省哈尔滨市、江苏省南京市、江苏省苏州市、浙江省温州市、浙江省嘉兴市、浙江省台州市、安徽省合肥市、福建省厦门市、山东省青岛市、河南省郑州市、湖北省武汉市、湖南省长沙市、广东省广州市、广东省深圳市、广东省佛山市、四川省成都市、陕西省西安市、新疆维吾尔自治区乌鲁木齐市，试点期限为3年。

在国家主管部门的推动下，各地方也已经开始行动，特别是试点城市已经开展了很多工作。以北京市为例，北京市住房和城乡建设委员会等12部门已经发布了《北京市推动智能建造与新型建筑工业化协同发展的实施方案》[12]、《北京市智能建造试点城市工作方案》[13]等文件，并已经启动了“北京市推动智能建造发展实施路径研究”研究课题。

1.3.3 智能建造新动向

2021年7月，在广泛调研的基础上，住房和城乡建设部办公厅印发了智能建造与新型建筑工业化协同发展可复制经验做法清单[14]。作为清单，针对智能建造与建筑工业化协同发展的5项关键工作，即发展数字设计、推广智能生产、推动智能施工、建设建筑产业互联网平台以及研发应用建筑机器人等智能建造设备，分别给出做法要点。

2021年11月，本书的姊妹篇《中国建筑业信息化发展报告（2021）智能建造应用与发展》正式出版。这是2020年7月住房和城乡建设部等13个部门联合发布《关于推动智能建造与建筑工业化协同发展的指导意见》以来第一本关于智能建造的行业发展报告，其内容系统并代表了行业水平，为行业领导和从业人员提供了系统化的知识和智慧。该报告的特点是：对智能建造相关概念，包括智能建筑、智能化系统、智能化水平等进行了系统的梳理；阐述了智能建造的相关关键技术，包括：新一代信息技术、数字化技术、集成技术等方面的共17项关键技术；根据问卷调查结果，展示了我国建筑行业智能建造的现状；将智能建造划分为6个方面，即智能设计、智能生产、智能施工、智能运维、智能装备以及建筑产业互联网，并针对每个方面的典型应用点展开了阐述。另外该报告还给出了20个典型案例，并分析了智能建造的发展趋势。简而言之，该书中的理论部分是参编的行业专家的智慧结晶，而案例部分则反映了行业智能建造方面的最佳实践。

2021年12月，住房和城乡建设部官方网站发布了“住房和城乡建设部办公厅关于发布智能建造新技术新产品创新服务典型案例（第一批）”[15]。这些案例经企业申报、地方推荐、专家评审，共有124个案例为第一批智能建造新技术新产品创新服务典型案例，案例集可在住房和城乡建设部门户网站上查询。其中，自主创新数字化设计软件创新服务案例20项、部品部件智能生产线创新服务案例29项、智慧施工管理系统创新服务案例42项、建筑产业互联网平台创新服务案例20项、建筑机器人等智能建造设备创新服务案例13项，为行业实施智能建造提供了丰富的、可供参考的案例。

一段时间以来，建筑信息模型（BIM）技术应用一直是建筑行业的热点。BIM技术实际上是智能建造的基础，而智能建造是 BIM 技术的延伸。因此，最近行业开始将 BIM 技术应用与智能建造的实施结合起来。例如，一些协会将关于 BIM 技术的论坛改为关于“BIM + 智慧建造”的论坛，而一些企业已经在 BIM 技术应用发展计划的基础上建立智慧建造发展计划，并将前者纳入后者。

1.3.4 智能化系统赋能智能建造新发展

毫无疑问，智能化系统在智能建造中发挥着不可替代的重要作用，因为没有智能化系统就没有智能建造。作为建筑企业，在实际过程中需要应用大量不同的智能化系统。智能化系统可以是软件，也可以是硬件；可以是一个智能化应用软件，也可以是一个建筑产业互联网系统；可以是如造楼机一样的大型装备，也可以是一个像智能楼板打孔机一样的小型机器人；只要它能够完全或部分取代建造过程对人的需求，就可以算作智能化系统。

在本行业发展报告中，主要从软硬件及其细分的角度，将智能化系统分为 5 类，即智能化应用软件、建筑产业互联网平台、建筑机器人、智能装备以及 BIM 图形平台。其中，智能化软件是指应用于智能建造的各种单项应用软件，例如混凝土结构设计软件；建筑产业互联网平台是指在建筑行业或建筑工程中用于多参与方协同工作的、基于互联网的信息系统，例如装配式建筑一体化管理平台；建筑机器人是指应用于建筑工程的机器人，例如瓷砖铺贴机器人；智能装备是指应用于建筑工程施工的大中型装备，例如智能塔机系统；BIM 图形平台是指 BIM 软件最为核心的底层支撑软件，例如美国 Autodesk 公司的 Revit 软件。

关于建筑企业的智能化系统建设，目前主要存在两个误区。一个误区是：希望“一网打尽”，即企业希望其涉及的多专业、多环节全面实现智能建造；另外一个误区是“一体化”，即首先企业开发平台，然后要求所有的都集成在一起。但是，从智能技术的成熟度、系统开发的可行性以及开发的经济代价，这些主张都不现实，所以它们是误区。

从智能化系统建设的角度出发，需要解决这样的问题：优先建设哪些智能化系统？如何在这些智能化系统之间建立联系？如何建立这些系统？围绕这几个问题，最重要的是处理好以下 3 个方面的关系：

（1）必要性和可行性的关系。智能化系统建设当然首先应该结合企业的实际。必要性意味着对企业是否必要，而可行性意味着在技术和经济上是否可行。在技术和经济上可行的前提下，应该优先建设那些能显著提升企业竞争力，能解决企业最主要的痛点和难点问题的系统。以建筑钢结构企业为例，如果能够实现建筑构件的智能制造和安装，将极大提升企业竞争力，所以在技术和经济上可行的前提下，应该优先发展用于建筑构件制造和安装的智能化系统。当然，也应该注意另一方面的问题，即虽然需求强烈，但相应的技术并不成熟，需要进行研究，而且代价会比较高。在这种情况下，从现实出发，施工企业可以推迟建立对应的智能化系统的时间计划。

（2）单项系统和集成化系统的关系。单项系统意味着，每个智能化系统都有特定功能，但与其他智能化系统没有直接的联系；而集成化系统意味着，多个智能化系统被集成在一起，实现了多个系统的一体化，从而使得多个系统可以协同工作，减少中间环节。目前，智能化系统的功能往往比较碎片化。以建筑机器人为例，测量机器人、打磨机器人、喷涂机器人等都是独立的存在。比较理想的状态是一机多能、多机联网，因为这样可以大大减少机器人移动需求，提高工作效率。软件方面更是这样，企业管理系统、项目管理系统、智能化排程系统等目前也往往都是独立的存在。如果实现多个软件的集成，则可以使得这些软件共享数据资源，避免数据重复录入等中间环节。这方面的理想状态是，所有的智能化系统实现一体化，但这很难实现。一方面，任何一个智能化系统厂商都不可能研发出覆盖一个企业全部应用需求的大系统；另一方面，将来自不同智能化系统厂商研发出的系统集成在一起，将是非常复杂的事情。对此，施工企业应该采取现实的态度，即能采购到集成化系统当然更好，如果采购到的智能化系统尚未实现集成，也是可以接受的；能将买到的系统都集成在一起当然更好，如果存在现实困难，只将容易集成在一起的系统集成在一起也是可以的。

（3）购入和自主研发的关系。迄今为止，施工企业所拥有的一些智能化系统，有的是购入的，有的则是自主研发的。如果市场上有合适的智能化系统，购入当然是最合适的，因为购入价格一定会比自主研发所需投入的费用便宜，因为系统研发的费用会被众多的用户所分摊；而且从时间上讲也更为及时，因为如果自主研发，一方面研发需要花费大量时间，另一方面研发出来后需要通过使用、打磨才能达到实用程度，这样一来又会花去大量时间。如果市场上没有合适的智能化系统，则只能自主研发。特别是有的施工企业的需求比较小众，无法期待系统厂商研发出商业化的系统。在这种情况下，施工企业或者自行研发，或者委托系统厂商进行研发。自主研发的优势在于，可以紧密结合企业的实际需求，而且有可能领先竞争对手一步获得智能化系统，从而可以提早形成竞争力。

总而言之，在智能化系统建设方面，建筑企业有必要坚持“按需购入、量力开发、面向集成、持续改进”的原则。

1.4　本行业发展报告的内容

本书作为2021年出版的《中国建筑业信息化发展报告（2021）智能建造应用与发展》的进阶内容，将聚焦智能化系统进行阐述。通过本书读者可望对智能建造的实施有更深入的了解，从而可以更好地结合本单位业务，进行智能化系统建设工作，从而为实施智能建造奠定基础。本书由9章组成。

第1章，引言，介绍本行业发展报告的编制背景，从而阐述本行业发展报告编制的必要性。

第2章，智能化系统应用调研与分析，反映智能化系统在工程建设全过程中的应用现状及面临的挑战。

第3章，智能化系统关键基础技术，将智能建造中应用较多的信息技术归结为5个类别，即数字建模与仿真模拟技术、云边端数字通信与控制类技术、数据分析类技术、建筑机器人关键共性技术以及其他数字技术，并针对每项技术，分别从技术定义、特点、典型应用场景3个方面展开，阐述其在智能建造过程中的关键作用。

第4章，智能化应用软件，针对智能建造中典型的智能化应用软件划分为4类，即智能设计应用软件、智能施工应用软件、智能运维应用软件和智能审查与交付应用软件，并从应用场景、主要功能、典型应用流程、技术特点、应用价值5个方面进行阐述。

第 5 章，建筑产业互联网平台新系统，针对 6 个典型的建筑产业互联网平台的新系统，即装配式建筑一体化管理平台、智能化供采服务平台、数字化项目集成管理平台、建筑碳排放管理平台、建筑工人管理服务平台以及智能化行业监管服务平台进行介绍。

第 6 章，建筑机器人新系统，针对两类建筑机器人，即现场类建筑机器人和工厂类建筑机器人分别进行阐述。

第 7 章，智能装备新系统，针对 4 类智能装备的新系统，即装配式建筑制造智能装备系统、装配式建筑施工智能装备系统、高层建筑施工智能装备系统以及智能塔机系统分别进行介绍。

第 8 章，国内典型 BIM 图形平台，分别介绍了北京构力科技有限公司、广联达科技股份有限公司、中设数字技术有限公司、广州中望龙腾软件股份有限公司开发的 BIM 图形平台。

第 9 章，智能化系统发展趋势，展望了智能化系统今后的发展趋势。

参 考 文 献

[1] 国家统计局. 国家数据—年度数据[DB/OL]. [2023-03-23]. https://data.stats.gov.cn/easyquery.htm?cn=C01.

[2] 中国建筑业协会. 2022 年建筑业发展统计分析[EB/OL]. [2023-03-23]. https://mp.weixin.qq.com/s?__biz=MzUyNjM4NzkzOQ==&mid=2247492237&idx=1&sn=22f76d86f4ae8a48cd12119fbae5aee1&chksm=fa0d3d01cd7ab4177870e61d6106c80ef44525460f7912a8c47454e1f605b63ea9618733dbe7&token=1510805341&lang=zh_CN#rd.

[3] 国家互联网信息办公室. 数字中国发展报告（2022 年）[R]. 2023.

[4] 数字中国模式下的建筑行业, 会有哪些机遇?[EB/OL].[2023-03-01]. https://www.sohu.com/a/647947454_121496391.

[5] 打造“数字住建” 赋能行业高质量发展[EB/OL]. [2023-04-27]. https://cjw.wuhan.gov.cn/zwdt_11929/xyxw_11931/202304/t20230427_2192616.html.

[6] 住房和城乡建设部等部门关于推动智能建造与建筑工业化协同发展的指导意见[EB/OL]. [2020-07-03]. https://www.mohurd.gov.cn/gongkai/zhengce/zhengcefilelib/202007/20200728_246537.html.

[7] 刘占省, 孙啸涛, 史国梁. 智能建造在土木工程施工中的应用综述[J]. 施工技术, 2021, 50(17): 40-53.

[8] 《中国建筑业信息化发展报告（2021）智能建造应用与发展》编委会. 中国建筑业信息化发展报告（2021）智能建造应用与发展[M]. 北京: 中国建筑工业出版社, 2021.

[9] 住房和城乡建设部等部门关于加快新型建筑工业化发展的若干意见[EB/OL]. [2020-08-28]. https://www.mohurd.gov.cn/gongkai/zhengce/zhengcefilelib/202009/20200904_247084.html.

[10] 住房和城乡建设部关于印发“十四五”建筑业发展规划的通知[EB/OL]. [2022-01-19]. https://www.mohurd.gov.cn/gongkai/zhengce/zhengcefilelib/202201/20220125_764285.html.

[11] 住房和城乡建设部办公厅关于征集遴选智能建造试点城市的通知[EB/OL]. [2022-05-25].

https://www.mohurd.gov.cn/gongkai/zhengce/zhengcefilelib/202205/20220525_766337.html.

[12] 北京市住房和城乡建设委员会等十二部门关于印发《北京市推动智能建造与新型建筑工业化协同发展的实施方案》的通知[EB/OL]. [2023-06-29]. http://zjw.beijing.gov.cn/bjjs/gcjs/zcfg/326142116/index.shtml.

[13] 北京市住房和城乡建设委员会关于印发《北京市智能建造试点城市工作方案》的通知[EB/OL]. [2023-03-23]. http://zjw.beijing.gov.cn/bjjs/gcjs/zcfg/326074238/index.shtml.

[14] 住房和城乡建设部办公厅关于印发智能建造与新型建筑工业化协同发展可复制经验做法清单（第一批）的通知[EB/OL]. [2021-08-03]. https://www.mohurd.gov.cn/gongkai/zhengce/zhengcefilelib/202108/20210803_761493.html.

[15] 住房和城乡建设部办公厅关于发布智能建造新技术新产品创新服务典型案例（第一批）的通知[EB/OL]. [2021-12-15]. https://www.mohurd.gov.cn/gongkai/zhengce/zhengcefilelib/202112/20211215_763435.html.

第 2 章　智能化系统应用调研与分析

为了全面、客观地反映智能化系统在工程建设全过程中的应用现状及面临的挑战，本书编写组对全国建筑业智能化系统（以下简称“智能化系统”）的应用情况进行了调查，本章内容反映该调查的结果。对于调查不能覆盖的部分，借鉴了其他来源的数据；对于没有其他数据可借鉴的部分，采取了根据感性认识进行定性描述的方法。

本次调查旨在了解建筑业对智能化系统的认识、智能化系统的建设和应用现状以及面临的问题和挑战。编写组通过总结、归纳、分析调研结果，探究智能建造科学落地对策，推动智能建造向纵深发展。本次调查方式包括企业定向调查、微信推送、网站链接等。本次调查自 2023 年 6 月启动，历时一个半月时间，共收到有效问卷 215份。

2.1　概述

从单位类型上看，本次问卷调查覆盖政府或行业主管单位、建设/开发单位、勘察/设计单位、施工单位、咨询机构、科研及教育机构和 IT 服务商等不同性质的单位共 215 家。其中，来自施工单位的占比最多，为 42.78%；其次是建设/开发单位，占 13.48%；勘察/设计单位排在第三位，占比 12.56%；来自政府或行业主管单位和 IT 服务商的占比相近，分别为 10.23%和 9.77%；还有 7.91%的被访对象来自咨询机构；来自科研及教育机构、运维单位和材料/设备供应商的占比较少，均未超过 1%；还有1.4%的被访对象来自其他类型企业单位，如图 2-1 所示。可见，本次调查覆盖范围较广，被访对象更多来自施工单位和建设/开发单位以及勘察/设计企业，基本覆盖了设计、生产、施工阶段，具有一定的代表性。

从被访对象所在单位的业务分布情况来看，超过半数的被访对象所在单位业务主要分布在华东地区（包括山东、江苏、安徽、浙江、福建、上海），占 51.16%；其次是分布在华中地区（包括湖北、湖南、河南、江西），占比 30.7%，华北地区（包括北京、天津、河北、山西、内蒙古）和华南地区（包括广东、广西、海南）的业务分布情况相差不多，分别占 28.37%和 25.12%；20%的被访对象所在单位业务主要分布在西南地区（包括四川、云南、贵州、西藏、重庆），主要业务分布在西北地区（包括宁夏、新疆、青海、陕西、甘肃）的单位为 11.63%，主要业务分布在东北地区（包括辽宁、吉林、黑龙江）的单位占比最少，仅为 3.26%，如图 2-2 所示。可见，被访对象所在单位主要业务分布较为均衡。

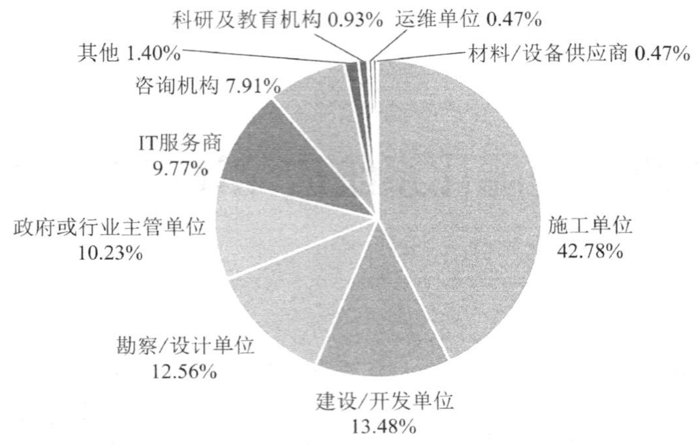

图 2-1　被访对象所在单位类型

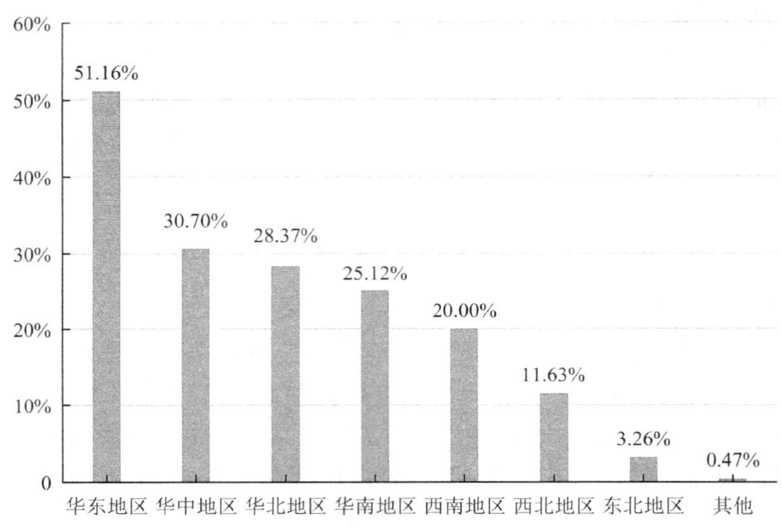

图 2-2　被访对象所在单位的业务分布

从工作年限来看，被访对象中从业时间为 1～3 年的人数为 59 人，占 27.44%；从业时间为 3～5 年的人数为 78 人，占比最多，为 36.28%；被访对象从业时间 5～10 年的人数为 37 人，占 17.21%；还有 41 人从业时间为 10 年以上，占 19.07%，如图 2-3 所示。超过七成的被访对象从业时间超过 3 年，有着较为丰富的工作经验。

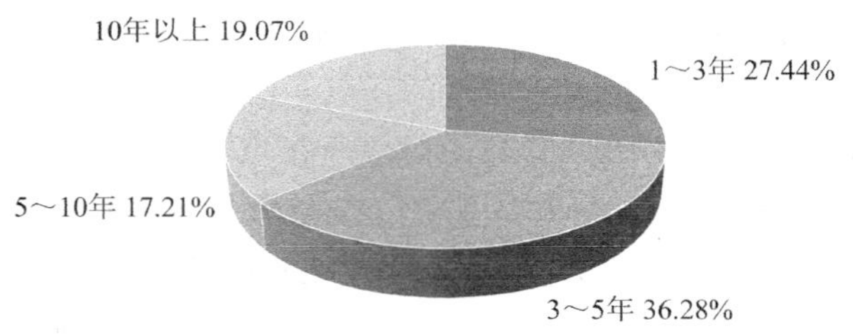

图 2-3　被访对象从业时间

从被访对象从事智能建造相关工作的时间来看，11.16%的被访对象从事智能建造相关工作时间少于 1 年，从事智能建造相关工作 1～3 年的被访对象占比最多，达到 44.65%；28.84%的被访对象从事智能建造相关工作时间为 3～5 年，共 62 人；还有 15.35%的被访对象从事智能建造相关工作超过 5 年，如图 2-4 所示。这表明，参与本次调研的被访对象大都有着丰富的智能建造相关从业经历，具有一定的专业性。

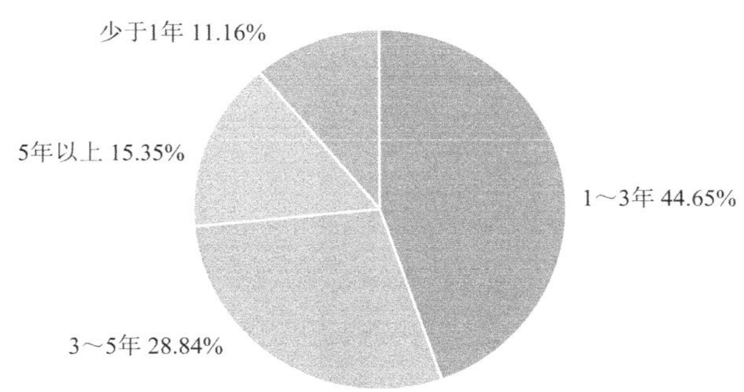

图 2-4　被访对象从事智能建造相关工作的时间

2.2　智能化系统及其应用现状

2.2.1　对智能化系统的认识

建筑领域的智能化系统是指基于云计算、大数据、物联网、移动通信、人工智能、建筑信息模型、地理信息系统、建筑机器人等智能技术和相关技术开发的，用于取代人或减少对人的需求的信息系统。调查显示，大部分被访对象认为智能化系统是智能化应用软件、建筑产业互联网平台、智能装备的集合体，占 64.65%；超过半数的被访对象认为智能化系统就是建筑产业互联网平台，还有的被访对象认为智能化系统是智能化应用软件或智能装备，分别占 47.44%、43.72%，如图 2-5 所示。这表明，智能化系统不是某一项技术的简单应用，而是涉及软件、装备和平台的综合集成体，这也从侧面说明目前智能化系统定义不够明晰，尚未达成共识。

智能建造是深度融合新一代信息技术与工程建造技术，实现工程建造全过程各环节数字化、网络化和智能化的新型建造方式。智能建造涉及设计、生产、施工、运维等多个环节，需要相关业务应用系统进行支撑。调查显示，被访对象认为建筑产业互联网平台（数字项目集成管理、智能化供采平台等）是智能建造必需的重要业务应用系统占比最高，达 67.91%；其次是智能化应用软件（设计、施工、运维、审查与交付等），占 66.51%；认为自主可控的 BIM 图形平台和建筑机器人（现场类建筑机器人、工厂类建筑机器人等）是智能建造必需的重要业务应用系统的被访对象占比相同，均为 51.63%；还有 38.14%的被访对象认为其他智能装备也是智能建造必需的重要业务应用系统，如图 2-6 所示。可见，自主可控的 BIM 图形平台、智能化应用软件、建筑产业互联网平台和建筑机器人的重要性得到了被访对象的一致认可。智能化应用软件和建筑产业互联网平台则是智能建造发展的重要支撑和依托，智能化应用软件可以覆盖更多的建造环节，有效支撑项目全过程各项业务的数字化、智能化；建筑产业互联网在链接建筑产业内各类企业主体的同时，实现全产业链的资源优化配置，赋能产业链各方。

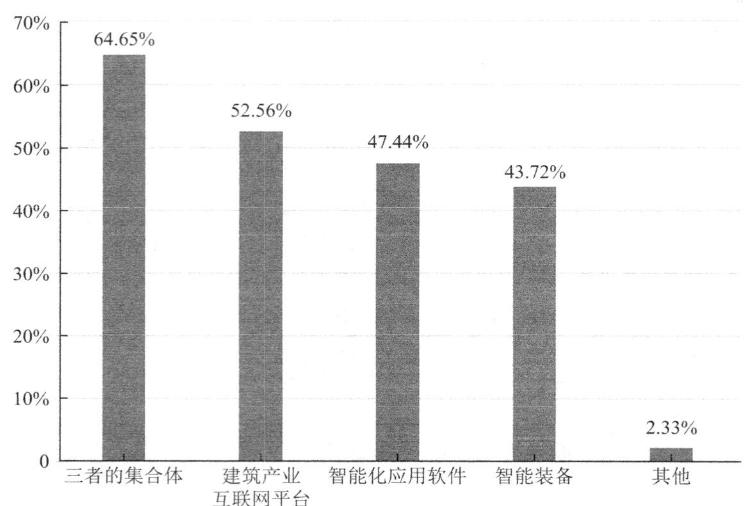

图 2-5　被访对象对智能化系统的认识

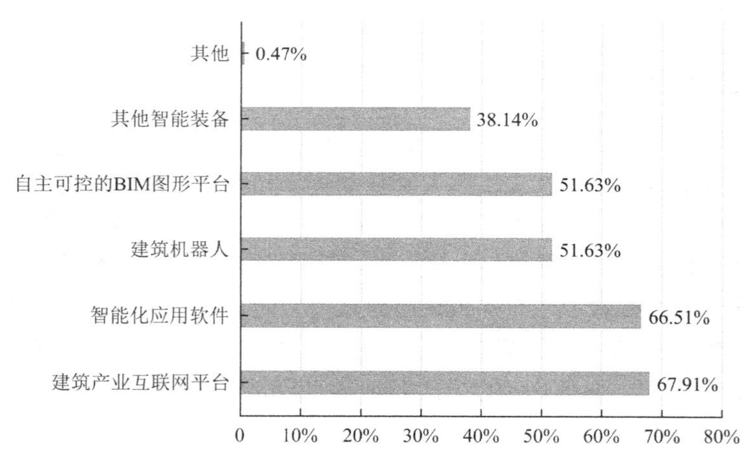

图 2-6　被访对象认为智能建造必需的业务应用系统

智能化系统需要关键技术支撑，本次调查将应用较多的数字仿真、5G、大数据、机器人移动通信等信息技术归结为 5 大类别，调查显示，超过七成的被访对象认为数字建模与仿真模拟技术［数字仿真、BIM、GIS（地理信息系统）、VR（虚拟现实）/AR（增强现实）等］是智能化系统的关键支撑技术，占 74.42%；66.98%的被访对象认为数据分析类技术（数据挖掘、大数据分析、数据可视化、数据治理等）是智能化系统的关键支撑技术，还有的被访对象认为云边端的通信与控制技术（5G、物联网、自动调度与控制、边缘计算等）和建筑机器人关键共性技术（人机交互意图理解与协调控制、约束空间下的轨迹规划等）是智能化系统的关键支撑技术，分别占 52.09%和 45.58%；19.07%的被访对象认为其他数字技术（数字孪生、元宇宙、AI 与机器学习等）是智能化系统的关键支撑技术，如图 2-7 所示。这大体表明，BIM、GIS 等数字建模与仿真模拟技术对于智能化系统的重要性已经成为行业共识，智能化系统在 BIM 技术等数字建模与仿真模拟技术的支撑下，能够使建造过程实现信息化、标准化、可视化、协同共享，同时，智能化系统也离不开云边端的通信与控制技术和数据分析类技术等其他信息技术的融合，这也意味着，智能化系统是多种信息化技术集成应用的过程。

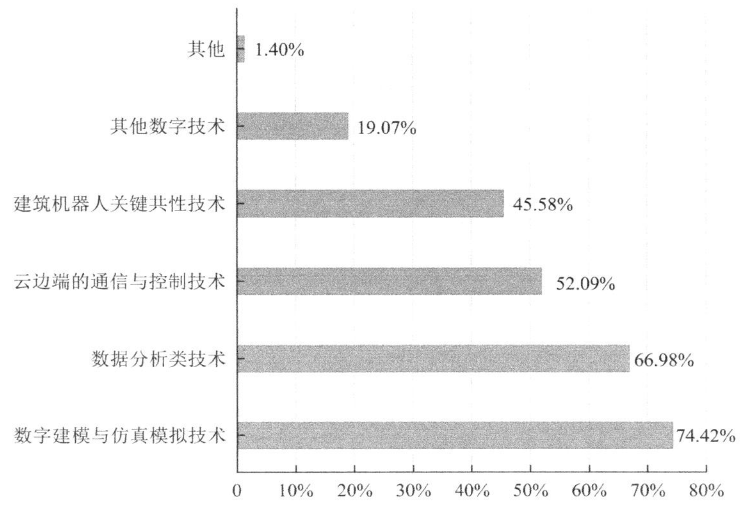

图 2-7 被访对象认为智能化系统的关键支撑技术

针对 5 大类别信息技术现阶段的应用情况，调查显示，大部分被访对象认为数字建模与仿真模拟技术（数字仿真、BIM、GIS、VR/AR 等）现阶段应用较为成熟，占 76.28%；56.74%的被访对象认为数据分析技术（数据挖掘、大数据分析、数据可视化、数据治理等）现阶段应用较为成熟，还有的被访对象认为云边端的通信与控制技术（5G、物联网、自动调度与控制、边缘计算等）和建筑机器人关键共性技术（人机交互意图理解与协调控制、约束空间下的轨迹规划等）现阶段应用较为成熟，分别占 45.58%和 33.02%；8.84%的被访对象认为其他数字技术（数字孪生、元宇宙、AI 与机器学习等）应用较为成熟，如图 2-8 所示。这与智能化系统的关键支撑技术调查结果一致，这也意味着，智能化系统支撑技术的重要性和应用成熟度成正比，智能化系统发展处于良性态势。

智能化应用软件通常指单机版或面向特定岗位应用的软件，是推进智能建造深度应用的重要支撑。随着各类信息技术的不断发展并与建筑行业的深度融合，面向不同业务维度的各类智能化应用软件正支撑项目全过程多业务智能化应用。调查显示，大部分被访对象认为智能设计应用软件（专业设计软件、计算分析软件、协同设计软件等）和智能施工应用软件（施工深化软件、计量计价软件、施工管理软件等）是现阶段成熟的智能化软件，分别占 71.16%和 71.63%；还有的被访对象认为智能运维应用软件和智能审查与交付应用软件是现阶段成熟的智能化应用软件，分别占 47.44%和 45.12%，如图 2-9 所示。可见，目前设计和施工阶段的智能化应用软件更为成熟，这大概是因为智能设计和智能施工应用软件可以有效提高建造效率和建筑质量，降低成本和风险，进而提升管理水平。智能化应用软件在后期运维和智能审查方面的应用还有待进一步深化。

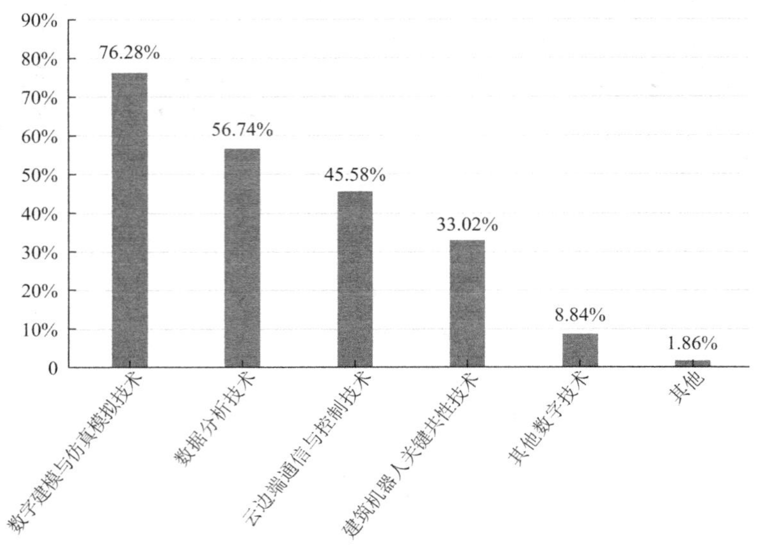

图 2-8　被访对象认为现阶段应用较为成熟的技术

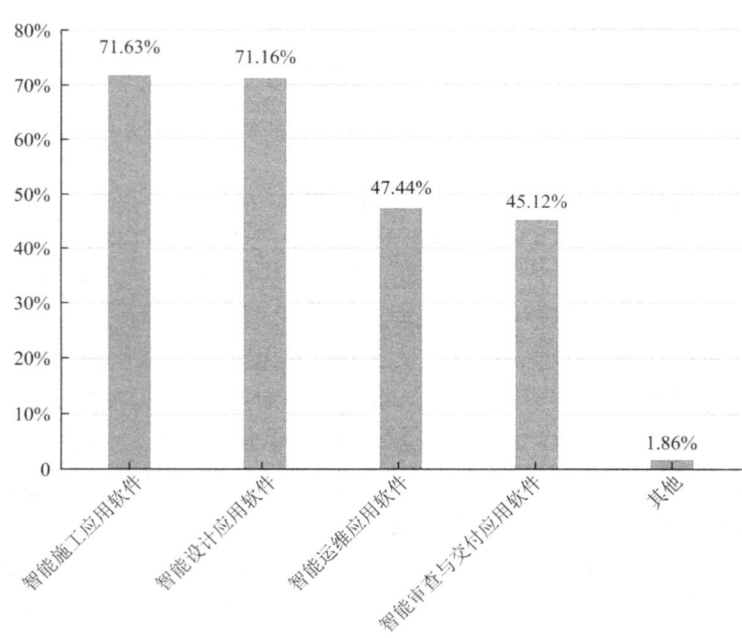

图 2-9　被访对象认为现阶段成熟的智能化应用软件

2.2.2　智能化系统应用情况

早在 2020 年，住房和城乡建设部等 13 部门印发《关于推动智能建造与建筑工业化协同发展的指导意见》，明确提出了推动智能建造与建筑工业化协同发展的指导思想、基本原则、发展目标、重点任务和保障措施。2022 年，住房和城乡建设部选取北京、天津、重庆等 24 个城市开展智能建造试点，积极探索建筑业转型发展的新路径，推动智能建造落地应用。随着一系列政策举措的加速落地，众多企业积极布局智能建造、加快推进智能化系统建设与应用。调查显示，48.84%的被访对象所在单位应用智能化系统的驱动力是行业整体发展形势，30.7%的单位是基于单位发展战略需要应用智能化系统，还有 20.46%的单位是出于业务开展过程需求从而应用智能化系统，如图 2-10 所示。超过半数的被访对象所在单位应用智能化系统的出发点是基于战略和业务需求，智能化系统应用已经上升至企业战略层面，其应用价值被更多企业所认可。这也表明，应用智能化系统更多是企业内部需求，同时，行业整体发展趋势也使得企业需要跟上时代发展步伐，内部业务需求和外部发展环境因素叠加，驱动企业应用智能化系统。企业应用智能化系统不只是响应政策的表象行为，更是出于行业以及企业发展需要。

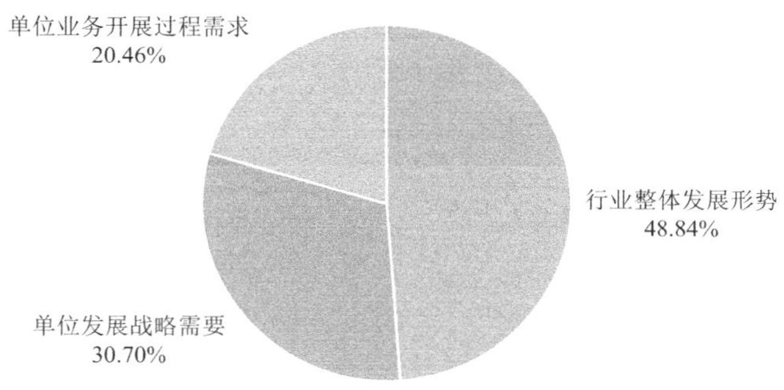

图 2-10　被访对象所在单位应用智能化系统的驱动力

针对被访对象所在单位应用智能化系统的情况，调查显示，超过半数的被访对象所在单位在施工阶段应用智能化系统最多，占比 53.49%；其次是设计阶段，占 28.37%；在生产阶段和运维阶段应用智能化系统最多的单位占比相近，分别为 7.91%和 6.51%；还有 3.72%的被访对象所在单位在其他阶段应用智能化系统最多，如图 2-11 所示。这表明，施工阶段的智能化系统应用更为成熟，施工阶段应用智能化系统可以在进度、成本、质量安全等核心指标上取得大幅提升，具有较高的实际应用价值。总体来看，生产和运维阶段的智能化系统应用较少，仍需不断普及探索。

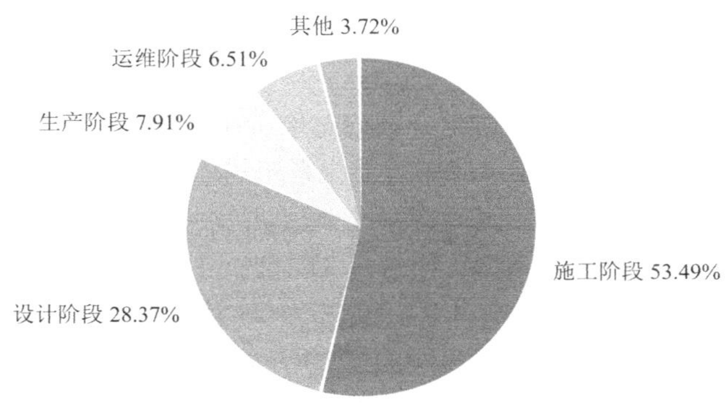

图 2-11　被访对象所在单位应用智能化系统最多的阶段

目前，行业内的企业已经展开了多维度、多业务场景的智能化应用探索。调查显示，被访对象所在单位目前实现的关键业务场景的智能化应用中，智慧工地占比最多，为 57.67%；其次是施工现场管理，占 45.12%；在专业设计中实现智能化应用的单位也占比较多，为 40.93%；在关键业务场景中应用协同设计和施工深化设计的单位占比相同，均为 37.21%；应用建筑可视化运维和数字化项目管理的单位占比相差不多，分别为 34.42%和 32.09%；还有的单位在关键业务场景应用了数字化交付、智能审图和装配式建筑智能化施工，分别占比 29.77%、28.84%和 24.65%；22.79%的单位应用了建筑智能化运维（空间管理、安全管理、设备管理、能源管理、巡检管理、综合管理），应用计价计量和设备全生命周期管理的单位占比相同，均为 18.14%；应用部品深化设计、部品生产管理和设备智能化生产与加工的单位占比相近，分别为 11.63%、10.23%、10.23%；应用设备能耗管理、部品存储与运输管理和无人生产工厂的单位占比较少，均未超过 10%；2.33%的单位在其他关键业务场景中实现了智能化应用，如图 2-12 所示。可见，被访对象所在单位已经在多个关键业务场景中实现了智能化应用，更多集中在设计、施工和运维等关键业务场景中，涉及生产阶段的智能化应用有待进一步深化。

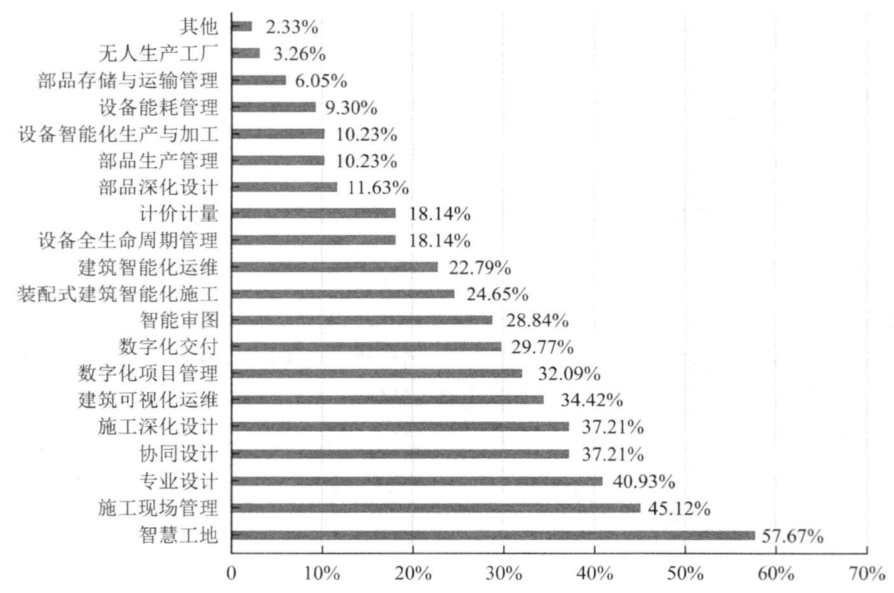

图 2-12　被访对象所在单位目前在关键业务场景实现的智能化应用占比

在具体的生产性业务中，调查显示，被访对象所在单位应用了多种智能化系统，其中在项目管理（质量、进度、物料等）应用智能化系统的单位占比最多，为 57.21%；其次为协同管理，占 48.37%；排在第三位的是成本管理，占比 47.91%；在合约管理、计划运营、设备管理中也有单位应用智能化系统，分别占 31.16%、30.7%和 30.23%；在招采管理和投标管理中应用智能化系统的单位相差不多，分别为 29.30%和 28.84%；24.65%的单位在风险管理中应用智能化系统，4.19%的单位在其他生产性业务中应用智能化系统，如图 2-13 所示。可见，被访对象所在单位在生产性业务中智能化系统整体应用率较高，基本覆盖了项目和企业的业务管理。目前，企业更多地将智能化系统应用到项目管理、成本管理等关键性业务中，提升企业管理水平和业务水平，实现对企业的管理赋能、业务赋能。

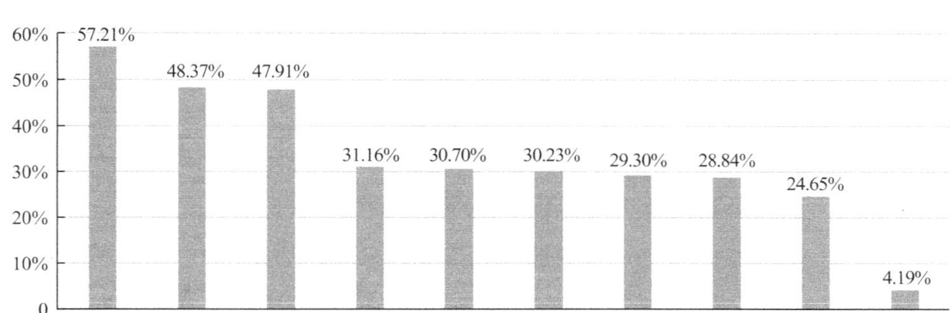

图 2-13　被访对象所在单位在生产性业务中的智能化系统应用占比

目前，市面上已经有一些较为成熟的智能化系统，行业企业通过应用智能化系统提高运营效率、创新业务模式。调查显示，大部分被访对象所在单位应用了智慧工地平台，占63.72%；超过半数的单位应用了 BIM 图形平台，占比 52.09%；还有的单位应用了智能化设计软件和智能化施工软件，分别占 48.84%和 47.44%；应用智能化运维软件和建筑产业互联网平台的单位占比相近，分别为 34.88%和 32.56%；还有的单位应用了装配式生产管理系统和 MES（制造企业生产过程执行系统），分别占 26.98%、12.09%；3.26%的单位应用了其他智能化系统，如图 2-14 所示。

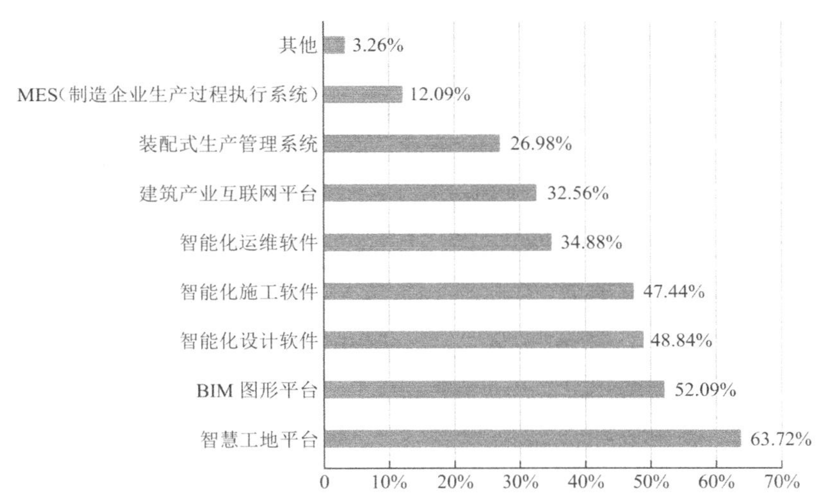

图 2-14　被访对象所在单位智能化系统应用占比

针对被访对象所在单位目前已经实施的智能化应用开展情况，调查显示，超过六成的被访对象所在单位成立专门的组织搭建智能化系统，占 64.19%；49.77%的单位与外部合作形成临时组织搭建智能化系统，直接采购第三方产品和外包给软件企业的单位占比相近，分别为 38.14%和 33.02%；还有 2.79%的单位采用其他方式搭建智能化系统，如图 2-15 所示。可见，大部分企业倾向于独立自主或者与外部合作搭建智能化系统，少部分企业选择完全交付给第三方或购置已有系统。这表明，绝大部分企业有能力自主开展智能化系统搭建，并在其中起到主导作用，这也意味着，企业越来越明确自身业务需求，并根据企业自身特点和各项需求合理搭建智能化系统。

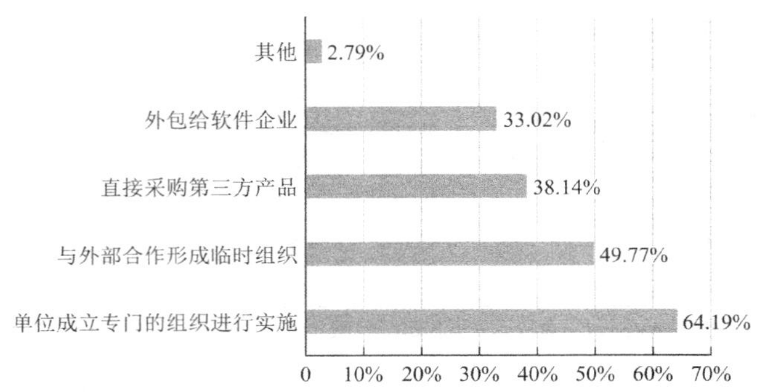

图 2-15　被访对象所在单位智能化系统搭建方式

智能建造采取的方法、设备、技术等与传统建造方式有显著差异，推动智能建造应用与发展，必须做好智能建造标准化体系的顶层设计，明确总体要求和方案，逐步建立覆盖设计、生产、施工、运维等各方面的标准体系。近年来，国家层面相继发布了系列政策文件，对建立完善智能建造标准体系、推动智能建造项目试点、培育智能建造骨干企业等提出了要求。地方政府也不断制定出台关于智能建造的具体实施方案，2022 年以来，广东省、湖北省、四川省、云南省、贵州省、重庆市、甘肃省等均已印发实施意见，明确提出建立智能建造相关标准与评价体系。

调查显示，大部分被访对象所在单位在智能施工阶段参与智能建造体系和标准建设，占比 66.51%；46.98%的单位在智能设计阶段参与相关体系和标准建设，40.00%的单位在智能运维阶段参与智能建造体系和标准建设，还有的单位在建筑产业互联网平台和智能生产阶段参与智能建造体系和标准建设，分别占 37.67%和 35.35%；22.33%的单位参与智能装备体系和标准建设，还有 3.26%的单位参与了其他阶段的智能建造体系和标准建设，如图 2-16 所示。可见，被访对象所在单位在设计、施工、运维阶段参与智能建造体系和标准建设程度更高，这一结果与应用智能化系统最多的阶段调查结果大体一致，这也意味着目前设计、施工、运维阶段的智能化应用更多且更为集中，需要建立相关体系和标准予以规范。

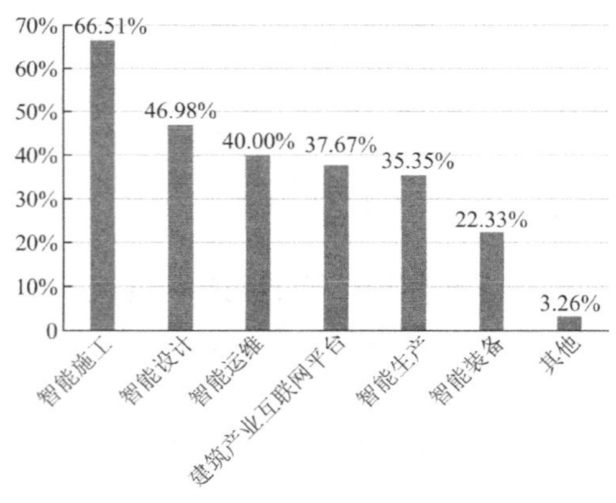

图 2-16　被访对象所在单位参与智能建造体系和标准建设占比

建筑产业互联网平台贯穿工程项目全过程，连接工程项目全参与方，旨在将产业链上下游进行整合，系统性地实现全产业链的资源优化配置，最大化提升生产效率，赋能产业链各方。住房和城乡建设部《"十四五"建筑业发展规划》明确提出"开展建筑产业互联网平台建设试点，探索适合不同应用场景的系统解决方案，培育一批行业级、企业级、项目级建筑产业互联网平台，建设政府监管平台"，要求围绕部品部件生产采购配送、工程机械设备租赁、建筑劳务用工、装饰装修等重点领域推进行业级建筑产业互联网平台建设，提高供应链协同水平，推动资源高效配置。在宏观政策的引导和企业转型升级需求驱动下，通过政产学研用各方共同努力，目前市面上已经有一些应用成熟的建筑产业互联网平台。

调查显示，被访对象所在单位参与了建筑产业工人管理平台、建造全过程智能化管理平台、智能化协同设计平台、智能生产全过程智能化管理平台的建设，分别占 49.30%、46.05%、43.72%、42.33%；还有的单位参与建设了智能化行业监管服务平台和智能化供应采购平台，分别占 41.86%和 32.56%；1.4%的单位参与了其他建筑产业互联网平台建设，如图 2-17 所示。可见，企业参与建设的建筑产业互联网平台涵盖设计、部品部件生产、人员管理、建造施工、行业监管、供应采购等多个方面，基本覆盖项目层、企业层、行业层和监管层，平台功能多元化水平不断提升。建筑产业互联网平台能够打通建筑设计、生产、运输、施工全流程的数据流通和协同管理，建立新型的行业生态和灵活的上下游关系，为推动产业链资源的集聚整合和行业转型升级发挥了重要作用。

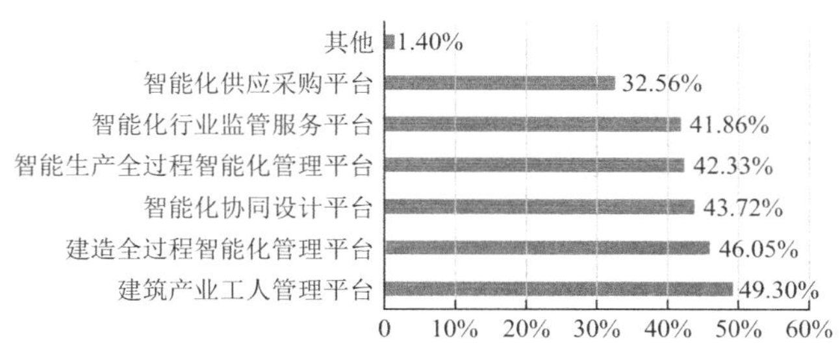

图 2-17 被访对象所在单位参与建筑产业互联网平台建设占比

企业信息化应用、数字化转型的一大瓶颈就是各个业务系统各自为战、互不相通，从而形成一个个信息孤岛，系统之间不能有效集成，导致数据信息无法同步共享，没有信息和数据，就无法完成数据价值挖掘，实现人工智能的自动化学习、管理等算法应用。智能建造同样也面临智能化系统之间的集成互联问题，调查显示，超过 70%的被访对象所在单位实现了智能化系统之间的数据互通、格式互通，6.51%的单位实现智能化系统之间的数据标准统一，19.54%的单位既没有实现智能化系统之间的数据互通、格式互通，也没有实现智能化系统之间的数据标准统一，如图 2-18 所示。可见，被访对象所在单位充分认识到智能化系统集成互联的重要性，积极推动智能化系统之间的数据互通、格式互通，并为实现不同智能化系统之间的信息互通和共享搭建了标准基础。通过开放的数据接口和标准化的数据格式，推动各个智能化系统之间的信息流通和互联互通。

通过应用智能化系统，提高建造的智能化水平，减少建造过程对人工的依赖，从而使建造的效率和品质更高，并在建筑的全生命周期内实现节材省工、节能减碳的目标。当前，我国智能建造整体处于一个全面发展和提升的阶段，很多企业在各个方面都应用了不同的智能化系统，取得了一定成效。调查显示，大部分被访对象认为目前已应用的智能化系统可以提升工作效率，占 62.79%；超过半数的被访对象认为目前已应用的智能化系统使项目管理高效便捷，占 55.35%；40.93%的被访对象认为应用智能化系统可以取得一定经济效益，还有的被访对象认为应用智能化系统能增强企业竞争力、提升行业影响力，分别占 29.30%、31.63%；仅有 3.26%的被访对象认为应用智能化系统没有显著变化，如图 2-19 所示。这表明，绝大部分被访对象对于智能化系统的应用价值给予积极正向的肯定，对于智能化系统带来的价值目前主要停留在提升工作效率、提高管理水平等较为表象的层面，应用智能化系统带来的直接经济效益并不凸显，并未形成企业核心竞争力、行业影响力等较为深远的影响。

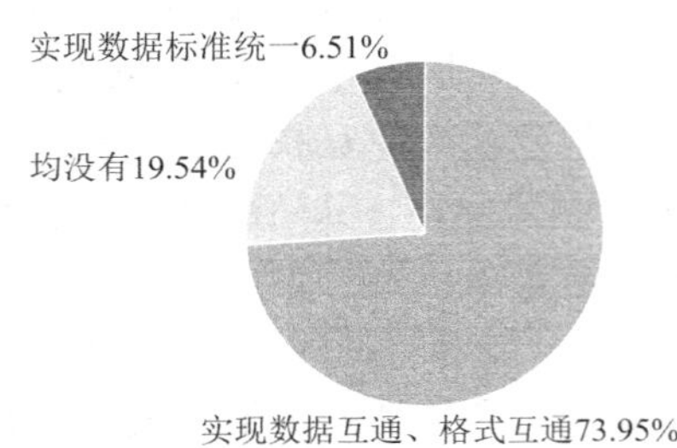

图 2-18 被访对象所在单位智能化系统之间的集成与互联占比

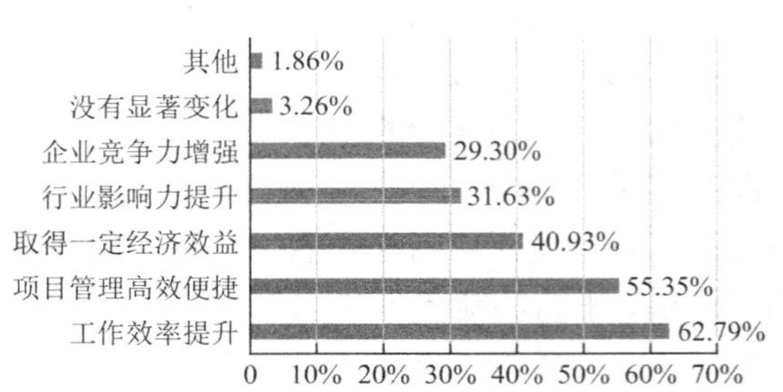

图 2-19 被访对象对于目前已应用的智能化系统的效果评价

2.3 智能化系统应用存在的问题与期望

2.3.1 智能化系统应用存在的问题

智能化系统的应用可以对建筑产业体系进行全方位赋能，使得建造过程的线上线下融合、技术和工序协同，提高建造过程智能化水平，提升建造效率，提高建筑性价比和可靠性，降低能源消耗，达到安全建造的目的，并为企业和施工现场的管理和生产方式带来变革。随着智能化系统应用范围和深度的不断提升，也带来了一些问题和挑战。调查显示，被访对象认为企业推进智能化系统建设面临一些挑战，超过半数的被访对象认为“跨部门、层级、区域的共享与协同机制”是推进智能化系统建设面临的挑战，占 52.09%；“缺少相关保障政策、体系标准”和“缺少长期稳定的资金投入”也被认为是企业推进智能化系统建设面临的挑战，均为 38.6%；还有的被访对象认为“缺少训练有素的专业人才”和“应用场景的价值评估”是企业推进智能化系统建设面临的挑战，分别占 34.88%和 30.23%；此外，“符合需要的成熟技术和产品较少”“缺少技术应用理解力”和“缺乏外部技术力量支撑”也是目前企业推进智能化系统建设面临的挑战，分别占 21.86%、21.40%和 18.14%；0.47%的被访对象认为企业推进智能化系统建设面临其他挑战，如图 2-20 所示。

可见，目前企业推进智能化系统建设主要面临机制标准、资金保障、人才培养三大方面的挑战。

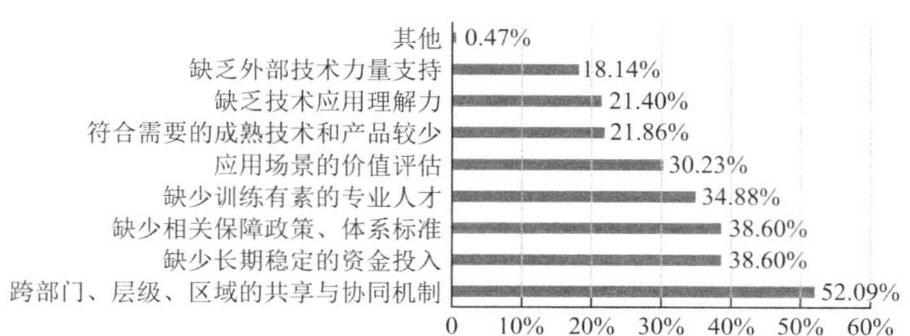

图 2-20 被访对象认为企业推进智能化系统建设面临的挑战

（1）机制标准。智能化系统涉及设计、生产、施工、运维等多个环节，需要加强行业内部各个环节之间的协同创新，构建集成设计、生产、物流、施工等多专业、多部门、多行业的多方共享和协作机制。政府层面需要出台财政政策、税收政策、产业政策等相应保障政策，鼓励企业进行智能化系统的创新应用，同时还要做好智能化系统标准体系的顶层设计，建立覆盖设计、生产、施工、运维等各方面的智能化系统建设标准规范，完善智能化系统应用与建设相关制度，实现建筑信息在不同系统之间的无缝对接。

（2）资金保障。智能化系统建设资金投入压力较大、回报周期长是企业普遍反映的难点痛点问题，一方面，智能化系统的建设与应用短期内势必涉及企业成本的增加，软件的应用和平台的搭建都需要充足的资金支撑；另一方面，智能化系统建设从开始到发展再到成熟，都需要一段时间，同时智能化系统建设需要持续的定制和升级，企业投资回报周期长。智能化系统建设需要长期稳定的资金投入，从企业层面看，要将智能化系统建设纳入企业战略规划，加大对智能化系统的资金支持力度，并形成长期稳定的资金投入体系；从政府层面来看，通过奖励激励措施和组合式税费支持政策，着力降低企业创新成本，支持企业开展智能化系统建设。

（3）人才支持。要实现智能化系统的广泛应用，需要大量高素质的专业人才来支撑，他们不仅需要熟悉智能建造技术的最新进展，还需要具备工程管理和项目运营的能力，能够将智能建造技术与实际工程相结合。然而目前相关专业人才严重短缺，急需培养具备信息技术、工程管理、创新能力等多方面技能的专业人才，提升智能建造专业人员的核心能力与素质；建立智能建造人才培养和发展的长效机制，合理布局智能建造人才队伍结构；营造人才培养生态系统，为智能建造发展提供专业人才保障，吸引和聚集优秀专业人才。

如前所述，推进智能化系统建设当前还面临着标准与规范、数据共享与安全、资金投入与人才培养等一系列挑战，需要政府、企业和学术界共同努力，加强合作与交流，促进智能建造的持续发展。调查显示，超过半数的被访对象认为推动智能建造落地需要解决“全过程信息化数据的打通”问题，占 51.63%；排在第二位的是“国家政策的引导和落地”，占比 44.65%；“智能化系统的成熟和实用性”和“关键核心概念与应用场景的统一”也是推动智能建造落地需要解决的问题，分别为 33.95%和 32.09%；还有的被访对象认为推动智能建造落地需要解决“标准规范的健全”和“智能化系统的研发”问题，分别占 29.30%、22.79%；“人才队伍的构建”和“投入成本的保证”也是需要解决的问题，均占 20.93%；15.35%的被访对象认为“技术体系的完善”是推动智能建造落地需要解决的问题，0.93%的被访对象认为推动智能建造落地需要解决其他问题，如图 2-21 所示。这一调查结果，与目前智能化系统建设面临的挑战相吻合。信息化数据的协同共享既是智能化系统建设面临的挑战，也是推动智能建造落地迫切需要解决的关键问题之一。同时，推动智能建造落地除了要解决政策、标准、人才、资金等共性问题之外，还需要加大技术创新与研发，开发并应用自主可控的智能建造基础技术，打造成熟度高、适用性强的智能化应用软件，支撑智能建造的有效实施。

此外，在编写组实地调研过程中，相关企业还反映目前智能化系统建设面临着相关概念和内涵不清、缺少对应场景的价值评估等问题。一方面，企业对智能建造要做什么不够清晰，不知道应用哪些智能化系统可以提升建造过程的数字化、智能化水平；另一方面，企业对智能建造的效果不够明确，对于项目的智能建造水平和企业的智能建造能力没有形成统一的评价标准。需要理清智能建造的关键核心概念，并真正将智能建造与实际应用场景相统一。

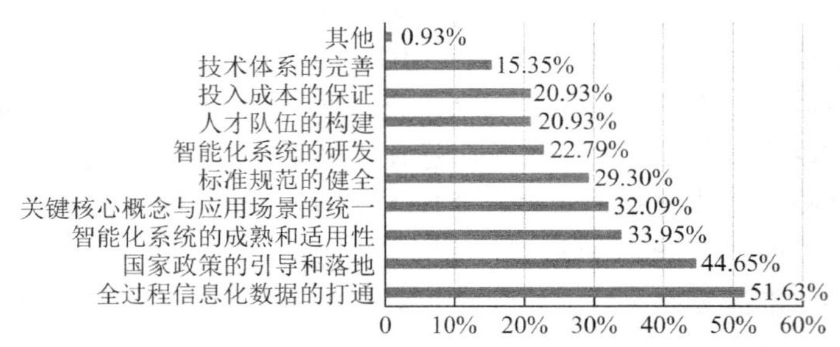

图 2-21　被访对象认为推动智能建造落地行业需要解决的问题

2.3.2　对智能化系统应用的期望

智能化系统建设需要多方合力、共同推进。调查显示，大部分被访对象认为智能化系统建设需要行业主管部门牵头，占 63.26%；19.07%的被访对象认为需要企业发挥自身优势、联合行业共同建设智能化系统；10.70%的被访对象认为行业智能化系统建设需要协同第三方共同建设，还有的被访对象认为需要软件供应商积极倡导，提供相应平台，占比 5.58%；1.39%的被访对象认为行业智能化系统建设需要其他举措，如图 2-22 所示。可见，智能化系统需要行业主管部门牵头，建设标准统一、数据互通的系统，同时对于有条件的企业而言，也可以基于企业自身实际经验积累，联合行业，共同建设更适合行业发展需求的智能化系统。

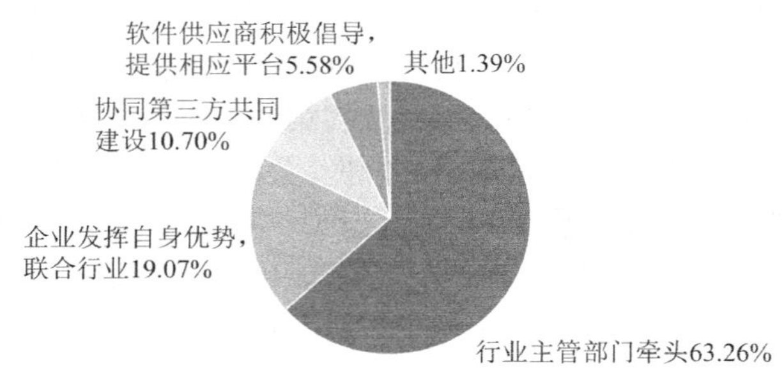

图 2-22　被访对象认为行业智能化建设需要的举措

第 3 章　智能化系统关键基础技术

3.1　概述

随着信息技术的不断发展，建筑行业在数字化设计、智能化施工管理、供应链管理和政府监管等多个方面广泛地应用了信息技术。信息技术的应用改善了建筑行业的工作方式，提高了工作效率和建筑质量，降低了成本，保障了施工安全。

本章将智能建造中应用较多的数字仿真、5G、大数据、机器人移动通信等 19 项信息技术归结为 5 个类别，即数字建模与仿真模拟技术、云边端数字通信与控制技术、数据分析类技术、建筑机器人关键共性技术和其他数字技术，针对每项技术，分别从技术定义、特点、典型应用场景 3 个方面展开，阐述其在智能建造过程中的关键作用。

3.2　数字建模与仿真模拟技术

3.2.1　建筑信息模型（BIM）

1）定义

建筑信息模型（Building Information Modeling，BIM）是指在建设工程及设施全生命期内，对其物理和功能特性进行数字化表达，并依此设计、施工、运营的过程和结果的总称[1]。BIM 的核心是信息，集成建筑、结构、管线及设备等不同专业在工程设计、施工和运维阶段的全生命周期的多维信息，并可实现建筑三维可视化、多方高效协作、施工模拟与可视化运营管理等多种功能。

2）特点

（1）信息化。BIM 所承载的信息不仅能表达几何信息，例如尺寸，而且还能表达非几何信息，例如构件名称、材料名称、施工时间、养护要求等。这些信息流动贯穿于从设计到施工再到运维的整个工作流程，各参与方按所需提取、修改、更新这些信息，实现全生命周期的信息化管理。

（2）标准化。工业基础类（Industry Foundation Classes，IFC）是一种开放、通用的 BIM 标准，能对建筑工程对象进行标准化数字描述，现已经被大多数 BIM 软件支持，可实现各参与方、各专业、各阶段 BIM 应用软件之间的信息交换和共享，避免了不同 BIM 软件之间的信息成为孤岛。

（3）可视化。通过建立模型，可以实现工程结构三维可视化；通过颜色区分，可以可视化表达不同材料；通过与数据库链接，可以实现基于 BIM 模型的数据可视化。信息在 BIM 可视化特点作用下，提升传递效率，降低沟通成本。

（4）参数化。工程结构通常由各个构件组成，而大部分构件通常具有相似的几何外形和信息描述，因此将通用构件信息参数化，通过控制关键参数即可实现构件快速建模和信息录入；构件之间通常具有内在约束关系，将约束通过参数表达，即可实现整体模型参数驱动。

（5）协同共享。工程全生命周期信息都可以在 BIM 模型中共享。基于此，项目各参与方协同合作，可实现工程需求信息、设计成果、施工控制信息、运营维护信息的有效传递与交互，促进各方交流、沟通理解，减少设计变更、施工返工和结构病害。

3）典型应用场景

（1）设计应用。在设计阶段，BIM 可以用于整体设计、结构设计、机电设计、景观设计和能源分析等。具体来说，BIM 可以帮助建筑师进行建筑物的三维模型设计和优化，包括外观、内部空间布局、材料和构造等；同时也可以对建筑物的机电系统进行模拟和分析，以便更好地协调各个系统之间的交互作用，确保系统的可靠性和高效性。

（2）施工应用。在施工阶段，BIM 可以用于为施工提供全方位的支持，包括施工模拟和优化、实时监测施工进度和质量等。通过将设计模型转化为施工模型，更好地规划施工过程和资源需求，减少误差和浪费。同时，BIM 还可以与监测系统相集成，实现对施工过程实时监测和数据记录，以便及时发现问题并进行调整。

（3）运维应用。在运维阶段，BIM 可以用于为建筑物的运维提供支持，包括设备、管道、电缆等位置和参数信息的提供、故障诊断和维修管理等。通过 BIM 可以将建筑物的模型和相关数据与运维系统相结合，从而更好地管理建筑物的设施和设备，并进行故障诊断和预防性维修。同时，BIM 还可以用于为建筑物的能源管理提供支持，包括能源消耗监测和分析，以便优化建筑物的能源使用效率。

3.2.2　地理信息系统（GIS）

1）定义

地理信息系统（Geographic Information System，GIS）是指基于计算机硬软件，由相互关联、相互制约的地理信息输入、存储、检索、分析、更新、地图制图、可视化和应用等功能模块组成的信息系统[2]。GIS 的核心是通过地理空间数据模型实现对地理世界的抽象[3]。

2）特点

（1）空间数据集成。GIS 可以用于将不同来源的空间数据进行集成，实现各种数据格式、结构和源的融合，这意味着可以整合不同的 BIM、遥感影像、传感器数据等。

（2）空间数据可视化。GIS 通过可视化技术，将各种空间数据转换为图形或图像，以便用户更直观地理解和分析数据，这意味着可以将建筑物的设计图纸、施工计划、设备布局等转换为可视化的 3D 模型，方便施工管理和协调。

（3）空间数据分析。GIS 可以进行空间分析，包括缓冲区分析、路径分析、网络分析等，以便对建筑物周围环境和交通状况进行评估和优化，这意味着可以利用 GIS 进行建筑物的位置选址、物流路线规划、安全风险评估等分析。

（4）空间数据管理。GIS 可以对空间数据进行管理和更新，包括数据采集、处理、存储和共享等，这意味着可以利用GIS进行建筑物的档案管理、施工进度监控等。

3）典型应用场景

（1）建筑物选址。GIS可以通过综合考虑多种因素，如地形地质条件、交通网络状况、建筑物周边环境等，用于提供科学的选址决策支持，评估选址的可行性和风险，以确保建筑物在最适宜的位置建设，同时也可以减少建筑物建设过程中的风险和成本。

（2）施工管理。GIS通过地图展示和分析、施工计划管理、施工监督和调度、人员、设备和材料管理等信息整合，用于及时调整施工计划和资源配置，提高施工管理效率和质量，实现施工全过程的可视化、数字化、智能化管理。

（3）安全风险评估。利用GIS进行建筑物安全风险评估，包括考虑地质地形、气候环境、自然灾害等因素，制定防灾预案和应急救援措施。同时，通过GIS对施工现场进行监测和分析，包括检测危险区域、安全隐患和防护设施等，提高施工安全性。

（4）设备布局设计。利用GIS进行建筑物设备布局设计，包括优化空调、供水、电力等设备的位置和数量，提高能源利用效率和节能减排效果。同时，GIS还可以将设备布局方案通过空间可视化呈现在地图上，帮助决策者更直观地了解布局方案，进行优化和调整。

（5）建筑物维护管理。利用GIS进行建筑物维护管理，包括定期巡检、设备保养、维修等工作，以保证建筑物的正常运行和使用寿命。例如，通过地理信息分析，可以对建筑物周围环境的变化进行监测，及时发现可能对建筑物造成影响的因素；通过空间可视化技术，可以对建筑物的内部结构进行三维可视化展示，方便维护人员快速定位问题所在。此外，还可以利用GIS进行维护计划的制定和执行，提高维护效率和质量。

3.2.3 数字仿真

1）定义

数字仿真是指利用模型、算法和计算机对建筑物或工程项目进行数字建模和仿真分析，以便评估不同方案或决策的效果[4]。其主要包含以下3个关键要素：

数据，即建筑数据，是数字仿真的基础。

模型，即对现实建筑物本质的抽象与简化，反映建筑物的空间逻辑、物理逻辑和业务逻辑等[5]，是数字仿真的核心。

软件，即建模软件、仿真软件等，包含各自的算法，是数字仿真的载体。

2）特点

（1）建模精度高。数字仿真可以用于对建筑物进行精确的建模，包括结构、机电设备、供暖通风空调等系统。通过数字仿真，可以更好地预测建筑物在不同环境和负载下的行为，从而指导设计和施工。

（2）节约成本。数字仿真可以用于避免实际试验和实地测试带来的高成本。同时，数字仿真还可以用于提高设计效率和优化施工过程，从而节约时间和人力成本。

（3）提高安全性。数字仿真可以用于模拟建筑物在不同环境和负载下的响应，从而避免实际操作可能带来的潜在危险和风险。

（4）易于控制。数字仿真可以通过改变参数和输入条件来控制建筑物的行为，用于研究不同情况下的建筑物响应，从而更好地优化建筑物设计和施工过程。

（5）可视化强。数字仿真可以用于将建筑物的行为可视化，以便设计人员和建筑师能够更好地理解建筑物的运作方式，并根据仿真结果做出更好的决策。

（6）可重复性好。数字仿真可以用于进行多次重复试验，以研究不同情况下建筑物的响应和行为，从而得到更加详细和准确的结果。

3）典型应用场景

（1）建筑物结构仿真。通过数字仿真可以模拟建筑物在不同环境和负载下的响应，以研究建筑物结构的强度和稳定性。这有助于设计师和工程师优化建筑物结构设计，并确保其符合相关的安全标准。

（2）供暖通风空调系统仿真。通过数字仿真可以模拟不同的气候条件和负载情况下，建筑物的供暖、通风和空调系统的效率和性能。这有助于优化系统设计，提高能源利用效率，降低能源消耗和运营成本。

（3）消防安全仿真。通过数字仿真可以模拟建筑物火灾的蔓延过程和烟气扩散规律，以及消防设施的性能和使用效果。这有助于设计师和工程师评估建筑物的消防安全性，并优化消防设施的设计和布局。

（4）建筑物施工仿真。数字仿真可以用于模拟施工过程中的各种操作和流程，以便优化施工计划、提高效率和降低成本。这有助于施工人员更好地理解施工过程中的各种挑战，并预测施工过程中可能出现的问题。

（5）建筑物维护仿真。数字仿真可以用于模拟建筑物在使用过程中的各种情况和问题，以研究不同维护方案的效果和可行性。这有助于维护人员优化维护计划，延长建筑物的使用寿命，并提高建筑物的可靠性和安全性。

3.2.4 虚拟现实（VR）和增强现实（AR）

1）定义

虚拟现实（Virtual Reality，VR）是指通过传感器和计算机平台，利用眼镜、头盔、耳机、手套等设备，提供交互性、沉浸式的虚拟三维动态视景空间。增强现实（Augmented Reality，AR）是指将计算机生成的虚拟物体或信息叠加到真实场景中，从而提供一种虚实交互的新体验，为用户展示更丰富有效的信息。两者的区别在于，VR强调虚拟世界的沉浸感，而AR强调在真实场景中融入计算机生成的虚拟信息，不隔断观察者与真实世界之间的联系[6]。

2）特点

（1）沉浸感。VR 让用户通过头戴式显示器和控制器等设备，感觉自己置身于一个全新的环境中。AR 则提供了一种更加现实的沉浸式体验，使用户能够与现实世界进行交互并将虚拟内容融合到其中。通过模拟真实场景、呈现三维图像等方式，让用户以更加直观、生动的方式了解建筑物的空间感和设计细节。

（2）交互性。VR/AR 是高度交互性的技术，用户可以使用手势、语音、控制器等方式与虚拟内容进行互动，从而可以帮助建筑师、工程师和设计师之间进行更加高效的沟通和协作。这种技术可以让不同的团队成员共同进入虚拟环境中，进行实时的交流和讨论。

3）典型应用场景

（1）可视化设计。VR/AR 可以将建筑设计方案呈现为具有真实感的 3D 场景，提供给建筑师和设计师更加直观、真实的感受。利用这些技术，建筑师和设计师可以深入探究建筑物内外部细节，预测和避免可能存在的问题，并进行各种不同的方案测试，以找到最佳解决方案。此外，VR/AR 技术还可以促进建筑师与设计师之间的更深入沟通和协作，从而加强对建筑外观、室内设计和空间布局等方面的优化和改进。

（2）虚拟施工。VR/AR 帮助工程师通过模拟虚拟场景来优化施工方案和流程，从而减少安全风险和成本。例如，VR/AR 可以将建筑物的数字化模型转化为 3D 虚拟场景，使得工程师可以在虚拟场景中进行施工过程的模拟和优化，提前发现可能存在的问题，并做出相应的调整。

（3）增强现实维护管理。VR/AR 可以为维护和保养人员提供更直观的指导和信息。一方面，VR/AR 可以使维护和保养人员准确定位故障点并进行修复；另一方面，VR/AR 通过在现实场景中增加建筑物设备信息，如管道、电缆等，可以提高设备的维护效率和准确性。

（4）工人安全教育和技能培训。VR/AR 可以提供安全的模拟培训环境，使工人能够在真实场景中学习如何使用工具、操作机器和执行任务。另外，VR/AR 的应用可以提高工人学习兴趣，减少对枯燥科目的排斥，还原部分实操场景，增强工人实际操纵感及对装置应用的肌肉记忆，以此达到教学目的。同时，这种培训方法可以减小事故发生的可能性，并提高工作效率。

3.3 云边端数字通信与控制类技术

3.3.1 5G

1）定义

第五代移动通信技术（5th Generation Mobile Communication Technology，5G）是具有高速率、低时延和广连接等特点的新一代宽带移动通信技术。

2）特点

（1）高速率。随移动终端用户规模不断增长，频谱资源越来越稀缺，5G 应用高频段传输，提高了高频谱资源的利用效益。不仅减小了通信设备的尺寸，且能实现短距离内的高速信息传递，满足用户容量及速率等多方面要求。5G 网络的速率是 4G 网络的 10 倍以上。

（2）低时延。5G 通过优化帧结构设计，将每个子帧在时域上进行缩短，从而实现了物理层上的时延优化。3G 网络时延约 100ms，4G 网络时延约 20～80ms，5G 网络时延下降到 1～10ms。5G 对于时延的终极要求是 1ms，甚至更低。

（3）广连接。5G 通信设施是实现人机物互联的网络基础设施。5G 不仅要解决人与人通信，为用户提供增强现实、虚拟现实、超高清视频等更加身临其境的极致业务体验，更要解决人与物、物与物的通信问题，满足超高密度、深度覆盖和超低能耗要求。最终，5G 将渗透到经济社会的各行业各领域，成为支撑经济社会数字化、网络化、智能化转型的关键新型基础设施。

3）典型应用场景

国际电信联盟（ITU）定义了 5G 的三大类应用场景，即增强移动宽带（eMBB）、超高可靠低时延通信（uRLLC）和海量机器类通信（mMTC）。eMBB 主要面向移动互联网的流量爆炸式增长，为移动互联网用户提供更加极致的应用体验；uRLLC主要面向工业控制、远程医疗等对时延和可靠性具有极高要求的垂直行业应用需求；mMTC主要面向智慧城市、智能家居等以传感和数据采集为目标的应用需求。

以下对建筑领域5G典型应用场景进行介绍。

（1）智慧工地。5G + MEC红线内SA独立组网，支持高清视频毫秒级回传；5G + AI可对未穿反光衣、未戴安全帽等行为智能报警；5G切片技术助力塔式起重机远程操控作业；实时获取摄像头信息并映射至BIM模型，实现虚实协同、进度对比；5G技术使项目管理信息的归结及交互变得更为高效，构建可视化、信息高效传递的集成工程管理平台[7]。

（2）建筑工程检测。5G凭借强穿透性，在施工现场复杂的环境中可实现信息即时高质传输。运用包括5G + 物流系统送样、5G + 检测流水线运维模式、5G + 现场检测（基坑、桩基、结构、热工等）、5G + 建筑能耗检测等[8]，可辅助实现对监测实验室的更好的管理；并可支撑智能化监测系统与各客户端的高效协同。

（3）装配式构件生产。采用5G可打通工厂基础OT网络；5G依靠高可靠、低时延的连接打通生产设备和智能应用间路径，结合边缘计算技术构建装配式全流程自动化生产线；5G + AI提升质检效率、保障安全[9]。

（4）建筑机器人。应用5G技术，助力打造稳定可远距离操控的建筑机器人，如高空远距离焊接作业机器人等。

（5）自动巡检。5G超低时延、超高带宽及5G + DNN，可支撑构建5G自动巡检系统。

（6）智能建筑。5G结合物联网可对建筑设备监控系统、安全防范系统等进行实时远程监控，助力实现建筑智能化程度的大幅度提高[10]。

3.3.2　物联网

1）定义

物联网是依托传感器、射频识别、定位系统、激光扫描等各种装置和技术，实时采集任何需要监测控制物体或过程的各种信息，通过各类网络接入，实现建筑人与人、人与物、物与物的泛在连接，达到对物品和过程的智能化感知、识别和管理[11]。

2）特点

随着物联网不断升级迭代，各类物联网装置与技术作为建筑终端的底层控制基础，其数据分析和后端服务的价值，将会从量变逐步发展到质变，在建筑监测管理中发挥着越来越重要的作用。建筑物联网的三大特点主要包括数据感知、互联传输和智能处理[12]。

（1）数据感知。指利用射频识别、二维码、智能传感器等感知设备获取建筑物体和过程的各类信息数据。

（2）互联传输。指利用专用网络与互联网相结合的方式，实时准确地传递建筑物体的信息，强调数据交互性。

（3）智能处理。指利用云计算、模糊识别、神经网络等智能计算技术，对建筑物体和过程的海量数据、信息进行分析处理，深入挖掘其可用价值。

3）典型应用场景

（1）人员管理。建筑行业人员管理的主要监测内容有基本信息、实时位置、移动轨迹、工作时长等，场景主要有人脸识别、人员定位等。人脸识别主要用摄像机等采集现场人员的图像或视频流，对建筑现场人员进行实名制考勤，实现身份精准化认证，极大提升了人员管理效率。人员定位主要采用智能安全帽、定位工牌、定位手环等设备，利用北斗、GPS等定位技术，获取现场人员的生命特征、实时位置、移动轨迹等信息，帮助建筑企业实现人员的精准化管理。

（2）机械设备。结合物联网技术，通过对机械设备的各种数据的监测和处理，可实时获取设备信息，发现设备故障，预防安全事故，提高施工效率，降低施工成本。依托物联网和人工智能技术，可以对工程机械的进场、施工、调度、结算的全流程进行智能化处理，更精准更高效地监测机械各项状态，使管理人员可以及时督查现场情况并进行远程指导设备管理，提高了管理人员的工作效率。

（3）工程材料。在建筑工程材料方面，物联网的应用包括材料识别、数量统计、相关参数获取、物流信息追踪、进场使用情况等。运用物联网技术对所有进场材料的标识牌进行扫描分析，可获得材料的详细信息，检验质量是否合格，极大地减小了人员验收材料的工作量，加快了施工的整体进度。材料进场后，运用物联网技术，可以准确获得存储材料的位置，帮助工人快速获取材料。通过智能监控手段，材料存储和使用过程出现紧急情况时，可立刻自动报警。

（4）环境能源。在建筑环境管理方面，利用环境监测仪对建筑内外的温湿度、噪声、有毒气体浓度等进行采集、存储、上传等，为建筑环境监测提供全面准确的数据，能够及时有效地发现问题，做好预防和控制工作，提升了建筑环境监测质量和监测效率。在建筑能源领域，物联网技术结合各类传感器可捕获能源消耗的实时数据，准确地分析能源使用情况，提高了建筑物能源消耗监测的准确性。

（5）质量监测。物联网应用于建筑质量监测，利用传感设备获取建筑施工各环节的实时数据信息，在数据分析后将结果直接传输到信息平台，进行统一管理[13]，可确保施工现场质量检查的完整性，实时了解工程施工质量的总体效果。物联网检测技术具有信息化的优势，运用于施工现场质量检测中，大大节省了工程质量控制成本，提升了质量监测效率。

3.3.3　自动调度与控制

1）定义

自动调度与控制是指利用信息技术，对建筑工程的各个环节进行智能化的管理和优化。它在楼宇自动控制系统、智能建造系统、智慧城市系统等场景中有较多应用，有利于提高建筑质量、效率和安全性，节约资源和能源，降低环境污染和碳排放，实现建筑业的高质量发展。

具体来说，自动调度与控制包括以下几个方面：

（1）任务分配。通过对项目进行明确和细化，将项目分解为若干个可执行的任务，并根据任务的特征进行合理的分配。

（2）进度跟踪。通过对项目的实际进展情况进行定期或不定期的监测、记录、汇报和反馈，与项目计划进行对比和分析，及时发现和解决进度偏差，保证项目按期完成。

（3）质量监控。通过对项目设计、施工、验收等各个阶段进行质量检查和评价，采用相应的质量标准和检验方法，及时纠正和预防质量问题，提高工程质量[14]。

（4）安全管理。通过对项目施工现场进行安全检查和教育，采用相应的安全规范和措施，及时消除和避免安全隐患，防止事故发生。

（5）资源调配。通过对项目所需的人力、物力、财力等资源进行合理的分析和预测，根据项目的实际情况进行动态的调整和分配，优化资源利用率，减少资源浪费。

2）特点

（1）定制化。定制化是指根据不同类型的项目（如住宅、商业、工业、公共设施等）的特定需求、条件、标准和风险，进行定制化的管理和优化。定制化可以提高项目的可控性和协调性，避免任务冲突和重复。

（2）智能化。智能化是指利用人工智能、物联网、云计算等先进的信息技术，对项目的各个环节进行智能化分析、决策、执行和监控，提高了项目的效率和质量，降低了项目的成本和风险。

（3）多维化。多维化是指不仅关注项目的进度和质量，还关注项目的安全性、资源效率、环境友好性等多个维度，实现项目的可持续发展。

3）典型应用场景

（1）楼宇自动控制系统。是指通过网络化方式对楼宇内的机电设备进行综合管理、调度、监视、操作和控制，提高楼宇的运行效率和安全性，节约能源和成本，提升楼宇的舒适度和智能化水平。楼宇自动控制系统包括门禁控制系统、中央空调监控及计量计费系统、消防报警及火灾控制系统、停车场管理系统、安防系统、楼宇对讲系统等。

（2）智能建造系统。利用数字化技术对建筑施工过程进行智能化的规划、设计、协调、执行和监督，以提高施工质量、效率和安全性，减少施工资源的浪费和风险。智能建造系统借助 BIM 技术、装配式建筑技术、无人机技术、3D 打印技术、机器人技术等，可以实现对施工现场的实时监测、精准定位、快速反馈和自主调整[15]。

（3）智慧城市系统。利用信息通信技术对城市的基础设施、公共服务、社会治理等进行智能化的连接、感知、分析和优化，以提高城市的运行效率和服务水平，增强城市的活力和韧性。智慧城市系统包括智慧交通系统、智慧能源系统、智慧环境系统、智慧医疗系统、智慧教育系统等，可以实现对城市的全面感知、动态管理和协同创新[16]。

3.3.4 边缘计算

1）定义

根据边缘计算标准组织（ETSI MEC ISG）给出的定义：任何不是传统数据中心的计算节点都可以成为的边缘计算节点。结合这个定义，边缘计算是指在靠近数据源头的一侧，采用集网络、计算、存储、应用核心能力为一体的开放平台，就近提供近端计算服务的服务模式。

简单来说，边缘计算是将从终端采集到的数据，直接在靠近数据产生的本地设备或网络中进行分析，无需再将数据传输至云端数据处理中心。

2）特点

边缘计算呈现出 6 大特点：可以提供更快的响应时间，数据不需要从中央位置传输到边缘；可以减少存储和带宽成本，只需要将少量数据传送到中央位置；可以改善安全性，数据不会通过公用网络进行传输；可以大大减少对云服务的依赖；可以在物理位置上处理和分析数据；可以带来新的应用场景，如物联网、机器人、无人机、工业 4.0 和连接式自动驾驶汽车等。

3）典型应用场景

基于实时处理数据的能力、特性以及更快的响应时间，边缘计算非常适合被应用于物联网领域，通过具有边缘计算能力的物联网关就近（网络边缘节点）提供设备管理控制等服务，解决物联网通信“最后一公里”的问题，最终实现物联网设备的智慧连接和高效管理。

边缘计算物联网架构如图 3-1 所示。它聚焦于工业物联网领域，不仅支持丰富的工业协议和物联接口，可以广泛适应不同行业设备的连接场景，而且通过开放的边缘计算能力和云管理架构，快速满足不同行业边缘智能数据处理诉求。

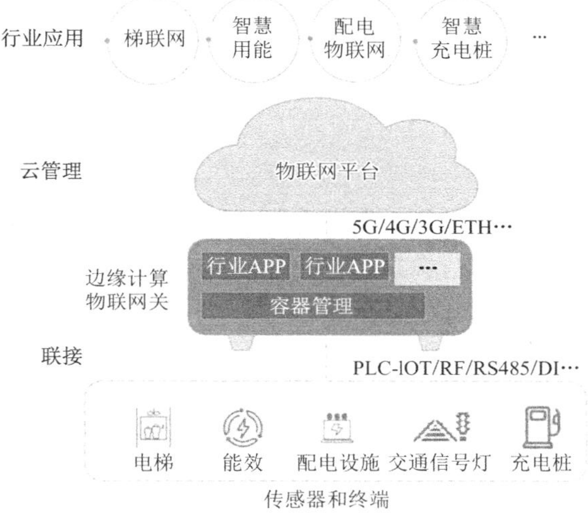

图 3-1 边缘计算物联网示意图

物联网平台提供标准的开放接口，实现与不同合作伙伴的行业应用系统开放对接，构建起广泛的行业适应性，可开发更多契合行业场景，深度定制化物联网行业应用。在建筑业中，边缘计算的典型应用场景有以下几个方面：

（1）目标检测模型的开发和训练。运用目前先进的深度学习模型和机器学习算法，面向建筑工地场景，设计和开发适合于特定目标的自动识别的模型算法。利用深度学习和数据驱动的方式，学习图像和视频中目标的特征，设计识别模型，形成能够用于识别实际工地场景中具体任务的通用算法。

（2）异常行为检测模型的开发和训练。建立端到端的深度学习模型，检测和识别建筑工地中的特定异常行为。以钢筋加工行为规范化识别模型的开发和训练为例，针对钢筋加工视频数据的特点，设计端到端的深度学习模型，对视频中的行为进行工序的分割和识别；进一步定义规范化行为的模型，构建工序流与正常行为模板的相似性判定算法，实现对异常行为（包括但不限于工序是否缺失、顺序是否正确）的识别。运用训练样本集进行端到端的模型训练；测试不同模型参数对识别精度、速度的影响。

（3）模型加速和监测系统的部署。将监测系统部署到实际应用场景的边缘计算服务器上，通过分布式计算可以有效的缓解将数据传输到云平台进行识别导致的数据处理压力大、响应不及时等问题[17]。利用物联网技术，在终端摄像头一侧实现数据的采集和简单筛选，将筛选后的数据传输到边缘计算服务器进行识别可以有效降低延时、提升系统的响应速度。然而由于资源和功耗的严格限制，在边缘设备上进行实时图像处理仍然是一项具有挑战性的任务。基于深度学习的目标检测算法精度高但参数量大，无法直接在边缘设备上运行。在云计算服务器上训练得到的是精度较高的模型，一般存在结构复杂、参数量大，无法适应边缘计算设备的较小算力问题，因此需要对模型进行整理、剪枝和低秩分解层等操作来进行模型压缩，或者设计实现硬件加速器的方法使得模型变为能够在边缘设备上运行的轻量化模型[18]。

3.4　数据分析类技术

3.4.1　数据分析与挖掘

1）定义

数据分析与挖掘是指从大量数据中提取有意义的信息和模式，通过应用统计学、机器学习和数据挖掘技术，对数据进行探索、转化和建模的过程。它涵盖了数据清洗、数据转换、特征提取、模式识别和预测建模等步骤，旨在发现隐藏在数据中的见解、关联、趋势和预测能力，并将这些发现应用于问题解决、决策支持和业务优化。数据分析与挖掘帮助组织从数据中获得洞察，发现新的机会，并提供基于数据的科学依据，以推动创新、提高效率和取得竞争优势[19]。

2）特点

（1）发现隐藏模式和趋势。通过对大量数据的探索和分析，发现其中的隐藏模式、趋势和关联。它能够用于揭示数据中的有价值的信息，帮助人们从数据中获得深入洞察，并作出更好的决策。

（2）探索性分析。数据分析与挖掘是一种探索性的过程，它能够用于发现未知的知识和新的见解。通过对数据的探索、可视化和统计分析，可以发现数据中的规律和规则，从而提供新的观点和假设，推动进一步的研究和发现。

（3）综合多个数据源。可以用于整合来自多个数据源的数据，包括结构化数据和非结构化数据。通过整合多个数据源，可以获得更全面和综合的数据视角，帮助更好地理解数据背后的关系和现象。

（4）非线性关联识别。可以用于识别和分析数据中的非线性关联关系。它不仅能够发现简单的线性关系，还能够发现复杂的非线性关系，如交互效应、非线性趋势等，有助于更准确地理解数据中的相互作用和影响。

3）典型应用场景

（1）质量分析与改进。通过对工程项目的质量数据进行分析与挖掘，可以识别出潜在的质量问题和关键因素，并提供改进措施。例如，分析施工过程中的缺陷报告和质量检测数据，发现常见的质量问题和其原因，并制定相应的改进方案。

（2）施工进度预测与优化。通过对历史工程项目数据和相关因素进行分析与挖掘，可以预测施工进度，并优化施工计划。例如，结合资源分配、施工方法、天气等因素的影响，通过建立模型和算法，可以预测工程项目的施工进度，并进行决策优化以降低延期风险。

（3）成本分析与控制。通过对工程项目成本数据进行分析与挖掘，可以识别成本变化的模式和趋势，以及影响成本的关键因素。这有助于制定更精确的成本预测和控制策略，以降低成本风险和提高项目的经济效益。

（4）设备维护与性能优化。通过对设备运行数据和维护记录进行分析与挖掘，可以助力设备的预测性维护和性能优化。例如，通过监测设备的工作状态和故障模式，预测设备故障的可能性，并制定合理的维护计划，以减少设备停机时间和提高设备可靠性。

（5）工程风险评估与管理。通过对历史项目数据和风险因素进行分析与挖掘，可以识别潜在的工程风险和其影响程度。这有助于制定风险管理策略、评估风险影响，并采取适当的措施以降低风险对工程项目的不利影响。

3.4.2　数据资产

1）定义

数据资产是指具有经济和商业价值的数据资源，由组织或个人合法拥有和管理。这些数据可以用于支持决策制定、优化业务流程、洞察市场趋势等，具有可度量性、可管理性和可流通性，同时可以衍生出新的洞察和价值。有效管理和利用数据资产对于组织的成功和竞争优势至关重要[20]。

2）特点

（1）价值。数据资产具有一定的经济和商业价值。它们可用于支持决策制定、洞察市场趋势、优化业务流程等，从而为组织带来收益或降低成本。

（2）可度量性。数据资产通常可以被量化、测量和评估。例如，数据资产的价值可以通过其对业务绩效的影响或在市场中的价值来衡量。

（3）拥有权。数据资产可以由组织或个人合法拥有。这意味着它们受到法律和合同的保护，并可以根据需求进行管理、访问和共享。

（4）可管理性。数据资产需要被管理和维护，以确保其准确性、完整性、安全性和可用性。这包括数据质量管理、数据安全措施和访问控制等。

（5）可流通性。数据资产可以在组织内部或与合作伙伴之间进行共享和交换。这有助于促进信息流动和合作，支持跨部门或跨组织的决策制定和业务运营。

（6）可衍生性。数据资产可以用于派生新的洞察、分析和价值。通过对数据进行分析、挖掘和整合，可以发现新的业务机会、优化运营过程或改进决策。

3）典型应用场景

数据资产管理可以帮助行业客户沉淀主数据，建设企业自身的数据仓库，确保数据的准确性、一致性和完整性，以支持业务分析和决策制定。以下是一些典型的应用场景：

（1）工程设计与优化。可以包括工程设计参数、建筑模型、材料属性等。通过有效管理和利用这些数据，可以进行工程设计的优化和模拟，以评估不同设计方案的性能、可行性和成本效益。

（2）施工进度与资源管理。可用于管理施工进度和资源分配。通过收集和分析施工现场的实时数据，可以实现对施工进度、材料需求和人力资源的有效管理，以确保项目按计划进行。

（3）质量控制与风险管理。数据资产在质量控制和风险管理中起着重要作用。通过收集和分析质量检测数据、安全记录和风险评估，可以实现对工程质量和安全风险的监控。

（4）设备维护与运营。数据资产在设备维护和运营中起着关键作用。通过收集设备的运行数据、传感器输出等，可以进行设备状态监测、预测性维护和性能优化，以提高设备的可靠性和效率。

（5）项目协调与合作。数据资产有助于项目协调和合作。通过共享和集成各方的工程数据，可以实现不同团队之间的协作和信息共享，提高沟通效率和项目整体协调性。

（6）决策支持与洞察发现。数据资产提供了对工程建造项目的洞察和决策支持。通过数据分析和可视化，可以发现项目中的趋势、问题和潜在机会，为决策制定和问题解决提供科学依据。

3.4.3　数据可视化

1）定义

数据可视化是指通过图表、图形、地图和其他可视化方式将数据转化为易于理解和解释的视觉表现形式的过程。它使用视觉元素和交互性来展示数据的模式、关系和趋势，以便用户能够更直观地理解数据，并从中获得洞察和决策支持[21]。

2）特点

（1）可视化呈现。数据可视化以视觉形式展示数据，通过图表、图形、地图等可视元素将抽象的数据转化为直观的图像，使人们能够更容易理解和解释数据。

（2）提供洞察力。数据可视化可以用于揭示数据中的模式、关联和趋势，帮助用户发现隐藏在数据中的洞察和见解。通过视觉化的方式，数据之间的关系和变化可以更清晰地呈现，促使人们发现新的发现和理解。

（3）强调重点。通过选择合适的视觉元素和布局，数据可视化能够突出数据中的重点和关键信息。通过使用颜色、形状、大小等视觉编码，关键数据点或趋势可以更加显眼，帮助用户快速识别和理解重要内容。

（4）交互性。数据可视化通常具有交互性，用户可以与图表或图形进行互动，探索数据的不同方面和细节。通过悬停、缩放、过滤等交互操作，用户可以根据需要调整视图，深入探索数据，并从不同角度分析和解释数据。

（5）简化复杂性。可以帮助简化复杂的数据集和信息。通过将数据分解为可视化元素，可以将大量和复杂的数据呈现为更简洁、易于理解的形式，减少信息过载和认知负担。

（6）故事叙述。可以用于讲述数据的故事。通过将多个视觉元素和图表组织成有逻辑和连贯性的方式，可以帮助用户构建和传达数据的故事，引导观众从数据中获得有意义的信息和理解。

3）典型应用场景

（1）项目进展和工程管理。数据可视化可以用于展示工程项目的进展情况、工作完成情况和资源分配情况。通过图表、仪表盘或甘特图等可视化方式，可以清晰地展示项目的时间轴、任务进度、资源利用情况等，帮助项目管理者进行实时监控和决策。

（2）施工现场监测和安全管理。可以将实时传感器数据、监控摄像头图像等信息以图表、地图或视频流的形式展示，实现对施工现场的实时监测和安全管理。通过可视化呈现，可以及时发现异常情况、安全隐患，并采取必要的措施。

（3）质量控制和质量评估。可以展示质量控制指标、检测结果和问题追踪情况。通过可视化图表和图形，可以对材料、施工质量、工序合格率等进行监测和评估，及时发现潜在的质量问题，并采取措施进行改进。

（4）设备监控和维护。可以帮助监测和管理工程设备的状态和维护情况。通过可视化展示设备运行数据、故障记录和维护计划，可以实时监控设备的性能、提醒维护需求，并进行预测性维护，以减少设备故障和停机时间。

（5）能源管理和环境监测。可以用于展示建筑和工程项目的能源消耗情况、环境指标和碳足迹。通过可视化图表和趋势分析，可以发现能源浪费和环境问题，提供优化建议和节能方案，促进可持续发展和绿色建筑。

3.4.4 数据治理

1）定义

数据治理是一种跨职能的框架，涵盖组织内部的策略、流程、规则和指导原则，以确保数据的正确性、一致性、完整性和可靠性。它涉及与数据相关的人员、流程和技术的合作，以有效管理和利用数据。数据治理是一种组织级别的方法和实践，旨在确保数据的质量、可用性、合规性和安全性，以支持数据驱动的决策和业务目标的实现[22]。

2）特点

（1）强质量管理。数据治理注重数据质量，包括准确性、完整性和一致性。它建立数据质量标准和度量指标，并实施数据清洗、验证和修复等措施。

（2）合规性和安全性。数据治理用于确保数据的合规性和安全性，包括数据隐私保护、访问控制、数据分类和加密等措施，以符合相关法规和内部政策。

（3）数据持有者和责任。数据治理用于明确数据的所有权、责任和治理角色。它建立数据持有者，并确保他们对数据的管理和使用负责。

（4）流程和规范。数据治理用于建立适当的数据流程、规范和标准，以确保数据的一致性和可靠性，包括数据采集、存储、传输和共享等方面。

（5）持续改进。数据治理是一个持续的过程，它用于不断评估和改进数据管理实践。如通过监测数据质量、反馈机制和持续培训，以提高数据治理的效果和成熟度。

3）典型应用场景

（1）数据标准化与一致性。在工程建造项目中，涉及大量的数据源和数据类型。数据治理可以确保数据的标准化，制定统一的数据定义和格式，使不同数据源的数据在整个项目中保持一致性，从而提高数据质量和可比性。

（2）数据质量管理。可以帮助识别、评估和改善工程建造数据的质量问题。通过制定数据质量标准和规则，进行数据清洗、校验和验证，可以提高数据的准确性、完整性和一致性，降低错误和冗余数据的影响。

（3）数据安全与隐私保护。在工程建造领域，涉及敏感的项目数据和个人身份信息。数据治理可以确保适当的数据安全和隐私保护措施得以实施，例如访问控制、数据加密和数据脱敏，以保护数据的机密性和隐私性。

（4）数据集成与共享。在复杂的工程建造项目中，需要整合来自不同系统和数据源的数据。数据治理可以提供数据集成和共享的规范和机制，确保数据在不同系统和团队之间的无缝交流和共享，促进协作和决策的一致性。

（5）数据生命周期管理。工程建造项目涉及数据的收集、存储、处理和归档等不同阶段。数据治理可以确保数据在完整生命周期得到有效管理，包括数据的创建、变更、存储和删除，以满足合规要求和业务需求。

3.5　建筑机器人关键共性技术

建筑机器人与工业机器人相比，工业机器人是固定进行操作的，物料是移动配合的，而建筑机器人是移动作业的，建筑物是固定被施工的[23]。所以建筑机器人除了有人机交互意图理解与协调控制一般特性，还要求有可移动的灵活性，能在非稳定基础上和受约束的空间内完成特定的建筑作业工序。

3.5.1　人机交互意图理解与协调控制

1）定义

人-机器人交互（Human-Robot Interaction，HRI）是将工程学、机器人学、心理学、社会学、设计学等学科思想结合在一起，通过声音、手势、姿态、动作、触摸甚至情绪等表达方式，人与机器人进行信息传递和转换，旨在消融这两个智能系统间的通信和对话界线，使得人与机器人的信息交流便捷而自然[24]。

2）特点

充分利用虚拟现实、人工智能、高速通信、网络计算等技术，实现“虚物实化”和“实物虚化”，消除物理对象和抽象对象、输入装置和输出装置在交互空间中的差别，提高人机交互的自然性，其特征体现在：

（1）以用户为中心（Human-Centered）。以用户需求为出发点，使 HRI 的外在形式和内部机制能符合用户需要。利用语音、手势、笔划等自然方式，不受限制地与机器人进行交互，满足用户个性化的需要，又使得用户不耗费大量学习成本。

（2）多模态（Multimodal）交互。使用同等方式将两种或两种以上输入模态相结合的技术，其重点是将基于诸如语音识别、笔形手势识别、视觉等传感技术集成到机器人感知系统中。

（3）多媒体感知（Multimedia Perceptive）。机器人利用其感知系统及推理能力对来自用户需求的信号进行识别、集成和协调，并以人类易理解的多媒体信息为用户提供输出信息。

3）典型应用

HRI 是不同类型和层面技术的集成，使人与机器人交互更加自然，典型应用主要在以下几个方面：

（1）语音交互（Speech-Based HRI）。语言交互的核心是语音识别，其任务就是利用语音学和语言学知识，先对语音信号进行基于信号特征的模式分类得到拼音串，再利用语言学知识对拼音串进一步处理，得到一个符合语法和语义的句子[25]。

（2）笔迹交互（Pen-Based/Calligraphic HRI）。用户借助鼠标、笔迹交互器及触摸屏等设备用手自由地书写或绘制各种文字和图形，计算机对这些输入对象进行识别和理解。它具有自然、简便，可表达不完备的模糊概念，有利于创造性思想、抽象思维的快速表达。

（3）视觉交互（Vision-based HRI）。在HRI中采用计算机视觉作为有效的输入模态，探测、定位、跟踪和识别用户交互中有价值的行为视觉线索，进而预测和理解用户交互意图并做出响应。

（4）情感交互（Affection-based HRI）。通过各种传感器获取由人的情感所引起的表情及其生理变化信号，利用"情感模型"对这些信号进行识别，从而使机器人理解人的情感并做出适当的响应。

（5）可穿戴交互（Wearable HRI）。这种交互方式由微型的、附在人体上的计算机系统来实现，使人的感知能力得以增强，并主动感知穿戴者的状况、环境和需求，自主地做出适当响应，从而弱化了"人操作机器"，而强化了"机器辅助人"。

（6）虚拟交互（VR HRI）。虚拟现实的基本原理是采用摄像或扫描的手段来创建虚拟环境中的事件和对象，生成一个逼真的三维视觉、听觉、触觉或嗅觉等感觉世界，让用户对这个虚拟世界进行浏览和交互。

（7）人脑交互（Brain-Computer Interaction）。通过测量头皮或者大脑皮层的电信号来感知用户相关的大脑活动，从而获取命令或控制参数。

3.5.2 约束空间下的轨迹规划

1）定义

轨迹规划（Trajectory Planning）包括两个方面：对于移动机器人（Mobile Robot）偏向于指移动的路径轨迹规划（Path Planning）[26]，如机器人是在有地图条件或是没有地图的条件下，按什么样的路径轨迹来行走；对于工业机器人/操作臂（Manipulator）则意指两个方向，机械臂末端行走的曲线轨迹，或是操作臂在运动过程中的位移、速度和加速度的曲线轮廓。约束包含了时刻（状态）的线性约束（起始终止点的位置、连续、边界交点的框约束）、连续性的线性约束。

约束空间下的轨迹规划是指在复杂的建筑环境中，通过考虑约束条件（如建筑结构、设备布局等）进行路径规划和运动控制。

2）特点

该技术需要建筑机器人能够根据建筑物的几何形状、障碍物的位置和约束条件，生成合适的轨迹，以完成任务并避免碰撞或违反约束[27]。

其中，约束可分为硬约束和软约束。

（1）硬约束方法。将所有的安全区都视为等价，同时解空间对噪声较为敏感。其不足之处在于，首先当生成的轨迹与障碍物的安全距离不足时，若控制精度较差，有可能最后的机器人会与障碍物发生碰撞。其次基于视觉传感器的机器人，传感器的范围往往较为有限，传感的质量也不会太高。同时感知的环境中可能有噪点，前端找出的可通行区域（飞行走廊）的质量会有所下降[28]。

（2）软约束方法。环境会施加一个推力在优化的轨迹上，在目标函数设计合理的情况下，用软约束的方法可以把轨迹优化在更合理的区域。软约束是使得约束尽可能满足，所以当目标函数设计得不好或者参数调得不好，可能会使得轨迹与障碍碰撞。

3）典型应用场景

（1）室内导航和定位。建筑机器人需要在室内环境中进行导航和定位，以完成特定任务，如巡检、清洁、物品交付等。在复杂的室内空间中，机器人需要规划合适的轨迹，以避开障碍物、遵守安全规定，并在最短时间内到达目的地。[29]

（2）自动物料搬运。在建筑施工和物流领域，机器人可以用于自动化物料搬运。机器人需要在约束空间内规划适当的轨迹，以避免碰撞、通过狭窄的通道和门，以及适应不同类型的地面。

（3）建筑施工路径规划。在建筑施工过程中，机器人可以用于各种任务，如混凝土浇筑、砖瓦铺设等。机器人需要在施工现场内规划路径，以最优的方式移动并执行任务，同时避开其他施工设备和人员，遵循建筑物的结构和约束条件[30]。

（4）协作机器人操作。在协作机器人系统中，不同类型的机器人需要在共享空间内进行协调操作。它们需要规划适当的轨迹，以避免碰撞，并在实时更新的约束条件下协同工作，以完成复杂的任务，如装配、拆卸等。

（5）室外建筑维护。在室外建筑维护和保养中，机器人可以用于清洁窗户、维修外墙等任务。机器人需要在约束空间内规划合适的轨迹，以适应建筑物的结构和外部环境条件，并确保操作的安全性和高效性。

3.5.3 非稳定基础的精确作业

1）定义

建筑机器人非稳定基础的精确作业是指建筑机器人在面对不稳定或不规则基础条件下，能够执行精确的操作和定位的技术。这种技术要求建筑机器人能够适应并应对基础的不平坦、倾斜、不规则等情况，以实现精确的施工、维护、检测或其他任务。

2）特点

建筑现场往往环境复杂，对机器作业存在多种干扰因素，要求机器人具备复杂环境下稳定作业的能力[31]，建筑机器人非稳定基础的精确作业关联技术需要建筑机器人通过传感器和控制系统实现对基础的实时感知和反馈，以保持稳定和精确的操作。

（1）感知和定位能力。建筑机器人需要通过传感器和定位系统感知和获取基础的实时信息，包括地面形状、倾斜度、不规则性等，以确保准确的作业定位和姿态控制。

（2）稳定性和控制能力。机器人必须具备稳定性和精确的运动控制能力，以应对不稳定基础条件下的挑战。例如在高空作业时，往往会存在一定幅度的扰动，在这种干扰下，会对作业的精度造成较大影响[32]，建筑机器人想要在晃动中依然能够实现精准定位，就要求它们需要配置自适应控制算法，通过实时反馈调整运动和姿态，以保持稳定性和精确性。

（3）路径规划和避障。建筑环境下，无论是地形地势还是现场障碍物分布情况，都比较复杂，为了适应建筑现场复杂环境，建筑机器人需要能够在非稳定基础上规划合适的路径，并避开障碍物、不规则地形等[33]，确保安全、高效的作业。

3）典型应用场景

（1）高空作业。建筑机器人可以在高空环境中进行精确定位和操作，如在高层建筑外墙进行清洁、维修或喷涂。这些作业通常需要机器人具备强大的稳定性和控制能力，以应对高空风力、建筑结构振动等挑战[34]。

（2）倾斜或不平坦地面作业。在不平坦或倾斜的地面上，建筑机器人可以进行精确的作业，如在斜坡上进行土方工程、悬崖边进行勘测和测量等。机器人需要通过传感器和控制系统实时感知地面的情况，并调整操作策略以保持稳定和精确性。

（3）水下作业。在水下环境中，建筑机器人可以执行精确作业，如水下焊接、检测、修复等任务。机器人需要应对水流、水压和水下能见度等挑战，通过自主导航和精确控制来完成任务。

（4）复杂地形勘测和施工。建筑机器人可以在复杂地形中进行精确的勘测和施工，如山区或森林中的道路修复、地下管道的布置等。机器人需要适应不规则的地形，通过传感器和实时定位技术来获取地形信息，并进行精确的操作。

3.6 其他数字技术

有些信息技术在建筑行业还处于刚刚起步阶段，或者是初试用阶段，本节选择了机器学习、元宇宙、数字孪生、算法预测与优化 4 项技术，列举了一些适合场景，随着数字化转型的深入，这些技术也会有更加广泛的应用。

3.6.1 机器学习

1）定义

机器学习（Machine Learning）是一种人工智能领域的应用，利用经验来改善计算机系统自身的性能，由于“经验”在计算机系统中主要是以数据的形式存在的，因此机器学习需要运用机器学习技术对数据进行分析，这就使得它逐渐成为智能数据分析技术的创新源之一。[35]简单来说，机器学习就是让计算机通过数据学习，不断调整和优化算法和模型，从而可以自动地完成某种任务，比如分类、预测、推荐等。

机器学习通常包括三个主要步骤：数据预处理、模型构建和模型训练。在数据预处理步骤，需要对数据进行清洗、去重、归一化等处理，从而提高数据的质量和可用性；在模型构建步骤，需要选择合适的算法和模型，构建出可以处理特定任务的模型；在模型训练步骤，需要利用已经标记好的数据来训练模型，不断优化模型的性能和准确度。

2）特点

（1）自动化。可以让计算机自动地从数据中学习和提取规律，自动地进行预测和决策，从而提高了工作效率和准确度。

（2）智能化。可以让计算机通过学习和优化算法和模型，不断提高对数据的理解和分析能力，从而实现智能化的处理和决策。

（3）灵活性。可以根据不同的任务和数据，选择合适的算法和模型，从而具有很强的灵活性和适应性。

（4）迭代性。机器学习是一个迭代的过程，在模型训练过程中可以不断地调整和优化算法和模型，从而不断提高模型的准确度和性能。

（5）数据驱动。机器学习是基于数据驱动的，需要大量的数据来训练和优化模型，从而提高模型的泛化能力和准确度。

（6）可解释性。可以通过可视化和解释模型的方式，帮助人们理解和解释模型的决策过程，从而提高对模型的信任和可靠性。

（7）可扩展性。机器学习是一种可扩展性强的技术，可以通过增加数据和模型的规模来扩展其能力和应用范围。

3）典型应用场景

机器学习可以应用于图像和语音识别、自然语言处理、数据挖掘和预测、智能推荐、自动驾驶、工业制造等领域，在建筑业中也有着广泛的应用，以下是一些主要的应用场景：

（1）建筑设计优化。通过对建筑数据和历史项目的学习，提供建筑设计优化的建议，从而提高建筑设计的效率和质量。

（2）建筑材料预测。通过对建筑材料数据的学习，实现建筑材料的预测和优化，从而提高建筑的质量和可持续性。

（3）施工质量控制。通过对施工数据的学习，实现施工质量的自动检测和控制，从而提高施工的效率和质量。

（4）建筑安全预测。通过对建筑数据和历史事故的学习，实现建筑安全的预测和风险评估，从而提高建筑的安全性和可靠性。

（5）能源管理和优化。通过对建筑能源数据的学习，实现建筑能源的管理和优化，从而提高能源的利用效率和可持续性。

（6）建筑智能化。通过对建筑数据和用户行为的学习，实现建筑的智能化控制和管理，从而提高建筑的舒适性和便捷性。

（7）建筑数据分析。可以应用于建筑数据分析中，通过对建筑数据进行分析和挖掘，发现建筑的潜在问题和改进空间，提高建筑的管理和效益。

（8）通过机器学习的应用，建筑行业可以实现数据驱动、智能化和可持续化的转型，从而提高建筑的设计、施工、运营和管理的效率和质量，帮助建筑行业实现更加智能和高效的数据处理和决策。

3.6.2 元宇宙

1）定义

元宇宙（Metaverse）是一个虚拟的数字世界，由多个虚拟现实环境和物品组成，用户可以在其中创建、探索和交互。“元宇宙”是一个平行于现实世界，又独立于现实世界的虚拟空间，是映射现实世界的在线虚拟世界，是越来越真实的数字虚拟世界。[36]它是一种集成了虚拟现实、增强现实、人工智能等技术的综合体，提供了一种全新的数字交互方式。是人类运用数字技术构建的，由现实世界映射或超越现实世界，可与现实世界交互的虚拟世界，具备新型社会体系的数字生活空间。

元宇宙通常被描述为一个类似于《黑镜》中的圣朱尼配罗（San Junipero）和《第二人生》的虚拟空间，其中用户可以创建自己的虚拟身份并与其他人交互，进行各种活动，比如购物、学习、游戏、社交等。

2）特点

（1）虚拟性。元宇宙是一个虚拟的数字世界，由计算机技术和算法构建而成，与现实世界有所区别，用户可以在其中进行各种虚拟活动和交互，如游戏、虚拟现实、社交网络、数字艺术等。

（2）沉浸性。元宇宙是一个全息的数字世界，用户可以在其中感受到真实世界的物理属性，如重力、光线、声音等，为用户提供沉浸式的虚拟体验，让用户感觉自己置身于真实世界之中，可以与虚拟环境和虚拟角色进行互动。

（3）开放性。元宇宙是一个开放的世界，它的技术和功能基于公开的标准和协议，不同的开发者和用户可以自由地交互和合作，创建和分享各种类型的虚拟体验和内容，从而创造出更加多样和丰富的虚拟体验。

（4）互联性。元宇宙是一个高度互动的数字世界，用户可以在其中进行各种虚拟交互，包括语音、文字、图像、视频、手势等，将不同的虚拟环境和虚拟物品进行连接和互通，形成一个整体，用户可以在其中自由穿梭和交互。

（5）价值性。元宇宙是一个具有价值的数字世界，其中的虚拟资产和虚拟身份可以被视为一种新的资产和财富，可以被交易、出售、购买或租赁，用户也可以通过创作等方式获取和增值。

（6）可持续性。元宇宙需要庞大的计算和存储资源来支持其运行，它的经济、社交和文化等方面的发展需要建立在环境、社会和经济可持续性的基础之上，需要采用可持续的技术和能源，保证其可持续发展，以避免对现实世界造成负面影响。

3）典型应用场景

元宇宙在社交、游戏、旅游、商业、教育、医疗等场景均有应用，在建筑业中也有着广泛的应用：

（1）虚拟仿真和设计。元宇宙可以用于建筑设计和虚拟仿真，在其中可以创建和修改建筑模型和场景，进行虚拟现实和增强现实的体验，从而更好地展示建筑设计方案。

（2）建筑演示和展示。元宇宙可以用于建筑展示和演示，包括展示建筑外观、内部结构和空间布局等方面的信息，从而让用户更好地了解建筑和体验建筑。

（3）交互式建筑导览。元宇宙可以用于建筑导览和交互式体验，让用户可以在其中进行虚拟导览和交互式体验，了解建筑的历史、文化和艺术价值，以及建筑内部空间和功能的布局和使用。

（4）建筑教育和培训。元宇宙可以用于建筑教育和培训，提供虚拟的建筑学习和培训环境，让学生和从业人员能够更好地学习和体验建筑知识和技能。

（5）建筑管理和维护。元宇宙可以用于建筑管理和维护，包括建筑设备的监控和维护、建筑物流和运输的管理、建筑安全和环保等方面的管理。

（6）通过元宇宙的应用，建筑行业可以实现虚拟化、智能化和数字化的转型，从而提高建筑的设计、施工、维护、展示和管理的效率和质量，降低成本和风险，促进行业的可持续发展。

3.6.3 数字孪生

1）定义

数字孪生[37]是指通过数字化技术将实体物理系统或过程与其对应的虚拟模型进行实时关联和同步，以实现实时监测、预测和优化。数字孪生的核心概念是将物理世界的数据收集、传输和处理与计算机模型的建立、仿真和分析相结合，以实现对实体系统的全面理解和优化。通过数字孪生，可以实时获取物理系统的状态信息、模拟不同情景下的运行效果，并进行智能分析和决策，从而提升生产效率、降低成本，并改善产品的设计和性能。

2）特点

（1）实时性。通过实时数据传输和同步，数字孪生反映了实体系统的最新状态，可以实时监测和分析系统的运行情况。

（2）虚实结合。数字孪生将实体系统与其虚拟模型相结合，实现了物理世界与数字世界的紧密关联，通过虚拟模型对实体系统进行仿真、预测和优化。

（3）全面性。可以用于收集和整合多源数据，包括传感器数据、设备数据、环境数据等，提供全面的系统状态和运行信息，帮助实现全面的系统理解和分析。

（4）可视化。通过数字孪生，可以将复杂的系统信息以直观的方式展现，通过可视化界面呈现出实体系统的运行状态、性能指标和优化方案，便于决策和沟通。

（5）预测性。基于数字孪生的虚拟模型和智能分析算法，可以对实体系统进行预测和模拟，预测未来的运行情况、识别潜在问题，并提供优化方案和决策支持。

3）典型应用场景

（1）设计优化与验证。可以用于建造项目的设计阶段，通过创建虚拟模型来模拟和验证不同设计方案的效果。它可以帮助工程师和设计师评估建筑、桥梁、道路等工程项目的性能和可行性，从而优化设计并减少潜在的问题和风险。

（2）施工模拟和规划。可以用于模拟建筑工程的施工过程，包括材料运输、装配、施工顺序等。通过在虚拟环境中进行施工模拟，可以预测和解决可能出现的冲突、碰撞或进度延误，优化施工计划和资源分配，提高施工效率和安全性。

（3）设备维护和管理。可以帮助监测和管理建筑设备的运行状态和健康状况。通过与传感器数据的实时连接，数字孪生可以提供设备的实时监测、故障预警和维护建议，从而实现设备的智能化管理和预防性维护，降低维修成本和提高设备可靠性。

（4）运营优化。可以用于实时监测和分析建筑物的能源消耗、运行效率等关键指标，帮助优化能源利用、室内环境控制和设备调度等运营策略。它可以提供数据驱动的决策支持，帮助降低运营成本、提高建筑物的可持续性和舒适性。

（5）可视化展示与交流。可以用于将复杂的建筑工程数据以可视化的方式展示，使工程团队、项目经理和利益相关者能够更好地理解和沟通。通过交互式的虚拟模型，人们可以在建筑物的各个层面进行导航、查看和分析，促进合作和决策的制定。

3.6.4 预测与优化算法

1）定义

算法是指一系列明确规定的操作步骤，用于解决特定问题或执行特定任务的计算方法。它描述了从输入数据到输出结果的精确计算过程，通过一系列逻辑和数学运算来处理数据和实现特定的计算目标。算法可以是数学表达式、流程图、编程代码等形式，具有确定性和可重复性，能够在计算机或计算设备上执行。算法是计算机科学和数学领域的重要概念，预测与优化算法在解决工程问题中发挥着关键作用[38]。

2）特点

（1）预测能力。能够通过学习历史数据的模式和规律，进行预测和推断未来事件或结果。它可以利用统计学、机器学习和人工智能等技术，从数据中发现趋势、关联和规律，并利用这些信息进行准确的预测。

（2）可解释性。某些算法具有良好的可解释性，能够提供对预测结果背后的原因和影响因素的理解。这使得用户能够理解模型的决策过程，并对预测结果进行验证和解释。

（3）灵活性。通常具有灵活性，可以根据具体问题和数据的特点进行调整和定制。不同的算法适用于不同类型的问题和数据，可以选择最适合的模型结构和参数配置，以获得最佳的预测和优化效果。

（4）迭代优化。通常可以通过迭代和优化过程进行改进。通过反复训练和调整模型，可以逐步提高其预测准确度和优化能力。这种迭代优化可以基于实时数据和反馈，使模型能够适应不断变化的环境和数据。

（5）可应用性。可以应用于各种领域和问题，包括销售预测、股票市场分析、供应链优化、交通流量预测等。无论是商业决策、资源分配还是流程优化，都能提供有价值的预测和优化建议。

3）典型应用场景

（1）工期预测与进度管理。可以分析历史工程项目的数据，结合相关因素如资源分配、人力需求等，预测工程项目的工期，并帮助进行进度管理和优化，以确保项目按时完成。

（2）成本估算与控制。可以基于历史数据和特定项目参数，进行成本估算和控制。通过建立成本模型和考虑材料、劳动力、设备等因素，可以提供准确的成本估计，帮助控制工程项目的预算和成本风险。

（3）资源优化与规划。可以通过考虑资源可用性、工程需求和优化目标，帮助进行资源的优化与规划。这包括材料的采购和库存管理、人力资源的分配和调度、设备的安排等方面，以最大限度地提高资源利用效率。

（4）施工安全分析与风险评估。可以基于历史数据和项目特征，进行施工安全分析和风险评估。通过考虑工程环境、施工工艺和人员行为等因素，可以识别潜在的安全风险，并提供相应的预防措施和改进方案。

（5）设备维护与预测性维护。可以分析设备的运行数据、故障记录和维护历史，进行设备维护和预测性维护。通过监测设备状态、识别潜在故障模式和提供维护建议，可以帮助提高设备的可靠性和延长设备的寿命。

（6）建筑能源管理与优化。可以分析建筑的能源消耗数据、建筑结构和环境因素，进行建筑能源管理和优化。通过优化建筑系统的设计和控制策略，可以降低能源消耗、提高能源效率，实现可持续和节能建筑。

参 考 文 献

[1] 中华人民共和国住房和城乡建设部. 建筑信息模型应用统一标准: GB/T 51212-2016[S]. 北京: 中国建筑工业出版社, 2017.

[2] 王家耀. 关于地理信息系统未来发展的思考[J]. 武汉大学学报（信息科学版）, 2022, 47(10): 1535-1545.

[3] 华一新, 赵鑫科, 张江水. 地理信息系统研究新范式[J]. 地球信息科学学报, 2023, 25(1): 15-24.

[4] 刘文锋. 智能建造关键技术体系研究[J]. 建设科技, 2020(24): 72-77.

[5] 张建平, 林佳瑞, 胡振中, 王珩玮. 数字化驱动智能建造[J]. 建筑技术, 2022, 53(11): 1566-1571.

[6] 中华人民共和国国家发展和改革委员会. “十四五”规划《纲要》名词解释之 92|虚拟现实和增强现实[EB/OL]. (2021-12-24)[2023-05-30]. https://www.ndrc.gov.cn/fggz/fzzlgh/gjfzgh/202112/t20211224_1309347.html.

[7] 向宇伟, 陈新刚, 谢永涛, 等. 5G 技术在智慧工地应用探讨[J]. 中国建设信息化, 2020(15): 64-65.

[8] 徐奎, 李坤. 5G+BIM 技术在建筑工程质量监测中的应用[J]. 四川建材, 2022, 48(5): 24-25.

[9] 臧格格. 装配式建筑智能建造全过程管理研究[D]. 湖南大学, 2020.

[10] 张少军, 虞健. 5G 在智能建筑及延伸拓展领域中的大场景应用[J]. 绿色建造与智能建筑, 2022(12): 36-40.

[11] 刘陈, 景兴红, 董钢. 浅谈物联网的技术特点及其广泛应用[J]. 科学咨询, 2011(9): 86-86.

[12] 甘志祥. 物联网的起源和发展背景的研究[J]. 现代经济信息, 2010(1).

[13] 易辉. 浅议物联网技术在工程质量检测中的应用[J]. 中华建设, 2020(4): 112-113.

[14] 程军生, 常喜鹏. 建筑工程管理及工程施工质量的有效控制探究[J]. 砖瓦, 2020(5): 120-121.

[15] 贾敏. 浅析装配式建筑工程管理的影响因素与对策[J]. 工程与建设, 2020, 34(2): 352-353.

[16] 武勇. 建筑工程管理中的创新策略探微[J]. 建材与装饰, 2020(11): 191-192.

[17] 李丽颖, 张润泽, 魏同权. 面向边缘计算的服务解耦与部署策略[J]. 计算机研究与发展, 2023, 60(5): 1-13.

[18] 陆江东, 弭博岩, 郑奋. 边缘计算环境下基于深度学习的目标检测系统[J]. 自动化与仪器仪表, 2022(004).

[19] Jiawei Han, Micheline Kamber, Jian Pei. 数据挖掘: 概念与技术[M]. 范明, 等, 译. 3 版. 北京: 机械工业出版社, 2012.

[20] 陈为, 沈则潜, 陶煜波. 数据可视化[M]. 北京: 电子工业出版社, 2023.

[21] 邱南森. 数据之美[M]. 北京: 中国人民大学出版社, 2014.

[22] 中国通信标准化协会. 数据治理标准化白皮书[R], 2021.

[23] 程时伟. 人机交互概论[M]. 杭州: 浙江大学出版社, 2018.

[24] 克里斯托弗•巴特内克, 托尼•贝尔帕梅, 弗里德里克•埃塞尔, 等. 人-机器人交互导论[M]. 刘伟, 牛博, 王小凤, 等, 译. 北京: 机械工业出版社, 2022.

[25] 苏世龙, 雷俊, 马栓棚, 等. 智能建造机器人应用技术研究[J]. 施工技术, 2019, 48(22): 16-18.

[26] 段瀚, 张峰, 陈高虹, 等. 建筑机器人驱动下的智能建造实践与发展[J]. 建筑经济, 2022, 43(11): 5-12.

[27] 高一帆, 舒江鹏, 俞珂, 等. 基于 BIM 可视化编程的轻型结构机器人智能建造研究[J]. 建筑结构学报. 2022, 43(S1): 296-304.

[28] 耿立明. 建筑机器人在现代建筑施工中的应用实践[J]. 建筑结构, 2022, 52(19).

[29] 蒙磊, 李铁军, 李勇斌, 等. 面向板材安装的双臂机器人设计与分析[J]. 制造业自动化, 2022, 44(9): 58-63.

[30] 陈翀, 李星, 邱志强, 等. 建筑施工机器人研究进展[J]. 建筑科学与工程学报, 2022, 39(4): 58-70.

[31] 吕燕楠, 周惠兴, 张中岳, 等. 基于模糊层次分析的地面找平机器人设计评价[J]. 科学技术与工程, 2022, 22(14): 5800-5807.

[32] 李朋昊, 李朱锋, 益田正, 等. 建筑机器人应用与发展[J]. 机械设计与研究, 2018, 34(6): 25-29.

[33] 韩靓. 智能制造时代下机器人在建筑行业的应用[J]. 建筑经济, 2018, 39(3): 23-27.

[34] 刘海波, 武学民. 国外建筑业的机器人化——国外建筑机器人发展概述[J]. 机器人, 1994(2): 119-128.

[35] 马昌凤, 柯艺芬, 谢亚君. 机器学习算法[M]. 北京: 科学出版社, 2021.

[36] 赵国栋, 易欢欢, 徐远重. 元宇宙[M]. 北京: 中译出版社, 2021.

[37] 陶飞, 马昕, 胡天亮, 等. 数字孪生标准体系[J], 计算机集成制造系统, 2019, 25(10): 2405-2418.

[38] 罗素, 诺维格. 人工智能: 一种现代的方法[M]. 3 版. 北京: 清华大学出版社, 2013.

第 4 章　智能化应用软件

4.1　概述

智能化应用软件是指单机版或面向岗位级应用的软件，也就是单项软件，是推进智能建造深度应用的重要基石。从总体历程来看，建筑业经历了从完全手工作业到局部信息化、数字化的发展，正在朝全面智能化方向持续推进。应用软件也随着行业的发展过程经历了三大阶段，即从解决单点业务问题（如辅助设计）到支撑部分业务全业务线（如造价全业务线）集成应用的不断升级，正在朝支撑覆盖建筑项目全生命周期全量业务智能化应用的方向快速发展。

解决单点业务问题的应用阶段。1991 年，时任国务委员宋健提出“甩图板”号召，在建设部的大力领导和推动下，CAD 软件开始在国内得到了重点推广和应用。“甩图板”号召使工程设计业务实现从手工绘图到计算机绘图的转变，使设计这一单点的业务生产工具得到了根本性的提升。这可以被看作是国内建筑业信息化的开端，也是我国建筑工程应用软件发展的开端。

支撑部分业务全业务线集成应用阶段。以造价为例，工程项目的建设周期长，决定了从项目前期决策到竣工决算完成的全过程中，要持续进行造价管理。传统的手工算量方式不仅耗时费力，准确度也难以稳定保障。20 世纪 90 年代中期，随着 CAD 软件在国内不断推广普及，工程造价业务也得以与 CAD 逐步融合，陆续形成了支撑工程造价业务的算量、计价软件，带动了工程造价全业务线的电子化、数字化发展，大大提高了项目各环节造价人员的工作效能和协作效率。

支撑建筑项目全生命周期全量业务智能化应用阶段。21 世纪之初，BIM 的概念开始被引入国内，并在水立方和上海世博会中国馆等国家级重点项目中得到了应用。BIM 技术既可以支撑工程项目的设计、造价、招采、施工及运维等各项业务的数字化、智能化开展，也能有效支撑项目全过程各项业务的集成化、协同化管理。2011 年起至今，住房和城乡建设部在发布的多项政策文件中，持续提出加强 BIM 技术推广应用的要求，极大促进了 BIM 技术在全行业朝更全面、更深化的应用方向不断发展。在此过程中，国内相关软件供应商陆续研发推出了基于 BIM 技术面向不同业务维度的各类数字化、智能化应用软件，如智能设计应用软件、智能施工应用软件、智能运维应用软件和智能审查与交付应用软件等，有效促进智能建造深度应用与发展，全面支撑建筑业向高质量发展道路迈进。

4.2　智能设计应用软件

随着建筑工程项目向超大、综合、复杂、异形方向发展，传统设计模式已无法满足设计师高质量表达设计思想和成果的需要。数字技术的飞速发展，可以很好地满足设计师的诉求，如将参数和几何控制技术引入建筑设计领域，不但可以清楚地表达建筑师的设计逻辑，还能借助数字化性能模拟，使建筑更好地与周边环境契合，通过设计程序的逻辑运算，输入相应的参数就可在变化中生成建筑形态，甚至是一些可以控制不可预知的建筑形态，提供高品质建筑产品。高质量的发展主线、高品质的产品需求正推动设计发展的智能化、精细化、数字化，也开启了智能建造。

智能设计的发展，智能设计应用软件是关键支撑之一。理想而言，智能设计应用软件是基于智能技术研发的能够自主学习、自动优化、自动适应变化的设计应用软件系统，能够通过数据分析、模型训练、决策预测等方式，提供更加个性化、高效、精准的设计服务。具体而言，一方面，用“数据 + 算法”进行数据训练，深度学习，建立具有深度认知、智能交互、自我进化的算法模型，并在实践中不断优化算法，让不确定项目数据通过算法形成拟建项目的确定性数据，唤醒工程勘察设计行业沉睡的数据，实现应用主体和应用场景的精准推送。另一方面，内置结构化、参数化的国家、行业标准规范、图集，如同给设计师添加一个数字外脑，一个集众家所长的自成长外脑，不断快速、准确、自动生成和优化设计成果，推动设计师的生产能力不断进化，提升设计质量与效率，使其能够更快、更多、更好地承担设计过程中各种复杂任务，提升客户体验感。下文将围绕专业设计、计算分析、协同设计、设计资源等方面，详细阐述相关的智能设计应用软件。

4.2.1 专业设计

专业设计是指在建筑项目前期的设计阶段，根据不同的设计要求和技术标准，由各自领域的专业人员进行的设计活动。建筑工程设计依赖多专业密切协作完成。按照设计内容的异同，专业可以分为建筑、结构、机电设备、景观、装饰装修等，其中机电设备又细分为给水排水、暖通动力、电气三个。每个专业都有其特定的技术标准和规范，对设计单位也有相应的资质要求。按照设计阶段的不同，专业设计分为概念设计、方案设计、初步设计、施工图设计。

专业设计是建筑项目设计数据的起点，也是数据消费的基础。随着信息技术的发展，软件正在逐步集成各专业的设计标准，逐渐向数字化、智能化方向发展。专业设计通过数字化、智能化的手段，可以实现设计过程中的数据共享与可视化，降低沟通成本，提高设计效率与质量，优化设计结果，实现建筑节能、环保、节约成本等目标，提高建筑的品质和价值，为智能建造提供基础数据和信息，支撑建筑生命周期管理的实现。

智能化专业设计软件主要有如下 3 个特点：

（1）专业化。软件不再是多领域、多行业的普适性工具，聚焦某个专业，对软件的资源、功能、流程做深度定制。在设计前期提供专业的标准化构件，在设计过程中集成相关规范、标准，辅助设计实现规范条文检查，相关功能的参数设置及功能实现也更符合业务习惯，更有利于提升设计质量与效率。

（2）自动化。软件可以基于设计业务中的空间规则、对象规则、约束条件等对模型做问题检查并自动修复，也可以基于模型快速生成图纸，减少低效重复劳动，让用户聚焦设计。

（3）一体化。设计阶段的 BIM 成果不再只满足设计要求。软件通过集成造价、施工、装修等不同领域的业务流程，使设计师有能力做出满足下游消费需求的设计数据。围绕设计阶段的BIM数据，不同领域的工作也可以提前参与到设计阶段，实现多领域业务流程一体化工作的效果，提高设计成果交付的价值。

目前常用的专业设计软件如表4-1所示。下文以广联达科技股份有限公司（简称“广联达”）的数维设计软件为例，进行说明。实际上，广联达数维设计软件是个产品集，产品覆盖房建领域和基建领域，充分考虑了国内设计现状，在尽量不改变国内设计师工作习惯的前提下，提高设计效率和质量。其中，房建领域的数维设计软件主要包括数维建筑设计软件、数维结构设计软件、数维机电设计软件、数维协同设计平台。下文侧重介绍广联达数维建筑设计软件（简称“数维建筑”）。

民用建筑设计领域常用专业设计软件　　表4-1

厂家名称	产品名称	主要功能
广联达	数维设计软件	全专业施工图设计 设计成果向后延伸
构力科技	PKPM-BIM软件	全专业施工图设计
中设数字	CBIM智能设计	建筑方案设计
Autodesk	Revit	全专业施工图设计
Bentley	OpenBuildings Designer	全专业施工图设计
Graphisoft	ArchiCAD	建筑结构施工图设计

1）应用场景

数维建筑服务于设计院及建筑设计师，聚焦于施工图阶段，以参数化建模为基础，实现数据驱动的专业化、自动化、一体化设计，支持多专业协同设计，满足施工图出图的需求，数据成果可传递至造价算量等应用，延伸数字设计价值。

专业化方面，针对设计领域相应的制图标准及规范，数维建筑内置了符合行业标准的通用构件资源。在建模设计过程中，可及时提醒设计师当前模型与规范不符的内容。一栋住宅可以拆分为房间、户型、楼层等不同模块，针对项目过程中重复的内容，通过将其创建为模块，实现多个对象统一修改的效果以及设计企业的资源沉淀、复用。在指标计算的专业化方面，支持基于BIM模型驱动指标计算，提高设计效率与准确性。

自动化方面，建筑师使用数维建筑能基于CAD快速生成模型，并基于模型数据快速对平面、立面、剖面做出图信息的表达，减少重复劳动。不同建筑师建模习惯不同，导致BIM模型成果无法适用于后续阶段。通过内置不同领域的建模要求，对模型进行问题定位、自动修复，帮助设计师交付满足要求的BIM成果。随着各地对BIM成果交付要求的升级，设计成果中图纸与模型的一致性成为审查的重点，数维建筑使图模一致性自动审查成为可能。

一体化方面，BIM模型不只是为设计服务，而是打通了从设计到交易到施工到运维全过程，形成全生命周期的应用。数维建筑可辅助设计过程中对混凝土含量、钢含量等关键造价指标的实时算量，并按照一定规范促成设计模型与算量模型的打通，减少传统造价建模时间，缩短算量周期，拓展设计交付价值。对于有成果交付要求的项目，建筑师既能通过保存本地文件作为成果交付，也可利用通用数据标准格式导出，如广联达自主编制的国产化数据交换标准（Global Foundation Classes，GFC）格式、深圳的 sz-ifc、XDB 等格式文件，满足不同阶段对数据交付的要求。

2）主要功能

数维建筑的功能模块，如图 4-1 所示。

图 4-1　数维建筑功能键概览

有关专业化：

（1）规范检查。通过合规设计功能（图 4-1 规范检查），设计师只要简单设置下项目类型等基础信息，软件就可以依据对应规范，在设计过程中对规范涉及的重点构件和重点空间实现自动实时的检查，标红错误内容并提示用户，提高设计质量。

（2）指标计算。用户创建专属视图来计算面积，支持楼层面积、套型面积计算，通过框选视图中的房间对象，自动判断、生成正确的面积对象，赋予正确的面积计算系数，面积对象可以基于模型自动更新。内置多个主要城市的面积计算规则、地方表格样式，支持生成单栋建筑面积，并汇总生成项目经济技术指标。

（3）设计标准化。软件提供本土化构件库，如图 4-2 所示，满足符号、图例等制图标准要求。支持定制企业项目样板，包含线型、文字、图层、构件样式等设置，满足设计院标准化的定制需求。提供公共模块库，支持户型、核心筒、厨房、卫生间、教室等常用行业资源。提供公共材料库，满足项目材料选型需求。

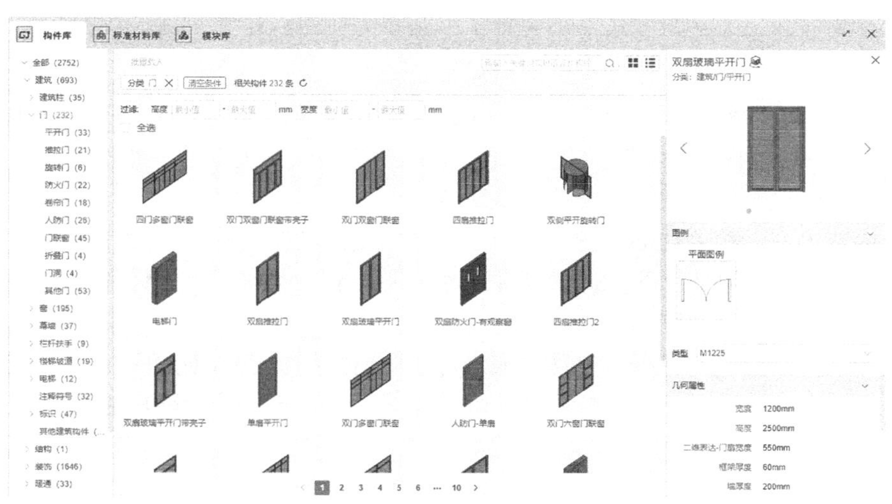

图 4-2　构件库

（4）模块化设计。通过标准构件组成房间模块，不同的房间模块可以组合成户型模块，户型加核心筒的组合可以形成楼层模块，编辑某一个模块，关联模块也会跟着自动修改。公共模块库配置了常见模块资源，如图 4-3 所示。模块有衍生功能，可以让某个模块的局部不同步，模块内的其他部分保持同步，方便对特殊模块做微调，满足模块同步与变异的需求。对于变异户型的差异性，通过开启模块标记模式快速定位差异点。一个模型模块可以关联多个注释模块，满足不同阶段出图表达的应用。模块拼装时，构件重叠支持自动消隐，内部标高独立，也可以与楼层高度关联同步。模块拼装后，通过嵌套也可以创建为新的整体模块。通过提交模块到项目模块库，可以实现不同楼栋间数据的同步、更新。

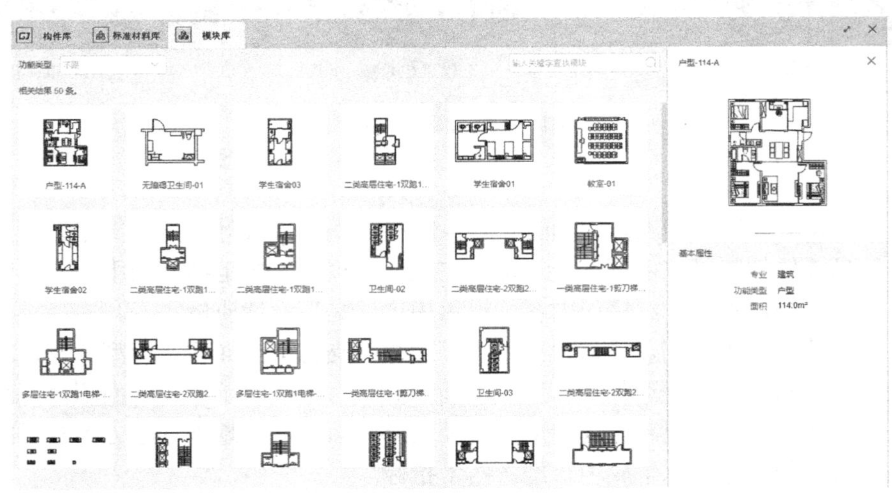

图 4-3　公共模块库

有关自动化：

（1）模型检查。模型检查可帮助设计师检查常见的设计和模型问题，比如构件重叠、参数缺失、洞口错误等，既支持按楼层单独检查，也提供设计信息的全量检查，还可对算量问题进行专项检查。检查会生成检查报告，报告有错误描述，支持三维定位问题构件，部分问题也支持智能修复，提高模型交付质量。

（2）图模一致性检查，生成报告。将 CAD 成果图导入软件，对齐软件中对比的图纸后，启动图模一致性检查，软件会自动对比 CAD 图纸与模型视图的一致性，输出一致性报告，通过颜色标识差异区域，也支持问题定位。

（3）快速出图。相关功能如图 4-4 所示。建筑出图的时候有三道尺寸标注，分别是门窗标注、轴网标注和总体标注，通过外部尺寸标注功能（图 4-5），设计师不需要一道道去标，点击按钮，平立剖面图的所有尺寸都自动标注。门窗编号也不需要手动添加，框选一个范围进行批量标注，所有编号自动生成。对于门窗图纸，点击创建门窗表、布置门窗大样功能，一键生成完整图纸。支持协同扣减，扣减后通过连接线消隐功能，清除共面线，满足出图需求，如图 4-5 所示。

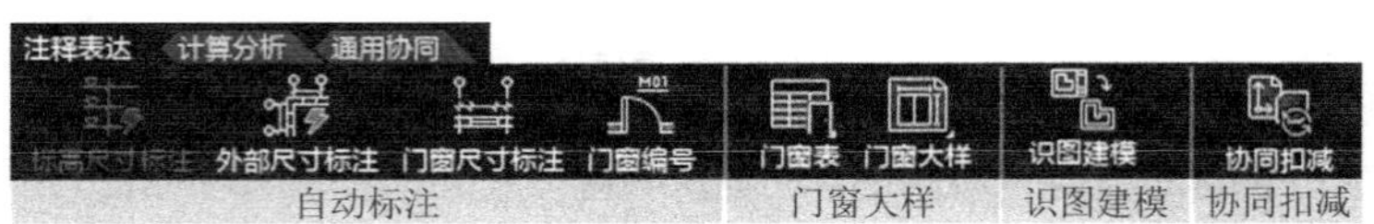

图 4-4　快速出图相关功能

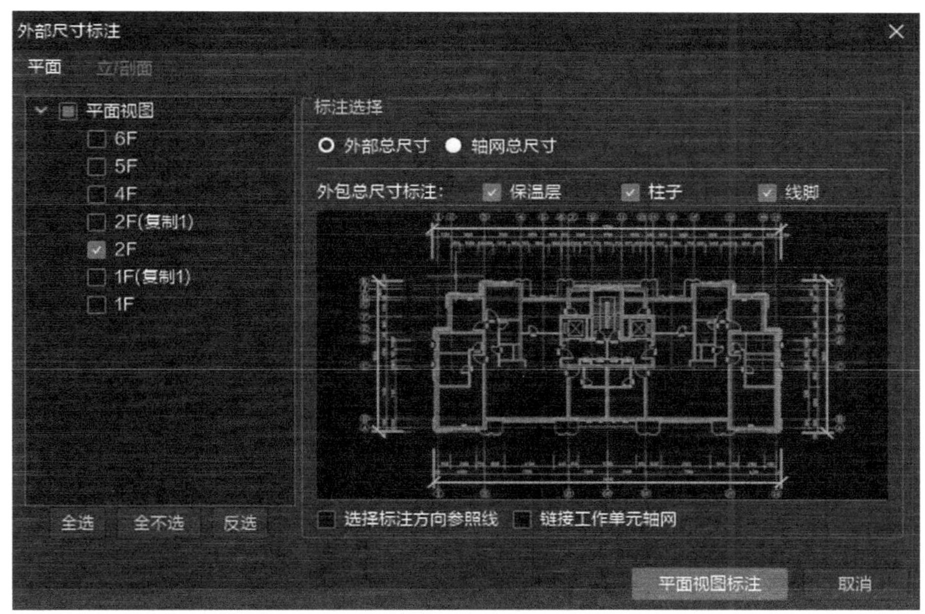

图 4-5　外部尺寸标注

有关一体化:

设计师通过内外墙区分、模型检查功能，对设计模型做修正，保证设计数据符合算量规则，利用“算量设置”“工程量计算”（图 4-1），进行材料选型、过程算量与成果算量等工作。

（1）材料选型。主材价格、设备价格直接对接指标网等平台，设计师可实时获取真实的市场价格，如图 4-6 所示，在设计建模阶段建立起项目的成本概念和体系。

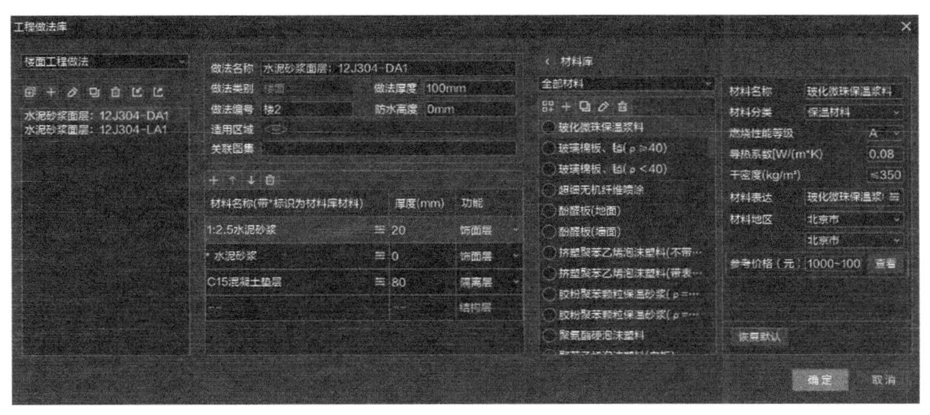

图 4-6　材料价格查询

（2）过程算量。点击“算量设置”，设计师可以通过构件设置筛选导出算量的对象，如图 4-7 所示。确定范围后，点击“工程量计算”，可以对当前模型进行实时算量，得出设计需要校验的各种技术经济指标，如含钢量、含混凝土量等，实现工程量统计，如图 4-8 所示。依托工程量维度的反馈，为设计提供经济性参考，快速、直观地反映设计经济性，通过限额指标的对比，最大程度地避免设计超概。

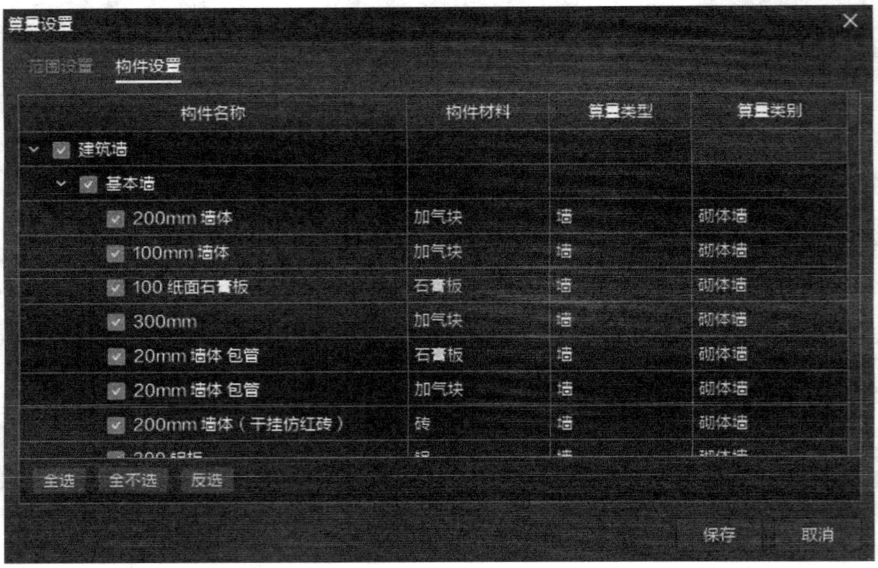

图 4-7　筛选算量对象

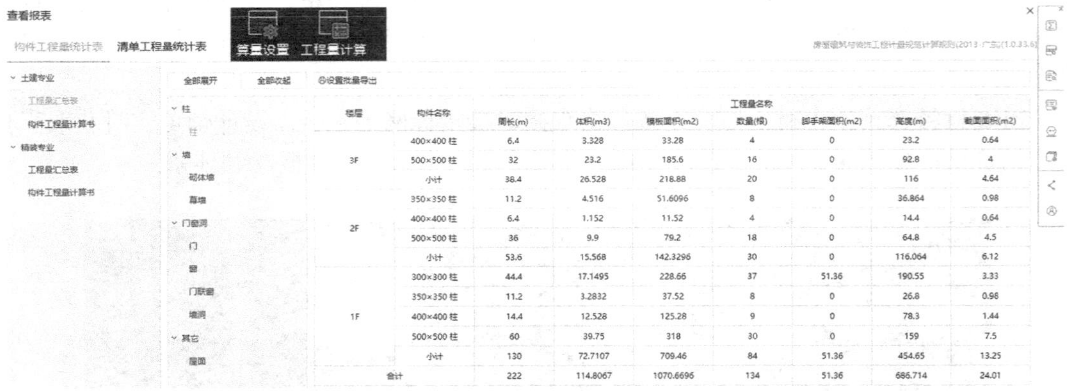

楼层	构件名称	工程量名称						
		周长(m)	体积(m3)	模板面积(m2)	数量(根)	脚手架面积(m2)	高度(m)	截面面积(m2)
3F	400×400 柱	6.4	3.328	33.28	4	0	23.2	0.64
	500×500 柱	32	23.2	185.6	16	0	92.8	4
	小计	38.4	26.528	218.88	20	0	116	4.64
2F	350×350 柱	11.2	4.516	51.6096	8	0	36.864	0.98
	400×400 柱	6.4	1.152	11.52	4	0	14.4	0.64
	500×500 柱	36	9.9	79.2	18	0	64.8	4.5
	小计	53.6	15.568	142.3296	30	0	116.064	6.12
1F	300×300 柱	44.4	17.1495	228.66	37	51.36	190.55	3.33
	350×350 柱	11.2	3.2832	37.52	8	0	26.8	0.98
	400×400 柱	14.4	12.528	125.28	9	0	78.3	1.44
	500×500 柱	60	39.75	318	30	0	159	7.5
	小计	130	72.7107	709.46	84	51.36	454.65	13.25
合计		222	114.8067	1070.6696	134	51.36	686.714	24.01

图 4-8　工程量统计

（3）成果算量。在成果出图后，设计师可以将设计模型导出为 GFC 数据，造价人员基于 GFC 数据一键生成算量模型。造价人员可以直接使用算量模型进行清单列项和智能组价，真正意义上实现设计师和造价师的协同工作，大幅度提升协同与算量效率。

3）典型应用流程

数维建筑的应用流程如图 4-9 所示。

（1）项目创建。一般由企业统一的项目管理员进行项目创建，分配好项目人员及权限。设总负责人或专业负责人可以基于方案内容做好统一的技术措施、模型拆分原则、项目资源配置，管理员根据要求创建对应工作单元。

（2）模型创建。建筑设计师登录各自的工作单元，首先要完成轴网、标高的创建，并提交协同，以便于其他专业设计师可以同步建筑的轴网、标高开展自己的设计工作。通过导入 DWG、识图建模、模块等功能，快速完成模型创建。

（3）提资收资。通过协同提交，完成对其他专业的提资流程，通过模型参照与视图参照，完成收资流程。提资收资过程中如果有疑问，可以通过协同创建问题来实现实施沟通、问题定位。

（4）二三维出图深化。基于最终的收资成果，建筑设计师通过外部尺寸标注、门窗编号、门窗大样、连接线消隐等功能，快速完成对视图的标注、图面处理等工作，完成本专业出图工作。

（5）指标计算。对于需要面积复核的项目，通过指标计算完成复核及汇总。

（6）模型校审。通过协同创建交付包，可以对全专业合模做碰撞检查、净高分析、模型审查等，确保交付成果的正确性。

（7）成果出图。完成上述步骤后通过图纸布图、批量导出 DWG 或打印 PDF 功能，快速生成二维交付成果，完成施工图设计工作。

（8）算量。对于需要设计算量的，可以通过工程量计算在设计过程中进行过程算量，也可以基于导出 GFC 做成果算量，实现设计算量一体化。

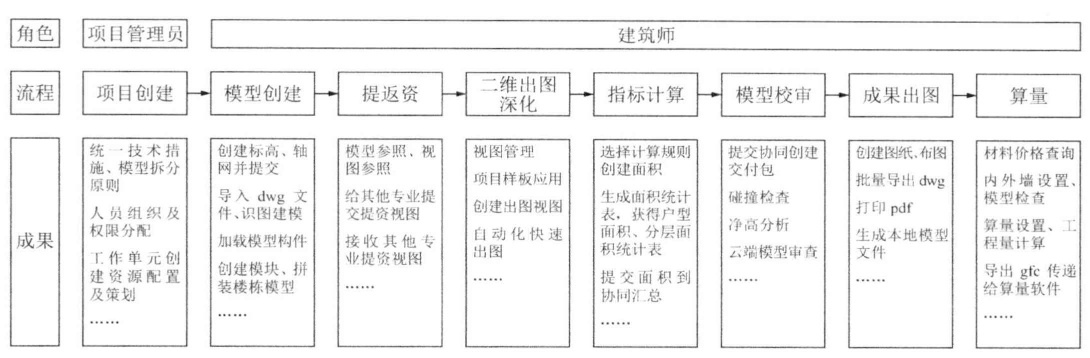

图 4-9 数维建筑应用流程

4）技术特点

（1）国产化设计平台。广联达数维设计平台（Glodon Design Modeling Platform，简称 GDMP）基于广联达自主研发的造型引擎和渲染引擎开发，具备 BIM 数据定义、图形交互框架、参数化建模引擎、协同建模引擎、数据格式交换、开放的二次开发接口 API 和技术框架可扩展等能力，满足复杂构件和 GIS 数据融合等大型复杂场景三维图形建模应用，支持多行业多专业的业务组件扩展。

（2）丰富的参数化构件资源。依托广联达构件坞平台，拥有丰富的参数化构件资源，覆盖工程设计等 9 大专业，同时也支持多个工程阶段，降低设计建模门槛，提高设计效率。

5）应用价值

专业软件自动化的应用，一方面提高了软件易用性，降低了设计门槛，减少重复劳动，提高设计效率与质量；另一方面也为建筑项目全生命周期的数字化夯实了基础，保障了下游行业深化、生产、运维等环节的数据质量。

聚焦自动化、专业化、一体化，数维建筑通过数字设计的方式提高设计质量，实现成本控制，保障数据安全。在设计过程中，通过构件级协同、高效的模块化设计等手段，提升设计效益，最终实现施工图设计项目的毛利率提升。在项目全过程中，利用设计经济性的相关方案，实现实时算量、材价一体，提升整体的项目成本控制能力，为工程项目节约成本。

通过设计算量一体化，拓展设计院设计服务范围，从经济性佐证设计方案合理性，提高设计竞争力，延伸设计价值。如在南海国际设计院北园项目中，设计成果数据有效传递到造价业务面，节省造价算量时间 60%以上，各项工程量比概算少 2%～5%，有效排除项目在施工图阶段的超概风险。

除了设计价值的提升，数维建筑也可支撑地产甲方成本精细管控，缩短施工图到招标清单算量与甲供材料统计时间。通过成本管控前置，实现了设计和成本联动管理。在总价包干前提下，通过设计阶段的成本管控前置，也能提升 EPC 类项目的盈利能力。

4.2.2 计算分析

计算分析指的是在建筑设计过程中，按照专业的计算逻辑、方法，使用软件工具对建筑相关指标进行计算，计算完成后对指标进行分析，通过对指标影响因素的优化和改进，确定建筑设计方案的可行性和优劣性。在建筑设计过程中，各专业都需要进行一定的计算分析来辅助设计，常用的计算分析包括建筑结构计算、建筑节能计算、暖通空调负荷计算、建筑能耗及碳排放计算以及建筑室内外通风、采光、噪声等环境的绿色性能分析等。在进行计算分析时，通常需要经过计算模型搭建、计算专业参数设置、计算结果分析及输出三大部分工作。

传统计算分析软件相对比较独立，与专业设计软件之间存在数据割裂，设计模型到计算模型需要经过建筑三维几何模型的二次手工翻模，用于计算分析的专业数据需要进行二次手工设置，导致计算分析的工作效率低。此外，由于计算模型参数与设计模型参数的一致性无法得到保证，计算结果的准确性大幅度降低。但对智能化计算分析软件而言，一定程度上实现了不同模型间的数据互通，可以最大化使用专业设计成果，做到设计分析一体化，极大提升了计算分析的效率，也提高了计算结果的准确性。

国内常用的建筑计算分析软件如表 4-2 所示，表中软件基本可以做到使用设计模型及数据直接进行相关计算分析，例如使用建筑 BIM 模型进行建筑节能计算、建筑室内外通风、建筑采光、建筑噪声、建筑能耗及碳排放计算分析等。广联达建筑性能分析平台是一款使用 BIM 模型，集建筑室内外通风、建筑采光、建筑能耗及碳排放计算分析功能模块为一体的计算分析软件，下文以广联达建筑性能分析平台中的建筑能耗及碳排放计算为例，进行详细说明。

建筑设计领域的常用计算分析软件 表 4-2

厂家名称	产品名称	应用环节	主要功能
盈建科	结构系列软件	辅助建筑结构设计	多、高层建筑钢筋混凝土框架、框剪、剪力墙、筒体结构以及钢-混凝土混合结构和高层钢结构有限元分析与设计
构力科技	结构系列产品		

续表

厂家名称	产品名称	应用环节	主要功能
斯维尔	建筑节能设计软件 BECS	建筑施工图设计节能计算	建筑围护结构热工性能计算、判定和审查
构力科技	建筑节能设计软件 PBECA		
天正软件	T20 天正节能软件		
广联达	建筑性能分析平台	在建筑方案设计、初步设计、施工图设计阶段对设计建筑进行建筑碳排放计算分析	建筑建材生产及运输、建筑建造、建筑运行、建筑拆除全生命周期碳排放计算及建筑运行节碳量计算
斯维尔	建筑碳排放 CEEB		
构力科技	碳排放计算软件 CES		
斯维尔	绿建系列软件	辅助绿色建筑专项设计	建筑通风、采光、噪声、热岛、能耗及绿色建筑评价
构力科技	绿建系列软件		
广联达	建筑性能分析平台		一个平台支持建筑通风、采光、能耗等多模块计算分析；云＋端架构，所有计算可在云端快速完成

1）应用场景

2021 年住房和城乡建设部发布国家标准《建筑节能与可再生能源利用通用规范》GB 55015—2021，自 2022 年 4 月 1 日起实施，标准中明确要求：建设项目可行性研究报告、建设方案和初步设计文件应包含建筑能耗、可再生能源利用及建筑碳排放分析报告；新建居住建筑和公共建筑能耗水平应在 2016 年执行的节能设计标准基础上分别降低 30%和 20%；新建居住建筑和公共建筑碳排放强度应分别在 2016 年执行的节能设计标准的基础上平均降低 40%，碳排放强度平均降低 $7kgCO_2/(m^2 \cdot a)$以上。

广联达建筑性能分析平台软件中的建筑能耗及碳排放计算功能，服务于设计院的设计师，在设计过程中设计师可以按照《建筑节能与可再生能源利用通用规范》GB 55015—2021 的要求，使用软件对设计项目进行建筑能耗及碳排放定性、定量计算分析，优化节能减碳设计措施，并校验是否满足规范要求，最终输出能耗及碳排放计算分析报告作为设计文件内容。

设计师可以在方案设计、初步设计以及施工图设计过程中，对设计建筑进行能耗及碳排放计算分析，根据设定的目标在不同的设计阶段进行节能减碳设计优化，达标后进入下一阶段设计工作，如图 4-10 所示。

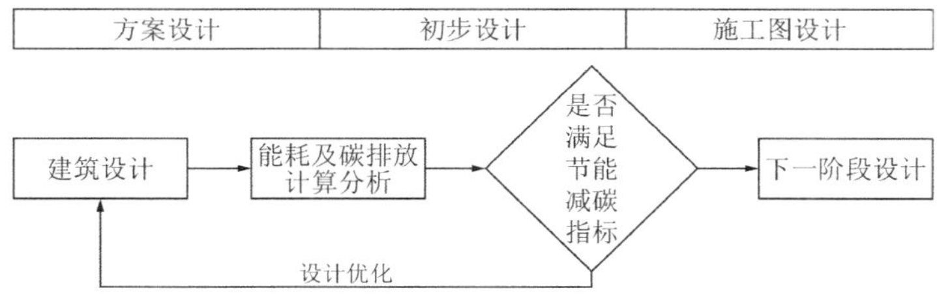

图 4-10 建筑能耗及碳排放计算应用场景

设计院的建筑设计师在设计过程中使用软件，通过建筑能耗及碳排放计算分析，对建筑的形体、朝向、开窗、遮阳、围护结构材料、保温等进行设计优化，降低机电系统能耗及碳排放量，并优选绿色建材来降低建材碳排放量；机电设计师使用软件，通过建筑能耗及碳排放计算分析，对暖通空调、给水排水、电气系统进行系统优化，选用高性能低能耗设备和高效率系统方案，满足建筑空间功能需求的同时，最大化降低机电系统能耗及碳排放量。

2）主要功能

有关建筑能耗计算：

对建筑照明、电梯、暖通空调、生活热水系统进行能耗以及光伏发电、太阳能热水等可再生能源利用量智能计算。

（1）照明系统能耗计算。自动提取设计模型中各功能空间设计的照明标准及全年应用时间表，计算得到全年照明耗电量，如图 4-11 所示。

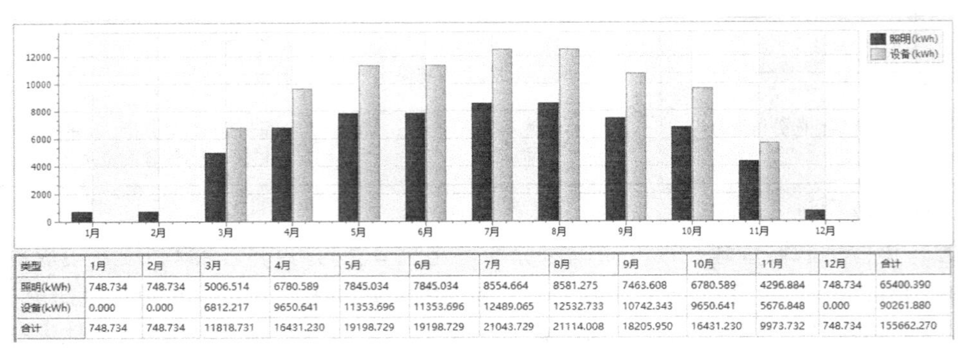

类型	1月	2月	3月	4月	5月	6月	7月	8月	9月	10月	11月	12月	合计
照明(kWh)	748.734	748.734	5006.514	6780.589	7845.034	7845.034	8554.664	8581.275	7463.608	6780.589	4296.884	748.734	65400.390
设备(kWh)	0.000	0.000	6812.217	9650.641	11353.696	11353.696	12489.065	12532.733	10742.343	9650.641	5676.848	0.000	90261.880
合计	748.734	748.734	11818.731	16431.230	19198.729	19198.729	21043.729	21114.008	18205.950	16431.230	9973.732	748.734	155662.270

图 4-11　建筑照明能耗计算

（2）电梯系统能耗计算。对设计模型中电梯数量以及性能数据进行自动提取，按照规范标准中的计算模型进行电梯系统全年耗电量计算，如图 4-12 所示。

基本参数	
系统名称	电梯系统
额定载重量(kg)	1000
台数	2
电梯等级	A等级
特定能量消耗(mWh/kgm)	0.560
待机能耗(W)	50.000
电梯运行速度(m/s)	2.0
日平均运行小时数(h/d)	2
年运行天数(d)	365

图 4-12　建筑电梯能耗计算

（3）暖通空调系统能耗计算。自动提取设计模型中所有的建筑空间信息，包括围护结构做法、温湿度设计要求、人员、照明、设备、新风等设计数据，进行全年供暖空调逐时负荷计算。依据设计的供暖空调方案，创建能耗计算模型，包括冷热源、输配系统、供暖通风空调末端等，根据逐时负荷需求，计算系统各设备能耗，得到整个系统全年运行能耗，如图 4-13 所示。

（4）生活热水系统能耗计算。自动提取设计模型中所有建筑空间生活热水需求，计算得到全年逐时生活热水负荷，根据生活热水负荷结果、太阳能热水供热量以及生活热水热源设备性能计算得到生活热水供热系统全年能耗，如图 4-14 所示。

（5）光伏发电量计算。自动提取设计模型中的光伏设计系统设计信息，包括光伏组件参数、光伏板安装面积、朝向、倾角等，计算光伏系统全年发电量，如图 4-15 所示。

（6）太阳能热水供热量计算。根据设计的太阳能集热器参数及安装面积，计算全年生活热水供热量，在计算生活热水系统能耗时做相应的扣减，如图 4-16 所示。

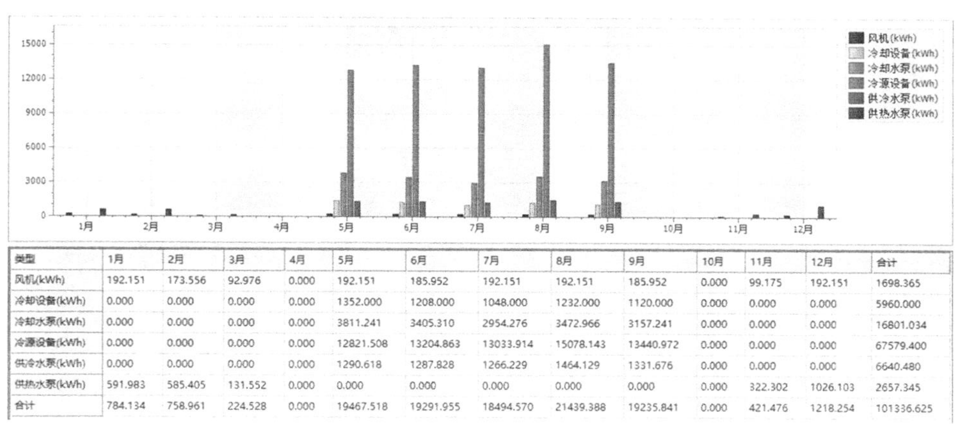

类型	1月	2月	3月	4月	5月	6月	7月	8月	9月	10月	11月	12月	合计
风机(kWh)	192.151	173.556	92.976	0.000	192.151	185.952	192.151	192.151	185.952	0.000	99.175	192.151	1698.365
冷却设备(kWh)	0.000	0.000	0.000	0.000	1352.000	1208.000	1048.000	1232.000	1120.000	0.000	0.000	0.000	5960.000
冷却水泵(kWh)	0.000	0.000	0.000	0.000	3811.241	3405.310	2954.276	3472.966	3157.241	0.000	0.000	0.000	16801.034
冷源设备(kWh)	0.000	0.000	0.000	0.000	12821.508	13204.863	13033.914	15078.143	13440.972	0.000	0.000	0.000	67579.400
供冷水泵(kWh)	0.000	0.000	0.000	0.000	1290.618	1287.828	1266.229	1464.129	1331.676	0.000	0.000	0.000	6640.480
供热水泵(kWh)	591.983	585.405	131.552	0.000	0.000	0.000	0.000	0.000	0.000	0.000	322.302	1026.103	2657.345
合计	784.134	758.961	224.528	0.000	19467.518	19291.955	18494.570	21439.388	19235.841	0.000	421.476	1218.254	101336.625

图 4-13 建筑暖通空调能耗计算

⊟ 基本参数		
生活热水年耗热量(kWh/a)	5523.000	提取
太阳能系统提供的生活热水热量(kWh/a)	4114.238	
生活热水输配效率	0.800	
热源类型	空气源热泵	
热源年平均效率	0.900	
⊟ 年能耗量		
系统年能源消耗(kWh/a)	3099.458	

图 4-14 生活热水能耗计算

⊟ 基本参数	
光伏面板净面积(m^2)	50.000
年太阳辐射照度(kWh/m^2)	1843.178
光伏电池转换效率	0.15
光伏系统损失效率	0.250
⊟ 年发电量	
系统年发电量(kWh/a)	10367.876

图 4-15 光伏发电计算

⊟ 基本参数	
太阳集热器面积(m^2)	30.000
年平均太阳辐射照量(MJ/m^2)	6582.780
集热器平均集热效率	0.600
热损失率	0.250
⊟ 年供能量	
太阳能热水系统年供能量(kWh/a)	24685.425

图 4-16 太阳能生活热水能耗计算

有关建筑碳排放计算：

（1）建筑全生命周期碳排放计算。依据计算的建筑能耗结果，根据各种能源碳排放因子计算建筑运行碳排放量；定义绿化相关固碳措施，计算建筑运行年度固碳量；使用设计模型中的建材信息，根据建材碳排放因子计算建材生产及运输碳排放量；根据设计模型预估建造及拆除阶段施工机械能耗及碳排放量，如图 4-17 所示。

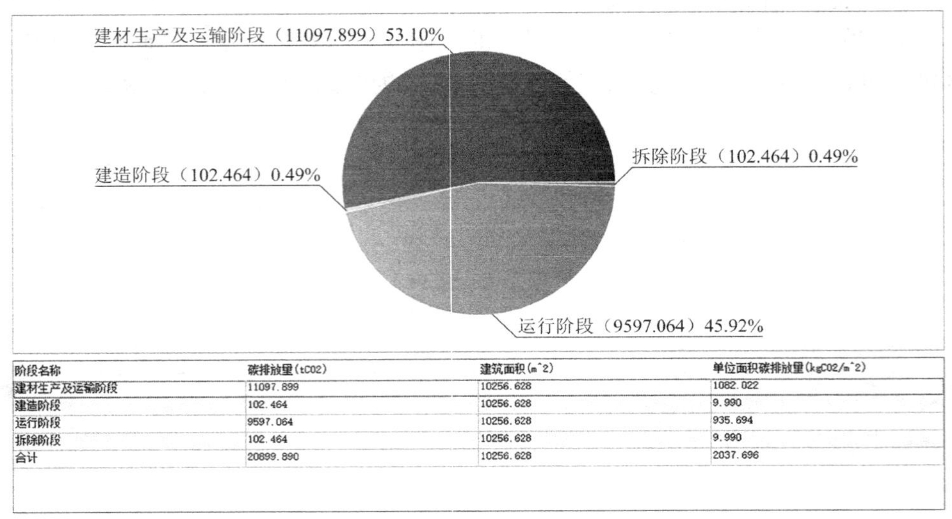

阶段名称	碳排放量(tCO2)	建筑面积(m^2)	单位面积碳排放量(kgCO2/m^2)
建材生产及运输阶段	11097.899	10256.628	1082.022
建造阶段	102.464	10256.628	9.990
运行阶段	9597.064	10256.628	935.694
拆除阶段	102.464	10256.628	9.990
合计	20899.890	10256.628	2037.696

图 4-17　建筑全生命周期碳排放计算

（2）建筑运行节碳量计算。按照《建筑节能与可再生能源利用通用规范》GB 55015—2021 规范要求，根据设计建筑，自动构建参照建筑计算模型，进行参照建筑全年能耗及建筑运行碳排放计算，对计算结果进行对比判断，校验设计建筑运行能耗及碳排放是否满足规范要求的降低幅度，如图 4-18 所示。

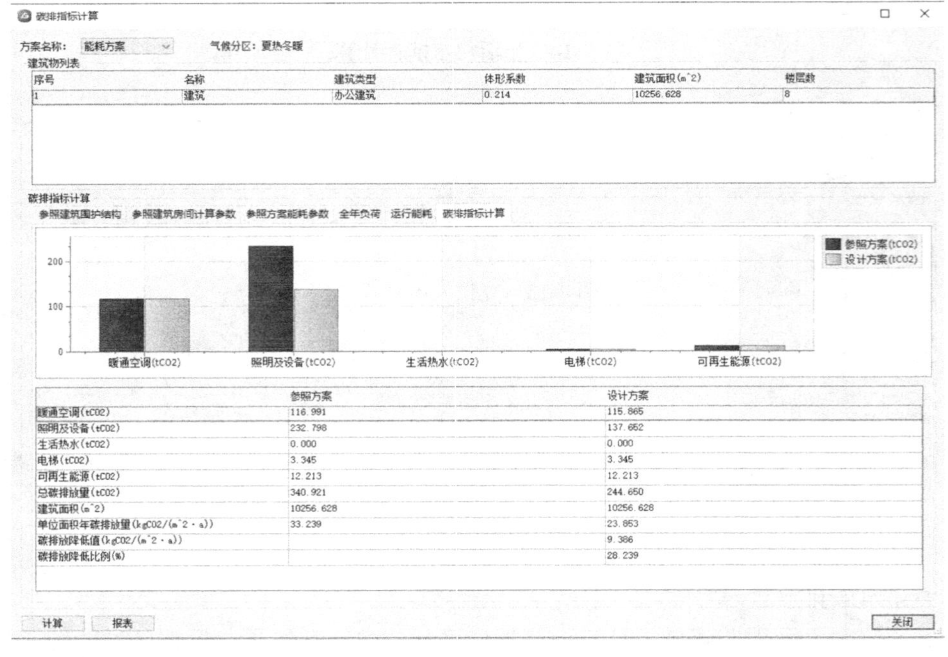

序号	名称	建筑类型	体形系数	建筑面积(m^2)	楼层数
1	建筑	办公建筑	0.214	10256.628	8

	参照方案	设计方案
暖通空调(tCO2)	116.991	115.865
照明及设备(tCO2)	232.798	137.652
生活热水(tCO2)	0.000	0.000
电梯(tCO2)	3.345	3.345
可再生能源(tCO2)	12.213	12.213
总碳排放量(tCO2)	340.921	244.650
建筑面积(m^2)	10256.628	10256.628
单位面积年碳排放量(kgCO2/(m^2·a))	33.239	23.853
碳排放降低值(kgCO2/(m^2·a))		9.386
碳排放降低比例(%)		28.239

图 4-18　节碳量计算

3）典型应用流程

建筑能耗及碳排放计算的流程如图 4-19 所示。

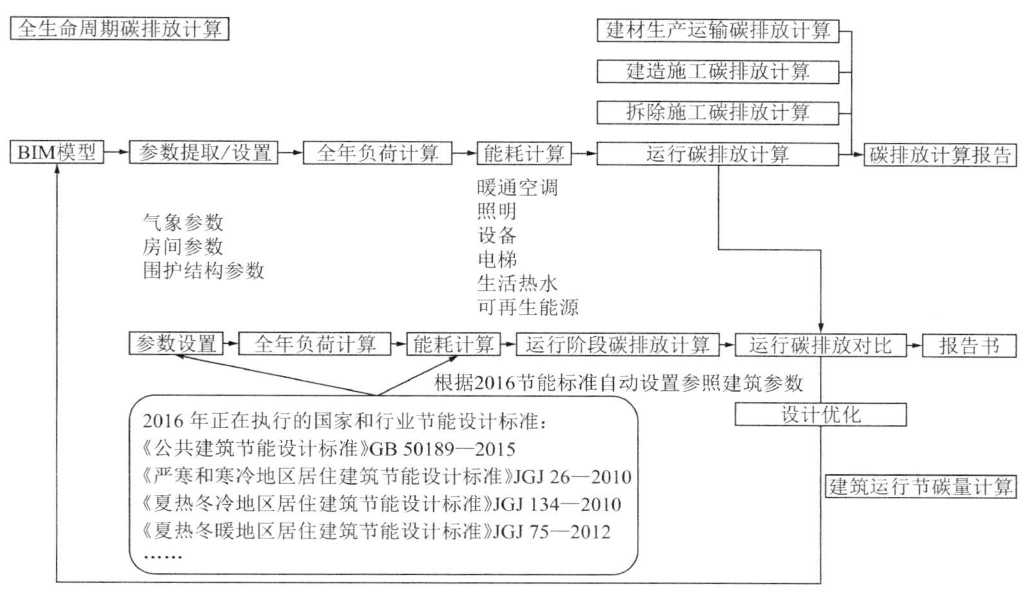

图 4-19 建筑能耗及碳排放计算分析软件工作流程

设计师在使用软件时，将设计的建筑 BIM 模型导入软件中，软件可以自动提取建筑模型信息，包括建筑三维空间几何信息、空间功能及设计参数、围护结构做法等，生成计算模型，设计师可以对空间设计参数、围护结构做法进行修改加工，并设置计算使用的气象参数；参数设置完成后，即可进行建筑全年供暖空调冷热负荷计算，输出全年 8760h 逐时负荷需求；在全年供暖空调冷热负荷计算的基础上设计师可以搭建暖通空调系统能耗计算模型，设置冷热源、输配系统、供暖通风空调末端设备性能参数及运行控制策略，来完成暖通空调系统能耗计算，同样可以搭建生活热水、电梯系统能耗计算模型及光伏发电、风力发电系统计算模型来完成生活热水和电梯系统能耗、可再生能源使用计算，软件可以直接根据空间的照明设计参数自动计算照明系统全年耗电量，进而完成整个建筑运行阶段能耗计算，输出各系统、电力及各类能源的消耗量；完成建筑运行能耗计算后，设计师设置电力及各类能源的碳排放因子，可计算出建筑运行碳排放量；软件可以根据围护结构做法统计各类建材用量，设计师设置各类建材的碳排放因子，软件即可完成建材碳排放量计算；依据设计模型按照分部分项工程及措施项目计算建造及拆除阶段施工机械能耗及碳排放量；通过以上流程即可完成设计建筑的全生命周期碳排放计算分析。

设计师在完成建筑运行碳排放计算后，可以继续对建筑运行阶段碳排放做节碳量计算，软件按照《建筑节能与可再生能源利用通用规范》GB 55015—2021 要求，参照 2016 年节能标准自动构建参照建筑，设计师也可以对参照建筑的围护结构、空间设计参数、暖通空调系统、生活热水系统、电梯系统、可再生能源等做加工修改，然后进行参照建筑全年供暖空调冷热负荷、运行能耗、运行碳排放量计算，并输出设计建筑相对参照建筑能耗及碳排放降低幅度，校验其是否满足标准要求，进而完成建筑运行阶段节碳量计算。

4）技术特点

（1）直接利用BIM设计模型。设计模型直接用于能耗及碳排放计算分析，计算分析更智能、高效。同时由于计算数据与设计数据的一致性得到保障，计算结果更可靠。

（2）计算参数智能匹配。依据标准规范，计算分析使用到的专业参数以及指标要求等直接内嵌到软件中，可以根据建筑性质、建筑模型、项目地等自动匹配计算参数进行计算，包括不同气候区围护结构热工做法及限值要求、不同建筑的空间使用特性要求及能耗指标、不同材料的碳排放因子及不同建筑的减碳量指标要求等。

（3）云计算。对能耗计算精度要求更高时，由于计算量大、耗时较长，可直接使用云服务器进行计算，解放本地计算机资源，提高工作效率。

5）应用价值

（1）提升设计质量。通过不同设计阶段对设计建筑进行能耗及碳排放计算分析，助力设计师进行设计优化、打造高品质设计方案，满足最新节能标准中建筑碳排放强度降低40%的要求。

（2）建筑能耗及碳排放计算分析效率提升50%以上。通过直接使用建筑设计模型及参数，相对传统计算二次手工创建计算模型、手工录入计算参数，为设计师节省一半以上时间。

4.2.3 协同设计

协同设计是面向设计院各专业间、项目各参与方之间，开展的以设计过程和设计成果的信息交互共享为特征的设计组织形式[1]。数字化和信息技术的发展，重新定义了协同设计，特别是基于BIM的协同设计的出现，使设计各专业之间的数据可视化和及时、精准共享成为可能。

基于BIM的协同设计，是依托一个BIM模型及数据交互平台，实现设计全过程的可视化、标准化及高度协同化。它借助同一个BIM模型连接各专业数据，以统一的设计数据源为基础，促成设计各专业间的智能提资，使协同效率更高、设计质量更优。对项目各参与方而言，它提供了可视化的设计成果交底，使设计交流更高效、交付成果更能满足要求。

协同设计软件产品是支撑协同设计实现的关键要素。当前在建筑工程领域，协同设计软件产品较多，如表4-3所示。其中，北京建研宏图的协同宝、深圳四方智源的华智三二维协同平台、上海红瓦科技的协同大师均是基于Revit实现的协同，而广联达BIM设计协同平台、构力科技BIM设计协作平台则建立在国产三维图形平台上。下文以广联达BIM设计协同平台为例，进行详细说明。

建筑设计领域的常用协同设计产品　　表4-3

厂家名称	产品名称	支持软件	主要功能
广联达	广联达BIM设计协同平台	数维房建设计产品集、Revit、CAD	1. 二三维协同设计：构件级三维协同设计，二三维无缝对接； 2. 设计资源管理：企业级资源及项目资源沉淀，一键复用； 3. 设计项目管理：浏览器随时随地查看最新图模，支持对模型、图纸、视图等的提问； 4. 智能化审查，支持国家强制性条文规范审查，审查结果精准定位构件，关联问题； 5. 数字化交付：模型分享、离线包交付、交付包交付等多种方式

续表

厂家名称	产品名称	支持软件	主要功能
构力科技	BIM设计协作平台	BIMBase 建模软件	1. 文档管理：上传文件、分享、下载、文件权限等功能，实现文件无纸化存储； 2. 模型轻量化 Web 端浏览，可添加批注、分享、下载，设计任务快速发起，指派执行人，根据起止时间及时提醒跟踪任务； 3. 成员角色管理，可灵活自定义成员角色
北京建研宏图	协同宝	Revit、CAD	1. 提供包含二维 CAD 设计、三维 Revit 设计、二三维一体化、轻量化显示、数字交付、项目管理、知识管理、流程管理、进度管理、质量管理、数据分析等模块； 2. 支持多端协同（网页端、CAD 端、Revit 端、移动端），支持 CAD 与 Revit 互联互通的设计环境，支持多专业多方共同协同设计生产
深圳四方智源	华智三二维协同平台	Revit、CAD	基于 Revit 工作模型和二维 CAD 平台的协同管理 1. 建立项目目录单，DWG 图纸拆分； 2. 自动更新 DWG 引用的文件； 3. 同步 Revit 模型，生成 Revit 提资视图； 4. Revit 引用三维模型和自动更新，Revit 挂接二维图纸和自动更新； 5. 三二维互链，Revit 模型选择集过滤器的创建与更新，手写批注（Revit，CAD）
上海红瓦科技	协同大师	Revit	1. 支持跨区域，构件级别的，互联网 BIM 协同设计； 2. 基于 Revit 工作集模式，构件级别、实时协同设计建模； 3. 云链接模型、云项目文档； 4. 支持同步项目基准、碰撞检查等强大的协同功能； 5. 模型动态记录，实时追踪进展； 6. 支持角色权限管理

1）应用场景

广联达 BIM 设计协同平台基于“云＋端”的产品架构（图 4-20），实现构件级设计协同，为设计团队提供不限地域、唯一可靠的模型数据管理环境，设计人员可通过端上插件实现设计数据在各专业间的实时、精准、高效的传递和协同设计。管理人员可以通过云平台与项目其他参与方进行数字化交付和高效沟通，同时从时间、成本、质量多维度提升设计项目整体运转效率，有效管理设计项目。针对企业管理，协同平台有效管理企业数据资产，打通项目管理数据和企业管理数据，贯通设计和成本、施工数据，奠定企业数字化转型基础。

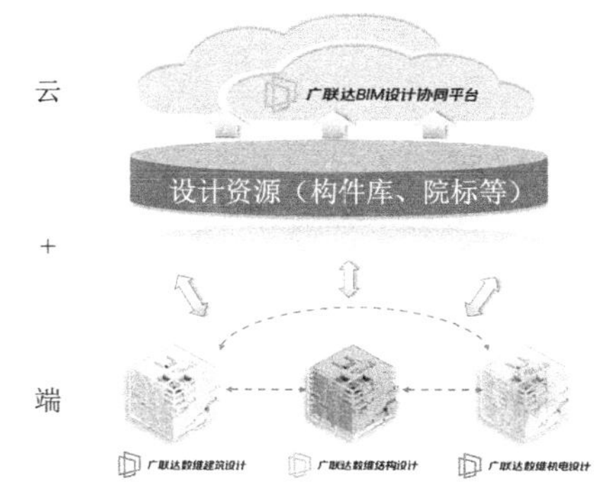

图 4-20　“云＋端”架构

（1）多专业的设计协同与多参与方的协作沟通

应用广联达 BIM 设计协同平台，可以打通设计团队各专业之间、设计过程各参与方之间的协作流程，有效提升协同效率。设计团队各专业之间可以在同一个平台上开展设计工作，实时共享设计文件、标记批注、交流意见，提高团队的协作效率和沟通效果；设计过程各参与方之间可以通过设计协同软件传递设计要求和设计条件、多方参与决策、追踪设计修改情况、管理设计成果版本、交付设计成果，有效提升管理效率和沟通协作效率，尤其是在参建方较多的大型、复杂项目中提升效果显著。

（2）设计过程的精细化管理

传统设计管理过程，通过表格人工统计设计团队成员的工作量、计算设计项目的人员成本及资源投入情况，统计计算方式粗放、精准度差，直接影响到了设计项目的过程管理和资源调配。利用广联达 BIM 设计协同平台，可以对整个设计过程开展全流程管理，通过任务派发、工作流设置进行精细化管理。结合各类管理功能，如进度计划、后台自动采集设计过程等相关数据，助力设计管理者实时掌握设计进展，从多个维度提升设计项目整体运转效率，提升设计质量，支撑设计院提质增效。

（3）沉淀设计经验，构建设计标准

传统设计成果以二维图纸、纸质图纸、计算文档等方式存储，设计水平很大程度上依赖于人员能力，设计经验依靠“传帮带”的方式传递。广联达 BIM 设计协同平台可以提取设计过程中的构件、样板、模板等设计资源，以结构化方式存储，并进行统一管理，将企业设计标准、流程以样板、模板、图库、工作流的形式统一在云端进行设置及调用，保障了设计标准的统一和执行落地，将技术经验和管理经验沉淀形成有价值的数据资产，为后续设计项目的承接、实施、交付提供参考，为设计企业的决策、运营和创新提供支持，促进企业数字化转型发展。

2）主要功能

（1）设计项目全过程协同管理

从前期的项目策划、资源配置，到设计过程中的提资留痕、设计校审，再到后期的成果交付，都可以在广联达 BIM 设计协同平台上完成。

项目策划时，平台提供标准化策划模板，根据项目情况可快速添加项目成员，进行任务拆解，并一键生成工作单元和多级文件目录。设计师登录工具端，可直接查看到自己的工作单元，打开模型开始设计，如图 4-21 所示。项目管理人员可使用模板初始化，快速配置需要的构件、样板设计资源。同时平台支持模块策划和图框策划，工具端可直接调用，减少模型创建的工作量，提升出图效率。

图 4-21 项目策划

协同设计方面，如图 4-22 所示，端上设计师可进行构件级模型参照、实时更新提资，通过可视化模型对比，快速获取变更内容，实现基于构件级的数据交互；并在工具端通过问题功能进行设计沟通，快速解决设计问题，保证设计质量。

设计校审方面，平台基于轻量化引擎，提供基于模型、视图、图纸的质量管理平台。

校审人员在云端浏览器可实时看到最新的模型图纸，通过云端实现图纸模型批注、提问功能，将设计问题精准到推送到设计师的工具端，保证每一个设计问题都能被有效追踪、高效解决。同时，平台内嵌模型智能审查工具，辅助项目管理者进行模型内部审查，审查问题功能提高 BIM 外审模型的审查质量，助力项目提质增效。

图 4-22 协同设计

项目开展过程中，平台可以自动采集设计生产过程数据，实时更新项目看板。通过数据的可视化展示，项目经理和专业负责人可随时查看建模进度（图 4-23）、员工的工时统计（图 4-24）、构件数量统计及修改量统计等，全面把控项目整体质量、进度与成本，为企业决策提供数据支撑。

成果交付方面，平台支持在线交付、离线交付等多种交付方式。浏览器和交付模块均可创建交付包，通过分享链接，第三方无需账号，即可通过链接查看模型和图纸，如图 4-25 所示。浏览器也提供离线交付包生成下载，相关人员不用依赖网络，可直接进行本地轻量化查看。

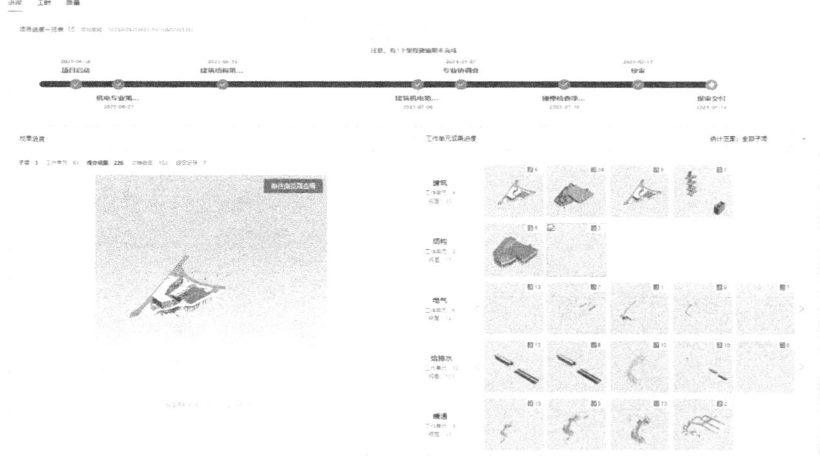

图 4-23 项目看板——进度展示

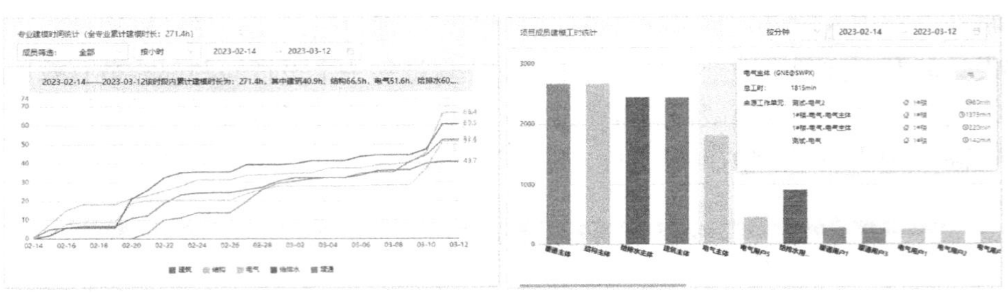

图 4-24　项目看板——工时展示

图 4-25　成果交付分享链接

（2）设计资源沉淀与复用

平台支持将模块、构件、样板、企业标准图库等资源上传至云端，在项目内共享使用，并支持提取为模板，在项目间快速复用。通过不断更新完善的正向机制，帮助挖掘企业数据资源价值，形成企业独特的资源库，如图 4-26 所示。设计师在工具端可快速调用企业资源，实现资源的共享复用，提高设计标准化。

图 4-26　企业资源库

3）典型应用流程

广联达 BIM 设计协同平台的典型应用流程如图 4-27 所示。

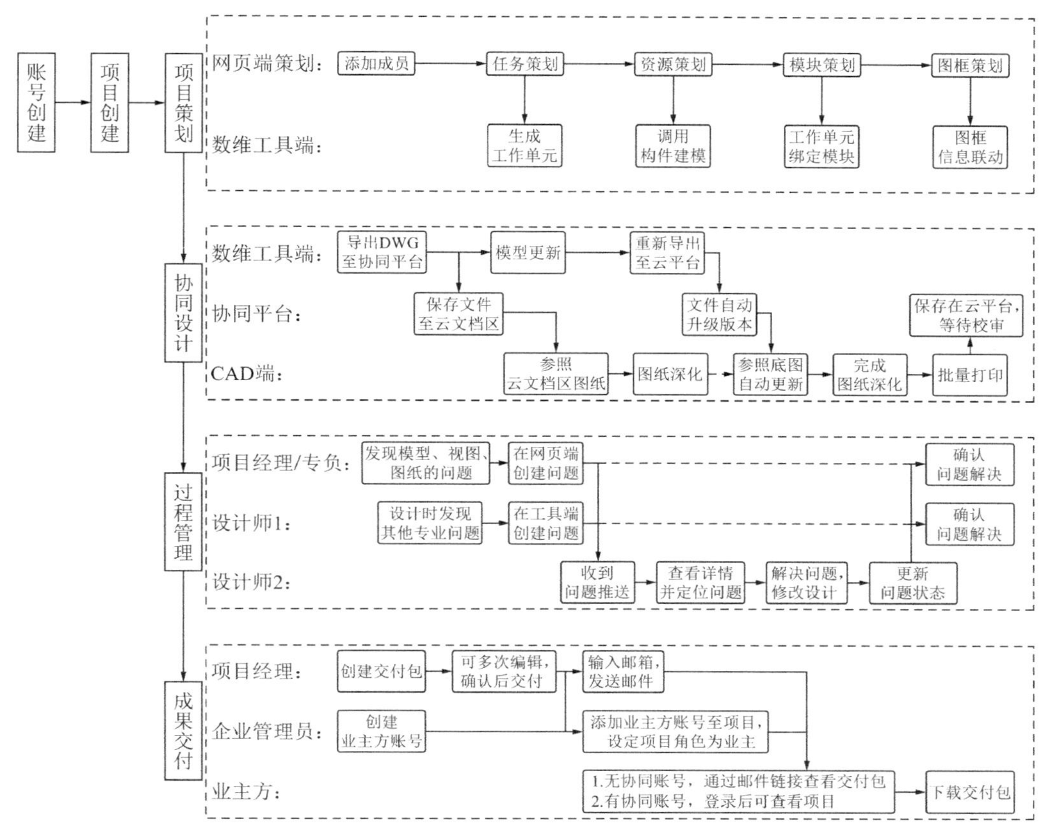

图 4-27 广联达 BIM 设计协同平台应用流程

（1）项目策划。在完成账号及项目创建后，项目管理者在线进行团队组建划分、任务分配、项目资源预设、文件夹设置，批量生成工作单元（设计师完成设计建模工作的基本单位）。

（2）全专业协同设计。各专业设计师以统一的项目数据标准进行基于 BIM 的协同设计，专业间进行构件级协同提资，在线进行轻量化成果查看与交流。

（3）过程管理。利用项目看板，项目负责人实时跟踪项目的进度、工时、质量等多维度数据，对项目进行精细化管理。各专业的设计校审人员轻量化浏览模型、视图、图纸，通过创建问题对设计内容进行校审意见批注。系统会自动识别构件的所属模型和设计人员，进行自动推送。设计人员在工具端收到提醒并定位查看，进行修改后更新模型版本，并对问题状态进行变更。项目管理人员在云端查看最新的模型图纸、复核意见及修改情况，确保设计质量管理形成闭环。

（4）成果交付与归档。通过平台创建数字化交付包，提交项目委托方查看、审核及使用。云端管理构件、样板等多种 BIM 资源，通过对资源审核、加密、在线编辑与预览，实现企业对资源的标准化管理，沉淀企业数字化资产。

4）技术特点

实现项目全生命周期BIM应用，需要研发一系列创新的关键技术。其中在设计阶段，主要应用的关键技术为“云＋端”BIM正向设计协同技术、构件增量传输与跨专业云协同技术；在设计交付阶段，主要应用了BIM建模规范智能审查技术和轻量化引擎技术。设计数据的全流程传递依靠的是跨阶段BIM语义自动匹配技术。

（1）“云＋端”BIM正向设计协同。摒弃传统的文件级协同，发挥“云＋端”构件级协同优势，实现构件级的协同颗粒度，修改的最小单元可精确到构件，让权限管理更加精细化，避免文件协同同步过程中卡顿，使协同更加实时高效。

（2）构件增量传输与跨专业云协同。在保证数据一致性的前提下，可深度拆解几何、空间、功能、二维等业务数据，做到BIM数据可分可合、可粗可细。增量数据版本可管理、分支可追溯，按需融合、订阅和推送，支撑上层的跨专业协同业务能力。

（3）自主化BIM轻量化引擎。支持50多种常用格式的轻量化解析，云端可自动轻量化转换。轻量化后支持超两亿三角面片、百万级构件，提供丰富的可视化应用程序编程接口（Application Programming Interface，API）。针对不同精度等级的模型，引擎采用不同的算法，通过流式加载实现动态调度。

（4）BIM建模规范智能审查技术。通过条文数字化技术、模型转化技术和模型智能审查技术，使用现行规范条文审查快速地按照条文要求对数量庞大的图纸和模型进行审查，把规范条文数字化变成可以被规则引擎解释执行的程序。

（5）跨阶段BIM语义自动匹配技术。基于GFC开发行业通用模型数据格式，依托通用数据环境（Common Data Environment，CDE），实现跨阶段BIM语义的业务数据融通，解决建筑产业链间信息孤岛的问题，目前已实现设计算量、设计施工的打通。

5）应用价值

（1）提升团队协作效率。协同平台通过云端的版本统一管理、构件级协同参照、即时更新的机制，保证团队内共享最新的设计成果，解决信息不对称，专业间变更多等问题。设计过程线上实时沟通，精准推送，第一时间解决错漏碰缺，减少后期变更，提高整体设计效率。

（2）提高设计质量。通过智能模型审查、图模一致性、碰撞检查、净高分析等自动化审查功能，减少人工校审工作。目前实现条文600多条，审查要点800多个，采纳的意见可一键转为问题推送至工具端，方便设计师定位查看、修改，完成设计校审管理闭环。平台可会对问题进行可视化统计分析，支持筛选、自定义问题类型，辅助项目管理人员进行管理，全方位提高设计质量。

（3）提升项目管理效率。项目管理人员在浏览器可轻量化查看所有最新成果，随时掌握设计进度。通过项目看板，实现进度、工时、质量的可视化展示，促成精细化管理。通过模板可快速创建进度计划，同时支持通过移动应用/小程序，实现流程、任务、消息等的协同工作。设计管理由传统的粗放式、不稳定的人治逐渐转变为精细化、智能化的机治。

（4）助力企业数字化转型。通过协同平台打破个人、团队、院所间的壁垒，逐渐沉淀出企业设计资源和一套标准的项目管理流程，打通项目管理数据和企业管理数据，贯通上下游进行高效传递，实现设计-算量-施工真正的全流程数据一体化，为企业的数字化转型奠定基础。

4.2.4 设计资源

设计资源是指在设计过程中所需的各种工具、素材和信息，可高效支撑设计师进行概念设计的表达和具体方案的制定与实施。一般而言，设计资源包括以下几个方面：

（1）技术资源。包括计算机软件、绘图工具、三维模型等，用于实现设计创意和进行模拟分析。

（2）知识资源。涉及建筑设计原理、规范标准、材料性能等专业知识，为设计师提供必要的理论支持。

（3）素材资源。包括材料样本、色彩样板、纹理图像等，用于选择合适的材料和进行视觉表达。

（4）数据资源。涉及地理信息、气候数据、建筑统计等，为设计过程提供基础数据和参考依据。

这些资源相互交织，共同构成了一个完整的设计生态系统。

设计资源软件是设计资源数字化呈现的有效载体。通过设计资源软件的使用，可以提升设计效率、改善设计质量、促进跨学科合作。在提升设计效率方面，设计资源软件提供了强大的设计工具，如 CAD 软件和建模工具，使设计师能够快速创建和修改设计方案。软件具备的自动化功能，如批量处理、参数化设计和设计模板，可大大减少繁琐的手动操作；在改善设计质量方面，设计资源软件使设计师能够进行模拟分析、可视化和虚拟现实等操作，帮助他们更好地理解和评估设计方案，如软件提供了高级的算法和工具，用于优化设计，如结构分析、能源模拟和材料性能预测等，从而改善设计的质量和可行性；在促进跨学科合作方面，设计资源软件支持多个设计领域之间的集成和协作，如建筑设计软件可以与结构工程软件、室内设计软件和景观设计软件等进行数据交换和共享，助力设计师、工程师和其他专业人员之间的有效沟通和协作，提供综合性的设计解决方案。

目前建筑领域常用的设计资源智能软件，如表 4-4 所示。下文以犀照科技/郑中设计的 IDEAFUSION 兆材云库数字化平台为例，进行详细介绍。

建筑领域的常用设计资源智能软件 **表 4-4**

厂家名称	产品名称	主要功能
Independent research Lab	Midjourney	通过 AI 算法生成相对应的图片
右脑科技	Vega AI	用 AI 视觉生成技术赋能艺术创作，打造 AI 图像、视频创作平台
小库科技	小库 AI 云	灵感生成、模型训练和共创共享
犀照科技/郑中设计	IDEAFUSION 兆材云库数字化平台	通过数字材料库打造一键生成材料清单，利用人工智能生成方案效果图
广联达	GJ 构件坞	面向 BIM 设计师的公共构件库，9 大专业、3 万多构件免费下载，辅助设计、助力高效建模

1）应用场景

（1）设计项目方案选材。IDEAFUSION 兆材云库数字化平台（以下简称“兆材云库”）为设计师打造材料灵感库、案例库，设计师使用该平台获取当今流行、前沿的材料（新型、绿色、环保等）信息，快速搜索和筛选不同类型的材料，同时获取关于这些材料的详细信息，如了解实时的材料可用性和库存情况，最大程度地避免材料供给延误，优化设计选择并降低制造成本。此外，设计师通过平台提供关于材料的环境影响数据，评估各种材料的可持续性和环保性能，用于推动可持续设计和生产实践；设计团队通过平台对不同材料和构件进行模拟和分析，从而优化产品性能、强度和耐久性。

（2）智能绘画。人工智能生成内容（Artificial Intelligence in Graphic Creation，AIGC）是一种人工智能技术。借助该技术，设计师可根据用户的需求和功能空间的需要，通过 Transfusion AI 绘画平台（兆材云库的功能模块之一），生成多种不同风格和空间布局的室内设计方案。设计师将平台生成的创意概念作为初始灵感，加快设计思考过程，提升设计效率；设计师利用平台将草图或简单的线条转化为逼真的视觉效果图，帮助客户更好地理解设计概念；设计师也可用人工智能技术来修复或增强图像的细节，从而获得更好的视觉效果。

2）主要功能

（1）建筑装饰行业标准化材料数据库

IDEAFUSION 数字材料库（兆材云库的功能模块之一）拥有的材料品类达 1000 多种，包括砖、石材、金属、木材、涂料、家具、艺术品等，具备材料选择和比较、色彩方案调整、电子材料板制作、一键导出材料清单等功能，助力设计师智能选材，大幅提高设计师的选材效率。IDEAFUSION 数字材料库实现了与供应商供应链路的贯通，即所有材料信息均由材料供应商自主维护更新，经专业材料人员审核通过后再展示至平台，保证了项目材料落地的可能性，也为高效落地设计项目方案提供了支持，如图 4-28 所示。

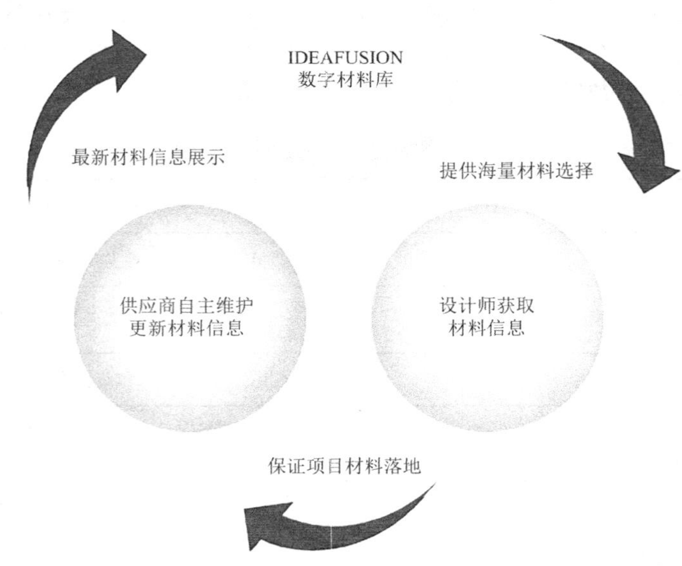

图 4-28 材料使用与供给更新闭环

材料选择和比较。通过兆材云库，设计师可以查看某一材料产品的详细信息，比如工艺特性、技术参数、案例效果、材料使用注意事项、价格参考等，如图 4-29 所示，并进行比较和评估，以选择最适合项目需求的材料。设计师也可以使用材料库中的颜色样本，探索不同的配色组合，以实现室内空间的最佳视觉效果和氛围要求。

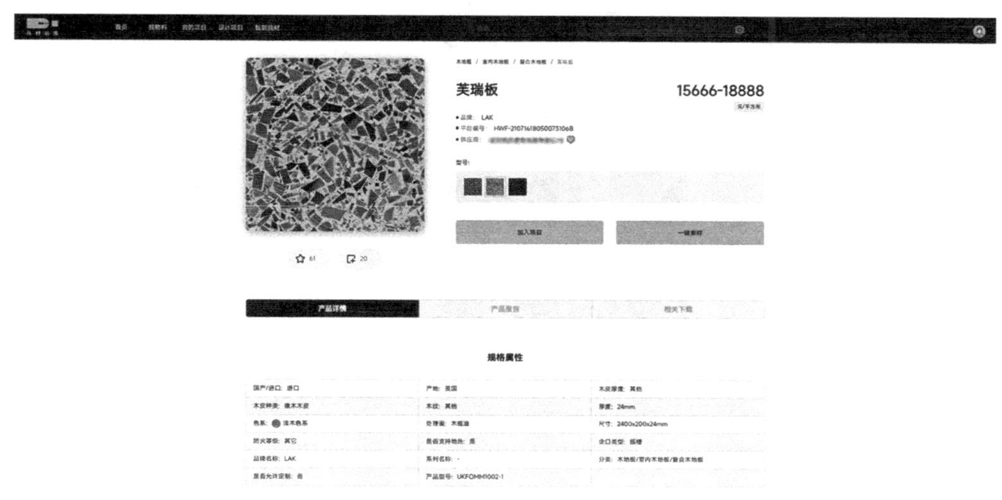

图 4-29　材料详细信息

虚拟场景和可视化。利用虚拟现实技术，设计师可以将选定材料素材的高清贴图应用于虚拟空间模型（BIM 模型）中，并借助虚拟现实设备使客户可以亲身体验和预览设计方案，更好地理解和评估材料的使用效果，如图 4-30 所示。

图 4-30　BIM 模型可视化预览方案

数据管理和组织。通过 IDEAFUSION 数字材料库，设计师能管理和组织大量的材料数据，比如将材料按照类别、规格、供应商、特性等进行分类和标记，方便快速检索和使用，如图 4-31 所示。

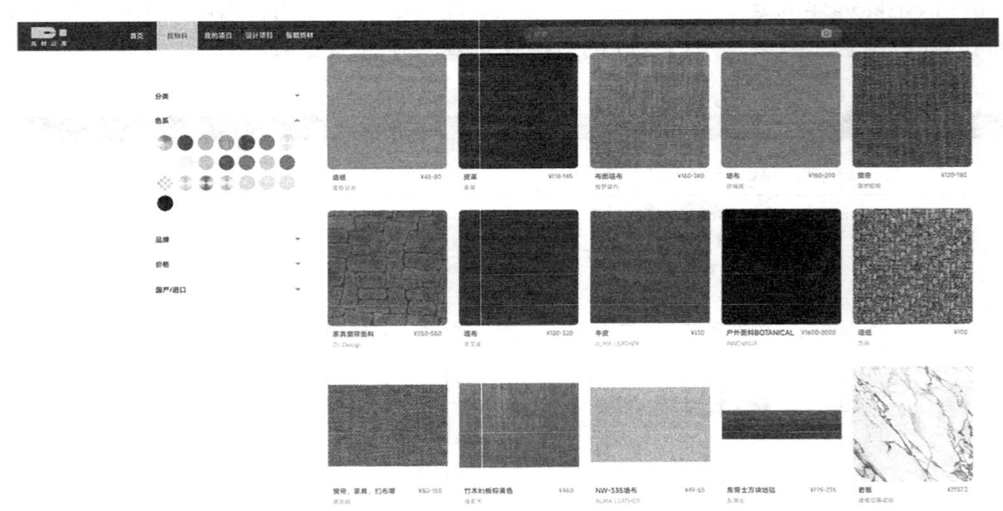

图 4-31　材料检索

供应商管理体系。IDEAFUSION 数字材料库通过收集供应商的绩效数据，包括供应商交付记录、产品质量数据、客户满意度调查结果等，构建供应商评估指标和评分体系，对供应商进行定期评估和打分，如图 4-32 所示，以确保产品与服务的高质量和可靠性，并促进供应商改进和创新。通过设定目标和监督执行，推动供应商提升业务能力和服务水平，降低采购风险，避免潜在的供应链中断和质量问题，减少成本和资源浪费。

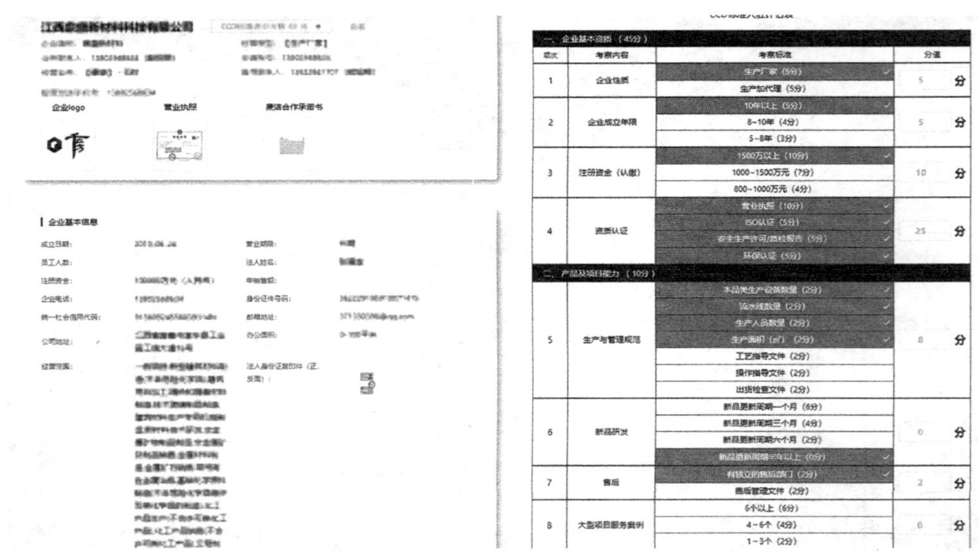

图 4-32　供应商管理与评估

设计项目协同与共享。设计师可以在兆材云库中共享选定的材料和色彩方案，与不同地域的团队成员进行交流和反馈，提高团队协作效率，保持设计的一致性和统一性，实现设计项目高效管理，如图 4-33 所示。

图 4-33　项目协同管理

打造线下智慧材料房。基于兆材云库的数据，辅助使用该平台的用户打造智能化无感的线下材料房，如图 4-34 所示，助力设计师高效、便捷地设计。材料房的每一款材料都拥有独立身份证，设计师除了通过手机扫码查看材料信息、取样、向供应商发起索样以外，也可以将材料直接放置在智能感应桌面上，进行自动识别，提升设计师的用户体验。当批量加入项目后，设计师回到办公位即可一键生成材料清单，提供客户确认，大大提升了设计师的工作效率。

图 4-34　线下智慧材料房实景图

（2）Transfusion AI 绘画

Transfusion AI 绘画平台可以辅助设计师获得更多灵感创意、加速设计过程、实现可视化设计，节约设计成本，提高设计效率与设计准确性。

文生图、图生图提供创意灵感。Transfusion AI 绘画平台可以分析和理解大量的设计样式、图像和数据，为设计师提供创意灵感和设计参考。通过文字生成效果图、效果图深化等功能，生成和展示各种设计风格和元素的变化，激发设计师的创造力，并帮助他们发现新的设计方向和可能性，如图 4-35 所示。

图 4-35　文字生成效果图

设计可视化。Transfusion AI 绘画平台可以将设计想法转化为逼真的可视化效果，帮助设计师和客户更好地理解和沟通设计方案，如图 4-36 所示。

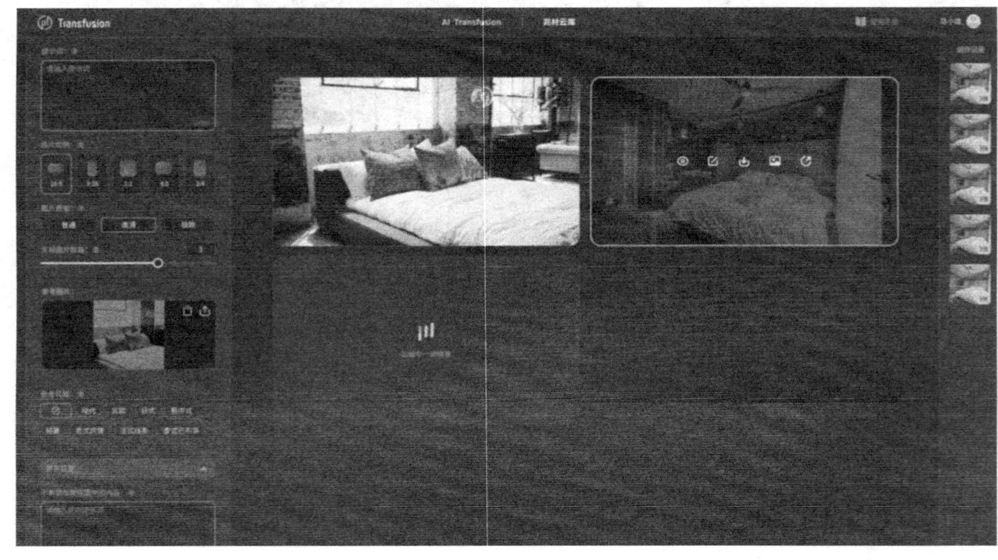

图 4-36　可视化设计

加速设计过程。Transfusion AI 绘画平台可以减少设计过程中的效果图渲染等繁琐任务，根据设计师的需求和相关参数，自动生成设计草图、平面布置图、立面图等，从而节省设计师的时间和精力，使设计师有更充足的时间进行细节优化与设计创新，如图 4-37 所示。

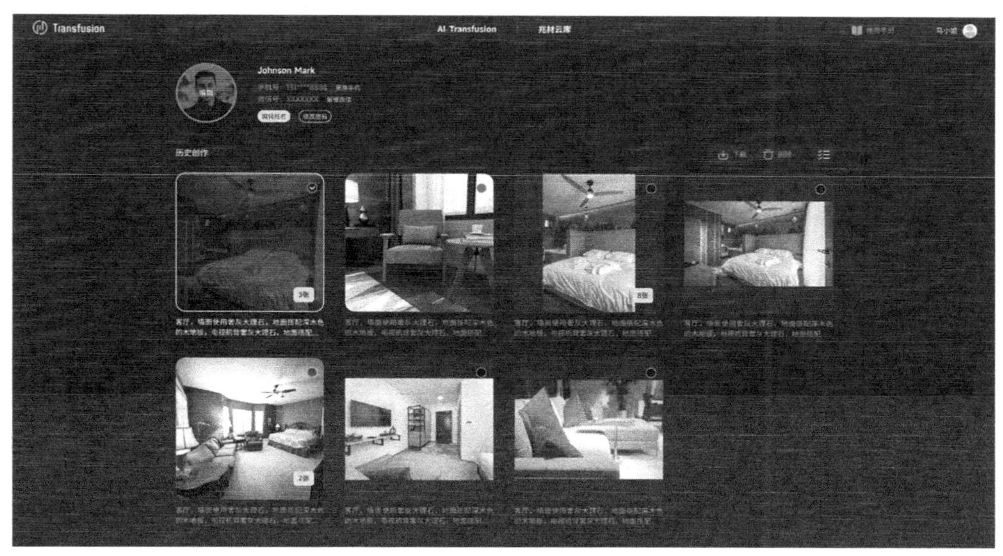

图 4-37　自动生成的设计清单

3）典型应用流程

兆材云库下的设计项目方案选材流程如图 4-38 所示。

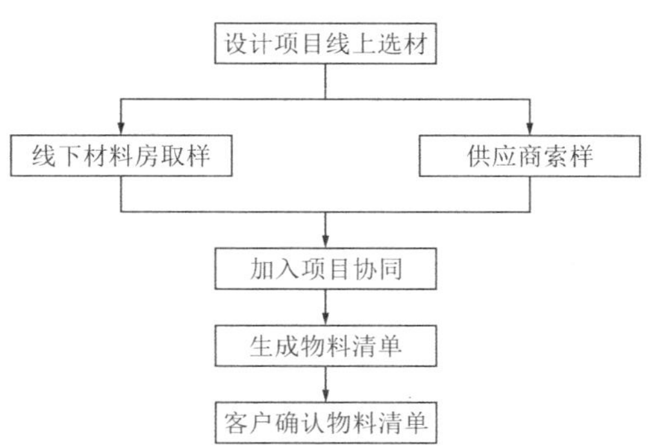

图 4-38　设计项目方案选材流程图

（1）设计项目线上选材。设计师可以根据项目的实际情况在数字材料库中进行线上选材，综合不同维度，如所需材料的色系、价格、材质、工艺参数等，快速、精准进行筛选。

（2）线下材料房取样/供应商索样。线上材料库可实时查询到材料的位置情况，若选定的材料样板已存放于材料房，设计师可根据库存位置直接到线下材料房对应的货格位置取用；若选定的材料未上架到材料房，设计师可直接向供应商索样。供应商收到订单消息后，1～2 个工作日即可将材料样板寄送至设计师，设计师可实时查询索样订单的物流信息。

（3）加入项目协同。在材料选定后，设计师线上或线下通过智能感应设备将材料逐个或批量加入到项目空间，项目团队成员可实时共享材料信息，便于进行方案分享和调整。

（4）生成材料清单。当项目空间所有材料确定后，可通过一键生成材料清单功能生成相应空间的材料清单，清单信息包含了所选材料的工艺特性、技术参数、材质、所用位置等信息，比起以往传统的线下文档表格录入，大大提升了设计师的工作效率。

（5）客户确认材料清单。将生成的材料清单及空间材料拼版一起发给客户进行确认。客户通过扫描二维码，可以查看项目空间的所有材料信息，借助可视化的设计呈现，更准确地预览和评估设计效果。

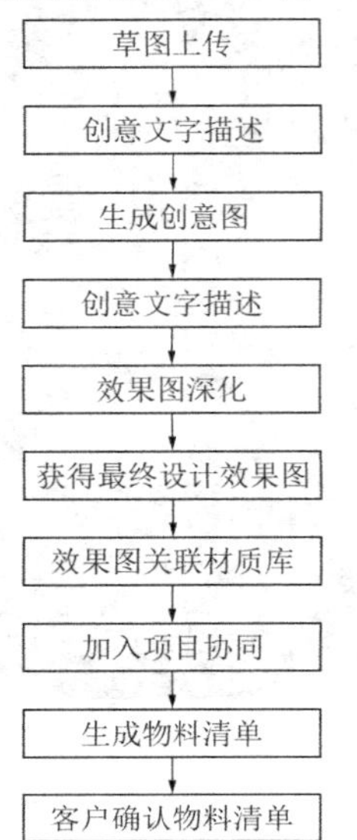

图4-39　Transfusion AI 绘画流程

Transfusion AI 绘画流程如图4-39所示。

（1）草图生成概念图。设计师只需将设计草图拍照或手工上传至平台，增加创意文字描述即可生成草图相应空间的概念图。

（2）效果图深化。在概念图或效果图的基础上，设计师可以根据空间的布局元素进行调整，通过创意文字加图方式不断深化，最终达到满足设计需求的效果图。

（3）效果图关联材料库材质。设计师将生成的效果图关联至平台材质库，自动识别与效果图相对应的空间材料，生成材料清单提供客户确认，助力设计项目高效落地。

4）技术特点

（1）材料信息的数字化存储技术。采用先进的数字技术和高速传输技术，大量的材料数据和信息可以被快速导入、存储和访问，使得用户可以迅速找到所需的材料信息，具备信息的可靠性和安全性，包括数据的保密性、完整性和可用性的保障，实现了兆材云库近30万款材料、数亿个材料参数、几百万张材料高清产品图数据的高效存储和计算。

（2）物料信息的自动识别。通过各种传感器、二维码、RFID等感知设备实现对材料的全面感知，实时获取材料的各种信息。对感知的信息进行分析和处理，从而实现对材料一物一码的智能管理和控制，同时采用了多种安全技术和机制，如数据加密、身份认证、访问控制等，确保平台的安全性和可靠性。

（3）材料信息的数据模拟。通过数字模型和物理模型的双向映射，实现数字世界和物理世界的双向映射和交互，对设计师线下材料房材料的使用情况、材料管理进行精确的建模和预测。在数字世界中对材料资产进行准确的模拟和预测，同时也可以在物理世界中对数字孪生进行验证和修正。

（4）室内设计的专属大模型。针对室内设计大模型，提供了近5万张真实项目效果图进行训练学习。通过大规模数据的训练，更好地理解室内设计的复杂性和多样性，满足大部分室内设计师的设计需求。

5）应用价值

目前，兆材云库已经在800多个项目中得到成功应用，表现出了显著的社会效益，使室内设计团队可以更好地协作、创新和沟通，提高设计项目的质量和客户满意度，为行业增加更多的好设计提供便利性，如表4-5所示。

兆材云库的应用价值　　表 4-5

价值点	传统模式	数字设计模式	数值反馈
提供丰富的设计资源库	设计师资源为 50～300 个	IDEAFUSION 数字材料库资源超过 1000 个	数字设计工具提供了大量的设计素材、模板，设计师可以快速获取和应用于设计中，设计成果提升超过 300%
减少设计时间	酒店项目设计平均 3～6 个月	酒店项目设计平均 2～3 个月	平均设计时间缩短了 50%
提高设计质量	设计项目方案过审平均 10～20 次	设计项目方案过审平均 3～5 次	数字设计工具提供了更准确的设计预览和模拟功能，设计质量得到了显著提升
提高工作效率	设计项目材料选材至材料清单制作完成需要 40 天	设计项目材料选材至材料清单制作完成只需 20 天	数字设计工具允许设计师快速修改和调整设计、材料，迭代和修改的速度提高了 100%
多平台和协作	设计师设计项目沟通效率低、项目管理成本高	数字设计工具提供了多平台支持和在线协作功能，方便设计师与团队成员的合作和交流	通过近 500 个设计项目管理数据统计，设计师工作效率提高了 30%，管理成本降低了 20%

4.3 智能施工应用软件

历经手工管理、电子化管理、网络化管理等发展阶段，施工管理正在向数字化、智能化方向发展。智能施工应用软件是支撑这一方向实现的重要工具。

智能施工应用软件基于 BIM、人工智能、物联网、大数据等数字技术，实现施工全过程的可视化、数字化、智能化管理，主要分为施工深化设计软件、施工策划和方案设计软件、材料和设备管理软件等类型。智能施工应用软件能够帮助施工企业提高施工效率和施工质量，降低成本和风险，进而提升管理水平，助力企业数字化转型。近几年，国内软件厂商聚焦智能施工应用软件领域发力，广联达、品茗、鲁班等厂商分别推出了自己的施工阶段软件解决方案。

从发展趋势看，智能施工应用软件的发展正趋向一体化、精细化、智能化。一体化方面，主要表现为多系统多业务线的融合，例如项目管理软件与 BIM 平台一体化、项目管理和企业管理一体化、设计软件与算量软件一体化等；精细化方面，主要表现为深化设计软件的精细设计、计划管理软件的工序级排程、现场管理软件的实时反馈等；智能化方面，主要表现为利用人工智能技术开展数据分析和资源优化、应用图像识别和动作追踪进行现场安全监控和物料管理等。

4.3.1 深化设计

深化设计是指施工单位在建设单位提供的施工图或合同图的基础上，对其进行细化、优化和完善，形成各专业的详细施工图纸，同时将各专业设计图纸进行集成、协调、修订与校核，以满足现场施工及管理需要的过程[2]。

深化设计贯穿整个施工过程，在各分部分项工程以及整个项目实施过程中都发挥了重要作用，具有以下显著价值：

（1）减少设计中的模糊和不确定性，有助于识别和解决潜在的设计问题，并确保设计方案的可落地性。

（2）考虑了施工的实际要求和限制，能够针对具体的施工方法和工艺提供有效的选择依据，有助于优化施工过程，提高施工效率。

（3）帮助识别和解决施工工艺上的潜在问题和风险，以便提前制定策略降低项目实施风险，提高项目的整体质量和效益。

（4）提供项目管理和协调的基础依据，通过详细的设计图纸和说明，为施工人员、供应商和其他相关方提供了明确的指导和参考，确保各方能够理解和实施设计意图。

传统的深化设计主要使用二维设计软件，如 Autodesk 公司的 AutoCAD，但二维图纸在表达能力上存在局限性，信息量少且可视化程度低，要求设计人员具备很强的空间想象能力，进而造成了深化设计效率较低，准确率也难以保证。智能化的深化设计依托 BIM 技术建立真实世界的数字化模型，可携带各类专业属性，既具有较好的空间表达能力，又能够对设计过程、建造过程进行智能计算、模拟仿真等，可以有效提升设计质量。

目前建筑领域常用的智能化深化设计软件如表 4-6 所示，表中软件基本都具备依托 BIM 技术智能化实现深化设计的能力。下文以广联达 BIMMAKE 施工深化软件的为例，详细介绍钢筋深化设计的应用场景、主要功能、应用流程、技术特点以及应用价值。

建筑领域的常用深化设计软件　　表 4-6

厂家名称	产品名称	核心业务及功能
广联达	BIMMAKE	建筑工程施工全过程中，面向技术工程师打造的 BIM 建模与专业应用软件，具有快速建立施工 BIM 模型，基于 BIM 模型进行钢筋深化设计与算量、二次结构及砌体深化设计、钢筋翻样、施工现场策划、模板支架深化设计、脚手架深化设计等功能，输出深化设计图纸和工程量，实现可跨阶段的一模多用和多业务场景的系统性深化设计，通过精准的工程量和模型信息，助力施工项目精细化管理，提升项目盈余率
	MagiCAD	MagiCAD 是一款集机电设计与机电深化设计于一体的工具软件，提供集专业机电产品库、模型创建、机电深化、系统复核，数据互通为一体的机电设计与深化解决方案
	BIMSpace 机电深化软件	BIMSpace 机电深化软件是基于 Revit 平台，用于机电专业深化设计的软件。主要包括强大、易用高效的管综调整模块、协同开洞、净高分析、碰撞检查、支吊架模块、管综标注等功能模块。本软件可以解决深化设计中的痛点和难点，大幅提升深化设计效率和质量，最终提升 BIM 应用价值，推动向下游施工延伸应用，促进 BIM 成果落地
Autodesk	Autodesk Revit	为设计师、工程师和承包商提供一套基于云端的通用数据环境的 BIM 工具： 1. 通过参数化的准确度、精度和便利度，在三维环境中对形状、结构和系统进行建模； 2. 简化项目管理，可以对平面图、立面图、明细表、剖面和图纸进行即时修订； 3. 联合跨专业领域项目团队，提高办公室或施工现场的效率、协作性和影响力
	Autodesk Civil 3D	Autodesk Civil 3D® 设计软件使土木工程师能够在基于三维模型的环境中应对复杂的基础设施挑战。 1. 为道路和高速公路、场地设计、铁路以及桥梁项目提供设计图纸和施工文档。通过更快地为曲面、道路、地形等建模，缩短整体设计时间； 2. 将 GIS 数据整合到设计中，同时考虑可持续性和客户满意度。在云账户中安全地查看和共享数据，以改进与所有项目利益相关方的协作； 3. 跨多领域团队无缝交换数据，同时保持标准和准确性，从而减少返工并提高客户满意度

续表

厂家名称	产品名称	核心业务及功能
品茗科技	品茗 BIM 系列软件	提供模板、脚手架工程精细化管理工具和专业智能的三维场布、施工策划及企业 CI 管控工具。主要功能有智能安全、节点验算、配模配架、成本管理、方案交底、快速出图等，可以提升中标率、企业形象、建模效率，同时降低项目风险
构力科技	PKPM 系列	PKPM-PC 可快速完成预制构件深化设计，设计模型达到生产加工精度，自动生成构件设计数据、构件加工详图和 BOM 清单，对接生产管理系统，驱动生产加工设备，实现设计-生产一体化。 PKPM-PS 为装配式钢结构建筑的全生命周期提供一体化设计解决方案：方案设计-结构计算分析-施工图设计-深化设计

1）应用场景

广联达 BIMMAKE 主要是面向 BIM 工程师/技术工程师，提供施工全过程的 BIM 建模及深化设计专业化应用。其中，钢筋深化设计是将结构施工图中的钢筋平法信息及节点详图中的钢筋信息汇总整合至 BIM 模型，按各构件逐一表达钢筋信息。该产品支持单构件钢筋排布、设置搭接接头种类和位置，多构件交叉节点的钢筋排布、绑扎顺序，保证深化后的钢筋全面无遗漏，符合现行国家和地方规范标准，便于现场加工与施工工作，降低加工与绑扎安装难度。钢筋的形状长度满足加工机械和施工安装要求，断料模数和组合考虑现场钢筋原材的充分利用，输出的图和表可指导钢筋加工和绑扎。

2）主要功能

（1）钢筋下料算法优化。考虑现场进场原材模数设置，按照图集规范规定的搭接布置范围和连接规则，确定每一根钢筋合理下料长度和接头位置。如图 4-40 所示。

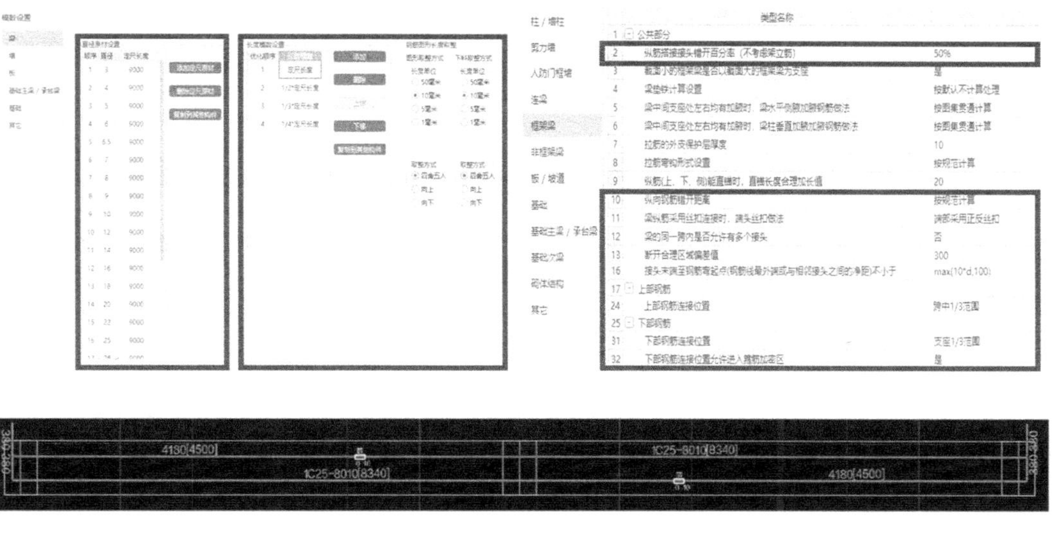

图 4-40　钢筋下料算法：考虑原材断料连接

（2）钢筋节点算法优化。基于施工现场翻样深化的计算规则标准进行钢筋计算，处理多构件间钢筋穿插位置关系，如图 4-41 所示。

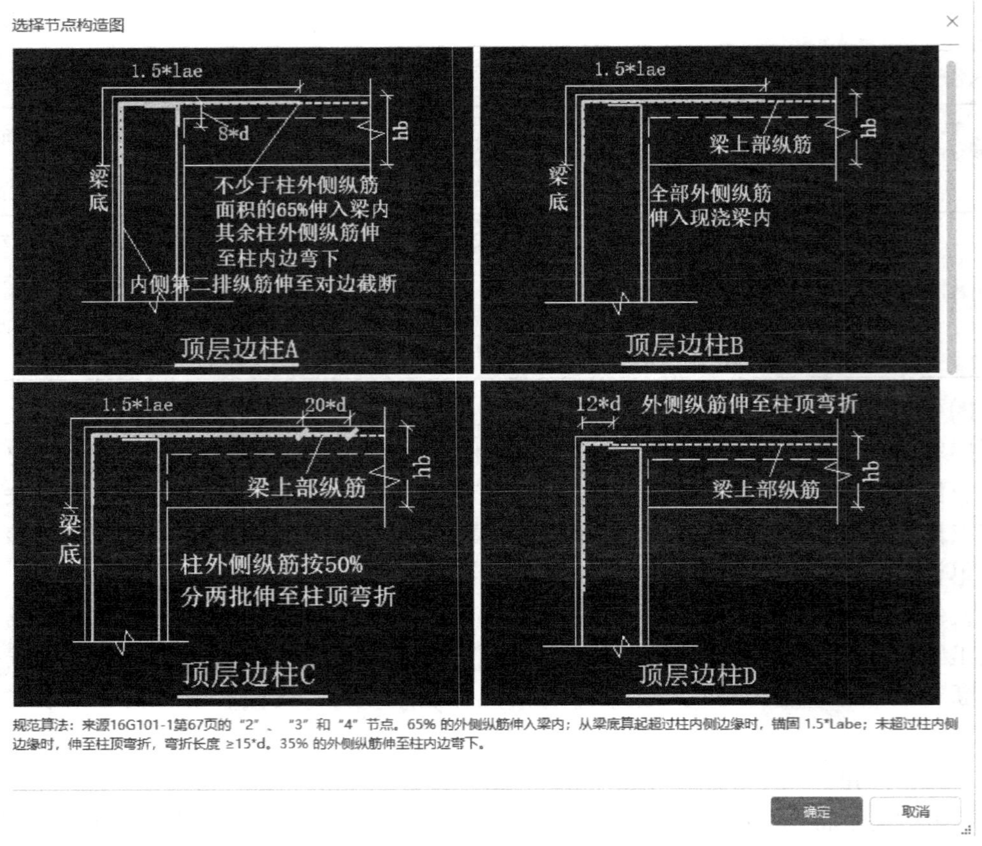

图 4-41　钢筋节点计算

（3）钢筋深化算量。输出汇总统计表。依据项目的设置和调整后的钢筋模型，计算整个项目的钢筋数据，形成项目完整的钢筋数据模型，再依据生成的钢筋模型提取工程总控量，如图 4-42 所示。

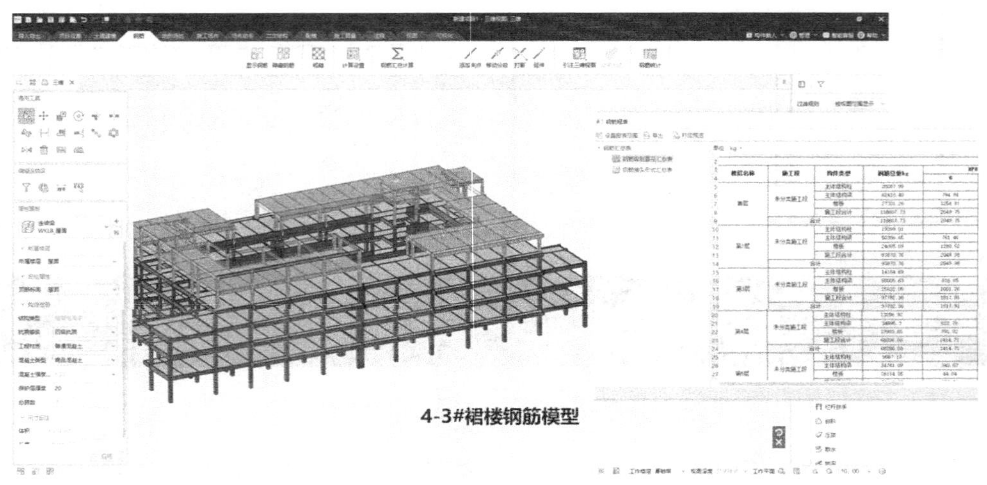

图 4-42　钢筋深化算量

（4）钢筋深化编辑。提供了更适用于钢筋深化设计的钢筋二维展开线编辑工具，方便钢筋深化工程进一步调整钢筋模型，如图 4-43 所示。

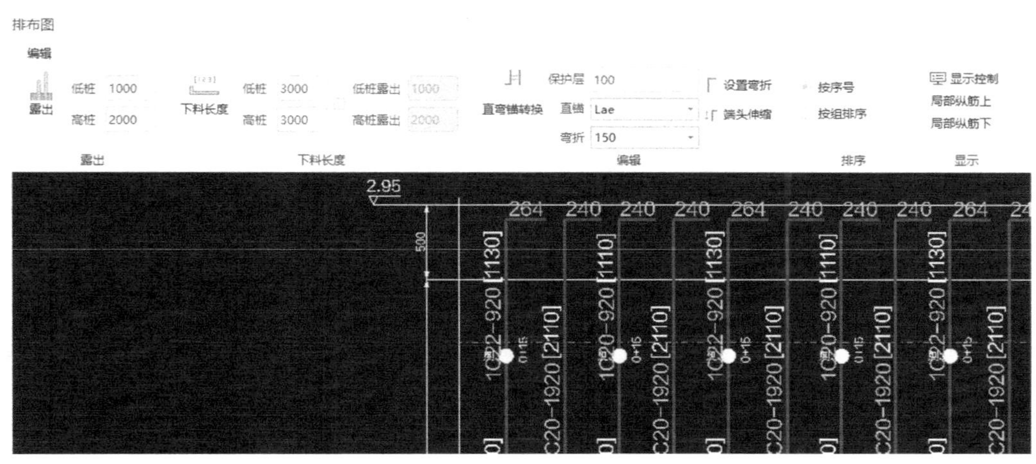

图 4-43　钢筋深化算量

（5）钢筋详图设计。输出每个构件所含钢筋的根数、位置、长度和搭接关系图钢筋排布图，指导现场绑扎，如图 4-44 所示

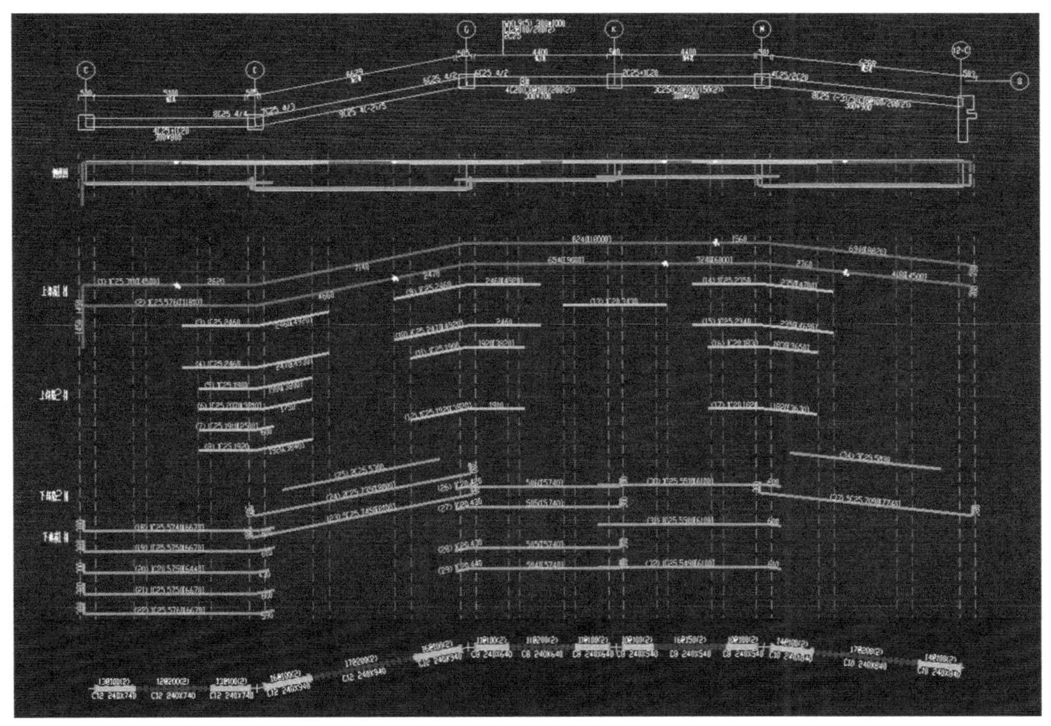

图 4-44　钢筋排布图

（6）输出钢筋加工料单、加工料牌指导现场实际加工下料，如图 4-45 所示。

钢筋翻样配料单

项目名称：龙湖梅江_商业　　　　日期：2022-09-20

工程部位：龙湖梅江_商业 B2 主体结构 未分类施工段 梁

序号	规格	钢筋图形	下料长度 mm	根数	配料根数	总重kg	备注说明
件数：1		构件名称:KL146(12)					合计重:5.784(t)
构件位置：13轴-8.398m/C轴+1.1m~11轴/C轴+1.5m							单件重:5.784(t)
1	Φ25	8940 3040 5380 3570 5190 3770 8950 4130 4820 3670 5280 8950 2640 3360 5040 3920 6000 7190 380	11980/8950*6/6000/8950/6000/7500	1	1	362.401	上通长筋1排(1-12跨)角177°,164°,169°,177°,178°,172°,178°
2	Φ25	380 4100 4610 4340 4040 4920 3830 5130 6000 5750 3200 5280 3670 8950 4280 4670 3740 2260 11950 2690 380	4410/8950*3/6000/8950*4/6000/11950/3000	1	1	361.939	上通长筋1排(1-12跨)角177°,164°,169°,177°,178°,172°,178°
3	Φ22	3350	3350	1	1	9.983	上支座筋1排(1跨左)
4	Φ22	3350	3350	1	1	9.983	上支座筋1排(1跨左)
5	Φ22	2720	2720	1	1	8.106	上支座筋2排(1跨左)
6	Φ22	330 3240	3510	1	1	10.46	上支座筋1排(1跨左)
7	Φ22	330 3230	3510	1	1	10.46	上支座筋1排(1跨左)

图 4-45　钢筋加工料单

（7）支持构件编号，生成钢筋定位图，指导吊装运输。如图 4-46 所示。

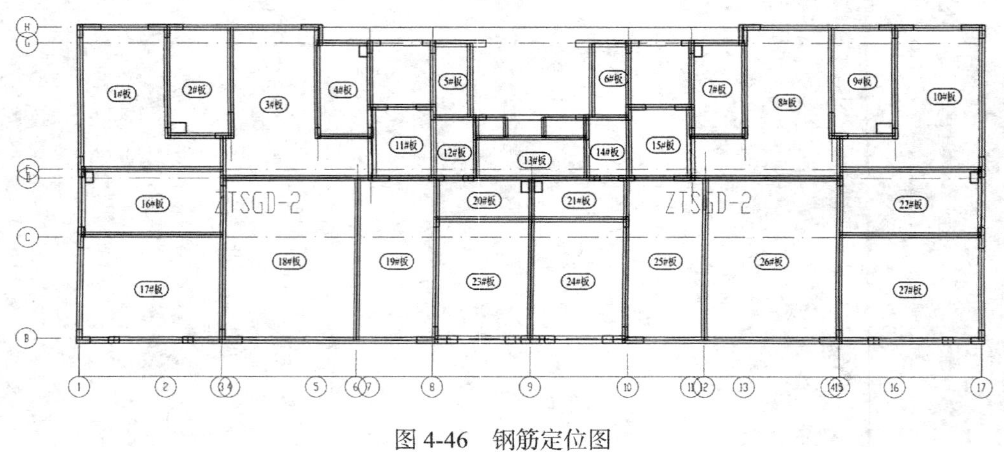

图 4-46　钢筋定位图

（8）结构及钢筋模型输出三维效果。手机/网页等多端轻量化浏览，用于交底。如图 4-47 所示。

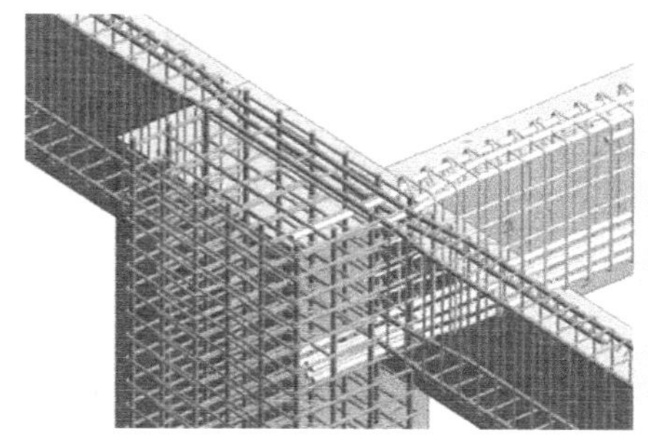
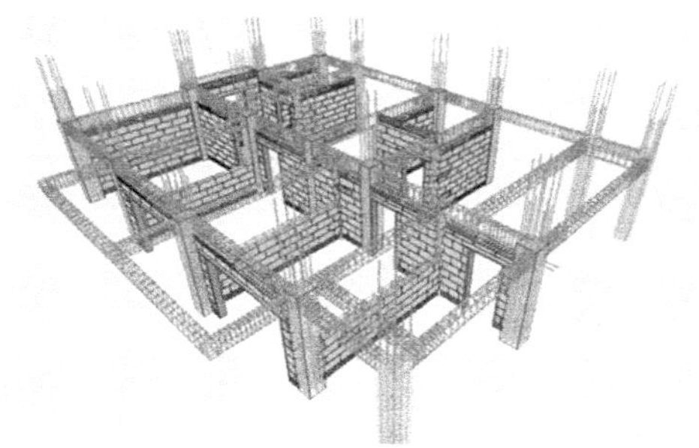

图 4-47　钢筋模型三维交底

（9）输出钢筋加工数据直接对接智能加工机械，如图 4-48 所示。

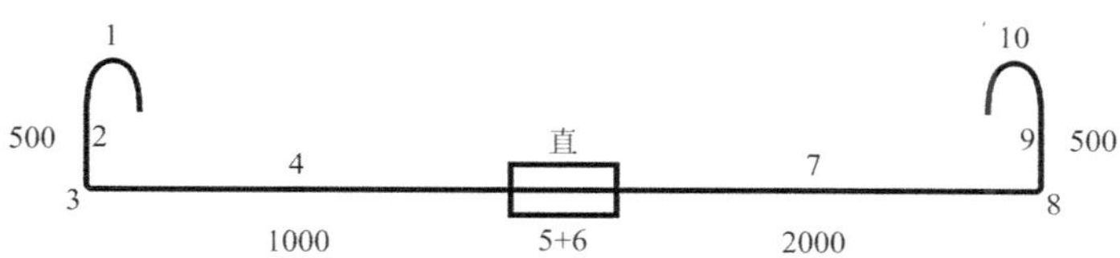

W(−180,20,20); L(500); A(−90,0,−20); L(1000); LJ(ZS); LJ(LLW); L(2000); A(−90,0,−20); L(500); W(−180,20,20,20)
1　2　3　4　5　6　7　8　9　10

图 4-48　钢筋图形描述

3）典型流程图

钢筋深化设计的核心流程如图 4-49 所示。

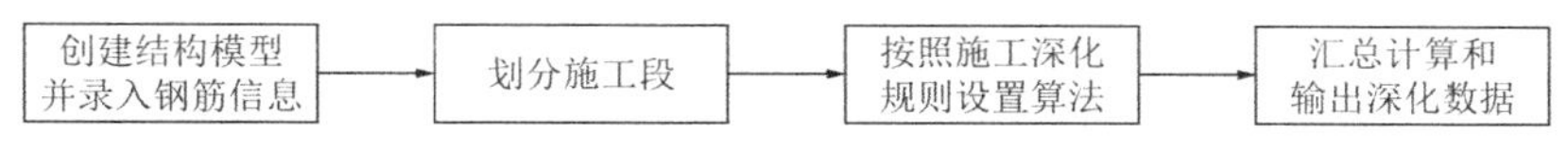

图 4-49　钢筋深化设计流程图

（1）创建结构模型并录入钢筋信息

通过导入预算钢筋模型，或基于结构施工图识别 CAD 智能创建土建模型，并将施工图中的钢筋信息录入到模型中的各个结构构件中，以保证设计阶段的施工图信息被 BIM 模型完整继承。

在进行钢筋深化业务时，需要考虑的模型信息范围有：

构件的业务分类信息，如结构柱、剪力墙、框架梁、连梁、结构板等。

构件几何尺寸信息与空间定位信息，如截面尺寸、所属楼层、高度定位等。

构件的钢筋属性信息，如柱的纵筋、箍筋、拉筋属性等。

（2）基于模型划分施工段

结合施工段划分方案，对结构模型进行施工段划分，然后根据施工段施工顺序在钢筋甩筋方向上设置钢筋甩筋长度。

（3）按照施工深化规则设置深化算法

软件将钢筋设计图集做法与施工常用做法内置到设置中，用户可根据项目以及当地的规范要求对钢筋的深化算法进行调整和优化，主要设置如表 4-7 所示。

主要设置信息　　　　表 4-7

设置	说明
楼层设置	可以对当前项目不同层不同构件的抗震等级、混凝土强度等级、锚固搭接值、保护层厚度进行设置
计算设置	可以对当前工程中各个构件的钢筋深化计算方法进行调整，包含 4 部分内容：计算规则、节点设置、箍筋设置、箍筋公式
比重设置	可以对当前工程的钢筋比重进行设置。主要分为五种类型的钢筋：普通钢筋、冷轧带肋钢筋、冷轧扭钢筋、预应力钢绞线和预应力钢丝
弯钩设置	可以对钢筋计算时的钢筋弯钩进行调整
弯曲设置	可以对不同钢筋进行弯曲调整值的设置
模数设置	可以对不同直径的原材钢筋进行定尺长度设置
搭接设置	可以对当前工程不同钢筋级别和钢筋直径进行调整搭接的形式

（4）汇总计算和输出深化数据

汇总计算是依据项目的钢筋计算设置以及构件的钢筋属性信息，计算整个项目或某个区域的钢筋数据，形成项目完整的钢筋模型数据，包含每根钢筋的规格信息、直径信息、形状信息、三维空间位置信息、重量信息、接头信息、弯曲调整值信息、所属构件信息等钢筋模型数据，为后续钢筋模型的可视化、编辑、提量等应用提供模型基础。

4）技术特点

（1）核心技术自主可控。图形技术、约束解算器、渲染技术、轻量化显示技术等，均由广联达自主研发。

（2）智能化施工业务算法。智能识别 CAD 创建 BIM 模型、内置钢筋设计图集做法与施工常用做法。

5）应用价值

广联达 BIMMAKE 钢筋深化设计产品能够更精准、更高效地提取钢筋总控量，输出准确、清晰的钢筋料单和图纸指导下料、绑扎。

（1）深化设计门槛低。将钢筋深化设计的业务规则内置于软件中，借助软件自动化算法能快速准确地进行钢筋深化设计，减少对技术工程师的技术依赖，有效降低深化设计门槛并提升工作效率。

（2）钢筋深化的精确度高。基于三维模型的深化设计过程可以更准确地定位到钢筋在空间上的变化，解决传统二维深化设计方式在空间变化上的局限性，使得钢筋深化设计的结果更加准确可靠。

（3）钢筋总控量的精准度高。软件自动汇总统计深化设计后的钢筋工程量，与钢筋翻样得到的工程量差值小于 0.5%，更加接近项目实际所需的钢筋量，可以帮助施工单位更加精确的核定钢筋生产加工过程的质量，常见工况下能节省钢筋用量 4%，提升钢筋工程的整体效益。

（4）编辑出图效率高。灵活的钢筋深化编辑功能，直接输出清晰美观的钢筋料单和图纸指导现场绑扎。常规房建项目从建模到钢筋计算和出图效率高，达到地上构件翻样下料 $2000m^2/d$，地下构件下料 300t/d。

4.3.2 施工策划

施工策划是为实现成本、进度、质量、安全等管理目标，针对工程项目实际情况，寻找最优的施工组织模式、工艺选型、资源配置方式的策划活动。目前对项目影响比较重要的策划内容有：项目前期的总体策划、各关键施工活动策划以及对临时设施、进度、质量、安全、绿色施工等管理活动的专题策划等。施工策划是项目成功的必要条件，决定着项目能否存在和继续发展，为工程项目的后续实施提供了有效指导。

通常情况下，施工策划需要在开工前较短时间内完成，此时项目数据往往不完备，很大程度上依赖于策划人的经验与个人水平，策划质量难以得到保障。随着 BIM、大数据等数字技术的快速发展，传统施工策划存在的问题得到有效解决，如基于历史项目数据的积累，结合现状项目施工环境、节点工期、施工组织等要求，对场地布置、机械选型、施工方案、施工计划等内容提供数据支持，辅助施工策划更优。

智能化的施工策划，可以带来策划质量与策划效率的显著提升。策划质量方面，经验积累可以进行数据化解构，使专家经验能够赋能更多的项目，让数据驱动策划高质量完成，沉淀组织能力，提升企业核心竞争力。在策划效率上，智能化施工策划在数据整理、分析甚至报告产生上，都可以实现一定程度的自动化，如方案快速数字化呈现、自动进行方案合理性分析、自动进行方案的纠错与推荐、智能自动生成并推荐多方案等，大大缩短了策划的时间，提升了策划效率。

目前施工策划的常用软件产品如表 4-8 所示。每个产品可以实现的施工策划的内容不同，比如广联达的 BIM5D 主要用于综合策划及深化设计，构力科技的产品可以用于结构计算、施工安全计算等，Autodesk 的 Naviswork 则用于施工模拟等。下文以广联达 BIM5D 综合策划产品为例，进行详细说明。

建筑领域的常用施工策划软件　　表 4-8

厂家名称	产品名称	主要功能
广联达	BIM5D 综合策划产品	综合性策划产品，主要包括三部分内容： 1. 技术策划，如工艺选型、施工部署； 2. 生产策划，如计划自动生成、措施量自动生成； 3. 商务策划，如成本测算，多方案比选等
Autodesk	Navisworks	三维模型审阅、协调和冲突检测
构力科技	PKPM 施工软件	安全计算
Kalloc Studios	Fuzor	包含 VR、设计、分析、协同、4D 施工模拟
Bentley	SYNCHRO（策划部分）	基于模型的算量、进度规划和施工模拟
RIB	ITWO（策划部分）	设计管理、算量计价、进度计划、施工模拟
品茗科技	品茗 BIM 施工策划软件	三维场布、施工模拟、临水临电设计、合理性检查、工程量统计
北京云建信	Power4D（策划部分）	进度节点与模型智能关联、工程量与人材机和成本动态查询
斯维尔	斯维尔 BIM5D 云平台（策划部分）	以 BIM 模型为载体，集成项目建设全过程各项信息

1）应用场景

广联达 BIM5D 综合策划产品，面向的用户是施工单位的项目经理、商务经理、项目总工以及企业的相关管理人员。对于中标项目，项目团队搭建后，可以使用该产品高效并准确地进行项目策划。同时，当施工过程中出现与项目前期策划内容不一致、需要修改策划的情况时，可通过在该产品中输入变量，快速生成进度影响结果和成本影响结果。从具体业务场景看，该产品适用于措施项工艺选型、群塔方案选择、施工计划、资源计划编制、施工组织模拟、成本测算-嵌入成本测算组件、补充措施量自动计算环节、多方案比选等多种场景。

2）主要功能

（1）措施量计算

通过导入 BIM 模型或 CAD 图纸，基于二三维模型自动计算统计各种资源数量，主要包含模板量计算、内架量计算、外架量计算。

（2）工艺选型合理性分析

对用户输入的项目数据和工艺选型等内容，根据产品内置的分析方法和策划库，判断工艺选型的合理性。以塔式起重机为例，基于客户输入的方案，对其排布进行综合合理性分析；根据模板方案，完成塔式起重机-模板的吊次等分析，在客户修改和调整变量后，完成经济性方案比选分析，进而辅助客户完成塔式起重机-模板的选型分析。

（3）施工部署合理性分析

对工序穿插、流水段划分、道路模拟、临时设施进行合理性分析。以工序穿插为例，通过内置的工序穿插逻辑库，判断不同的工序之间是否有冲突，是否存在选型的不合理、穿插时间不合理以及是否有优化的空间。

（4）计划编制

通过内置穿插逻辑、读取工期指标、读取与选择工艺类型、选择开工时间、选择关键里程碑时间、添加降效因素（春节、冬歇、雨期施工、其他恶劣天气、中高考等）和其他参数等（图 4-50），快速生成劳动力计划、材料计划、机械投入计划等，并可将计划关联模型。同时，还能根据里程碑、开始时间、工艺选型类型等参数计划的变化，自动联动调整，提高计划编制效率。

图 4-50　计划编制

（5）成本测算

通过对投标文件进行一键智能分解（图 4-51），可以快速完成目标成本测算的编制，为成本维度数据驱动的成本精细化管理；兼容、整合历史文件数据可以实现一键入库，建立企业数据标准，激活数据资产，利用数据提高测算精细度；与技术线协同，实现措施工程量自动计算，解决措施精细测算和经营困难，辅助高效决策，收支分析零投入，经营情况实时可见。

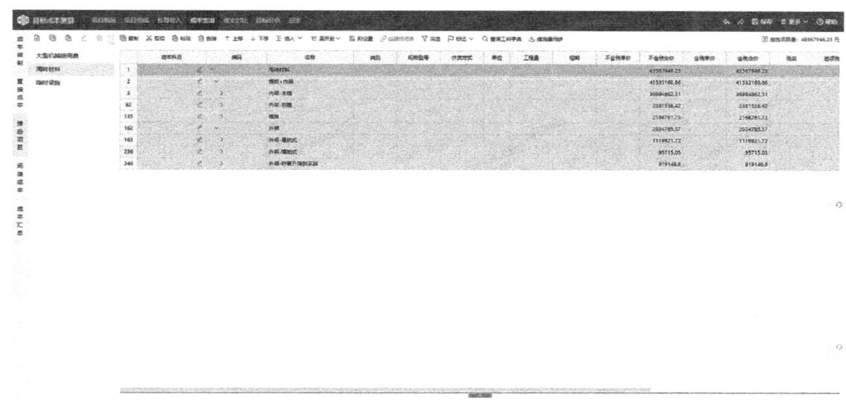

图 4-51 成本测算

（6）施工组织模拟

通过三维的方式对项目的要素进行仿真模拟，如方案仿真、进度模拟、资金模拟、资源模拟、渲染及动画输出（图 4-52）。

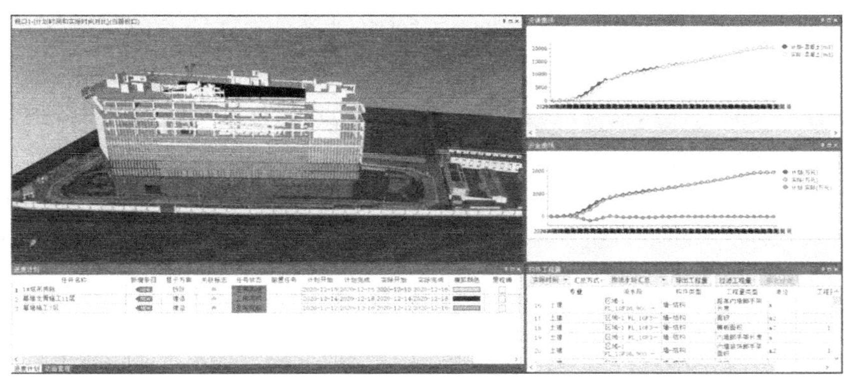

图 4-52 施工组织模拟

（7）多方案比选

用户可以输入模型、进度、成本等数据，结合配套拟建、机械创建、数据指标和工序工程量估算等因素，综合策划产品快速识别不同方案，自动提取方案和归类方案中的材料配置信息、机械配置信息、人工配置信息和成本造价，辅助用户快速进行方案比选（见图 4-53）。

总对比		
总费用：（万）	4627.2231	4323.6831
总工期：（天）	628	544
塔吊数量：（台）	7	9
基本选型信息		
模板类型	木模,铝模	木模
外架类型	悬挑式脚手架,爬升式外架,落地式脚手架	悬挑式脚手架,落地式脚手架
更多特性	点击查看	点击查看
资金投入		
总费用（万）	4627.2231	4323.6831
费用详情	点击查看	点击查看
措施费用（万）		
大型机械	280	360
周转材料	4347.2231	3963.6831
进度计划		
进度计划起止时间	2023/03/16--2024/12/02	2023/03/16--2024/09/09
总工期	628天	544天
进度详情	点击查看	点击查看

图4-53　多方案比选

（8）综合优化调整分析

在对选型或者场地布置进行调整的情况下，可以实现其他变量及进度和成本的自动变化。如：已经在产品中完成了整体方案后，将塔式起重机减少一台，可自动推演出每个阶段的进度变化、成本变化、工效变化等。

在对改变进度或者成本进行调整的情况下，可以实现对措施、机械、流水段、工序穿插的自动变化。如假设一个项目计划工期15个月，当施工到7个月时，建设方要求提前1个月完成。将工期提前1个月的信息录入到产品后，可自动推演结构应该提前多久完成，砌筑应该提前多久插入，抹灰应该提前多久插入，塔式起重机应该提前多久拆除，吊篮应该提前多久插入等。

在工期或者成本不可变化的情况下，可自动分析整体资源投入。如：假设某项目是政府形象工期，工期要求固定，基于客户方案的选择和初始资源投入信息，可自动分析如何配置资源，成本更加优化。

3）典型应用流程

在数据准备阶段，用户首先需要导入BIM模型或CAD图纸、合同清单，同时选择性导入进度计划完成数据的初步输入，通过内置行业策划库（包括工效、周转材料、机械、工期等数据）进行工艺选型，确定塔式起重机、模板、外架等方案，并进行塔式起重机布置、道路布置、流水段划分等施工部署内容。在此基础上，对模板量、内架量、外架量等措施量进行计算，从而完成工艺选型及施工部署的合理性分析。

完成上述环节后，可以进行计划编制，通过输入工序穿插、降效因素等内容，生成劳动力、材料、机械投入计划，并生成关联模型。以此为基础，对措施成本、总成本进行测算，对进度、资金、资源进行模拟，完成工期、成本、工艺、措施量、工序穿插等多方案的对标，最终完成策划方案综合优化调整的分析，如图 4-54 所示。

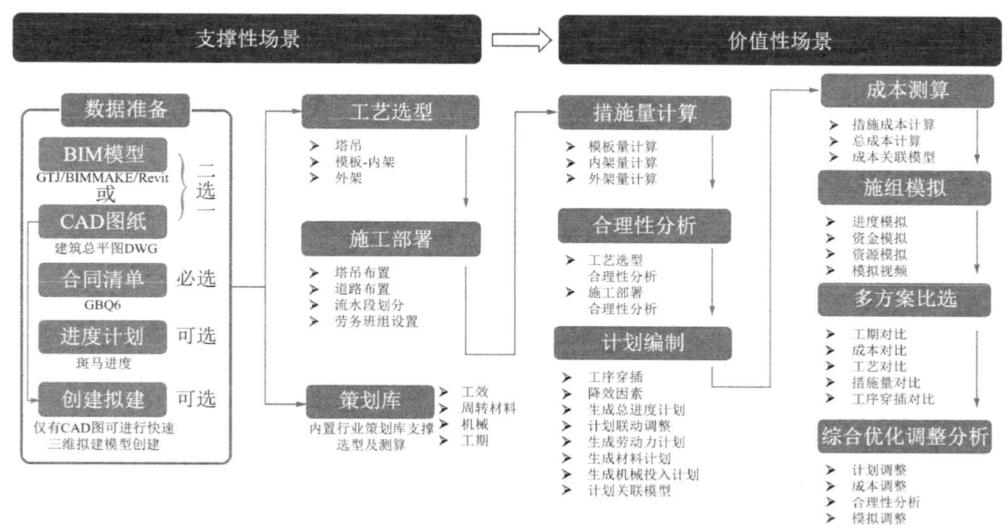

图 4-54 典型应用流程

4）技术特点

广联达 BIM5D 综合策划产品通过提供包含方案合理性、工期和成本等影响维度的多方案比选分析能力，帮助用户快速找到全局最优的施工策划方案。与同类型产品相比，该产品具备以下特点：

（1）一模多用。可对接多种建模软件，如：Revit/GTJ/BIMMAKE，具有较强的开放性。

（2）上手快、门槛低。软件符合用户习惯，通过适当的培训，最快可在一天时间内掌握软件操作；在没有 BIM 模型的情况下，也可实现系统性的综合策划；电脑配置要求较低，日常使用的便携式电脑即可。

（3）平台＋组件的业务架构。系统架构驱动产品设计，平台封装技术，组件封装业务。平台做了分层设计，能力包含且不限于：

个性化系统实施配置的应用管理。支持自动部署、升级、监控管理的多云管理管理、集成三方系统、多租户授权分发与管控，以及面向开发者的低代码开发、二次开发能力。

全面的组件封装覆盖。一是核心服务，如门户、授权、认证、组织、消息通知、参数管理、权限等；二是基础数据管理，包含项目、人料机、数据字典、合作单位等；三是常见的技术组件，如流程、报表、文档、编码管理、天气、通用 AI 服务。此外，也包含建筑业务组件，涵盖技术、生产、商务三大业务线，技术管理、科技创新、质量管理、生产管理、安全管理、环境管理、物资管理、机械管理、分包管理、采购管理、市场经营、收入管理、成本管理、资税管理等 16 个业务领域的细粒度业务组件，用于满足施工策划的需求。

（4）施工策划数据一体化。实现算量、清单、模型、计划、合同、等数据全面及时共享；通过关联企业、项目、材料、设备、工效、劳务等数据，技术方案与成本测算结果联动更新，多方案对比成果实时呈现，辅助用户快速决策。

（5）轻量化WEB建模技术。基于广联达自主知识产权的图形技术，提供轻量化的WEB建模平台。用户在线完成数据创建、工艺选型、施工部署等策划工作，所见即所得。

（6）系统安全稳定高可用。网关、服务等多层token（令牌）安全校验与实时的数据一致性检查，保障用户数据资产安全、持续可用；全方位、实时的监控体系保障系统服务持续稳定；多节点容器集群管理（Kubernetes）的容错机制，保障系统高效可用。

5）应用价值

通过BIM5D产品应用，可以降低精细策划对项目管理团队的经验与管理能力要求，整体提高企业单项目盈利能力。同时，在产品内置行业策划经验数据库的基础上，积累完善企业策划数据库，将个人经验转变为企业组织能力，提高企业核心竞争力。从具体操作层面上，有以下价值点：

（1）措施量通过二三维模型的自动提量计算，实现计算过程的精准高效。例如，对一般体量的民用建筑，可以在15min内输出措施量计算结果。

（2）可在10min内自动生成高质量的进度计划，并可在10min内自动生成资源计划。

（3）与技术线协同，措施工程量自动计算，解决措施精细测算和经营困难，提高项目利润；兼容、整合历史文件数据都可以一键入库完成解析分析被应用，利用数据提高测算精细度；投标文件一键智能分解为成本维度，测算参考企业标准数据或历史数据快速完成目标成本测算的编制，高效测算，效率提升50%。

（4）基于模型、进度、成本等相关数据，对不同方案进行识别，快速提取多方案中的“人材机”配置等重要信息，辅助客户进行方案比选，提高企业方案决策的科学性和效率，实现管理的持续改进。

4.3.3　成本策划

成本策划是项目前期策划的最关键工作之一，是项目成本管控的指导及依据。一般而言，成本策划是指在项目建设前期针对建筑工程施工所需费用的模拟推算，其目的是通过合理模拟规划，控制好项目的成本，在保证项目质量和进度的前提下，提高成本效益，助力实现项目成功。

对施工企业来说，成本策划的主要内容包括项目目标成本测算、项目盈亏测算、分包成本测算、物资采购策划、二次经营策划、成本风险点分析、成本控制措施等。传统的成本策划往往是基于手工填写的历史项目的成本报表，数据来源不完整不全面导致了数据的准确性、即时性不足，无法有效指引项目的成本管理。随着数字技术的发展，成本数据的收集、归纳与分析正在从传统走向智能，一定程度上也带来了成本策划的智能化发展。

智能成本策划是利用大数据、AI等数字技术，通过在相关成本策划软件中内置各种算法、规则和成本依据等，实现历史成本数据自动调用、成本测算智能生成与分析、风险自动定位等，推动成本策划更高效、更精细、更准确。

成本策划的内容比较广泛，智能化发展的程度不一，现阶段应用相对成熟的是成本测算智能软件。目前建筑施工企业常用的成本测算软件如表4-9所示，基本上都可实现根据工程量清单智能关联出成本费项、根据分包模式智能拆解清单费用范围等。下文以广联达数字新成本系统为例，进行详细说明。

建筑施工企业常用的成本测算软件 表 4-9

厂家名称	产品名称	业务场景	主要功能
武汉普耐	普耐成本编制工具	目标成本测算	1. 依据项目特征描述快速匹配费用项； 2. 针对劳务分包自动提取清单里面的人工费及辅材小型机具费，去除清单中的管理费及利润； 3. 根据安全、质量技术等企业要求，智能计算相应的间接费组成
广联达	广联达数字新成本系统	目标成本测算、过程成本分析	1. 支持多种工程量清单格式数据； 2. 按企业规则自动智能拆分劳务费、主材费和专业分包费等； 3. 项目实施过程支持监测动态利润率的变化情况； 4. 企业分包指导价统一管理、成本测算部件调用分包指导价作业、企业数据平台自动归集、清洗及分析数据

1）应用场景

对施工企业来说，广联达数字新成本系统主要有如下两大应用场景：

（1）目标成本测算

目标成本测算，通常以项目的招标文件、中标文件、施工图、指导性施工组织等为基础，在满足工程设计质量、进度、安全等的前提下，对项目可能发生的建设费用进行全面分析与测算，从而确定项目的实施成本。以往的目标成本测算需要多部门协同，如商务人员在测算准备阶段需要通过项目部了解分包价格，需要物资部协助进行自购材料的询价，还需要技术部门提供实施方案等，整个过程耗费时间长，过分依赖经验，测算精准度较低。商务人员利用广联达数字新成本系统，可以通过企业数据库沉淀历史项目数据，以数据为核心，提升目标成本测算的编制效率和编制质量，为定好目标、在项目实施过程中找到利润提升空间奠定基础。

（2）过程成本检视

工程项目在建设过程中，每个阶段都会受到方案变更、自然风险、材料价格变动等各种因素的影响，造成实际成本与目标成本发生偏离。一旦发生偏离，商务经理就需要及时分析原因，尽快制定针对性的纠偏措施，最大限度保证项目给企业带来的经济效益。利用广联达数字新成本系统，项目人员可实时动态查看项目成本变化情况，第一时间对偏离预期的变化做出有效应对，实现成本管控有数可依，保障项目的顺利开展。

2）主要功能

（1）精细化目标成本测算

项目前期，商务人员可以通过目标成本测算部件一键导入工程量清单数据，实现收入清单与成本清单的自动关联，高效准确地测算项目成本，并输出多维度收支分析，有效指导成本策划。

目标成本测算部件支持一键合并相同清单项，直接费部分可针对工程量清单自动推荐匹配的成本费项。对于措施及间接费，系统支持用户根据具体施工方案录入相关成本费项，也支持一键复用类似工程的相关数据。当直接费调价时，通过载价功能可一键把企业分包价格库、材料库中的最新价格替换到当前的成本测算成果中。如果工程量清单发生变更可以通过“更新计价数据”功能一键同步清单差异项。此外，收支分析功能可以直观展现成本科目维度和工程量清单维度的收支差异，方便查看目标利润率。

（2）过程收支实时动态管控

项目实施过程，商务人员可利用预计总成本部件对施工图预算、劳务分包、专业分包、材料等进行多维度对比分析，识别项目利润执行偏差。预计总收入、总成本、利润率等能动态及时呈现，方便预判项目成本风险点。同时，通过数据层层穿透，精准定位风险点，管理能够及时跟进。最终实现项目经济活动分析清晰准确、风险识别与预判及时可靠，核心数据一目了然，助力客户实现施工过程的收支数据动态统计，有效进行成本管理。

同时，在分包管理方面，系统可自动拆分分包清单，且收入清单与招标清单一一对应，解决分包清单编制错漏项及效率问题，实现高效审核。此外，在分包定标时，相关数据自动关联，实现收入价、公司指导价、目标成本价、分包报价的精准对比，定好分包，防止分包超付。

（3）企业成本数据沉淀复用

系统的数据中心功能可以管理企业作业标准。基于相应作业标准，商务人员利用指标神器功能，实现各种作业文件指标数据的秒级计算分析与入库。作业端的数据也可以实现自动分类归集，一键归档到企业数据库，形成多维度云端数据库。数据与作业端互通，一键调用，高效查询、对比、分析，提升应用效率，企业内实时共享，实现数据流转贯通。

3）典型应用流程

目标成本测算应用流程，如图 4-55 所示。

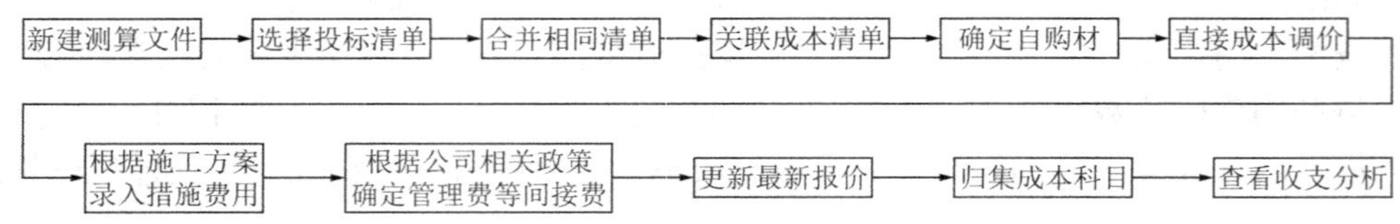

图 4-55　目标成本测算应用流程

（1）准备好工程量清单资料，创建测算文件，如图 4-56 所示。

图 4-56　创建测算文件

（2）选择投标清单。系统支持云计价、各地标准接口、excel等多种格式的清单数据。

（3）合并相同清单。对于多楼栋相同清单，系统在导入工程量清单文件的过程中可进行智能合并，如图4-57所示。

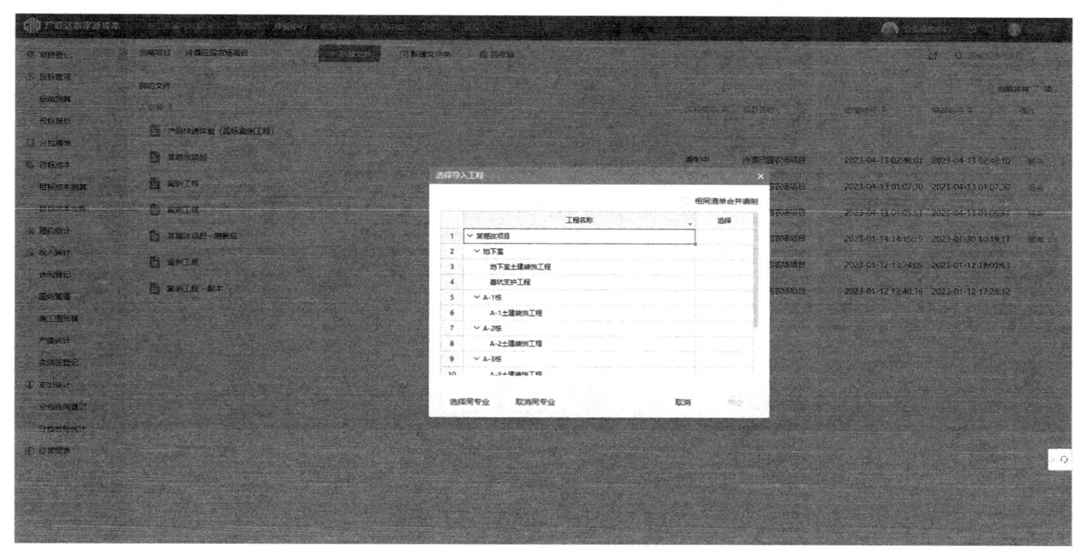

图4-57 合并相同清单

（4）关联成本清单、确定自购主材。通过智能匹配功能，如图4-58所示，快速建立工程量清单与成本费项的映射关系，同时支持一键同步导入工程量清单中的自购主材。

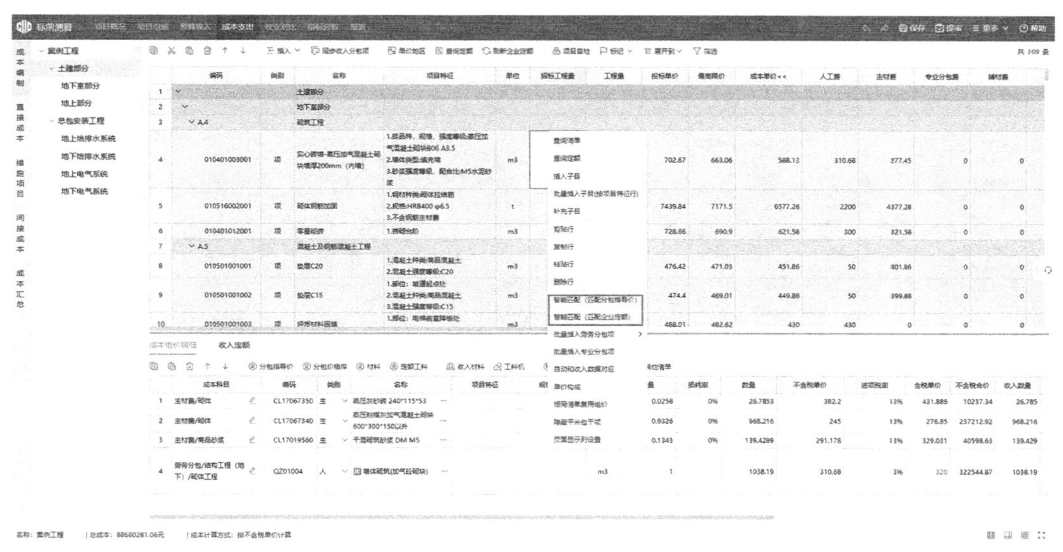

图4-58 智能匹配成本费项

（5）直接费调价。成本测算部件为直接费调价提供了多种询价渠道，包括信息价、企业自行询价结果、行业市场价等，支持逐条载价和批量载价，如图4-59所示。

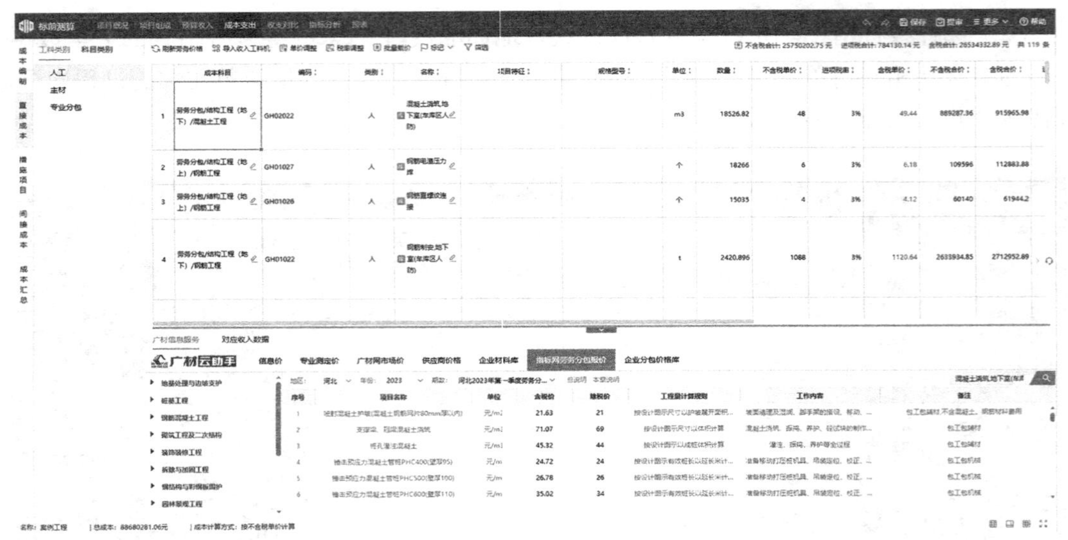

图 4-59　询价及载价

（6）措施费及间接费用个性化自定义。对于措施费及间接费用，各企业都会有自己的施工方案，成本测算部件支持以企业为单位自定义测算模板及测算方法，从而满足各企业的特性化诉求。

（7）智能更新清单变更内容。若遇到工程量清单有变更的情况，可以通过“刷新计价数据”智能更新清单变更内容。

（8）成本科目一键归集。由于成本费项与工程量清单粒度不同、费用口径不同，成本测算部件可通过智能分解功能一键完成本科目归集，基于统一的维度为领导展现收支分析，如图 4-60 所示。

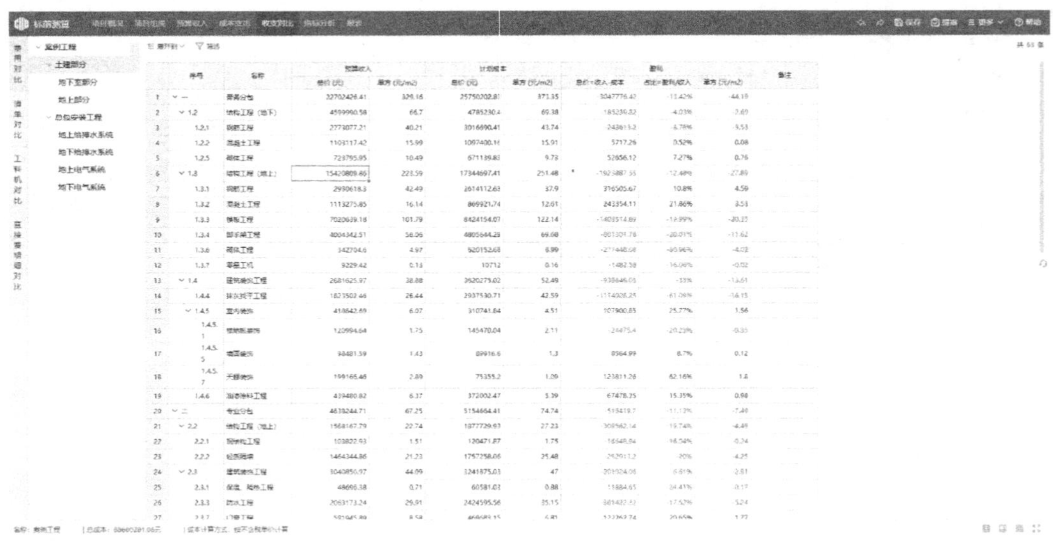

图 4-60　收支分析

当目标成本确定后，依托目标成本台账、施工图预算管理、预计总成本台账三个主要部件，商务人员可以进行有效的过程收支动态检视，及时获取风险预警。其中，目标成本台账部件可以动态管理责任目标成本的变更情况；施工图预算管理部件可以动态管理各项目的预算清单台账以及各版本间的差异对比；预计总成本部件能够自动读取最新的施工图预算清单、目标成本等数据，快速形成项目各期的动态预计利润率台账。

过程收支管控流程如图 4-61 所示。

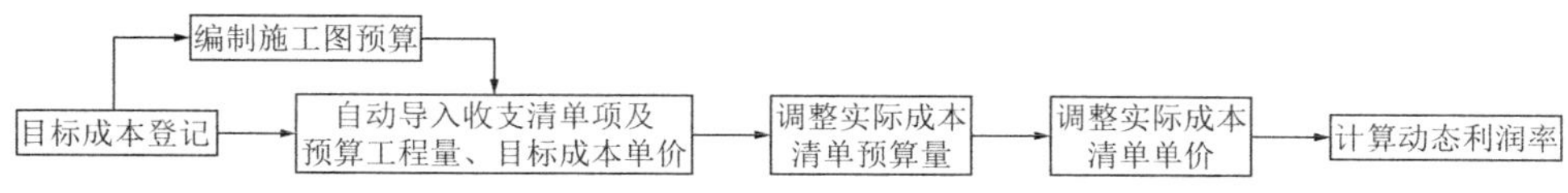

图 4-61　过程收支管控流程

（1）目标成本登记入库。后续有调整时，可以在目标成本台账部件中进行变更调整。

（2）施工图预算清单编制入库。施工图纸到位后，商务人员根据合同工程量清单及时编制施工图预算清单，并在施工图预算台账中登记入库。

（3）预计总成本文件生成。在预计总成本部件新建并选择项目名称，系统会自动匹配该项目最新的施工图预算清单版本和目标成本版本，快速形成当期的预计总成本文件，如图 4-62 所示。

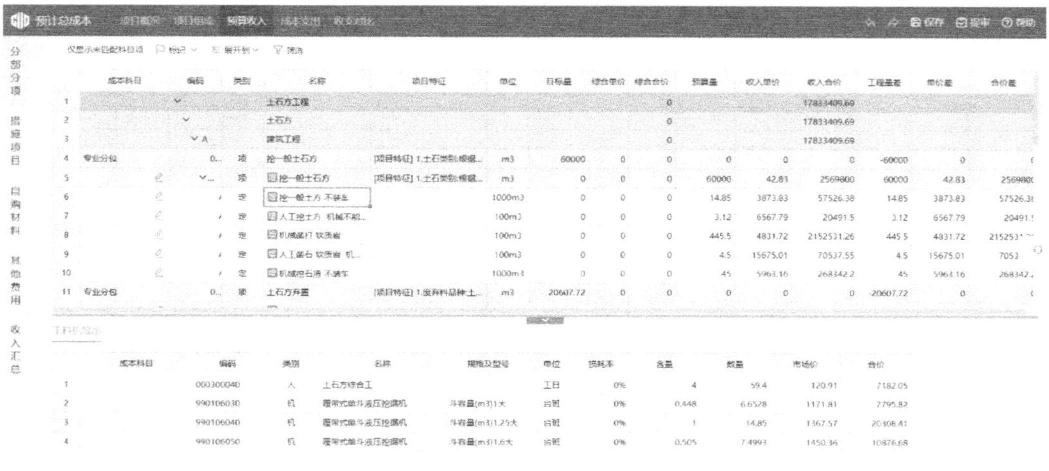

图 4-62　预计总成本分析

（4）实际成本单价及工程量调整。在预计总成本部件的成本支出页面中自动调整本期实际成本的清单单价及工程量，如图 4-63 所示。

（5）计算动态利润率。在预计总成本部件的收支对比页面中既可呈现当期的目标收入、目标成本、施工图预算收入、当期预计总成本等相关数据偏差情况。将各期数据登记到预计总成本台账后，管理层可在线查看各期预计总成本的偏差情况，如图 4-64 所示，并通过各期预计利润的变化情况，快速识别问题、检视成本策略的执行效果。

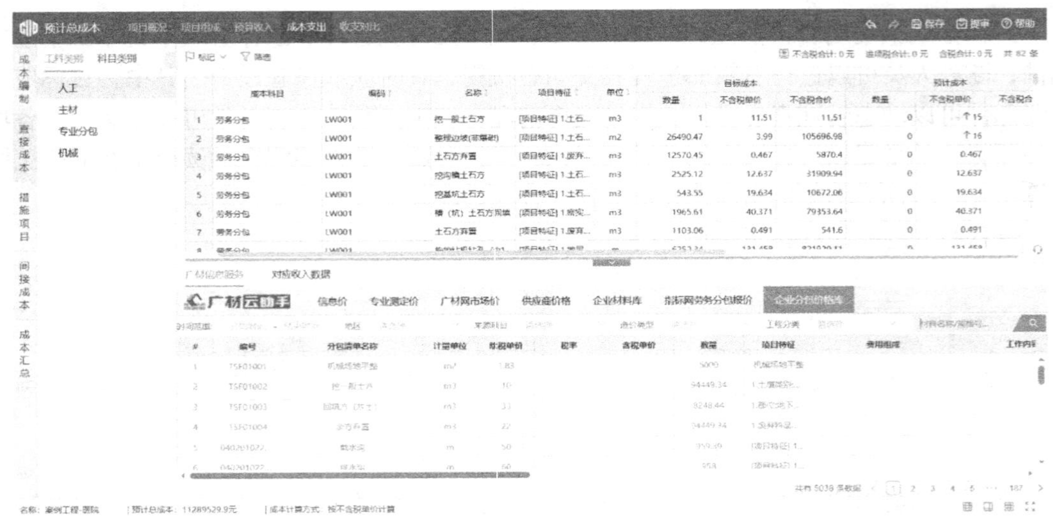

图 4-63　实际成本的清单单价调整

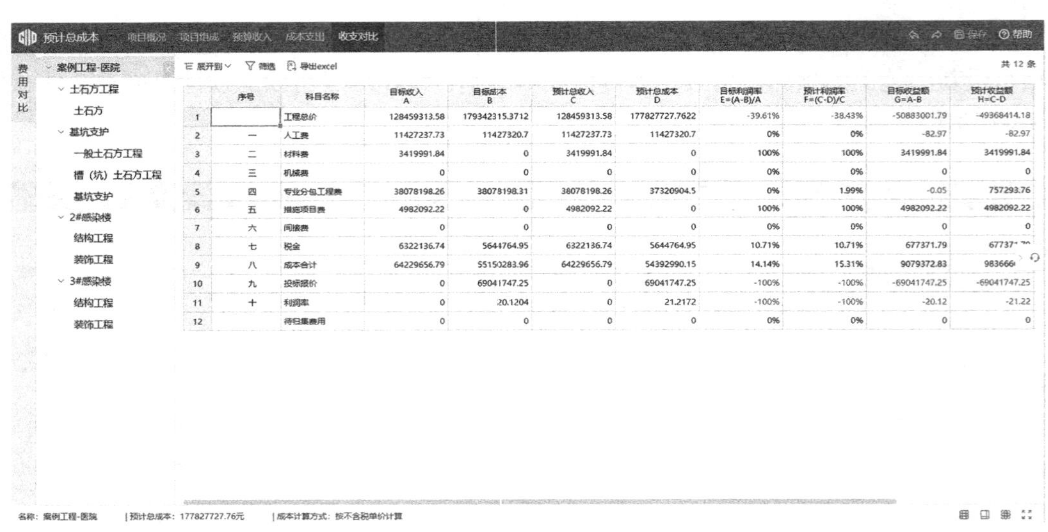

	序号	科目名称	目标收入 A	目标成本 B	预计总收入 C	预计总成本 D	目标利润率 E=(A-B)/A	预计利润率 F=(C-D)/C	目标收益额 G=A-B	预计收益额 H=C-D
1		工程总价	128459313.58	179342315.3712	128459313.58	177827727.7622	-39.61%	-38.43%	-50883001.79	-49368414.18
2	一	人工费	11427237.73	11427320.7	11427237.73	11427320.7	0%	0%	-82.97	-82.97
3	二	材料费	3419991.84	0	3419991.84	0	100%	100%	3419991.84	3419991.84
4	三	机械费	0	0	0	0	0%	0%	0	0
5	四	专业分包工程费	38078198.26	38078198.31	38078198.26	37320904.5	0%	1.99%	-0.05	757293.76
6	五	措施项目费	4982092.22	0	4982092.22	0	100%	100%	4982092.22	4982092.22
7	六	间接费	0	0	0	0	0%	0%	0	0
8	七	税金	6322136.74	5644764.95	6322136.74	5644764.95	10.71%	10.71%	677371.79	67737[illegible]
9	八	成本合计	64229656.79	55150283.96	64229656.79	54392990.15	14.14%	15.31%	9079372.83	983666[illegible]
10	九	投标报价	0	69041747.25	0	69041747.25	-100%	-100%	-69041747.25	-69041747.25
11	十	利润率	0	20.1204	0	21.2172	-100%	-100%	-20.12	-21.22
12		待归集费用	0	0	0	0	0%	0%	0	0

图 4-64　成本进度偏差预警

4）技术特点

（1）采用“平台 + 组件”的架构设计。每个组件都是独立运行的服务单元，通过平台的集成能力，可快速集成到平台中。该系统支持谷歌浏览器、360 极速浏览器等常见的浏览器。

（2）应用层实时计算方面，采用增量式计算。支持 1 万条清单 1s 内响应，保证数据更新的实时性。后端服务使用缓存机制、消息队列，保障页面数据查询的流畅度，以及数据的安全性、稳定性；采用微服务架构，各业务模块可解耦、易于扩展。

（3）数据安全层面，依托阿里云提供基础网络环境和物理环境，满足“成本大数据平台”的安全防护需求。根据功能，系统网络架构主要划分为外网接入区、系统核心区和运维与安全管理区，如图 4-65 所示。

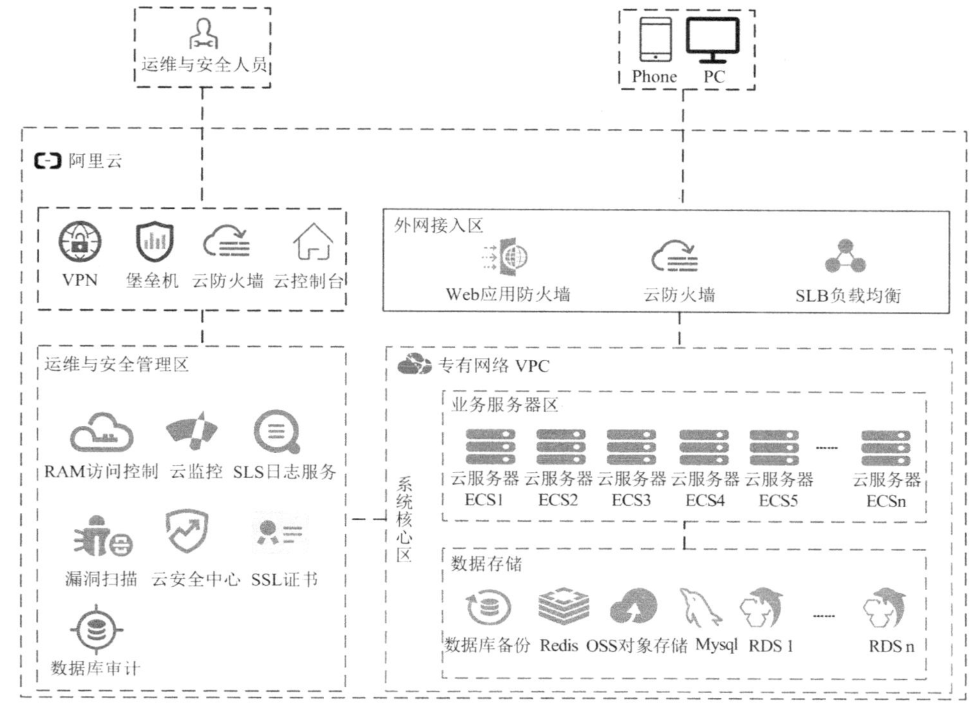

图 4-65 系统网络架构

5）应用价值

广联达数字新成本系统上市三年来，经过近 5000 个项目的实践验证，目标成本编审效率基本可以提高 50%以上，收支分析精度由原来的费用级大颗粒度细化到了清单级小颗粒度。同时，基于高质量的类似历史项目数据的沉淀与复用，成本测算估（定）得更准，为企业领导前期决策提供了详实的数据支撑，真正帮助每个项目投得好标、定得准目标。

在项目实施过程中，项目动态预计利润率台账使领导可以及时、准确地掌握各项目的目标利润率变化情况，及时识别项目经营风险、定位追溯出现偏差的原因，助力项目成本精细化管理有效落地。

4.3.4 现场管理

施工现场管理，通常指在建筑项目施工过程中对现场施工人员、设备和材料进行组织、协调和监督的管理工作，是施工企业管理水平的综合反映。从业务范围看，主要是“三管四控一协调”[3]。“三管”是对合同、现场、信息的管理，“四控”是对进度、成本、质量和安全进行有效控制，“一协调”则是资源协调。从管理要素看，主要是对人员、机械、物料、施工方法、工艺以及施工环境的管理。有效的施工现场管理可以很好地统筹和平衡进度、成本、质量、资源协调等要求，保证项目质量和安全、缩短工期、降低成本。

一般而言，项目施工现场涉及的参与方众多、管理要素复杂，各方交互的信息量巨大，传统现场管理模式已无法满足现代施工企业管理的要求，采用信息化数字化手段辅助现场管理成为必然，进度管理软件、材料管理软件等现场管理软件被广泛应用。

所谓现场管理智能软件，是指依托物联网、BIM、大数据、AI 等多技术的集成，对施工现场“人、机、料、环、法”等因素进行智能化管理的支撑系统。它可以提供实时的数据采集，自动进行风险识别，促成信息共享和多方协同，帮助管理人员更好地监督和管控现场施工，助力项目生产提效、成本节约、风险可控。

现阶段建筑领域常用的智能化现场管理软件如表 4-10 所示。下文以广联达 BIM + 智慧工地综合管理系统为例，进行详细说明。

建筑业领域常用的现场管理软件　　表 4-10

<table>
<tr><th>厂家名称</th><th>产品名称</th><th>业务环节</th><th>主要功能</th></tr>
<tr><td>广联达</td><td>BIM + 智慧工地综合管理系统</td><td>现场全业务管理</td><td>1. 数据中心-施工现场，实时感知，一站链接，百家设备；
2. 管理中心-围绕业务，精细管理，生产可观，业务集成；
3. 决策中心-智能决策，全面掌控，数据为基，算法支撑</td></tr>
<tr><td>品茗科技</td><td>安全管理系统</td><td>安全管理</td><td rowspan="3">风险分级管控、隐患排查治理、危大工程管理、教育培训管理、机械设备管理、安全资料管理、履职考核管理、数据分析及预警</td></tr>
<tr><td>广联达</td><td>安全管理系统</td><td>安全管理</td></tr>
<tr><td>新中大</td><td>安全管理系统</td><td>安全管理</td></tr>
<tr><td>新中大</td><td>物资管理系统</td><td>质量管理</td><td rowspan="3">地磅对接、移动收发料、榜单自动打印、皮重监测、偏差自动计算</td></tr>
<tr><td>广联达</td><td>物资管理系统</td><td>质量管理</td></tr>
<tr><td>华筑</td><td>物资管理系统</td><td>质量管理</td></tr>
<tr><td>济工网</td><td>劳务管理系统</td><td>劳务管理</td><td rowspan="3">快速登记、自动考勤、工资代发、黑名单管理、劳务评价、数据分析</td></tr>
<tr><td>广联达</td><td>劳务管理系统</td><td>劳务管理</td></tr>
<tr><td>华筑</td><td>劳务管理系统</td><td>劳务管理</td></tr>
<tr><td>广联达</td><td>生产管理系统</td><td>进度管理</td><td>计划编制和派发、进度实时跟踪、生产例会纠偏、试工影像留存、日志周报自动生成</td></tr>
</table>

1）应用场景

广联达 BIM + 智慧工地综合管理系统集成物联网、BIM、大数据、AI 等核心技术，内置建筑管理规范和数据分析模型，可实现施工现场全面感知、高效协同管理与科学决策，保证项目生产提效、质安可控与成本节约。它适用于施工现场的全业务场景管理，主要包括生产管理、劳务管理、安全管理、物料管理、机械设备管理、质量管理、绿色施工管理等场景。

（1）生产管理

生产管理是利用 BIM 技术的可视化、参数化、集成化、模拟化、可优化和可出图性等技术特性，同时结合计划在线编辑、物联网技术、移动互联网技术、进行多方协同的现场施工管理。

（2）劳务管理

以劳务工人实名制为核心，构建对项目现场的劳务工人动态化、高效化的数字化管理。打通端到端的数据链条，实现实名登记、用工考勤、工资发放、考核评价等各业务环节的信息化管理。

（3）安全管理

为企业构建人防、技防、智防及企业项目联动的安全信息化管理体系，实现安全管理全过程管控，不让风险转化成隐患，不让隐患转化成事故。

（4）物料管理

物资进出场全方位精益管理，如物料申请、订单下发、发货送料到现场收发、耗用核算等的管理。

（5）大型机械设备管理

对机械进场、安装、使用、维保、隐患管控、资料备案到退场的全过程进行管理，以保证大型机械设备数据实时可知，施工过程中安全可控。

（6）质量管理

工程质量实时跟踪与检查、质量验收、过程资料归集等，以辅助项目领导班子日常或例会检视近期发生的质量问题及未销项问题。

（7）绿色施工管理

施工现场温湿度、$PM_{2.5}$、PM_{10}、噪声、风速等监测，施工环境治理及基于天气情况的施工风险规避，保证现场环境治理达到绿色施工要求。

2）主要功能

（1）生产管理

进度计划在线编制与拆解。系统内置房建、市政、铁路等计划模板库，可规划进度计划在线编制，企业积累计划模板数据库。同时，系统能对计划进行拆解，拆分为总进度计划、月进度计划、周进度计划甚至到每天，并根据项目实际情况进行多级联动。

进度可视化管理与辅助决策。系统与视频监控等集成，基于任务跟踪产生的数据，结合整体 BIM 模型可以实时呈现现场实际进度，帮助管理层进行项目进度可视化管理，并自动生成报表，直观显示项目现场的真实进度情况。通过过程中积累的数据可辅助决策，如结合进度安排自动识别劳动力配置风险等，提升管理效率，如图 4-66 所示。

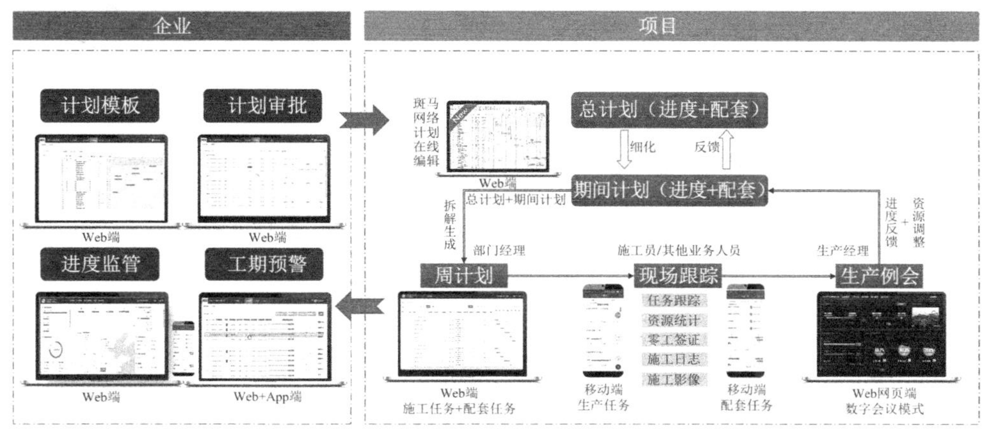

图 4-66 进度计划在线编制、拆解与可视化管理

（2）劳务管理

全面用工记录，全流程实时动态监控，保障项目良性用工。系统打通全国各地政府平台，助力建立劳务数据库，规范劳务用工管理。同时，系统提供劳务分包分供智能评价，为项目履约保驾护航，如图 4-67 所示。

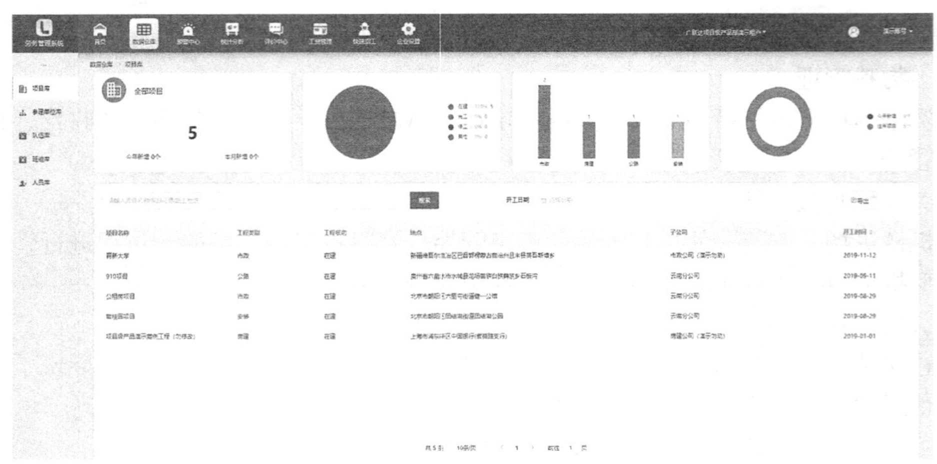

图 4-67　全流程劳务管理

（3）安全管理

风险自动分级管控。系统内置风险评估方法计算器，选择风险清单后系统可自动评估，同时支持项目进行修改，依托内置的数据对风险进行分级管控，实现风险告知，如图 4-68 所示。

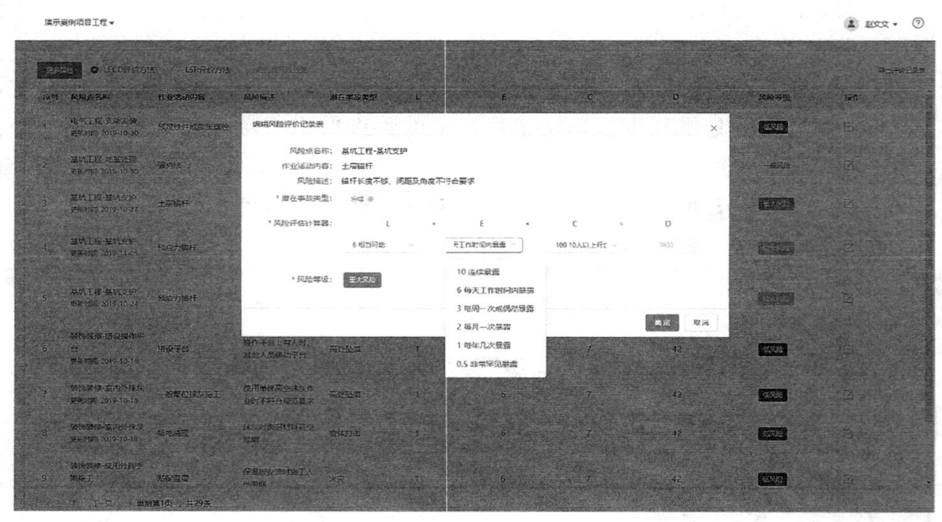

图 4-68　风险评估与分级管控

隐患自动识别与排查治理。系统提供 9 个专业，逾 15000 条隐患清单库和 590 部国家标准规范，每一条隐患条目自带整改要求、整改时限，帮助安全人员快速识别、排查治理现场隐患。系统自动生成危大工程台账，随手掌握危大工程的所有信息。

（4）物料管理

收发料现场智能监管。自动计算偏差，超负差自动预警提醒，业务单据一键打印、材料账一键生成。

物料管控追踪。采购环节通过移动端（APP）提升效率，精准采集数据，如图 4-69 所示。耗用环节基于部位提量，核算并管控应耗、实耗。二维码为载体，实现物资数据全链条流转、追溯。

图 4-69　精准采集物料数据

管控集约、智能决策。即时动态获取、分析物料多维数据，监控变化趋势，辅助计划决策。识别厂商信誉、提供实力排行，支持招采决策；记录人员工效、分析止损贡献，助力人员决策。

（5）大型机械设备管理

系统对塔式起重机、架桥机、门式起重机等入场的大型机械设备进行基本信息登记管理并形成台账，通过智能物联和安全检查，实时显示运行状态、安全操作等多维度的监测数据，如图 4-70 所示，辅助项目管理人员对大型机械设备进行过程维保记录和运行状况进行监管。

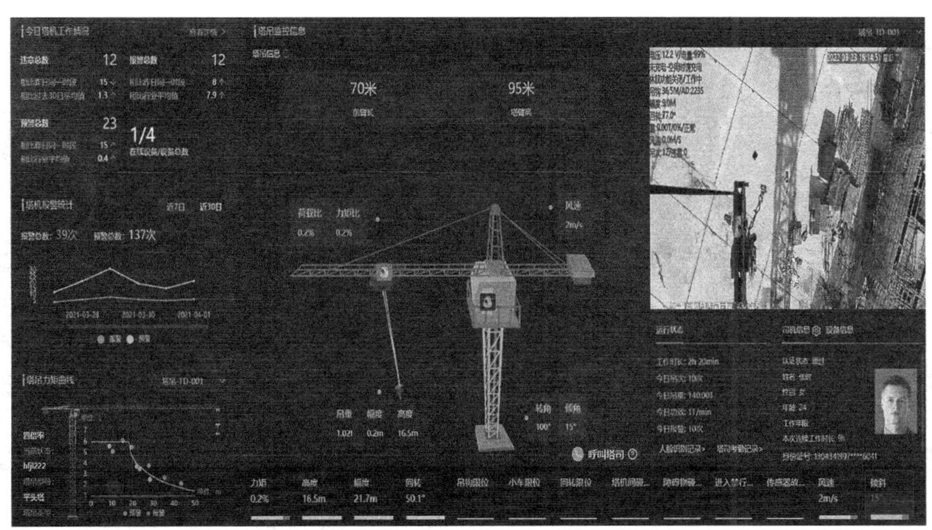

图 4-70　塔式起重机（塔吊）数据监测

（6）质量管理

质量样板管理。运用三维模型内容介绍，通过三维模型的全方面展示、三维模型的内部结构分析等，全方面地了解项目 BIM 模型的信息内容，如图 4-71 所示。

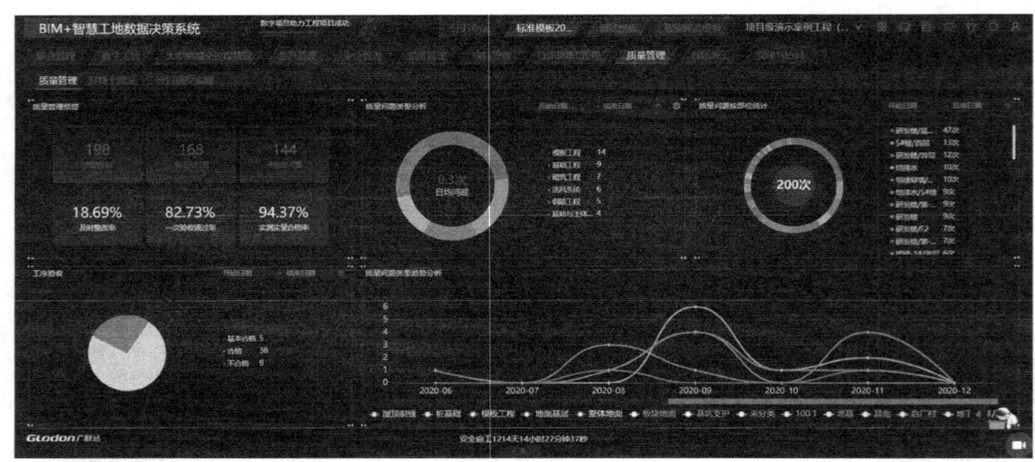

图 4-71　质量样板管理

质量巡检，问题自动推送。现场质量员在例行检查过程中，通过手机直接拍照相关质量问题，填写完问题内容、检查区域、责任人、整改期限、罚款金额等信息后，系统自动推送给相关整改人。整改人完成隐患整改，图片等整改证明由系统自动推送给检查人进行复查，复查合格拍照留存至系统，工作闭合。

（7）绿色施工管理

环境实时监测与预判。系统与环境监测设备相连通，实时接收环境数据，并将数据建模，以图表等形式可视化展示，如图 4-72 所示，实现实时监控与趋势预判，辅助管理人员对恶劣天气提前制定应急措施，避免安全事故发生。

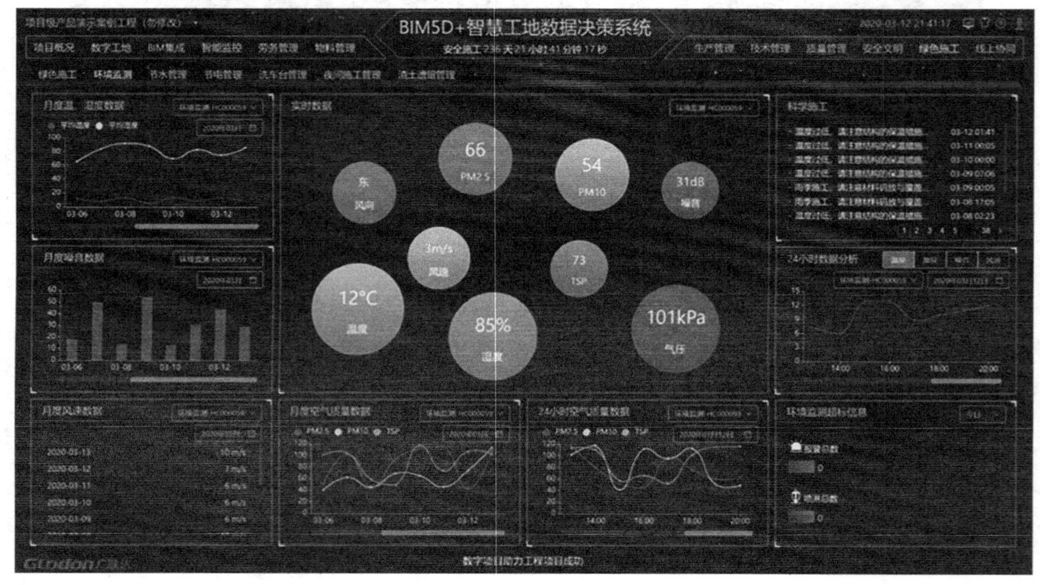

图 4-72　环境实时监测与预判

节水节电自动监测。针对“四节一环保”的要求，实时监测用水用电等数据，对超标数据进行预警和记录，实现对能耗问题的及时调整。

3）典型应用流程

下面以通过系统实现的生产管理为例，介绍其应用流程，如图 4-73 所示。

生产管理。进度计划在线编制与任务拆解。通过斑马进度计划“一表双图”（表格、双代号网络图、横道图）快速编制计划，将进度计划导入生产管理系统，支持总、月、周逐一任务拆解，工序任务融入周计划。

现场计划跟踪。系统会结合周计划和对应的责任人，自动推送相应的任务项到对应责任人的手机端，责任人在现场可以基于移动端对现场计划进度完成情况进行记录、检视等，包含计划进度相关的人、机、料、安全、质量等相关信息，确保跟踪过程全面。

生产例会管理。系统会自动形成月度例会汇报材料（PPT/Word 格式）及周例会汇报材料，无需单独组织周例会及月度例会材料编写；随时可以基于系统召开项目部的周例会及月度例会，了解目前项目总体进度情况、关键节点进展情况、必须调整的对应资源等。

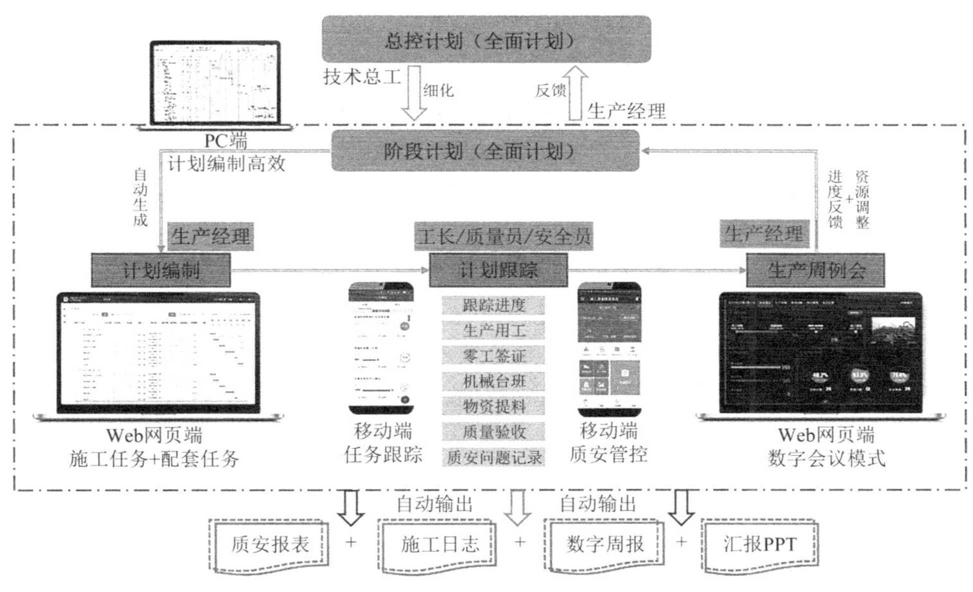

图 4-73　生产管理流程

4）技术特点

（1）平台 + 应用。BIM + 智慧工地综合管理系统构建在广联达云平台（CloudT）基础上，具有成熟可靠、性能优秀、技术先进、扩展灵活、接口规范、标准开放的特点，并且集成性很好，采用微服务架构做分布式部署，能够方便地和外部系统做流程整合、数据打通。

（2）分布式云平台。系统采用微服务的云化架构，所有的业务逻辑服务都做成一个个的微服务，注册到服务网关供前端或其他服务调用。系统运行时，同一个微服务会在不同的物理服务器上启动多个实例。这样能有效保证系统的可靠性和扩展性，一些服务出现异常，不会影响系统的运行，用户完全无感知。随着系统的推广和普及，只需要增加服务器，启动更多的实例，就可以做到水平扩展。

（3）数据交互标准技术。建设工程项目时间跨度长，各阶段情况复杂多样，应用的软件产品种类与数量众多，只有建立一个公开的数据交换标准，才能实现数据的流动与共享，助力项目决策。系统在数据交互方面采用标准的 http 协议，实现不同软硬件产品之间的信息数据交换。

（4）独立自主的核心技术。工业级物联网平台和边缘计算技术，目前可接入 80 多大类设备和 200 多家生态圈，保障现场真正做到万物互联，同时通过边缘计算可实现亿级数据量的日处理能力，保障各类设备数据的全面、准确、及时采集。人工智能技术，聚焦建筑领域场景自研 30 余种 AI 算法模型，让现场数据和业务联动更智能，同时内置万余条行业词库和建筑知识图谱，搭建 AI 自学习平台让算法越用越精。大数据和数据分析技术，内嵌了超过 15 大数据工具套件、400 多个领域数据模型、10 多个领域数据分析算法、20 余种专业应用数据无缝对接，帮助企业项目实现数据资产化、科学分析预测。

5）应用价值

BIM + 智慧工地综合管理系统为企业和项目提供了一个精准分析、智能决策、科学评价的服务平台，已在众多项目中成功应用。

（1）统一入口、数据实时掌控。横向打通各业务系统，整体呈现项目各项业务数据，对比行业大数据，定位现场管理水平，辅助管理人员决策；针对重点问题，层层追溯原始数据及现场照片，一键发起督办，关键问题可及时督促现场整改。

（2）安全风险可控。通过软硬件结合，让隐患管理更系统、人员履职更直观、安全教育更具针对性。实现危大工程和大型机械全过程管控，降低事故风险，对项目安全动态实时监控，聚焦管理重点，从而提升安全综合管理水平。

（3）生产风险可控。系统基于软硬件结合，进行资源的合理调配，提高人员、材料、机械利用率，实现决策管理闭环，督促决策有效落地，从而提升生产效率，保障工程进度。

（4）协同管理提效。利用系统自动抓取数据，可进行系统应用和项目综合情况双检视，同时系统具备施工相册、项目网盘、二维码填报、通讯录等协同功能，提高了项目现场的协同管理效率。

4.4　智能运维应用软件

随着人们对建筑环境舒适性、节能性、安全性等要求的提高与新技术的应用，传统的建筑运营维护管理（简称“建筑运维”）模式越来越不能满足新时代需要，智能化、绿色化、个性服务化等成为新发展方向，智能运维日益成为重要的建筑运维管理方式。与依赖于人工巡检和维护的传统运维不同，智能运维主要是利用云计算、物联网、BIM、大数据等新一代信息技术，实现对建筑物运行的实时监测、故障诊断与预测性维护，其实现也离不开智能运维软硬件的发展。

建筑智能运维应用软件是一种专注于建筑物运维管理的软件系统，通过集成智能化感知、分析、控制和决策支持功能，可实时获取建筑的设备运行状态、能耗数据、环境参数等信息，实现对建筑物的全面监测、维修管理和优化，以提高建筑的运行效率、安全性与舒适度。

目前，建筑智能运维应用软件得到了广泛的关注和应用，各类软件提供商和技术公司致力于开发先进的智能运维平台，提供创新的解决方案，以更好满足建筑运维的需求。部分软件已在商业建筑、工业建筑、公共建筑等不同类型的建筑中投入应用，并取得了一定的效果。本节针对智能运维，聚焦设备运行管理、维护管理、维修管理、安全管理、节能管理，阐述各类智能运维应用软件发展的总体情况，并通过典型产品及案例加以辅助说明。

4.4.1 设备运行管理

设备运行管理是指对建筑内部各种设施设备的运行状态进行监测、控制和优化的管理过程，涵盖了设备的运行监测、控制管理、报警处理、档案查询等方面。设备运行管理的主要目标是确保建筑设备运行的可靠性和高效性，提供良好的使用环境以满足用户需求。

国内在设备运行管理方面，常用的智能化软件以楼宇自控系统（Building Automation System，BA）、各类智慧运维平台为主，如表 4-11 所示。这些软件通过自动采集暖通系统、给水排水系统、配电系统等的运行数据，对设备的故障参数，开关、负荷等运行参数进行监测与上报，更有效地维护设备的正常运转。相比非智能化应用软件，这些常用软件不但能自动采集统计设备的运行状态，而且会根据采集到的设备运行参数对设备进行反向调节，最终实现平稳高效的设备运行场景。下文以上海建工四建集团研发的基于 BIM 的智慧运维管理系统-设备运行管理模块为例，进行详细说明。

国内常用的设备运行管理软件　　表 4-11

厂家名称	产品名称	面向的业务环节	主要功能
台达	Loytec	暖通、给水排水系统运行监测	1. 监测空调末端开关、出风温湿度、供冷侧冷量、流量、水泵开度、流量等； 2. 根据末端反馈情况调节供冷侧设备运行状态，提升设备运行效率
施耐德	Schneider EMS	电力系统运行监控	1. 监测各配电柜、配电回路耗能情况、电压电流负载情况； 2. 根据末端配电回路耗能情况优化供电负载情况，长期保持各配电设备理想功耗
霍尼韦尔	集成化运维平台	暖通、送排风、给水排水等系统监控	1. 集成各专业设备运行管理系统； 2. 通过大数据技术，挖掘各系统间联动关系，提升建筑整体运行效率
上海建工四建	基于 BIM 的智慧运维管理系统-设备运行管理模块	电力、给水排水、暖通、送排风、部分专业机电系统的监控，以及送排风等系统的控制	以 BIM 模型为基础，结合各自控厂家多源异构数据，生成建筑数字孪生体。可提供设备静态信息查看、运行状态展示、故障告警、系统间运行机理、设备上下游溯源等功能

1）应用场景

在公共建筑运维领域，由于机电设备复杂而分散，管理维护困难，智能维护管理可以从以下几个方面切入：

（1）设备信息的归档管理。公共建筑机电系统复杂，存在着大量设备，涉及不同类型、规格和生命周期，关联的设备档案信息众多。即使初期做好资料归档工作，后期也会因管理不当发生缺失。通过基于 BIM 的智慧运维系统-设备运行管理模块，能够快速获取每个设备的详细信息，包括制造商、安装日期、维护历史、保修信息等。

（2）设备运行情况监测。公共建筑机电设备分布在建筑内的各个空间，以人工巡逻的方式会耗费大量的时间和精力，也无法保障维护修理的及时性。基于 BIM 的智慧运维系统-设备运行管理模块具备设备运行监控功能，可以实时获取设备的运行状态和性能数据，包括温度、压力、能耗等指标。一旦设备出现异常或故障，系统会立即发出报警通知运维团队，使其能够快速响应并进行故障排查和修复。这有助于提高设备的可靠性和稳定性，减少停机时间。

（3）设备运行机理的可视化学习。当前，公共建筑机电系统愈发复杂，要想快速判断设备故障的影响范围，需要了解设备上下游关系，这要求运维人员对建筑系统有很深入的了解。通过基于 BIM 的智慧运维系统-设备运行管理模块，运维人员可以可视化地了解设备的工作机制和运行逻辑，在解决复杂设备问题时，能利用视觉化的展示来更准确地诊断问题，并提供更有效的解决方案。

此外，基于 BIM 的智慧运维系统使数据辅助建筑运维管理决策成为现实。当运维团队专业水平无法满足设备运行管理所需要的各专业复合知识时，该系统可以将记录设备运行的实时状态的传感器数据、记录了设备的技术规格的设备文档和操作手册、详细记录了设备的维护历史和故障修复过程的维修记录整合归档，在管理人员需要时提供相应资料，辅助建筑运维管理决策，以更好地提高设备的运行效率、降低维护成本。

2）主要功能

基于 BIM 的智慧运维管理系统-设备运行管理模块为设备运行管理提供了一套集成的解决方案，利用物联网技术监测设备运行状态，利用 BIM 将运行数据、系统运行机理、设备静态信息、工单管理系统基于空间位置进行集成，进而实现对设备的高效管理，降低设备故障率和维护成本。

（1）设备档案查询。档案内容包括设备名称、设备编号、设备所属系统、生产厂家等属性，以及设备所在的三维空间位置和房间。系统支持查看运维过程中保存的维修记录、维保记录、故障记录、运行记录等信息。

（2）运行监测。通过传感器和监控系统对设备的运行参数进行实时监测，例如温度、湿度、压力、能耗等，如图 4-74 所示。监控数据可以协助判断主要设备的工作状态、系统的逻辑控制关系、实时运行状态。

（3）运行机理展示。如图 4-75 所示，通过聚焦模型可以查看故障设备上游和下游关联设备，以及与设备连接的管道的介质流向，从而方便对故障设备的影响范围及故障原因进行分析，并定位需要开关的阀门，为维修团队提供准确的参考信息。

（4）报警处理。当监测设备的传感器返回故障或异常情况时，报警信息推送至相关责任人账号，在移动端和网页端弹出报警信息。同时，为进行故障诊断，找出故障原因和影响，相应的维修工单生成并推送至维修工人。维修工作可以通过设备监控数据、维修记录配合专业知识进行，以减少设备停机时间，降低影响。

图 4-74　设备运行监测

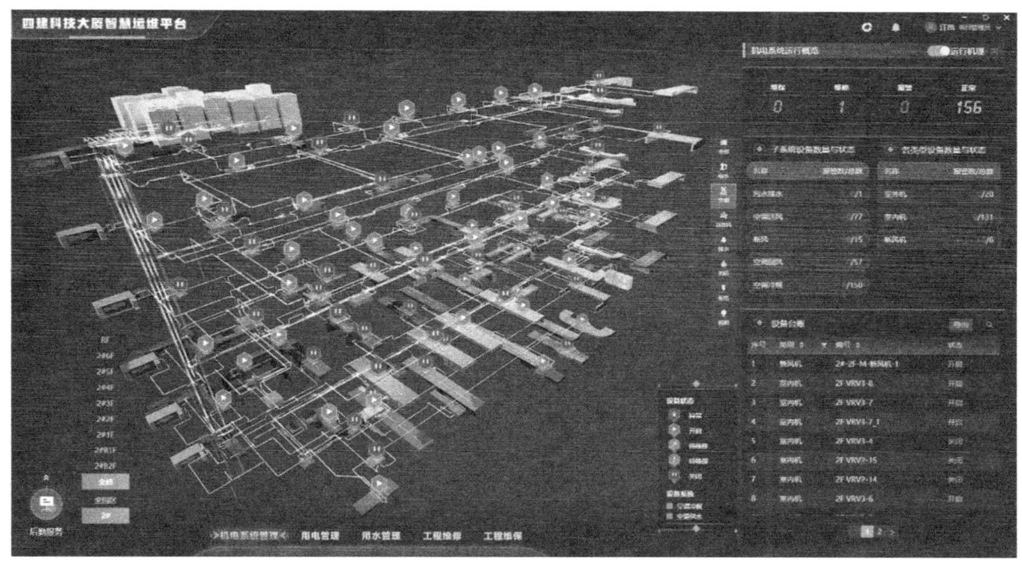

图 4-75　设备运行机理模型

3）典型应用流程

在设备运行期间发生故障后，通过系统的运行管理功能和报警处理机制可高效科学地解决故障，具体流程如图 4-76 所示。系统可以在故障触发报警时生成报警工单并推送至相应班组，工单详情中会提供该故障设备详情，包括设备的编号、类型、历史运行状态、所属系统、规格型号、历史维修维保情况以及关联的维保手册、使用手册、现场照片等资料。

进一步而言，可以通过系统查看故障设备上游和下游关联设备以及与设备连接的管道的介质流向，方便对故障设备的影响范围及故障原因进行分析，判断并锁定设备故障影响范围，定位需要开关的阀门等。

维修班组可通过系统提供的静态、动态信息，为维修团队提供准确的参考信息。维修团队处理好故障后，上传处理图片，交由领导评价。此外，若存在传感器经常报警或其他误报情况，则将相应传感器存放至失效传感器列表。

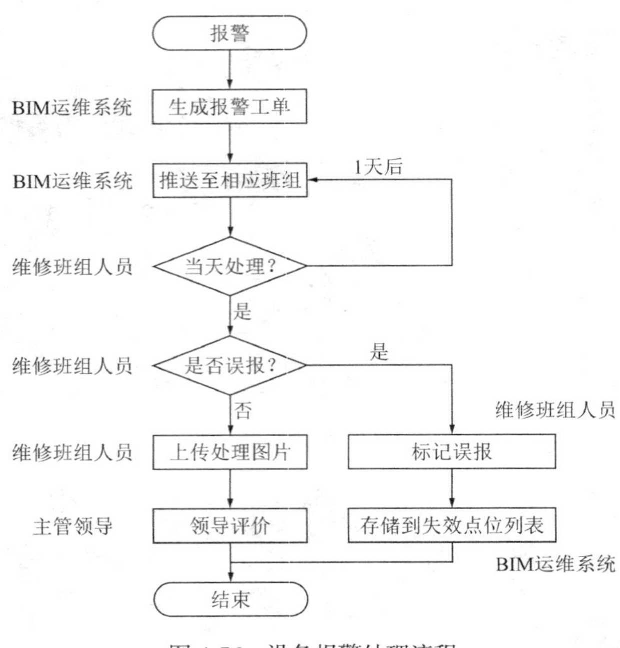

图 4-76　设备报警处理流程

4）技术特点

（1）数据集成与共享。系统能够集成和共享不同来源的数据，包括传感器数据、设备文档、维修记录等。

（2）实时监测与诊断。系统具备实时监测和诊断的能力，能够实时获取设备的运行状态和性能指标。

（3）可视化管理。依托 BIM 模型，可聚焦查看选中设备所在位置，提供故障设备详情，查看故障设备上游和下游关联设备，以及与设备连接的管道的介质流向。

（4）移动端应用与远程监控控制。系统支持移动端应用，使运维团队能够随时随地查询设备实时状态，并可以对机电系统进行远程控制。

5）应用价值

（1）数据全面性。与只能处理特定设备（或系统）的数据的传统楼宇设备自控系统和能耗管理系统相比，该系统能够整合各种来源的数据，提供全面的设备信息，使运维团队能够综合考虑设备的运行状态、性能指标以及维护历史，进行更全面的设备管理和优化决策。

（2）三维空间可视化管理。若设备有报警时，可在平台中查看处于报警状态下的设备列表；并在模型中聚焦查看选中设备在楼宇中的位置，提供故障设备详情。同时，可视化查看故障设备上游和下游关联设备，以及与设备连接的管道的介质流向，助力维修团队精准高效判断故障原因与影响范围，定位需要开关的阀门，做出及时应对。

（3）预测性维护。系统不仅能够实时监测设备的运行状态，还能利用数据分析和机器学习等技术，基于历史数据分析，识别设备的故障模式和趋势，并提供预测性维护建议，使运维团队能够提前采取措施，降低设备故障发生风险和维护成本，降低建筑设备突发故障 40%。

4.4.2 维护管理

维护管理是指企业根据建筑运营实际要求以及国家相关规定，对其所经营管理的设备设施等维护修缮的管理活动。从维护管理的对象看，有对供水、供电、供暖、空调、通风等机电设备的维护，有对房间、建筑主体以及道路楼梯等的建筑维护，以及消防安保方面的器材维护等。

传统的维护管理往往是采取固定时间间隔的方式，不会考虑针对不同的设备状况和使用年份进行差异化维护，不利于及时发现安全风险，更无法满足不断提高的维护服务质量需求。此外，随着智能化设备的应用，其控制管理方式各不相同，信息互不相通，需要引入不同的外包维护公司，管理难度加大，无形中增加了维护成本。这就亟需一个能够打破不同智能化系统信息隔离，化解多专业系统技术壁垒的维护管理工具，也就是智能化的维护管理软件。该类软件可以针对不同的设备状况和使用年份，利用大数据优化定制不同的维护间隔，按时通知班组维护，远比传统固定间隔维护更为高效，有助于延长设备使用年限。同时，还能够通过预防性维护和基于 AI 大数据算法的预测性维护减少突发事故，保障设备设施安全运行，降本增效，为客户提供增值服务。

目前国内常用的维护管理软件如表 4-12 所示。下文以上海建工四建集团基于 BIM 的智慧运维系统-维护管理模块为例，进行详细介绍。

国内常用的建筑维护管理软件　　表 4-12

厂家名称	产品名称	面向的业务环节	主要功能
深圳四格互联	四格互联智慧物联平台	工业园区物业、资产维护管理	产品涉及资金合同管理，物业工单、仓储管理以及能耗、运维智慧化管理等功能。 优缺点：有专门的功能强大的物业管理平台。没有可视化也不与空间挂钩
博锐尚格	博锐尚格建筑数智化运营管理平台	数据决策和资产管理	主要提供设备资产管理及其维修维保、人员组织管理、项目及项目品控管理、低碳节能管理、智慧消安管理等，并通过租赁空间可视化进军数字孪生领域。 优缺点：管理功能丰富，可视化部分非常少
北京五一视界	51world 智慧园区数字孪生平台	提供基于 GIS 的城市级全要素仿真三维场景构建与智慧园区平台服务	智慧园区平台服务，可以对园区的安防、通行、人员、资产、能耗、设备、环境进行监测并对部分维度进行管理。 优缺点：精细的空间功能和出色的三维效果，后勤维护管理功能较少
广联达	广联达园区设施一体化管理平台	BIM 造价管理、BIM 建造与智慧工地	依托 BIM 的领先技术开发数字孪生园区的安防管理、设备设施管理以及应急管理。 优缺点：维护管理与空间密切相关，后勤维护功能较简单
上海建工四建	基于 BIM 的智慧运维管理系统-维护管理模块	BIM 设计、智慧建造、园区智慧运维	系统从空间结构出发，所有服务和事件均与空间位置密切相关，除了空间管理、机电设备运行管理、维修维保管理、能耗管理、消安管理等通用功能，也会针对园区需求开发定制化功能。 优缺点：维护管理与空间密切相关；设计建造与运维一体化全周期统筹

1）应用场景

现代大型建筑的机电设备数量大，管理规章各不相同，维保分包众多，传统管理方法本身难度已经非常大，精细化、定制化管理更是无法实现，但是依靠智慧维护管理软件，可以实现原本不敢想象的管理精度。

（1）维护管理信息记录。传统的手工维护记录，缺乏有效的信息传递，导致工作进度不透明，制约着精细化维护管理的实现，产生维护信息流转不及时或丢失的情况，影响后续维保的工作效率。基于BIM的智慧运维管理系统-维护管理模块实现维护记录的线上化，过程可追溯，保障信息传递。后续维保可直接查阅过程信息，助力提高维保工作效率。

（2）维护管理续约决策。随着大型建筑运维社会化服务模式的推进，大型建筑内大量设备设施的维护工作由专业维护单位完成。运维管理人员负责专业维护单位选择、合同签订、过程监督和评价等工作，并且每年还需要进行续约决策，工作繁杂。基于BIM的智慧运维管理系统-维护管理模块可自动记录专业维护单位的表现，便于运维管理人员进行满意度评价，辅助专业维护单位续约等决策。

2）主要功能

（1）计划阶段

可在线上录入周期性的设施设备维护保养计划；可在线上发起不定期维护工单，包括设备监控系统自动生成的故障报警维护工单、源自公司业务管理流程的维护工单、基于监测数据智能分析生成的预测性维护工单等。

计划批量录入维护工单。可在线上录入周期性的设施设备维护保养计划，支持维护计划的制定、审批、流转、记录和搜索等功能，方便管理者和监管者查阅。如图4-77所示。

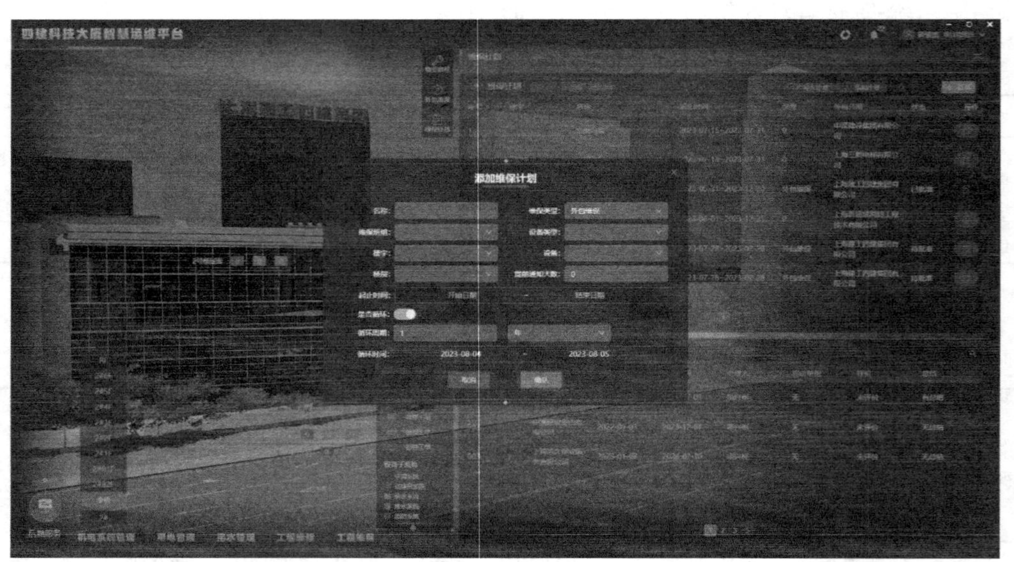

图4-77　维修计划导入

线上发起维护工单。支持维护工单的手动发起、查看、统计、分析、消息提醒等，支持基于BIM模型的维护工单定位、溯源分析，辅助建筑运维管理中心掌握建筑运行情况，制定管理策略。

智能维护工单发起。基于大数据的智能分析，实现故障的主动式预测，可以智能发起维护工单，推送给对应的班组人员处理。

（2）执行阶段

维护操作工人可在线上记录维护过程操作、现场情况、上传维护过程图片，也可以查看设备监控系统的实时监测数据。

维护工单处理。支持维护工单消息推送、查看、处理、上传图片、评价、逾期标识等功能。支持维护工单的搜索、筛选、处理记录查看等。维护操作工人可在线上记录维护过程操作、现场情况、上传维护过程图片，也可以查看设备监控系统的实时监测数据。

基于 BIM 的维护工单显示。支持基于三维模型查看维护工单，支持视图变换、漫游、模式切换、选择查看等功能；支持查看维护工单相关的工程资料、图纸资料和运维管理资料；支持模型区反映设备运行情况；支持在线浏览资料信息，快速检索信息。

（3）跟踪和分析阶段

可对维护工单数、及时率、服务满意度、返修率等关键指标进行智能分析，结合设施设备维修、监测、故障等其他数据进行长期分析统计。

支持外包公司上传年度小结、管理者对外包公司年度工作进行满意度评价等功能，供外包公司、工程管理者和监管者使用。

3）典型应用流程

应用过程中，主要可以分为自动维护和主动维护两类应用，各自使用不同的流程：

（1）根据实际维护需求，制定的主动式维护流程，如图 4-78 所示。首先根据合同要求制定维护计划，并通过系统提交至主管领导审核。若审核通过则自动生成维护工单，并由维护人员根据系统提示定期对设备设施等进行养护。每年自动生成日常维护管理的年度报告，供主管领导查看。

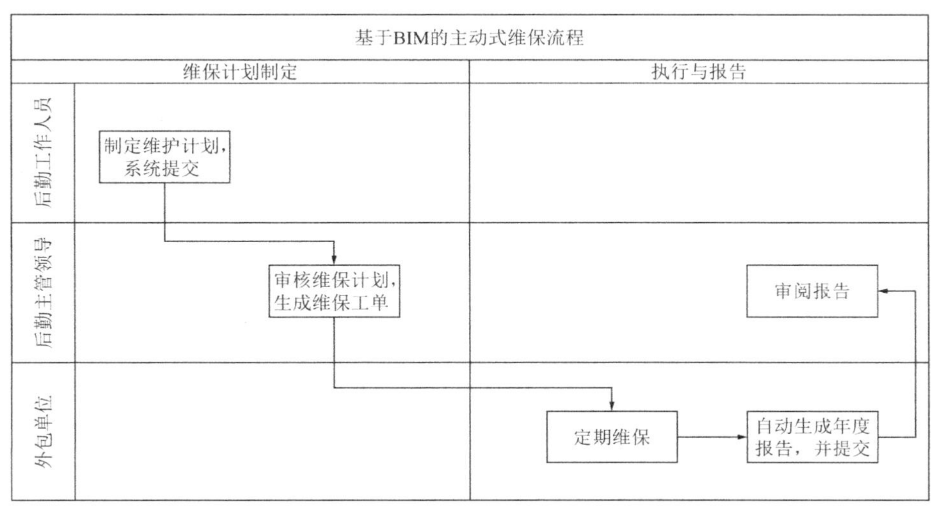

图 4-78　基于 BIM 的主动式维护流程

（2）根据设备设施等运行状态数据和环境数据，自动识别故障风险比较大的净化空调、电梯和排风机等设备，提前进行维护，根据影响范围系统自动生成智能维护工单，推送至维保班组进行处理，如图 4-79 所示。

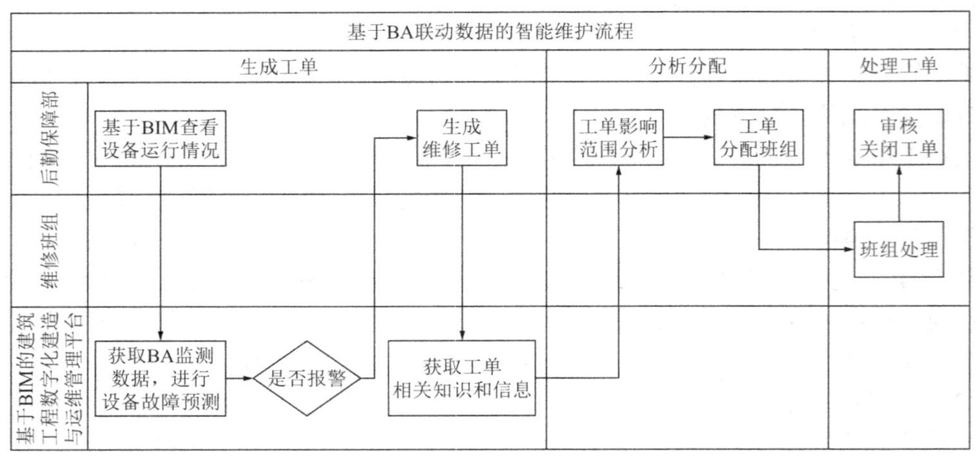

图 4-79 基于 BA 联动数据的智能维护流程

4）技术特点

（1）全新维护管理模式。依托 BIM 建筑模型所携带的建筑运营数据信息、建筑空间与位置信息、设备属性信息和运行维护信息等，通过信息化手段与互联网思维模式，协助后勤管理人员更好地实现设备设施的维护管理服务，保证建筑内部的正常运转。

（2）三维可视化管理。基于 BIM 实现全楼宇的维护工作三维可视化监控，将平面化的展示形式转换为立体三维空间的展现方式，基于 3D 空间，所见即所得。

（3）多系统协同联动。基于 BIM 可以实现多系统协同联动，自动获取维护的设备设施的运行状态数据和环境数据，自动获取 BIM 模型中关联的设备台账信息、设备说明书、生产日期、生产厂商、使用年限等，助力后勤管理人员提供更好的维护管理服务。

（4）智能化维护质量评价。基于 BIM 将来源于不同系统的运行、维护、维修和用电等异构数据建立关联，形成多维数据，基于使用设备维护后一段时间的运行、故障和用电等数据评价维护质量，通过真实可信的运行数据给出定量的维护质量评价。

5）应用价值

基于 BIM 的智慧运维系统的维护管理模块，实现了设备设施维护全过程智能化，可提升设备设施维护质量，减少设备突发故障，大大提高了维护效率，降低维护成本。

（1）助力维护计划的高效完成。智慧运维系统配置了设备设施的自检维护和外包维护流程，可实现建筑物设备设施维护计划的录入、维护工单消息推送、照片上传、工单处理、工单完成评价等功能。在深入应用过程中某医院项目维护计划完成率从 55%提高到 100%。管理人员在办公室通过浏览器查看各楼宇维护运行情况、各项计划落实情况。

（2）助力维护供应商筛选决策。在供应商管理方面，每年的维护单位续约决策中，运维管理人员可以通过系统查看各家维护单位的综合评分，对于评价低的单位，可以根据历史数据进行科学决策，从而提升对维护单位的监督管理水平，进而提高维护质量。

（3）在主动式维保方面，系统根据设备运行状态数据和环境数据自动识别故障风险比较大的净化空调、电梯和排风机等设备，提前进行维护，防患于未然，可以大幅度降低用户遭遇故障的概率，极大提升用户体验。

4.4.3 维修管理

维修管理是对建筑物内部各种设施设备的维修和修复的全过程管理活动。通过有效的维修管理，减少故障和停机时间，延长设备的使用寿命，提高设备的可靠性和性能，从而确保建筑物的正常运行和用户的满意。

以往的维修管理，大多是事后维修，也就是故障发生后才进行的维修，在故障响应速度及处理效率上不尽如人意。智能化的维修管理软件，采用数字技术，可以实现设施设备的实时监测、维修工单的自动推送、维修过程记录与分析、维修数据的沉淀与共享、维修结果的实时反馈等，极大地提高了维修的响应速度和处理效率，帮助管理团队了解维修工作的情况，制定改进措施，优化维修策略，并最终提升建筑设施设备的运行效率和可靠性。

国内常用的维修管理系统如表 4-13 所示。下文以上海建工四建集团基于 BIM 的智慧运维管理系统-维修管理模块为例，进行详细介绍。

维修管理类产品分析　　表 4-13

厂家名称	产品名称	业务环节	主要功能
上海建工四建	基于 BIM 的智慧运维管理系统-维修管理模块	报修、报警、工单推送，维修结果评价、维修查询、工单分析等功能	在线报修系统，拥有可灵活配置的流程引擎，可根据项目需求自定义报修流程。同时将报修设备与数字孪生模型进行绑定，根据自主研发的算法，支持对维修工单进行智能分析（重复工单分析、聚类分析），供管理者分析决策。交互方式移动端、网页端多端智能交互使用，并且在网页端基于 BIM 模型展示页面，支持工单数据可视化
北京蓝色聚力科技	报修管家	故障报修、调度派遣、报修处理、维修管理、进度查看、报修结果统计等功能	将故障报修、维保服务、调度派工各流程有机结合，精简流程，提高效率，掌控成本，提供高质量的服务保证。支持公众号微信报修、小程序报修、APP 报修及处理、web 后台管理等功能。支持实时查看报修进度，支持导出所需的统计报表。可用于企业内外部报事报修，后勤服务，售后管理等多种业态
嘉兴索蓝信息科技	索蓝云	计划维修、计划查询、维修验收、登记查询等功能	具有维修计划、维修实施与验收、计划维修查询、委外维修登记验收与查询等功能。支持维修项目的基本信息录入，备品备件管理；同时根据维修计划明细进行实施维修、验收等功能；具有维修计划台账，了解计划维修设备的明细状况；针对委外维修也有一套整体流程
河南麦秸映像	售后大师	工单管理、智能派单、费用结算、数据分析、客户评价等功能	具有工单管理、智能派单、费用结算、数据分析、客户评价等功能。支持保内订单、保外订单、安装/施工单等多种工单类型，可以自定义工单类型和数据，可以根据不同条件筛选和导出工单数据；同时具有手动派单、自动派单、工单池抢单等多种派单方式，可以根据员工的技能、地理位置、工作量等因素进行智能调度；还可以支持多维度的数据分析，如工单排行、营收排行、效率排行、报修排行、故障类型排行、客户维修费排行等，可以通过可视化的数据大屏查看数据概况和异常提醒

1）应用场景

由于传统报修维修过程既不会留下可查询记录也不会记录维修效果，导致维修经验难以传承，责任也难以追踪，基于 BIM 的智慧运维管理系统-维修管理模块可以从以下几个方面解决此类问题：

（1）保修信息记录与获取。传统报修流程中，机电设备基础信息、故障记录、维修记录、配件使用情况均无记录，信息查询较为困难，维修人员无法根据现有设备信息提前对报修问题进行评估诊断并做好备品备件的调用工作。基于 BIM 的智慧运维管理系统可以利用物联网和传感器技术，实时监测设备运行状态和性能，获取设备的关联信息，以便对设备进行及时的维护和修复。

（2）维修工单的沉淀与复用。传统报修流程中，维修工单处理流程缺少详情记录和说明，无法形成经验数据，无法为后续同类型的维修工单提供有益借鉴，造成维修效率低下。系统可以基于人工智能技术，分析重复维修工单的维修流程，整合形成典型故障维修经验库，实现维修知识共享。

（3）维修班组评价。传统报修流程中，维修工单处理结果缺少评价步骤，导致后勤管理人员对维修人员绩效进行量化考核时缺乏依据，不利于筛选出高效的维修班组。系统支持维修工单全程线上流转，并实施评价流程，实现维修流程的有效管理。

2）主要功能

（1）维修工单自动生成。通过 BIM 技术和机电系统逻辑关系自动生成技术，将设备与 BIM 模型结合起来，然后通过物联网和传感器技术，实时监测设备运行状态。当设备运行状态出现故障时，根据预设的风险等级自动生成维修工单，并发送报警消息给后勤管理人员；后勤管理人员和普通用户也可以通过微信扫码报修反馈楼宇中运行状态不正常的设备，实现对整栋楼宇的维修管理。

（2）维修工单在线流转。系统可以在移动端、网页端多端智能交互使用，维修工单的分配、处理、验收等流程均可以在线完成。后勤管理人员可以实时跟踪每个维修工单的流转状态，并对维修工单进行评价验收，为后续维修人员的绩效考核提供量化指标，如图 4-80 所示。

图 4-80　维修工单流转处理

（3）智能分析。基于人工智能技术，分析重复维修工单的维修流程，整合形成典型故障维修经验库，实现维修知识共享。同时，通过分析重复维修工单数据，预测后续设备损坏情况，并通过聚类分析记录维修工单较多的类别，可提前储备该类别下的备品备件材料，还可以规划该类别下的系统维保计划，减少该类问题的突发情况。

（4）维修数据展示。如图 4-81 所示，依托系统配套的大数据图表中心，系统为数字孪生的动态数据提供了从数据建模、接入、处理、查询、可视化的一整套基础设施，完成了维修数据向可视化图表的转换，为后勤管理人员提供了一个直观可视的楼宇维修管理概况。

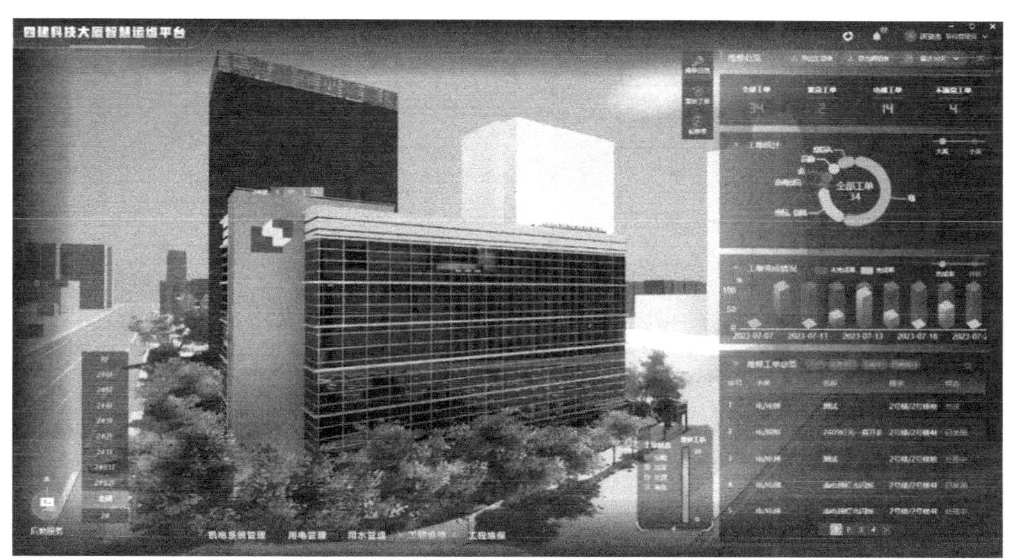

图 4-81　维修数据展示

3）典型应用流程

典型报修应用流程如图 4-82 所示，包含维修工单生成、维修工单分配、工单维修、维修工单验收评价。

（1）维修工单生成

维修管理软件支持多种途径建立工单。报修人员如果发现运行状态不正常的设施和设备，可以通过移动端报修系统发起维修请求。维修请求中需要输入或语音录入故障地点，故障现象等基础信息。此外，运维系统也可以监测设备运行状态，当设备运行状态异常时，会根据预设的风险等级自动生成维修工单，并通过消息报警中心发送消息给到维修管理人员。维修管理人员在接受其他用户的反馈信息后，也可以在网页端手动录入维修工单信息至系统中，完成维修工单的录入。

（2）维修工单分配

维修管理人员根据系统收到的新建维修工单，对工单进行筛选，剔除非故障误报，将工单分配给对应的维修班组中的具体人员。

（3）工单维修

维修人员接收到分配到的维修工单后，根据工单中的报修地点、报修内容、关联设备等信息前往指定地点进行修复工作，并在修复完成后，通过报修系统移动端填写维修处理的信息以及维修相关照片。

（4）维修工单验收评价

维修管理人员或报修人员接收到维修完成后的维修工单后，可根据维修人员提供的维修信息进行验收，如果不通过，可退回该工单；如果通过，可以对该维修工单的维修态度、维修速度、维修质量进行评价后完成验收，为后续每位维修人员的评估结果提供数据支持。

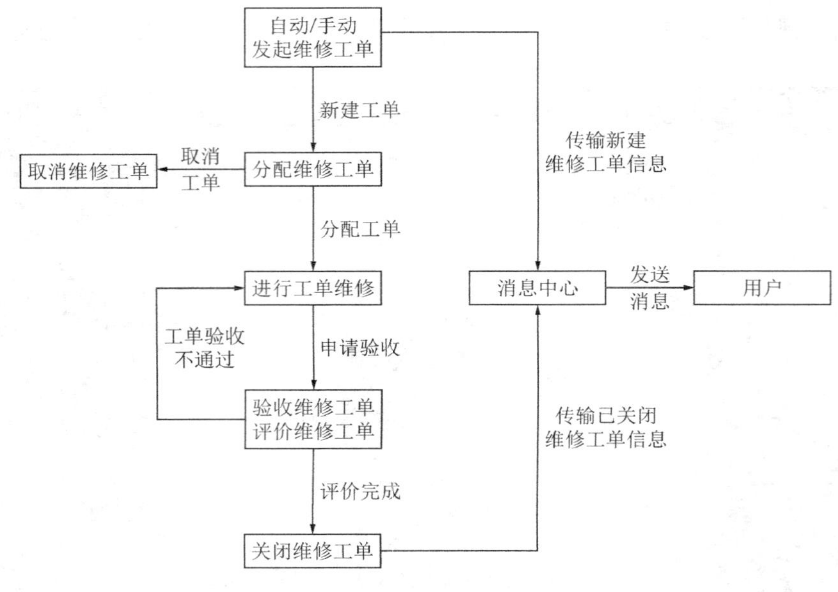

图 4-82 典型报修应用流程

4）技术特点

（1）将建筑静态信息与动态信息有机集成，形成大数据。基于 BIM 技术构建建筑信息模型，形成完整的建筑静态信息，为建筑维修提供宝贵的基础数据。

（2）基于 BIM 实现三维的建筑运维管理，直观、高效。基于 BIM 技术实现在三维视图中展现空间位置、机电设备布局、机电系统运行机理、设备实时运行状态等，保障维修管理人员能够精准定位设备在模型中的具体位置，同时基于物联网和传感器技术实时监测设备运行状态和性能，获取设备的关联信息，对设备进行及时的维护和维修。

（3）基于人工智能的维修质量分析，支持主动式运维。基于人工智能技术实现主动式、集成式的运维管理，包括自动发起维修工单，重复、高频工单分析等功能，通过重复工单分析、聚类分析，将维修经验整合成为典型故障维修经验库，实现维修知识共享。

（4）自主研发的维修管理系统，支持维修流程全程线上流转。依托自主研发的智慧运维系统，支持维修管理功能在移动端、网页端多端智能交互使用，完成维修工单的分配、处理、验收等流程的线上流转，实现维修流程的有效管理。完全自主研发的维修管理系统，数据安全性高。

（5）基于自主研发的工业互联网平台，实现工单数据的可视化展示。依托自主研发的工业互联网平台，维修管理软件提供了从数据建模、接入、处理、查询、可视化的一整套基础设施，为后勤管理人员提供一个直观可视的楼宇维修管理概况。

5）应用价值

（1）依托 BIM 技术，智慧运维系统实现故障及维修与空间和建筑信息关联，可以直观展示故障位置的空间分布和聚集，同时可以实现维修路径引导。

（2）引入先进的人工智能技术，智慧运维系统可以实现工单和故障的智能分析，通过分析重复维修工单和高频维修工单，发现潜在问题，通过记录上述维修流程，整合成为典型故障维修经验库，实现维修知识共享。

（3）充分利用物联网和传感器技术，实时监测设备运行状态和性能，以便在设备发生故障时乃至发生故障前进行及时的维护和修复。

（4）基于云计算和大数据技术，智慧运维系统可以实时分析设备的使用情况、能源消耗和维护需求，从而优化建筑的维修管理，减少能源浪费，延长设备使用寿命。

（5）依托自主研发的工业互联网平台，所有维修数据均有可视化展示，可以定制内容和显示方式。

（6）提高应急维修处理效率与质量，保障后勤服务满意度提升30%。

4.4.4 安全管理

在建筑运维中，安全管理是指应用各种现代化技术手段，对影响建筑物安全运行和使用者安全使用的各类情况进行的防范与管理工作。而建筑安全管理软件是一种提供建筑空间安全管理和监控的软件系统，该系统通过整合各种安全设备、传感器和数据源，结合人工智能、大数据分析和物联网等技术，提供实时的安全监测、报警和管理功能，及时发现和应对各种安全风险，保障人员和财产的安全。同时，该系统还能提高安全管理的效率，减少人力资源和成本的浪费。

当前，建筑安全管理软件正在融合数字技术，提供更加智能化、高效化的安全监控和管理功能，除了基本的实时监测和报警功能外，还提供了应急预案和演练、数据分析等功能。同时，行业标准化和应用案例的增多也推动了该类软件的发展。从国内看，海康威视等企业纷纷入局安全管理领域，如表4-14所示，不断推出创新的产品，为建筑行业的安全管理提供了可靠的支持。下文以思倍云的安全风险智能化管控平台为例，进行详细介绍。

建筑运维-安全管理常用软件产品　　表4-14

厂家名称	产品名称	面向的业务环节	主要功能
思倍云	安全风险智能化管控平台	安全、环保、职业健康监管	环境管理体系和职业健康安全管理体系（Environment、Health、Safety，EHS）绩效管理、安全关键要素在线监测预警、危险源辨识与风险管控、隐患排查与治理、作业管理、人员定位、智能巡检、智慧消防、应急管理、事故管理、环保管理、职业健康安全预警等
海康威视	综合安防管理平台	园区、社区、楼宇内部巡查、内外部人员和车辆进出的智能化管理、消防管理	可视化周界、智能监控、高空抛物、垃圾投放监管、设备状态监测与能效管理、智慧电梯、智能消安一体、信息发布、智慧人行、访客管理、智慧车行、视频监控、智慧充电、智慧巡检等
南京天溯	IMS综合监控系统	设备安全、安消安全、疫情防控	设备设施实时监测、设备巡检保、基于机理模型的智能诊断、治安保卫、消防安全、安消联动等

1）应用场景

思倍云的安全风险智能化管控平台（以下简称“安管平台”）高效构建“可防可控”的闭环安全管理体系，为企业总部、商业写字楼综合体及各类产业园区提供安全风险分级管控、分级推送，隐患排查治理流程化闭环管理，使安全部门工作人员、技术支持人员及相关领导的安全管理工作更高效便捷。

（1）安全管理的双重预防

建筑安全管理，除了及时解决已出现的安全问题，更重要的是通过风险辨识与隐患排查，实现安全问题超前防范、关口前移，以风险管控为手段，把风险控制在隐患形成之前。安管平台帮助用户建立合规的、线上线下相融合的风险分级管控系统和隐患排查治理系统，实现从风险辨识到隐患排查治理的闭环管理，有效支持安全管理动态化、智能化。

（2）重大危险源管理

重大危险源，不仅会对建筑自身空间造成危害，还会造成周边区域等更大范围的危害，是建筑运维安全管理的重要对象。通过建立智能监控系统，对重大危险源进行实时监测，处理和分析危险源的数据，识别、评估、控制和监控重大危险源，实现异常报警与应急处理，有利于提升建筑运行的安全性。安管平台可实时监测重大危险源，借助数字孪生定位异常告警危险源，启动处置程序，防患于未然。

（3）智能巡检

建筑运维阶段，通过定期或随机流动性的检查巡视，对建筑、设施设备、人员及环境情况，及时发现异常问题并进行处理，是安全管理的常规工作。安管平台可以智能化预设巡检路线、采集分析数据，实时上报故障，提前预警隐患，保障建筑的安全和稳定运行。

（4）特殊作业管理

针对建筑运维可能涉及的高风险、复杂或特殊性较强的作业环节，如高空作业、电气作业、危险化学品作业等，安管平台通过智能化管理审批许可条件、作业票及作业任务等，实现作业透明化管理，降低作业风险。

（5）人员定位

安管平台可帮助用户随时确定现场人员的位置信息及人员状态，可追踪人员、车辆历史位置并记录每个时间段内的行动轨迹，绘制电子围栏，可设置电子围栏安全告警，实现对人的不安全行为进行预警监测。

2）主要功能

（1）安全基础信息管理

平台可以对多种安全相关基础数据进行管理，包括但不限于安全生产许可相关证照和有关报告信息、生产过程基础信息、设备设施基础信息、企业人员基础信息、第三方人员基础信息管理、监管数据上报（含安全生产承诺、企业基础信息填报和维护、证照信息）、企业能耗数据及经济数据填报、危险化学品运输车辆出入预约管理等。

（2）重大危险源安全管理

重大危险源实时监测，储罐、装置、危险化学品库等的液位、温度、压力和可燃、有毒气体浓度等的实时监测。在 3D 可视化数字化安全运营指挥中心中点击监测点图标，可实时查看设备设施等监测点的基本信息、实时数据、趋势分析、报警信息，通过 APP 也可实时查看历史趋势。

重大危险源数据分析。基于重点场所（如中控室）、关键部位（如重大危险源现场）的监控视频，进行智能分析，实现风险管控、评价/评估报告管理及隐患管理等。

重大危险源告警处置。数字孪生系统与重大危险源场景联动，当重大危险源发生告警（如超温、超压、泄漏等）时，数字孪生定位告警位置，推送工单，并对报警进行处置，相关人员可在现场解除报警或发起隐患排查和设备维修工单实现报警闭环管理，将事故消灭在萌芽状态。

（3）双重预防管理

风险分级管控系统。利用风险分级管控系统，依据相关风险分级管控标准及风险评估方法划分风险单元，进行风险辨识、评估，确定风险分级，明确责任单位、责任人，落实管控措施，形成风险管控清单，实行动态管控，从而达到科学、全面识别，有效管控风险的目的。安全部门基于风险分级结果，掌握安全风险分布情况，并根据风险清单建立汇总区域安全风险数据库，绘制区域“红橙黄蓝”动态四色图——安全风险分布图，为风险安全监管提供辅助支持，实施风险安全精准监管。

隐患排查治理系统。根据管控措施，制定隐患排查任务，设置隐患排查标准、隐患排查检查项、排查路线、排查计划等内容；支持根据政策要求上传隐患排查任务关键要素。隐患清单记录隐患整改登记信息、整改信息、验收信息等内容；支持查看隐患整改工单轨迹；列表统计不同状态下隐患整改工单数量；支持根据政策要求自动上传隐患治理相关内容。通过流程引擎跟踪隐患治理、验收、复查全过程。隐患整改移动端支持隐患登记、查看我的待办、处理整改工单、验收复查整改情况等。

（4）特殊作业审批许可与作业过程管理

通过安管平台的特殊作业及过程管理系统，作业人员可以进行特殊作业申请、预约、审查、安全条件确认、许可、监护、验收全流程信息化、规范化、程序化管理，实现特殊作业审批许可全过程留痕，支撑作业透明化管理，降低作业风险。

作业票管理。通过网页端和移动端发起作业票申请，支持预览、导出、打印作业票。支持查看作业票全过程数据，包括基础信息、工业危害分析（Job Hazard Analysis，JHA）信息、气体分析结果、措施落实确认、安全交底、票证签发、作业监管、作业验收、违规记录、审批流程等内容。

作业任务管理。通过网页端和移动端分布处理不同的作业任务，包括作业票申请审核、工业安全分析（Job Safety Analysis，JSA）分析、票证登记、气体采样分析、措施落实确认、安全交底、票证签发、过程监督、作业验收等任务，各任务根据模板配置展示相应内容，支持在线签名、补充安全措施、录入气体采样分析结果等操作。

作业过程视频管理。特种作业过程全流程可视化监管，作业过程视频可上传、下载、在线预览、回放、快进、快退。

特殊作业统计分析。对作业类型、作业人员、作业状态、异常监控、违规行为等数据进行统计分析，通过自定义报表进行可视化展示和分析。

（5）智能巡检

安管平台的智能巡检系统，支持巡检、巡查全过程数字化管理。管理人员根据管道及仪表工艺流程图（Piping & Instrument Diagram，PID）、数字化交付资料、风险分析单元划分、隐患排查清单、岗位安全风险责任清单等，分角色制定巡检任务、规划巡检路线，匹配巡检清单及制度规范。巡检人员通过移动终端自动获取巡检任务要求，巡检人员按规定时间、规定位置、规定要求完成数据采集，并将巡检信息实时回传管理后台。此外，通过智能巡检，还可以实现设备设施运行状态、设备设施故障实时上报；各类安全生产隐患提前预警，信息实时上报；支持内外操作人员、管理人员、企业各个信息化系统间共享巡检数据，有助于及时处置巡检过程中的预警信息和隐患情况，实现闭环管理。

（6）人员定位

通过安管平台的人员定位系统，依托布设多个定位基站与人员携带的信号标签进行通信的方式，结合人员定位算法，计算出信号标签位置进行人员定位。系统具备接收与发送报警信息、可视化展示、人数统计、人员轨迹分析、存储和查询等功能。管理人员可在监控中心通过 3D 可视化大屏实时动态显示园区、建筑内实时人员分布信息，查询回放人员的历史轨迹，人员告警、区域告警等报警异常信息，可对特定目标进行追踪和轨迹查看，还可实现视频联动功能，全面掌握园区、建筑内人员位置信息。

（7）数字孪生联动场景管理

采用倾斜摄影、全景视图、数字建模等技术手段建设电子地图，支持安全管理的基本应用及重点风险区域数据可视化应用。支持建筑（园区）安全事件、环保监测预警、应急联动、封闭管理、重大危险源预警可视化监测，提高园区业务运营管理效率，达到模型可视化、数据可视化、业务可视化。

3）典型应用流程

双重预防机制下的安全管理应用流程，如图 4-83 所示。

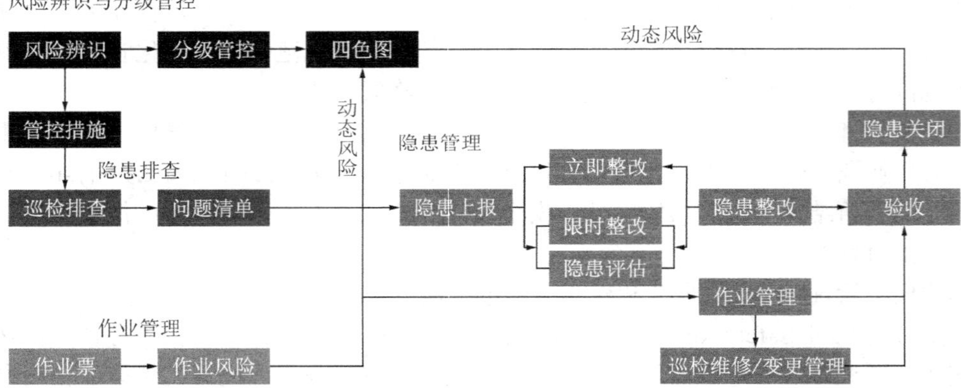

图 4-83 双重预防机制下的安全管理应用流程

（1）风险辨识与分级管控

风险辨识。企业组织各相关部门、专业、岗位人员，应用安全检查表分析（Safety Check List，SCL）、JHA、危险与可操作性分析（Hazard and Operability，HAZOP）等方法对安全风险分析单元进行安全风险辨识，评估可能导致的事故后果。根据安全风险辨识结果，选择可能造成爆炸、火灾、中毒、窒息等严重后果的单元作为重点管控的安全风险事件。

建立管控措施。针对安全风险事件，从工程技术、维护保养、人员操作、应急措施等方面建立管控措施。

分级管控。按照分级管控原则，将安全风险事件对应的管控措施分解到领导层、部门、班组、岗位人员等各个层级，确保分级管控措施有效实施；上一级负责管控的措施，责任相关的下一级必须同时负责管控，并逐级落实。

绘制四色图。根据可能造成的后果严重程度，对安全风险进行重大、较大、一般、低风险四个等级划分，分别对应红、橙、黄、蓝四种颜色标识，以此绘制安全风险空间分布图。

（2）隐患排查

巡检排查。将安全风险管控措施作为隐患排查任务进行隐患排查，建立隐患问题清单。

隐患治理。通过排查实施隐患管理，进行隐患整改、验收、隐患关闭，对安全风险空间四色图进行动态管理。

（3）作业管理

作业前对作业票申请、审核、许可进行管理；作业中对作业过程风险进行动态管理；作业后进行作业验收，消除作业风险。

4）技术特点

（1）高度可配置。支持多城市、多园区、多楼宇的分级分权管理；支持流程、服务自定义，灵活适配业务变化；满足客户个性化需求，减少开发，快速应对市场变化。

（2）云服务。上线快，免维护，客户只需关注业务；云原生，微服务，容器技术，敏捷迭代，技术新；服务即插即用，部署快，不断升级迭代；专业人员 24 小时维护。

（3）系统逻辑架构。物联网云边端协同，通过云中心进行统一交付、运维、管控，减少延迟、提高可扩展性、增强对信息的访问量，使业务升级迭代变得更加敏捷。

5）应用价值

在过去 3 年里，思倍云安管平台已陆续为各行各业的客户创造了可观的经济效益，保障了安全生产的稳定运行，据 10 余个百万级大型项目的不完全统计，系统可为客户提供以下效益价值：

（1）安全合规，符合政策要求。

（2）提前发现隐患与预警多起，避免安全事故导致的巨大损失。员工安全覆盖率达 100%，人的不安全行为下降 60%；隐患整改效率提升 60%；巡检到位率达 99%，任务处理效率提升 30%；安全管理人员时间平均节省 50%；应急处理效率提升 50%。

4.4.5 节能管理

建筑节能管理是指对建筑物的能源消耗和使用所进行的有效监控和管理的一系列措施，其实现离不开智能化的软件系统。建筑节能管理软件系统是对建筑内的所有能源（包括热水、冷水、用电、冷热量等）消耗情况进行查看、分析的管理系统，旨在通过能源管理掌握建筑内的能源消耗情况，在不影响正常运行活动的基础上，提高建筑的能源效率，减少能源消耗，降低运营成本，同时减少对环境的影响，实现可持续发展。

随着“双碳”目标的提出，国内的智能化节能管理软件系统正加速发展，江森自控、海亿达、思倍云、柏诚等都推出了相关产品和解决方案，如表 4-15 所示。这些产品基本能进行能耗数据的自动采集、智能计算分析，形成能源利用的均衡性及经济性的直观判断，助力建筑节能。以下以思倍云的节能减碳系统为例，进行详细介绍。

建筑智能运维——节能管理软件 表 4-15

厂家名称	产品名称	面向的具体业务环节	主要功能
思倍云	节能减碳系统	建筑能耗管理、碳排放管理、中央空调等可控设备节能	能耗管理、碳资产管理、节能控制、能效算法、绿能管理
江森自控	能效管理平台	设备远程遥控	能源管理、租户管理、资产性能与维护、远程自控

续表

厂家名称	产品名称	面向的具体业务环节	主要功能
霍尼韦尔	Alerton 艾顿楼宇自控系统	建筑用能监控分析与设计	提供全系统智能化的节能设计，例如最佳启停，新风按需控制（DCV），能源系统故障诊断、优化和集成（CC）
柏诚	云能源管理系统	专注于能源管理、计费	能耗计量监测与计量、远程监控、能耗分析、诊断
海亿达	EFOS™智慧能源管理系统	专注于设施设备运维、楼宇自控、中央空调节能服务	设施设备运维、能源管理、远程自控

1）应用场景

（1）能源精细化管理

能源管理是建筑节能管理的基本条件。只有精准掌握建筑物的能耗情况、能源利用效率等，才能识别能源消耗的高峰期和低效设备，找出能源浪费的原因和潜在问题。楼宇、园区等能源部门或机电部门相关人员可通过思倍云的节能减碳系统（以下简称"节能系统"）搭建能耗模型，进行建筑用能的数字化模拟与展示，采集、监测并分析建筑物的能源数据，寻找能源消耗的关键因素，实现对建筑能源消耗的精细化管理，有效避免用能浪费。

（2）碳资产稽核保纳

碳资产稽核保纳通过对碳资产进行审查、核查和验证，确保碳减排措施和减排量的真实、有效和可靠。节能系统设有碳资产稽核保纳管理模块，可结合国家碳排放监管措施，以及碳排管理人员录入的碳排放因子、配额、相关交易记录，利用内置的不同业态碳排计算规则，推算实际碳排量、碳排放剩余配额等相关碳排指标，并结合用户历史碳排强度进一步指导制定相关碳排放措施，帮助被监管重点碳排企业更好地履行碳排约定，防止因超排、误排导致的资产损失。

（3）暖通系统动态节能

暖通系统能耗是建筑能耗的重要组成部分，节能系统通过对建筑暖通用能模型及相关用冷参数的采集、分析，实现供需平衡的动态管控，提升单位用能效益，在保障用户舒适度且不影响建筑正常运营的前提下，最大化节能减碳。此外，借助远程智控功能，能有效减轻空调运维工的日常运维操作工作量。

（4）智能照明管控

降低建筑照明能耗，可有效降低建筑电气能耗，支撑建筑节能。节能系统可自动感应周围环境的变化，如有人无人、自然光线明暗等，支持分时分区控制及智能调光，在满足正常照明需求的情况下节约用能，实现照明系统按需运行。

（5）光伏建筑一体化（Building Integrated Photovoltaic，BIPV）管理

节能系统通过对光伏发电模块、能量管理系统（Electromagnetic Compatibility，EMC）的管控，实现供电与负荷的动态匹配。该系统具备远程监测、远程智控等功能，帮助用户实现设备无人值守，支撑经济效益指标可视化管理，使能源投入产出实现最大化。

2）主要功能

（1）能源管理

包括但不限于能耗数字模型的构建与审批、能源可视化管理、用能计划的构建与审批、能耗数据的动态分析、能耗分项上下级损失分析、用能轨迹可视化，能耗报表、单位产品

能耗分析、能效报告。其核心子功能如下：

能源模型建立。支持自定义（按照业务或职责）创建项目的能耗模型，如图 4-84 所示。在模型创建后，基于初始化数据库的标签平台，为相关分项关联计量仪表、匹配相对应的标签，同时也支持自定义标签管理。

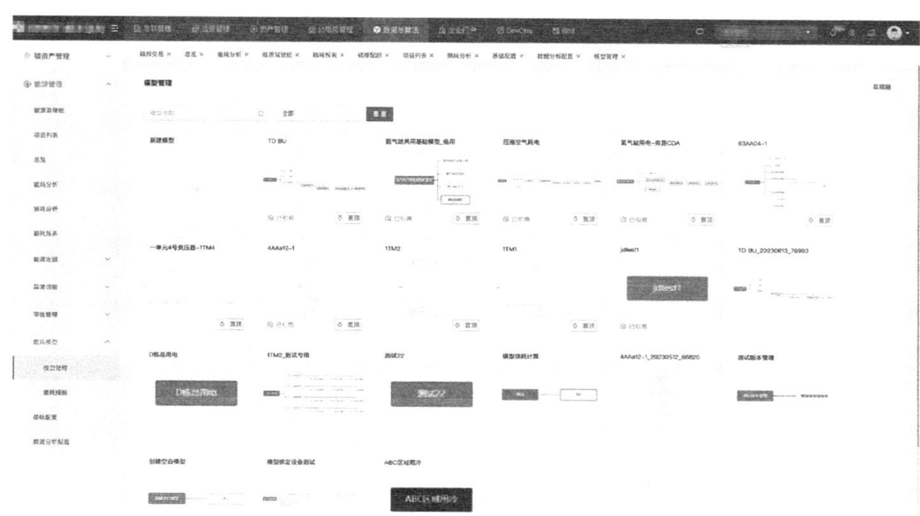

图 4-84 能耗模型

可视化管理。能源看板（图 4-85）界面可以提供多种可视化工具，支持从项目或集团领导视角对项目整体或集团整体用能进行管理。

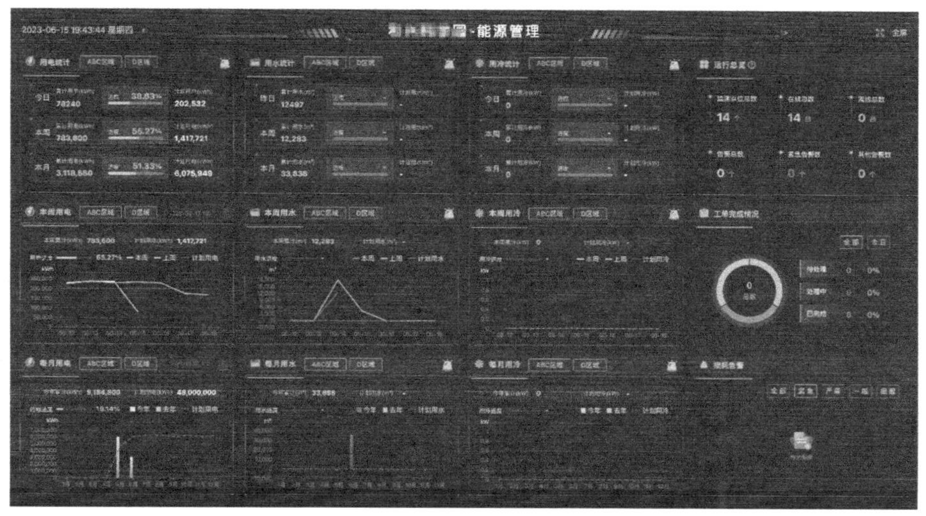

图 4-85 能源看板

用能计划在线监管。节能系统支持自定义配置用能定额计划。计划制定后，若需要审批，用户可通过平台的审批功能对计划进行审批，审批通过后计划才能生效。系统将根据生效后的计划自动监测用能，用能出现异常后将会被统计到异常列表中，客户可根据异常列表规划未来阶段的用能，以实现用能供需匹配。

能源损耗自动分析。节能系统将自动根据能耗模型，采集、监测、分析建筑物的能源数据、费用以及能效指标等，自动进行多方位对比找，分析上下级之间的能源损耗。并支持客户对损耗进行告警配置，以杜绝项目出现偷电、漏电等现象，如图 4-86 所示。

图 4-86　损耗分析

能耗报表。节能系统能生成能耗报表，支持客户自定义时间查询能耗用量及费用或能效指标。

单位产品能耗。节能系统支持对接生产管理系统（Manufacturing Execution System，MES），统计相关能效指标，如单位产品能耗、产线能耗等。

能效报告。节能系统支持周期性生成相关能耗报告，如图 4-87 所示，客户可根据生成的报告进一步规划、调节项目用能。

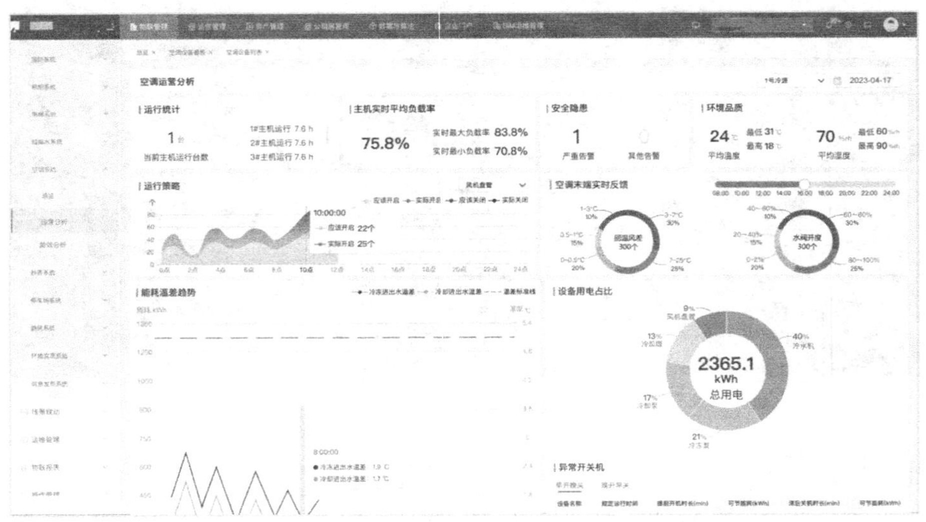

图 4-87　能效报告

（2）碳资产管理

包括但不限于碳排放数据计算、碳排放设备核查、碳排放配额管理、碳排放交易记录、碳排放可视化大屏等。

碳排放计算。节能系统支持自定义配置碳排因子，系统将根据国家标准或行业标准及相关用能信息计算项目碳排放情况。

碳排放配额管理及碳排交易记录。节能系统支持自定义录入碳排放配额及交易记录，并根据全年实际碳排放统计，为客户提供后续碳排放建议。

碳排放可视化展示。节能系统提供可视化看板等工具，方便领导层实时查看项目整体碳排放情况，以防超排。

（3）智能控制

包括但不限于单个设备控制、多个设备控制、条件控制、时间控制、模式及 PID 控制。

（4）能效算法

包括但不限于暖通供需匹配节能算法、照明分时分区动态调优算法、能耗动态调优算法，如图 4-88 所示。

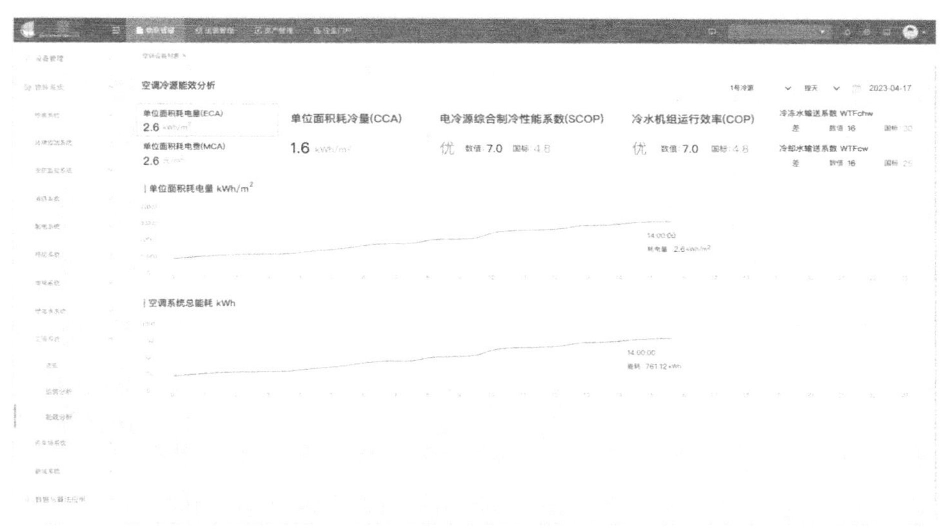

图 4-88 能效算法

（5）绿能管理

包括但不限于光伏发电数据及效益管理、组件发电效益动态监管、用电数据管理、环境实时监测、光伏多层级可穿透驾驶舱。在光伏、风电等绿色能源的能耗及效益监测方面，节能系统支持对相关的设施设备进行整体监管与运维，并为客户提供可视化大屏，以提升运维监管效率。其中，可视化大屏支持不同层级的穿透，用户可从全国、省、市三个视角去管理分布在不同地区的设施设备，如图 4-89 所示。

3）典型应用流程

节能系统的主要应用流程，如图 4-90 所示。

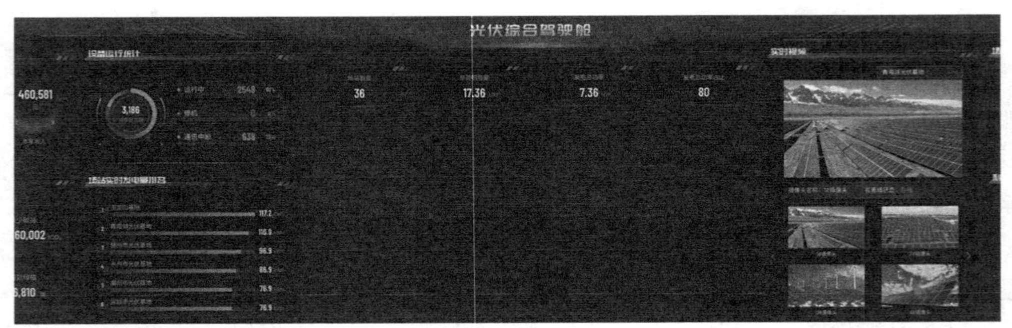

图 4-89　光伏多层级可穿透驾驶舱

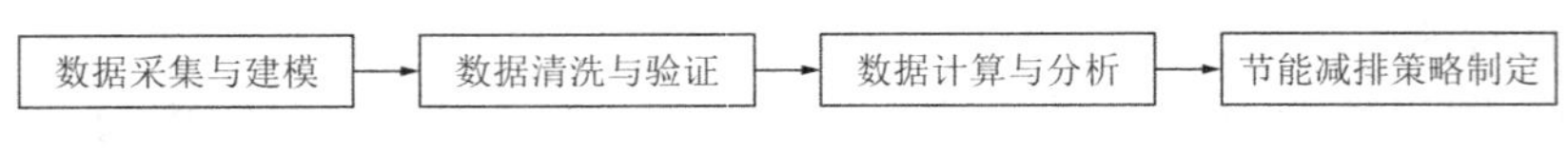

图 4-90　节能减碳系统主要流程

（1）数字采集与建模

通过系统的能耗模型及计划与审批功能为建筑建构数字能源模型与审批计划流程，构建后，建筑物理世界中各点位的用能数据会同步到系统数据库中，形成一套数字化的用能模型。

（2）数据清洗与验证

系统采集到相关能耗数据后，首先对相关数据进行清洗与验证，无效数据、异常数据会在这一步骤中被过滤掉，如有异常偏差数据，系统会第一时间通知用户。

（3）数据计算与分析

经过清洗的正常原始数据会按照能耗模型加工成为能耗业务数据，能耗业务数据将被同步引用到各项业务功能中。

（4）节能减排策略制定

用户通过系统的定额计划与异常诊断功能，可为建筑用能设置不同的用能计划与分析策略，设定后，系统会按照设定的逻辑执行，如若监测到异常还会通过告警、消息推送等方式通知用户。用户通过系统智能控制功能为可控设备设置不同场景下的控制策略，即系统可将影响用能参数与控制策略结合，形成相关动态算法以匹配现场场景，实现单位用能最优。此外，系统会依据建筑历史用能，出具相关用能报表及能效报告，指导用户制定下一步节能减排措施。

4）技术特点

（1）实用。现实物理世界与数据世界的融合，计算依据采用国家或地方标准，建议等措施有迹可循、有据可依。

（2）全面。采用物联网、大数据、云计算、人工智能、5G、数字孪生等新一代信息技术。

（3）安全。系统支持本地化、私有云或公有云部署，多道防火墙及分布式区块链技术为数据保驾护航。

5）应用价值

在过去 3 年里，思倍云节能减碳系统已陆续为各行各业的客户创造了可观的经济效益，据 10 余个百万级大型项目的不完全统计，系统可为客户提供以下效益价值：

（1）改造类项目。暖通/动力/空压/蒸汽能效改造，年节能率达到 10%～35%；照明改造，年节能率实现 5%～20%。

（2）新建类项目。在能源精细化及预算管理方面，按项目评估，至少节能 5%；通过能耗损耗与智能调优，最高可节能 5%～20%。此外，在光伏、余热回收方面，绿色能源符合双碳方向，改进工艺不仅可以节能，还能提高生产效率。

4.5 智能审查与交付应用软件

工程项目审查与交付是指对工程项目的设计、施工、材料、质量、安全等进行全面的审查和评估，在满足一定条件后，将项目从启动到结束全过程的成果、产物等交付给项目的最终用户或利益相关方的过程。在早期，工程项目的审查和交付主要依赖于人工操作，纸质文档是关键交付物。后来随着电子文档管理系统、CAD 软件和数据库等工具陆续出现，文件的电子化存储、共享和传递得以实现。近年来，伴随人工智能、大数据和云计算等技术的发展，工程项目审查和交付逐渐实现了数字化、智能化。《“十四五”工程勘察设计行业发展规划》明确提出“推进施工图审查数字化、智能化”“推广工程项目数字化交付”，这一任务的完成离不开智能审查与交付应用软件。

智能审查与交付应用软件是利用人工智能和机器学习等技术，帮助项目管理团队、行业管理方及其他相关利益方进行工程项目审查和交付的软件工具。它通过智能算法和数据分析，可以对大量的规范条文、工程项目数据等进行分析和学习，自动化地进行各种审查任务，识别出常见的问题和风险，还可以提供实时的数据分析和可视化展示，帮助审查人员精准定位问题，辅助智能决策，提高审查效率和质量。同时，它将工程项目各个阶段的信息与成果以数据形式进行集成交付，实现项目全周期数据的精准传递，提高项目的交付效率、质量和可持续性。

在政策导向与现实需求的助推下，智能审查与交付应用软件的发展不断加速，本节将重点围绕报建审查、施工图审查、数字化集成交付，展开相关领域智能软件的研究。

4.5.1 报建审查

报建审查是指在建筑方案设计阶段，由建设单位将初步设计深度的成果文件交由地方规划建设管理部门进行成果审查，并在审查通过后由规划建设管理部门出具方案审查合格意见。报建审查是政府对城市建设进行管控的一个重要环节，是城市上位规划落地的重要起点。

在规划报建过程中，涉及建筑、消防、人防、园林、市政等多个部门的并联审查，传统的规划报建审查存在着线下审查、流程较长、审查环节较多、审查标准不明确等问题。随着工程行业数字化进程的推进，BIM 技术能够对传统的规划报建工作赋能，提高其数字化程度，解决传统工作中的痛点。

BIM 报建审查智能应用软件服务于建设工程项目规划报建审批阶段，以国家标准、地方标准、行业标准等为参考依据，通过计算机系统实现自动审查或辅助审查模型中的设计信息并出具审查意见和审查报告。该类软件通过将审查标准嵌入到审查系统中，借用自动化审查工具，能够实现多部门联合审查和并联审批，使审查可视化、透明化，从而缩短审查时间，提高审查效率。

目前国内常用的规划报建审查智能化软件系统，如表4-16所示，均可用于建筑项目方案设计阶段的规划报建审查。下文以广联达规划报建审查系统为例，进行详细介绍。

国内常用的规划报建审查智能化软件 表4-16

厂家名称	软件名称	主要功能	功能特点
广联达	规划报建系统	建筑规划报建审查、市政规划报建审查、方案施工图比对、对接城市CIM平台	打通规划报建与施工图审查数据流、实现了房建和市政专业的规划报建智能审查、为城市规建管运一体化CIM平台提供数据支撑
构力科技	规划报建系统	建筑规划报建审查、对接城市CIM平台	实现建筑方案阶段部分指标智能审查
中设数字	规划报建系统	建筑规划报建审查、对接城市CIM平台	实现建筑方案阶段部分指标智能审查

1）应用场景

2023年2月8日，住房和城乡建设部发布《关于推进工程建设项目审批标准化规范化便利化的通知（征求意见稿）》，提出2023年实现工程审批系统覆盖全部县（区），消防设计审验全部纳入工程审批系统。全面实行施工图数字化审查。建立完善BIM成果交付和技术审查标准，逐步实现计算机智能辅助审查。

规划报建阶段处于工程建设的起始阶段，起到承接上位规划、对接施工图阶段的重要职能，是城市规划和建设管理的重要环节。建筑方案设计阶段的审查为政府相关部门管理城市形象、提高用地效率、满足城市发展需要提供了重要的管控路径。

在工程项目规划报建阶段，审查人需要考核建筑方案中规划建设用地的各项用地指标以及建筑单体的设计能否满足当地城市规划管理规定的各项要求，对用地指标、设计方案与周边环境的关系、设计方案本身的色彩与造型、容积率、绿地率、消防流线、人防设置等、规划要求等进行审查。审查人一般来自于政府主管建设审批的方案科或综合审批科，建设单位需要在审查平台上传项目设计成果并录入项目信息，触发项目报审流程。审查人在接收到设计成果后对设计成果进行检查，包含成果文件是否全面，成果内容是否符合审查要求等，通过BIM规划报建的智能审查工具，能够帮助审查人快速、全面地发现设计成果中的问题，从而提高审查效率。

此外，作为城市规划建设管理的一个重要阶段，规划报建的成果文件能够在城市CIM平台中进行展示，满足城市智慧化管理过程的信息化、可视化需求。

2）主要功能

（1）规划用地指标自动校核

广联达规划报建审查系统内置审查规则，如地方规划管理技术规定等，基于语义识别、图形识别、数据读取获得模型信息，并在审查引擎中将审查规则与模型数据进行匹配，对用地面积、用地性质、用地红线、绿地率、容积率、建筑密度等45项指标进行自动校核，如图4-91和图4-92所示，提高了审查精度和效率。

图 4-91 指标审查-项目 1

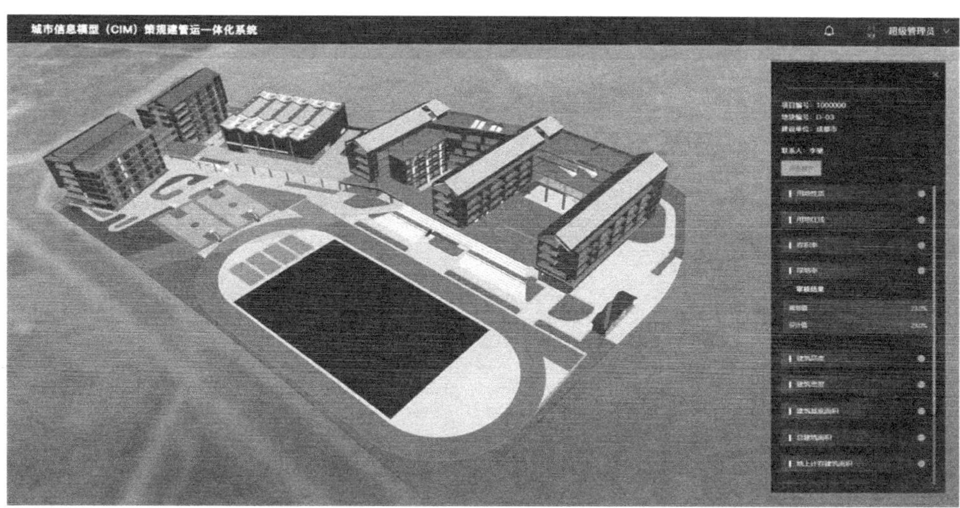

图 4-92 指标审查-项目 2

（2）建筑单体审查

建筑单体审查的对象是建筑设计的楼栋。广联达规划报建审查系统支持对楼栋高度、楼层面积、楼层高度、户型数量、户型配比等的自动审查，输出相应的审查结果。同时，系统支持对单体模型进行精细化查看，借助广联达自有的轻量化引擎——BIMFACE，规划报建审查系统可形成多样化的设计分析工具，包括三维轻量化、可视化浏览（查看、放大、缩小、旋转、漫游）、构件属性查看、间距测量、户型剖切、外墙材质捕捉与替换等，如图 4-93、图 4-94 所示，辅助进行人工核查。

（3）城市空间审查

使用广联达规划报建审查系统，可将项目的 BIM 模型通过空间坐标定位自动融入周边城市设计场景中，并基于城市 CIM 平台对城市天际线、建筑可视域分析、日照阴影、建筑控高等进行分析，如图 4-95、图 4-96 所示，实现了从城市 CIM 平台的三维视角对拟建建筑与周边环境融合性的审查。

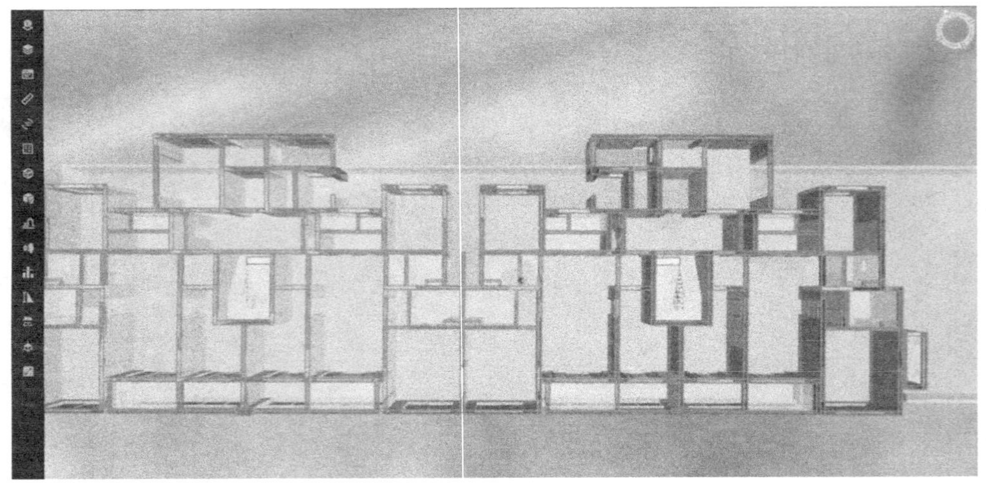

图 4-93　户型剖切

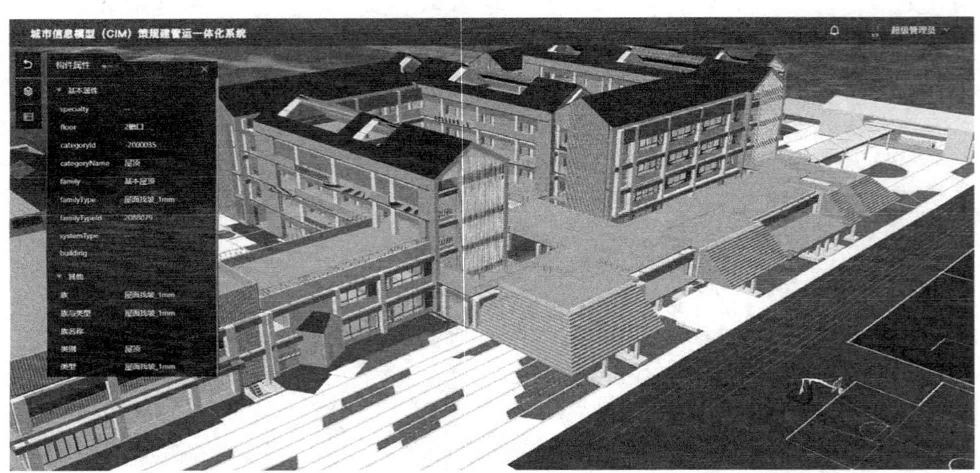

图 4-94　模型及构件属性查看

图 4-95　建筑可视域分析

图 4-96 日照投影分析

（4）城市 CIM 平台应用

广联达规划报建审查系统可对各阶段审查完成的 BIM 模型进行统一管理，以 BIM 服务共享的方式将 BIM 数据与政府各部门物联感知服务平台进行融合。通过与 CIM 平台的融合，实现城市大数据赋能，呈现实时的智慧社区等应用场景，如图 4-97 所示。

图 4-97 智慧社区应用

（5）审查报告自动生成

首先，在使用规划报建系统前，报建单位需要组织相关设计单位进行方案设计，并在设计成果完成后，将成果提交至 BIM 审查平台；然后，报审平台根据各类管控指标、规范规则对提交的模型进行自动审查，并在模型界面一侧展示自动审查结果，由人工复核自动审查结果的正确性，对于有疑义的进行批注；最后，系统根据自动审查结果和人工复核结论出具设计方案 BIM 审查报告。如图 4-98 所示。

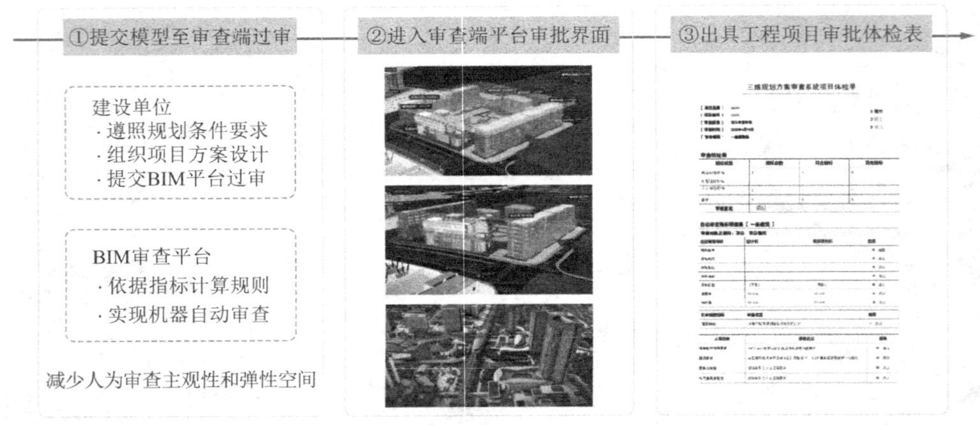

图 4-98　审查报告生成

3）典型应用流程

基于广联达规划报建审查系统的典型应用流程，如图 4-99 所示。

（1）设计成果提交。报建单位遵照上位要求组织建筑方案设计，并在平台中上传项目方案全套资料及相关项目模型。

（2）设计成果审查。平台根据各类管控指标定义、指标计算规则对提交的模型进行 BIM 模型自动审查。

（3）审查报告生成。可在平台中进行工单的派件、初审和复审等环节，综合机审和各级人工审核意见，最终输出审查报告。

（4）审查结果展示。审查结果自动返回到审查系统，设计人员可在线通过“模型 + 报告”的方式获取审查结论。

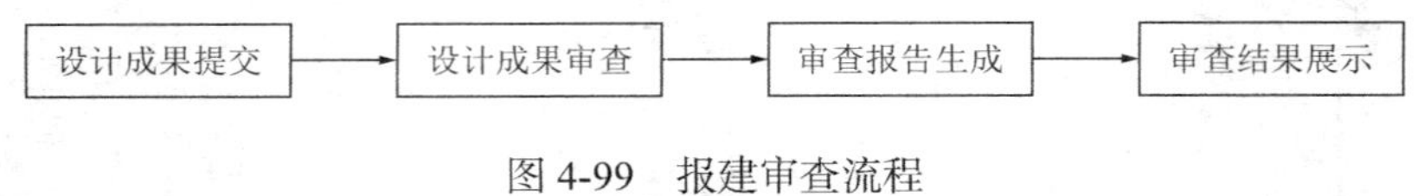

图 4-99　报建审查流程

4）技术特点

（1）国产轻量化引擎技术。BIMFACE 是广联达自主研发的 BIM 轻量级引擎，支持超 2000km^2 高精度手工模型、倾斜摄影，超 8 万栋 BIM 模型、10 亿构件在城市场景下不同区域、不同 BIM 模型精细度等级的实时动态、高逼真、高性能渲染，平均显示帧率保持在 35 帧/s，同时支持地理信息系统 + 虚拟引擎（Geographic Information System + unreal engine，GIS + UE）的统一数据处理，模型在轻量化引擎中只需处理一次即可满足不同显示端的数据应用。

（2）审查规则自定义。系统中有规则库功能模块，支持将中文规范通过结构化领域特定语言（Domain Specific Language，DSL）描述自动转译为脚本语言，减少从规范到代码的开发量，并在用户端支持用户对规范条文进行自定义录入与个性化调整。

（3）审查数据精准传递。基于 GFC 标准，规划报建审查成果能够传递到施工图设计阶段，用同一套数据解决工程设计不同阶段数据割裂的问题，保证了规划报建成果与施工图成果的一致性。

5）应用价值

（1）提升规划报建审查效率。传统的规划报建阶段作为政府城市规划建设管理的一个重要环节，存在着流程较长、涉及部门较多、反复沟通低效的问题。广联达规划报建审查系统基于 BIM 模型，实现了高效精准的审查、审查结果透明化传递，方便多部门联合审批，提高了相关企业对政府效能的满意度，一定程度助力了当地营商环境的优化。

（2）提升方案成果落地真实性。精准的规划报建成果是后续施工图审查的重要前提。广联达规划报建审查系统，通过将规划报建成果和施工图成果进行自动比对，并输出审查报告，保证了前后环节的设计成果的一致性，从而实现了从规划报建成果到施工图审查成果的质量管控闭环。

（3）提供智慧城市底层数据。广联达规划报建审查系统可与城市 CIM 平台打通，为智慧城市管控提供丰富的数据支撑。如在某市城市新区项目（建筑总体占地面积 6km^2）中，就实现了在 CIM 平台上开展规划报建阶段的规划管理审查、审查过程记录、审查成果展示，促成了以城市规划建设管理职能为切入点，对城市规划建设全流程进行的数字化管控。

4.5.2 施工图审查

施工图审查是施工图设计文件审查的简称，通常指建设主管部门认定的施工图审查机构按照有关法律、法规，对施工图涉及公共利益、公众安全和工程建设强制性标准的内容进行的审查。其作为工程勘察设计环节的一个重要监管手段，近 20 年来对于保障工程设计质量安全发挥了重要作用。

2018 年工程建设审批制度改革以来，全国各地基本已实施完成“数字化审图系统”建设，实现了审查业务流程的数字化、信息化。但作为施工图审查工作中量最大、最重要的技术审查工作，不管是设计单位内部的“三校两审”工作，还是专业审查机构的施工图审查工作，目前还是依靠审查人员的经验、知识进行人工审查。随着设计行业数字化转型，设计方式已开始从传统的二维设计向 BIM 设计转变，各地政府也在积极探索基于 BIM 的勘察设计质量监管管理机制，施工图智能审查软件应运而生。

施工图智能审查软件是基于 BIM 技术的数字化、智能化审查应用，通常具备施工图轻量化云端审查、BIM 模型合标性检查、图模一致性智能审查、规范条文智能审查、专项指标审查、多版本模型比对、二三维联动审查等功能，实现对施工图涉及公共利益、公众安全和国家、行业、地方有关法律、法规规定的工程建设强制性标准和审查要点内容的一键智能审查，解决传统人工审查技术门槛高、人力成本高、工作量大、审查内容繁杂、审查尺度不一、易出差错、跨度周期长、监管时效无法保障、效率低下等问题，从而达到规避质量风险、坚守质量底线、提升审查效率与监管效能的目的，推动行业更高质量、更有效率、更加公平、更可持续的健康发展的同时，实现“标准化、规范化、流程化”管理体系和监管机制的创新，促进行业监管从人工审查转向智能审查，从被动管理转向主动预防，不断提升监管能力和水平，驱动行业监管更准确、更高效。

目前市场常用的施工图智能审查软件，国际上有 Autodesk Revit 插件工具（Model Checker），国内有广联达、构力科技、万翼、小智、探索者、盈建科等厂家的产品。其中万翼、小智、探索者为二维图纸智能审查，构力科技主要为 BIM 模型智能审查，广联达则为二三维联合审查，如表 4-17 所示。下文以广联达 BIM 施工图智能二三维联审系统为例，进行详细介绍。

常用的施工图智能审查软件 表 4-17

厂家名称	产品名称	审查对象	业务环节	主要功能
Autodesk	Revit Model Checker（插件工具）	三维模型	设计自查	基于规则集的审查模式。可对规则集进行自定义配置，默认规则集检查内容均为参数检查及构件合规性检查
Solibri	Solibri Model Checker	三维模型	设计自查	基于规则或者规则集设定的模型检查
构力科技	BIM 智能审查平台	三维模型	设计校审、施工图报审、政府监管	工程建设规范条文智能审查，覆盖五大专业（建筑、结构、给水排水、暖通、电气）、四大专项（消防、人防、节能、装配式）。 全国审查要点及强条覆盖率 60%以上，各地条文总计 850 余条
广联达	BIM 施工图智能二三维联审系统	二维图纸 三维模型	设计校审、施工图报审、建设方质量管理、政府监管	1. 模型建模交付标准自动检查（模型合标性、完整性、信息精细度、专项四大类检查）； 2. 图模一致性检查（自动叠图、一致性智能审查）； 3. 工程建设规范条文智能审查（覆盖建筑、结构、给水排水、暖通、电气、消防、人防、节能等内容，条文总计 1000 + 条文）； 4. 二三维联合审查，BIM 智能审查结果通过二三维关联映射可自动反馈至图纸图元位置，辅助图纸审查
万翼科技	AI 审图系统	二维图纸	设计校审、施工图报审、建设方质量管理	支持建筑、结构、给水排水、暖通、电气等多专业设计规范智能审查
小智科技	小智审图	二维图纸	设计校审	结构专业设计规范智能审查
探索者	设计校审一体化系统 TSDP	二维图纸	设计校审	结构专业设计规范智能审查
盈建科	盈建科工程校审软件 GCJS-A BIM 模型智能审查	二维图纸 三维模型	设计校审	结构专业设计规范智能审查
数云科技（清华）	BIM 模型智能审核软件	三维模型	设计校审、施工图报审、政府监管	以清华大学的智能审核引擎为依托，对 BIM 模型进行标准、规范的符合性审查

1）应用场景

广联达 BIM 施工图智能二三维联审系统（以下简称“联审系统”）以国产化 BIM、AI 技术为支撑，聚焦施工图审查业务，为全过程、全要素、全参与方提供二三维施工图联审新模式，推动施工图设计、审查从二三维分离向二三维联动，从人工审查到智能审查转变。

（1）设计企业内部的施工图质量管控。以“三校两审”为例，传统的方式是通过各专业提资图纸进行自校、互校、校核，然后由院总工办、院长分别负责组织设计文件的审核、审定，整个过程费时费力。联审系统为“三校两审”提供统一协作平台，实时沟通、自动留痕，有效提升设计企业内部校审效率，减少沟通与变更成本，保障出图质量。

（2）设计企业施工图报审质量管控。在确定报审的图纸版本后，使用联审系统，提前进行合标性检查，提升报审效率，避免重复报审、周期长、报审图纸质量低下等问题，以高报审质量促进企业竞争力的提升。

（3）施工图审查专业机构的图审工作。使用联审系统，专业机构实现了合标性、图模一致性、规范条文等的智能自动审查，避免审查尺度不统一、错审、漏审等问题，提高图审服务的质量。

（4）建设单位或其他第三方管理单位对设计成果的质量管理，通过模型轻量化的浏览平台，随时查看设计成果，降低因设计变更带来的进度、质量、安全等风险与成本，提升质量管控能力。

（5）行业监管部门的施工图审查管理，联审系统助力监管部门实现事前资质、事中过程、事后抽查的全过程监管，与以往的线下人工监管相比，降低监管成本，提升监管服务水平。

2）主要功能

（1）BIM 模型合标性检查

联审系统提供插件式模型自检自查、签章、格式转换工具，检查内容包括模型合标性、完整性、精细度三个方面，涵盖项目信息、专业完整性、系统完整信息、构件完整性、构件属性精细度、模型视图、模型命名等智能检查，且可根据各地模型交付标准进行自定义适配，设计院在设计成果交付前即可自行检查使其交付的模型成果满足各方模型质量要求，提升交付效率。

（2）图模一致性审查

联审系统利用 AI 技术，实现图模设计内容自动叠图检查、一键智能对比，可根据需要一键导出审查报告。自动叠图检查时，通过颜色差异高亮显示，清晰定位图形与模型视图的差异点，如图 4-100 所示。目前联审系统覆盖房建建筑、结构、给水排水、暖通、电气全专业 28 类构件的空间位置、尺寸大小、属性用途等信息的图模全方位智能比对，如图 4-101 所示，方便错误问题及时修改。

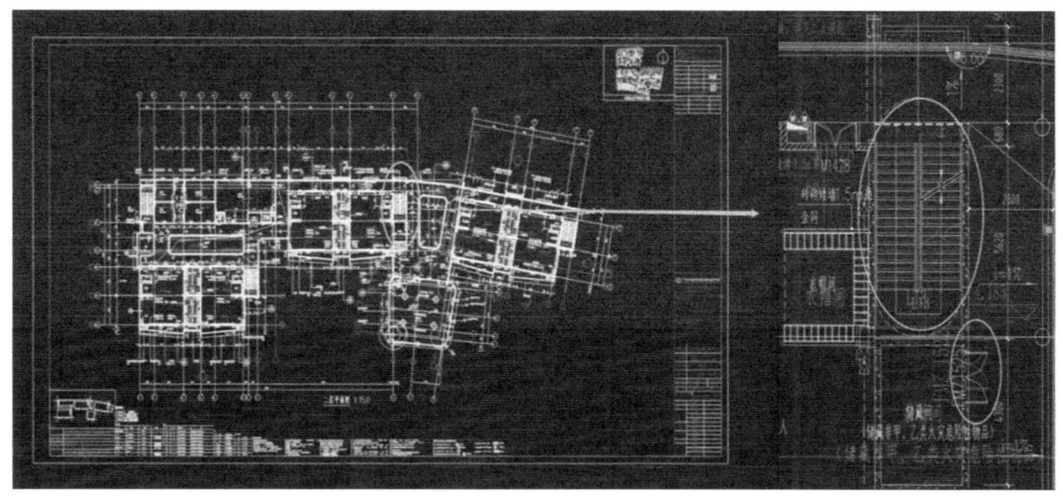

图 4-100　图模自动叠图检查

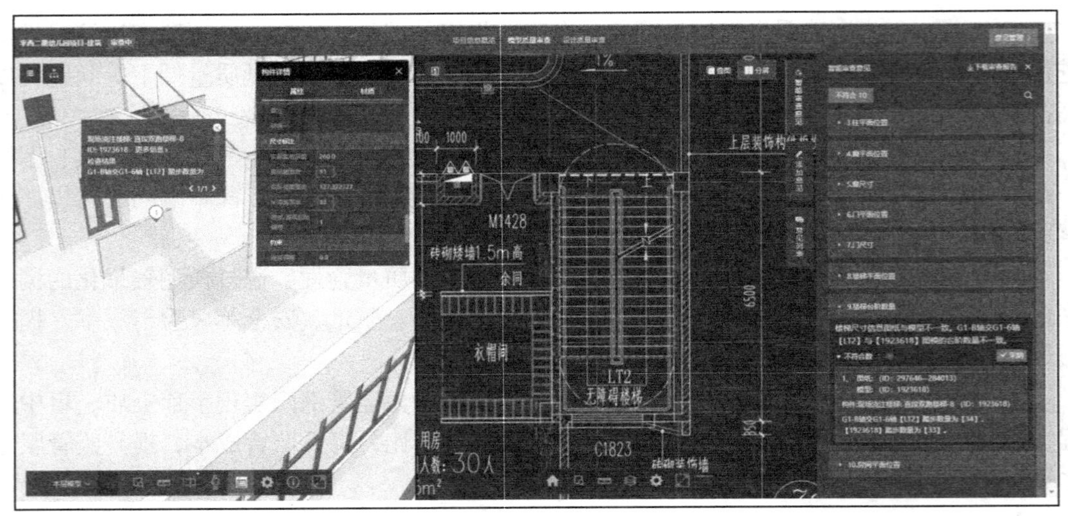

图 4-101　图模一致性智能比对

（3）轻量化云端审查

图模轻量化浏览，实现构件属性信息查看、测量（距离、面积、角度、周长等）、旋转，图纸快速查找与翻页定位、小地图定位、轴网定位、漫游以及图模问题批注。在审查某个专业 BIM 模型时，可以调用系统提供的多专业集成参照能力，进行多专业模型集成浏览。

（4）规范条文智能审查

一键智能审查国家、行业、地方相关的工程建设强制性标准和审查要点，审查范围涵盖建筑、结构和机电各专业以及人防、消防、绿建、节能、装配式、无障碍、超低能耗等专项审查内容，输出设计成果中所有不符合标准规范条文和审查要点的问题，并以气泡标识精确定位到具体的模型构件和图纸位置，如图 4-102 所示。同时，可根据需求一键生成智能审查报告。

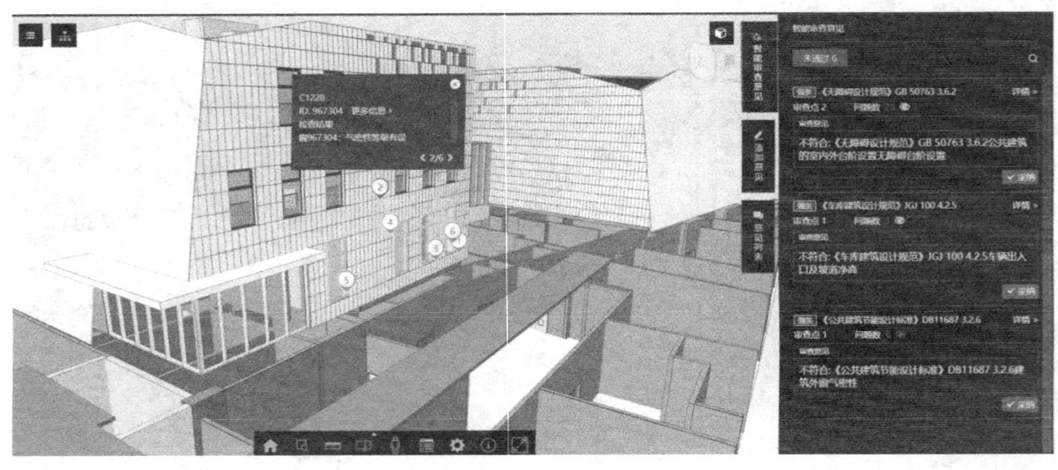

图 4-102　规范条文智能审查结果展示

（5）专项指标审查与多版本智能比对

联审系统能自动审查性能分析指标、净高、净面积、地库、疏散距离等专项指标，展示指标计算过程、结果和规范值，方便用户快速比对。在多版本智能比对时，联审系统通过不同颜色直观显示两个版本设计成果文件的差异点（图 4-103、图 4-104），并输出详细的差异信息。

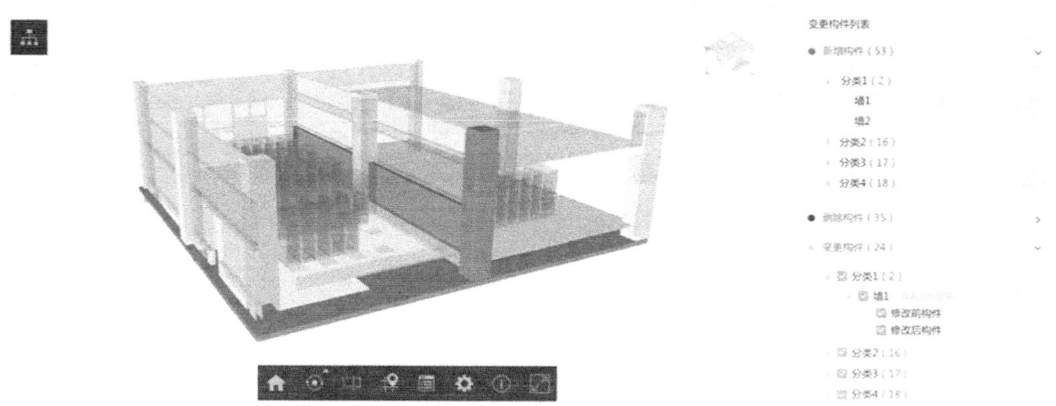

图 4-103　模型多版本智能比对-构件级差异可视化展示

图 4-104　模型多版本智能比对-构件级信息差异比对

（6）二三维联动审查

联审系统具备在同一操作界面（包括多屏、分屏、叠图、画中画等多种展示形式）对二三维设计成果进行联动审查能力。通过二三维空间关系的自动映射关联，在对图纸、计算书等二维设计成果进行审查时，可实时查看比对三维模型和空间信息。智能审查时，计算机程序可结合二维图纸表达信息和三维模型信息进行综合判断以输出更加全面准确的审查结论，且结果能同时精确定位在二维图纸和三维模型上，如图 4-105 所示，实现二三维设计成果的一体化审查。

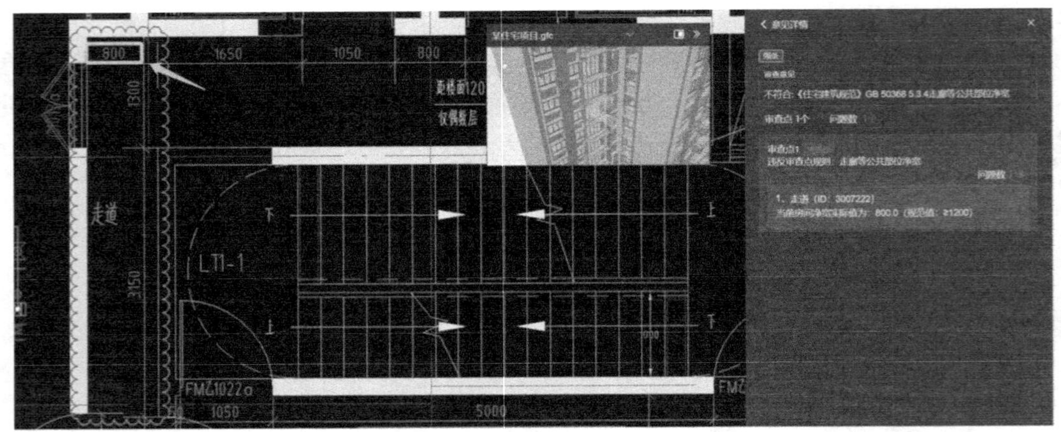

图 4-105　二三维联动审查

（7）智能审查问题误判标识

用户在查看复核智能审查结果时，可以针对具体条文的审查结果或者具体构件级的检查问题，直接操作误判反馈，填写具体的错误原因，如图 4-106 所示，后台自动收集汇总此类错误信息后持续对智能审查能力进行迭代优化，以人机交互方式逐步提升审查准确性和专业性。

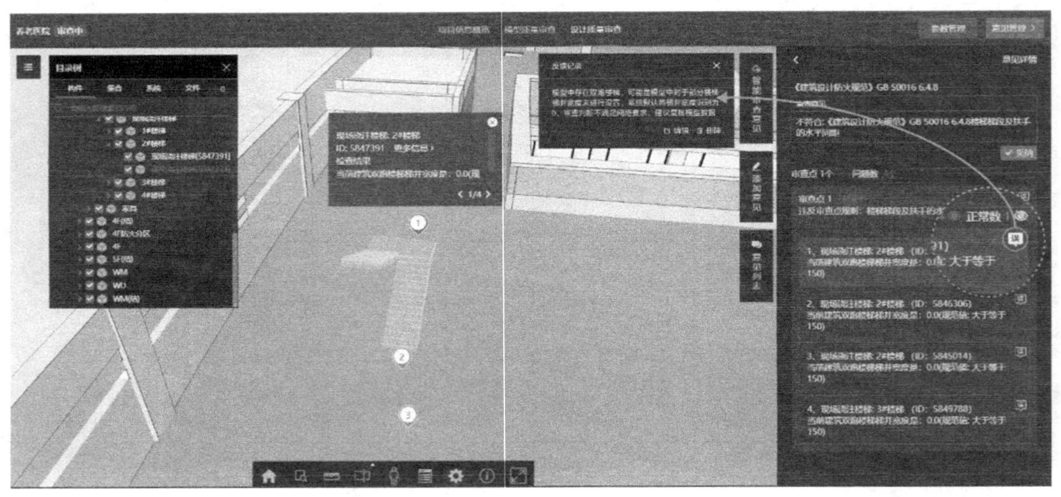

图 4-106　审查问题误判反馈

3）典型应用流程

实施施工图智能审查后，除了实现施工图审查从建设单位施工图审查申报、勘察设计单位施工图设计文件送审、审查机构在线技术审查、行业主管部门备案监管的全过程、全参与方的无纸化、在线化、网络化的业务办理外，最核心的是实现了基于 BIM 技术的施工图技术审查内容的数字化和智能化，包括勘察设计单位的自审自检，审查机构和行业主管部门的技术审查、质量抽查等。如图 4-107 所示。

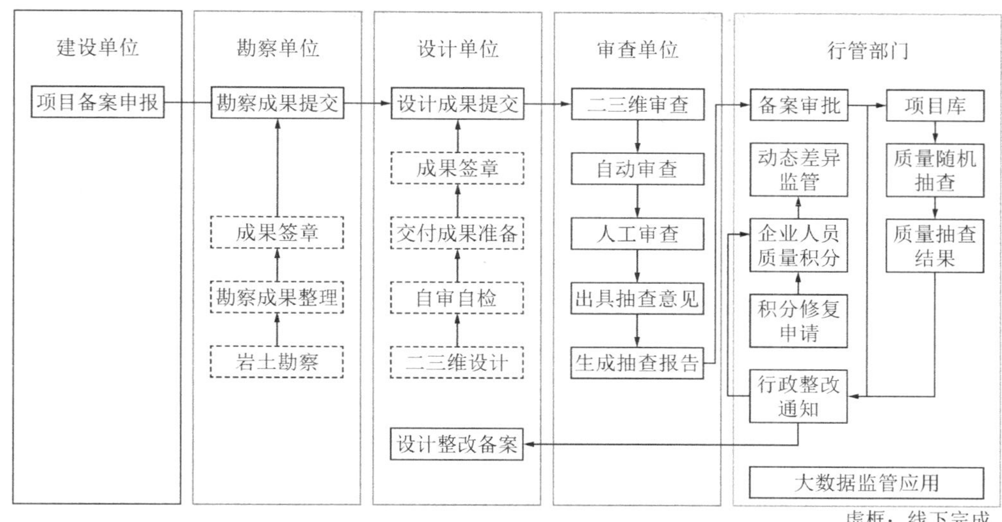

图 4-107　基于 BIM 技术的施工图智能审查系统的业务流程

基于 BIM 技术的智能审查应用的业务流程，简单来说有三个步骤：第一步上传二三维设计成果至联审系统，发起智能审查；第二步系统根据设计项目相关参数信息智能匹配适用的规范条文及审查要点等内容，调用后台审查规则自动发起对设计成果的智能审查；第三步一键出具审查报告，通过轻量化技术进行直观结果展示，如图 4-108 所示。报告可在线查看或下载使用，以支撑用户不同使用场景。以“气泡”标识将问题高亮显示在对应构件平面位置和空间位置，用户在轻量化审查页面可结合二维平面和三维立体空间信息精确判断审查结果。

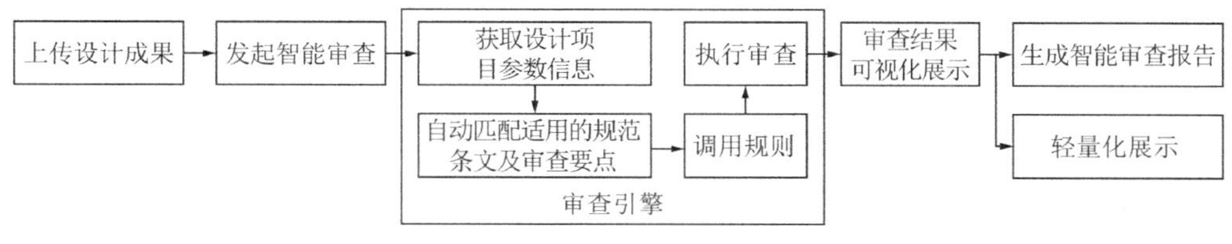

图 4-108　智能审查流程

4）技术特点

（1）国产化图形平台-广联达图形平台（Glodon Graphics Platform，GGP）。满足全生命周期各阶段 BIM 软件应用需求，支撑设计、建造、施工、运维各个阶段的产品应用，在市场上通过了海量用户验证（34 万企业用户、600 万余建设项目、1000 多万用户）。国产化图形平台国产化评估结果优秀，评测等级达 S 级。

（2）高性能图模轻量化引擎。广联达 BIM 轻量化引擎（BIMFACE）已经过 10000 多个 BIM 应用合作方的应用验证，支持 50 种以上的常见设计文件格式云端轻量化处理，成功率可在 99%以上；支持 40 万 m^2 +（2 亿三角面片、百万级构件）的 BIM 模型 web 在线渲染显示。

（3）审查引擎能力。可覆盖交付标准、规范条文、图模一致性、计算相符性、专项指标 90%以上的施工图审查业务场景，审查算法 38 种以上，可量化的工程强制性规范条文近 1000 条（可量化强条全覆盖）。

（4）AI 图纸识别。图纸识别技术基于多年的 CAD 识别经验，建设基于自然语言处理（Natural Language Processing，NLP）、计算机视觉（Computer Vision，CV）等机器学习算法，结合几何图形算法、图纸制图与规范经验知识库、机器深度学习模型等技术相结合的创新先进的 AI 识别技术，对图层的依赖低、识别率和准确率高。

（5）底层数据格式扩展兼容。采用国产化数据交换标准 GFC 作为统一的审查交付格式，兼容 IFC 标准，全明文格式可灵活扩展、适用多阶段多领域，使得智能审查通过后的高质量模型数据可为后续阶段应用，实现基于底层标准的数据贯通、一模多用、发挥模型多倍效益。

（6）核心能力组件化。图模一致性审查、条文智能审查、二三维联动等核心审查能力完成组件化封装，降低耦合增强审查能力稳定性的同时，在面向不同地区、不同客户、不同业务阶段和业务场景的审查需求时，可根据客户现状，开放生态、充分利旧，避免重复投入，快速灵活集成审查能力组件，助力各地审查业务在线化、数字化、智能化目标达成。

5）应用价值

通过以上使用场景验证，施工图审查功能可以更好的促进设计质量提升，规避质量风险，坚守质量安全底线要求，保障公共安全和公众利益。

（1）提升工程建设项目报审通过率、缩短报审周期。利用预审工具保障设计院设计成果交付质量，提升一次性审查通过比例，缩短审查周期，加快项目落地、开工，同时降低因设计变更带来的进度、质量、安全风险与成本。

（2）提升施工图审查机构审查效率、保障审查质量。利用智能审查辅助人工提升审查效率、降低审查成本；同时可避免人工审查尺度不统一、错审、漏审等问题，保障审查质量，把牢勘察设计质量底线。

（3）创新施工图审查监管机制，推动行业高质量发展。建立基于 BIM 的施工图审查监管方式，降低监管成本，提升服务和监管能力，坚守强制性规范的质量安全底线要求，保障强制性规范条文零违反，防范化解重大质量安全风险，减少因工程建设中的设计质量问题带来的经济损失，保障公共利益和公众安全，助力“放管服”管理、优化营商环境；同时推进基于 BIM 的辅助审查审批相关政策举措落地实施，推动和提升勘察设计质量，促进行业数字化转型升级，对行业高质量发展和转型升级有积极的推动和引导作用。

4.5.3 数字化集成交付

数字化集成交付是将工程项目全过程，包括但不限于工程设计、生产、建造与竣工，所产生的数据以电子文档、BIM 模型等形式进行有效的集成管理，制定统一的数据标准，以建设管理、资产运营和城市治理为目标，最终向客户交付以平台为载体、数据为核心的数字资产，用以支持项目运维及政府管理，是区别于传统纸质文档交付的新型交付方式，实现了最大程度自动化调用、集成管理项目全过程的数据，此交付方式对应的业务环节如图 4-109 所示。

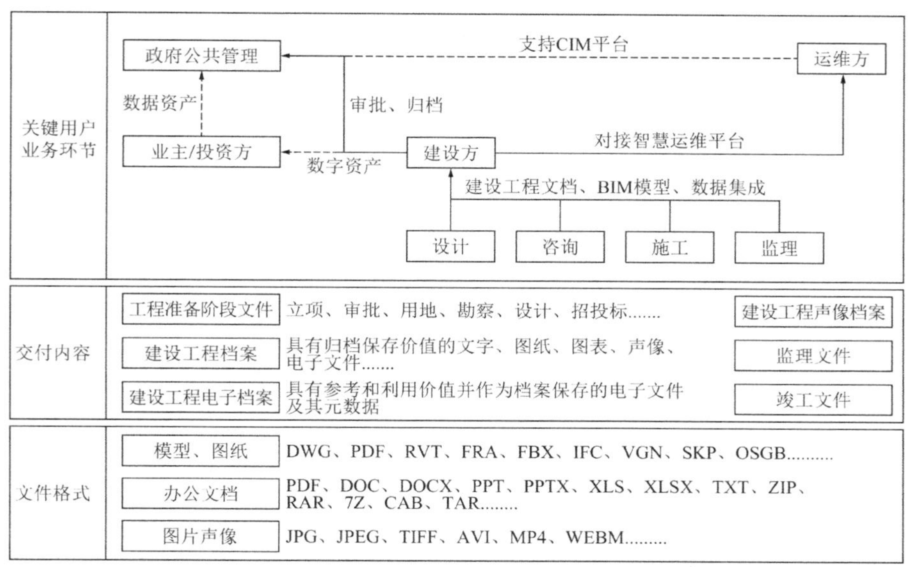

图 4-109　数字化集成交付业务环节

数字化集成交付基于 BIM 及各业务交付文件制订数据标准，在勘察设计、招标采购、安装调试、验收竣备等各个工程环节中，以 BIM 及标准数据体系关联所有文件，并借助 AI、知识图谱等技术，实现多类型文件的多种查询方式，如 ORC 文档识别全文关键字搜索、以图或文字搜视频、以文搜图、以模型及构件搜相关文档等，解决传统工程数据管理缺乏标准、结构性差、数据离散无关联、不便查找、难以分析利用、无法实现智能化管理等问题。

数字化集成交付的实现，离不开数字化集成交付平台。数字化集成交付平台基于 BIM 技术，使不同类别、应用系统（企业 ERP、智慧工地……）的数据互联互通，实现对同一对象（BIM 模型、构件、平台存储的已建立关联关系的所有文件等）的关联化查询，支持工程项目建设全过程各类交付成果的可视化、数字化、协同化，同时支持各类模型合并，形成一站式的工程成果管理。

当前，一些建筑企业和施工厂商正在积极探索数字化集成交付，但单一的数字化集成交付平台较少，大部分是以功能模块的形式内嵌在项目管理协同平台、BIM 运维平台、CIM/智慧城市平台以及住建 BIM 管理平台中。利用数字化集成交付平台，可以实现 BIM 竣工模型、文档等项目全过程交付内容的线上化管理、智能化应用。

目前建筑领域常用的数字化集成交付平台如表 4-18 所示，均适用于建设项目档案管理、数字资产管理与交付等。下文以广东博智林公司（简称“博智林”）的数字化集成交付平台为例，进行详细介绍。

建筑领域常用的数字化集成交付平台　　表 4-18

厂家名称	产品名称	主要功能
博智林	数字化集成交付平台	将设计、采购、施工、安装等阶段产生的数据、文档等信息以标准数据格式整合并关联绑定至数字模型，实现数字建筑和物理建筑一致。
中国建科	八仙 XBOAT	
中数求索	中数系统数字交付平台	

博智林数字化集成交付平台是基于博智林智能建造项目数字管理平台开发的，旨在为

建设方、设计方、施工方的技术人员和文档管理人员等工程建设项目的全参与方提供数字化集成交付服务。该平台主要具备模型解析、数据管理和文档关联等基础功能，通过为用户提供高度灵活的结构化文档管理工具，确保信息不会因人员更替等原因而丢失，并确保数字化文档的真实性和有效性。

1）应用场景

（1）勘察设计数据交付

面向建设方以及勘察设计单位，平台可将地形勘察阶段的图纸、表单、无人机倾斜摄影模型、激光点云模型、场地BIM模型等核心数据，以及设计前置输入的可研立项和政府批文全部分类编号存档在交付系统内。设计阶段的规划、方案、施工图、专项设计、模拟计算书等设计核心数据可交付于平台系统内，用于存档备案以及与全周期数据的比对校验。通过数字化集成交付平台管理及备份关键文档，并以网页端、移动端的轻量化方式进行过程管理和协同。

（2）成本采购数据交付

面向建设方及施工方的成本采购管理人员，平台可将设计模型与成本和招标采购平台挂接，决策过程和执行方案数据存档交付，对构件的成本、品牌、厂商、运营维护周期和相关数据留存，并布置在运维平台内，为后期运维的统筹和预算提供数据参考。

（3）施工建造数据交付

面向施工总承包单位，建设方工程管理部门、监理单位、各分包单位等，平台可将施工过程中的日常监测数据、重要进度节点以及重大质量、安全事件等核心数据存档留痕，与核心模型比对判断，通过智能预警系统监测并提出可能的风险点。

（4）竣工数据集成交付

勘察设计单位、施工单位配合建设方完善交付成果，集成所有建筑竣工的成果性数据，统一进行整理、关联、存档备案并与全周期数据的比对校验，最终形成企业/项目数据资产。

（5）企业/项目数据资产利用

数据资产的统一存储及对外输出，支撑智慧运维、智慧城市以及企业的数字资产的知识图谱建立和分析利用。

2）主要功能

（1）企业级基础配置

工程项目全参与方涉及多个单位，包括设计单位、施工总包、专项分包、咨询单位等。平台结合交付过程中的典型业务场景，通过“角色管理”为各个用户设定角色及角色工作任务目标，匹配用户权限，批量定义常用的应用功能，统一对所有用户进行管理。企业级的人员职能架构，可直接对接企业级人力资源数据库或者手机实名制注册用户；项目级的人员架构将不同参与方按项目组织进行信息登记及实名用户管理，或从相关方企业架构内选取相应职级的职能人员加入。企业级基础配置内容如图4-110所示。

（2）BIM关联管理

数据关联。以BIM设计模型为核心，按照数据标准，将各阶段相关数据进行关联。例如，在设计归档阶段，将平面图纸与模型对应的楼层关联，在图纸上标记的相关问题即会高亮显示在模型对应位置；将各大样图与模型对应空间或部位关联，利用二三维结合，增强读图人员对复杂部位的理解；将各种表单与对应的模型构件关联，方便在深化阶段进行筛选、统计和替换。如图 4-111 所示，本功能以 BIM 模型作为载体，将所有数据整合形成一整套集成数据体系。

图 4-110 企业级项目、权限、组织架构管理

图 4-111 文档关联 BIM 模型

版本关联。系统自动给不同时间段上传的各类数据打上版本戳记，对同一项目、同一建筑或同一部位的不同版本的模型、图纸及文档进行关联，方便按需求进行查找，并将版本间数据进行比对，生成报告。

知识图谱。知识图谱是利用计算机存储、管理和呈现概念及其相互关系的一种技术。平台将海量数据进行数据分类、数据标签以及数据关联，借助大数据和人工智能技术，进行有效的数据分析和数据治理，建立数据知识图谱，提高数据的应用价值。

过程管理。项目建设过程中，项目文档的管理均在线上进行。将政府文件取证的准备工作、施工计划、配套计划等与进度计划关联，并与相关方人员进行关联，如图 4-112 所示，保证施工任务、质量管理、安全管理等信息随着进度计划的展开自动推送给各相关方，且所有问题需要闭环流程来实现自动化管理，如图 4-113 所示。网页端及移动端信息与数据中台实时同步，方便参建各方随时调用查阅。

版本管理　总控计划　周计划　分包计划　配套计划　资源计划　材料总控限额管理　任务管理　进度管理　生产管理　机器人管理　质量管理　BIM应用　项目配置

项目概况　配套计划

质量　档案　ACCEPTANCE　塑料模板　TECHNOLOGY　SECURITY　自动派发　选择配套计划类型

编辑　派发任务　同步计划　展示移除项　展开：1级　2级　3级

序号	任务名称	计划开始时间	计划结束时间	工期(天)	任务等级	施工阶段	责任人	任务状态	备注	操作
1	开工准备				一般任务				主体工程施工完成、扌	
2	规划许可证	2023-03-29	2023-03-29	1	一般任务	开工准备	孙定定	[illegible]	施工许可证拿到15天	移除
3	中标通知书	2023-03-29	2023-04-12	15	一般任务	开工准备	孙定定	未下发	施工许可证拿到15天	移除
4	施工许可证			15	一般任务	开工准备			施工许可证拿到15天	
5	1#-施工许可证			15	一般任务	开工准备		未下发	施工许可证拿到15天	移除
6	2#-施工许可证			15	一般任务	开工准备		未下发	施工许可证拿到15天	移除
7	3#-施工许可证			15	一般任务	开工准备		未下发	施工许可证拿到15天	移除
8	4#-施工许可证			15	一般任务	开工准备		未下发	施工许可证拿到15天	移除
9	五方责任主体授权书、终			15	一般任务	开工准备		未下发	施工许可证拿到15天	移除
10	项目经理任命书			15	一般任务	开工准备		未下发	施工许可证拿到15天	移除
11	一级建造师证书			15	一般任务	开工准备		未下发	施工许可证拿到15天	移除
12	八大员证书			15	一般任务	开工准备		未下发	施工许可证拿到15天	移除
13	中级职称证书			15	一般任务	开工准备		未下发	施工许可证拿到15天	移除
14	建筑工程竣工档案归档材			15	一般任务	开工准备		未下发	施工许可证拿到15天	移除
15	工程开工报审表			15	一般任务	开工准备		未下发	施工许可证拿到15天	移除
16	单位工程开工报告			15	一般任务	开工准备			施工许可证拿到15天	
17	1#-单位工程开工报告			15	一般任务	开工准备		未下发	施工许可证拿到15天	移除
18	2#-单位工程开工报告			15	一般任务	开工准备		未下发	施工许可证拿到15天	移除

图 4-112　配套计划及项目资料台账

图 4-113　安全、质量等信息平台自动关联推送

图文及数据检索。可按照对应的筛选条件对文档、模型、图片、视频等不同文件类型进行检索，并支持从标题和内容多维度进行文件检索。建筑业常见关键词可“以字搜图”，支持搜索种类扩展，如图 4-114 所示。

图 4-114　多维搜索

3）典型应用流程

以项目建设各阶段流程为框架，以通过数字工具验证和移交资产为目标，从项目初始阶段进行策划，通过平台有效管理过程文档及数据。BIM 模型几何信息和相关业务数据由各阶段 BIM 模型维护方结合项目建设的实际情况（含各业务变更、调整等）分阶段维护、按版本管理，应用流程如图 4-115 所示。

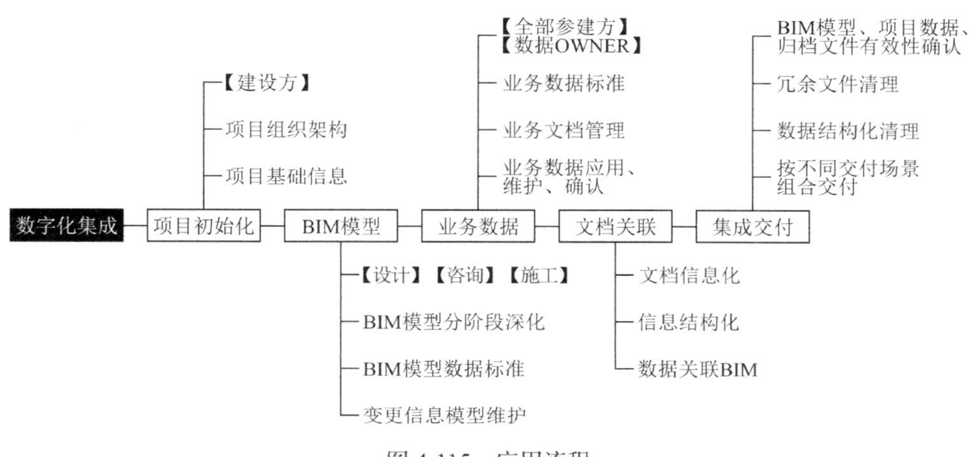

图 4-115　应用流程

（1）项目初始化。项目初期首先由建设方确认数字化工具的选型、项目全过程不同参建单位在 BIM 应用及数字化集成交付相关工作中的权责界面，同时完善项目全局基础信息，为各方应用同一数字化平台工作提供基础条件。项目层级基础信息的分类、属性应符合项目所在地的 BIM、电子档案相关标准要求，并与报批报建信息一致。

（2）项目数据管理。各责任相关方根据项目初始化制定的要求，管理项目进行过程中产生的模型及业务数据，并进行文档关联。详情如下：

BIM 模型。设计方、咨询方、施工方基于 BIM 模型的工作协同不局限于“一模到底”，可分阶段深化，数据保持一致，模型版本管理清晰，变更信息及时准确。

业务数据。以工程管理和现场记录为主的业务信息，通过平台由各参建方人员新建及管理。业务文档及数据的存储标准、管理流程由各业务方各自主责制定，满足建设方管理要求。

文档关联。数据管理的过程中，将非数字化文档通过电子签章及签章文件扫描件进行备份，及时归档并且定期将签批文件内容关联至 BIM 模型对应的构件、位置。

集成交付。交付阶段的 BIM 模型及平台存储数据经过各参建单位进行正确性、有效性、完整性确认后，形成数字化交付文档。

4）技术特点

（1）标准统一。建筑工程项目核心业务数据形成统一标准。根据实际项目特点，各专业设计表单、各参建方业务表单、现场动态信息，通过属性字典、数据模板、数据平台等进行自动化拉通，支持 BIM 模型及信息、数据全周期应用。

（2）全周期数据统一。基于 BIM 搭建项目的基础数据，通过基础编码及数据关联关系，打通全周期的业务数据，实现各方数据、文档统一管理。

（3）多源数据管控。平台自动调用、整合数据代替人工重复填报、审核。以建设方、施工总承包方为主的参建单位针对工程项目建造的全过程、全参与方和全要素，使用统一的网页端多方协同的项目数字管理平台，并充分利用移动端软件、硬件设备智能化、自动化地采集实时数据，做到多源信息的自动化管控。

5）应用价值

数字化集成交付改变了传统的纸质图纸存档和普通的 CAD 文件的非结构化存档方式，极大提高了数据查找、分析、利用的效率，如在时间上缩短或达成项目目标工期、在成本上减少浪费和重复建设、在收益上助力投资回报利益最大化、在施工安全管理上改善场地安全等级、在施工质量管理上提升质量检查水平。在润友科技长三角（临港）总部项目中，依托数字化集成交付平台，图纸、文档管理工作提效 30%以上，阶段性文档交付整理工作提效 40%以上。

数字化集成交付实现了全周期数据的结构化存储，为建筑数据的智能化应用提供了数据基础，保证真实数据不可篡改，既往生效数据修改留痕，联动数据可同时修改、自动推送，保障最终集成交付的文档真实可靠。可对跨项目的数字资产进行统一分析利用，创造很多企业级乃至行业级的价值点，为数字经济发展提供强有力的支撑，如图 4-116 所示。

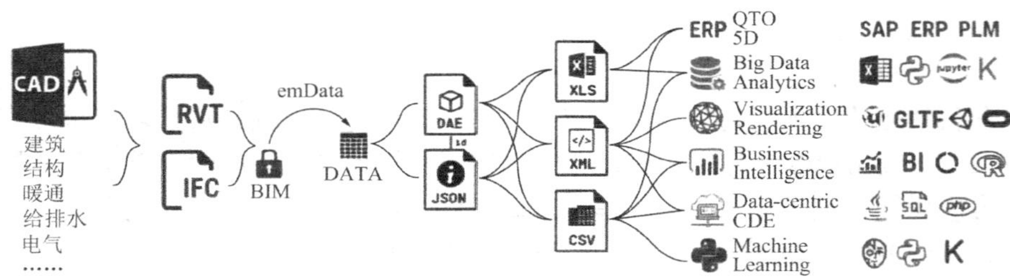

图 4-116　以数据为核心的数字化集成交付[4]

4.6　应用案例

4.6.1　广联达华南总部基地智能设计案例

1）工程简介

广联达智慧建造及华南总部基地项目（以下简称“华南总部基地”），位于广州市白云区设计之都一期，总建筑面积约 1.8 万 m^2，建筑高度约 40m，地上 8 层、地下 2 层。2022 年 5 月项目奠基，同年 9 月底顺利通过图审及广州市 BIM 模型审查，2023 年 4 月主体结构封顶，预计 2023 年底投入使用。

作为广联达自研自建的重点总部基地之一，华南总部基地未来将建成“一总部一基地一中心”[5]，助力于打造一个集数字建筑交流、合作与区域业务促进于一体的平台，为行业高质量发展做出更多贡献。

一总部：广联达华南总部，负责华南地区的数字造价、数字施工、数字设计等核心业务运营，是支撑广联达持续发展的核心载体之一。

一基地：智能硬件研发基地，承接广联达智能硬件业务的科研创新、产品开发及产业化发展。

一中心：行业大数据中心，承接行业数据的存储及运营，基于各类行业感知数据开展大数据领域的深度挖掘分析、形成行业数据大脑。

华南总部基地全面采用广联达自主研发的国产三维设计系列软件及协同平台，以“国产 BIM 应用”为主线，面向从设计到施工的全过程，围绕数字建造的关键环节，探索国产化数字软件助力工程项目高质量发展的现实路径。

以下将重点介绍项目在设计阶段的创新实践。

2）应用准备

项目初期，通过工程项目经验、BIM 创新应用、合作共创积累等的综合考虑，项目明确了以原构设计作为设计总包，开展方案、初设、施工图全过程一体化数字设计[6]。2022 年 3 月，项目启动方案设计，明确了“城市”“上升”“绿色生态”“智慧共享”等设计理念，致力于打造可感知的数字建筑新标杆。

（1）明确项目设计目标。全面梳理项目 BIM 体系，依托广联达自主研发的国产 BIM 设计软件——数维设计软件，打通初设、施工图设计与工程算量、施工深化设计等各业务环节的数据流转路径，实现基于全国产 BIM 软件的全过程模型互通与数据贯通。

（2）构建项目设计团队。设计条线与 BIM 应用条线相结合，配备具备 BIM 应用能力的各专业负责人、设计师、模型及图纸审核人员及 IT 技术支持人员，团队人数超过 30 多人，保障设计各阶段 BIM 应用的顺利开展。

（3）明确 BIM 应用范围。从方案到施工图，BIM 应用贯穿项目始终，如表 4-19 所示。基于设计需求利用模型开展正向设计，并利用广联达统一的软件生态开展一体化设计管理，实现设计-算量-施工的数据贯通。

设计阶段 BIM 主要应用点举例　　表 4-19

设计阶段	应用内容	BIM 应用点举例
方案阶段	概念方案/深化方案	场地分析、建筑性能分析、设计方案比选、虚拟仿真模拟、投资估算
初步设计阶段	初步设计	全专业模型构建、平立剖面检查、指标统计、设计概算
施工图阶段	地上建筑施工图设计； 非人防车库（建筑）设计； 人防车库设计； 其他专项设计：景观、精装、PC、管线综合、海绵城市等	全专业模型深化、气流组织模拟、碰撞检测、施工图预算、管综及净高优化、招标清单、二维制图表达、造价管理、指标统计、竣工结算、可视化设计、机房精细化设计

（4）完善应用环境。配备了优良的软硬件环境。如软件方面主要采用广联达数维设计软件及云协同平台，应用了广联达数维建筑设计软件、广联达数维结构设计软件、广联达数维机电设计软件、广联达 BIM 设计协同平台、广联达 GTJ/GQI 算量软件等。

（5）优化相关标准。基于原有的企业级 BIM 设计标准手册，华南总部基地在项目启动前更新了关于广联达 BIM 设计协同平台的应用标准，分别对应正向设计的《数维协同设计标准》及设计算量一体化的《建筑信息模型设计算量一体化应用标准》，为项目设计工作的开展提供了充分的技术支撑。

3）应用过程

（1）项目配置

在项目设计工作开展前，团队整理了各专业项目样板（建筑、结构、水、暖、电、PC）及各专业统一技术措施；并同步在数维云平台进行人员策划，结合现有BIM标准，定制本项目BIM策划书及BIM项目样板。同时开展项目策划，进行BIM工作单元创建、项目人员的组织安排、定制视图样板分类及项目浏览器架构、明确提资方式与项目单体BIM出图方式等，实现企业资源的高效应用。

（2）项目设置及管理

各专业负责人基于任务规划，有序开展各个专业的相关设计任务；项目负责人通过项目看板对各专业成员分布、各专业工时分布、项目成员建模工时、专业建模时间、各工作单元进度成果等进行实时动态把控，如图4-117所示，开展问题数据分析与专业间协同数据汇总，实现统筹管理。

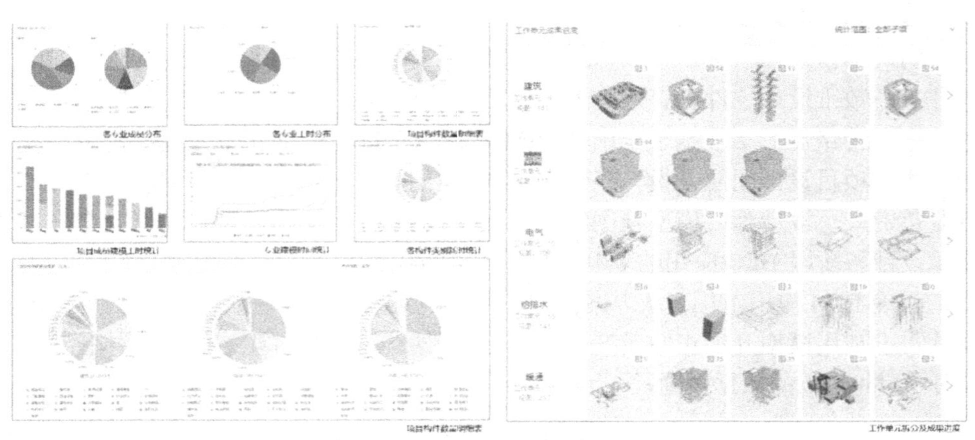

图4-117　项目看板-工时、构件分布与工作单元成果进度

（3）专业内协同

采用子工作单元协同模式，实现专业内多人协同，模型权责清晰。子工作单元基于主工作单元模块化同步出图，如梁配筋图、板配筋图、墙柱配筋图等，最终由主工作单元汇总各子工作单元数据出具施工图及传递算量模型数据，多人协同在保证数据共享前提下缩短项目周期。

（4）各专业、各参与方协同

依托"云+端"BIM协同体系，将设计软件工具端及轻量化平台网页端的数据信息基于云服务器集成、交互。构件级设计协同，使专业协同实时、精准、高效。工具端基于构件级数据交互进行专业设计生产，各专业按需相互提资、调用，云上汇聚成项目级中心数据库，真正实现"一处修改，处处实时更新"的理想效果。通过设计过程线上实时沟通方式，各参与方之间即时交流，第一时间解决设计错漏碰缺问题。

（5）质量管理

云端模型智能审查"快、准、省"，全面支持国家强条审查，自动生成审图结果，云端轻量化在线校验，精准定位问题构件。配备设计师工具端、项目管理人员云端提问场景，形成“云＋端”问题追踪体系。设计师在工具端建立模型并出图，设计校审、业主方设计、成本等对应项目管理人员在网页端查看模型及图纸并提出问题，相关问题同步至工具端，然后由设计师解决问题形成闭环，并在云端记录问题留痕。

（6）成果交付及归档

BIM 成果数字化交付，随时随地云查看。项目通过网页端（轻量化模型网页链接）创建交付包，打包提交设计成果，内容包括模型及二维图纸，并通过邮件将交付包下载地址发送给业主，实现设计方与业主方，施工方等多方联动。此外，摒弃以往通过局域网网盘归档项目数据的模式，通过直接提取协同平台网页端文档区指定的模型及图纸，项目完成归档，最大程度保证本项目图纸及模型版本的稳定性及正确性。

4）应用效果

华南总部基地采用广联达自主研发的国产 BIM 软件——数维设计软件，实现建筑、景观、室内全专业协同设计，以精细化设计打造高精度成果；依托“云＋端”交互及数据协同的能力，整合企业管理及项目全流程数据资源，实现设计阶段的数字化管理，贯通设计和成本、施工数据，提升设计价值。

（1）跟随项目进程，构建全专业 BIM 模型

数维设计软件拥有丰富的模型构件库及二维图例符号库，界面简洁，功能直观，快捷键默认中文拼音首字母，符合国内设计师习惯，有力支撑项目建筑、结构、电气、给水排水、暖通等全专业 BIM 模型的构建，如图 4-118 所示，深度配合各深化设计单位开展工作。

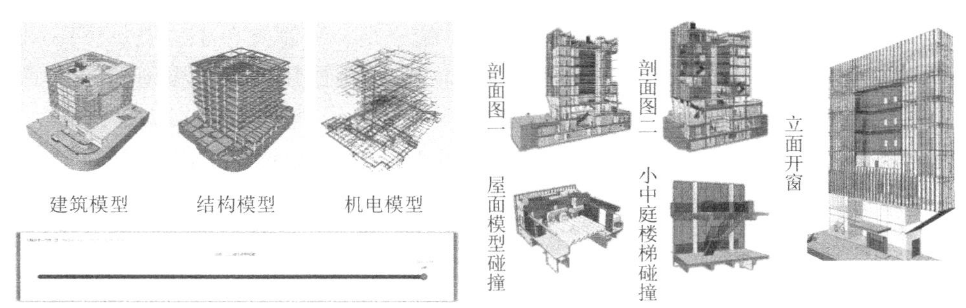

图 4-118 全专业模型构建及深化

（2）一体化提高设计交付价值

设计管理一体化。借助“云＋端”设计管理体系，实现业主、设计、施工多方联动，以及设计管理可视化，使过程数据可追溯，设计资源可复用。

设计算量一体化。设计模型快速转化为算量模型，实现了模型数据无损传递，一键招投标算量。与传统算量时间相比，大约缩短 60%的施工图预算时间。同时，基于成本视角开展设计，从设计源头把控项目成本。以钢筋工程量计算为例，通过数维结构设计软件及算量平台，在设计过程中开展限额指标控制工作，记录图纸版本更新前后工程量差，便于设计师直观地掌握本项目的钢筋工程量，作为设计优化工作的依据，实现设计过程成本控制。

设计施工一体化。自方案阶段开始，建立统一的建模规则，让设计模型同时满足设计、

成本、工程施工需求，由设计阶段维护模型至施工准备阶段。施工图设计 BIM 模型通过广联达数字建筑数据交换标准（GFC）可一键导入施工 BIM 应用软件，从而高效支持实现基于 BIM 的施工深化设计和施工模拟应用。施工图纸由模型直接生成导出，指导预留预埋、施工安装，避免以往项目常见的版本不一致、变更维护不及时、信息错位等问题，真正实现“一模多用”“一模到底”。

4.6.2 温州市施工图二三维联审应用实践

1）工程简介

2021 年，住房和城乡建设部批复温州开展新型城市基础设施建设试点，作为推进温州“新城建”和“智能建造”双试点城市的重要举措[7-8]，以及省住建厅“揭榜挂帅”重要任务，广联达与温州设计集团共同建设温州市施工图二三维联审系统。系统基于“BIM＋施工图审查”场景，首创国内二三维联审新模式，创新性提出施工图审查从二维平面图纸向包含三维立体模型在内的结构化数据审查的技术理念转变，推动施工图审查从人工审查向智能辅助审查转变，实现了施工图审查业务在线化、数字化、智能化的目标。

2）应用准备

为圆满完成“揭榜挂帅”任务，温州设计集团、广联达科技股份有限公司、北京建设数字科技股份有限公司共同组成项目团队，系统梳理温州市施工图审查业务需求，在已有二维施工图审查系统的基础上，通过“图形引擎、规则引擎”等核心能力的开发，集成 BIM 智能审查能力，在不改变原有审查流程的基础上，实现二维施工图纸与 BIM 模型的联动审查、智能审查，显著提升审查效率和监管能力。

2022 年 1 月，本着“统筹规划、标准先行”的原则，编制发布了《温州市民用建筑工程施工图数字化审查导则（试行）（设计篇）》和《温州市民用建筑工程施工图数字化审查导则（试行）（设计篇）》，作为温州市施工图二三维联合审查的指导标准。

2022 年 4 月，为确保系统 BIM 模型智能审查能力的合理性和 BIM 联审流程的规范性，项目组开展了 BIM 审查能力用户验证工作，共征集温州市内主要的 5 家设计单位和 4 家审查单位进行“一对一”全过程实操培训验证，征集相关方关于系统流程、系统功能完善的意见，为后续系统试运行打好基础。

3）应用过程

2022 年 11 月，基于广联达 BIM 施工图智能二三维联审系统搭建的系统正式上线试运行，为保证用户可应用系统进行 BIM 审查，由温州市住建局主办，温州设计集团、广联达共同组织开展了系统应用专题培训，培训就推进建筑信息模型（BIM）技术应用、实施施工图数字化审查等进行了政策解读、标准宣贯、实操演示。有 39 家企业、43 名设计师和 22 名图审专家参加线下培训，此次上线试运行培训的实操演示覆盖施工图申报、审查的业务架构、业务流程和系统的二三维联审功能、智能审查功能、轻量化浏览能力及辅助申报工具等。

2022 年 12 月，经过短期的培训，为实现系统上线运行，各大设计院和图审机构可以具备 BIM 申报审查能力，选定苍南县妇幼保健院、灵溪镇江南新区 B-30 地块拆迁安置小区项目等 6 个项目进行试点示范审查，实现施工图 BIM 文件轻量化浏览、意见批注，通过智能叠图等功能实现图模相符性核查，并基于 BIM 模型文件实现了规范条文的智能审查，分钟级生成智能审查意见，达到预期效果。

2023 年 3 月，温州市住建局举行系统上线启动会，宣布温州市施工图二三维联审应用正式上线运行，在全市范围内开始施工图二三维联合审查应用。

4）应用效果

该应用的运行，显著提升了施工图审查效率，并且通过定义统一 BIM 数据格式、审查等级分级创新等方式，在考虑温州市 BIM 应用实际的基础上，有力推动了温州市 BIM 技术的推广应用，为后续“BIM + 智慧工地”“BIM + 竣工归档”“BIM + 运行维护”的工程 BIM 全过程技术应用等奠定了基础。

（1）统一数据格式推动 BIM 全过程应用

编制发布《温州市民用建筑工程施工图数字化审查导则（试行）（设计篇）》和《温州市民用建筑工程施工图数字化审查导则（试行）（审查篇）》，建设以浙江省二三维数据集成封装为基础的统一数据格式文件（ZDB 数据文件），如图 4-119 所示，温州先行研究试点。这是一套“不依赖于任何具体软件系统，适合于描述贯穿整个工程内产品数据的中间数据标准”，成为推动 BIM 在全过程应用、多系统信息共享共用的关键支撑。

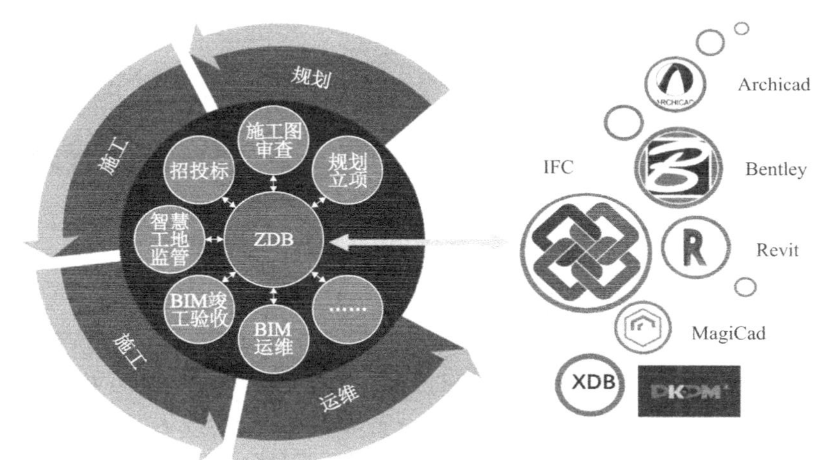

图 4-119　ZDB 数据标准

（2）审查等级分级创新，兼顾数据应用分类

系统建设总体设计充分考虑浙江省、温州市 BIM 技术应用现状，遵循由“易到难、循序渐进、点先行、全面推广”的差异化设计和审查理念，按照建筑工程规模及难度等分类提出四个审查等级要求，提交相应审查等级的交付物进行分级审查，如表 4-20、图 4-120 所示，兼顾了短期的行业技术现状和长期的拓展性，为最终实现基于 BIM 的全面数字化设计和交付提供了可落地可实施的过渡性解决方案。

民用建筑工程施工图数字化审查等级要求　　表 4-20

建筑工程规模	审查等级	备注
•单体建筑面积 2 万 m^2 以下的政府投资公共建筑； •单体建筑面积 5 万 m^2 以下的非政府投资公共建筑； •居住建筑总建筑面积 10 万 m^2 以下的建设工程项目	不低于一级	可根据合约要求，对数字化交付成果进行专家评审。

续表

建筑工程规模	审查等级	备注
•单体建筑面积2万m^2（含）以上的政府投资公共建筑； •单体建筑面积5万m^2以上的非政府投资公共建筑； •居住建筑总建筑面积10万m^2以上的居住建筑； •工程总承包（EPC）项目、装配式建筑、未来社区以及温州市重点区域的建设工程项目	不低于二级	可根据合约要求，对数字化交付成果进行专家评审
•单体建筑面积5万m^2以上的下列公共建筑：展览馆、汽车站、火车站、医院、体育场馆、国家机关办公楼等； •单体建筑面积2万m^2以上的下列公共建筑：美术馆、科技馆、图书馆、档案馆、剧场、指挥救援中心等	不低于三级	应对数字化交付成果进行专家评审

注：建筑工程审查分级可根据数字化审查试点应用情况后续进行调整。

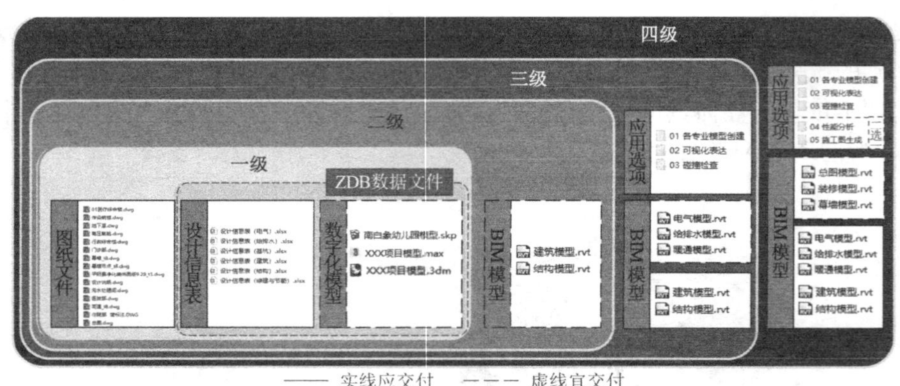

图4-120　民用建筑工程数字化审查等级和交付物要求

（3）二三维联合审查环境创新，保障数据应用质量

系统实现了二维图纸与三维模型的联动审查，利用计算机辅助人工智能审查，研发了图模轻量化浏览、审查在线批注、规范条文智能审查、审查意见一键生成等九大技术应用，如图4-121所示，满足基于BIM模型的设计质量审查、模型质量审查和应用选项审查三大模块智能审查，实现二三维BIM联合审查的在线化、智能化、数字化，确保建设工程质量责任可溯。

图4-121　温州施工图二三维联审功能

温州市施工图二三维联审系统应用融合计算机辅助人工审查技术、统一数据标准，以“BIM + 施工图审查”应用场景为首要抓手，实现设计数据结构化交付，促进 BIM 全生命周期应用及 BIM 数据信息共享共用，推动行业数字化转型升级，助力“放管服”、优化营商环境相关政策举措落地实施。同时也推动了 BIM 技术在工程全过程的广泛应用，助力建筑行业数字化转型升级，初步形成“互联网 + BIM”工程数字化管理应用场景的新突破和新亮点，为城市级模型 CIM 的“自生长、自更新”，为智慧城市、新型城市建设、城市精细治理等奠定坚实的基础。

4.6.3 新华医院全院区建筑智慧运维实施案例

1）工程简介

新华医院创建于 1958 年，是全国排名前 20 的三甲医院，门诊量居上海前列，学科设置齐全，特色鲜明，共有内、外、妇、儿等临床、医技科室及诊疗平台 60 个，医院核定床位 1773 张，实际开放床位数 2506 余张，在职职工 3940 余人，其中医护人员 2840 余人。新华医院占地面积 109 亩，总体建筑面积 25.6 万 m^2，包括设施一流的儿科综合楼、儿外科楼、急诊大楼、门诊大楼、外科大楼、医疗保健综合楼、妇儿楼、口腔皮肤科楼和医技楼等 29 栋楼宇。

各楼宇包括儿科门诊、急诊、手术室、住院病房和检验室等功能，空间布局复杂，如图 4-122 所示。各楼宇的机电系统包括空调系统、送排风系统、给水系统、排水系统、变配电系统、电梯等建筑系统，以及医用气体、气动物流、轨道小车等医院专用系统，设备类型多，专业设备复杂。智能化系统包括视频监控系统、BA 系统、医用气体监控系统、人脸识别系统、电子巡更、安防报警、电力监测、客流车流、能耗计量、移动式设备定位等多个弱电智能化系统，智能化水平较高。

图 4-122　新华医院院区数字孪生模型

2）应用准备

（1）建立组织保障。成立项目工作小组，新华医院分管副院长牵头，后勤部、基建部、资产部、安保部参与，以落地应用为基本要求，推进应用工作。

（2）明确应用功能需求。通过对主要用户的调研，形成用户需求报告。

（3）竣工BIM创建与审核。根据运维要求，进行竣工BIM与图纸的一致性审核和竣工BIM与建筑实体的一致性审核，确保模型与现场一致。

（4）运维BIM转化。在竣工模型基础上，根据运维要求检查和修复机电系统、管道之间的物理连接关系和创建重要设备内部构造的几何模型和运维信息，标注物联网传感器监测点位，方便与BA等系统对接，形成初始运维模型，如图4-123所示。

（5）运维信息收集与录入。收集各专业系统和设备的图纸、厂家、型号、材料、运维要求、配件型号等信息，如表4-21所示，录入到BIM或智慧运维系统中。

（6）智能化系统数据融合。汇总各个智能楼宇相关系统提供的点位表和接口协议，根据运维要求对楼宇自控、用能监测、安防监控、设备监测、电梯运行状态等进行接口开发和调试。

在以上基础上，开发完成智慧运维系统，并对外提供网页端、客户端、移动端的安全访问。

图4-123 运维模型转换后的儿外楼空调模型

运维数据采集范围 表4-21

数据项	范围
机电设备维护维修资料	新风空调系统、冷热源系统、给水排水系统、送排风系统、变配电系统、污水处理系统、电梯系统、医用气体系统、大型医技设备的维护和维修历史记录资料
智能化系统维护维修资料	所有BA传感器、门禁，消防报警，电子巡更等系统的维护维修资料
医院专用设备	移动医院专用设备，大型医技设备的维护维修资料

3）应用过程

新华医院是一个典型的包括新建和既有建筑群的全院区建筑智慧运维实施案例。2019年，搭建了数字孪生模型，整合了既有的 1665 报修系统、申康智能化平台等，完成基于BIM的智慧运维系统的初步建设。2020年，在既有27号儿外科楼和新建28号儿科综合进行应用，包括建筑空间的调配管理、设备的故障预警、外部人员的管理、能耗的监测与分析应用。2021年至今，根据应用反馈，完善了系统平台，并继续推广到儿童区和成人区，实现后勤一体化管理，推动智联互通、聚合数据、赋能应用。

新华医院智慧运维系统以各楼宇的数字孪生模型、楼宇智能化系统、报修服务系统、申康智能化系统等系统为基础，以平台层智能运维算法为核心，以网页端、大屏端、手机端和 iPad 端等为应用，将不同建筑的模型和数据融合为全院区的完整模型，统一存储在数据仓库，支持全院区集成化管控，实现了楼宇自控、能耗监测、医院气体等多个系统的15000多个传感器的动态数据融合，最终成功构建包括建筑信息、运行机理和动态数据的数字孪生模型。

新华医院还专门建设了智慧运维指挥中心，如图 4-124 所示，实现后勤服务部、基建部、安保部和资产管理部的集成化管理决策。

图 4-124　智慧运维指挥中心

（1）基建部使用数字孪生模型，代替传统的建筑图纸查询工程信息，辅助大中修和改造的管理与决策。基建部2021年使用智慧运维系统的高频重复故障挖掘功能，对2020年一整年的维修进行了详细分析，识别到了 10 多处需要大修的区域，包括某手术室的更衣室、某门诊区的照明系统和某急诊区的座椅等。

（2）后勤部利基于智慧运维系统，形成了一套智慧运行、决策、控制和质量评价方法。后勤部利用系统进行设备设施运行监控、预警分析、故障诊断，以及运维管理工单生成、运维资源调配、追踪管理等工作，如图 4-125、图 4-126 所示；并将运维工作流中形成的数据也融入数字孪生模型，形成医院建筑的完整电子“病历卡”。后勤部应用智慧运维系统查询各个建筑的水电能耗统计情况；并结合各回路的服务范围，通过聚类算法挖掘能耗异常情况，如图 4-127 所示，及时发现漏水、电流过载等能源浪费和安全问题。

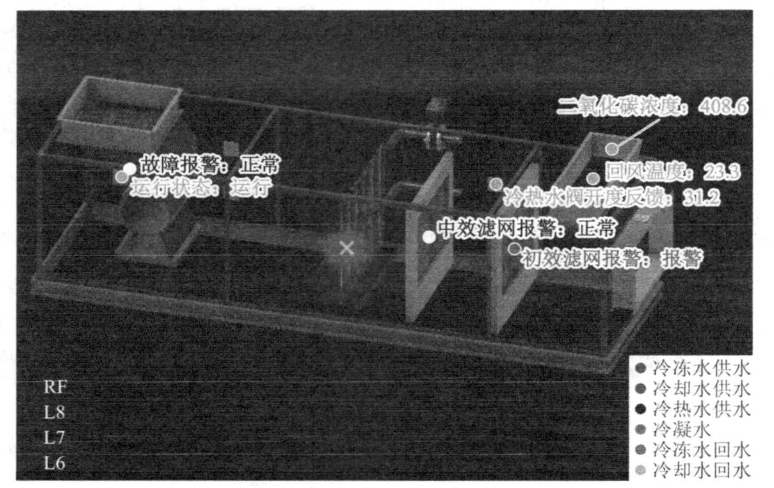

图 4-125　设备运行状态监测

图 4-126　设备报警和处理

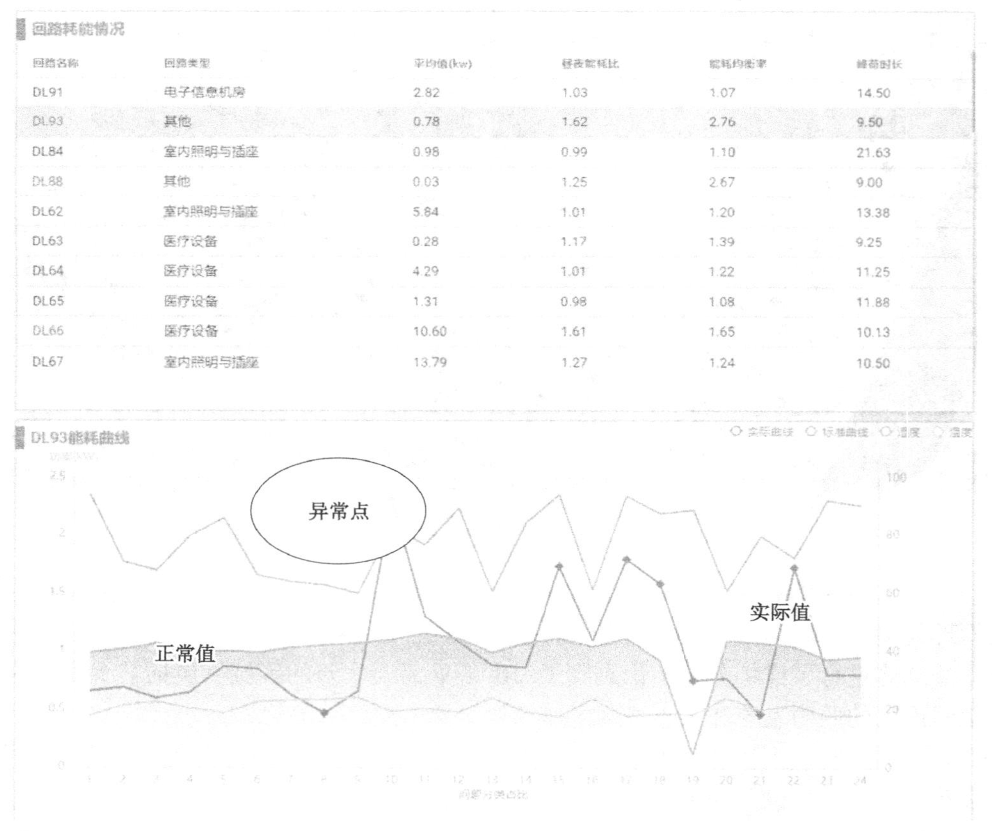

回路耗能情况

回路名称	回路类型	平均值(kw)	昼夜能耗比	能耗均衡率	峰荷时长
DL91	电子信息机房	2.82	1.03	1.07	14.50
DL93	其他	0.78	1.62	2.76	9.50
DL84	室内照明与插座	0.98	0.99	1.10	21.63
DL88	其他	0.03	1.25	2.67	9.00
DL62	室内照明与插座	5.84	1.01	1.20	13.38
DL63	医疗设备	0.28	1.17	1.39	9.25
DL64	医疗设备	4.29	1.01	1.22	11.25
DL65	医疗设备	1.31	0.98	1.08	11.88
DL66	医疗设备	10.60	1.61	1.65	10.13
DL67	室内照明与插座	13.79	1.27	1.24	10.50

图 4-127　用能异常挖掘与结果展示

（3）资产管理部基于数字孪生模型完成了医院房间资产验收，建立了三维房间电子台账，实现基于模型进行的房间分配、盘点和管理。

（4）保卫部基于模型查询各个视频监控的点位布置，快速调取视频监控画面，并将视频监控系统与客流统计、安防报警、消防报警等系统联动应用，发现异常情况，自动推送预警消息给安保人员，如图 4-128 所示，实现主动式安防管理。

图 4-128　安防报警联动数据实时推送

4）应用效果

新华医院全院区系统应用数据表明，新华医院运维突发故障减少了 12%，能耗节约超过 20%，服务满意度提升 35%以上。仅以 2022 年度的设备维保管理为例，共录入物业自检维保工单 200 项，完成率 100%；设备外包维保计划共 4391 项，完成率为 95%。此外，基于 BIM 运维的儿外科楼和儿科综合楼，通过主动巡查，报修工单由年 2 万余单下降至不足 1 万单，设备的故障数和重复故障较其他楼宇最高分别减少 72%和 88%左右。同时，BIM 数字孪生空间管理为医院整体的高效智慧运营管理提供了可视化数字底座，为全面预算管理、资产管理、医疗服务提供了便捷的可视化管理底座。

作为全国首个全院区大规模使用智慧运维系统的医院，该系统为医院后勤的综合管理提供了创新的技术手段与全新的管理模式，在大大提升医院后勤管理效率和应急响应速度的同时，也为降低医院设备安全运行的成本提供了技术基础。

项目得到业界高度认可，先后接待了多批医院同行和媒体的考察参观，相关成果先后获得中国图学学会“龙图杯”BIM 大赛一等奖、2020 年国资委数字化转型典型案例和 2022 年公立医院质量管理金鼎奖等荣誉。

4.6.4　深圳某科学园智能运维创新实践

1）工程简介

深圳某大型产城综合体项目，占地近百万平方公里，汇聚逾 400 家高科技企业，年产值逾 2000 亿元人民币，入驻企业员工 6 万多人，物业人员 500 余人，设备数量10万个。

在数字化改造之前，园区数据采集呈现孤立状态，信息难以全局掌握。各个系统存在着信息壁垒，功能上不能互通，数据无法共享；单一功能性服务，不能完全满足园区用户需求的同时，不同部门/系统之间的信息传达耗费大量人力物力，运维效率低，园区整体运营面临能源能耗管理粗放、安全监管能力不足和运营服务低效三大挑战。

思倍云为其搭建数字化运营平台，通过物联管理、物业管理、运营服务、招商及资产管理、节能管理等综合全面的一体化应用，实现从建设、招商到园区运营的数字化升级，打造产城综合体数字化、可视化及智慧化体系，重塑园区业务管理流程，达到降低能耗、提升效率、提高服务水平、增加园区运营收益的目的。

2）应用准备

为帮助该企业实现运营过程的节能降碳，思倍云在项目中应用了自研软件产品——节能减碳系统，构建能源计量、诊断、分析、优化、评价的全生命周期管理，以管理节能与技术节能相结合的方式，通过能源精细化管理、节能管理、绿能管理、碳资产管理四大模块的有机协同，在不影响正常生产作业、保障舒适满意度的情况下助力企业节能减排降耗。

在安全管控方面，该项目使用了思倍云安全风险智能化管控平台。面向运营，针对系统烟囱式、风险识别不到位等问题，从“人-机-环-管-物”五大管理维度出发，提升安全风险防控水平，高效构建了可防可控、安全合规的闭环安全管理体系。

3）应用过程

（1）安全管控

AI 算法赋能园区人、车、物、事联动监控智慧，保障园区安全，提高管理效率。以“周界安全管控—园区安全管控—楼宇安全管控—通道安全管控—设备安全管控—信息安全管控”为规划路径，搭建园区安全管控平台，全过程动态监测定位出入园区的人员、车辆，实现园区人流、车流和物流的出入管控及运动路径的规范和优化，确保区域安全风险有效隔离，切实防范外来输入风险。

场景联动配置。通过数字化平台连通所有设备、系统以及人员，根据策略进行联动配置（创建规则—配置触发器—配置过滤条件—配置执行动作—设备触发—启动规则），可对在园人员与车辆实现视频巡检、人车分离、越界告警、智能识别、车位监控、潮汐车道等功能，真正做到“设备驱动设备、设备驱动场景、设备驱动人”。

智能巡检。实现巡检、巡查全过程数字化管理，巡检人员通过移动终端自动获取巡检任务要求，巡检人员按规定时间、规定位置、规定要求完成数据采集，并将巡检信息实时回传管理后台，设备设施运行状态、设备设施故障实时上报。

（2）节能优化

通过数字化、流程化和参数化管理，实现设备协同合作，节省能源同时提升效率。

技术节能。通过设备的启停控制和简单的PID控制，实现在空调系统设备控制层面，以自动代替手动；通过群组级控制，实现空调系统的局部群组优化控制、局部模糊控制、提高群组能效；以系统能效为控制优化目标，全局主动寻优，如水泵运行频率基于监测数据可实时调整，实现系统综合能效大幅提升。

管理节能。系统联动每日天气自动调整优化空调运行策略；系统配置使用时间段，自动启停公共排油烟风机开停机时间；根据工作时间配置公共区域的地库、设备房、办公室的照明，白天自动降低亮度。

（3）高效运维

实现智能设备全生命周期管控，提高园区运维效率。

设备管理。统一设备接入标准，提升对设备的监控管理能力，并基于设备海量数据分析，结合AI模型算法，探索设备状态预测性运维服务。

智能预警。智能设备运行工况实时监测，基于物联网＋大数据＋AI 融合技术，进行智能状态预测，异常状态即时预警，并可关联相关系统，进行联动处置。

周期运维。对设备全生命周期内的运行费用、运行管理、安全能效进行管控，实现设备全面、系统和科学的管理。

4）应用效果

（1）全方位降低能耗。通过改造换热器和流量阀，配合系统群控寻优，将能源转换效率之比从2.64提升到4.12，每年节省水蓄冷系统25%冷量。同时，在用电方面，降低商业20%能耗，降低公区10%能耗，降低50%损耗，平均能耗下降1.6(kW · h)/m^2，节省近200万(kW · h)电量。

（2）大幅减少安全管理的人力成本。工程安保运维人员减少1/3，每年节约人力投入费用达数百万。

4.6.5 广州新城建示范及智能建筑产业园（一期）项目

1）工程简介

项目位于广州白云区黄石街江夏村设计之都二期南地块，为住建部“新城建”产业与应用示范基地的领建园区。总建筑面积约18.8万m^2，总用地6.34万m^2，包含办公楼、商业配套、其他配套、地下停车库等。项目建成后将以“数字化设计、工业化建造、智慧化管理”为主要技术路线建设运营，聚焦新城建和绿色低碳技术示范集成，带动产业、人才、资源聚集，为推动全国城市产业园区和产业集群、建筑产业数字化转型和绿色低碳发展提供可复制推广的经验模式。

项目以国产BIM应用为切入点，在住建部、广州市住建局、广州城投的组织指导下，由中建科技集团有限公司牵头，联合中国建筑西南设计研究院有限公司及广联达科技股份有限公司、北京构力科技有限公司与中设数字技术有限公司等，在项目园区选择1-1A栋、1-2栋、2-2栋共3栋示范楼栋开展国产BIM软件工程实践，推动国产自主可控平台软件研发，拓展国产BIM软件全生命周期应用场景，构建完整、成熟的国产BIM产业生态，全力支撑新城建园区建设。本项目各楼栋位置如图4-129所示。

图 4-129　示范楼栋位置示意

2）应用准备

为落实住房和城乡建设部关于创建“新城建”产业与应用示范基地的工作部署，项目成立工作专班，统筹制定国产 BIM 应用实施方案，国产 BIM 软件在项目全生命周期软件应用情况如图 4-130 所示。

项目策划	设计阶段：建筑方案设计	设计阶段：施工图设计	施工阶段	协同交付	数据互联互通
示范应用单位 · 1-1A栋 · 1-2栋 · 2-2栋 · 广联达华南总部 明确应用软件 · 构力 PKPM-BIM PKPM-CES PKPM-PC · 广联达 BIMMAKE BIMFACE BIM5D+智慧工地 · 中设数字 马良XCUBE 八仙XBOAT 编制实施方案	马良XCUBE 场地周边分析 建筑体量建模 方案推敲与比选 建筑指标实时统计 二三维协同设计 虚拟漫游 场景布置与渲染 渲染图/视频输出 PKPM绿色建筑软件 建筑风环境模拟 天然采光模拟分析 建筑声环境模拟 绿建节能分析报告	PKPM-BIM 全专业BIM建模 碰撞检测 管线综合优化 净高分析 渲染漫游 BIM智能审查 PKPM-CES 装配式指标计算 预制构件深化设计 预制构件脱模吊装验算 生产阶段BIM验证 设计数据对接生产 预制构件安装模拟 预制构件全过程追溯管理 预制构件生产过程管理	BIM5D+智慧工地 施工场地模拟 施工进度模拟 施工成本管控 施工质量管理 技术管理 人员管理 绿色施工 智能监控	八仙XBOAT 项目驾驶舱 项目策划 项目技术资料共享 任务管理 进度管理 设计协同 不同版本模型对比 质量安全管理 数字化交付	马良XCUBE 语义化 BIMBase 广州地标GDB数据 集成可视化 八仙XBOAT 集成可视化 BIMFACE

图 4-130　国产 BIM 软件应用情况

（1）建筑方案设计阶段。采用马良 XCUBE BIM 数智设计平台（简称“马良 XCUBE”）

完成建筑方案设计，采用 PKPM 绿色建筑系列软件开展绿建节能分析。

（2）施工图设计阶段。采用 PKPM-BIM 软件完成全专业模型创建及设计优化，采用 PKPM-CES 软件完成装配式 BIM 设计、生产阶段 BIM 验证。

（3）施工阶段。采用广联达 BIM5D + 智慧工地平台对施工过程进行管控。

（4）协同交付方面。采用八仙 XBOAT 平台完成协同管理及数字化交付。

（5）数据互联互通方面。协调解决不同软件在各阶段数据协同和传递问题。

3）应用过程

（1）BIM + 智能方案设计

场地周边分析与多方案比选。采用马良 XCUBE 搭建项目体量模型，加载场地周边现状，如图 4-131 所示。对建筑造型、高度进行推敲，如图 4-132 所示，通过技术经济指标统计与分析，优化建筑设计方案。

图 4-131　场地现状和建筑体量建立

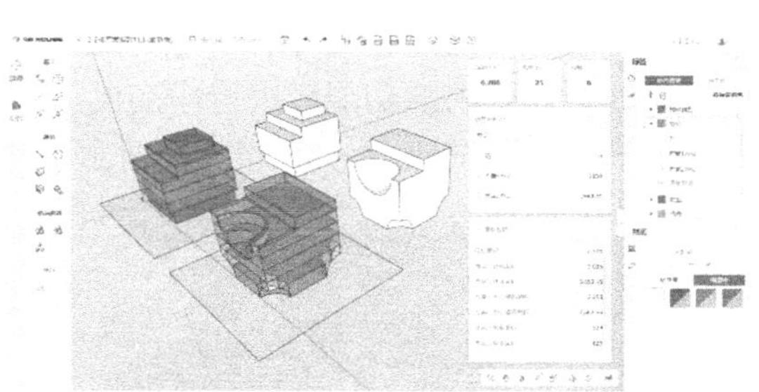

图 4-132　体量推敲与方案指标对比

方案深化设计与二三维协同设计。选定体量方案后，开展方案深化设计，二维与三维视图协同配合同步深化方案细节，2-2 栋建筑方案模型效果如图 4-133 所示。

建筑方案渲染并输出高清渲染成果。对方案模型赋予材质，添加植物等固定配景和人物、动物、车辆等动态配景，完成 2-2 栋建筑场景设计，如图 4-134 所示，并输出高清渲染效果图和漫游视频。

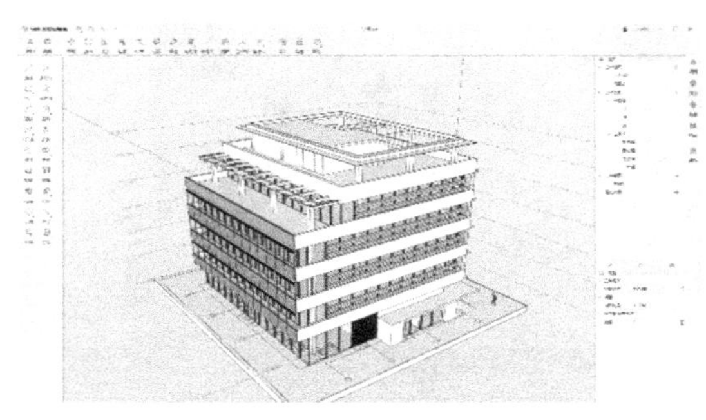

图 4-133　建筑方案模型

图 4-134　建筑方案渲染效果

绿建节能 BIM 分析模拟。对 1-2 栋建筑进行室内外风模拟计算、天然采光模拟分析、室外声和室内声环境模拟，生成的效果图和报告书如图 4-135 所示。该建筑规划设计阶段的项目控制指标全部达标，满足绿建三星级要求。

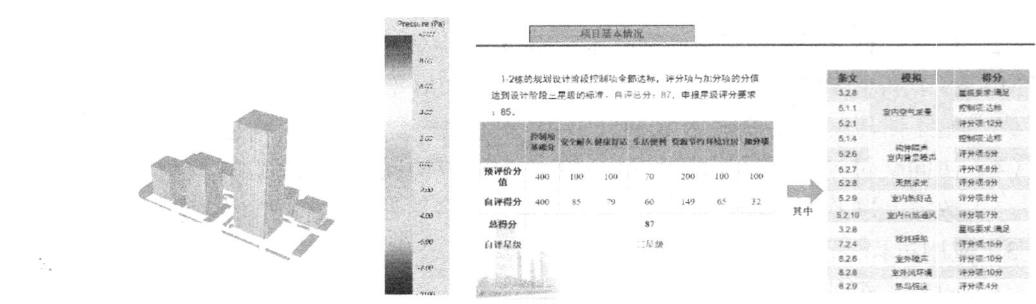

图 4-135　建筑性能 BIM 分析模拟

（2）BIM + 智能施工图设计

全专业 BIM 模型创建及设计优化。创建建筑、结构、机电专业 BIM 模型，并进行渲染漫游展示，如图 4-136 所示。对 1-2 栋建筑 BIM 模型进行碰撞检测，共识别碰撞点 249 个；同时对建筑内部功能区进行净高模拟，自动生成净高分析图，较常规方法节省时间成本 10 倍以上。部分效果如图 4-137 所示。

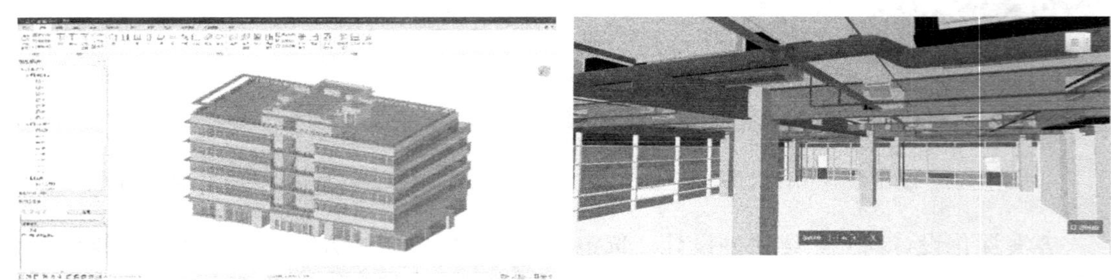

图 4-136　项目 1-2 栋全专业 BIM 模型和渲染漫游图

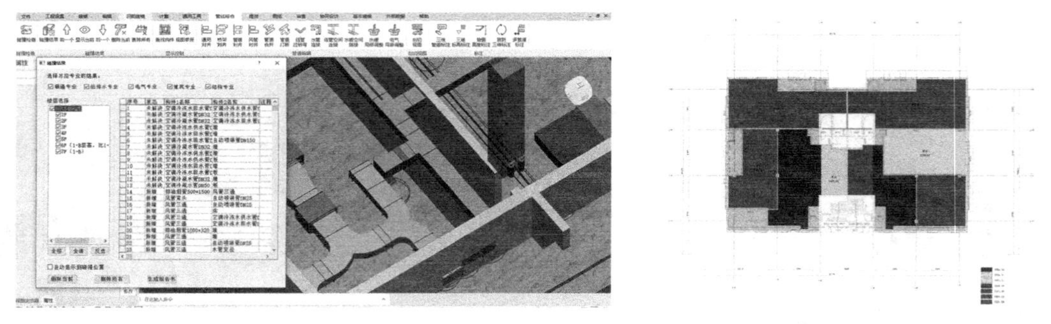

图 4-137　项目 1-2 栋 BIM 模型管综碰撞和净高分析图

碳排放 BIM 分析模拟。采用 PKPM-CES 建筑碳排放计算软件，一键计算 1-2 栋建筑单体全生命周期碳排放情况，如图 4-138 所示。经分析，该建筑在建材生产、建材运输、建造、运行、拆除各阶段碳排放占比分别为 22.2%、4.08%、0.4%、73.1%、0.12%。

基于 BIM 的规范智能审查。采用 PKPM-BIM 软件对 1-1A 栋建筑 BIM 模型进行 BIM 智能审查，建筑、结构、水暖电专业基本通过广州地区审查，部分审查结果如图 4-139 所示。

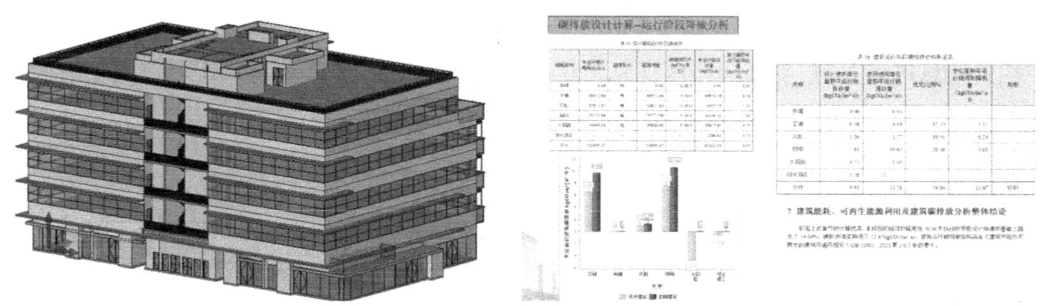

图 4-138 碳排放 BIM 分析模型

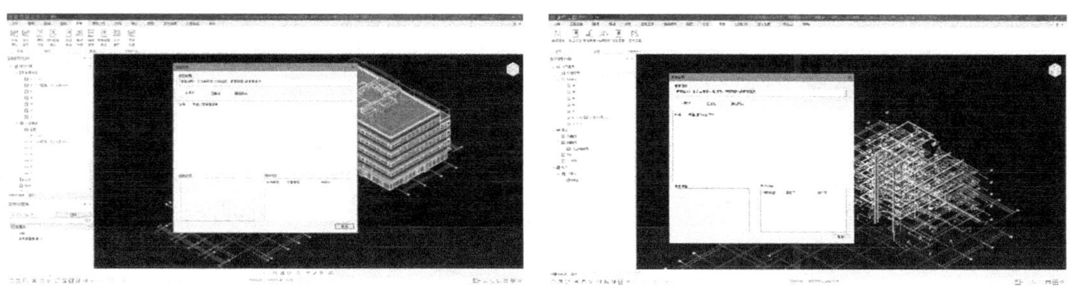

图 4-139 建筑和电气专业 BIM 审查结果展示

装配式方案分析模拟。采用 PKPM-PC 软件创建装配式 BIM 分析模型，进行装配式方案模拟，如图 4-140 所示，水平构件实施装配应用比为 78.1%，基本满足项目装配率要求。如图 4-141 和图 4-142 所示，对预制构件进行深化设计、脱模吊装验算等，并一键导出相关图纸和报告。

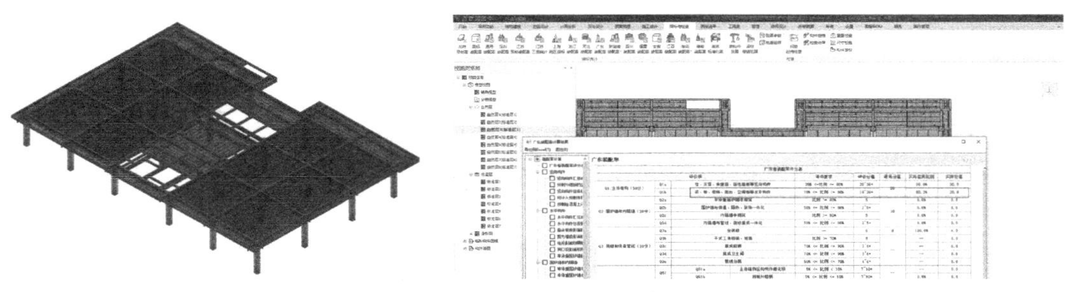

图 4-140 装配式 BIM 分析模型

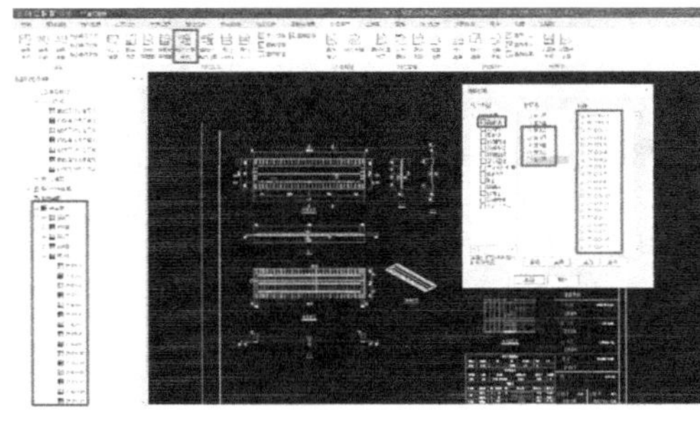

图 4-141 预制构件深化设计

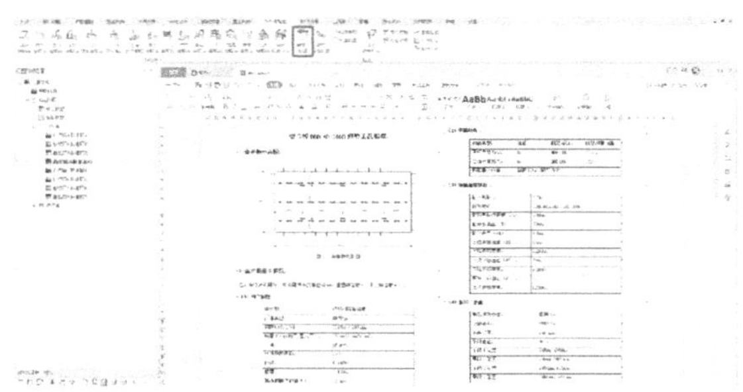

图 4-142 预制构件脱模吊装验算

设计数据对接生产。根据深化详图输出设计 BOM 清单，将设计数据与构件厂生产管理系统中相关信息进行关联，如图 4-143 所示，可对项目预制构件生产、库存情况等进行实时监督。

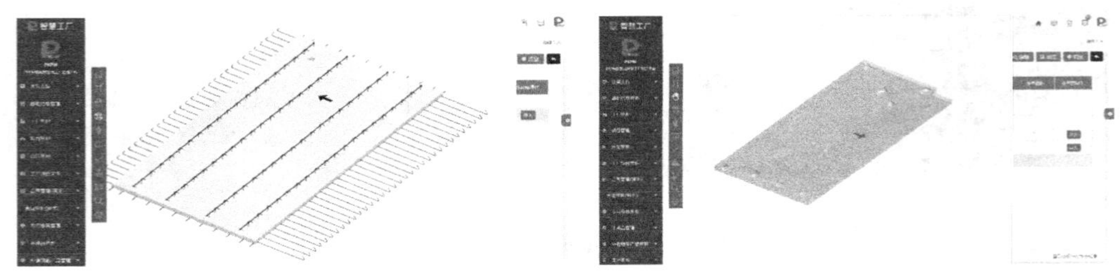

图 4-143 设计数据对接工厂管理系统

（3）BIM + 智能施工管理与应用

施工场地布置与施工进度模拟。对 1-2 栋建筑施工场地的堆场、加工场、塔式起重机平面进行虚拟施工布置，如图 4-144 所示，比选最优方案。如图 4-145 所示，将施工进度计划与 BIM 模型结合，模拟整个施工过程，并输出施工进度视频、资金曲线、资源曲线，可全面掌握项目动态信息。

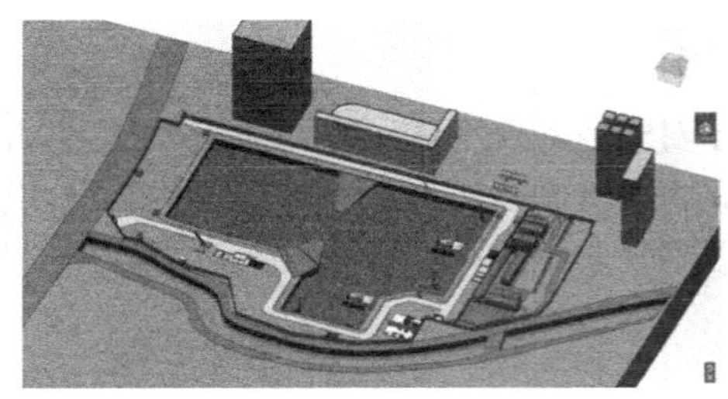

图 4-144 施工阶段场地布置

图 4-145 施工进度模拟

施工成果在线管理。如图 4-146 所示，通过广联达 BIM5D + 智慧工地平台在线浏览 BIM 轻量化模型；通过 BIM 模型和工序动画完成技术交底；如图 4-147 所示，对施工过程技术资料进行在线管理，通过网页、手机 APP 可随时查看相应成果。

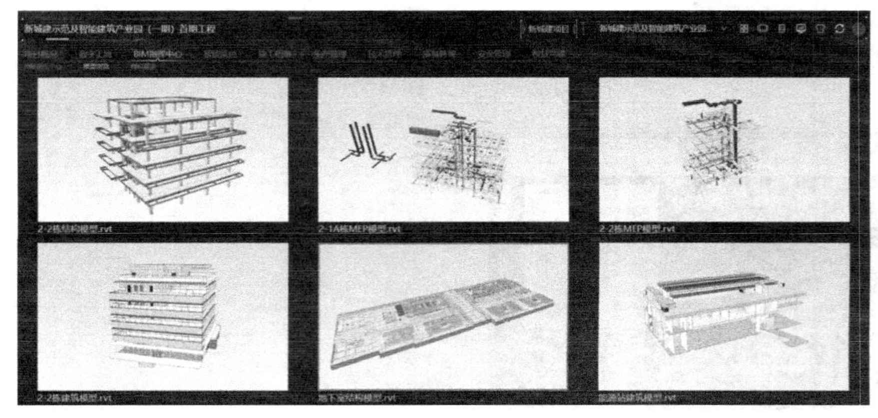

图 4-146 施工模型轻量化浏览

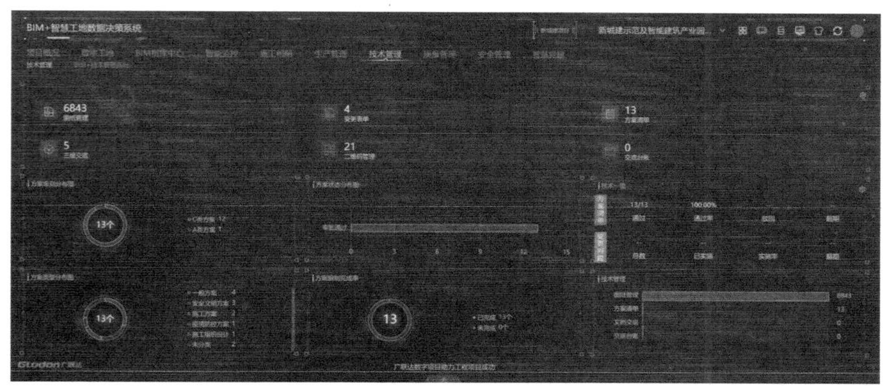

图 4-147 技术资料在线化管理

施工安全与质量管理。如图 4-148 所示，施工过程中对项目安全隐患进行排查，开展质量日常巡检，实现问题快速创建、整改流程跟踪、复查结果闭环。

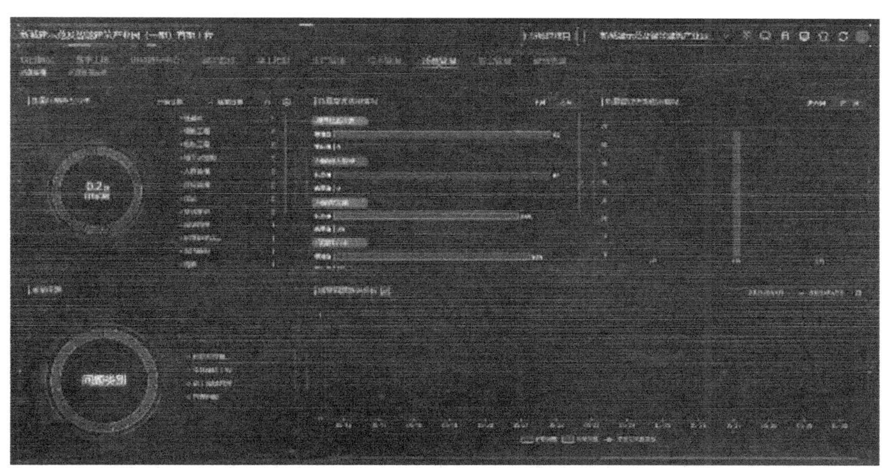

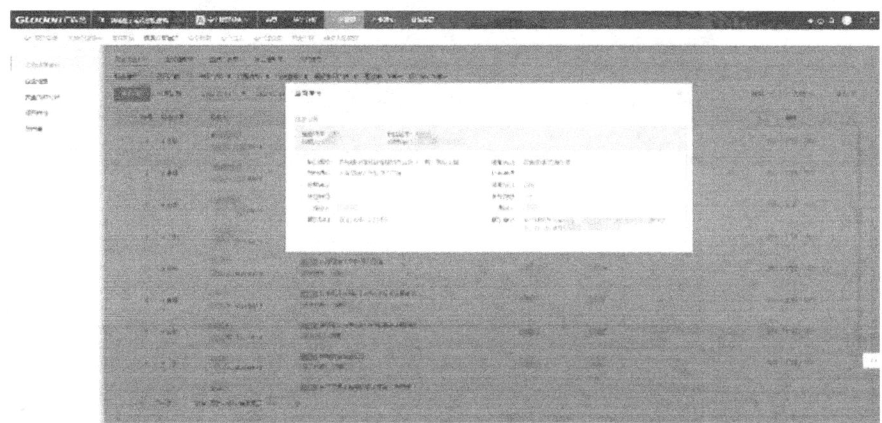

图 4-148 安全质量在线化巡检

智能视频监控与管理。如图 4-149 所示，对 1-2 栋建筑单体工地现场进行远程管理，及时了解工地现场施工实时情况、现场材料设备安全、施工动态和进度、防范措施是否到位等，提升项目监管的效率。

图 4-149　项目智能视频监控

项目扬尘监测与绿色施工。如图 4-150 所示，通过广联达 BIM5D + 智慧工地平台可对施工现场扬尘数据进行实时监测，如数据超标可自动报警，现场配合采取相应降尘措施，保证绿色施工达标。

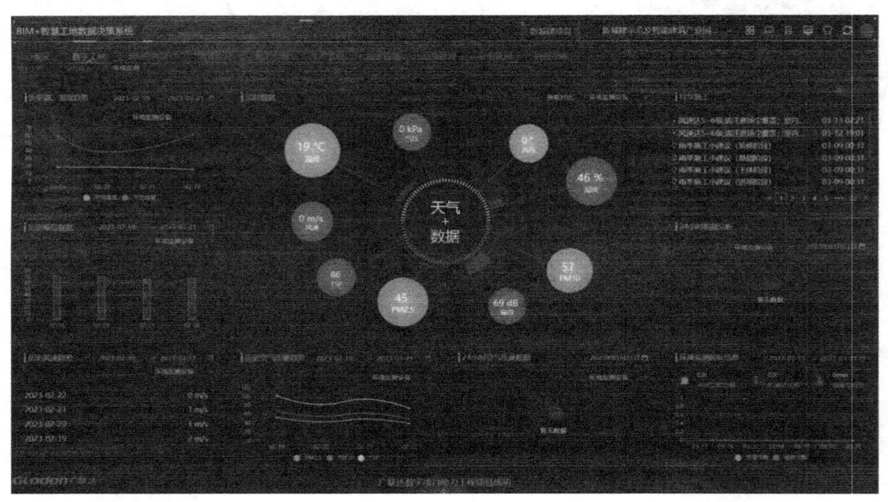

图 4-150　项目扬尘监测与绿色施工

（4）协同交付

采用八仙 XBOAT 平台完成项目策划、任务管理、进度管控等，通过项目驾驶舱页面可直观地展示项目全景，如正跟进的文档批注问题、任务及任务包完成情况等。在模型版本管理方面，可对不同版本模型数据对比，如图 4-151 所示，在构件树中可清晰查看不同模型间的差异。

数字化交付。将 BIM 模型拆分成数字交付包，对 1-2 栋和 2-2 栋数字化交付工作包的资产建设空间结构进行编码，编制数字化交付数据模板。根据空间划分逻辑初步完成部分空间模型和系统模型的拆分，并将成果在八仙 XBOAT 平台进行可视化展示。

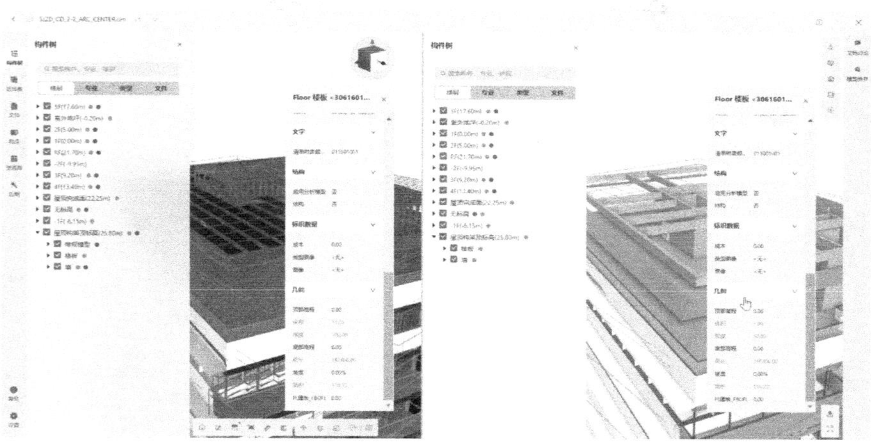

图 4-151　多版本模型对比

4）应用效果

（1）形成“一套实施方案”。以示范应用为主导，规范全生命周期模型数据传递与交付，解决不同国产 BIM 软件数据互通问题，初步实现国产软件数据可视化。

（2）采用国产 BIM 软件完成建筑设计、绿建节能分析、BIM 智能审查等。提供“设计-审查-调整”闭环工作流，提高设计效率、提升设计质量。在满足设计需求的同时减少重复性设置工作，建模效率较提升超过 20%；并实现 BIM 模型碰撞点的智能检测，较手动检查可减少 300%的工作量；能够高效完成模型的管线综合优化及净高分析等。

（3）实现装配式建筑设计。可一键统计装配率（效率提升 100%），一键输出吊装脱模验算书（效率提升 20%）、深化详图（效率提升 500%）等。同时支持设计 BOM 数据对接生产，在装配式构件的设计、生产、制造和安装过程中实现无缝衔接，实现设计生产一体化管理，为建筑质量提升提供保障。

（4）打造数字孪生工地。以虚拟施工成果指导现场实体建造，提高施工质量和效率，优化项目管理和决策过程。

参 考 文 献

[1] 《中国建筑业信息化发展报告（2021）智能建造应用与发展》编委会. 中国建筑业信息化发展报告（2021）智能建造应用与发展[M]. 北京：中国建筑工业出版社, 2021.

[2] 王陈远. 基于 BIM 的深化设计管理研究[J]. 工程管理学报, 2012, 26(4): 12-16.

[3] 本书编委会. 中国建筑施工行业信息化发展报告（2017）——智慧工地应用与发展[M]. 北京：中国建材工业出版社, 2017.

[4] 金戈. 7 条 BIM 运维之痛，老法师从 OpenBIM 聊到 noBIM [EB/OL]. [2023-05-25]. https://baijiahao.baidu.com/s?id=1766831115647895261&wfr=spider&for=pc.

[5] 南方网. 广联达智慧建造及华南总部基地奠基打造广州数字建筑产业新高地[Z/OL]. [2022-05-20]. https://news.southcn.com/node_810c33d731/b36491bc69.shtml.

[6] 广联达设计成本业务. 国内首个基于自主研发软件的 BIM 正向设计项目[EB/OL]. http://www.precast. com.cn/index.php/subject_detail-id-20784.html.

[7] 温州市人民政府. 温州市新型城市基础设施建设试点工作实施方案[Z]. 2021.

[8] 温州市人民政府. 温州市智能建造试点城市实施方案[Z]. 2023.

第 5 章　建筑产业互联网平台新系统

5.1　概述

建筑业从事的建造工作具有过程性、建设周期长、资金投入大、项目地点分散、关系方众多、流动性强、产业链条长、协同协作难、整合难度大等特点。数字经济时代，传统的建筑产业结构和生产经营模式难以适应新时代经济发展的需要，需要充分发挥互联网在生产要素配置中的优化和集成作用，促进全产业链协同发展，构建产业生态体系，推动建筑行业向工业级精细化升级，提高全行业整体效益水平，深化行业动态监管，加强项目智能管控[1]。

建筑产业互联网平台是建筑产业互联的基础设施，是促进建筑产业数字化、智能化转型升级的重要支撑和依托，在连接建筑产业内各类企业主体的同时，输出自身技术形成数字化标准，促使各类建筑企业主体更好地利用建筑产业互联网平台。住建部《"十四五"建筑业发展规划》明确提出"开展建筑产业互联网平台建设试点，探索适合不同应用场景的系统解决方案，培育一批行业级、企业级、项目级建筑产业互联网平台，建设政府监管平台"，要求围绕部品部件生产采购配送、工程机械设备租赁、建筑劳务用工、装饰装修等重点领域推进行业级建筑产业互联网平台建设，提高供应链协同水平，推动资源高效配置[2]。

在宏观政策的引导和企业转型升级需求驱动下，通过政产学研用各方共同努力，我国建筑产业互联网平台的探索方兴未艾，涌现出一大批建筑行业的互联网平台，如以"筑龙学社"为代表的行业信息资讯平台、以"建设通"为代表的大数据服务平台、以"八戒工程"为代表的服务交易平台、以"云筑网"为代表的采供服务平台、以"鱼泡网"和"吉工家"为代表的建筑劳务服务平台等，平台功能多元化、服务精细化水平不断提升，为推动产业链资源的集聚整合和行业转型升级发挥了重要作用。随着智能建造和建筑工业化协同发展的逐步深入，通过建筑产业互联网进行产业链供给侧的数字化改造和优化，产业链上下游企业基于产业互联网平台进行订单、产能、物流、渠道、金融等资源整合与数据共享的能力进一步增强，产业链、价值链、创新链联动发展的协同共赢生态体系逐步形成[3-4]。

建筑产业互联网平台是融合型平台，产业上可涵盖建设、物流、工业制造及咨询服务等行业，业务上能覆盖勘察设计、部品部件生产、建造施工、工程监理、工程造价、设备运维等领域，可应用范围广泛[5]。

本章根据智能建造主要过程和现阶段平台实际发展应用状况，作为建筑产业互联网平台新系统，选取装配式建筑一体化管理平台、智能化供采服务平台、数字化项目集成管理平台、建筑碳排放统一管理平台、建筑工人管理服务平台和智能化行业监管服务平台进行介绍。

5.2 装配式建筑一体化管理平台

装配式建筑一体化管理平台是基于云计算、大数据、物联网、移动互联网、人工智能和BIM等新一代信息技术，对装配式构件设计、生产、运输、装配全过程进行数字化管理的平台，实现装配式建筑相关的设计单位、生产单位和施工单位的工作协同和数据共享。

装配式建筑一体化管理平台的核心价值在于消除当前装配式建筑设计阶段、生产阶段和施工阶段之间的信息孤岛，提高装配式构件生产质量，降低生产成本，提高生产效率。推进BIM技术的应用是装配式建筑一体化管理平台的重点工作。通过BIM技术的应用，聚焦面向对象的过程，利用BIM模型承载预制构件的所有信息，贯穿预制构件的设计、生产及施工全过程。

和传统建筑模式不同，装配式不仅极大减少了建筑现场的人工作业和湿法作业，还结合数字化技术，有力促进了建筑业的现代化、智能化、绿色化发展。目前，国外一些预制构件设备制造企业已经开始了装配式建筑一体化管理平台的开发与应用，如SAA、艾乐凯盛、优立泰克等。国内厂商也开展了积极探索，典型的装配式建筑一体化管理平台如表5-1所示。

国内典型装配式建筑一体化管理平台一览表　　表5-1

厂家名称	产品名称	面向的业务环节	主要功能
构力科技	PKPM装配式智慧工厂管理平台	装配式建筑的设计、生产、施工	1. 设计-生产一体化，设计数据从设计端一键对接到工厂。 2. 智能排产，自动生成构件生产计划。 3. 智能制造，对接混凝土搅拌站、钢筋加工机和生产线设备，自动下达生产任务、统计生产过程数据、报工。 4. 智能堆场及运输，实现BIM堆场，构件入库引导和出库引导，构件出厂追踪
中建科技	装配式建筑智慧建造平台	装配式建筑生产环节	集成数字设计、云筑网购、智能工厂、智慧工地、幸福空间等功能，通过设计—商务—制造—建造—运维五位一体“端到端”数据共享、业务协同，能够实现平台与装备硬软结合、设计流、生产流、装配流合一、市场、工厂、现场三管合一
三一筑工	筑享云	装配式建筑项目全周期在线协同平台	项目管理、深化设计管理、构件生产管理、现场施工管理、BIM数字孪生交付

以下以构力科技的PKPM装配式智慧工厂管理平台（简称“PKPM装配式平台”）为例进行介绍。PKPM装配式平台是基于BIM的装配式智慧工厂管理平台，面向多构件工厂、多装配式项目，与BIM、互联网、云计算、大数据、人工智能等技术深度融合，构建装配式建筑标准化设计和生产体系，推动生产和施工智能化升级，打造“基于BIM的装配式建筑智能制造及管理平台”，推广数字设计、智能生产和智能施工。

1）应用场景

PKPM装配式平台以PC（预应力混凝土）构件全生命周期为主线，面向设计院、构件生产企业和装配式施工单位，涵盖了从设计、生产到现场施工等环节。通过平台，可在设计环节与BIM系统形成数据交互，提高数据使用率；在工厂生产环节，对PC构件的生产进度、质量和成本进行精准控制，保障构件高质高效地生产；在施工环节，实时获取、监控装配进度。

PKPM装配式平台可以和混凝土搅拌站系统、钢筋加工设备、生产线设备等深度集成，以API接口方式对接生产线各工序，系统支持工序管理，建立各工序的标准作业时间信息，采集控制系统节拍信号，结合工艺路线工序自动报工，自动生成工序平衡表；系统自动统计各班组、工序的人均效率。

根据客户实际应用场景，该平台支持个人手持设备（Personal Digital Assistant，PDA）、手机等移动端对各工序扫码采集信息，操作简单便捷，产业工人基本上只需在各个场景使用PDA扫码枪对构件唯一标识的二维码进行扫描，即可完成操作。

该平台贯穿设计、生产、装配施工三个环节，通过产业链信息共享，实现生产进度形象化、产品质量追溯化及成本分析精细化，把控项目进度和质量，极大地降低了沟通和管理成本，提高了工作效率。

2）主要功能

（1）设计-生产一体化。与基于BIM的装配式一体化设计软件PKPM-PC对接，实现构件信息、图纸、模型、BOM、钢筋配料表、全楼模型等数据自动从设计软件向智慧工厂传输，打通装配式项目设计端与生产端，实现设计数据无缝对接。

（2）智能排产。采用深度学习算法与业务逻辑相结合，实现构件智能排产，即，自动计算构件的模台排布方案，一键向生产线下达生产任务，提高模产量，缩短了交货周期，控制生产节奏，提高生产效率，减少质量问题。

（3）智能制造。可以对接混凝土搅拌站、钢筋加工设备和生产线设备，实现多机协同、人机协作。自动向钢筋加工设备、混凝土搅拌站和生产线下达生产任务，自动采集构件生产过程数据，自动报工，并生成生产统计报表。

（4）精益生产。可以与财务系统对接，实现生产业务、物资账务（供应链）、成本核算、财务凭证流程一体化，真正实现了“业财一体化”。

（5）智能堆场及运输。通过建立BIM堆场，实现堆场可视化。构件入库引导，自动匹配最优存放位置；出库引导，推送发货构件所在位置，极大缩短了找构件的时间。构件出厂后，自动追踪运输车辆轨迹和实时定位，帮助甲方实时掌握构件运输动态。

3）典型应用流程

（1）深化设计

利用该平台与基于BIM的装配式一体化设计软件PKPM-PC对接，实现装配式构件从模型创建到图纸和物料清单的一键生成。设计流程包括资料收集、模型创建、方案设计、结构计算分析、构件修改与完善、碰撞检测和成果审核，最终设计成果支持导出生产部门需要的数据格式，完成设计数据利用和数字化BIM信息流转。具体过程如下：

①收集资料。收集施工图设计模型、结构设计说明及相关标准规范等资料。

②模型创建。根据结构设计说明及相关标准规范要求，基于施工平面图或结构设计模型创建深化设计模型。如图5-1所示。

③方案设计。方案设计阶段，完成工程项目的技术可行性和经济合理性论证。主要工作内容包括：拟定设计原则、设计标准、设计方案和重大技术问题，详细考虑和研究设计方案，协调各专业设计的技术矛盾，合理确定技术经济指标。通过本阶段的BIM可视化分析，验证装配式预制构件的可行性，进行预制构件拆分，包括预制板、叠合梁、预制柱、预制楼梯、

蒸压轻质加气混凝土（Autoclaved Lightweight Concrete，ALC）隔墙、预制外挂墙板等构件，基于模型进行装配率的推敲计算，避免在后期施工图设计阶段的设计反复修改。

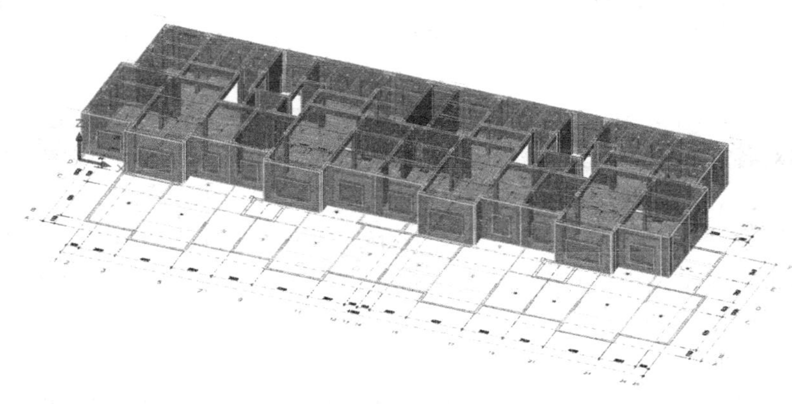

图 5-1　模型创建

④结构计算分析。装配式建筑拆分布置满足当地预制率指标后，可对接 PKPM 结构计算模块进行整体计算分析（图 5-2），得到的配筋结果可用于后续深化设计。

《装配式混凝凝土结构技术规程》JGJ1-2014

- 6.5.1 连接设计
- 1 持久设计状况：

$\gamma_0 V_{jd} \le V_U$

- 2. 地震设计状况

$V_{jdE} \le V_{UE}/\gamma_{RE}$

按混凝土规范 11.7.4 条，考虑地震作用组合的剪力墙在偏心受压时的斜截面受剪承载力按下式计算：

$$V_{wu} = \frac{1}{\gamma_{RE}}\left[\frac{1}{\lambda - 0.5}\left(0.4 f_t b h_0 + 0.1 N \frac{A_w}{A}\right) + 0.8 f_{yv} \frac{A_{sh}}{s} h_0\right]$$

按《装配式混凝土结构技术规程》JGJ1-2014 式（8.3.7）计算墙底水平接缝承载力：

8.3.7 在地震设计状况下，剪力墙水平接缝的受剪承载力设计值应按下式计算：

$$V_{uE} = 0.6 f_y A_{sd} + 0.8N \qquad (8.3.7)$$

梁端接缝处的抗剪承载力配筋值

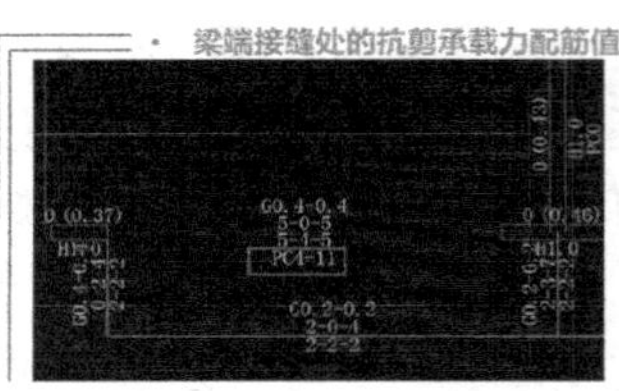

墙底接缝处的抗剪承载力配筋值

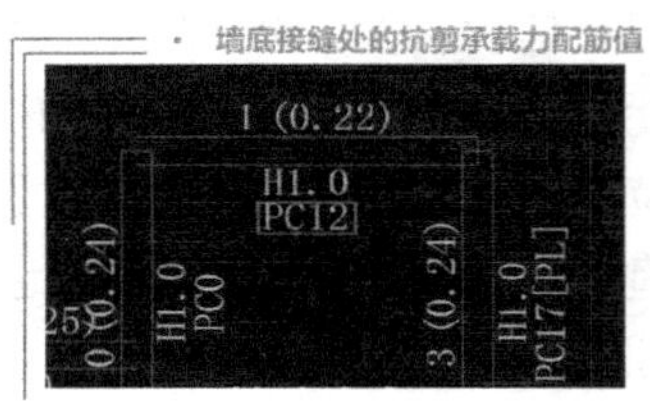

图 5-2　结构计算分析

⑤构件修改与完善。经参数定义与深化设计后，预制构件的一些信息，如钢筋、吊点、构件编号、构件安装方向、预留预埋件等，可借助自定义构件功能进行特殊构件修改与完善，如图 5-3 所示。

⑥专业间机电提资及钢筋自动避让。将各专业提资内容布置在结构模型中，根据三维模型调整钢筋，并复核预制构件配筋。如图 5-4 所示。

⑦深化设计成果审核与完善。由甲方、设计、监理及 BIM 咨询单位审核，并根据审核成果完善修改深化设计成果。BIM 应用交付成果包括深化设计模型、深化设计图、碰撞检查分析报告、工程量清单等。其中，碰撞检查分析报告包括碰撞点的位置、类型、修改建议等内容。

⑧对接生产。将 BIM 软件设计完成的图纸传送到智慧工厂系统，完成信息导入后，在

智慧工厂管理系统的项目管理模块，利用设计数据对接选项查看相应的设计图纸情况，如料表和生产任务单等，以满足生产的需要。生产过程中，通过二维码（或 RFID，即射频识别）对构件生产过程进行管理，如对生产准备、隐检、成品检、入库、装车、卸车、安装等进行信息跟踪追溯。

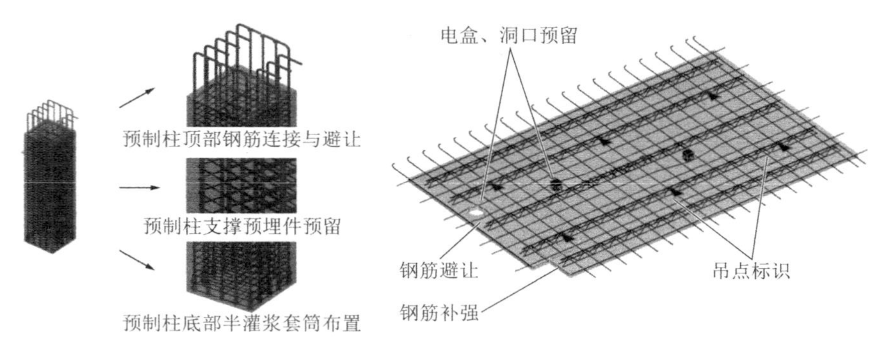

图 5-3　预制构件深化模型

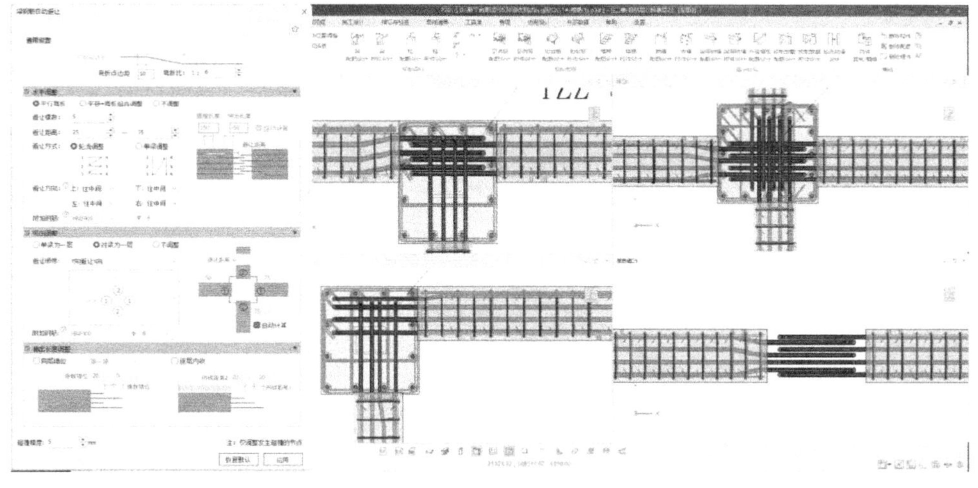

图 5-4　专业间提资后模型

（2）智能制造

该平台的构件生产管理流程如图 5-5 所示，主要环节包括：

①合同管理。涵盖了构件销售合同、劳务采购合同、原材料采购合同、物流运输合同、模具采购合同、设备采购合同等多种合同类型。管理内容包括合同登记、确权、结算、收支等。

②项目管理。指装配式项目信息管理，如项目录入（包括 Excel 导入和手工维护）、项目设计数据对接、构件信息维护、构件销售单价维护、生产形象进度、项目生产进度等。

③生产数据管理。直接接收 BIM 设计数据，包括构件类型和数量、每个构件的基础信息和各种详图、构件的钢筋、预埋件等组成信息；自动汇总生成构件 BOM 清单；对构件生产过程中产生的生产数据进行管理，如构件查询、构件修改、构件标签打印、构件履历查询、构件清单等。

④生产计划管理。对工厂生产计划的管理，包括：将项目分解为生产订单、根据生产订单生成模台日计划、项目材料用量统计、日计划材料需求统计等；车间在执行计划时可以对计划进行调整，包括计划撤销、追加等。

⑤生产过程管理。根据企业各家工厂管理要求，生产过程管理可以进行配置化管理，如生产工艺过程，生产车间生产记录等。

⑥堆场管理。包括库房库位管理、可视化堆场、现有库存管理、成品入库、成品出库、成品退库、发货计划、装车验证、统计报表等。

⑦物流管理。包括运单查询、到场卸车、运单统计等。可以实时查看运单状态，统计物流运输数据，以及构件运抵施工现场后的卸车管理。

⑧发货管理。对构件发货出厂的管理，包括发货计划新增、发货单生成、扫码装车、构件转用、发货单打印、发货退回、发货明细查询。

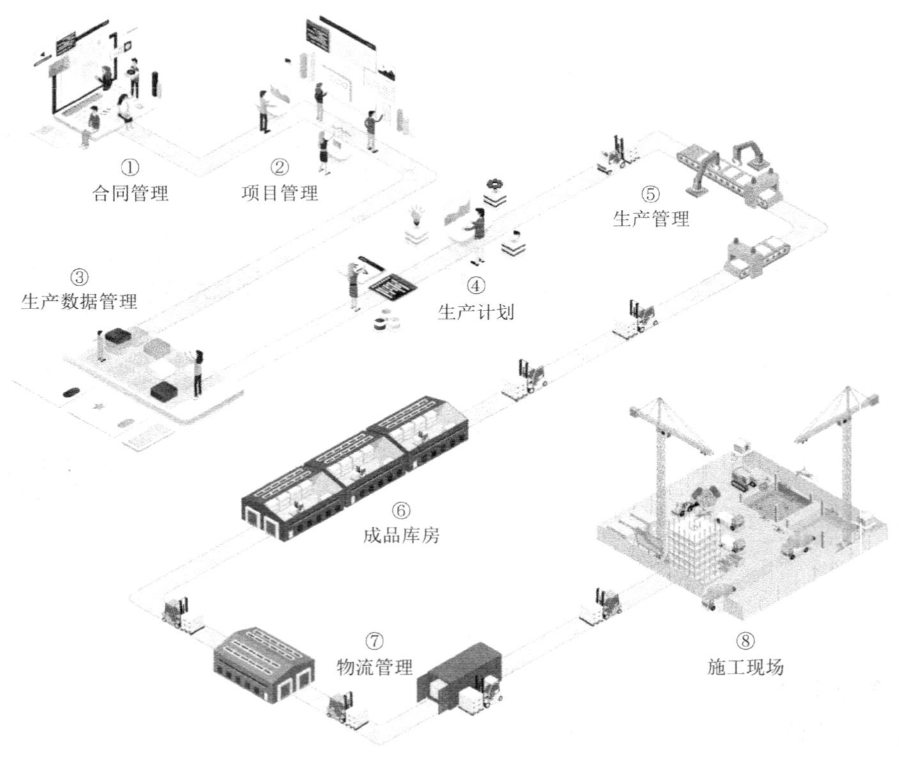

图 5-5　生产管理流程

（3）智能施工

施工阶段包括要货、运输、卸车和安装管理等环节。

①要货管理。根据施工现场需求，制定项目要货计划，提交发货申请，并标明构件计划吊装时间，再结合现有库存情况，提供构件发货依据。

②运输管理。提供物流运单查询功能，包括运单包含构件明细、运输负责人、联系方式、预计到货时间等，把控构件出厂运输环节。

③卸车管理。构件运抵施工现场后，进行卸车操作记录，工地进行验收，对于不合格

构件则需进行退货处理，记录退货明细。

④安装管理。包括构件吊装的具体时间，以及此构件的基础信息，同时更新构件状态为已安装，把控项目整体进度。

4）技术特点

借鉴制造业工业化理念，与 BIM、互联网、云计算、大数据、人工智能等技术深度融合，逐步打通建设、运营、服务各个环节，提高资源获取能力、配置水平及使用效率，创造智能化的管理与服务模式，打造“建筑产业互联网平台”，实现建筑产业互联互通。推广绿色化、工业化、信息化、集约化、产业化建造方式，推动行业高质量发展。

（1）具备强大的扩展性和兼容性，拥有标准接口池，实现与设计软件、钢筋加工设备、混凝土搅拌站、生产线、财务系统、OA 系统等管理系统的对接。

（2）基于国产化 BIMBase 平台，BIM 模型全程参与装配式项目的设计、生产和施工各阶段，实现了各环节的高效数据共享。同时，从设计端一键对接产生的单构件图纸和轻量化模型对预制构件的生产更具指导意义。

（3）基于数字孪生理念，打造透明工厂。通过物联网和 5G 技术的应用，实现工厂设备实时监测和预警，实现堆场可视化。

（4）基于大数据和商业智能（Business Intelligence，BI），自动生成工厂生产报表、经营分析报表，实现工厂生产、质量、堆场等多维度可视化数据展示，支持工厂运营决策。

（5）基于 AI 视频识别和图像处理技术，实现预制构件生成过程数据自动采集，自动报工。平台自动进行数据处理，计算生产产能、人均能效等。

5）应用价值

PKPM 装配式平台打通了设计、生产与施工环节的信息交换瓶颈，形成集成、共享、协同的信息系统，为工程总承包的“EPC 五化一体”模式的落地实施提供技术和平台支撑。从 2016 年到 2023 年 6 年间，该平台在创新驱动、BIM 应用、绿色发展等方面都取得了一定成果；在中建科技、中建三局、中建四局、中建五局、中建七局等中建系统，成都建工、浙江建材、武汉绿投、武汉建工、中国 22 冶、湖南东方红、湖南沙坪、北京金隅、安徽建工、海南中建、中铁大桥局、北京金隅、雄安大型市政等 100 多家工厂上线运行。

通过该平台应用，有效提高预制构件的产品加工精度，降低工人的操作误差，使得构件的精细化生产与施工实现并得到真正推广。项目实施后，提高预制装配式建筑生产效率20%以上，可大幅提高工作效率，降低项目成本，缩短项目周期，产生明显的经济效益。

该平台以工厂生产管理为重点，整合装配式建筑设计、材料、生产、施工等上下游环节，以“建筑 + 互联网”的形式助推产业链资源的优化配置，为建筑业技术、经济与市场的有机结合提供了公共平台。

5.3 智能化供采服务平台

供应链管理需要高效组织供应商、制造商、仓储、配送和渠道商等市场主体，是一个复杂而又漫长的产业流程，尤其是建筑供应链，涉及建筑材料、资金、运输、人员等众多环节，产业链条长、复杂程度高，整合难度极大。当前，我国经济已由高速增长阶段转向高质量发展阶段，正处在转变发展方式、优化经济结构、转换增长动能的攻关期，迫切需要推进互联网信息技术与建筑产业深度融合，利用现代信息技术加快建筑企业转型升级，通过组织方式和生产方式的变革，实现建筑业产业链、供应链、价值链的三链融合，在建筑供应链融合创新基础上共建产业新生态，为传统建筑业注入新的活力。

智能化供采服务平台是以大数据、区块链、物联网和人工智能等技术为依托，通过供应采购资源的网络互联、数据互通和系统互操作，实现采购供应资源的灵活配置和优化、采购供应过程的快速反应，达到资源的高效利用，从而构建服务驱动的新型智能化平台。随着数字经济发展浪潮的兴起，建筑企业的供采从早期的网上询价、集中招采逐步向集计划统筹、智能合约、电子招标、商城化采购、智能收验货、在线支付于一体的互联网平台转型，全环节流程贯通、全链条数据共享、全周期金融支撑的生态化新型供应链体系逐步形成，一批典型的供采服务平台（表 5-2）正推动供应链数字化转型。

国内典型供采服务平台　　表 5-2

厂家名称	产品名称	面向的业务环节	主要功能
中建三局	供应链一体化平台	招采服务与管理	集电子化招标、在线交易、物流整合、供应链融资等服务为一体的专注于建筑行业物资采购领域的垂直电子商务平台
陕西建工	华山云商	采购	建筑行业一站式采购电子商城
四川华西	华西云采	供应链管理	供应链管理、电子商务交易、供应链金融服务、物流服务
珠海采筑	采筑网	采购交易	第三方 B2B 建材采购交易平台

下文以中建三局的供应链一体化平台为例，进行介绍。

1）应用场景

中建三局供应链一体化平台包括数字供应链、云筑网和严选商城三大部分，如图 5-6 所示，由中建三局云采供应链公司负责管理和运营，为企业提供大宗材料的集中采购和供应链管理服务、建筑材料的线上交易服务、便捷高效的供应链融资支持和金融产品服务，降低采购成本。借助移动互联网等技术，该平台支持手机移动端信息推送、移动审批、移动下单、物流协同、移动验收等服务，提升物资采购和交易环节的效率。

图 5-6　供应链一体化平台

（1）电子招投标-云筑网

适用于分供方考察准入、电子招标、电子合同、分供方评价（部分）等业务场景，通过统一规范管理，提高招采效率，构建线上阳光集采模式，将寻源、招标动作全面线上化，打通“相互认识—建立意向—阳光招采—透明合规—线上履约—全程便捷”的全流程服务，打造高效供应链作业链条，实现合理的降本增效。

（2）商城交易-三局严选

聚焦建筑业物资、服务交易，严选供应商、商品、资方，打造一站式供采服务电商化平台。商城联通行业价格信息平台（“我的钢铁网”“兰格网”“上海有色网”），自动获取网价，实时计算材料价格，确保交易价格的准确性，极大地减少管理人员的工作量。商城具备物流信息实时跟踪功能，连接中交兴路北斗导航系统，实时显示物流信息，确保商城交易的真实性和商品运输的安全性，提高收验货效率。针对行业内混凝土交易的难点，商城开通商混凝土交易专区，联通生产方、司机方、施工方三端，实现了商品混凝土从计划到结算全生命周期的管理，替代纸质小票，大幅减轻了管理人员的工作量。商城采用“三端”结合的方式，依托智能地磅称重、手机移动点验、云端数据统计三大模块，实现了建筑业物资验收的数字化管控，确保收货数据真实、及时、准确。通过供应商画像建立信用评价体系，帮助采购单位选择优质供应商，同时促进供应商提升服务质量。

（3）供采业务管理-数字供应链

数字供应链定位为企业内部供采业务管理，覆盖供采计划、招采管理、集中采购、分供方结算、分供方资源库等多个业务场景。供采计划支持企业“一键”统筹多项招采计划，跟踪招采质量和效率；服务项目“一图”跟踪计划执行情况、监控招采计划执行进度。招采管理联通招采计划，接通招标平台，招标过程在线，实现一体化操作。平台收集和学习用户习惯的功能可实现招采计划智能统筹、任务自动派发和提醒；集中采购功能接通集采招标、集采框架协议功能。平台通过可视化的人机交互，实现各层级在线可视化编制集采计划和方案、统筹集采任务，跟踪集采招标进展、执行情况。企业层“一图”透视集采区域和品类，项目层“一图”总览可用集采资源，“一键”引用集采框架协议，减少重复单采，提升采购效率。

2）主要功能

供应链一体化平台具备合约规划、招采管理、合同管理、数据看板、合规管理、严选交易分供方管理等主要功能模块，如图 5-7 所示。

（1）合约规划。数字供应链系统提供高效易用的合约规划管理功能，对整个项目从承接到完工以合约形式发生的成本支出进行模拟推演，划分合约包内容，规定合约包工作界面、招采计划、招采目标成本，实现合约规划“一图四表”一站式管理。

（2）招采管理。云筑网提供招标易、投标易等供采服务功能，向上承接合约规划、招采计划，向下流转约标、开标、评标、定标，实现采购业务闭环；招标过程全在线，实现一体化操作。

（3）合同管理。云筑网合同宝模块具备分供方合同编制、评审、交底、电子签章等功能。

（4）交易在线。三局严选采用商城化的交易方式，支持项目在线寻源、自主下单、快速结算、融资支付功能，实现项目、商家、资方一站式采购。

（5）分供方管理。具备分供方反馈、分供方评价、供方资源库、本级供方档案、产品线资源看板5个功能板块，实现对分供方全过程在线管理。

（6）合规管理。具备合规性稽核/复核/判定、合规性报表等功能点。设置合规性稽核角色，预设稽核规则，实时监控开、评、定标及合同签订等业务合规风险点，自动生成合规性报表，辅助各层级强化业务监督，防范合规性风险。

（7）数据看板。支持各层级从招采、交易、管理等维度查看、监控业务运行状态和指标完成情况，向管理层提供数据展示、分析、预警，辅助管理决策。

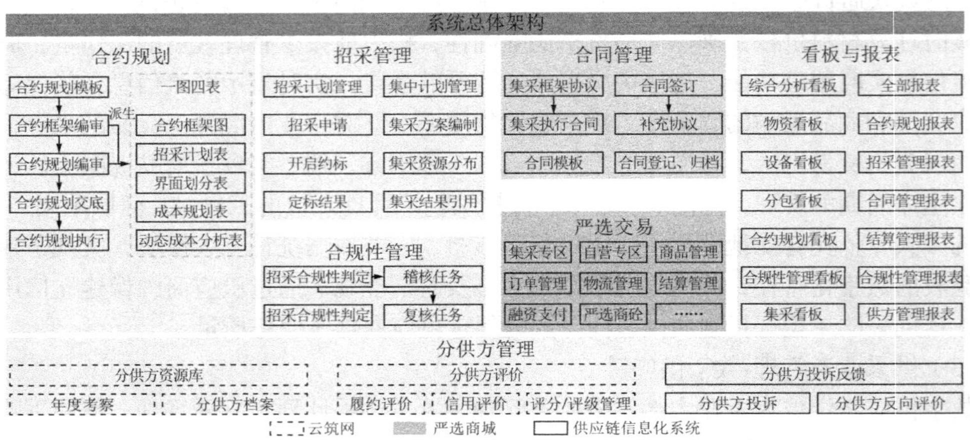

图5-7　系统主要功能图

3）典型应用流程

以物资采购管理链条为例，典型应用流程涵盖从项目提交物资计划到招标、供应商商城开店、商品上架、项目下单、供应商接单配送、项目收验货、结算、T＋7的供应链金融支付、供应商评价的完整过程，如图5-8所示。

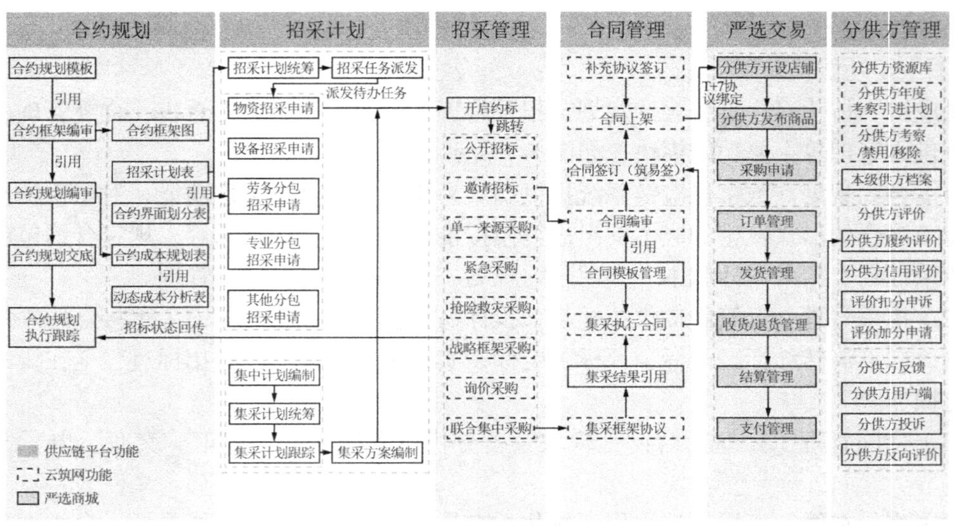

图5-8　典型应用流程-物资采购

（1）合约规划编制。项目首先利用数字供应链系统的合约规划功能完成合约框架，然后引用合约框架编制合约规划，完成“一图四表”，其中包含了项目的招采计划。

（2）招采计划统筹。数字供应链系统自动完成对各项目单项招采计划的统筹安排，然后根据招采时间节点，自动识别并派发招采任务至相应项目的招采申请责任人。

（3）开启约标。项目根据招采计划节点，完成招采申请编审后，机关招采经办人一键开启约标，跳转至云筑网进行后续招标流程。

（4）合同签订。招标结束后，招采经办人引用定标结果完成合同编审，在云筑网-筑易签功能模块下完成买卖合同签订。

（5）开设店铺。合同上架后，分供方在严选平台，绑定 T + 7 交易协议，然后完成店铺开设并上架商品。

（6）采购申请。项目通过严选平台创建采购申请，完成下单操作。

（7）订单管理。项目下单完成后，分供方进行订单确认并发货，及后续收货或退货流程。

（8）结算管理。项目根据收货单创建结算单，分供方进行结算单确认，完成结算。

（9）支付管理。项目根据结算单创建支付单，分供方录入发票信息，支付单审核完成后，银行完成放款支付。

（10）履约评价。项目收货时，线上完成对分供方的履约评价。

4）技术特点

（1）合约招采全景化。在项目前期，供应链一体化平台可对整个项目从承接到完工以合约形式发生的成本支出进行模拟推演，划分合约包内容、合约包工作界面，明确招采计划，将项目目标成本分解至各合约包，进而有效指导招采定价和成本管控。

（2）经济清单标准化。集成 5 大类标准清单 2.2 万条，统一清单要素及编制规则，实现全局清单“车同轨、书同文”；建设清单中心，贯穿招标、合同等 6 大经济线业务，依托标准清单沉淀价格数据，推动形成企业内部定额，实现一套清单贯穿到底。

（3）集中采购品类化。使用“图 + 树”的人机交互，实现各层级在线可视化编制集采计划和方案、统筹集采任务，跟踪集采招标进展、执行情况。一是集采计划一张表：全局各级集采计划打破组织界限，全局共享，统筹联动，动态编制，自动提醒，上级按需统筹；二是集采跟踪一条线：与云筑网数据打通，实现集采全过程自动呈现，集采成果自动推送，集采引用一键跳转；三是集采成果一张图：管理人员可掌握全局集采资源分布，为决策提供数据支撑。

（4）商城交易在线化。从下单—发货—收货—结算—支付—评价全过程交易实现无纸化操作；开发自有收验货系统，接通中交兴路北斗导航系统，物流轨迹实现全程可视化，精准把控资源链源头；打通主流网价平台，上线竞价业务，打通金融通支付通道；商城链接“我的钢铁网”“兰格网”“上海有色网”，智能获取网价，实时计算大宗原材价格，无需人工计算，确保交易价格及时、准确。

（5）管理决策智能化。通过多维度，多业务看板，实现可视化业务查看，辅助各层级更好分析、履约、决策。从项目角度，直观查看项目签约率，辅助把控项目履约进展；查看招采执行情况，把握招采时效；识别已结算金额，把控成本及资金流向；从管理角度，清晰统计各业务已上线项目数，生产资源结算金额分布，快速高效统计公司招采执行进度，提高管理效率；从决策角度，快速了解年度履约金额分布情况，集采降本情况，供方资源情况等。

5）应用价值

（1）管理效益

供应链一体化平台依托合约规划、集中采购、招标管理、商城交易等9大核心功能，打通“寻源-招标-合同-物流-验收-仓储-结算-支付-评价”全链条，达成供应链64个业务流程全链互通，全程可视，实现了阳光采购、合规经营。

通过搭建全局集采一张图，实现集采统筹标准化，2022年全年1629项集采任务标准化为284个集采品类；集采全过程可视跟踪，全年集采工作完成效率整体提升30%；集采资源全局共享，提高管理效率。

以合约规划统领项目招采，2022年全局1819个项目在线编审“一图四表”，总结15个业态139个合约模板，计划准确率提升至80%，招标及时率提升至90%。

2022年全年2.8万次招标100%线上化，公开招标率100%，大力推进电子评标模型应用，采购效率整体提升10.8%，全面应用电子签章系统，全年7.5万份合同签订时长缩短94%。

落实合规性管理，实时监控开、评、定标及合同签订等业务合规风险点，截至目前在线完成全局稽核任务6441条，招标被稽核率达100%；通过申诉途径解决稽核结果争议213条，辅助各层级共同强化业务监督，防范合规风险。

联合云筑网开发“云智评”，自动采集智慧工地、云筑平台履约行为，实时开展分供方履约及信用评价，实现各层级分供方动态评价、分级管理、结果应用。统建全局五大产品线资源库，推动523家优质资源全局共享，建立稳定共赢的合作机制。

（2）经济效益

依托在线平台，细化集采品类化管理，深推区域联采，2022年集采降本42.5亿元，降本率6.7%；以合约规划为纲，强化招标经济性比选，设备租赁、周转材料分别降本12.6%、10.7%。

运营严选商城，2022年完成交易额225亿元，业务覆盖全国28个省区，供应商2500余家，服务项目2000余个，SKU超50万个，2023年年度交易额将超450亿。未来将为行业提供优势产品，输出三局模式，加快打造建筑业产业互联网。搭建“互助宝”交易平台，每年盘活全局近10亿资产。高效应用“MRO电商”，通过多商家多维度比选，每年采购超10亿元。

（3）社会效益

搭建分供方线上投诉服务平台，开发线上投诉APP，实现投诉“专人受理、多部门协同、分供方确认”的闭环管理，辅助项目和分公司及时处理分供方合理诉求，分供方投诉销项100%，有效防控舆论风险。

增进供方交流互信，为分供方赋能，吸引11.9万家分供方合作，维护4万家常用供方信息，为合作分供方减负松绑，打通供应链堵点，破解企业痛点，带动上下游企业共同发展，一大批业内同行、分供伙伴纷至沓来，虹吸效应逐步显现，助力打造安全稳定供应链、产业链。

通过升级资源交易方式，提升资源响应效率，为项目优质履约提供强大支撑；通过业务串联将生产商、贸易商、优质分包、物流平台、战略业主、行业协会、金融机构等核心资源精准链接，实时互动，产业互联，探索打造跨企业的产业互联网，为建筑业高质量发展探索信息化、数字化路径。

5.4 数字化项目集成管理平台

数字项目集成管理是指运用计算机技术和数字化手段，对建设工程项目的全参与方、全要素和全过程进行集成化管理。数字化项目集成管理平台作为支撑项目集成管理的数字化基础设施，是企业实现建设工程项目精细化管理和集约化经营的重要抓手。随着BIM、物联网、AI等信息技术与项目管理深度融合，数字化、智能化的新业务场景不断涌现，数字项目集成管理正经历着从可视化管理向数据驱动的智能化管理方向演进[6]。

国内外典型的数字化项目集成管理平台包括：美国普力克公司的Procore平台、甲骨文公司的Aconex平台，以及国内广联达公司的建筑业务平台、杭州新中大公司的i8工程项目管理平台等，如表5-3所示。

国内外常用的数字化项目集成管理平台　　表5-3

厂家名称	产品名称	面向的业务环节	主要功能
普力克	Procore	工程项目建造全过程	施工前（投标、造价）、项目管理（项目管理、质安、协同设计、BIM）、资源管理（现场劳动力）、财务管理（项目财务、票据管理、会计集成）
甲骨文	Aconex	工程项目文档管理和信息协同	工程项目综合管理：文档管理、项目控制、工作流管理、BIM协同、质量安全、招投标、移交至运营等
广联达	建筑业务平台	设计、招采、施工	1. 数字设计、招标采购、项目管理的各类SaaS应用； 2. BIM中台、物联网中台、数据中台、成本中台等业务中台能力； 3. 应用集成、应用开发能力
新中大	i8工程项目管理平台	企业、项目综合管理	项目管理、财税管理、智能建造管理、人力资源管理、协同办公管理

广联达建筑业务平台通过十多年的业务沉淀和项目管理实践检验，在功能上更贴近国内建设工程项目管理需求，更具有代表性。以下以该平台为例，进行详细介绍。

广联达建筑业务平台依托公司自主知识产权的图形平台、云计算平台，采用业内先进的微服务设计理念、中台架构思想来建设，为行业提供开箱即用的工程建设领域专业能力和系统性的数字化支撑能力，满足企业客户和生态伙伴的核心数字化业务场景快速落地需求。如图5-9所示，该平台的发展历程大致经历核心技术自主化、行业能力平台化、平台生态开放三个阶段[7]。

1）应用场景

广联达建筑业务平台面向建筑行业数字化的应用者和开发者提供全方位的应用开发赋能，通过工程建设领域专业能力的封装，以“平台＋组件”方式向行业开发人员全面开放。如图5-10所示，平台向下把各类云厂商和技术服务提供商的基础能力进行了整合和封装，统一为平台的云计算基础平台能力；同时，平台与应用组件开发者和智能硬件提供商进行合作，通过“平台＋组件”的模式使平台的软硬件能力不断迭代成长；平台向上通过广联达各产品线、行业独立软件开发商以及建筑企业数字科技公司等SaaS服务提供商，面向行业客户提供 BIM + 智慧工地、项目企业一体化管理、业务财务一体化管理等专业应用服务。

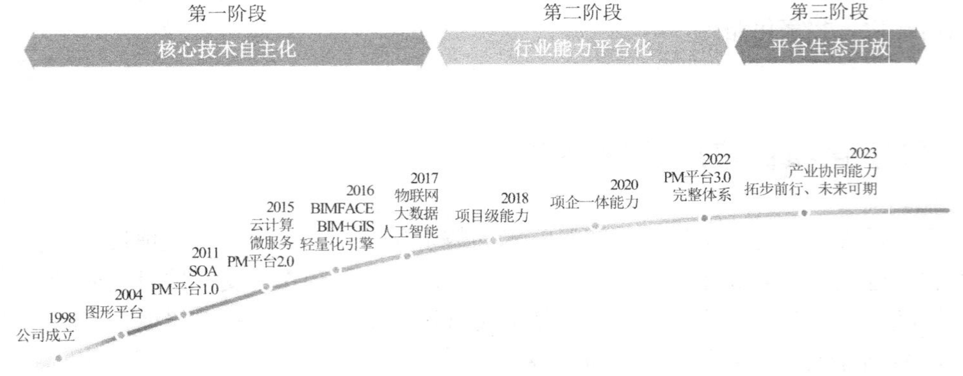

图 5-9　广联达建筑业务平台发展历程

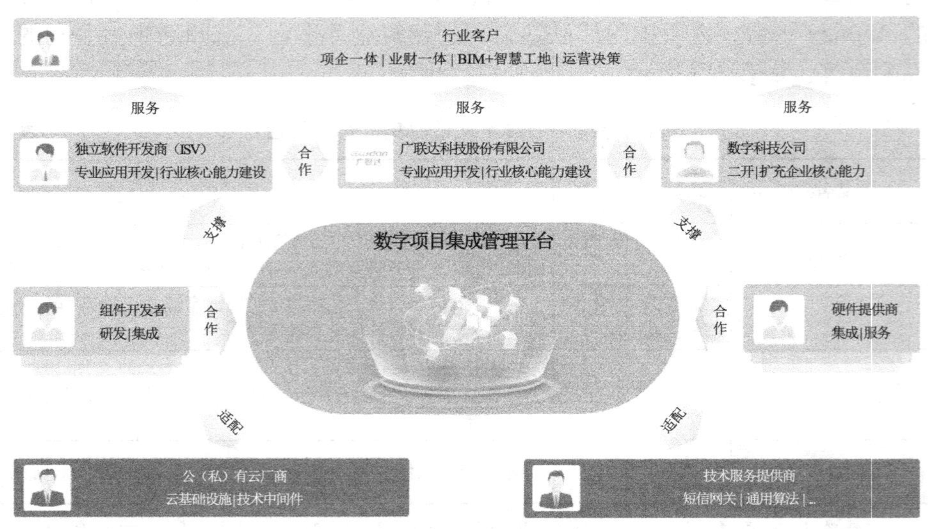

图 5-10　平台典型应用场景

2）主要功能

广联达建筑业务平台涵盖云计算基础平台、应用集成平台、应用开发平台组成的基础 PaaS 技术平台，以及由 BIM 中台、数据中台、物联网中台、业务中台组成的行业 PaaS 能力中台，如图 5-11 所示。通过“平台 + 组件”的方式，平台可以为房建工程、基建工程等领域提供各类数字化解决方案。

（1）应用集成开发。面向应用开发者提供安全、高效的行业应用开发和二次开发能力，采用平台 + 组件 + 解决方案的机制，通过可视化开发工具降低获取和使用难度；依托高效灵活的部署能力，提升交付效能和质量，降低运维成本；通过完善的二次开发机制，实现需求的快速响应、实施及交付。

（2）IoT 设备接入及管理。提供 IoT 设备快速接入能力，覆盖“端、边、管、云、用”的一站式 IoT 设备智能化综合服务，帮助施工企业最大限度发挥硬件数据对于管理的赋能价值，快速实现企业业务与物联网生态建设的深度融合。

（3）BIM 模型的集成管理。具备图形数据库、几何造型、布尔算法、渲染引擎、轻量化引擎、建模平台、模型接入、模型集成、模型应用等核心能力，是国内领先、完全自主可控的图形技术。开发者可基于平台的 BIM 中台二次开发企业独有 BIM 建模及 BIM 应用管理软件，支撑建筑行业设计、施工、运维全阶段的 BIM 应用落地。

（4）数据治理与服务。提供涵盖数据采集、数据汇聚、数据集成、数据服务、数据应用以及数据质量管理、数据安全管理在内的一站式大数据治理与服务。建设内容主要包括：数据治理咨询、数据平台建设、数据标准建设、主数据实施、数据湖仓建设以及数据应用建设等。

（5）项企一体化的项目综合管理。纵向打通企业项目两级管理、横向打通施工技术、进度、质量、安全、成本等业务管理，实现作业、管理、决策三个层级的数字化，助力建筑企业实现岗位提效、精益管理与科学决策。

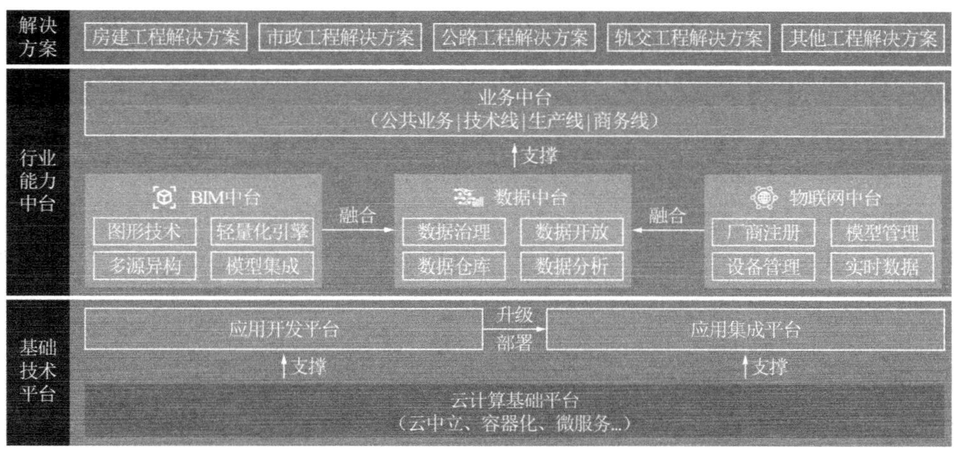

图 5-11　建筑业务平台总体架构

3）典型应用流程

广联达建筑业务平台提供了开箱即用的应用技术组件和业务组件，通过“平台 + 组件”的方式帮助应用开发者快速搭建个性化的项目管理应用。如图 5-12 所示，仅需 5 步即可实现基于平台的典型应用开发。

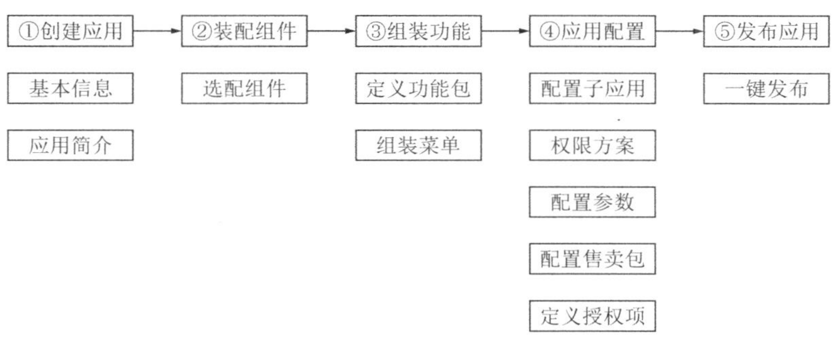

图 5-12　基于平台的典型应用开发流程

（1）创建应用。应用开发者创建一个应用（全新应用、二开定制应用），录入包括名称、图标、应用描述等基本信息，并提供对应用的功能模块的详细图文介绍，以便让用户更直观的了解应用的业务能力。

（2）装配组件。应用开发者可以在组件库中选取组件，并配置参数。不同的组件提供不同的业务参数，开发者需要站在应用视角来对参数进行配置，完成必要的配置行为，即可让组件在应用中顺利运转。

（3）组装功能。包括定义功能包和组装菜单两部分工作。其中，定义功能包只需要选用组件的开放模块即可。在组装菜单部分，应用开发者需要完成应用的菜单排布、菜单信息配置等工作。

（4）应用配置。为了将应用下发到应用集成平台上，需要在完成功能开发后，进行必要的配置。主要包括：配置子应用、权限方案、配置参数、配置售卖包、定义授权项五项工作。

（5）发布应用。完成应用的各项配置后，应用开发者可以选择目标环境进行应用正式发布。

4）技术特点

（1）国产自主三维图形引擎。自主研发了独立知识产权的图形技术平台，覆盖了模型数据管理、几何造型算法、图形显示渲染等关键技术领域，在 BIMFACE 平台上研发了云端文档管理和模型轻量化引擎，突破模型转换、浏览、数据等关键技术，达到国内领先水平。

（2）工业级工程物联网平台。建立“端、边、管、云、用”的一站式物联设备智能化综合服务能力；内置常见施工现场 90 多个大类设备模型，提供低代码设备接入能力，可实现各种设备在平台的轻松接入；提供基于 MQTT/HTTP 等主流接入协议的双向链接；通过了国家信息系统安全等级保护三级认证，具备高安全性；经过 6 万余设备接入及超 1 亿日访问量实际项目验证，具有高性能海量数据的处理能力和高稳定性。

（3）建筑大数据和数据分析技术。构建了建筑行业大数据解决方案，开发了涵盖数据采集、数据汇聚、数据集成、数据服务、数据应用以及数据质量管理、数据安全管理的工具套件，建立了 400 多个领域数据模型和 10 余种领域数据分析算法，可以支撑与 20 多个专业管理应用之间的数据无缝对接与分析。

（4）多场景化行业 AI 能力。基于计算机视觉、自然语言识别、数据挖掘等技术，打造行业场景化 AI 能力，实现数据驱动业务。AI 识别现场人、机、料、环的实时动态，场景化智能驱动现场业务的管理。

5）应用价值

（1）广联达建筑业务平台是一个服务于建筑行业的 PaaS 平台，可为开发者提供包括 BIM、工程物联网、数据治理、行业 AI、工程算量、生产管理等开箱即用的工程建设领域专有能力，基于平台可以快速开发各种专业应用，满足企业客户和生态伙伴的核心数字化业务场景快速落地需求。

（2）该平台提供了技术统一、架构统一、数据互通、体验一致的平台研发环境，同时面向开发者提供应用开发、集成、部署、运维等一站式管理服务，大幅降低专业应用开发难度、提升开发效率。

（3）该平台已经覆盖工程建设全过程、全业务、全要素，功能涵盖超过 150 个业务组件、100 多个专业应用，经历 11 万余个项目应用实践，可为工程建设领域提供一站式平台产品与服务，帮助建筑企业实现精益管理和降本增效。

5.5 建筑碳排放管理平台

建筑碳排放涉及建造、运行和回收等诸多复杂过程，管理链条长，减排难度大。当前，建筑碳排放管理主要包括碳排放实时监测、碳排放计算等内容。建筑碳排放管理的发展重点是逐步提高碳排放统计的实时性和准确性，以及碳排放数据的共享与流转，为实现碳配额管理和交易打下良好基础。采用信息化管理手段和智能监测技术，可以提高建筑碳排放统计准确度和计算效率，便于管理。建筑碳排放管理平台是基于物联网、人工智能和云计算等技术搭建的在线管理平台，通过平台对建筑碳排放情况进行实时监测和记录，可有效降低对建筑碳排放统计的难度，提高统计准确度，细化统计内容，从而更加明确地描绘出建筑碳排放的构成并针对性地形成降碳策略，最终实现建筑碳排放降低的目标。

随着“双碳”目标的提出，我国的建筑碳排放管理平台得到逐步推广，但现阶段已实现成熟应用的不多。根据公开资料，能查询到的部分建筑碳排放管理平台，如表 5-4 所示。

国内建筑碳排放管理平台（部分）　　表 5-4

厂家名称	产品名称	面向的业务环节	主要功能
上海建科	上海市建筑碳排放智慧监管平台	建筑设计、建设、运行全过程	建筑节能闭环管理，建筑碳排放监测管理、能源与环境智能服务、可再生能源监测等核心功能
中建一局	碳数据监测与管理平台	建筑材料、施工建造和运行维护三阶段	建筑的直接碳排放和间接碳排放的采集和计算、碳数据存证
北京智能建筑	AIoT 建筑碳排管理平台	建筑及城市	建筑碳排在线监测、定限额管理以及碳资产管理

以下以中建一局碳数据监测与管理平台为例，进行说明。该平台是涉及建筑材料、施工建造和运行维护三阶段的建筑碳排放监测和管理平台，以全生命周期的视角对建筑的直接碳排放和间接碳排放进行采集和计算。通过物联网智能采集碳排放数据，应用区块链技术对碳数据进行存证，将碳排放数据存储在一个分布式去中心化的区块链系统中，使得碳数据具有很强的防篡改性和可追溯性。

1）应用场景

中建一局碳数据监测与管理平台（图 5-13）主要面向建筑施工企业、建筑运维服务商和需要对自持楼宇、厂房、构筑物等进行碳排放监测的各类企业和组织，应用场景覆盖了建材、施工和运维阶段的碳排放统计等。该平台采用物联网传感器等采集方式，通过碳排放因子法对建筑建造和运维阶段的碳排放进行定量统计。平台结合区块链技术，为用户的碳数据提供了防伪和存证功能。建筑全寿命周期涵盖建造、运维和拆除三个主要阶段，分属不同的管理主体。平台由施工企业提供，在建造阶段由施工方进行管理。施工完成后，建筑转入运维阶段，平台由建筑主体持有者进行管理或委托施工方进行管理。

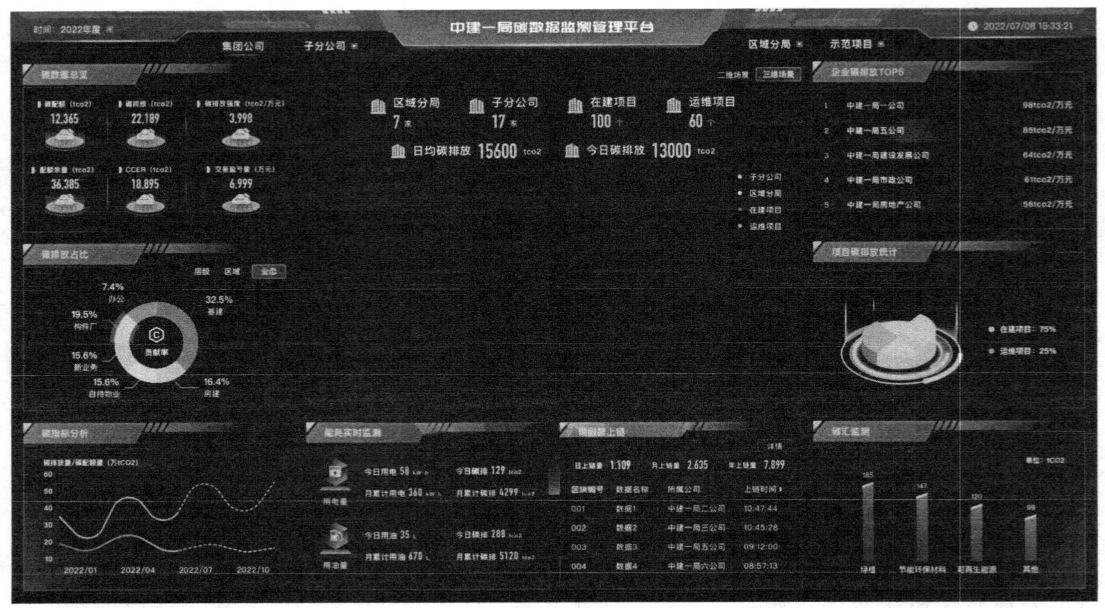

图 5-13　碳数据监测管理平台

（1）建筑材料的碳排放统计场景。建筑材料的碳排放占建筑全生命周期的碳排放比例很大。此场景中需对建筑材料的碳排放统计，一般采用碳排放因子法，通过统计各类材料种类、单位材料碳排放和使用量来计算建筑材料产生的碳排放。

（2）施工过程中油耗设备直接碳排放的采集与统计场景。在施工中会使用大量的燃油机具，特别是在基坑工程和道路市政工程中，此场景中施工机具的直接碳排放通过物联网采集设备直接进行采集并通过平台进行统计与计算。

（3）施工过程中电耗和能源消耗的采集与统计场景。对施工中的部分工具和设施以及临时办公用房等会消耗电力、燃气、热力等通过物联网设备自动采集与清单填报相结合的方式进行统计与计算。

（4）建筑使用过程中的能耗采集与统计场景。建筑施工验收完成后，在使用阶段会产生各类电力、燃气、热力消耗等，此场景中通过物联网设备进行自动采集。部分信息使用清单填报的方式进行采集并通过平台进行统计与计算。

（5）碳数据的可信存证与共享场景。碳数据的采集、上传与存证需要审核，同时碳数据在不同的系统中流转的过程需要保证碳数据不可篡改。此场景中应用区块链技术，将碳数据作为区块链“交易”信息的主体，通过智能合约设置碳数据的自动审核等功能。通过共享区块链系统中的碳数据“账本”完成各类数据的跨系统共享、追溯与可信流转。

2）主要功能

中建一局碳数据监测与管理平台的功能架构图如图 5-14 所示。主要分为前端功能层、智能合约层、技术底层、区块链层。具体功能如下：

（1）前端功能层。主要功能包括：碳数据总览、碳排放统计、碳排放分析、碳排放强度排名、能耗监测、碳交易、碳数据上链、碳汇、可再生能源等碳数据管理与分析。该功能层可以实现碳数据的汇总分析与用户权限管理，如碳数据分类汇总统计、碳排放因子库与计算标准选取、碳排放强度计算、碳排放预测、用户权限管理。该功能层可根据建筑类型、日期、区域、公司等不同维度进行碳排放数据的汇总查询，可以自由选定不同的碳排放计算标准和碳排放因子库，对单位产值下的碳排放强度进行计算并给出排名情况。基于大量碳数据积累，使用神经网络算法对不同类型建筑物未来一段时间内的碳排放数据进行预测。该功能层可对不同使用用户的权限进行统一管理，实现查询、录入、审核等权限的分配。

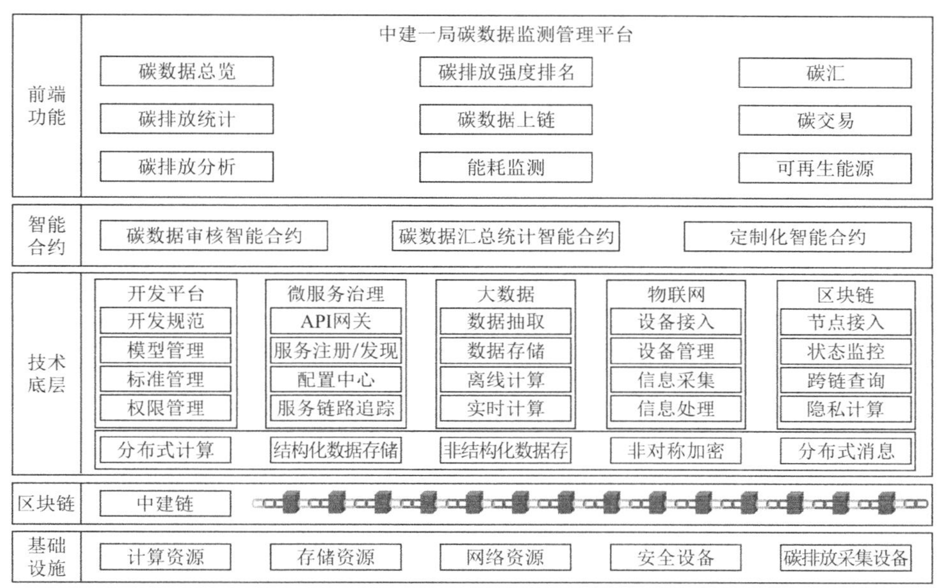

图 5-14 碳数据监测管理平台功能架构图

（2）智能合约层。通过将固定流程进行程序化，将碳数据审核、碳数据汇总等流程编制成智能合约代码嵌入到区块链系统中，实现审核与定时汇总的自动化，防止数据篡改。同时支持自定义智能合约，用户可以自定义智能合约，丰富管理功能，提高管理效率。

（3）技术底层。主要实现碳数据的采集与汇总，包括物联网自动采集接口、人工在线填报接口和跨系统数据推送接口等。中建一局碳数据监测与管理平台基于中建一局物联网平台，采用统一的数据接口，应用 MQTT、CoAP、LwM2M、LoRa 等物联网协议组建碳排放设备的自动采集系统。物联网采集设备主要包括：车载碳排放综合采集终端，实现车辆的运距、直接碳排放等数据的采集与上传。自组网智能电表电箱系统，实现电表和多级电箱的自组网和自动能耗采集上传，对施工临时用能和建筑运行阶段的用能情况进行采集。智能水表、燃气表等，实现项目现场和建筑运行阶段的临时用水用气的采集。人工在线填报主要实现部分其他排放源（如制冷剂、六氟化硫等）和碳汇、可再生能源数据的采集，使用网页端和 APP、小程序的方式进行数据的采集与上传。跨系统数据推送主要接受来自智慧工地系统或其他业务系统（如财务、项目管理等）的数据推送，实现建材部分的碳排放数据的采集与部分碳数据的审核校验。该层整合了区块链 BaaS 支持节点的管理和区块链运行状态的查看。嵌入了大数据分析模块，可以对碳数据进行存储和抽取，冷热数据分析等。

（4）区块链层。基于“中建链”区块链系统，主要实现碳排放数据的上链存证。采用联盟链架构，针对共识节点采用审核制，通过数据格式标准化，将不同的碳数据进行标准处理，以碳数据生产方作为交易的发起者，以碳数据审核方作为交易的接受方，多方签名后提交到区块链交易池中等待上链。共识节点挑选部分碳数据验证通过后打包形成区块并全网广播形成账本。该模块将不同角色如供应商、施工方、业主、物业等分别赋予不同的节点权限，包括共识节点、同步节点、轻节点等实现碳数据的上传、存证与多方共享。

3）典型应用流程

中建一局碳数据监测与管理平台的典型应用流程如图5-15所示。

（1）在后台录入项目基本信息，包括工程类型、建筑类型、建筑面积、位置等。

（2）平台管理方对录入的基本信息进行审核。

（3）审核通过后，按需求针对该项目生成若干账号并赋予不同的权限，之后生成唯一项目密钥证书用于验证使用。

（4）碳数据通过信息填报和物联网设备等方式进行采集，将项目应用的物联网设备与项目账号进行关联，安装测试物联网设备工作状态。

（5）审核方登录系统对碳数据进行审核。

（6）审核通过后开放区块链系统权限，将新增项目数据链入区块链系统。

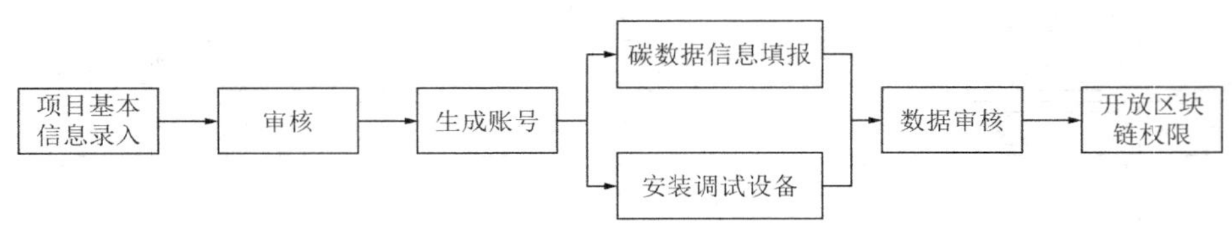

图5-15 平台典型应用图

4）技术特点

（1）按照国家碳因子库标准，创新对建造阶段碳排放进行更精准的统计和评价，建立适用工程建设行业的碳排放统计算法。

（2）采用智能电表和自研的施工机械碳排监测设备，基于物联网技术，实现建造和运维阶段的碳排放数据实时监测，可信采集。通过基于振动信号等多种信号源的车载碳排放监测终端设备，实现了施工阶段碳数据的实时采集，采集频率大于50次/s。通过智能电表电箱等设备实现了建筑施工和运行阶段的能耗统计，采集频率大于60次/h。实现10000余物联网设备同时接入，可同时满足超2000个项目的碳排放统计需求。

（3）采用云计算技术进行计算分析，为多层级碳排放数据管理提供支撑；采用BIM视图引擎，可以将集团级项目信息汇总在统一的视图上，对BIM模型进行分阶段管理，提高了应用便捷度。

（4）采用区块链技术进行上链存证，实现数据不可篡改、可追溯，简化人工核验流程，提高碳盘查和碳核查效率，降低碳核查成本。区块链系统交易吞吐能力可达5万TPS。

5）应用价值

目前，中建一局碳数据监测与管理平台已经在500多个项目中得到了应用，覆盖了中建一局旗下21家子公司的碳排放数据，统计的建筑类型包括住宅、办公、公共建筑、市政工程等，整体运行状态良好。

（1）提高了碳排放数据的采集效率与准确度。平台通过智能合约实现部分流程从人工审核向自动智能化审核的转变，同时依托区块链系统保障这一流程不可篡改，降低了人为因素干扰。平台通过应用物联网自动智能采集碳排放数据，一方面提高了采集效率，另一方面提高了采集准确度，保证了碳数据的质量，结合区块链系统，形成在上链前和下链后的数据安全保障。

（2）实现了碳数据的共享与流转。基于区块链底层支撑的碳数据存证系统极大地提高了数据的防篡改性，同时基于区块链去中心化的特征、提高了碳数据的共享与流转程度。由于不同系统基于统一区块链“账本”从而实现了不同数据的跨部门流转，打通了数据壁垒。

（3）提高了采集的碳数据的可信度，助力监管。物联网与区块链技术的结合应用提高了碳数据的准确度和可信度，提高了第三方核查效率，方便政府和第三方机构监督与审查。未来随着碳数据区块链生态系统的不断完善，将实现碳数据的“自证”。此外，以区块链系统为第三方信任体系的平台可以吸纳更多的建筑业上下游角色方的进入，以技术为信任背书，提高行业的整体信任水平和监管程度。通过该平台的应用，提高了碳数据质量，借鉴区块链在金融领域的成功应用，为建筑行业的碳交易提供了参考。

5.6 建筑工人管理服务平台

我国建筑工人群体非常庞大且分散，受制于传统建筑业的粗放发展方式，引发了一系列工人管理问题，如工资拖欠、劳务纠纷频发，无成熟的培训体系，企业招工难，工人找活难等。同时，建筑工人总量持续降低，“老龄化”形势严峻。据《2022 年农民工监测调查报告》统计，2022 年全国建筑工人总量为 5232.47 万人，同比减少 1.3%；农民工平均年龄为 42.3 岁，比上年提高 0.6 岁。

针对上述问题，政府在改善工人待遇和保障方面做出了一系列政策引导，如完善职业技能培训、考核评价体系等，以有效保障建筑工人的权益，增加其获得感、幸福感、安全感，促进其就业高效、流动有序，最终形成一支秉承劳模精神、劳动精神、工匠精神的知识型、技能型、创新型建筑工人大军。建筑工人管理服务平台应时而生，并发展成为建筑行业中不可或缺的一部分。

当前我国建筑工人管理服务平台主要有实名制管理和招工找活服务两类，典型平台如表 5-5 所示。以下以墨斗科技的建筑劳务一站式服务平台——墨计为例，对建筑工人管理服务平台主要功能进行介绍。

建筑工人管理服务典型平台　　表 5-5

厂家名称	产品名称	面向的业务环节	主要功能
中建电商	全国建筑工人管理服务信息平台	劳务实名制管理	实名制信息采集及上传
中建电商	云筑劳务	劳务实名制管理	工人实名认证、劳动合同签订、工人考勤、工资发放、政府监管

续表

厂家名称	产品名称	面向的业务环节	主要功能
鱼泡科技	鱼泡网	劳务招聘	招聘求职、工作协同服务
集致科技	吉工家	劳务招聘	招工信息、记工记账
墨斗科技	墨计	劳务管理、劳务培训、劳务招聘	劳务实名制管理、电子劳动合同、全场景考勤、工资核算支付、三级安全教育、工匠招募等

1）应用场景

（1）政府监管。拖欠建筑工人工资，曾是建筑行业的常见问题之一。行业监管部门主要借助数字化工具，监管建筑工人工资支付情况，以高效落地建筑工人工资支付保障条例，切实保障建筑工人权益。墨计支持智能工资核算与工资共管，为政府监管提供助力。

（2）企业管理。建筑业是劳动密集型行业，现场人员多且身份复杂，管理难度极大。通过全面准确掌握用工数据，企业可以合理安排和优化劳务工人，避免人员短缺或过剩的情况，并能针对性进行安全管理等，提高对项目的管理和控制能力。墨计支持将分子公司、项目用工数据集中管理，一屏掌控全盘数据，帮助企业和项目领导提升用工决策效率，降低决策成本。

（3）工人服务。要建立相对稳定的高质量劳务队伍，按时准确发放工资，增强技能培训是必不可少。墨计提供了小程序/APP 考勤打卡、记录工资工时等功能，并设有安全教育与施工技术交底等接口，实现考勤、工资、学习留痕，相关数据自动纳入工人经历，生成真实的名片履历，在保障建筑工人合法权益的同时，也为企业甄选高质量劳务队伍提供依据。

（4）招工找活。用工企业需要根据履历资料，快速过滤不匹配资源，筛选班组和工人。墨计提供的名片履历功能，高效助力劳务资源筛选，并为工人提供了直观展示窗口，借助人脉推荐功能，辅助工人找活。

2）主要功能

墨计总体架构如图 5-16 所示，主要功能以人员协同为核心，让企业领导、管理人员、分包、班组、工人实现无缝协作，让劳务全流程规范化、在线化、数智化。

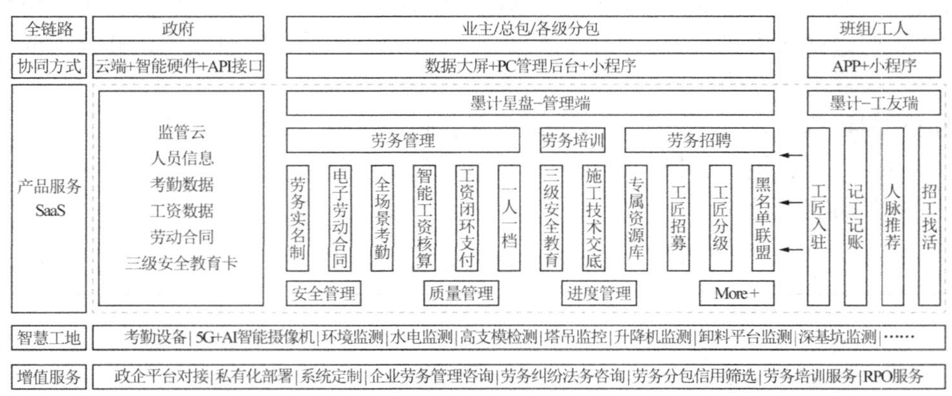

图 5-16　平台架构总览

（1）劳务管理

①劳务实名制。该平台通过自主对接、与央企平台战略合作、供应商联盟等方式，完成了全国绝大多数地方平台的对接，满足建筑企业全国各地项目监管平台对接需求，并能通过该平台一站查看各地项目数据。

②电子劳动合同。围绕工人电子劳动合同生态链：合同生成、合同流转、合同签署、合同存证、满足监管等核心环节，在线为用户提供一站式安全、有效、便捷、优质的电子合同服务，打造数字化闭环。

③全场景考勤。通过 8 大考勤方式，满足建筑工程多样、复杂的考勤场景。结合人脸识别活体监测和人员实时定位，有效规避出勤作弊行为，确保出勤数据真实完整。

④智能工资核算。根据考勤记录智能核算，自动生成工资单，避免核算有误。

工资闭环支付。与支付宝网商银行搭建工资共管平台，工资直接发放至工人账户，实现工资支付的全流程闭环监管，让所有支付流水有据可循。

⑤一人一档。工人基本信息卡、体检报告、进场承诺书、劳动合同、三级安全教育卡、考勤记录、工资单确认记录、工资支付明细回单、退场承诺书等一站式管理资料留存，随时导出/调用。

（2）劳务培训

三级安全教育。与实名制结合，在线学习记录自动纳入工人履历，管理员实时把控学习完成情况，导出三级安全教育卡。

施工技术交底。该平台创新性的将短视频和红包相结合，推出短视频交底教育，实现在线安全及施工技术交底。管理者可拍摄不同场景的施工技术要点，工人完成考勤后，系统根据工种信息，自动推送对应的技术交底视频，吸引工人自主学习，提升工人自主安全意识和施工质量水平。

（3）劳务招聘

①专属资源库。企业通过该平台，对已有工人进行多维度分析筛选，在内部形成专属分包库、班组库、工人库。

②工匠招募。施工班组，工人可入驻该平台，发布应聘信息，企业通过该平台快速匹配，获得丰富、真实、可靠的劳务资源。

③工匠分级。依托平台数据整合与分析，企业可对班组/工人的基础信息、履历经验、培训信息、行为信息等进行多维度分析评级，从而筛选出更多专业人才，提升用工质量。

④黑名单联盟。平台通过识别工人违法违规记录，将劣质履历拒之门外。

（4）工友端

①工匠入驻。工人通过实名认证入驻该平台，并建立个人名片，快速展示个人项目经历、资质、评价。

②记工记账。支持手动记工或人脸考勤记工，匹配点工、小时工、计量、短工等多种记工方式，快速记录当日工时，自动统计工资。同时，可记付借支、垫付、工资、奖金等收支账目。

③人脉推荐。平台精准推荐老乡、同城、同工种人脉，扩大人脉圈，也可及时了解熟人工作状态。

④招工找活。免费发布招工找活信息，平台匹配推荐优质资源，双方通过个人名片了

解对方实力。

3）典型应用流程

墨计打通了从工人入场到退场的十大环节，用极简的工具帮助管理者将规范化的管理动作在线化，降低工作强度的同时，在线形成完整证据链，规避劳务纠纷，实现劳务全流程精细化管理（图5-17）。

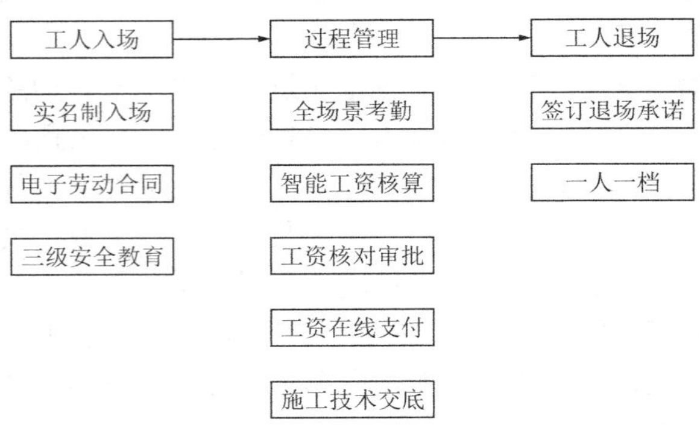

图5-17 建筑劳务全流程精细化管理

（1）实名制入场。身份信息对接公安数据，工人扫码申请入场，管理人员在线即可核实审批，上传资料一经录入可重复调用。

（2）电子劳动合同。管理员在线选择电子合同模板，系统根据考勤规则和工人信息自动生成个性化合同。工人在线进行签署和确认，并签署入场承诺书。管理人员可以实时了解到所有分包、班组、工人的合同签署情况。

（3）三级安全教育。工人实名制在线完成学习任务，管理者实时把控完成情况，并在线生成三级安全教育卡。

（4）全场景考勤。多种人脸考勤方式满足开放式、封闭式、散点分布、无网/弱网等各种工地复杂环境考勤打卡，活体监测和人员实时定位功能，有效杜绝出勤作弊行为，确保出勤数据真实且完整。

（5）智能工资核算。支持点工、月薪、计量各种计薪方式，根据考勤记录自动生成工资单，避免核算错误。工人可实时查看工资，促使工人主动完成考勤。

（6）工资核对审批。工人、班组、分包、管理员均需在线进行工资单核对审批，确保无误后企业根据工资单打款。

（7）工资在线支付。分包办理工资专户，总包根据工资表记录将工人工资转至分包专户，分包发放工资时，需要各环节人员审核确认，实现工资支付的全流程闭环监管，确保资金的安全性。

（8）施工技术交底。管理员上传专属安全或施工技术短视频，针对不同工种发起学习，结合考勤打卡和灵活设置红包激励。

（9）签订退场承诺书。多日未出勤人员会上报提醒，同时可设置自动退场。正常退场工人在线签署退场承诺书，退场承诺书由专业法律顾问制定模板，相应信息自动生成，形成全流程闭环。

（10）一人一档。工人在场过程中形成的劳务管理资料，均可在线留存，助力企业生产安全标准化，为自有产业工人队伍建设奠定基础。

4）技术特点

（1）高并发高可用高安全。平台使用微服务架构、负载均衡、缓存技术等支撑高并发访问，使用容错技术确保高可用性。经过10万多名工人同时在线考勤以及亿级日访问量实际场景验证。此外，平台采取严格的安全措施，如数据加密、云防火墙、反病毒软件和访问控制等，通过了国家信息系统安全等级保护三级认证。

（2）智能推荐算法。平台使用机器学习算法分析工人工种、技能、薪酬和真实项目履历数据等多维度信息，从而精准地进行人脉推荐和招工找活。平台基于100多万名工人的个性化推荐数据，不断优化算法模型，提高推荐准确率和用户体验度。

（3）建筑劳务大数据分析技术。平台基于海量工人用工数据，如工人实名信息、工匠评价、工种、薪酬、项目履历、黑名单库等数据构建建筑行业劳务大数据解决方案，从数据采集、接入、清洗、存储计算、微服务等流程进行架构设计，并建立实时监控预警、统计分析、大数据星盘等应用，实现工人用工情况、薪酬发放情况、项目进度等信息的实时监控和分析。目前，该平台已为管理人员提供了100多万次用工预警记录，帮助其更加快速、准确地做出管理决策。

5）应用价值

（1）管理效益

①满足监管要求。墨计已自主对接了106个政府监管平台，结合供应商联盟完成全国区域覆盖。数据可按需同步分发至企业内部管理平台，满足企业内部管理需求。

②提高管理效率。该平台实现了信息化、规范化、集中化高效管理，实时分析数据，企业可通过一键整合、导出各类报表及存档资料，极大程度提高管理效率。截至2023年5月，平台上签署电子劳动合同超过100万人次，平台项目平均出勤率92%，工人教育累计学时1500万小时，平台核算劳务费超过500亿元，工资在线支付金额超人民币1000万元，合同签署效率提升11倍，平均节省劳务管理成本75%。

（2）经济效益

①降低用工成本。平台提供更多的机会和渠道，帮助更多工人获得就业机会。同时，企业根据多维度分析筛选，提高人才匹配度、快速招聘优质资源，降低企业用工风险及用工成本，提高企业经济效益。

②促进企业业务拓展。该平台汇集了供需双方海量人员，可在平台结识工程人脉，拓展项目机会。截至2023年5月，平台已经与1653家企业合作，服务超过24603个项目，沉淀超42万班组和超630万工人。

（3）社会效益

①保障工人权益，助力行业可持续健康发展。该平台协助企业管理规范化，为工人提供签订正规劳动合同、工资结算等服务，保障各方权益，为行业培养并留住优质人才，形成企业可持续发展能力。

②规避劳务纠纷。通过各环节在线协同及数据留存，企业和工人之间的沟通变得更加顺畅和透明，全流程形成完整证据链，有助于减少劳动争议。截至2023年5月，平台黑名单拦截次数超过53186次，劳务风险预警超百万次，有效规避劳务纠纷7632起。

③提高建筑质量。为企业提供更好的建筑工人资源，保证施工过程中的安全、质量和进度控制，从而提高建筑质量和项目成功率。

5.7　智能化行业监管服务平台

智能化行业监管服务平台是利用物联网、互联网、云计算、BIM等先进技术，实时采集施工现场人员、设备、质量、安全和环境数据，实现行业主管部门及各级责任主体对项目的信息化管理和智慧化监管。监管平台通过对智慧工地系统和业务监管系统的数据汇集、清洗、分析，形成监管决策BI，借助智能监管手段实现现场风险自动预警和智慧调度，综合评估项目生产动态，为监管执法提供数据支撑。

当前，各级地方政府行业监管部门大多实施推广了智能化行业监管服务平台，典型行业监管平台如表5-6所示，行业监管领域智能化应用在全国范围内不断普及，覆盖省、市、区县等多级行业监管部门，不同层级的监管部门有不同的监管模式和创新应用。

国内典型智能化行业监管服务平台　　表5-6

部门名称	平台名称	适用对象	主要功能
住建部	全国建筑市场监管公共服务平台	行业市场监管	基于“四库一平台”（企业数据库基本信息库、注册人员数据库基本信息库、工程项目数据库基本信息库、诚信信息数据库基本信息库、一体化服务平台）实现对全国建筑市场的全方位监管
深圳住建局	深圳市建设工程智能监管指挥中心	工程项目监管	工程项目在线动态监控、智能监测预警、电子远程执法、信息共享协同、应急联动联调
重庆住建局	重庆市房屋市政工程智慧工地管理平台	工程项目监管	安全管理、环境监测、设备管理、视频监控、建设方案评价
福建住建厅	福建省建设工程监管一体化平台	工程项目监管	工程项目全过程监管、工程项目质量检测、施工现场视频监控、工程款支付预警、智能分析
杭州滨江住建局	滨江区平安工地通平台	工地监管	建筑工地风险防范闭环处置的全流程管理

下文以杭州市滨江区“平安工地通平台”为例（图5-18），进行说明。杭州市滨江区坚持实战、实用、实效导向，以数字化改革为引领，积极推进“平安工地通平台”建设，破解工地监管痛点和难点，推动平安工地建设从静态向动态、从粗放向精细、从被动向主动、从滞后向超前转变，实现建筑工地风险防范闭环处置的全流程管理。

1）应用场景

平安工地通平台面向政府、企业、工友、公众4个群体，形成综合治理、企业管理服务、工人权益保障、社会监督4大应用场景。

（1）综合治理。在建设工地监管中，政府主管部门需要对审批、流转、检查、执法等业务进行闭环管控，促成一体化联合执法管理。平台包含码上办、码上看两个模块，前者支持质量监督、安全监管、人员管理、一体化执法、环境治理、工伤预防、进度督查、远程监控、危大工程、起重机械管理，后者可实时查看工地内视频监控，共同支撑高效、联动的政府监管治理。

（2）企业管理服务。建设过程涉及申请、登记、报告、咨询等多个环节的多项业务，以往大多依靠企业人员到政府部门逐个办理，费事费力。平台基于码上办、码上看、码上报、码上问等模块，为各参建主体提供了“一张表单申请、一个平台联办、一次不跑办成”的企业管理服务。

（3）工友权益保障。劳务纠纷、安全问题等是施工工地的常见问题。平台提供“一看就懂、一点就通、一键直达”的工人服务学习端，包含政策解读、影音教学、工友之星、平安测验、考勤查询、薪资查看、培训报名、投诉维权等功能，全方位服务工人，保障工人权益。

（4）公众参与监督。为推进高质量的项目建设、打造良好有公信力的市场环境，加强公众与社会对建设项目的全过程监督，尤为必要。平台为社会群众提供了查阅项目信息的窗口，方便公众对项目进行投诉建议、社会评价等，助力项目透明、高质量的建设。

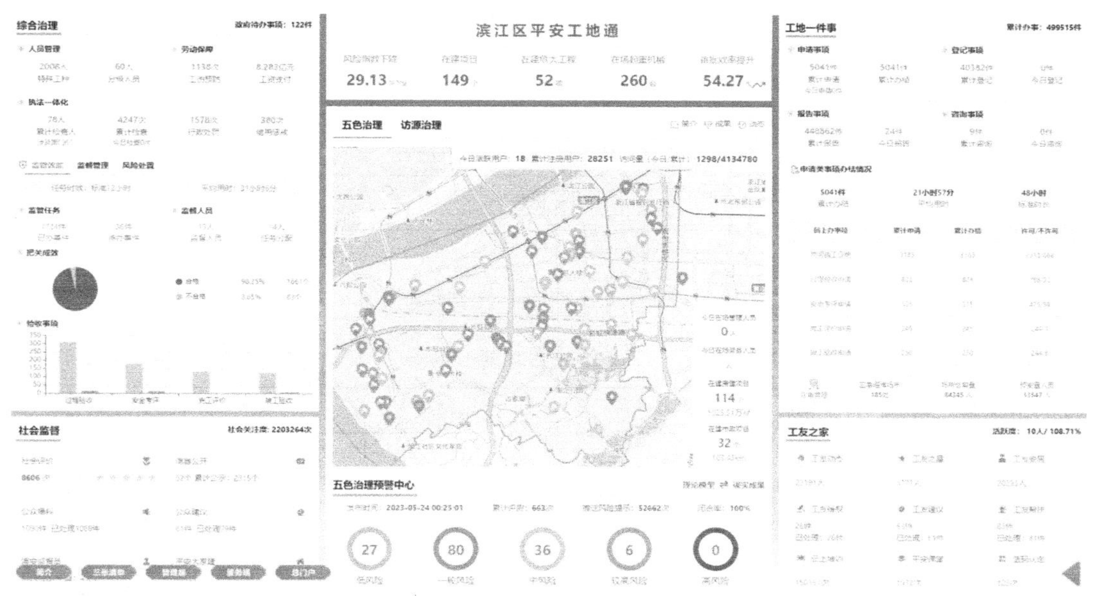

图 5-18　杭州滨江平安工地通平台展示示例

2）主要功能

平安工地通平台的整体架构分为支撑平台层、数据资源层、应用支撑层和业务应用层，如图 5-19 所示。支撑平台层主要利用浙江省政务专有云和一体化智能化公共平台基础底座，为项目提供基础能力；数据资源层主要通过汇聚行业相关数据，为平台建立数据底座；应用支撑层为平台运行提供支撑能力；基础应用层主要解决政府部门、施工企业、建筑工人、社会群众的核心需求，建设工友权益保障、政府监管协同、综合执法一体化、政府高效协同为企服务、工地文明施工以及公众参与工地治理等应用体系。同时基于各类业务数据沉淀、建立工地五色评价体系，实现工地分级管理。

该平台共设计综合治理、工地一件事、工友之家和社会监督 4 个一级模块、16 个二级模块、48 个功能点其中“综合治理”模块包含了质量监督、安全监管、人员管理、劳动保障、执法一体化、五色治理等项目监管功能和风险感知模块下的现场监控查看功能；工地一件事模块满足申请、登记、报告、咨询等企业管理服务需求；工友之家解决工人权益保障、能力提升、办事服务等场景需求；社会监督模块提供信息查询等功能、评价建议，如表 5-7 所示。

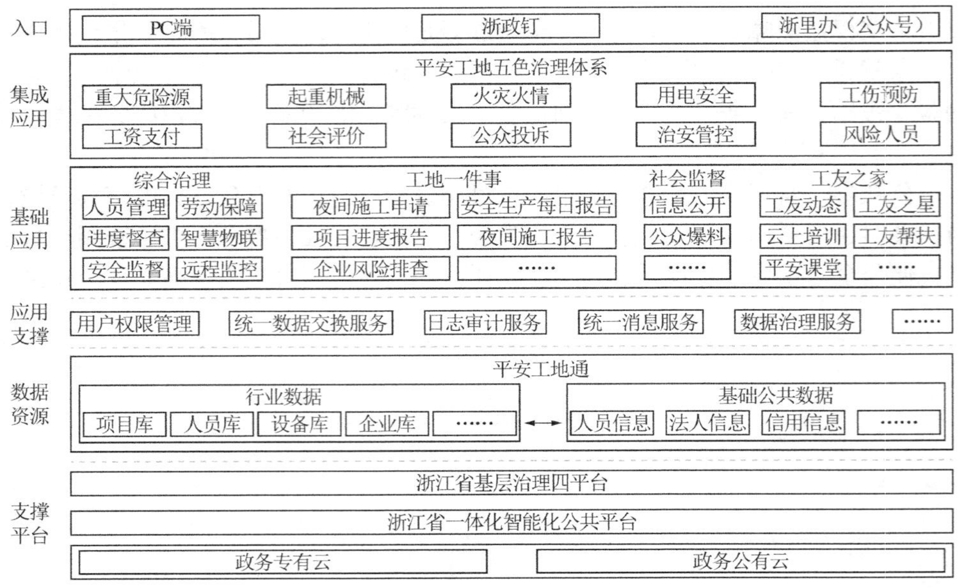

图 5-19　平安工地通平台功能架构图

平安工地通平台功能一览表　　　　**表 5-7**

一级模块	二级模块	功能点	一级模块	二级模块	功能点
综合治理	质量监督	监督交底	工地一件事	申请	夜间施工
		质量检测			质量验收
		过程验收			安全标准化
		竣工验收		登记	起重机械登记
	安全监管	安全检查			危大工程备案
		安全考评			避难场所登记
		完工评价			人员信息登记
	人员管理	分级人员管控			民工学校登记
		特种作业管理		报告	企业履职报告
		关键人员考勤			专项检查报告
	风险感知	起重机械监控			职工教育报告
		基坑施工监测			项目进度报告
		智慧用电监测		咨询	建设事项咨询
		施工扬尘监测	工友之家	权益保障	考勤查询
	劳动保障	工伤预防			薪资查询
		防欠薪			投诉建议

续表

一级模块	二级模块	功能点	一级模块	二级模块	功能点
综合治理	执法一体化	事项审批	工友之家	能力提升	培训报名
		综合执法			工友之星
		行政处罚			平安问答
		信用惩戒		办事服务	上岗登记
		访源治理			政策信息
	五色治理	评测成果发布	社会监督	信息查询	信息公开
		评测信息反馈		评价建议	社会评价
		评测成果审定			投诉建议

3）应用流程

（1）综合治理。综合治理场景功能主要面向政府部门监管人员，其具体使用流程如下：

①浙政钉扫码登录。各类政府用户通过浙政钉 APP 扫码登录，登录后根据用户角色展示相应功能模块。

②待办处置。对于各类需要当前用户处理或者审批的待办事项，用户进入系统后，在待办事项模块可逐条查看并点击进入办事页面进行办理。

③业务操作。用户进入相应模块进行业务功能操作，包含查看各类分析数据、现场视频、处理质安监督事项和一体化执法事项、填报整改处罚单、查看及处理企业申报事项、处理投诉维权事项等。

（2）工地一件事。工地一件事场景功能主要面向施工单位管理人员，其具体使用流程如下：

①手机扫码登录。各类企业用户通过扫工地码进入系统，登录后根据企业类型展示相应功能模块。

②事项办理。企业账号进入后根据需要办理相应业务，如提交验收申请、夜间施工申请、登记特种人员、上报企业履职报告等。

（3）工友之家。主要面向建筑工人，具体使用流程如下：

①手机扫码登录。建筑工人通过扫工地码进入系统，登录后可查看工友之家相关功能模块。

②事项办理。在工友之家模块，工友可以在线学习、在线答题、查看政策、查看考勤薪资数据、投诉维权等。

（4）社会监督。社会监督场景功能主要面向社会公众，具体使用流程如下：

①手机扫码登录。公众通过扫工地码进入社会监督模块。

②事项办理。在社会监督模块，公众可以查看项目基本情况、评价项目、针对项目进行投诉等操作。

4）技术特点

（1）充分利用已有基础设施能力。该平台的建设，充分利用了政府政务云基础云平台、一体化公共数据共享平台等已有基础平台能力，为平台的快速搭建和业务协同提供了能力保障。

（2）打造“多跨协同”治理体系。该平台的建设，围绕“多跨协同”理念，对 4 个部门 10 大类 31 项核心业务进行细化梳理和流程再造，打破原先各部门条线为战的传统模式，建立跨部门的联合治理新模式，实现业务的多跨协同。

（3）充分运用物联感知体系。针对建设工程事前监管弱的痛点，该平台积极运用现有物联感知技术，对在建工程的危大工程、塔式起重机、人货梯、深基坑、用电、文明施工等环节应用物联感知设备，实时监测现场情况，一旦有异常或违规操作及时报警并进行闭环处置，实现了隐患的提前发现、提前处置。

（4）充分运用大数据分析技术。该平台重大危险源、访源治理、劳动保障、治安风险、火灾风险、安全风险 6 个方面 10 个指标，形成“平安工地五色分级治理体系”，采集工地对应风险指数信息，综合运算后呈现工程项目“红、橙、黄、蓝、绿”五色分级状态，为实施综合治理、精密管控提供大数据支撑。

5）应用价值

政府部门执法效能和治理能力双提升，实现“三升三降”。

（1）风险智治能力提升，风险指数下降 44.66%。自 2021 年 5 月应用以来，累计 6 个部门共享执法信息 4868 件，抓取违规线索 44 件，核查立案 12 起，转化率 27%，补齐多部门联合执法短板。

（2）惠企服务能力提升，审批用时下降 89%。以“夜间施工申请”为例，原来需企业线下办理，住建、环保等多部门审批，时间至少要两天，改为线上办理后，时间缩短为 5h 左右，缩减了企业办事成本提高了办事时效。至今，平台已累计为企业办事服务 49.9 万余次。

（3）平安治理能力提升，未实名人员下降至 20%。实现了工程欠薪、工伤预防、施工扰民等矛盾纠纷化解关口前移建筑企业办事零跑路，畅通了公众和工友的投诉维权渠道，施工企业、公众、建筑工友获得感和满意度双增强，为平安建设提供了宣传学习窗口。

5.8　应用案例

5.8.1　武汉硚口易家墩项目的装配式建筑一体化管理实践

1）工程简介

武汉硚口易家墩村还建房项目（以下简称“易家墩项目”）位于湖北省武汉市硚口区，项目占地面积约 5.85 万 m^2，总建筑面积约 32.69 万 m^2，地上建筑面积 24.23 万 m^2，地下建筑面积 8.44 万 m^2，总投资额 14.84 亿元。主要建设内容包括 11 栋 26～45 层高层、超高层住宅建筑、公共服务设施、配套邮政支局等，如图 5-20 所示。其中 100m 以下住宅楼栋采用 PC 构件装配式建筑，装配率 50%，楼板均采用水平叠合板。

项目采用工程总承包（EPC）模式，由中建三局集团有限公司（简称“中建三局”）和中信建筑设计研究总院有限公司（简称“中信设计”）联合承包，中建三局科创公司（简称“科创公司”）具体施工，总工期为 1038 个日历天。项目全周期应用装配式建筑一体化云协同管理平台进行管理，取得了良好效果，入选全国智能建造示范标杆项目和2022年度工程建设行业信息化典型案例。

图 5-20 项目效果图

2）应用准备

科创公司过去在PC预制构件的设计、生产、仓储、供应、施工等业务板块上，通过研究参数化设计、柔性生产、整装整运、同步供货、高效建造等相关技术，建立起了各业务板块内部的业务流程和信息流程，辅以相应的信息化系统，初步实现了各板块内部的标准化管理。但从以往的实践中发现，在全供应链整体协作层面依然存在信息不对称、流转效率低的问题。为打破设计—生产—仓储—供应—施工全过程中的技术及信息壁垒，及时、准确地供应PC构件保障施工进度，科创公司整合已有研究成果，全过程应用装配式建筑一体化云协同管理平台。依靠该平台的云协同功能，装配式预制构件从设计到安装形成信息闭环，实现供应链全过程信息的协同共享及过程可追溯，进一步推动装配式建筑行业向信息化、智能化方向升级转型。

3）应用过程

装配式建筑一体化云协同管理平台在易家墩项目中的应用含以下5个方面：

（1）模块化参数化设计

项目4栋高层为装配式建筑，在设计阶段采用基于BIM技术的装配式拆分设计（图5-21）、基于标准模块的装配式建筑深化设计（图5-22）和基于BIM技术的设计检验及预装配技术（图5-23）进行模块化、参数化的三维设计，实现以建筑系统为基础，结构系统、机电系统和装修系统互相配合的一体化协同设计，从而实现设计、分析、检验、模拟装配的全过程一体化整合，彻底解决构件之间、钢筋之间、管线之间的碰撞问题，提高设计效率和精准度。设计完成的BIM模型被上传至云协同管理平台，为项目后续的管理提供指导。

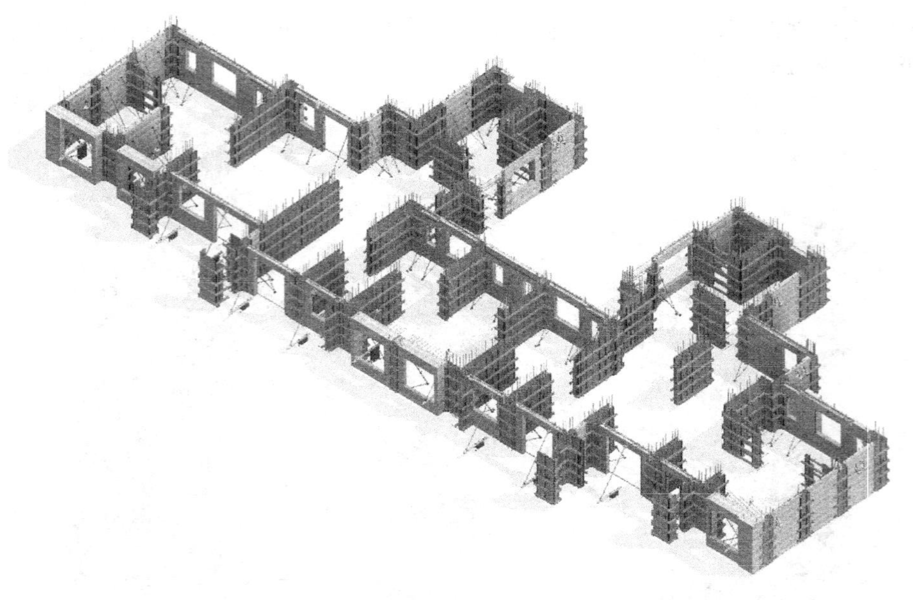

图 5-21　基于 BIM 技术的装配式拆分设计示意图

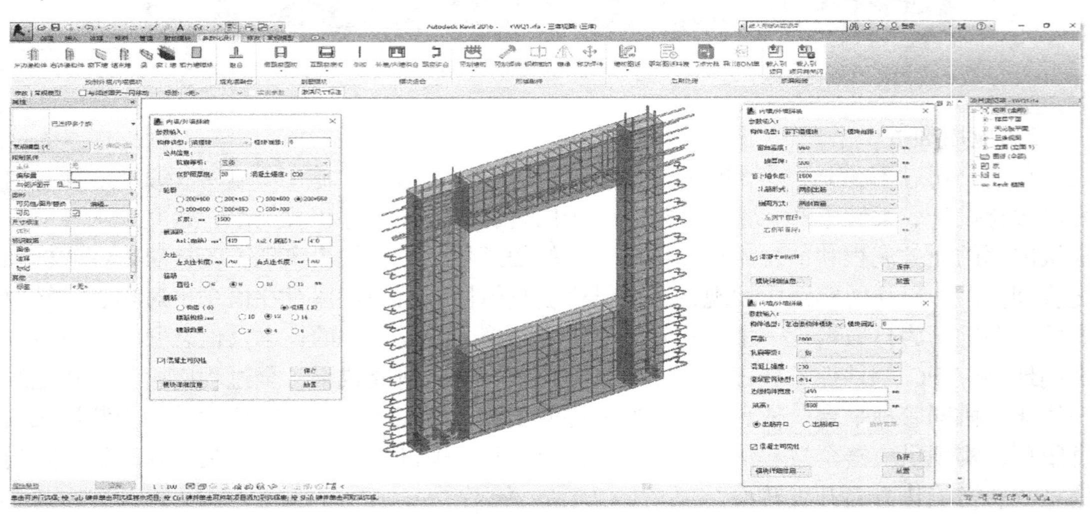

图 5-22　基于标准模块的装配式建筑深化设计软件操作界面

（2）预制构件生产管理

根据项目 BIM 模型提供的信息，云协同管理平台生成叠合板订单信息并发送至汉南装配式 PC 工厂（简称“汉南厂”）。针对预制构件生产中存在的小批量定制、脉动式生产调度难的问题，汉南厂采用以预制混凝土构件生产执行管理系统（Precast Concrete Manufacturing Execution System，PC-MES）为指导的叠合板全自动流水生产，如图 5-24 所示，以预制构件智能验收、智能喷淋养护等技术为辅助手段进行构件生产管理。该系统的管理指令可精确到单个工位、单个工人、单批物料，实现了生产线的数字化管理，大幅减轻人工管理的劳动强度，并提高管理动作的实时性。

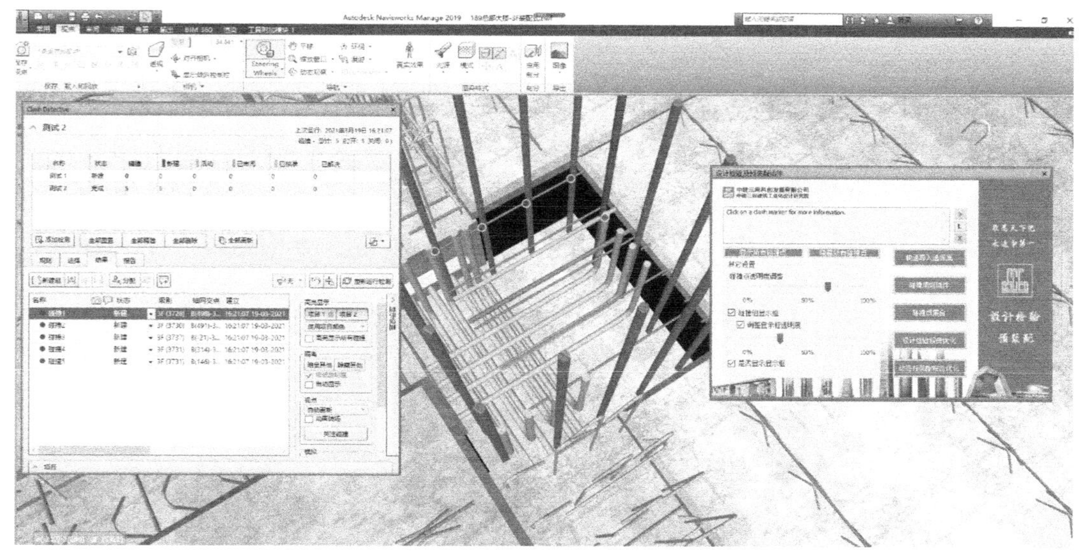

图 5-23 基于 BIM 技术的设计检验及预装配软件操作界面

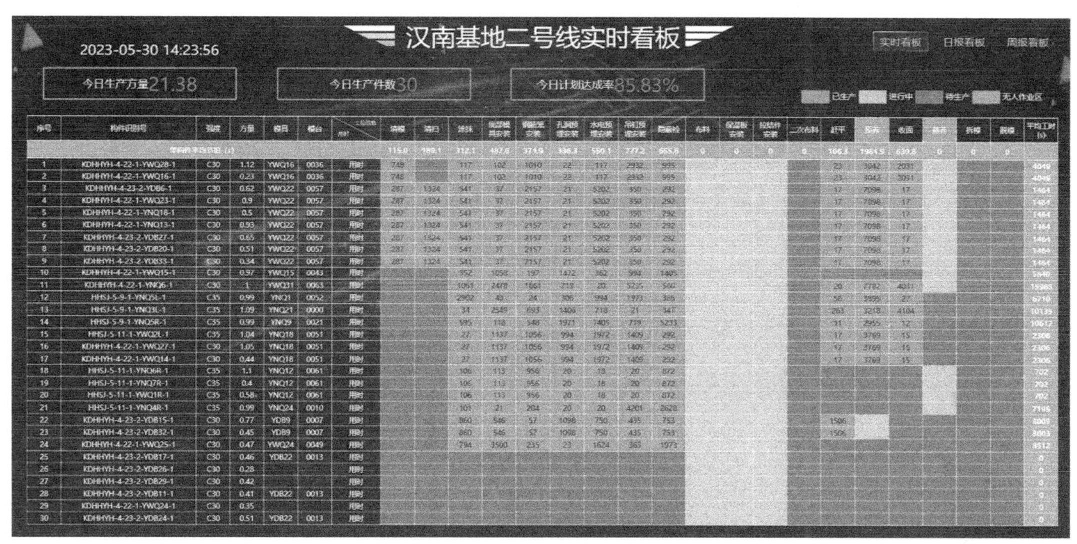

图 5-24 PC-MES 生产执行管理系统管理大屏

（3）仓储管理

预制构件如在生产过程中不是整层生产，堆放时容易出现质量问题，入库、存放、出库、运输过程中效率低下。针对此类问题，科创公司以企业标准《预制构件整层堆放标准》为依据，基于项目实际需求，采用预制构件整层堆放技术，对叠合板进行整层生产与整层堆放，保证叠合板在堆放过程的质量与安全。

汉南厂应用仓储管理系统对堆场进行可视化管理，包括库房库位管理、现有库存管理、成品入库、成品出库、成品退库、发货计划、装车验证、统计报表等，构件出厂实行信息化管理，包括发货计划、发货单生成、扫码装车、构件转用、发货单打印、发货退回、发货明细查询等。构件库存信息在云协同平台上实时更新。厂内构件出库的同时云协同平台自动触发生产指令给生产线，开始生产下一标准层预制构件，可实现构件供应的动态平衡。

（4）供应管理

同时，针对施工计划-供应计划脱节，堆场运转效率低、库存占用高的问题，云协同平台内置 PC-构件供应管理系统（图 5-25、图 5-26），以现场需求为导向，对构件的要货、装车、出库、运输、收货进行全流程的管理，应用构件整装整运技术，实现预制构件高效供应，解决预制构件仓储供应信息管理问题。

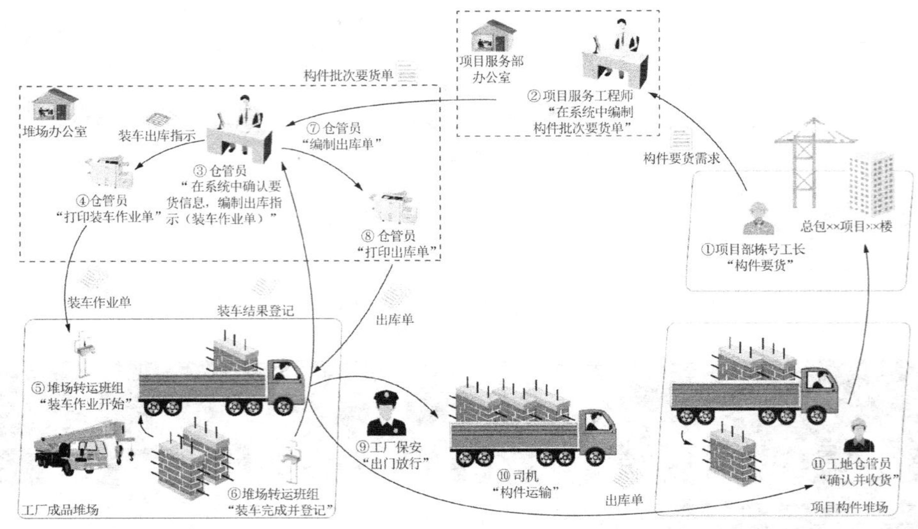

图 5-25　PC-构件供应管理系统实物与信息流示意图

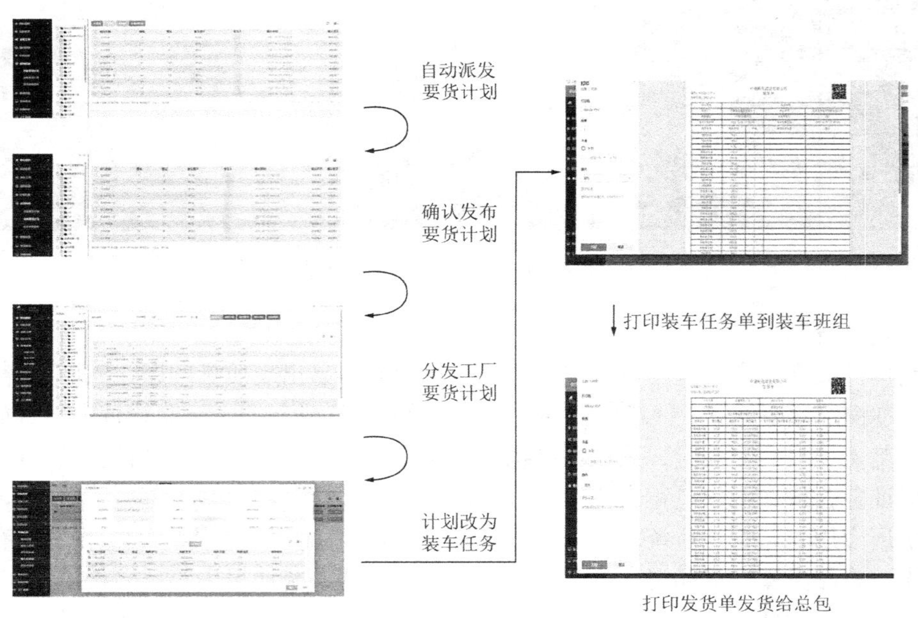

图 5-26　PC-构件供应管理系统使用流程示意图

（5）施工管理

针对施工现场计划指令不够明确、工序衔接不够高效、责任划分不够清晰、现场反馈不够及时的问题，使用工序穿插组织及管理技术，通过云协同平台精细化施工系统（图 5-27）进行现场施工管理，实现了从项目信息维护、模型信息维护、模板管理、任务一键下发、构件要货清单自动生成、实时反馈现场施工进度等的全流程数字化，提升了管理效率及准确率。

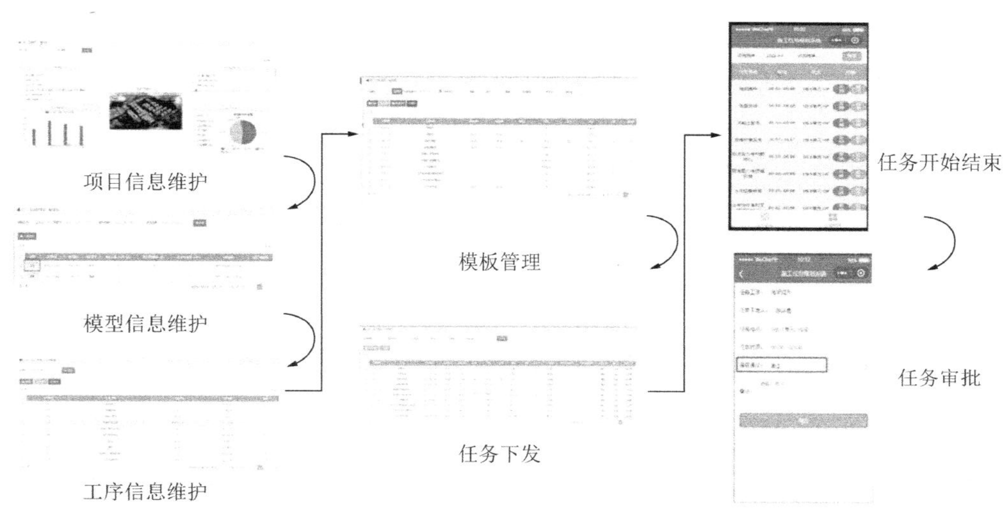

图 5-27 精细化施工系统使用流程示意图

4）应用效果

通过应用云协同平台，易家墩项目实现了构件设计、生产、供应、施工各阶段全方位提效。设计阶段，使深化设计时长减少 80%/张，设计周期由 30d 降低为 5d，降低设计成本 47.5 元/m^3；生产阶段，人均工效由 1.18m^3/人工日提升至 2m^3/人工日，流水节拍由 28 分钟/模台提升至 18min/模台，人工成本由 300 元/m^3 降低至 215 元/m^3，管理人员由 8 人/线减少至 3 人/线，模具数量减少 50%，模具周转次数提升 2 倍，成本降低 40.7 元/m^3；供应阶段，供货周期缩短 20%，供货计划达成率提升 30%，构件查找时间缩短 30%，辅助减少库存资金占用 10%，提升库存周转率，节省场地租赁及管理费用，降低库存资金占用成本；在施工阶段，现场库存占比减少 15%，提升现场施工管理效率 10%。

5.8.2 上海宝冶数字项目集成管理实践

1）工程简介

上海宝冶集团有限公司（以下简称“上海宝冶”）作为建筑施工领域的领军企业，较早地开展了企业的信息化建设。为应对企业内部不同的业务和管理需要，公司先后上线了多套信息化系统，在提升工作效率、规范业务操作、节省项目成本等方面均取得了阶段性成果，成为建筑行业信息化建设的先行者。随着中国经济由高速增长向高质量发展的转变，上海宝冶从项目部到集团，各层级对精细化管理提出更高的目标，这就要求公司必须充分运用新一代信息技术和数字化手段，进一步提升企业的经营质量和管理水平。自 2019 年起，公司系统谋划、持续推进项目管控信息平台建设，进而打造企业一体化信息协同集成平台。

2）应用准备

上海宝冶规划建设的项目管控信息平台整体架构如图5-28所示，以数字化平台为基础，通过横向打通部门间的业务协同、流程互联、数据互通，完成业财一体化数据融合；纵向打通项目部、分子公司和集团的三级数据，完成项企一体化数据融合。通过数据集中管理，实现基础数据的标准化、规范化管理，建设数据驱动型决策体系，为决策层、管控层、项目层对项目的全面管控提供强有力的支撑，帮助实现企业管理集约化、项目管理精益化、现场管理智慧化的管理目标，提高企业核心竞争力[8]。

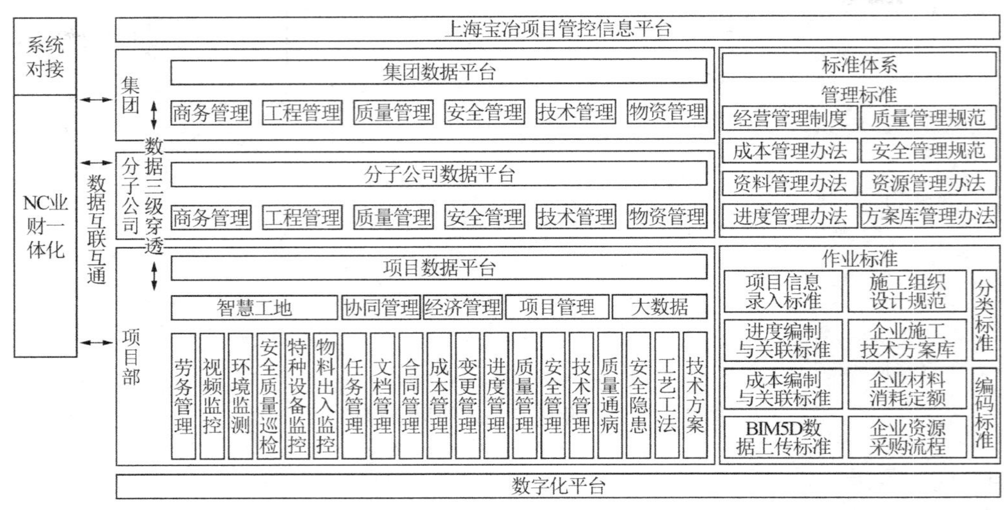

图5-28　项目管控信息平台整体架构

项目管控信息平台的建设遵循“统一规划、统一标准、统一建设、统一管理”的数字化建设原则，由集团自上而下系统规划，从平台架构、数据架构等方面整体考虑，在进行顶层设计的时候，就将项目管控信息平台与财务系统的直连问题以及平台与各部门间的协同等问题全面考虑进去，进行统筹规划部署，以满足企业对下级业务单元的管控需求。在规划架构的同时，明确组织、人员、岗位职责，并建立合理、规范的项目管理制度，为快速推进项目管控信息平台的建设保驾护航。同时，公司建立了“两个层级、三大集中、多级管控”的项目管控信息平台的管理目标，推进项目管控信息平台的全面升级。

3）应用过程

上海宝冶与广联达联合成立项目管控信息平台建设项目组，按照先进行智慧工地系统建设，然后进行非经济线项目管理系统建设，再进行经济线项目管理系统、企业BI系统建设的节奏，推进项目管控信息平台系统建设。

（1）需求调研阶段。2019年12月项目组启动对上海宝冶各业务线的需求调研，2020年5月完成智慧工地、非经济线项目管理系统调研，2020年9月完成经济线项目管理系统、企业BI系统的需求调研，2020年12月完成业务数据与财务数据打通的需求调研。

（2）系统开发部署阶段。2020年1月启动数字化平台部署前的基础数据准备，2020年

3月完成智慧报表测试环境搭建，2020年5月完成智慧报表和项目管理平台在正式环境中的部署。

（3）上线试运行阶段。2020年5月智慧工地启动第一批项目试点，2020年10月选取9个项目开展项目管理系统的试点工作。

（4）应用推广阶段。2020年12月项目管控信息平台系统全面上线推广，2021年3月企业BI系统正式上线运行，2021年7月实现业务数据与财务数据的一体化流程打通。

4）应用效果

（1）为管理和业务提供强有力的支撑，满足企业各层级精细化管理需求。对于企业经营层来说，通过BI大数据分析，可以有效提高企业经营层的战略制定和决策能力，辅助智慧决策。

（2）构建标准化管理体系，推动集团管理制度有效落地。通过对集团整体的业务流程、审核流程、业务报表、资源库、岗位、权限、安全隐患库、质量问题库、合同范本、文档模板的标准化管理和知识库的建立，建设标准化管理体系，推动集团管理制度有效落地执行，同时，通过数据的集中统一管理，形成企业数据资产中心，为企业战略管控和智慧决策赋能，提升集团整体的运营管控能力。

（3）通过PDCA（计划、执行、检查、整改）过程管理跟踪，形成管理闭环。平台自上而下设计，自下而上汇集，指标动态生成，结果自动汇集。通过平台做到事前有目标，有计划，有预算，事中有执行、有反馈、有调整，事后有考核、有评估、有核算，通过数据良性循环，最终形成管理闭环，实现实时有呈现，件件有回应，帮助企业实现精细化管理。

5.8.3 深圳市建设工程质量安全智能监管平台应用实践

1）项目概况

目前，深圳住建、交通、水务等各类在建工程项目共2282个，总建筑面积约12286多m^2，轨道交通总长度286.65km。建筑工地点多、线长、量大、面广，高、精、尖、难工程项目不断涌现。深圳已有16条地铁投入运行，总里程达546.89km。深圳地铁和地下道路建设强度大，有200多台盾构机在同时推进。全球直径大小前25的盾构机有18台在中国，6台在深圳。深圳全市约有建筑工人200多万，平均年龄46岁，主要为小学、初中学历。受人员流动性大、老龄化严重、安全意识差、技能素质低等诸多因素影响，建筑工人的安全教育及管理问题一直是行业监管的重点、难点和痛点。

近年来，深圳建筑业生产总值和施工建筑面积年均增速分别为10.8%和5.7%，但监督队伍编制却未增长。针对施工过程中存在的人员履职行为难追溯，现场数据不及时不真实，现场与资料两张皮等问题，在有限监管资源难以增加的情况下，亟需通过科技手段提高监管效能，实现从“人防”到“技防”的转变。

针对这种情况，深圳市住房和建设局与深圳市城市公共安全技术研究院有限公司、深圳城安软通科技集团有限公司开展合作，充分发挥两家企业在城市公共安全与数字建造领域的优势，开发上线了深圳市建设工程质量安全智能监管平台，配套相应的技术标准及规范，在全国首次实现了监管级、企业级数据与项目级互联互通，并且构建了云端协同的远程电子执法模式，荣获“2021智慧城市先锋榜优秀应用案例一等奖”。

2）应用准备

深圳市围绕建设工程监管手段与管理模式遇到的问题与技术瓶颈，充分运用物联网、遥感、全球定位、大数据、人工智能、移动互联网等先进信息化技术，构建全方位感知和可信的数据传输体系，建立起建设工程领域电子执法新模式。通过配套相应标准及规范，明确了市级层面统管的建设工程质量安全智能监管平台整体技术架构与设计逻辑。以实现大数据展示、远程电子执法、线上视频巡查、智能监测预警、应急联动联调、远程视频抓拍、劳务人员实名制与分账制等核心功能为目标，打造市区两级多主体参与的建设工程质量安全监管“一张网”，实现数据信息共享化、监督执法电子化、隐患排查信息化、从业人员数字化、危大工程可视化、监测预警智能化、现场管理可溯化。

深圳市建设工程质量安全智能监管平台总体架构和业务设计如图5-29所示，平台以实施指导制度体系和应用技术标准体系为支撑，通过表示层、业务应用层、应用支撑层、数据总线、数据层和基础设施层六层架构，实现建设工程质量安全的综合监管。

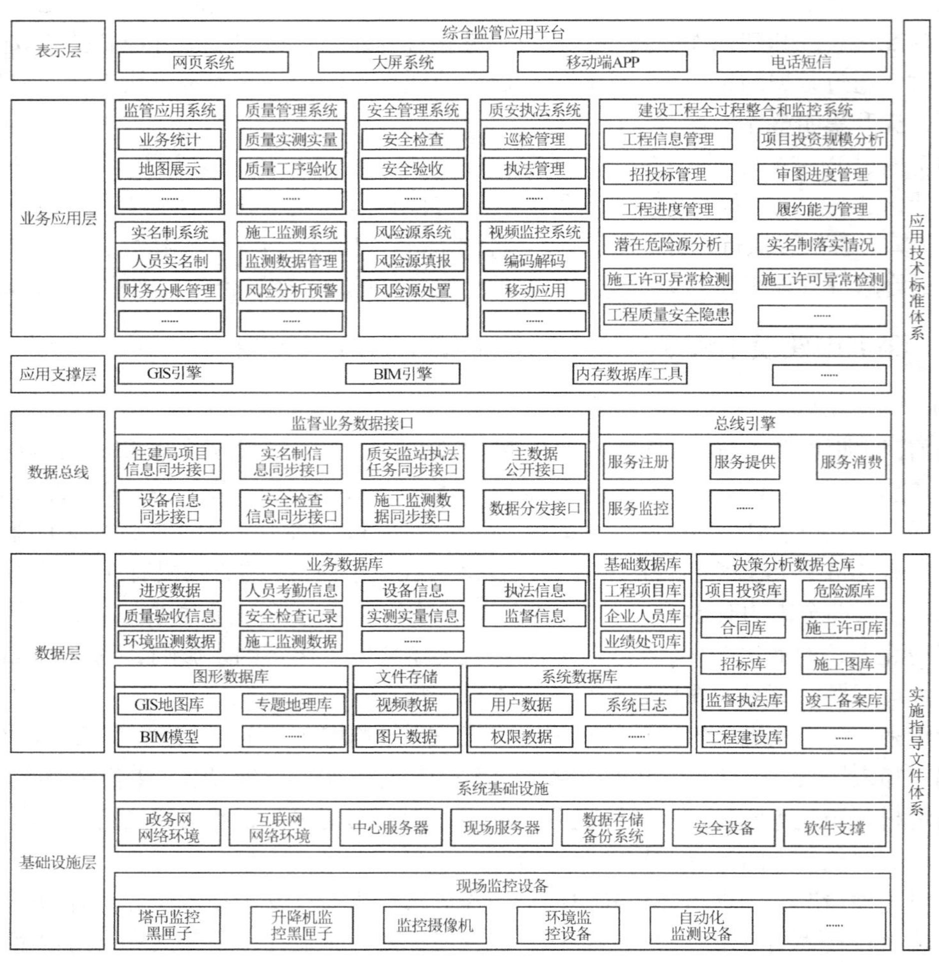

图5-29　深圳市建设工程质量安全智能监管平台总体构架

3）应用过程

（1）构建建设工程安全监管城市级感知和传输架构体系

针对市域范围内建设工程安全防控面临的工地众多、设备繁杂、接口不一等数据接入与整合难题，深圳市在国内率先提出建设工程安全监管城市级感知和传输架构体系（图 5-30），实现数据端融合关联，设备端统一管理，传输端统一标准。通过集成物联网、生物识别、AI 图像识别、GPS 等关键技术，建立基于“设备、工地物联网网关、云端平台”三层架构的感知传输体系，实现全市在建工程项目施工机械设备、人员行为、现场环境等的实时感知，为建设工程全方位风险防控预警和科学管理提供数据支撑。

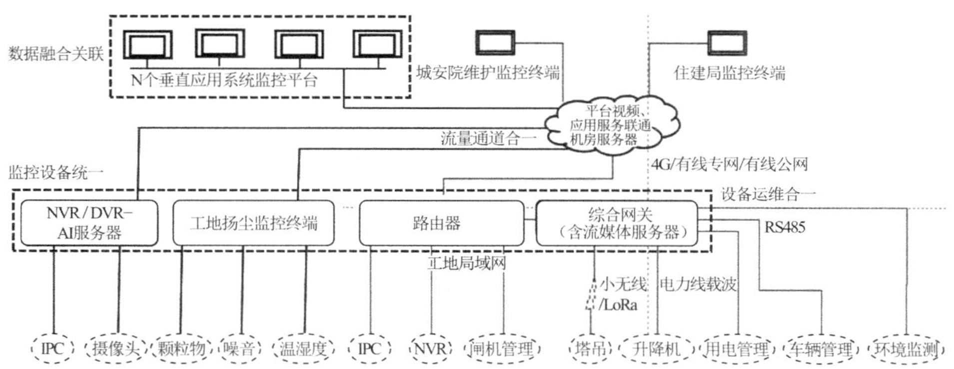

图 5-30 建设工程安全监管城市级感知传输体系

①设备层。建筑施工现场运用物联网技术手段实现对塔式起重机超载、倾斜、力矩、转角数据实时监测；对升降机防坠设备在位情况、载重、上下限位数据实时监测；对二级配电箱漏电、过载、过热数据实时监测等，通过后端统一管理塔式起重机、升降机、深基坑、配电箱、建筑材料运输车辆、门禁闸机等设备和重大危险源的安全运行状态。

②工地物联网网关。创新设计新型建设工程专用物联网网关（图 5-31），工地物联网设备直连网关，杜绝了物联网数据被篡改的可能，保障了项目工地现场监测数据的原始性、可靠性与快捷性。

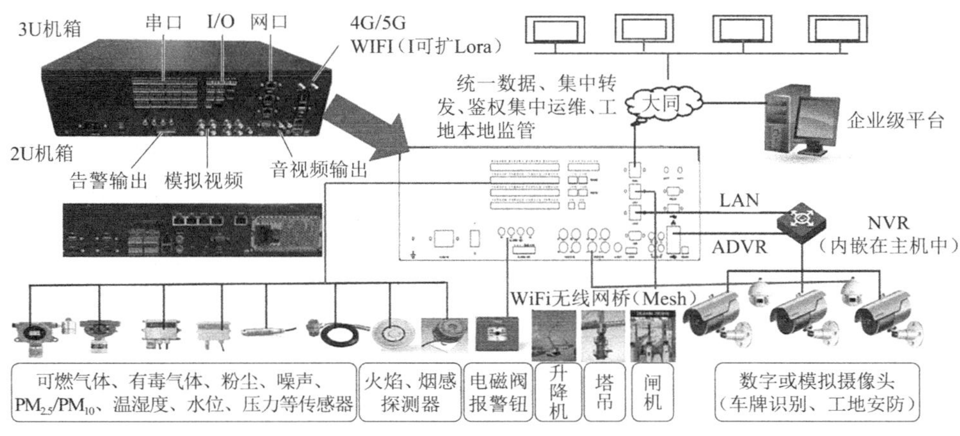

图 5-31 新型建设工程专用物联网网关

③云端平台。制定标准，为平台数据汇聚做好准备。制定全市统一的建设工程安全文明施工标准、监控设备硬件配置标准和信息采集传输标准，如深圳市《建设工程安全文明

施工标准》SJG-46—2018、《建设工程质量安全智能监管平台数据接口规范》《施工升降机安全监控设备配备标准及安装指引》《塔式起重机安全监控设备配备标准及安装指引》等相关技术标准，描述了智慧工地建设中视频监控、实名制、机械设备、环境监测、盾构施工等方面的数据采集标准，解决了建设工程设备种类多、数据整合难等问题，为建筑施工安全大数据汇聚、分析和预警提供统一标准基础。

（2）打造市域云端协同全过程监管技术体系

在国内率先建立了基于智能分析的云端协同全过程监管技术体系（图5-32），将人员、车辆、建筑物信息收集到实名制系统、建筑废弃物管理系统和地铁周边检测系统中，通过统一标准数据接口，汇集到市住建局云数据库。同时数据库接入各市、区业务系统和安全大数据平台，提供智能分析和预警功能，为管理决策提供数据支持。

图5-32　云端协同全过程监管技术体系

（3）建设过程全过程管理

利用移动互联网技术和GPS技术，集成手机巡检、作业小视频、培训小视频等技术手段，实现了建设工程的现场资料、方案、作业、巡检的全过程数字化管理。

通过自动建立隐患排查电子台账，隐患照片上传、图纸原位标注，精准记录隐患位置，实现了隐患精准定位。通过日常排查工作电子化，按部位、工序、专业实时统计研判，明晰隐患排查整改重难点，提高了排查效率，规范了排查行为，保证了排查的实效性。排查、整改、确认、闭合等工作责任到人，从问题发现到整改闭合，实现流程化、可视化的问题管理闭环。

通过同步上传安全专项方案、技术交底文件、三层三级检查记录、班前教育短视频、检测报告、检验报告、日常巡检记录、作业指令、作业短视频、检查验收记录等，实现了关键作业过程留痕、大型设备检测检验过程留痕以及档案电子化。通过工程档案统一用表自动导出、施工图批量导入，实现了执法文书电子化自动生成。

（4）落实企业级安全纠察和项目级安全巡查

集成移动客户端、智能安全帽、智能对讲机等终端设备，建立了企业级安全纠察和项目级安全巡查技术方法与流程，配套信息化系统。企业采用系统的安全隐患排查、安全巡查纠察等模块，实现安全隐患排查整改闭环管理，自动建立隐患排查电子台账，实时记录隐患排查整治情况，同时通过智能手机、智能安全帽的定位信息，记录纠察和巡查的工作路线、操作位置。通过隐患照片上传、图纸原位标注、问题整改到人，把“三层三级”的自查自纠（项目安全小组的日检、项目管理机构的周检、项目参建单位的联合月检）、项目安全纠察队、企业巡查队等履职履责行为落实到个人，并实现了可溯化管理，有效落实了企业主体责任和个人责任。

（5）实现基于 AI 的智能分析和监测预警

集成视频和图像的人证合一验证、特种作业人员证件真伪识别、不安全行为发现等智能分析技术，建立了预警平台及分发体系，实现了自动化监测和远程预警。应用生物识别进行人员身份信息确认，采用人脸识别闸机、指纹等方式进行实名制记录，应用车牌自动识别进行泥头车出入场信息确认。通过视频图像自动识别工人的不安全行为，如未佩戴安全帽、未穿戴反光衣、行人非法闯入、吸烟、裸土未覆盖等，实现了不安全行为、履职不规范（不合格）人员、设备运行状况异常等安全隐患的早发现早处置。根据项目安全状况、隐患排查信息、监督执法信息进行分类分级，将项目分为好、中、差三类，红、橙、黄三级，实现项目分级管理。

（6）创新建设工程领域电子执法模式

执法人员通过建设工程领域新型电子执法 APP 平台进行远程电子执法。APP 平台被导入执法事项电子化清单，统一执法标准，应用现场摄像头对项目经理、项目总监等关键人员进行视频点名，对现场不安全行为进行远程高效抓拍。执法人员按清单内容开展执法检查，按清单条目选择问题记录，规范了执法处理尺度，减少了自由裁量权，并结合监督检查频率、隐患排查问题闭合率、关键岗位人员到岗率、大型设备运行故障率、环境监测报警率，确定优先级别，实现精准配置执法资源，建立了全新的建设工程领域电子执法模式，解决了安全监管资源难题，提高了安全管理效率。

4）应用效果

本项目研究成果已在深圳市深度应用和业务化运行，系统及终端在市/区两级住建局管理部门、交通和水务部门进行应用，接入建筑工地 2282 个、工地视频 9776 路，覆盖 200 多万建筑产业工人。成果应用有效提升了建筑工地安全监管的精细化水平和工作效率，建立了长效保障机制，降低了行政监管成本，有效遏制了关键管理人员不到岗履职等乱象，强化了工地重大危险源监测和预警能力，提高了深圳全市的城市公共安全水平。

（1）降低了建筑施工安全风险

通过构建建设工程安全监管全方位、一体化、全过程实时监管体系，完善了建筑施工信息化监管管理办法、实施标准、技术标准，提高了监管效率与监管成效，有力督促了参建单位落实法律法规的主体责任，规范了参建单位的市场行为，大幅度降低了建筑施工安全风险，在建筑施工行业形成了有效的“风险分级管控、隐患排查治理”双重预防机制与建筑施工安全生产标准化体系。

（2）提升了建设工程实时监管精细化水平和工作效率

实现了“人、机、料、法、环”全要素数字化管理，对各种违规、违法行为和安全风险自动发送警报，为科学管理和联合执法提供服务与支撑，全面提升了各部门监管工作效率、降低了监管行政成本，有效遏制了建设工地现场“人”的不安全行为和“物”的不安全状态。

（3）保障了建设工人的合法权益，维护了社会稳定的大局

通过建筑从业人员实名制与分账制管理系统，借助信息技术手段对施工从业人员进行实名认证，对人员关键信息记录存档，包括人员考勤、教育培训、工资发放、合同签订等。解决施工从业者工资拖欠问题，保障施工从业者工资按月足额发放。施工过程的参与各方需要配合政府监管，留存工资发放凭证记录。

参 考 文 献

[1] 项勇，冉先进，魏军林，等. 互联网+建筑：产业转型升级路径研究[M]. 北京：中国经济出版社，2018.

[2] 住房和城乡建设部关于印发“十四五”建筑业发展规划的通知. [EB/OL]. [2022-01-25]. https://www.mohurd.gov.cn/gongkai/zhengce/zhengcefilelib/202201/20220125_764285.html.

[3] 文洋. 产业互联网如何实现“存量变革”[N]. 学习时报，2019-08-09(8).

[4] 闫德利，吴绪亮等. 产业互联网[M]. 北京：电子工业出版社，2020.

[5] 胡睿. 建筑产业互联网平台架构与应用路径研究[EB/OL] [2022-11-25]. https://mp.pdnews.cn/Pc/ArtInfoApi/article?id=32542097.

[6] 王鹏翊. 项企一体化助力建筑产业数字化变革[J]. 中国建设信息化，2020(22): 14-19.

[7] 王勇. 工程项目数字一体化建造探索与实践[C]//第七届全国 BIM 学术会议论文集. 中国建筑工业出版社，2021: 522-526.

[8] 本刊编辑部. 上海宝冶项企一体数字化实践[J]. 中国建设信息化，2021(14): 16-17.

第 6 章　建筑机器人新系统

6.1　概述

作为典型的劳动密集型行业，建筑业依赖人工、半机械辅助的传统作业方式严重阻碍了其高质量发展。长期以来，建筑业具有“危、繁、脏、重”的属性[1]，带来工人劳动条件差、劳动强度大、生产效率低下、质量难保证、安全风险高等一系列问题。随着人口红利消失和劳动力老龄化加剧，建筑业的传统作业方式难以为继，更无法助力建筑业的数字化转型升级。

近年来，随着人工智能、数据处理等相关技术的发展，以及机器人软硬件的优化，建筑生产与施工开始有了一定程度的自动化发展，建筑机器人等智能系统正在成为建筑领域的新晋角色，大幅度降低了施工劳动强度，提高了建造效率和建筑产品质量。

建筑机器人根据所处工作环境，可分为现场类建筑机器人和工厂类建筑机器人[2]。其中，现场类建筑机器人主要指在建筑施工现场进行各种工作任务的机器人系统。它们通过自主导航、感知和执行能力，能够在复杂的施工环境中完成各种任务，如搬运重物、砌砖、涂抹、焊接等。工厂类建筑机器人是指在建筑工业化生产过程中使用的机器人系统，主要用于在工厂环境中进行建筑构件的制造、组装和加工等工艺过程。

传统的建筑机器人大多面向单一、重复性的任务开发，主要负责单场景、单点作业，存在人员操作依赖性强、效率提升度偏低、数据孤岛严重等诸多问题。为解决这些问题，一些厂商开始研发基于全局指挥的建筑机器人新系统，以智能化技术提升多个机器人间的自主协同，降低对人员操作的依赖，促进降本增效。一般来说，建筑机器人新系统具备以下三项基本要素：

（1）数字化

数据驱动与贯通是建筑机器人新系统发挥作用的基本前提。如设计数字化，采用 BIM 技术将建筑物空间数据、部品部件及构造材料信息等静态基础信息传递至建造全过程应用。再如管理数字化，通过智能建造项目数字管理平台，集成建造过程中的成本、采购、施工动态基础数据，为建筑机器人助力生产与施工提供全方面的数据驱动，如材料数据的数字化管理，实现材料供给、使用、损耗、需求的全方位管理数字化。

（2）网络化。通过网络化的手段，实现各类建筑机器人的互联、机器人之间的信息共享和协调，为实现生产与建造过程中的联动和协同作业提供基础。

（3）智能化。基于上述数字化和网络化，实现建筑设计、计划排程、材料管理、施工管理等上下游管理的互联互通。根据任务的需要智能化制定机器人集群（多机器人间）

的协同策略，包括任务分配、资源优化、路径规划等，保证机器人之间协同作业的高效、稳定。

6.2 现场类建筑机器人

6.2.1 现场类建筑机器人分类

按照用途，现场类建筑机器人可分为现场类施工建筑机器人和现场类辅助建筑机器人。其中，现场类施工建筑机器人主要用于建筑实体的施工建设，如用于建筑主体施工的各种整平机器人、用于建筑装修的室内喷涂机器人等。现场类辅助建筑机器人主要服务于施工所需的工作面测量、成品料加工、过程运输、质量检测等环节，代表产品有中建三局测量机器人[3]、博智林通用物流机器人[4]等，如表 6-1 所示。

常用的现场类建筑机器人（部分）　　表 6-1

类型	厂家名称	主要产品	核心特点
现场类施工建筑机器人	博智林	智能布料机器人、地面整平机器人、地面磨平机器人、墙板安装机器人、砂浆喷涂机器人、腻子涂敷机器人、混凝土内墙面打磨机器人、墙（地）砖铺贴机器人	具有自主研发、技术创新、丰富的产品线、工地测试应用和全系统解决方案，产品覆盖建造全生命周期
	大方智能	DM800 地面研磨机器人、DMB01 地坪漆涂敷机器人、墙面处理机器人	基于激光测距传感器、惯性测量单元等传感器的 SLAM 算法构建三维户型地图，根据户型地图进行定位，通过 AI 算法规划出智能、高效的墙面作业路径
	中建科技	智能钢筋绑扎机器人	自研，通过工业六轴机械臂、工装夹具、旋转工作台、集成控制系统等软硬件，实现飘窗钢筋网笼的自动加工，可提高生产效率 4 倍，良品率提升至 95%以上
	逆动科技	建筑高空喷涂机器人	全面覆盖房屋高层、多层建筑，以及桥梁隧道等不同形式建筑物的高空喷涂场景
现场类辅助建筑机器人	博智林	测量机器人、通用物流机器人	1. 测量机器人用于施工实测实量，自动生成报表，测量结果客观准确，综合工效为 2min/站点，测量效率较人工提升 2～3 倍。 2. 通用物流机器人主要用于工地建筑材料运输作业，具备自动导航、栈板识别及叉取、障碍物识别等功能；基于物流机器人调度系统，实现与室内客梯或室外智能施工电梯自动交互，进而实现运输过程无人化
	中建科技	点云扫描机器人	1. 自研的国内首款全自动质量检测机器人。 2. 360°旋转扫描，以 360000 点/s 的扫描速率对室内 60m 范围内的建筑进行数据采集，快速准确计算出建筑的各项指标，完成逆向建模工作，还原现场施工情况，实现测量数据 100%覆盖，检测精度达到 2mm，检测效率提升 20 倍以上
	中建八局	实测实量机器人	自研，面向施工质量验收阶段，可在无人监督下移位、转场，通过非接触测量实现对包括混凝土结构工程、砌体结构工程、抹灰工程、地面工程、轻质隔墙工程、饰面板（砖）墙工程等常见场景下构件尺寸、垂直度、平整度、阴阳角等项目的多元数据获取，同时具有裂纹及埋件自动识别功能
	中建三局	测量机器人	自主研发应用道路工程的测量设备，能够自主驾驶完成测量仪器调平测量，实现自动测量路面标高等测量数据

6.2.2 现场类建筑机器人多机协同系统

传统机器人作业，主要以单机系统为主，在现场技师的操控下完成局部单点作业。但现实的施工场景更复杂，如工单分配、施工道路使用、辅助与施工机器人间的配合等任务，需要现场技师及时沟通协调。由于每个现场技师所能管辖的机器人数量以及施工范围有限，随着现场机器人使用的日益增加，机器人单机系统已经无法满足现场复杂多变的施工需求，需要一套具备整个工地视野的全局协同调度系统，作为机器人集群的指挥大脑，灵活地调配多台机器人等智能装备，共同完成大型的复杂的建筑施工任务。在此情况下，多机协同系统化应用加速发展。通常来说，多机协同系统是指将多台机器人联合在一起，形成一个协同机器人队列，以共同完成某种特定任务的系统。作为高度自动化的系统，多机协同系统将原本独立的单机设备通过集成调度，形成协同作业的机器人队列，可以有效地提高机器人的工作效率和精度，适用于各种复杂的任务场景，如物流、装配、加工和建筑施工等。

1）多机协同系统设计思路

（1）数据整合

整合来源多元、格式各异的数据，既要整合施工上下游的设计数据、任务排程、材料能耗等数据，又需集合不同机器人的传感器、作业施工和现场环境等数据，便于后续实现数据分析、任务分配和决策等。通过数据可视化工具，将整合后的数据以图表、图像等形式展示，便于用户理解和分析，如将机器人的作业进度以甘特图的形式展示，让用户直观地了解施工任务的执行情况。同时，对整合后的数据进行深入分析，挖掘数据中的规律和趋势，为决策提供数据支持，比如可以通过分析机器人的作业数据，找出影响作业效率的关键因素，并优化作业流程。进一步，基于数据分析结果，制定相应的决策并付诸实践，如根据数据分析结果，优化机器人作业的排布和调度，提高作业效率。同时，根据实践情况不断调整和完善数据整合、可视化、分析和决策等环节，确保数据的准确性和有效性。例如，根据实际作业情况，不断调整机器人的作业排布和相关工序，提高作业效率和质量。

（2）信息共享

基于物联网技术，机器人间的数据可以汇聚至同一个协同系统，共享互联，避免信息孤岛和决策分散，实现信息的透明化和共享化，为更好地实现多机协同与一体化施工打好基础。例如，搬运机器人、施工作业机器人等不同的机器人可以共享施工数据和传感器数据，避免重复作业和资源浪费，提高施工效率和质量。同时，信息共享也可以避免信息孤岛和决策分散，使整个施工团队更好地协同工作。

（3）网络要求

网络方面，既要满足机器人数据实时整合和信息共享的要求，也能支撑多机协同系统有效和稳定地指挥调度机器人，此外还要关注弱网环境下数据传输的效率和稳定性。如在建筑工地中，机器人可以通过物联网技术将传感器数据和作业数据实时传输到云平台上，并与其他机器人共享数据。同时，多机协同系统也需要一个稳定和高效的网络环境，以便能够实时地指挥和调度机器人。在弱网环境下，如建筑物内部或地下停车场等地方，机器人需要根据具体场景和需求自动选择最优的传输方式，例如 Wi-Fi、蓝牙或 4G/5G 网络等，以保证数据传输的效率和稳定性。

（4）协同策略

基于上游任务排程系统分配施工任务，制定同类型机器人之间、不同类型机器人之间、机器人与配套设备之间的协同策略，保证机器人之间、机器人与配套设备之间的协同作业高效、稳定。例如，在同一建筑项目中，地砖铺贴机器人、上砖机器人、运胶机器人、通用物料机器人等不同类型的机器人需要协同作业，通过制定协同策略，如进行合理的作业任务分配、良好的施工周期规划、快速的资源调配补给、顺畅的通行路径规划等，保证多机作业的高效与安全。具体来说，可以根据施工计划和任务排程系统，合理地规划机器人的作业任务和施工周期，避免资源浪费和效率低下。此外，还可以通过路径规划算法，规划机器人之间的路径和通行顺序，避免交通拥堵和碰撞等问题。

（5）算法设计

基于协同策略引入机器学习、深度学习，优化机器人协同策略、分工合作的方式，进一步提升施工效率、施工安全和施工质量。如通过机器学习算法分析历史施工数据（作业时间、作业质量、材料消耗等）以及环境因素（温度、湿度、风速等），来预测未来施工的情况以及对材料配比进行有效调整。根据预测结果，制定更优的协同策略和分工合作方式。同时，也可以使用深度学习算法来识别和分析施工现场的图片和视频，以实现自动化巡检和问题识别，及时发现和解决问题，从而提高施工效率和安全性。

（6）安全和稳定性

相比单机操作环境，多机协同施工的场所更加复杂。这就要求多机协同系统具备空间通行管理能力，保障多机安全顺畅通行。如通过安装传感器和避障算法，使机器人具备避障和绕障能力，以避免与其他机器人或物体发生碰撞。当发生死锁时，系统可以自动调度避让，以解除死锁，同时能进行实时监控、安全预警、紧急制动等，以更好地保障施工环境的安全和稳定性。

2）多机协同系统基本组成

一般来说，多机协同系统由多个机器人、一个协调控制器和一个任务规划与分配器组成。在这个系统中，每个机器人都有自己的控制器和传感器，可以独立地进行感知和决策。但是，在执行任务时，这些机器人需要相互协作，以实现共同的目标。协调控制器的作用是协调各个机器人的行动，确保它们能够有效地协同工作。任务规划与分配器则负责将任务分解成若干个子任务，并将这些子任务分配给不同的机器人执行。在执行任务时，每个机器人都会根据自身的感知和任务分配器分配的任务，自主地进行行动和决策。同时，协调控制器也会对各个机器人的行动进行监控和调整，以确保整个系统的协调性和稳定性。

3）多机协同系统发展探索

（1）纵向互联

纵向互联是指将多机协同管理系统与项目数字管理平台的相关功能模块进行连接，从而打通施工全生命周期的要素。具体来说，上游打通智能设计、任务排程、材料管理等模块，下游接入建筑施工机器人和智能配套设备，实现纵向互联。在上游方面，多机协同管理系统承接施工的模型和任务，并将任务分解为机器人施工任务。根据既定的协同策略，系统制定机器人协同任务，并将任务下发至下游对应的建筑施工机器人和智能配套设备执行任务，如图6-1所示。同时，系统可以实时采集任务执行进度，并将进度反馈至上游的任务排程系统平台。这有助于提高施工效率和质量，优化资源配置，实现信息共享和协同作业，也有利于实现施工过程的数字化管理和智能化决策，为建筑行业的数字化转型提供有力支持。

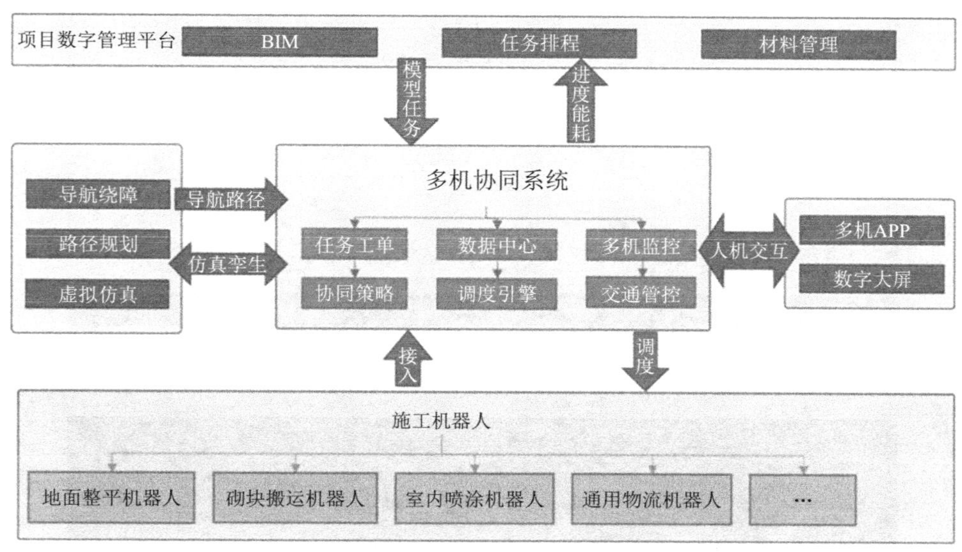

图 6-1　多机协同系统纵向互联示意图

（2）横向集成

多机协同系统集成各项机器人服务能力，包括高精度的导航和自动避障绕障、高效快速的路径规划、任务执行的前仿真预执行等，为产业技师的施工管理和操控提供友好、简易的 APP，产业技师通过一个平板 APP 可以管理和控制多台机器人施工，并实时监控机器人施工状态、机器人实时位置、进度完成情况等（图 6-2）。对项目管理人员来说，系统提供数字管理大屏（图 6-3），数字管理大屏可以清晰地展示施工过程中的各项数据，如机器人作业进度、材料消耗、能源使用情况等（图 6-4）。通过数字管理大屏，管理人员可以全面了解施工情况，及时发现和解决问题，优化资源配置，提高施工效率和质量。

（3）逆向处理

多机协同系统可采集机器人的运行数据和状态信息，分析机器人的健康状况和性能表现，逆向远程诊断检测机器人的健康状态。通过逆向处理，可以更好地理解和掌控机器人施工的状态和趋势，及时做出调整，优化资源配置和作业流程，提高施工效率和质量，降低成本和风险。例如，系统可以监测搬运机器人的搬运重量、搬运次数、行走速度等参数，以及地坪研磨机器人的研磨速度、施工面积等参数。通过对这些数据的分析，系统可以判断相应机器人的健康状况和性能表现是否正常，及时发现和预测可能出现的故障和问题，保障机器人连续、高效、稳定地作业。

4）典型多机协同系统

目前，现场类建筑机器人多机协同系统，在行业内成功研发且被成熟应用的不多，基本以博智林为主。博智林机器人多机协同系统以“BIM + FMS + WMS”技术为核心，集成建筑施工机器人、物流运输机器人、搅拌站等集中配套设备，通过工单驱动，实现建筑机器人自动施工作业，全过程材料可控，多机协同管理，实现建筑机器人施工效益最大化。

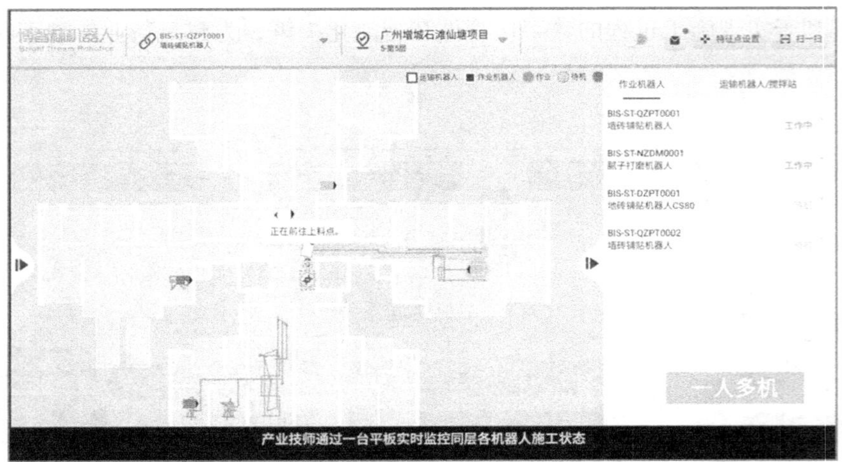

图 6-2　多机协同 APP

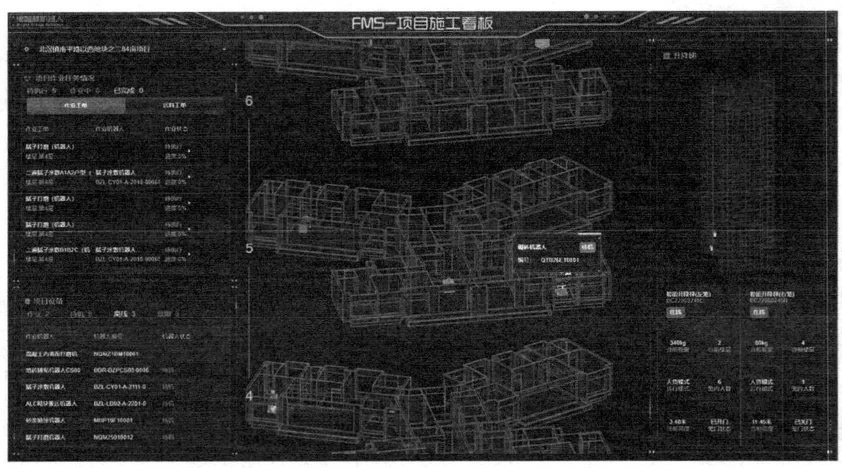

图 6-3　多机协同数字管理大屏

图 6-4　建筑机器人施工数据展示

（1）BIM 协同平台：数字化处理建筑图纸与施工计划

博智林自研的 BIM 协同平台，结合具体项目主数据生成定制化“BIM 模型地图”，通过模型地图给到路径规划系统提供机器人施工路径；同时，BIM 材料算量系统根据设定的规则，匹配商品库后推送至 BIM 计划排程系统，将施工计划与材料用量相关联，形成机器人施工工单，下发至 FMS 系统。至此，机器人施工所需的人、材、机资源信息实现了在线策划。

（2）FMS 机器人协同管理系统：多机作业的指挥调度中心

FMS 系统可以对接 BIM 施工计划排程，获取机器人作业工单，打通机器人 APP 与路径规划，并对接 WMS 系统，实现机器人实时监控，物料下发调配以及作业路径实时生成的完整流程。施工完成后还能反馈工单状况和实际用料给回上游系统，完成工单和物料的双闭环。

（3）WMS 仓储管理系统：管理工地内的物料和仓储

WMS 系统主要负责实现物流类机器人的全自动调度、智能电梯的自动控制、物料管理与数据分析，确保材料和设备的供应和存储。如 WMS 系统的智能调度，可以使通用物流机器人批量出动，合理有序地作业；同时利用该系统的智能排班布局，物流类机器人可以自动搭乘智能升降梯前往指定楼层，再自动返回。

6.2.3 现场类建筑机器人典型场景

1）单机作业场景

目前，虽然建筑机器人种类较丰富，但投入商业用途的建筑机器人较少，难以形成大规模体系化施工，大多仍是单机器人施工作业。如表 6-2 所示，在室内装饰装修阶段，腻子涂敷机器人单机完成腻子喷涂作业，室内喷涂机器人完成室内涂料的施工。但单机作业的工作效率低，操作人员的工作量大。比如室内喷涂机器人，在没有多机协同系统支撑时，无法与运料机器人协作，也就无法完成自动上料，而是需要产业技师进行手动搅拌、加料等工作。同时，在单机作业时，如果在某个作业区域发生冲突，只能依靠人为移动机器人来进行避让，其安全作业得不到保障。此外，还存在工人和建筑机器人信息不互通，工人将工业材料搬运到楼道后阻挡了机器人前行；物流机器人批量出行，可能造成“堵车”现象；物料忽然用完，调度不及时等问题。

施工现场常用的单机机器人（部分）　　表 6-2

机器人类型	单机功能描述	项目中的人机配合模式
腻子涂敷机器人	腻子涂敷机器人可以自动涂敷腻子，根据前期测量的墙面高度、长度，生成全户机器人施工的作业路径，自动识别施工起始位，从下往上喷涂施工。单机施工时需要技师进行人工搅拌腻子、人工加料等操作	配备为 4 名产业技师操作 4 台腻子涂敷机器人，其中 2 人操作 4 台腻子涂敷机器人，1 人负责运料、一人负责搅拌腻子
腻子打磨机器人	腻子打磨机器人是一种用于自动完成建筑内墙和天花板的腻子打磨作业的智能化设备。它的工作内容包括：（1）腻子层清理：机器人会使用打磨工具清理墙面上的腻子层，包括残留的旧涂层、凸起和凹陷等。（2）砂纸打磨：机器人会使用砂纸对墙面进行打磨，以去除腻子残留物，并使墙面更加光滑和平整。（3）吸尘处理：在打磨过程中，机器人会使用吸尘设备收集打磨产生的粉尘和残留物，以保持工作环境清洁	1 人 2 机模式，主要负责操机和更换打磨片

续表

机器人类型	单机功能描述	项目中的人机配合模式
室内喷涂机器人	室内喷涂机器人可以进行自动喷涂涂料。喷涂机器人可以节省涂料30%～50%，并且涂膜的厚度易控制、均匀性好，大大提高了涂装质量和涂料利用率。同时，由于喷涂是在密闭的粉房内进行的，大幅度降低了粉尘污染，既有利于工人的身体健康，又有利于环保	1人2机，负责操机和上料
墙砖铺贴机器人	墙砖铺贴机器人可以自动铺贴墙砖。根据前期获取的排砖的图纸信息，自动定位并铺设墙砖。作业过程中墙砖铺贴机器人会使用机械臂和吸盘等设备，将墙砖从存储区域抓取并搬运到相应的位置上，然后机器人会使用吸盘将墙砖吸附在墙壁上，并使用机械臂调整位置和方向，以确保墙砖的准确性和质量。墙砖铺贴机器人还可以进行校准和调整，以确保铺设的墙砖符合设计要求。在整个铺贴过程中，机器人利用相机自动识别和适应墙壁的形状和不平整情况，以确保贴合度和质量	1人1机，1人负责操作机器人、上砖上料、瓷砖胶搅拌、前置界面剂，瓷砖调平
地砖铺贴机器人	地砖铺贴机器人可以自动铺贴地砖。将地砖和瓷砖胶放置到机器人对应的放置位。机器人会使用吸盘将地砖吸附在地面上，并使用机械臂调整位置和方向，以确保地砖的准确性和质量。地砖铺贴机器人还可以进行校准和调整，以确保铺设的地砖符合设计要求。在整个铺贴过程中，机器人可以实时调整机身姿态，以保证地砖铺贴的垂直度和拼接精度	1人1机，负责操机、上砖、瓷砖胶搅拌加料、上砖
通用物流机器人	通用物流机器人是一种能够自主完成物流配送、仓储管理、物料搬运、装卸货、运输等任务的智能化设备。机器人实现自动导航和路径规划：物流机器人可以通过搭载的传感器和导航系统，自动感知环境，实现路径规划，按照预设路径进行自主移动	人工完成下单后全自动运输，无需人工参与

2）多机协同作业场景

博智林机器人多机协同系统可以实现多种建筑施工作业，如搬运、清理、打磨、喷涂等。以室内装饰装修为例，进行多机协同作业的说明。

室内装饰装修阶段，项目现场需要采用多款室内装修的建筑施工机器人和配套设备施工，包括腻子涂敷机器人、腻子打磨机器人、室内喷涂机器人、地砖铺贴机器人、墙砖铺贴机器人、地板安装机器人、涂料运料机器人、固体料运输机器人、流质体搅拌站、智能施工升降梯等，如图6-5所示。

图6-5 室内装饰装修阶段建筑施工机器人和配套设备

要实现多机协同施工，首先单机需要能实时上报机器人的实时位置与状态信息，以便协同平台能够了解每个机器人的实时状态和位置，进行协同决策和规划。机器人数据的上报与数据的下发需要网络通信接口和协议。网络通信接口是机器人与协同平台之间进行数据交互的接口，而协议则是规定数据交互的方式和规则。在博智林机器人多机协同系统的支撑下，利用“BIM + FMS + WMS”，实现科学智能铺排施工工序，并通过多机调度合理分配机器人施工工单，让上述多台建筑机器人在相应的作业区域、像流水线一样进行自主施工作业。

在墙砖铺贴机器人工作面，产业技师协助机器人加注瓷砖胶，上砖机器人自主完成加砖。随后产业技师在平板电脑上选中作业区域，一键下发指令，机器人迅速启动前往指定位置，进行自主铺砖施工作业，作业完成后即时反馈工单至计划排程。到了腻子打磨机器人作业专区，产业技师可以通过平板电脑给机器人下达指令。随后，腻子打磨机器人即可开启高效率打磨作业，同时反馈作业完成进度。墙纸铺贴机器人在产业技师协助装置好墙纸材料后，则可以按照作业规划路径进行平滑且工整的自动铺贴墙纸。

同时，在不同机器人的联动作业方面，在多机协同系统的助力下，腻子涂敷机器人和运料机器人之间实现联动施工，当腻子涂敷机器人需要使用到腻子等涂料时，通过多机协同系统调度，运料机器人可以及时供应腻子等涂料，确保腻子涂敷机器人的施工需要，以保证高效、高质量的腻子涂装施工。

3）主要功能

（1）施工升降梯垂直调度。协同调度智能施工升降梯和施工机器人，进出梯并垂直调度，完成跨楼层运送物料或设备转场。

（2）固体物料补给。自动调度固体料运输机器人配送物料上楼，提前备料或及时补充机器人施工所需物料。

（3）涂料运输补给。实时监测机器人施工涂料物料消耗情况，及时调度搅拌站搅拌物料，调配涂料运输机器人及时接收涂料物料并运送至消耗机器人补充物料，保障施工机器人不间断连续施工。

（4）施工机器人作业调度。下发指令调度机器人同楼层跨户型转场、启停作业，指挥多台机器人同时作业、交叉作业。

（5）楼层内交通管制。同一空间内的施工机器人和配套设备正常通行管制，保障通行效率和安全。

4）典型应用流程

多机协同系统的应用流程如图 6-6 所示。

（1）多机 APP 下载及授权使用。产业技师下载安装联合 APP，扫描授权二维码以开通多机 APP 应用授权，进入联合 APP 下载多机插件进行使用。

（2）录入施工设备。根据设备进场清单内的设备信息，在多机 APP 中录入施工机器人、运输机器人以及配套设备至对应项目楼栋楼层内。

（3）配置地图特征信息。进入多机 APP，选择对应项目楼栋楼层，并根据项目场布信息配置调度所需特征信息，如特征点位、禁行区域等。

（4）模拟、正式施工。机器人设备绑定，特征点、禁行区设置等前置工作完成后，模拟跑点验证点位的准确性，模拟跑点无误后开始正式施工。

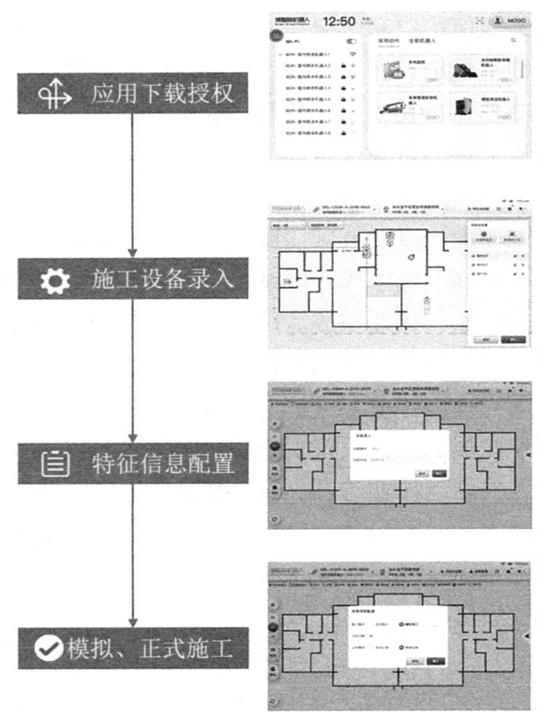

图 6-6　多机协同系统应用流程

5）技术特点

（1）任务调度自动化。施工任务进行系统自动化拆解后，生成机器人识别和可执行的指令，下发到机器人执行。

（2）高效协同作业。机器人与机器人之间、机器人与配套设备之间分工协作，高效率高质量完成施工作业任务。

（3）动态路径规划。实时动态的路径规划，机器人转场、物料配送等场景施工效率大大提升。

（4）交通管制。同一空间内多机器人顺畅通行，保障通行效率和安全。

（5）网络要求低。在弱网或网络临时中断的情况下，系统会自适应场景选择合适的网络通道或执行已确认的施工任务，不影响任务正常进度。

（6）数字化施工管理。施工任务、物料能耗等实现线上数字化管理，告别传统的人工统计逐级上报方式。

（7）端-边-云协同。如图 6-7 所示，端-边-云协同且兼具宽窄带的网络架构在多机协同施工中能够实现低延迟、高带宽、低功耗、稳定性的目标，适应各种复杂网络环境下的协同施工。机器人网络能够通过传感器和移动设备在端侧进行数据采集和处理，同时能够通过云端计算服务进行计算协同和决策支持。边缘计算层还可以将多个机器人连接起来，形成小型的自治协同区块。在该层次，边缘计算节点可以协同多台机器人完成部分确认的施工作业，并在离线状态下自主决策，避免了因网络不稳定造成的任务中断等问题。如建筑工地上有多台机器人负责混凝土修整阶段的打磨工作，机器人通过机器人网络连接在一起，形成一个自治的协同区块。在边缘计算层的节点上，有一个协调器负责协调这些机器人的工作。当网络正常时，协调器会将每个机器人的位置和状态信息上传到云端，进行全局的调度和规划。同时，云端也会下发任务给协调器，协调器再分配给各个机器人执行。

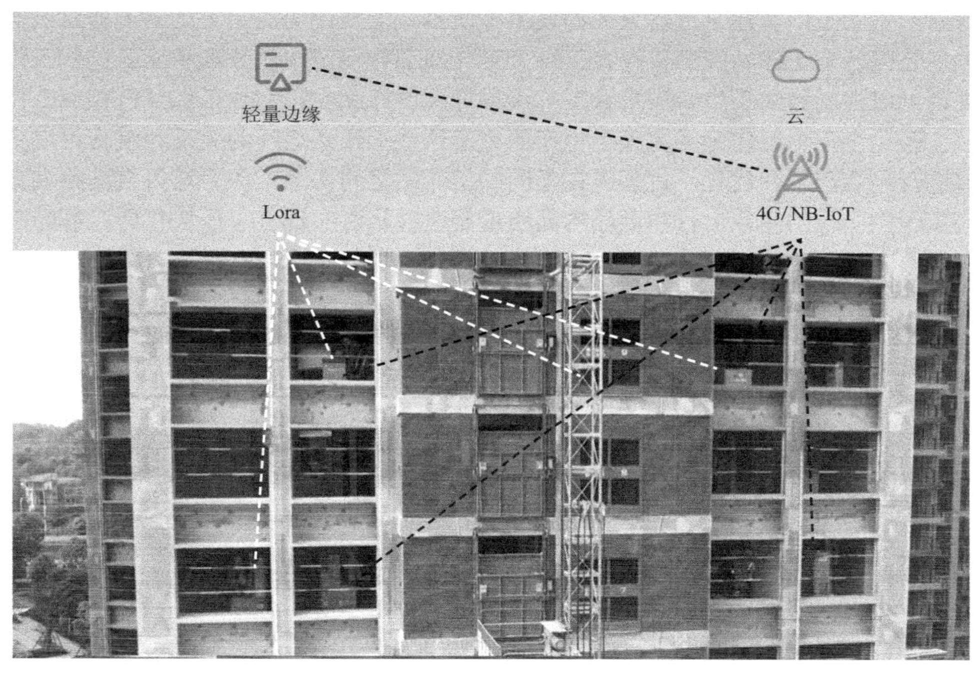

图 6-7 端-边-云协同网络架构

6）应用价值

（1）人工重复工作减少。数字化施工和多机协同可以减轻一些繁琐、重复性的工作，将时间和精力集中在更有价值的工作上，提高工作效率和生产力，进而推动建筑行业向数字化、智能化方向转型和发展。

（2）施工效率提升。通过对施工过程的优化和协同，提升施工效率。施工任务和材料能耗的数字化双闭环管理，可以降低材料、设备等成本，提高企业的盈利能力和竞争力。

（3）施工质量提升。数字化施工和多机协同可以减少人工操作过程中的误差与瑕疵，通过数据化的监控和反馈，可以及时发现问题和解决问题，提高施工质量和安全性。

（4）缩短施工工期。建筑主体完成后完成一栋楼的室内精装修施工任务使用现场类建筑机器人的室内装修机器人如腻子涂敷机器人、腻子打磨机器人、室内喷涂机器人、墙地砖铺贴机器人后仅需要 45d，较传统施工节约至少一半的时间，项目规模、机器人的种类与数量对于节省工期存在一定的影响。

（5）节约用工成本。使用建筑机器人施工可以减少现场工人的投入。如使用室内装修机器人完成腻子涂敷、腻子打磨、室内喷涂和墙地砖铺贴等任务，可以节省大约 50%的用工成本。

6.3　工厂类建筑机器人

6.3.1　工厂类建筑机器人分类

目前常见的工厂类建筑机器人，如表 6-3 所示。需要说明的是，工厂类建筑机器人在工厂中主要以各个工作站的形式存在，每个工作站都有特定的任务和功能，这些工作站之间的关系可以根据具体的生产需求和工艺流程进行设计和安排。加工件经过相应工作站的加工后，搬运至下个工作站完成整个生产流程。这些工作站之间的关系和流程可以根据生产需求进行灵活调整和优化。机器人在不同的工作站之间协同工作，通过自动化和智能化的方式实现生产线的高效运行和产品的高质量制造，从而实现整个模块化建筑部品部件的生产。

常用的工厂类建筑机器人（部分）　表 6-3

<table>
<tr><th>产品名称</th><th>单机功能描述</th><th>厂家名称</th></tr>
<tr><td rowspan="3">钢筋焊接机器人</td><td rowspan="3">主要用于钢筋的自动化焊接，能够根据预定的钢筋布置图自动定位、切割和焊接钢筋，用于加固混凝土结构，在施工中提高钢筋的准确性和焊接质量</td><td>中建科技</td></tr>
<tr><td>Kawasaki（川崎）</td></tr>
<tr><td>KUKA（库卡）</td></tr>
<tr><td rowspan="3">喷涂机器人</td><td rowspan="3">主要用于自动化产品的喷涂和涂覆过程，通常配备喷枪或涂料刷，能够根据预设的程序，在产品表面均匀地涂上涂料或涂层。喷涂机器人可以提高涂装质量和速度、减少涂装过程中的浪费和不均匀现象</td><td>ABB</td></tr>
<tr><td>EFORT（埃夫特）</td></tr>
<tr><td>KUKA（库卡）</td></tr>
<tr><td rowspan="3">搬运机器人</td><td rowspan="3">主要用于搬运和装卸物品，通常具备强大的承重能力和精确的定位系统，可以在生产线上自主移动，并将物品从一个位置转移到另一个位置。搬运机器人可以大大提高物料搬运的效率和准确性</td><td>Fanuc（发那科）</td></tr>
<tr><td>大族激光</td></tr>
<tr><td>广州数控</td></tr>
<tr><td rowspan="3">组装机器人</td><td rowspan="3">主要用于自动化产品组装过程，可以根据预设的程序和工艺要求，将零部件或组件精确地组装在一起，完成产品的装配任务。组装机器人可以提高生产线的装配速度和一致性，减少人工错误</td><td>Fanuc（发那科）</td></tr>
<tr><td>KUKA（库卡）</td></tr>
<tr><td>新松机器人</td></tr>
<tr><td rowspan="3">焊接机器人</td><td rowspan="3">此类机器人在制造业中广泛应用，能够根据预设的焊接路径和参数，自动执行焊接任务。焊接机器人具备高度的精确性和重复性，可以提高焊接质量和效率，并减少对人工焊接操作的依赖</td><td>安川</td></tr>
<tr><td>KUKA（库卡）</td></tr>
<tr><td>华数</td></tr>
<tr><td rowspan="3">检查和质量控制机器人</td><td rowspan="3">此类机器人配备了各种传感器和视觉系统，用于检测产品的质量和执行质量控制，可以进行尺寸测量、缺陷检测、产品排序等操作，确保产品符合质量标准并满足客户要求</td><td>中建科技</td></tr>
<tr><td>海克斯康</td></tr>
<tr><td>基恩士</td></tr>
</table>

6.3.2 由工厂类建筑机器人构成的典型产线

在“碳达峰”“碳中和”成为全球共识的当下，传统能耗产业之一的建筑业在实现“双碳”目标中扮演着至关重要的角色。作为新型装配式建筑形式之一，模块化集成房屋能减少水、空气和噪声污染，从而节约资源，保护环境。

在我国，随着模块化房屋规模的进一步增长，工业生产系统也呈现动态化和开放化的趋势。但不可忽视的是，当前在我国几乎所有的模块化房屋生产中，焊接等大部分工作都是由人工来完成的，工序间断、杂乱，产线功能单一，自动化程度较低，导致生产效率低，产品质量差等问题凸显。与此同时，随着我国模块化房屋的大规模发展和劳动力成本日益上升，劳动力短缺日益明显，加之临时建筑对快速部署的需求进一步提高[5]，迫使建筑企业更倾向于采用先进的智能化建筑器械进行建筑生产，以获得可控性更好的建筑生产品质，模块化集成房屋生产的自动化升级应运而生，如中建科技、中建海龙、三一筑工等企业开展了积极探索，典型的工厂类建筑机器人构成的产线如表 6-4 所示。

由工厂类建筑机器人构成的典型产线　　表 6-4

厂家名称	产品名称	主要功能
中建科技	中建科技模块化箱式房智能建造产线	实现了大规模定制，个性化生产，可生产各种类型的模块化产品
中建海龙	MiC 产线	在工厂内完成结构建造、室内装修、水电安装等 90%以上的工序，像造汽车一样造房子
三一筑工	三一 PC 成套装备	在国内首次实现了 PC 生产线、PC 搅拌站、钢筋设备高度集成，自动匹配，数字驱动生产

下文以中建科技模块化箱式房智能建造产线为例进行介绍。

1）应用场景

中建科技模块化箱式房智能建造产线（简称“中建科技模块化箱式房产线”）采用模块化设计，由焊接区、喷涂区、组装区三大模块组成，可以根据实际厂房的情况灵活部署。同时，集成了型材切割、自动拼焊、顶底框焊接、自动翻转组装等多个工序，可最大限度满足模块柔性化生产需求，包括临建模块、永久模块、角柱等多个模块生产，是目前国内智能化程度最高的模块化柔性生产线（图 6-8）。它实现了大规模定制，个性化生产，可生产各种类型的模块化产品，大幅节约了钢结构建筑工业化部品生产过程及施工过程中的劳动力成本，提高生产效率和产品质量，促进安全生产。

中建科技模块化箱式房产线输出形成的产品体系比较广泛，涵盖住宅、公寓、酒店、医院、学校、军营、乡村别墅等各种可以应用模块化生产的房屋产品类型，如图 6-9 所示。

2）主要功能

模块化箱式房产线全长 200 余米，共计 28 个工作台位，配备 10 台智能寻踪焊接机器人，40 余台专用智能化装备，可满足模块长度 6～16m、宽度 2.4～4.5m、高度 2.8～4.2m 的逐级可调。

依托六轴机械臂的灵活性、稳定性及相关焊接工艺，产线将框架式钢结构进行模块化拆分焊接，实现化繁为简的自动化生产，主要功能包括：

（1）角柱模块的生产。生产工作站包括角柱的折弯、钻孔、焊接、打磨工序和顶梁筋板的折弯工序，可以完成 2 种以上产品或零部件的柔性加工制造。

图 6-8 中建科技模块化箱式房产线

图 6-9 模块化箱式房产线输出的产品体系

（2）底框模块的生产。生产工作站可进行包括上料、组焊、自动焊、加强角钢焊接、C 型钢焊道刷防锈漆、焊道打磨等工序。本工作站能够满足模块化建筑（Prefabricated Prefinished Volumetric Construction，PPVC）三种标准底框的柔性生产，即：6055 × 2990 × 2896（$L \times W \times H$）、5992 × 1930 × 2896（$L \times W \times H$）、6055 × 2438 × 2896（$L \times W \times H$）。

（3）顶框模块的生产。顶框生产工作站包括上料、组焊、自动焊、翻转、加强角钢焊接、檩条型钢焊道刷防锈漆、焊道打磨、下料等工序。本工作站能够满足 PPVC 三种标准箱式房顶框的柔性生产，即：6055 × 2990 × 2896（$L \times W \times H$）、5992 × 1930 × 2896（$L \times W \times H$）、6055 × 2438 × 2896（$L \times W \times H$）。

（4）生产产品组装功能。组装工作站包括顶框组装线、底框组装线和打包线，整体形式为被动式滚筒组成的 U 形流水线，可极大提高物料和成品的周转效率。

（5）云端监控功能。基于生产计划、能耗检查、维保计划、安全报警、视频嵌入五大功能模块的开发，实现对设备管理、数据管理的全线监控。

（6）数据互联互通，产品全周期追溯。模块化箱式房产线集成 ERP 与 MES 系统，如图 6-10 所示，实现作业人员、产品、生产工艺、设备等互联互通，实时采集、调度生产信息。生产现场配备电子展板系统实时显示生产信息、设备信息、人员信息等。在现场安装过程中，利用国通个人手持设备（Personal Digital Assistant，PDA）扫描，可查询产品全部信息，真正实现了车间管理可视化。产品信息可实时上传中建科技智慧建造平台全流程追溯平台，如图 6-11 所示，实现制造过程的数字化，达成产品数据全生命周期可追溯。

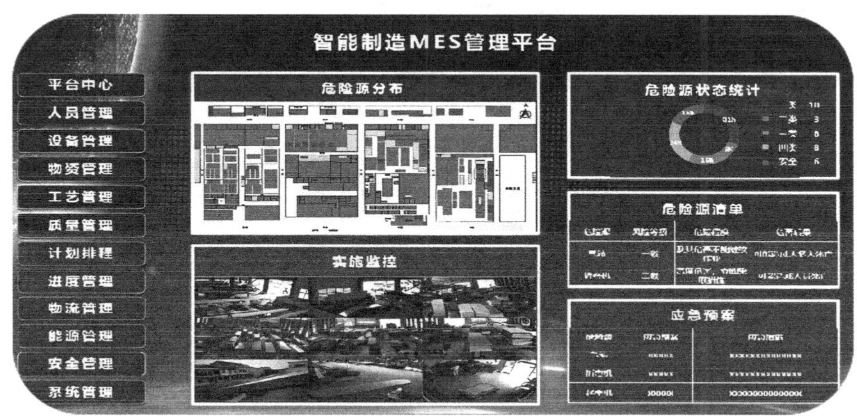

图 6-10　MES 制造执行系统

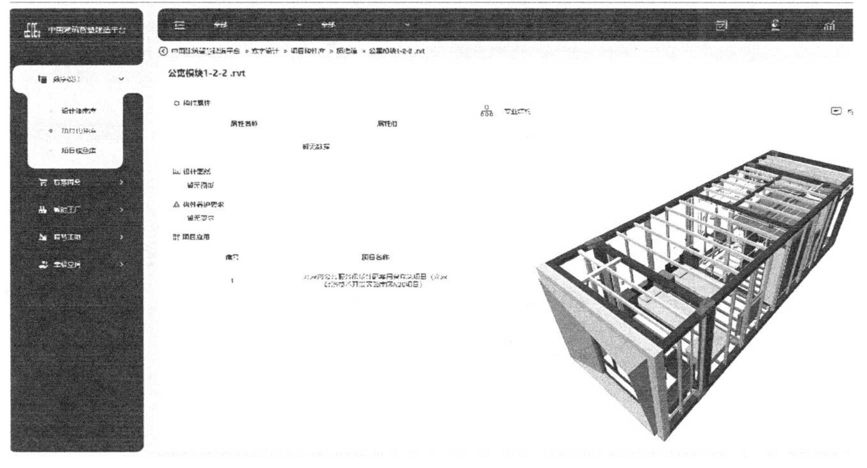

图 6-11　中建科技智慧建造平台全流程追溯平台

3）典型应用流程

根据产品构成，该产线分为角柱生产线、顶框生产线、底框生产线三部分。

（1）角柱生产线主要包括激光切割、机器人折弯、自动上料焊接、自动打磨等工位，如图 6-12 所示。首先，自动上料机将板材放置于激光切割位，激光切割机自动寻边定位，对板材进行切割加工。切割完成后，专业机器人抓取板材进行精准定位并自动上料至折弯机，进行折弯作业。成型后，六轴机器人自动将其搬至机器人焊接工位与自动上料的端面连接件进行焊接，焊接完成后由打磨机器人进行端面焊缝的自动化打磨，至此，一个完整的角柱生产全程仅需要 3min30s。

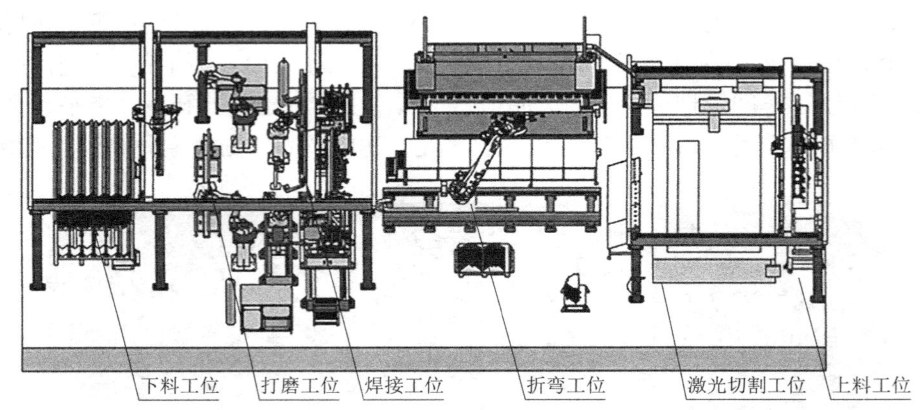

图 6-12　模块化箱式房产线角柱生产

（2）顶框自动生产线全长 89m，宽 10m，全线包含罗拉、点焊、满焊、反转等 11 个工位，融合了电气控制、焊接自动寻踪、机器人运动控制、电气控制等多种工业控制方法，如图 6-13 所示[6]。

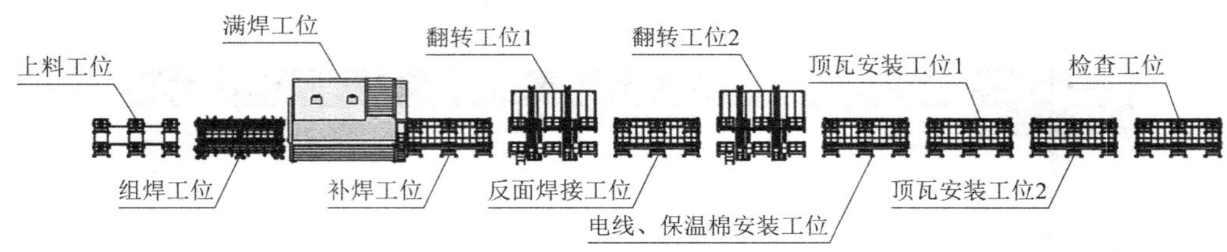

图 6-13　模块化箱式房产线顶框生产

（3）底框自动化生产线总厂约 80 余米，共 10 个工位，可兼容三种规格产品，如图 6-14 所示。底框结构焊接采用与顶框相同的自动化焊接工艺，同时对地板铺装、打钉等工序开发了专用自动化设备可实现人工助理地板安装和全自动化地板打钉，顶、底框日产能可以达到 30 台。

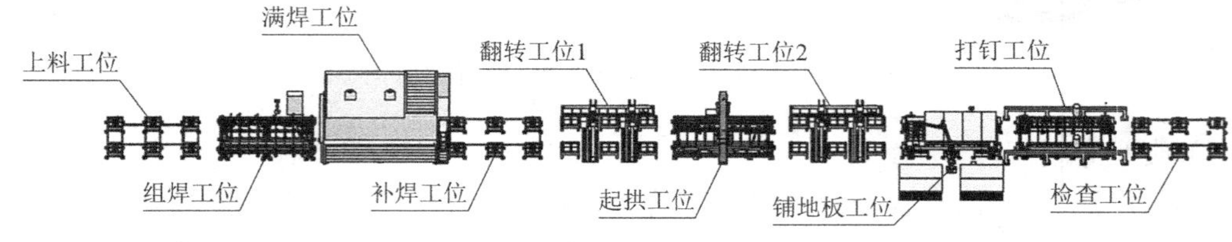

图 6-14　模块化箱式房产线底框生产

需要说明的是，顶、底框生产线各配备两台焊接机器人，以 400mm/min 的焊接速度实现自动化焊接框架的各项需求，15min 内即可完成顶底框焊缝焊接，焊接完成后的产品误差为±2mm 以内。经过以上角柱、顶框、底框自动化焊接及喷涂、组装工艺，即可完成一个标准的临建模块生产。

4）技术特点

（1）共线生产。模块化箱式房产线利用中建科技全自主研发的信息化技术，如机器人控制技术、视觉识别技术和智能传感技术等，并借助柔性化设计，满足多种规格的模块化箱式房共线生产，能实现包括角柱、顶框和底框钢结构焊接和组装的自动化柔性生产。

（2）全流程数字化。模块化箱式房产线利用信息化技术，与智慧建造平台对接，如图 6-15 所示；研发产线云端监控技术，实现全线监控、产品质量信息收集，可视化掌控生产管理全环节。此外，通过智慧建造平台实现生产调度管理，促成设备基础支撑平台管理、平台管理控制生产的互通，达成高效、高质量的智能生产。

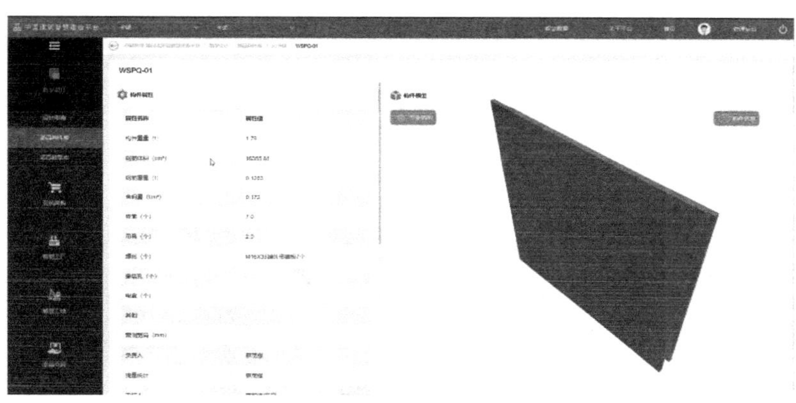

图 6-15　智慧建造平台智能化生产管理

（3）焊接准确稳定。产线采用机器人焊接，每条焊缝的焊接参数恒定，焊接位置准确，焊缝质量受人为因素影响较小，焊接质量比较稳定（图 6-16），保证焊接后房屋的精度稳定、一致。

图 6-16　模块化箱式房智能建造产线顶、底框柔性化焊接作业

5）应用价值

（1）减轻劳动强度。产线从物料的处理到工具管理，以及工作流程的安排、整改、制造过程全部实现数字化，工厂可以快速、灵活地分批生产。各个智能生产单元除了完成各自任务以外，还会与其他环节相互呼应。此外，每个模块内部也采用模块化设计，便于快速部署，形成生产能力。

（2）提升劳动效率。产线大量使用智能焊接、打磨、折弯、喷涂、搬运机器人，可编程，柔性化程度高。机器人焊接可实现 24h 连续作业，能够始终根据设定工艺程序进行焊接作业，同一条产线可生产不同功能的模块，每个工作站仅需一名进行补焊的焊接技术工人，很大程度上提升了焊接效率。模块化箱式房屋自动化产线预计最大焊接生产效率为 16 套/8h、48 套/24h，即年生产焊接 PPVC 约 4800 套（300d 每天无故障生产 8h）；14400 套（300d 每天无故障生产 24h），产能较人工作业平均提高 2 倍。

（3）提高产品质量。由于产线应用了大量智能机器人，具有较高的标准化程度，且操作的一致性更好，品质更稳定。如采用自动化焊接工艺，焊缝连接处成分均匀，焊缝成型好、焊缝接头少、填充金属熔敷率高，如图 6-17 所示。焊接工艺参数可实现自动化的存储与输出，保证工艺参数的准确性。与常规的人工焊接相比，机器人焊接的加工精度提升至 ±2mm 以内，良品率可提高 45%以上。

图 6-17　模块化箱式房智能建造产线焊接作业

6.4　应用案例

6.4.1　机器人在佛山市顺德区北滘镇南平路以西地块之二项目中的应用

1）工程简介

南平路以西地块之二项目位于佛山市顺德区北滘镇，为框架剪力墙高层建筑，是博智林机器人全面赋能的人才房住宅建设试点项目，总建筑面积为 13 万 m^2。

作为广东省第一批智能建造试点项目，该项目利用地面整平机器人、抹平机器人、地库抹光机器人、智能随动布料机对地下室混凝土施工精准布料，机器人对混凝土整平、抹平、抹光，保证楼面混凝土高精度。应用室内装饰装修类（墙砖铺贴机器人、室内喷涂机器人、地砖铺贴机器人等）、辅助类机器人（通用物流机器人、建筑清扫机器人、测量机器人）等完成现场装修施工。同时，项目也使用了博智林自主研发的 BIM + 机器人系统，使机器人适用于全周期智能建造工序，多机联动，全天候流水作业。

2）应用准备

（1）建立标准。基于施工阶段现场管理和建筑机器人及智能设备应用的需求，建立了《建筑机器人 BIM 建模标准》（图 6-18），对应不同施工阶段、不同机器人工序、各个软件系统，拉通模型、数据标准，降低 BIM 建模的工作量。

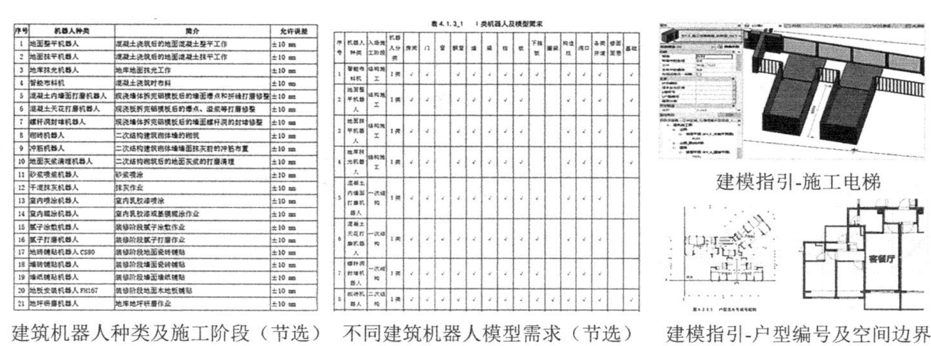

序号	机器人种类	简介	允许误差
1	地面整平机器人	混凝土浇筑后的地面混凝土整平工作	±10 mm
2	地面抹平机器人	混凝土浇筑后的地面混凝土抹平工作	±10 mm
3	地库抹光机器人	地库地面抹光工作	±10 mm
4	智能布料机	混凝土浇筑时布料	±10 mm
5	混凝土内墙面打磨机器人	现浇墙体拆完铝模板后的墙面爆点和拼缝打磨修整	±10 mm
6	混凝土天花打磨机器人	现浇板拆完铝模板后的爆点、溢浆等打磨修整	±10 mm
7	螺杆洞封堵机器人	现浇墙体拆完铝模板后的墙面螺杆洞的封堵修整	±10 mm
8	砌砖机器人	二次结构建筑砌体墙的砌筑	±10 mm
9	冲筋机器人	二次结构建筑砌体墙墙面抹灰前的冲筋布置	±10 mm
10	地面灰浆清理机器人	二次结构砌筑后的地面灰浆的打磨清理	±10 mm
11	砂浆喷涂机器人	砂浆喷涂	±10 mm
12	干混抹灰机器人	抹灰作业	±10 mm
13	室内喷涂机器人	室内乳胶漆喷涂	±10 mm
14	室内辊涂机器人	室内乳胶漆或基膜辊涂作业	±10 mm
15	腻子涂敷机器人	装修阶段腻子涂敷作业	±10 mm
16	腻子打磨机器人	装修阶段腻子打磨作业	±10 mm
17	地砖铺贴机器人 CS80	装修阶段地面瓷砖铺贴	±10 mm
18	墙砖铺贴机器人	装修阶段墙面瓷砖铺贴	±10 mm
19	墙纸铺贴机器人	装修阶段墙面墙纸铺贴	±10 mm
20	地板安装机器人 FH167	装修阶段地面木地板铺贴	±10 mm
21	地坪研磨机器人	地库地坪研磨作业	±10 mm

建筑机器人种类及施工阶段（节选）

表 4.1.3_1 I 类机器人及模型需求

序号	机器人种类	入场施工阶段	机器人分类	房间	门	窗	飘窗	墙	梁	柱	板	下挂板	[illegible]	构造柱	洞口	各类井道	[illegible]	基础
1	智能布料机	结构施工	I类	✓	✓		✓	✓	✓	✓	✓	✓		✓	✓	✓		✓
2	地面整平机器人	结构施工	I类	✓	✓		✓	✓	✓	✓	✓			✓	✓	✓		✓
3	地面抹平机器人	结构施工	I类	✓	✓		✓	✓	✓	✓	✓			✓	✓	✓		✓
4	地库抹光机器人	结构施工	I类	✓	✓		✓	✓	✓	✓	✓			✓	✓	✓		✓
5	混凝土内墙面打磨机器人	一次结构	I类	✓	✓	✓	✓	✓	✓	✓	✓	✓		✓	✓	✓		
6	混凝土天花打磨机器人	一次结构	I类	✓	✓	✓	✓	✓	✓	✓	✓	✓		✓	✓	✓		
7	螺杆洞封堵机器人	一次结构	I类	✓	✓	✓	✓	✓	✓	✓	✓	✓		✓	✓	✓		
8	砌砖机器人	二次结构	I类	✓	✓	✓	✓	✓	✓	✓	✓	✓	✓	✓	✓	✓		✓

不同建筑机器人模型需求（节选）

建模指引-施工电梯

建模指引-户型编号及空间边界

图 6-18 建筑机器人 BIM 建模标准

（2）应用智能建造项目数字管理平台。完成 BIM 集成模型和云端算量，进行施工计划铺排，并将材料需求推送物料管理系统及时备料。BIM 模型提供基础的空间数据及材料量，通过与 BIM 关联的数字化工单、料单及软件平台，形成全过程的数字化闭环，具体应用流程（图 6-19）。

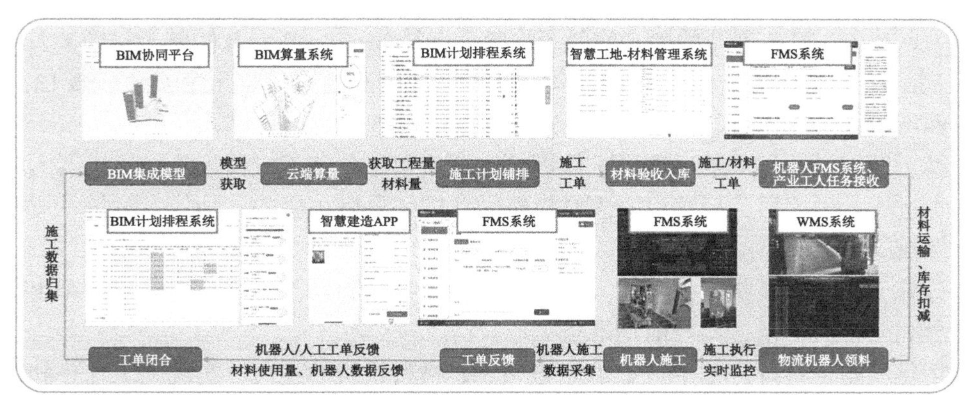

图 6-19 智能建造项目数字管理平台应用流程图

（3）闭环场地布置。建筑机器人结合 BIM 数据的施工现场工单、料单闭环管理场地布置。机器人专用通行通道布置，智能施工升降梯就位，对已有的成品区域进行施工前的保护等。

（4）仿真预执行。如图 6-20 所示，按照施工计划铺排，拆解机器人施工任务，进行施工前的仿真预执行，验证计划的可行性和合理性，根据仿真结果对计划进行优化和调整。

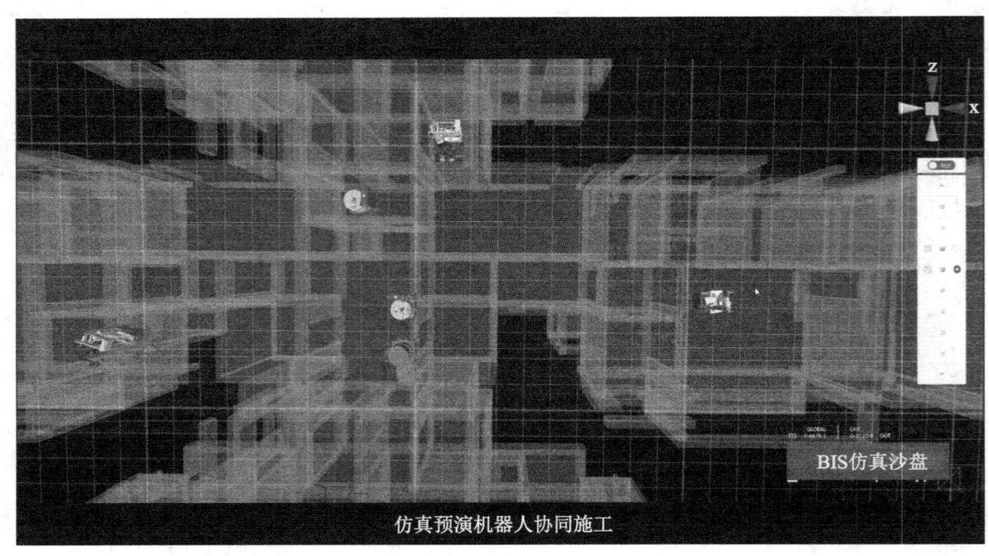

图 6-20　机器人仿真预执行

（5）科学制定项目的多机联动施工实施方案，要点如下：

总体要求。安全、质量排在第一位，理清作业工序、科学安排合理穿插，按照一天 3 层的施工效率铺排计划（考虑材料运输效率），并考虑合理的工序间歇期（腻子干透、瓷砖固化）等，具体以实际天气、实际工况为准。顶层拆模后，15 天内完成所有装修作业。

所有工序细化分解。结构、拆模、堵洞、砌体、精装水电、抹灰、墙砖、腻子、打磨、油漆、地砖等。第 1 天砌体或墙板、水电完成—第 2 天抹灰作业—第 3 天厨卫、阳台、飘窗板地砖铺贴—第 4 天腻子前置工作—第 5 天厨卫间墙砖铺贴—第 6 天开始墙体第一遍腻子涂敷（点补）—第 8 天开始第二遍腻子涂敷（点补）—第 10 天开始腻子打磨（人工边角处理）—第 11 天开始天花板、墙面底漆喷涂—第 12 天开始第一遍面漆喷涂—第 13 天开始第二遍面漆辊涂—第 14 天客厅地砖机器人铺贴—第 15 天地砖铺贴人工补充。

遵循工期倒排原则。最后 1 层主体拆模完成后第 1 台施工机器人（砌筑机器人或墙板机器人）进入，做完后，后续机器人紧接着做。排好最后 1 层的计划后，对每一层楼的计划进行倒排。

拆分施工面。根据机器人功效、覆盖率进行机器人和人工施工面拆分，计算出每层机器需求量和人工需求量，做好前期准备工作。

数字化的施工管理。基于智慧工地与 WMS 物料系统的连通，实现施工任务和物料能耗全线上数字化管理。项目管理人员通过可视化的项目施工大屏，在办公室即可随时了解和掌控全项目的任务进度和机器人施工情况。

3）应用内容

项目使用了博智林自研的多款机器人，如表 6-5 所示。根据每款机器人的工效特点，项目采取了不同的人机配合模式，并基于博智林多机协同系统进行交通管制与实时监控，实现多机联动作业。

项目中应用的部分博智林自研机器人　　表 6-5

机器人名称	应用场景	功能特点
腻子涂敷机器人	住宅室内墙面、飘窗、天花板的腻子全自动涂敷作业，综合覆盖率达 90%以上	高质量、高效率和高覆盖，可长时间连续作业，同时能有效降低人力劳动强度，大大降低引发职业病与发生安全事故的风险
腻子打磨机器人	建筑内墙和天花板腻子打磨作业	配备有 12 寸（40cm）打磨盘，最大可打磨高度可达 3.2m，其具备自动定位和 BIM 导航、路径规划、自动防撞、自动打磨、良好的吸尘能力、该产品环保作用明显，可完美替代传统人工打磨，进行高效、低尘、长时间的施工作业
室内喷涂机器人	住宅室内的墙面、飘窗、天花板和石膏线底漆和面漆的乳胶漆喷涂	高质量、高效率和高覆盖，实现机器人在不需要人工参与下，根据规划路径自动行驶并完成喷涂作业
室内辊涂机器人	住宅室内墙面的乳胶漆或基膜自动辊涂作业	高质量和高效率（人工辊涂作业的 2 倍），可长时间连续作业，同时有效降低人力劳动强度，降低引发职业病与发生安全事故的风险
地砖铺贴机器人	住宅、高铁站、机场、写字楼、学校等的地砖铺贴	采用激光导航、全向移动底盘、七轴高负载机械臂、地砖全局标高水平定位系统、地砖边缝视觉测量定位系统、四点分布式振捣系统、胶粘剂精准铺设系统等技术，实现在地面不平前提下的高质量铺贴
墙砖铺贴机器人	室内墙砖铺贴	通过自主导航、定位、路径规划、自动涂胶和铺贴墙砖的功能，实现墙砖自动铺贴作业
通用物流机器人	建筑工地装修材料运输作业	具备自动导航、栈板识别及叉取、障碍物识别等功能。基于物流机器人调度系统实现与室内客梯或室外智能施工电梯自动交互，进而实现运输过程无人化，提升作业效率，减少体力劳动，降低人工及安全成本

（1）多机器人协同作业。在同一施工阶段，多款机器人在一个感知空间内共同完成任务。其中，腻子施工作业机器人与运料机器人协同作业最为常见。多腻子涂敷机器人在同一楼层交叉协同施工，基于数字化管理系统实时监控腻子涂敷机器人的物料消耗情况，及时调配一台腻子搅拌站和一台腻子运料机器人共同为腻子涂敷机器人供料，保障施工作业连续性，提升施工效率，降低人力成本，同时也保证了施工质量。

（2）多机器人穿插作业。当前一道施工工序已完成，接下来的多道施工工序没有强制的顺序要求时，可以使用多款不同的机器人同时进行穿插作业。如项目完成混凝土浇筑施工后，后续的天花板打磨、内墙面打磨、螺杆洞封堵、地面找平等工序没有前后顺序要求，可同时使用四款机器人在同一个空间进行施工作业，即在同一层、同一户调用混凝土天花打磨机器人进行房间天花板的错台修整、模板拼缝溢浆打磨，使用混凝土内墙打磨机器人进行房间墙面的打磨修整，调用螺杆洞封堵机器人对现浇混凝土墙体施工时因拆卸原对拉螺栓而遗留的孔洞进行封堵，使用灰浆清理机器人进行混凝土地面的找平和拉毛，保障施工进度。

4）应用效果

（1）效率提升。机器人协同施工代替传统的人工作业方式，按照传统装修工序，人工施工一栋楼 33 层工期为 60d，使用机器人施工后工期缩短至 15d，相比较传统施工节省 45d，整体施工效率较传统提升 40%以上。

（2）全天候、不间断施工。机器人自动化协同施工24h全天候施工作业，运输机器人全天候不间断供应配送物料。

（3）节省人力、效益提升。一名产业技师通过一台安装多机APP的平板电脑，即可监控和操控整层或多楼层的数台机器人同时作业。系统自动化调度机器人施工，改变了传统的繁重施工方式，人工的作业量大幅减少，节省人力成本30%以上，同时保障了工人的施工安全。

（4）精益生产、减少损耗。智慧工地将物料验收入库数据同步至WMS材料系统，系统计划排程合理输出用料计划，做到了物料入库、领用的全周期跟踪闭环，实现高精度的材料供给、管理，减少物料损耗20%以上。

（5）实时进度管理。机器人施工过程任务进度实时反馈和合理调配，高效应对工地施工复杂、数据反馈难等情况。

6.4.2 机器人在北京市亦庄蓝领公寓项目中的应用

1）工程简介

北京亦庄蓝领公寓项目位于北京市经济技术开发区，是中建科技设计建造的中国最高最大的模块化建筑群，依托中建科技装配式建筑智慧建造平台，采用模块化永久性建筑方式建设而成。蓝领公寓共9层，高32m，建筑面积达12万m^2（图6-21），整体装配率高达92%，抗震烈度8度，是北京市AAA级超高装配率模块化示范工程，蓝领公寓共为产业工人提供1810间住房，其中1504间为模块化箱式房屋。

与传统建造方式相比，模块化建造更加绿色、低碳、环保。北京亦庄蓝领公寓项目所采用的模块化建造是装配式建造2.0版本，即以每个房间作为一个模块单元，房间的机电、管线、家具、装饰、幕墙等90%在工厂完成预制生产，运到现场直接吊装，实现全专业集成、工厂化制造，像“搭积木”一样造房子，大大提高工程质量、节约建设周期。

图6-21 项目效果图

2）应用准备

项目按照工业化建造方式，进行标准化设计、工厂化生产、装配化施工、信息化管理。在方案设计阶段、施工图设计、深化设计等环节进行标准化设计，明确了箱体的标准尺寸（长 10.4m、宽 3.6m、高 3.4m），中建科技智能工厂按照标准化设计，依托模块化箱式房智能建造产线（图 6-8）进行生产排产计划、物料准备。项目现场搭建 5G 基站及智慧工地数据中心，为环境监测、智能质量检测、安全生产智能化监测、AI 人脸识别等自动化设备和人机交互场景提供网络及硬件支持。

3）应用内容

项目依托中建科技装配式建筑智慧建造平台（简称“平台”）进行建造全过程的信息化管理工作，通过设计、生产、运输、吊装等环节信息数据的传递和共享，实现了全过程的高效运营。

（1）在标准化设计阶段，模块化箱体采用基于 BIM 的正向设计，通过建立统一模型、定位基准和命名规则，将不同专业各类族库集成在方案设计中，实现标准化设计。模块化箱体数字设计模型（图 6-22）上传至平台进行轻量化，指导后续生产、运输、吊装等各环节。

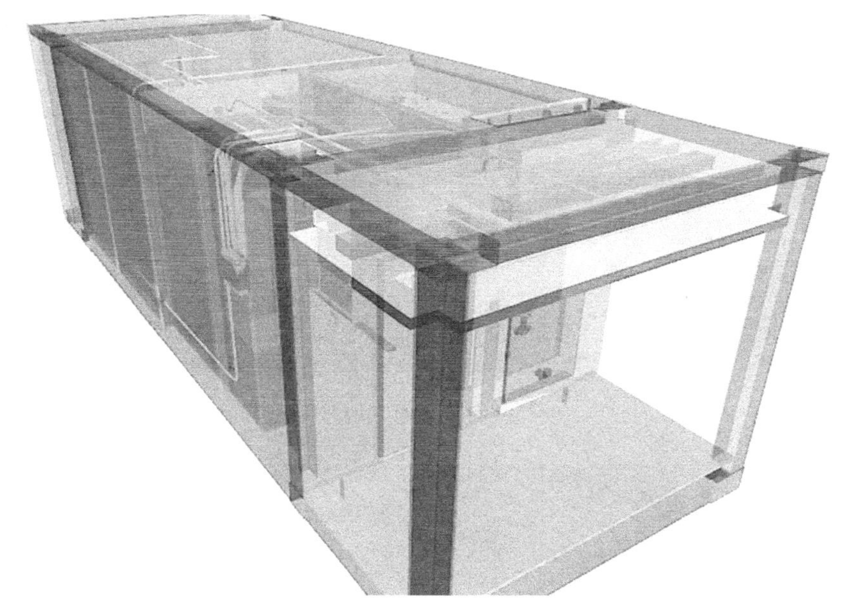

图 6-22 模块化箱体 BIM 模型

（2）在工厂生产阶段，产线集成了板材抓取/折弯/切割、自动拼焊、顶/底框焊接、自动翻转、总装等多个工序（图 6-23～图 6-26），最大限度满足模块柔性化生产需求。箱体模块可在地轨链系统的牵引下，连续完成钢结构的打砂、除锈、底/中/面三层油漆的喷涂（图 6-27）与自动烘干，喷涂完成后，转运至后续装修车间，完成装修作业。

（3）平台采用二维码技术，在模块出厂阶段赋予每一个模块唯一身份标识，如图 6-28 所示，在箱式房左下角以二维码标记。移动端可实时采集数据，实现模块出厂、运输物流、进场、吊装、验收等环节的可追溯信息管理。

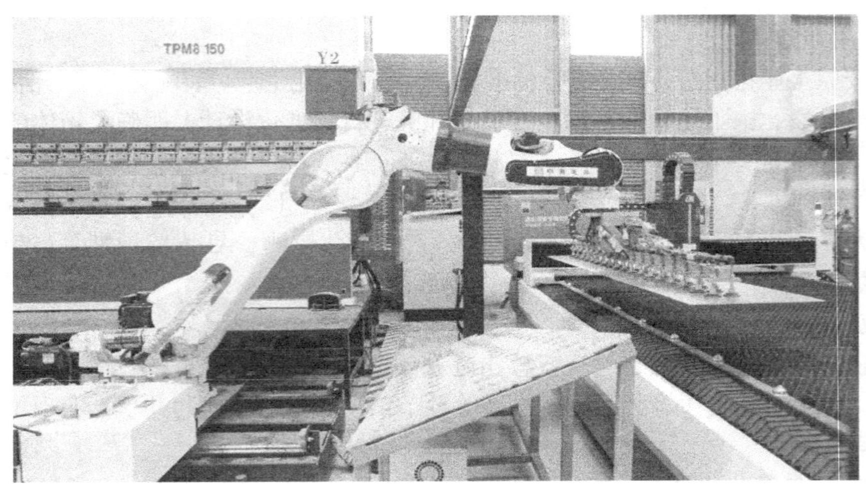

图 6-23　机器人抓取板材

图 6-24　机器人折弯

图 6-25　机器人自动顶框焊接

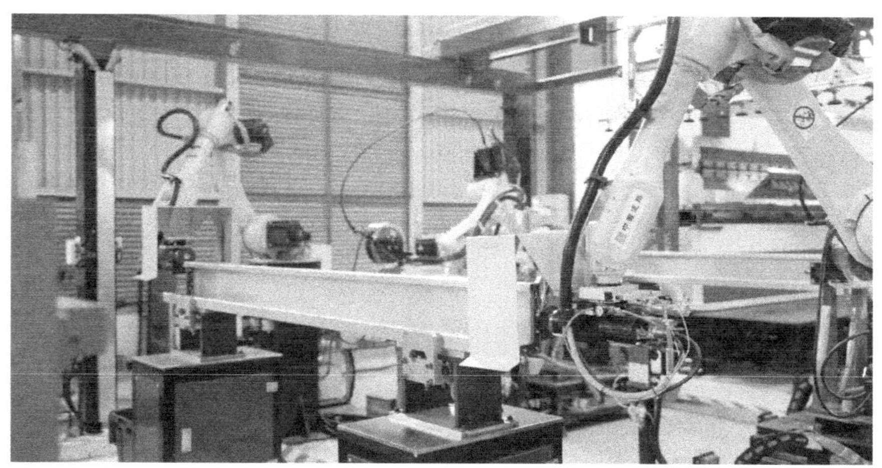

图 6-26 机器人断面打磨

图 6-27 机器人喷涂作业

图 6-28 箱式房唯一标识-二维码

（4）在施工阶段，项目应用了“人机料法环”等相关的智慧工地软硬件系统，并依靠现场的 5G 网络传输以及中建科技自主研发的智慧工地数据中心，进行 AI 无感考勤应用、扫描机器人进行三维激光扫描把控项目质量的应用、通过 IoT 及监控技术监测塔式起重机防超载/防倾斜/防碰撞/防盲吊等安全生产应用。

4）应用效果

（1）在生产环节，与传统 PC/PS（预应力钢结构）构件制造模式相比，模块化箱式房产线节约工期 25%，减少用工 30%。

（2）在施工环节，与传统建造模式相比，模块化建造具有建造速度更快，精度、质量更高的特点。依托中建科技全球首创的装配式建筑智慧建造平台和衔接箱体的 BM 板连接技术，现场 10 名工人配合 1 台塔式起重机，每小时完成 4 个箱式房屋吊装，建造速度提升 60%，大幅缩短投资周期，产生巨大的时间收益。同时因吊装精度可控制在 5mm 之内，大幅提高建设质量。此外，项目节约用工 50%，减少垃圾排放 70%，资源回收利用率 95%，实现了绿色、低碳、环保的建造，如图 6-29 所示。

图 6-29　现场箱体吊装

6.4.3　机器人在京雄高速北京段永定河特大桥项目中的应用

1）工程简介

北京-雄安新区高速公路是雄安新区规划纲要确定的构建“四纵三横”区域高速公路网的重点项目，全长 100 多公里。其中河北段长约 70km，北京段长约 27km，起自五环路，向西跨越永定河后进房山，终点至北京市界与河北段相接。建成后，两地将实现 1h 通达，成为连接北京城区和雄安新区最便捷的高速公路。

作为京雄高速公路的标志性工程，也是全线的重难点和控制性工程，永定河特大桥（图 6-30）全长 1.62km，双向八车道，其中东引桥 410m，西引桥 690m，主桥桥梁长度 520m，主拱跨度达 300m。建成后，将成为北京单跨跨度最长的桥梁，也是国内首个空间异形拱肋飞燕式提篮钢箱拱桥。

图 6-30 永定河特大桥项目效果图

永定河特大桥横跨永定河水源保护区，融入两岸湿地景观公园，因此其涂装工程对喷涂工艺质量、污染控制的要求非常高。项目通过应用高空喷涂移动作业机器人，减少了涂装工程对周边环境污染的隐患，有利于节材、节能、节水、节地和环境保护，降低安全风险，支撑了项目的建造智能化、提质增效。

2）应用准备

（1）确定作业模式。项目喷涂工程采用机器人即服务（Robot as a Service，RaaS）业务模式，不需直接采购硬件，也不需要招聘和培训专门的机器人操作员。

（2）选取喷涂机器人。项目适用逆动科技臂式移动作业机器人对桥梁混凝土结构大气区进行底漆、中漆、面漆的涂装服务，如图 6-31 所示。该机器人智能化程度高，三维建模、多面体切片拼接、自主导航、作业面空间定位、轨迹规划、漆面识别、避障急停等功能一应俱全；作业范围广、喷涂效率高，既能适应数千平方米的大面高空喷涂，也能应用于一二平方米的局部作业；移动速度可达 0.5m/s，越障高度超过 12cm，操作简单，在工地内能够快速部署和施工，契合该项目工序紧张的实际情况；纯电供能，日常作业时间可达 12h；喷涂动作规范，漆面饱满，膜厚稳定，涂料损耗少。

图 6-31 臂式移动作业机器人喷涂施工

（3）构建工地现场三维模型。操作人员将项目的轻量化BIM模型导入机器人中，在其内置微机中快速重现工地现场三维模型。模型中包含的板、梁、柱等构筑物的几何信息可以满足机器人的坐标转换需求。通过加载模型数据及扫描周边空间，机器人可以实现自我定位，为移动路径的自主规划提供依据。同时，根据该项目智慧工地管理平台的通信协议，操作人员在机器人上加装定位终端，通过蓝牙信标（Beacon）定位，将机器人位置信息以远距离无线电（LoRa）方式发送至融合网关，达到机器人管理、轨迹回溯的目的。

（4）施工面及周边区域准备。当待喷涂的作业面修补、打磨完毕，表面拉伸强度、表面粗糙度、表面清洁度、残留污染物、表面pH值、含水率等性能确认达标之后，机器人即可准备开展喷涂作业。同时，因逆动科技臂式移动作业机器人具有较强的越障能力，施工道路完成初步硬化即可。

需要说明的是，在机器人施工过程中，虽然其具备场景三维模型信息，并能通过深度视觉相机和超声波传感器来感知障碍物，但工地环境较为复杂，因此操作手仍需要旁站，留意安全风险。

3）应用内容

在本项目中，机器人使用双组份环氧清漆、环氧树脂漆、氟碳面漆等多种类型涂料，作业于水平、竖直、V型等多种形态的墙体，根据项目设计文件及技术要求，以多种膜厚标准进行多遍喷涂作业。开展喷涂作业时，操作手首先在遥控平板上展示的三维模型中选择计划喷涂的板、柱、梁等区域，机器人内置微机即根据所选择的算法进行作业区域分片，并在平板上展示分片结果。当操作手在平板上点击确认后，机器人即从当前定位移动到作业点位，转向作业面，并在平板上提示业已就位。之后，操作手只需点击遥控平板上的“一键喷涂”按钮，机器人即会自动将末端装置送至高空，调整位姿后展开自动喷涂。操作手可利用这段喷涂时间进行制备涂料、向机器人上料、检查机器人作业日志、观察周边安全隐患等工作。

针对特殊的喷涂要求，操作手还可以更换智能算法，修改作业参数，甚至手动操作机器人对局部复杂场景进行喷涂。对于某些更深层次的功能需求，操作手可在机器人公司售后人员的远程授权下，使用密码登录进入相关界面，修改相应动作顺序和控制参数，并在测试验证后，在机器人上实施。

喷涂完工后，机器人上的物联网终端会记录机器人动作时长及移动轨迹，而机器人的在内置微机和操作平板上的软件日志则会记录喷涂时长及喷涂长度。

4）应用效果

（1）提高了喷涂质量。得益于多自由度的大臂及末端系统，机器人能够以灵活的姿态达到平行于平、直、斜作业面，时刻保持以垂直角度进行喷涂，满足项目工艺要求。在本项目中，机器人共完成喷涂面积1.6万m^2。喷涂质量满足《混凝土桥梁结构表面涂层防腐技术条件》JT/T 695、《色漆和清漆拉开法附着力试验》GB/T 5210等标准。

（2）保障了施工安全。该机器人使从业工人从高空作业转为地面作业，由喷涂工人转为机器人操作手，将手工作业转为自动作业；降低了对工人在喷涂技能方面娴熟度的要求，也降低了人员的高空作业风险，还使得人员远离喷枪，减少了涂料粉尘对人体健康的影响。

（3）全方位降本增效。根据项目实践，机器人每日的喷涂面积可达1800m^2，相当于采用2台登高车、4名工人的每日工作量。该机器人仅需1人操作，且劳动强度低，其单人的劳动量相比之前的 4 人高强度工作量减少了 80%。该机器人顶替 2 台登高车，使得设备租赁费减少了 20%。而机器人喷距稳定、喷角合理、喷幅重叠少的特点，使得在喷涂质量得到提升的同时，涂料消耗下降了 15%。经现场测算，该喷涂环节的劳务利润率提升至原先的 3.75 倍。

参 考 文 献

[1] 新华网. 建筑业摆脱“危繁脏重”，老工地需要“新工友”[EB/OL]. [2020-05-23]. https://baijiahao.baidu.com/s?id=1667446779150551003&wfr=spider&for=pc.

[2] 四部门关于公布农业、建筑、医疗、矿山领域机器人典型应用场景名单的通知[EB/OL]. [2022-08-23]. https://wap.miit.gov.cn/zwgk/zcwj/wjfb/tz/art/2022/art_1abdc5757ac149f3ae6e056d8db3db5d.html.

[3] 超“京”彩！中建三局十大“黑科技”亮相服贸会!? [EB/OL]. [2022-09-06]. https://m.thepaper.cn/baijiahao_19794598.

[4] 博智林自研建造全周期多类型建筑机器人[EB/OL]. https://www.bzlrobot.com/channels/3.html.

[5] 熊林，朱伶俐，庄小央. 装配式建筑发展现状及影响因素分析[J]. 四川建筑, 2020, 40(3): 14-16.

[6] 方舟，刘峻佑，靳程锐，苏世龙，雷俊. 房屋顶框自动化蒙皮包边技术研究与应用[J]. 工程建设标准化, 2022, 37(17).

第 7 章　智能装备新系统

7.1　概述

智能装备新系统是智能建造的硬核和引擎，广泛应用于智能建造的各个方面，推进建筑工业化的转型升级和高质量发展。

目前，在政府与市场的支持下，我国出现了一大批优秀的智能建造装备企业，但仍处于发展初期阶段。部分核心技术依赖从国外引进，对先进智能建造装备依赖程度较高，50%以上的智能建造设备需要进口。对于智能建造的核心技术如人工智能，美国、英国等为代表的发达国家走在世界前列，德国更是早在 2012 年就推行工业 4.0 计划，以服务机器人为重点加快智能机器人的开发和应用[1]。随着我国不断开展智能建造实践，智能装备新系统的发展也必将逐步提升到更高水平。

本章介绍的智能装备新系统主要涵盖智能制造、智能施工两大方面。其中，智能制造装备新系统通过应用智能化系统，实现相关制造资源的合理统筹，并通过数据技术驱动智能设备，实现建筑部品/部件的工业化制造，将围绕装配式钢结构建筑智能制造装备系统、装配式混凝土结构建筑智能制造装备系统展开。智能施工装备新系统则是通过应用智能化系统，实现对工程项目“人、机、料、法、环”等关键要素的实时感知、全面掌控、自动预警和智能决策，侧重装配式钢结构建筑施工智能装备系统、装配式混凝土结构建筑施工智能装备系统、智能塔机系统、智能施工小型装备系统等的描述。

7.2　装配式建筑制造智能装备系统

智能制造装备是具有感知、分析、推理、决策和控制功能的制造装备的统称，它是先进制造技术、信息技术和智能技术在装备产品上的集成和融合，体现了制造业的智能化、数字化和网络化的发展要求。智能制造装备的发展水平已成为衡量一个国家工业化水平的重要标志。

我国的装配式建筑企业大多将智能装备发展重点放在单一设备上，实现生产线上单一工序的自动化。如某钢构制造企业，通过革新传统焊接模式，采用双排多机同步施焊的焊接模式提高生产效率，形成了独特的生产模式，但其他工序如切割、装配的精度误差控制会极大的制约产能。目前国内外的装备制造商针对钢结构与混凝土两大装配式建筑类型设计、开发了各种类型的智能装备，如表 7-1 和表 7-2 所示，陆续应用于建筑钢结构构件制造生产线与混凝土建筑预制件生产线中。

钢结构装配式建筑关键智能制造设备一览表　　表 7-1

装备类型	适用工序/产品	主要功能及特点	主要厂商
程控桁车	上下料	配置电磁吊具，具备准备控制磁力功能，避免多吸、磁力不足等情况； 电磁吊具特点：结合余料形状，电磁吸盘局部通磁	德国德马格、上海科尼、法兰泰克、奥力通
全自动切割机	原料切割	全自动切割下料，并采用链板式滚动平台，将分拣和上料切割独立开来； 配备等离子、火焰、喷墨等多种枪头，集成度高； 自动纠偏，消化上料和程控行车产生的偏差； 配链板式工作台，切割完成输送至后端分拣工位	梅塞尔、小池酸素、法利莱、台湾富采
门架式分拣机	零件分拣	视觉识别定位、套料图解析、视觉识别零件、三轴机械结构控制、电磁吸盘控制	上海名匠、法兰泰克

混凝土装配式建筑关键智能制造设备一览表　　表 7-2

装备类型	适用工序/产品	主要功能及特点	主要厂商
焊接机器人	牛腿焊接、打底焊接、总成焊接	采用混合气保焊接，全熔透不清根工艺； 双变位机双工位，上料、焊接同步进行； 适应角焊缝、单V、K型、U型多种焊缝形式	唐山开元、沈阳新松、焊研威达、成都环龙、山东奥太
全自动锯钻锁	构件锯开、钻孔、锁口	通过全自动辊道、移钢机、自动钻锯锁传输系统实现工序之间的全自动传输及加工； 传输装置自动动力和传感系统	菲赛普、卡特巴赫、日本大东、日本天田、台湾富采、贝灵格
卧式组立机	构件主体组装	1. 腹板升起装置新增编码器，提高控制精度； 2. 翼板翻转机构同步性提高，稳定性增强	唐山开元
立体仓库	零件存放	立体堆垛	佳顺、国自、新松、拓野、厚达
自动导向车	物流配送	激光定位、自主地图规划、调度控制、安全识别	佳顺、国自、新松、拓野、厚达

7.2.1 装配式钢结构建筑智能制造生产线

近年国家提出大力发展装配式建筑，促进传统粗放的建造方式向新型工业化建造方式转变，实现建造方式的变革。钢结构建筑建造工业化特点比较明显，装配式钢结构的部件非常适合工厂化生产，“十四五”规划明确提出“发展智能建造，推广绿色建材、装配式建筑和钢结构住宅，建设低碳城市”。从建筑业领域看，钢结构建筑产线的工业化处于行业的较高水平，但与工业制造业相比，还存在较大差距。

随着钢结构建筑的推广应用，钢结构制造逐步形成了包括原材下料、部件加工、拼装组焊、总成焊接、打磨喷漆等一整套的标准化工序流程，加工构件涵盖 H 形、圆管/圆柱形、十字形、箱形、复杂异形等多种类型。近年来，国内钢结构制造企业通过工业互联网、生产制造执行系统（Manufacturing Execution System，MES）、智能机器人等数字化技术的研发与应用，打造了局部或整线的自动化、数字化产线，如中建科工、山西潇河、安徽鸿路、浙江杭萧等企业。以中建科工集团有限公司为代表的国内主要钢结构制造企业陆续开始工厂产线的数字化升级探索，如表 7-3 所示。下文以中建科工的建筑钢结构智能制造生产线为例，进行详细介绍。

国内典型的装配式钢结构建筑智能制造生产线　　　　**表 7-3**

公司名称	产线/加工中心	面向的工序流程	主要功能
中建科工	重型 H 型钢智能制造产线	自动排版、一体化下料与切割、部件加工、拼装组焊、总成焊接、油漆喷涂	1. 虚拟零件库自动排版，并在线发送车间控制中心。 2. 焊接工艺专家数据库，根据零件类型自动生成焊接参数，特别是厚板焊接。 3. 全自动下料，智能切割与分拣。 4. 依托焊接工艺参数库全自动牛腿焊接、组立焊接、总成焊接。 5. 一体化封闭式智能喷涂、烘干，高效环保
山西潇河	集中下料中心；H 型钢智能二次加工	集中下料、拼装组焊	1. 等离子切割机无人切割，自动分拣。 2. 自动组焊、矫正。 3. 数控划线与 BIM 模型对接
安徽鸿路	智能切割、热轧 H 型钢制作、智能喷涂生产线	原材切割、型材切割钻孔、油漆喷涂	1. 激光智能化切割。 2. 根据构件 Tekla 模型自动完成型材切割与钻孔。 3. 智能喷涂烘干
浙江杭萧	智能 H 型钢生产线	下料切割、拼装组焊、油漆烘干	1. 全自动下料切割。 2. 自动组焊、矫正。 3. 智能化抛丸、喷漆、烘干

1）应用场景

虽然钢结构看起来是最容易实现建筑工业化的领域，但其工业化进程仍存在诸多阻碍：尺寸大，重量大，非标定制类构件；加工方式粗犷，大量依赖人工，而总体上工人又越来越呈现一种年轻化的态势，用人成本越来越高；工艺方面受制于客观因素难以做大的更新和变革。打造钢结构的智能产线，将传统制造推向智能制造，是突破上述瓶颈的有效途径。

智能产线至少有三大特征：一是信息基础设施高度互联，设备、人员、材料、产品之间都有互联；二是控制和反馈的实时性，生产过程控制行为产生的各种生产数据可以及时反馈，并做出及时的修正和精准的决策；三是学习和交互，建立深度学习能力及良好的人机交互。

基于以上认识，中建科工围绕钢结构智能制造，在智能产线管理云平台、设计协同、机器人、智能产线等方面积极探索，以技术变革推动生产过程的数字化、智能化，建成国内独创、国内领先的集新型装配式建筑结构材料研发、设计、生产、装配于一体的智能化产线。

2）主要功能

智能产线根据“数字化、信息化、智能化”的设计理念，充分利用工业无源光网络（Passive Optical Network，PON）、智能生产信息系统、信息物理系统（Cyber Physical Systems，CPS）平台、大数据、云计算等先进技术，研发定制数控机床与工业机器人设备、智能物流与仓储设备、智能传感与控制设备等先进智能制造设备。具有如下五大功能：

（1）集成七大产线工作站

①智能下料中心。采用集中控制，实现切割作业无人化。对板材进行集中下料，集中储存。通过柔性分配，在上料、切割、下料、废料回收等关键流程“无人化”作业，有效降低辅助时间和等待时间。

②部件加工中心。应用自动导向车（Automated Guided Vehicle，AGV）、立体库、机器人集中对零件进行二次加工。通过 AGV 车智能管控物流转运，采用人工组装，机器人自动焊接，有效提高部件生产效率。

③自动铣磨中心。进一步提高了建筑工业化的程度。将板条进行全自动铣坡口、打磨、转运，大幅度提高设备生产力，加快生产节拍，提高加工精度，减少人员投入。

④自动组焊矫中心。突破了传统立式组立、船型焊接思维。辊道与有轨制导车辆（Rail Guided Vehicle，RGV）组成智能物流系统，完成工序无缝衔接，自动化组装、焊接、矫正，减少构件周转时间。

⑤锯钻锁中心。一站式流水作业实现高效机械加工。对 H 型钢进行全自动锯切、钻孔、锁口作业，定位准确，加工精度高、安全性好、可靠性强。

⑥机器人装焊中心。突破机器人超厚非标件不清根多层多道焊接瓶颈工序。机器人连续焊接，效率高、连续性强、质量稳定。

⑦抛丸喷涂中心。突破了业内目前分散喷涂自然风干的现状，实现了工业化作业模式。自动化物流管理，室内烘干全流程封闭作业，连续性强，质量稳定。

（2）钢结构工业互联网平台

依托平台建设，实现“三个优化、一个管理、六种能力”的目标：制造成本优化、产线成本优化、工艺参数优化；易耗件预测性维护与成本管理；采集技术及能力、传输技术及能力、云端平台技术及能力、基于平台的应用能力、可视化展现能力、大数据分析能力。重点实现：

①生产全要素的数据采集。支持三种生产要素的数据采集，包括工业设备实时运行状态、工艺参数数据的采集；人员信息、操作记录的数据的采集；已有企业资源系统（ERP）、BIM、智能成像、下料集成等业务系统的相关数据采集。

②面向生产环节多源异构数据的集成。对已采集的设备、加工中心、不同业务系统等多个来源的数据，平台能屏蔽数据之间物理和逻辑层面的差异，实现统一的表示、存储和管理，将多源异构数据集成为相互关联的有机整体，解决数据来源广泛、异构的问题。

③提供面向钢结构制造大数据分析的平台支撑。主要用于包括所采集的数据治理、数据分析等技术的加载与应用，为上层基于钢结构相关大数据应用与呈现输送成果。

④提供面向钢结构行业的工业互联网大数据的服务。基于设备运行数据、工艺参数、能耗数据、物料配送数据和进度管理数据等现场生产数据，通过数据分析和反馈，实现制造工艺、质量管理、设备维护和能耗管理等具体场景的优化应用，并面向企业运营管理实

现成本维度的分析应用与决策优化。

（3）虚拟零件库

通过虚拟零件库的建立，实现套料方案与系统中钢材信息的自动匹配，并将产生的余料维护到物联网中，同时对排版数据进行多维度的分类汇总统计。

（4）焊接参数数据库与大数据分析模型

采用全自主研发的微结构光技术，打破常规点、线激光寻位原理，采用面扫描获取工件完整三维点云，快速提取3D直线与曲线特征，输出焊接路径；可根据板厚、坡口角度、钝边、间隙及有无叠板等选项，实现搜索查询获得推荐的专家数据库直接使用（适用新手），也可添加储存不同形式的焊接工艺数据及自定义数据名称等，目前数据库已具备板厚6～20mm、焊道1～3层的角焊缝焊接等6项工艺，以及不同规格的焊接参数专家数据库36套。

（5）国家标识解析二级节点建设

平台以钢结构构件产品“一物一码”为信息载体，支持与钢结构建筑行业深化设计、生产加工、物流运输、施工安装等重要环节的不同信息系统的对接，实现对钢结构构件标识自动识别、信息系统间的数据交互与共享，向上与国家顶级节点对接，向下为行业内企业分配标识编码及提供构件标识注册、构件标识解析、构件标识数据管理服务等。

二级节点建设主要包含：基础资源建设，构建面向钢结构行业的工业互联网标识解析二级节点底层资源能力，包括机房、计算、存储、网络以及安全能力等；标识解析信息系统建设，构建面向钢结构行业的工业互联网标识解析二级节点基础服务能力，制定二级节点管理规范，制定二级节点功能系统，提供二级节点接口，包括二级节点与国家顶级节点、企业节点之间的运营管理监测接口、网络通信接口、数据传输接口等；钢结构产品的标识解析服务平台及应用，构建面向钢结构行业的“基于标识解析的钢结构全生命周期管理系统（平台/应用）”，向行业内输出相关技术、管理模式、质量服务标准，促使行业管理水平和产品质量水平提升到较高层次。

3）典型应用流程

核心工序技术实现突破，创造性地改变钢结构构件生产加工方式，75%的核心工序应用智能制造关键技术，如图7-1和图7-2所示。

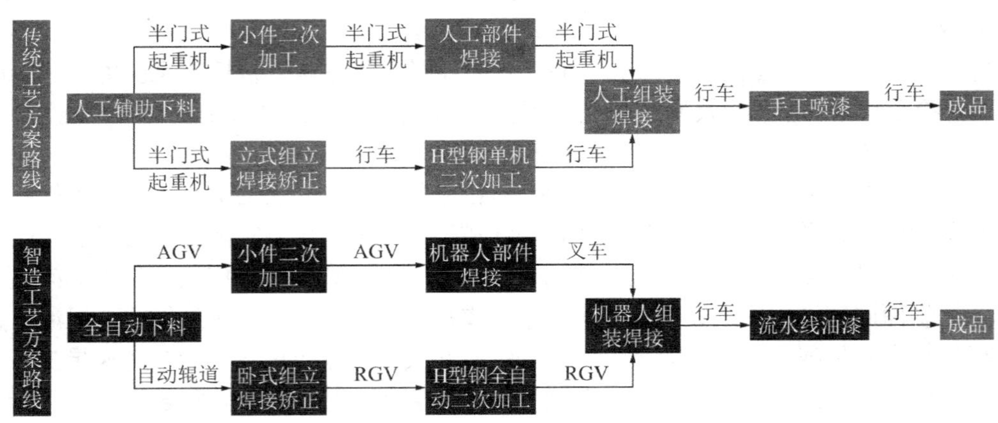

图7-1　钢结构智能制造工艺路线对比图

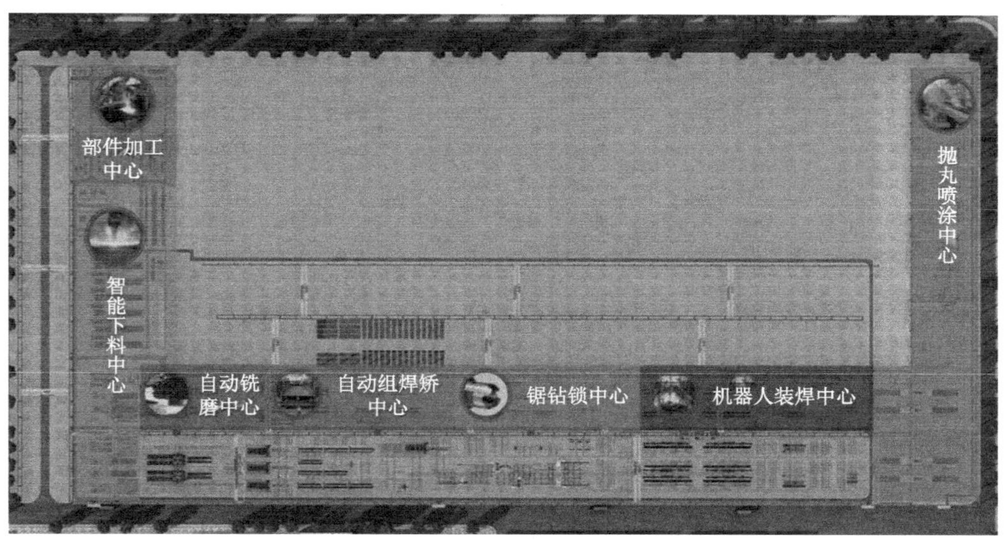

图 7-2 钢结构智能制造产线整体布局

各工序流程概述如下：

（1）全自动下料。通过智能下料中心，制造执行系统（MES）可以从企业资源系统（ERP）中获得任务计划，对切割下料车间的整个生产过程进行管理。车间控制中心提取代加工任务，根据加工计划将不同加工任务下发至各切割设备，并通过全自动程控桁车将对应原料板材转运各设备的加工平台。切割完成后，具备全自动传送功能的加工平台将所得零件传送至待拣区域，空出加工区域进行下一加工任务。切割完成的零件在待拣区通过分拣机器人、AGV 等完成零件分拣及分发。

（2）小件二次加工。由 AGV 转运至本工序的零件，根据工艺要求完成开坡口、钻孔等二次加工。

（3）部件焊接。集中进行牛腿、预埋件等构件主体之外的结构件组装与焊接工作。如依托牛腿焊接工作站，进行牛腿部件基于离线编程的厚板不清根全熔透焊接。

（4）卧式组立焊接矫正。利用辊道对构件主体零件进行矫正、定位、组立的一体化作业，解决了传统立式组立焊接中存在的反复吊装、多次定位、矫正繁杂的弊端。

（5）H 型钢全自动二次加工。在组立焊接完成构件主体的固定焊接基础上，进行构件主体零件的全熔透焊接，完成构件主体的加工作业，利用 RGV 将完成的构件主体转运至钻锯锁设备，对其进行钻孔、锯开、锁口等二次加工。

（6）组装焊接。利用总成焊接装备，对加工完成的构件主体、附加结构件进行组合与焊接，总成焊接设备具备自动翻装能力，可以在不借助外部设备的情况下完成构件翻转与定位，一次性实现构件四面的附件结构件组合焊接作业。

（7）流水线油漆。由喷涂室、流平室、烘干室、空中平移系统、环保除尘系统等组成。配备带有防爆喷涂机器人的自动喷漆室，可进行底漆和中间漆的喷涂。配备自动恒温烘干室，进行底漆、中间漆的快速烘干。喷漆作业与输送系统连锁运行，自动检测工件种类进行喷漆。双组份高压无气喷涂机的油漆配比可调，对构件进行全方位高速喷涂。喷涂成品的钢构件由电动地平车输送到成品堆场。

4）技术特点

（1）实现了一系列的关键技术突破

①智能化“无人”下料技术。改变了传统制造模式，不再严重依赖人工数量与技能水平，实现工位效率更高、人工数量更少、切割质量更好、工位环境更好、安全系数更高。智能化无人下料模式与传统加工模式的对比如图 7-3 所示。

(a) 系统智能管控

(b) 人工管控

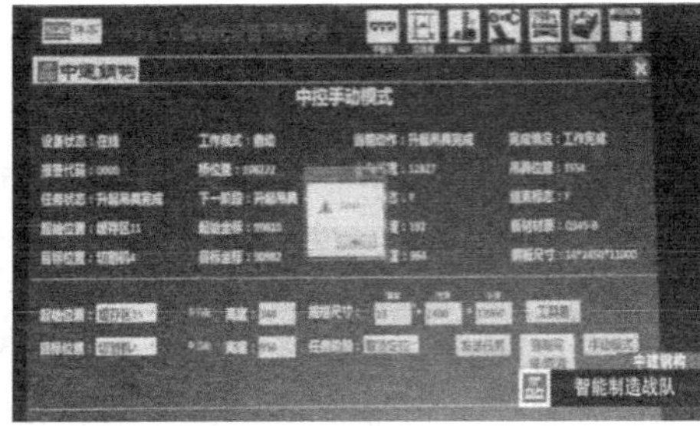

(c) 系统自动下达任务

(d) 人工交底下达任务

(e) 自动物流

(f) 人工吊运

(g) 自动排枪切割

(h) 人工划线切割

(i) 代码自动钻孔

(j) 人工钻孔

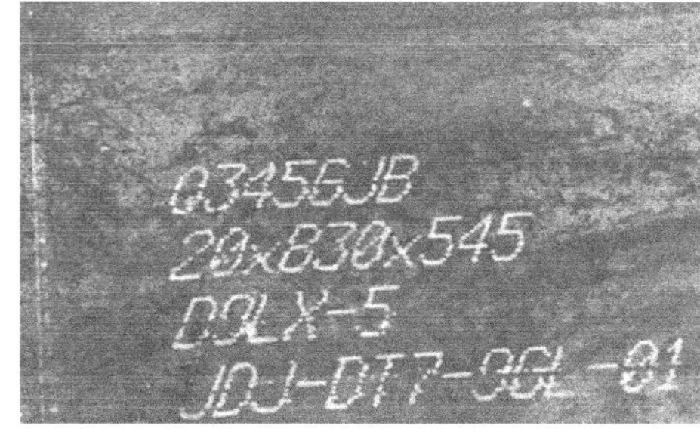

(k) 自动编码喷墨

(l) 人工标识编号

图 7-3　智能化无人下料模式与传统加工模式对比

②厚板不清根全熔透焊接技术。通过科研攻关，利用激光跟踪、电弧传感、焊缝自适应、数据库自匹配等技术配合大量的工艺试验和创新，实现厚板不清根全熔透焊接，并且利用离线编程、参数化编程、大型变位机联动焊接等技术实现多种结构形式的单件小批量的自主焊接，形成了《焊接机器人技术标准》。

③钢结构卧式组立焊接矫正成套技术。通过技术革新，改变行业现行的半人工立式组立、人工翻身船型焊接、机械式立式矫正的零散式、半人工的生产方式。创新设计智能卧式组立、配自动翻身的卧式焊接、卧式在线矫正三位一体的卧式组焊矫生产线，生产效率提高 1.5 倍。

④钢结构二次加工全自动钻锯锁技术。利用钢结构二次加工全自动钻锯锁技术，改变了传统制作中“人工 + 独立设备”的模式，使用全自动钻锯锁工作站，将其变革为“离线编程 + 自动物流 + 一体式加工”的全流程自动加工，实现 H 型钢钻孔、锯切、锁口三个工序的高质量、高效率加工。

⑤工厂级智能仓储物流技术。利用程控桁车、智能分拣设备、立体仓库等设备分区域构建地面、低空、高空“三位一体”的车间立体智能物流仓储系统，实现零件调配、构件转运在多个加工工序之间的无缝衔接。

（2）搭建钢结构工业互联网平台

钢结构工业互联网平台充分利用工业以太网、大数据、云计算等先进技术，规划设计完整的信息网络系统，补全公司上层信息管理网络和车间底层设备系统之间的信息流空白，实现车间的集成和协同，进一步为新材料、产线、能耗等优化设计与生产过程优化提供必要的数据支撑，实现对产线的智能化管控，形成中建智能制造参考模型，如图 7-4 所示。

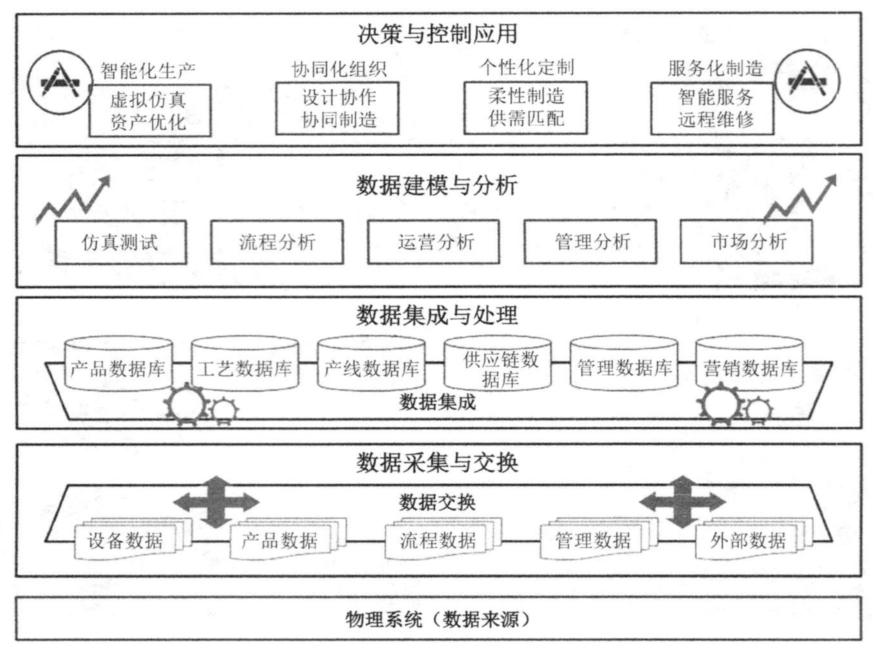

图 7-4　钢结构工业互联网平台功能架构

（3）虚拟零件库

在可视化界面显示统计结果，对异常数据进行预警，通过移动终端（包括手机 APP）的数据传输，实现钢材下料信息的实时共享，通过条件筛选，查看下料进度，实现商务结算数据承载及导出分析、各类报表导出、各项目资源进展及材料损耗的看板式管理。

（4）焊接参数数据库与大数据分析模型

支持控制最高权限（设备控制、变位装置控制及工件信息录入等）、焊接数据监控（设备状态、焊接焊丝使用量、实际电流电压变化曲线图等）、多模块应用（视觉拍照点云图、实时焊接单元 3D 仿真及变位装置控制等功能模块），可应用于钢结构 7 类部件的焊接应用，且人机界面友好，易上手。

（5）国家标识解析二级节点建设

建成功能完备的工业互联网标识解析二级节点并对接国家顶级节点，可以提供钢结构建筑行业标识解析与管理服务，包括：标识注册/分配功能、标识解析功能、标识查询功能、标识监测功能，同时以中间件的形式开放接口，为行业应用和终端提供服务。经过持续的开发与迭代工作，该标识解析二级节点现已实现关键技术指标要求，并已顺利通过验收指标测试，具体包括：注册量累计 8817220 条，日均解析量 26918 次；对其中的 10 万的标识进行抽查，该节点标识数据准确率为 99.9%；标识相关数据留存日期不少于 180 天；标识二级节点系统能支持 IPv4、IPv6 双协议栈。

5）应用价值

中建科工建成的首个建筑钢结构智能制造生产线，整合生产板块、业务板块的多个系统的数据，打通公司上层信息管理网络和车间底层设备系统之间的信息流屏障，实现对制造工厂各级信息系统之间数据的平台化归集与关联，使生产效率提升了 20%（相比传统产线），获评 2017 年工信部智能制造新模式应用项目、广东省智能制造试点示范项目，成为建筑结构领域首个获此殊荣的企业。

7.2.2 装配式混凝土结构建筑制造智能生产线

装配式混凝土结构建筑制造智能装备系统是建筑业现场现浇模式向工厂预制（Precast Concrete，PC）模式转变的必备条件。通过工厂预制，建筑质量得到改善，生产效能得到提升，用工压力得以缓解，资源消耗得以降低，实现经济效益和社会效益的双赢。

我国 PC 智能装备系统于 2010 年前后从国外引入，并随着 2016 年《关于大力发展装配式建筑的指导意见》《装配式混凝土建筑技术标准》GB/T 51231 等指导性政策文件和标准规范的发布实施，迎来了发展的高潮，年市场销售规模突破 20 亿元。以三一筑工、河北新大地为代表的国内成套装备提供商，通过不断攻关，目前已实现了 PC 智能装备系统的全面国产化，同时针对我国建筑业多样化需求，进一步自主创新出多种装备系统类型，具体如表 7-4 和图 7-5 所示。

PC 智能装备系统类型表　　表 7-4

产线类型	技术特点	典型产品	典型企业
平模流水线	1. 工业流水化布局； 2. 模台自动流转作业； 3. 立体堆放、集中养护； 4. 智能生产，中央调度； 5. 市场主流需求	实心/空心墙、叠合楼板、叠合梁、阳台/空调板、平面市政构件	三一筑工、河北新大地、山东天意
立模生产线	1. 成组立式生产； 2. 降低场地需求； 3. 集中养护	实心/空心墙	河南玛纳、河北新大地、海天机电
长线台/预应力生产线	1. 长线型布局； 2. 设备移动作业； 3. 预应力生产能力	叠合楼板、预应力楼板	海天机电、山东万斯达、三一筑工
游牧/模块式生产线	1. 紧凑布局； 2. 整体快速拆装移动； 3. 场地适应能力强	叠合楼板、实心墙	三一筑工、河北新大地
钢筋生产系统	1. 部件自动加工； 2. 部品自动焊接； 3. 网片柔性折弯成型	调直剪切、弯箍成型、桁架/网片焊接、钢笼柔性成型	天津建科、廊坊凯博、三一筑工

平模流水线

长线台/预应力生产线

立模生产线

游牧式/模块化生产线

钢筋生产系统

图 7-5　PC 智能装备生产系统

以下以市场主流需求的平模流水线为例，介绍典型 PC 智能装备系统的当前技术发展程度。

1）应用场景

初期国内平模流水线（以下简称“流水线”）主要实现关键生产场景（如布料、振捣、堆垛、养护、流转等）的机械化，受制于产品标准化、技术水平等因素，整体智能化水平有限。随着行业智能化需求提升、设计标准化改善、装备应用能力加强，新一代智能平模流水线成为行业当前发展的重点，主要应用于以下需求场景：

（1）数字生产模式。设计数据直接驱动智能装备生产，无需白图转化、人工识图等环节，提高运营效率、减少人为失误、提升构件质量。

（2）自动化装备。解决生产准备、钢筋生产、质量检验、布料振捣等关键环节生产技术水平低、用工多的瓶颈问题，提升生产效率、降低人工成本。

（3）跨系统协同作业。将流水线与钢筋生产系统、搅拌站的人工协同模式升级至数字化在线协同模式，改善匹配生产能力，减少浪费。

（4）空心墙生产能力。开发空心墙在线生产的核心装备及工艺能力，扩展产品范围，增强盈利能力。

（5）智能生产运维管理。流水线中央智能化调度，构件全生命周期智能化管理，生产运营数据呈现及应用。

2）主要功能

新一代平模流水线以平台协同、智能生产、智能运维为核心功能，具体如下：

（1）平台数据协同。设计、制造、施工端通过云平台实现数据协同。设计数据直通生产，施工数据倒推生产线按需排产。

（2）BIM 数据驱动。国内主流 BIM 设计软件数据直接被生产线管理系统读取解析，进而驱动智能装备生产。

（3）自动拆布模。拆模、布模、划线、涂油等生产准备阶段人工作业全部由机器人完成。

（4）钢筋智能生产协同。数据驱动钢筋桁架、网片自动焊接，按节拍及时（Just in time，JIT）投放至模台。

（5）混凝土智能调度。流水线与搅拌站在线协同，生产需求驱动混凝土定时定量定配方供应。

（6）视觉质检。三维视觉技术自动完成隐蔽工程在线质检，质检数据数字化存档。

（7）智能布料。基于构件数据，智能规划作业策略及路径，布料过程全自动完成作业。

（8）高精度翻转合模。集成高精度翻转机、摇晃振动台及定位装置，实现空心墙高效自动成型。

（9）高效堆垛养护。构件存取效率高，养护环境温湿度精确控制，降低能源消耗。

（10）智能生产管理。数据中台智能生产管理；构件一件一码全生命周期数字化管理。

（11）数字大屏及数据应用。工厂运营数据大屏图表化显示，基于数据智能推送运营改善建议，提高工厂运营决策效率及成效。

3）典型应用流程

新一代平模流水线典型应用流程如图 7-6 所示。

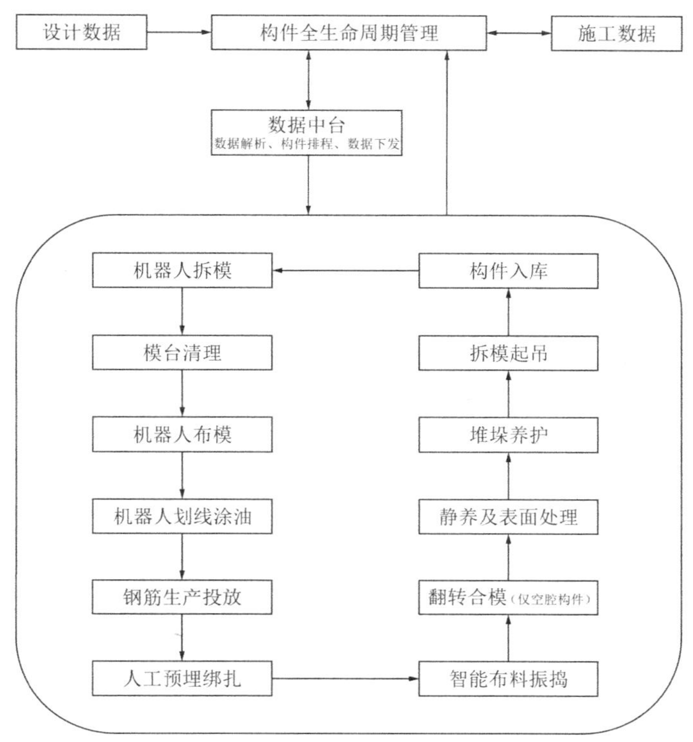

图 7-6　新一代平模流水线典型应用流程图

（1）设计数据与施工数据同步到数据中台。以构件全生命周期管理系统为核心，打通 PC 工厂与设计、施工环节的信息壁垒，施工需求数据自动转化为生产计划，并连同设计数据同步至数据中台。

（2）数据驱动排程生产。数据中台解析设计数据，依照生产计划进行生产排程，按节拍下发并驱动流水线 10 余道工序智能协同生产。

（3）数据一体化共享。构件下线入库数据同步反馈至构件管理系统和施工环节，实现一体化信息共享。

4）技术特点

（1）数字化生产、运维模式

①云平台协同。联通设计、生产、施工数据，实时交互共享，设计数据直接用于生产，消除转图识图需求；施工数据倒排工厂生产计划，有序生产；生产数据分享到施工端，避免窝工。

②设计软件。国内外主流 BIM 设计软件（PKPM、Revit、planBar）自主兼容性开发，建模按生产特征深化拆分，BIM 数据与流水线无缝打通。

③工业软件。生产管理系统打造一站式数据中台，智能排产排程，驱动智能装备自动生产，设备运行状态实时监控，生产过程在线管理调度。

④构件管理软件。基于一件一码方式，对构件计划、生产、质检、库存、运输的全生命周期进行数字化管理，多平台终端数据同步。

⑤数字运维。工厂生产运营大数据，图表化方式直观呈现，基于数据智能推送运营改善建议，提高工厂运维及决策效率。

总体数字化脉络图如图 7-7 和图 7-8 所示。

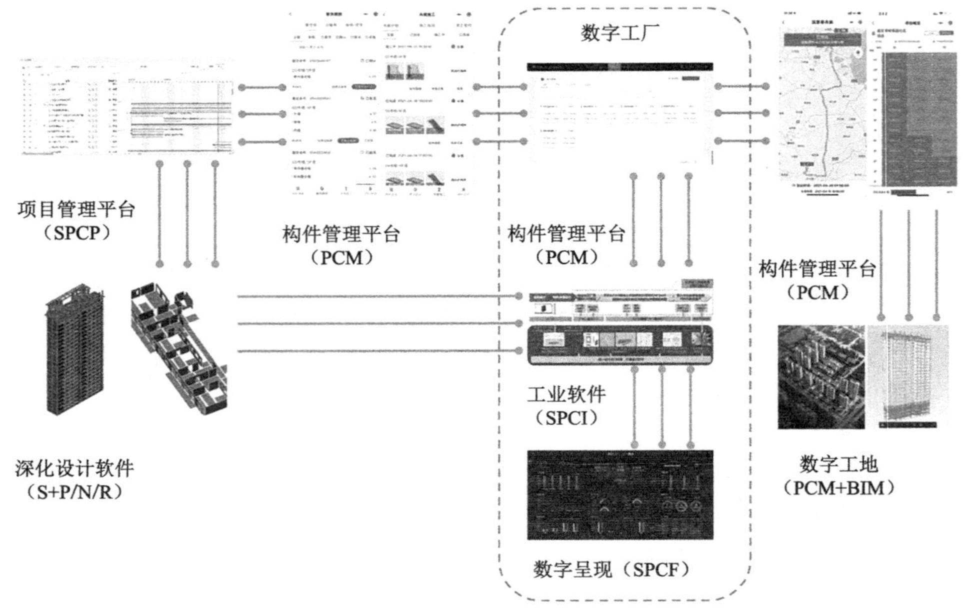

图 7-7　数字工厂全流程运营脉络（三一筑工）

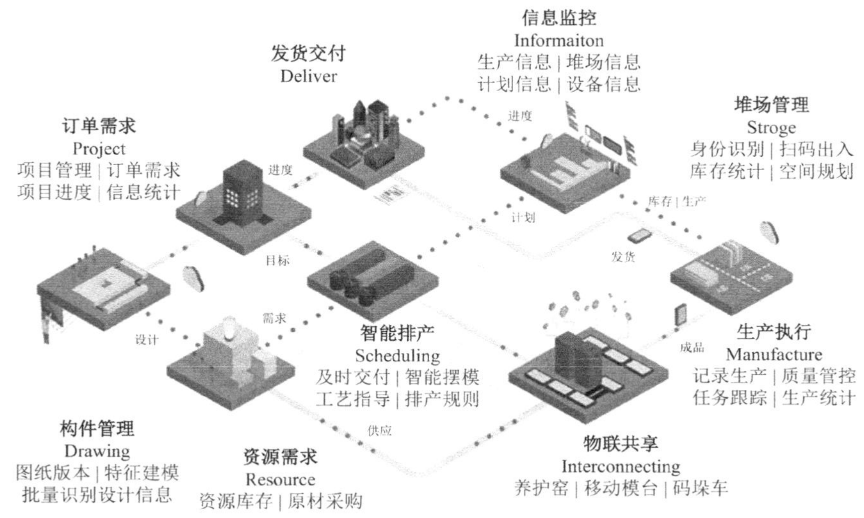

图 7-8 iPC 生产管理系统（河北新大地）

（2）智能成套装备

①拆/布模机器人。综合运用视觉扫描技术、路径规划算法、伺服驱动技术、动态库存管理技术，实现标准模具拆除入库、清理涂油、规格选择、精准布置、磁钉拔吸的全流程自动化作业，完全取代人工，如图 7-9 和图 7-10 所示。

图 7-9 拆布模机械手（三一筑工）

图 7-10 拆布模机械手（河北新大地）

②划线涂油机器人。数据驱动自动划出构件轮廓、预埋等特征定位线，并按需自动完成构件区域涂刷脱模剂，如图 7-11 和图 7-12 所示。

图 7-11 划线涂油机器人（三一筑工）

图 7-12 划线机器人（河北新大地）

③成套钢筋装备。钢筋桁架、钢筋网片自动焊接，桁架最高生产速度达 18m/min，网片最高生产速度达 3min/张，作业效率提升 100%，人员减少 80%以上，如图 7-13 和图 7-14 所示。

④视觉质检系统。三维视觉图像采集及识别算法技术，获取构件轮廓、钢筋、预埋数量和位置特征，自动比对，结果反馈干预，数字化存档记录，实现隐蔽工程质检全面升级。如图 7-15 所示。

图 7-13　钢筋桁架、网片装备（天津建科）

图 7-14　钢筋桁架、网片装备（三一筑工）

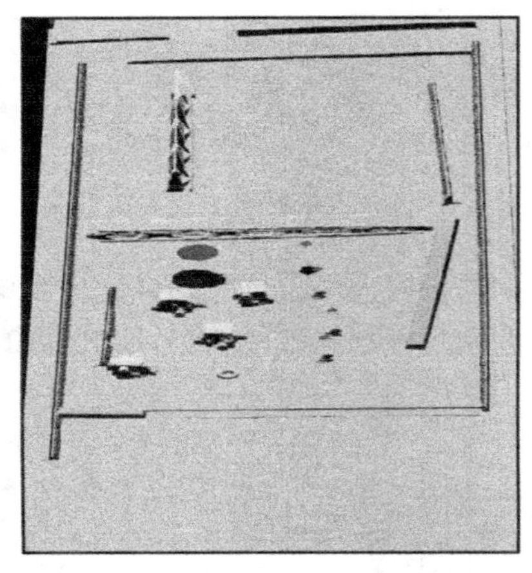

图 7-15　三维视觉质检系统（三一筑工）

⑤智能布料振捣系统。基于数据驱动或视觉识别，综合运用自动规划路径、重量闭环控制、动态调节技术、低噪振捣技术，将混凝土均匀布放并振捣密实，高效高质生产。如图 7-16 和图 7-17 所示。

图 7-16 智能布料系统（三一筑工）

图 7-17 智能布料系统（河北新大地）

⑥高精度翻转合模系统。核心空心墙生产能力，自动翻转合模成型，多向摇晃振捣，多重精度保证策略，确保双面合模精度。如图 7-18 和图 7-19 所示。

图 7-18 翻转合模系统（三一筑工）

图 7-19 翻转合模系统（河北新大地）

⑦高效堆垛养护系统。抓取式结构设计与高效卷扬系统匹配，堆垛效率提升 50%；养护窑单列独立控制，主动强制循环、温湿度精准调控，偏差小于 5℃，如图 7-20 和图 7-21 所示。

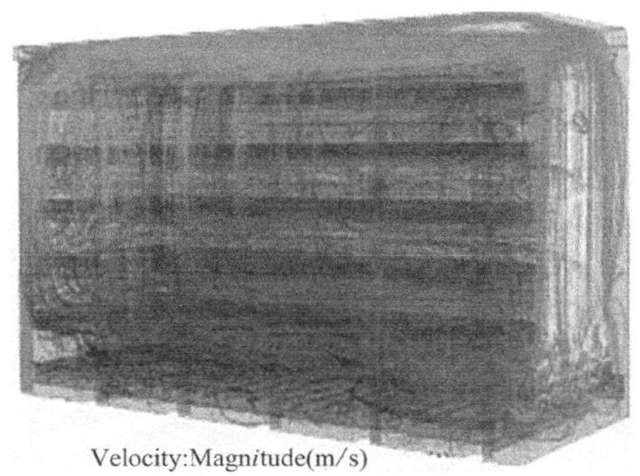

图 7-20 高效堆垛养护系统（三一筑工）

图 7-21　高效堆垛系统（河北新大地）

⑧专业构件运输车。超低底盘及液压独立悬挂设计，具备高效装卸、超大空间、主动防倾翻的特点，运输效率和安全性均显著优于平板运输，构件装卸无需吊装，单次不超过 5min，如图 7-22 和图 7-23 所示。

图 7-22　构件运输车（三一筑工）

图 7-23　构件运输车（湖北华舟）

（3）跨系统协同生产能力

①钢筋协同生产投放。流水线生产管理系统与钢筋生产系统有效协同，数据中台提前下发钢筋生产数据，确保钢筋部品按需完成生产，并准时准确投放至相应模台，如图 7-24 所示。

图 7-24　钢筋协同生产及自动投放系统（三一筑工）

②混凝土协同生产调度。构件混凝土方量、时间及配方需求在线传递至搅拌站按需生产，智能输送装备将混凝土定时定量定配方地供应至所需工位，全程智能调度，精确供应，如图 7-25 所示。

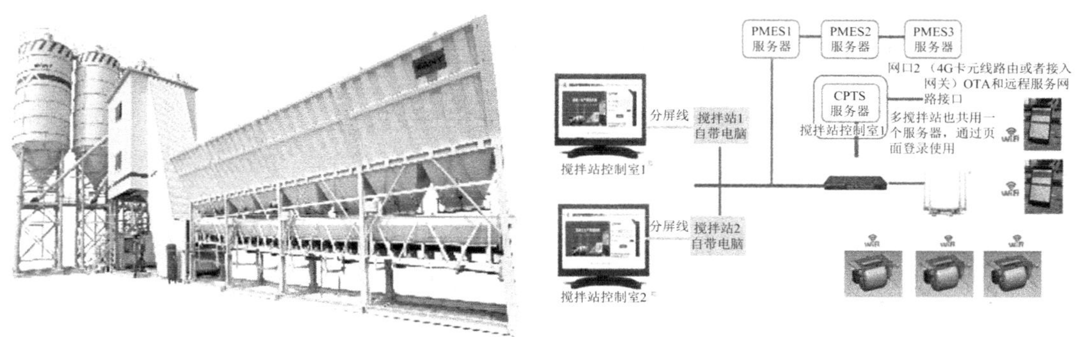

图 7-25 混凝土智能调度系统（三一筑工）

5）应用价值

（1）好。数字化、智能化技术和视觉质检技术综合运用，最大限度减少了人为因素对构件质量的不利影响，确保构件质量高度一致性和可追溯性，构件一次检验合格率由 90% 提升至 98%以上。

（2）快。数据驱动生产、跨系统协同生产、成套自动装备应用，大幅降低生产环节中的浪费，提高整体作业效率，如空心墙生产瓶颈节拍由 60min 降至 15min，叠合板生产平均节拍由 20min 降至 8min。

（3）省。大量低效重复作业被数字化、自动化装备所取代，整线用工由 30 人最低可降至 16 人，改善了员工作业安全性和环境。工厂级智能运维也使综合运营成本降低 10%。

7.3 装配式建筑施工智能装备系统

传统的建筑建造方式弊端突出，工业化水平低。发展装配式建筑，并且应用施工智能装备系统进行建造作业，是解决建筑业诸多问题的有效途径之一。

近年来，在国家、地方政府政策红利的大力扶持下，装配式建筑迅速发展。装配式建筑是指把传统建造方式中的大量现场作业工作转移到工厂进行，在工厂加工制作好建筑用构件和配件（如楼板、墙板、楼梯、阳台等），运输到建筑施工现场，通过可靠的连接方式在现场装配安装而成的建筑。

与此同时，智能装备技术有了长足的发展，以新一代信息化技术为核心的各种装备越来越多，在各个行业引领技术发展的新方向。装配式建筑因采用标准化设计、工厂化生产和装配化施工，催生出各种适用于工程施工现场的智能装备系统。装配式建筑施工智能装备系统的应用，使施工作业从“人工为主”转为“装备为主”，可以协助或代替人完成更复杂的工程建造任务，提高工程建造效率和安全水平，加快建筑工业化的步伐。

目前，国内外从事施工智能装备系统研发和生产业务的企业不多，规模化产品较少，行业集中度低，市场格局暂未形成。我国施工智能装备系统行业处于初期探索阶段，行业参与者较少，产品数量少且应用渗透率不高，市场空白较大，竞争程度低，但同时也涌现出一批适用于特定施工作业场景下的智能装备系统，以下将分别对装配式钢结构建筑施工智能装备系统和装配式混凝土结构建筑施工智能装备系统进行介绍。

7.3.1 装配式钢结构建筑施工智能装备系统

随着装配式建筑逐渐增多，包括一些非装配式建筑中采用的装配式技术，推动了现场施工工序工艺的调整与转变。各种类型数字化、智能化施工装备的应用，极大地改善了现场作业环境，提升了作业安全系数，降低了工人作业强度。

近年来我国的施工智能装备系统研发与应用得到了快速发展，2020年住建部等13部门发布的《关于推动智能建造与建筑工业化协同发展的指导意见》，指出要以大力发展建筑工业化为载体，以数字化、智能化升级为动力，加大智能建造在工程建设各环节应用，形成涵盖科研、设计、生产加工、施工装配、运营等全产业链融合一体的智能建造产业体系。目前，以中建科工等为代表的国产装备提供商，经过多年研发与积累，形成了涵盖墙板安装、现场焊接等工艺的多种智能施工装备，具体如表7-5所示。

装配式钢结构建筑施工主流智能装备系统　　表7-5

厂家名称	产品装备	面向的业务环节	主要功能	智能化特点
中建科工集团有限公司	ALC墙板安装机	施工墙体安装过程	智能安装墙体，行走驱动，举升调整	板材中心线识取，板材夹取、顶升和旋转，遥控行走，自动对位装板，自动挤浆
中建科工集团有限公司	mini焊接机	钢结构焊接过程	智能焊接钢构件，便于狭小区域作业	mini焊接远程控制，焊接工艺管理，手机APP管理
武汉锐科光纤激光技术股份有限公司	高功率脉冲激光器	构件表面清洗	金属表面除漆、除锈；油污、污垢清洗；焊接面、喷涂面预处理	高平均功率，高单脉冲能量，方形或圆形匀化光斑输出；通用控制接口，兼容性强，工作频率可调；使用维护方便

以下以中建科工的ALC墙板安装机、mini焊接机为例，进行详细介绍。

7.3.1.1 典型智能施工装备——ALC墙板安装机

1）应用场景

当前，在钢结构装配式建筑施工过程中，大量采用蒸压加气混凝土（Autoclaved Lightweight Concrete，ALC）板材进行内、外墙的安装。人工安装ALC板存在工人劳动强度大、效率低安装风险大等问题。基于此，针对板材安装全过程的自动化实现需求，研发墙板安装机。设备主要包括行走驱动结构、举升调整结构和控制系统，实现了自动抓板、自动提升、自动转板、自动行走、自动立板、自动对位、自动装板、自动挤浆等功能。各流程操作员可通过手机或平板远程控制设备，仅需根据设备的内置算法反馈进行确认，保证操作过程的安全性。该装备适用于钢结构装配式建筑墙板安装，取代传统人工安装，提升现场ALC墙板安装效率及安装质量，降低现场施工安全风险，如图7-26所示。

图 7-26 传统墙板安装与自动化安装对比

2）主要功能

ALC 墙板安装机底盘采用双舵轮结构，可实现前进、后退、左右横移、旋转前进、角度调整等灵活调整；通过视觉识别，实现板材的自动抓取；通过重量传感器，实现抓取过程的自动调整；通过视觉识别和距离传感器实时提取待安装板材与已安装板材之间的位置关系，借助控制系统算法，自动调整安装板材的位置：通过高精度编码器，实时采集执行端的位移数据，最终实现墙板的自动安装，安装精度可达±1 毫米；通过设置压力传感器，实现安装墙板的自动挤浆，保证板缝粘接质量，如图 7-27 所示。

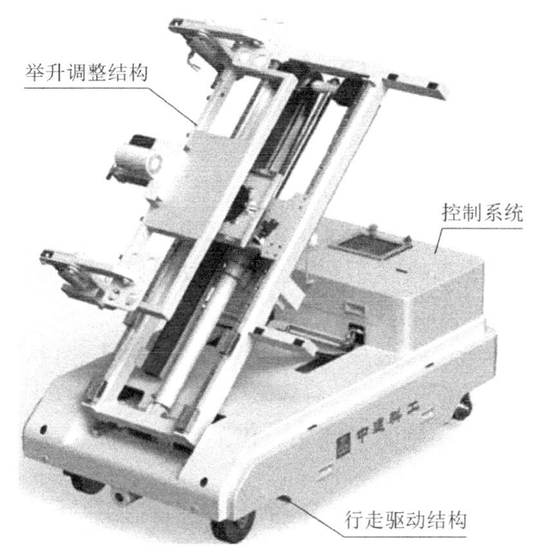

图 7-27 墙板安装机各机构示意图

各功能模块具备的特点概述如下：

（1）行走驱动结构。行走驱动结构设置双舵轮加双转向结构，可实现设备的前进、后退、左右横移、原地旋转、角度调整等灵活调整；设置液压站，为举升调整结构提供动力；在车体四周安装距离传感器、雷达等检测元件，防止出现撞击等安全事故。

（2）举升调整结构。举升调整结构整体采用液压作为各动作的动力输出元件，采用比例阀的控制方式实现各执行动作的微动调整；通过视觉识别和板材预设的对中标记，设备可自动调整实现自动抓板；通过视觉识别和距离传感器，实时提取待安装板材与已安装墙板的位置关系，借助控制系统的算法，提取待安装板材的位置调整数据，结合各调整结构，实现板材的位置调整；通过高精度编码器，实时采集执行端的位移数据，安装位置控制精度可达±1mm；在举升架上安装长距离传感器，对地面的有无信号进行检测，实现防止“墙板安装机器人”冲出楼层的安全管控。

（3）控制系统。控制系统可采集视觉识别、各传感器数据，通过内置算法智能识别当前板材和设备的状态；通过所提取的数据，结合现场人员的操作指令，实现板材的自动抓取、立板、装板等动作；通过各传感器的反馈，设备可有效控制运行速度，确保设备的运行安全；实时记录板材的安装完成数据，实现实时数据上报。

3）典型应用流程

墙板安装机具备了自动抓板、自动举升、自动转板、自动行走、自动立板、自动对位、自动装板、自动挤浆等功能，墙板安装机作业流程如图 7-28 所示。

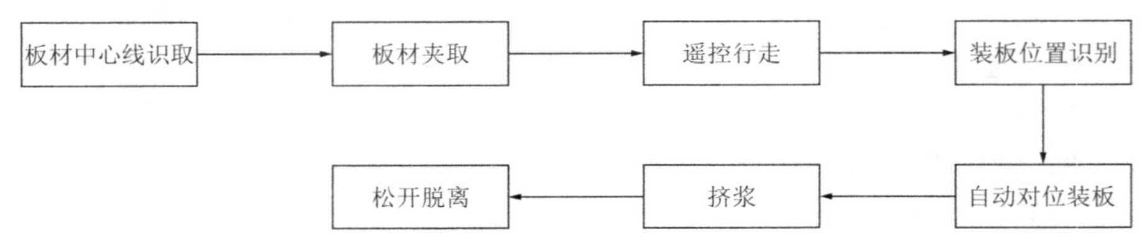

图 7-28 墙板安装机作业流程图

各流程应用过程中主要包含的设计功能概述如下：

（1）板材中心线识取。在墙板安装机机身设置水平测距传感器，通过激光测距，设备自动行驶至离板材合适的距离，并调整角度使夹爪与板材平行；通过视觉识别预先在板侧标记的中心线，根据反馈自动移动车身使夹爪正对板材中心。

（2）板材夹取、顶升和旋转。对中完成后，夹爪下降，通过竖直测距激光测距，使控制夹爪下降至合适高度后，夹爪夹紧板材；通过自动升降、变幅、旋转等一系列动作完成墙板的顶升和旋转，并保证设备同时处于行走状态。

（3）遥控行走。通过平板远程遥控墙板安装机自由行走；设备机身四周的超声波避障雷达，能确保设备进行合理的避障警示。

（4）自动对位装板。通过探测激光测距，借助内置的控制算法将待安装墙板与已安装墙板调整至同一平面。

（5）自动挤浆。待人工完成拼缝处抹浆工作，便可通过自动挤浆功能完成墙板挤浆，其中自动挤浆功能主要是通过挤浆油缸上的压力传感器实现，保证墙板拼缝的施工质量。

（6）松开脱离。待人工完成墙板与梁板的固定工序后，设备便可以松开夹爪，侧移后再退出安装位。

各流程操作员可通过手机或平板远程控制设备，仅需根据设备的内置算法反馈进行确认，检查板材所处的状态，进一步保证操作过程的安全性。项目应用过程中设备的操作界面如图 7-29 所示。其中，为更好地展示项目应用过程中操作员平板的远程控制界面，用电视屏幕展示各流程操作界面的反馈情况。

(a) 自动抓板

(b) 自动抓板控制界面

(c) 自动提升

(d) 自动转板

(e) 自动行走

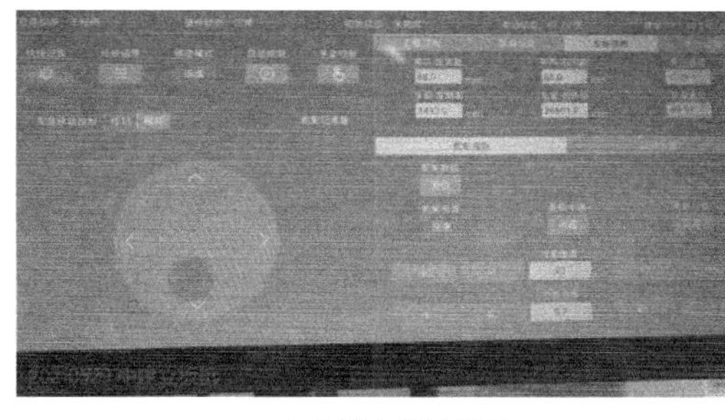

(f) 自动行走控制界面

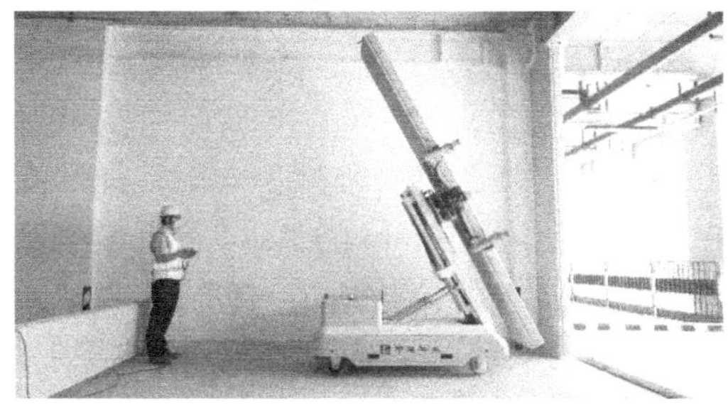

(g) 自动立板

(h) 自动立板控制界面

(i) 自动对位

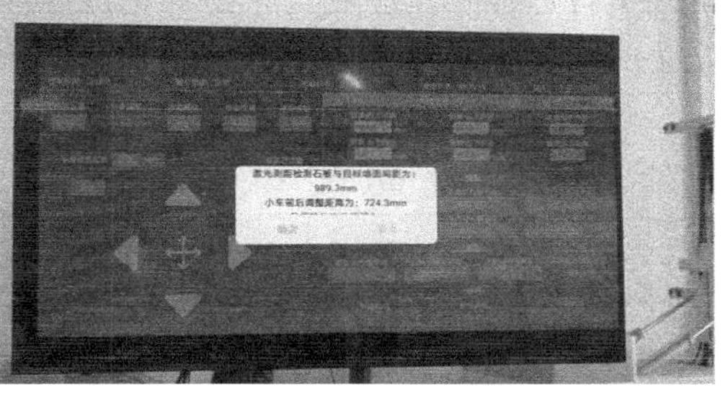

(j) 自动对位控制界面

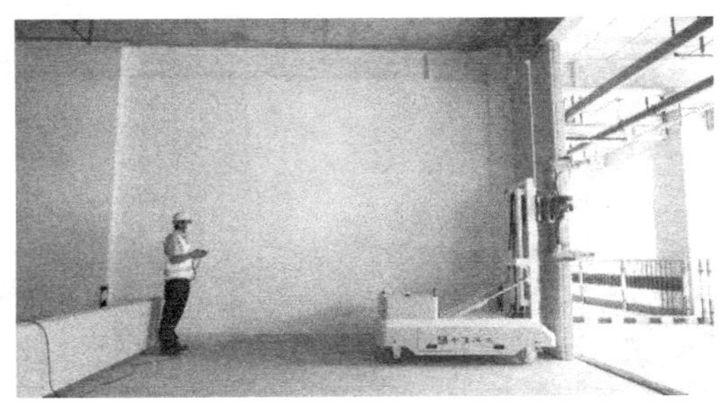

(k) 自动装板

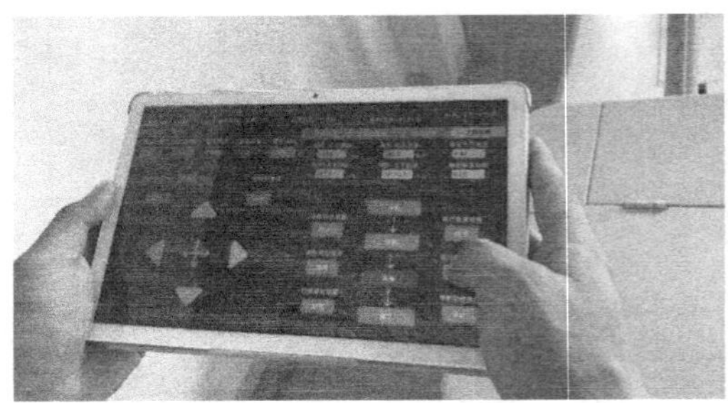

(l) 自动装板远程控制

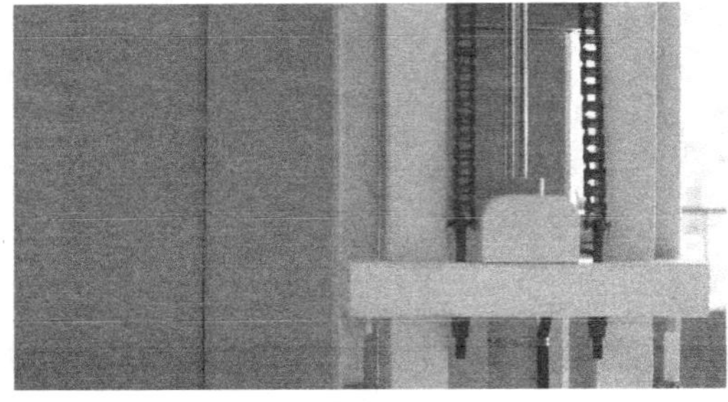

(m) 自动挤浆

(n) 自动挤浆控制界面

图 7-29　操作界面示意图

4）技术特点

（1）底盘采用双舵轮结构，可实现设备行走过程的灵活调整。

（2）通过视觉识别和距离传感器，借助控制系统算法，可实现板材的自动抓取和自动调整安装位置，并通过压力传感器，实现墙板安装的自动挤浆，最终实现墙板的自动安装，安装精度可达±1mm。

（3）通过内置算法，各流程均可实现远程控制。

（4）通过距离传感器，可有效控制设备的运行安全。

5）应用价值

相比于人工安装，采用墙板安装机进行 ALC 墙板安装，可大幅减少人工，提升安装质量。项目应用过程中，对于长度超过 3500mm、厚度超过 150mm 的 ALC 条板，一般需要 5～7 个工人同时安装，各班组将条板运送至现场并完成初步定位所需时间一般约 5min，对位完成后工人需采用撬棍等工具将板材调平，确保板材安装的平整度，调平时间需要 3～8min。采用墙板安装机从抓板至装板并完成挤浆等全过程仅需 2 个工人即可完成操作，其中 1 人负责远程操作控制，另 1 人负责连接件安装、抹浆等工作，安装时间约 3～5min，且安装的条板的平整度更可靠，后期仅需微调即可保证墙板的平整度，微调时间约为 1～2min，如表 7-6 所示。

对于板长 3000mm 左右的 ALC 条板，虽然现场安装工人各班组为 3 人左右，但墙板就位后的调平时间受工人技术影响较大，调平时间需要 3～8min 甚至更长时间；若墙板用于外墙安装时，工人需到墙板外侧外架上进行辅助安装工作，存在较大的安全隐患。因此，采用墙板安装机进行 ALC 板外墙安装，可解决墙板安装过程中的安全问题，节约墙板的安装时间，如表 7-6 所示。

墙板安装机与传统人工安装对比分析 表 7-6

类别	板长	人员	抓板至挤浆	调平
墙板安装机	≥ 3500mm	2 人	3～5min	1～2min
人工		5～7 人	5min	3～8min
墙板安装机	约 3000mm	2 人	3～5min	1～2min
人工		2 人	5min	3～8min

可见，相比于人工安装，采用墙板安装机进行 ALC 条板安装，在保证墙板安装质量、施工安全的同时，大幅提高墙板安装的工时工效水平，具体提高幅度与所安装板材的长度、厚度等有关，经现场测算，可提高水平 50%～200%。

近年来，ALC 墙板被广泛应用于装配式建筑中，例如中建科工 2023 年 ALC 墙板工程招采量将达到 46.57 万 m^3，安装的墙板面积约 517.44 万 m^2。目前，ALC 墙板工程安装的招采价约为 145 元/m^2，其中人工安装的劳务费每人 60 元/m^2。相比于传统人工安装，采用本项目开发的自动化墙板安装机，每个班组仅需 2 人即可完成墙板安装，大幅降低人工费用，且安装时间也有效降低，预计节省人工费用至少 50%，即每平方米 ALC 板安装预计可节省约 30 元。对于中建科工而言，使用墙板安装机每年可节约 15523.2 万元人工安装费用，经济效益显著。

7.3.1.2 典型智能施工装备——mini 焊接机

工地 mini 型弧焊机，其行进方向界面尺寸仅 500mm × 500mm，可进行狭小空间焊接，且焊接执行机构重量不到 18kg，方便工人现场搬运安装。中建科工同步开发了焊接数据库及视觉感知系统，自动感知焊接场景，并从自建专家库中匹配焊接参数。

1）应用场景

钢结构工程项目施工过程中存在大量对接焊缝，这些焊缝部分往往处于高空位置，焊工作业环境复杂并存在一定安全风险；部分处于狭小空间，操作空间条件差，人工焊接劳动强度大且质量难以保障。这极大地限制焊工技术水平的正常发挥，影响焊接质量。同时钢结构施工比较密集，且焊接节点多，焊接量大。mini 焊接机响应时间短，动作迅速，焊接速度远超手工焊接，而且设备运转过程可以持续工作，有利于提高焊接效率。

2）主要功能

基于 5G 网络的焊接远程智能控制系统，支持焊接设备的远程智能控制以及焊工、焊接工艺、焊接设备、焊接文件等的集成管理。系统结合用户的使用习惯和实际应用要求，归纳为统一的设计原则，保证所有使用者的使用体验，提高焊接管理效率。

（1）远程控制模块。该模块包含视听信息采集和显示模块、5G 传输模块、远程控制模块，将现场焊接的实时画面以及设备的各项运行参数传输到远程监控室的电脑上，从而实时监控设备的焊接运动路径和各项焊接参数。

（2）焊接作业人员管理模块，可根据录入的资质信息，对焊接作业人员分类（资质类型或取证标准）存储并展示，以供搜索查询。系统可根据每位焊接作业人员的信息，生成对应二维码，并能导出、打印。

（3）焊接工艺管理模块，可在线编制焊接工艺评定报告，并根据工程性质及参照标准分类展示；系统可自动对存储的评定报告进行查询筛选，找出对应的报告，并按照给定的参数允许波动范围，自动生成相应的焊接工艺规程。

（4）文件管理模块，系统内部可分类存储各类技术文件，通过查询筛选快速查阅。

（5）手机 APP 管理模块，可通过扫描二维码进行焊工资质查询；根据生产需要，通过 APP 将系统生成的 WPS 下发至指定焊接设备，进而控制焊接作业。同时，利用手机 APP 管理模块，也可实时查看设备的运行状态。

3）典型应用流程

一套完整的 mini 焊接机设备主要包括控制箱、防干扰变压器、送丝装置和焊接设备等组成，如图 7-30 所示。

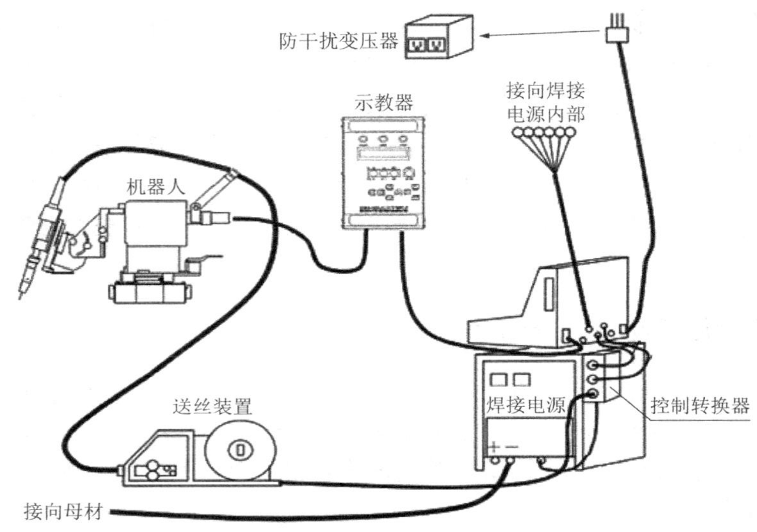

图 7-30 焊接机组装构成示意图

具体应用流程如下：

（1）在安装 mini 焊接机前，先进行焊枪安装调节。旋转焊枪夹持机构的两个焊枪锁紧螺母，拉开一侧旋转螺钉，打开焊枪夹；将焊枪放入焊枪夹，合上一侧旋转螺栓；同步旋转两个焊枪锁紧螺母，夹紧焊枪；旋松角度调节锁紧螺母，将焊枪沿前后方向调整到合适角度，然后锁紧角度调节锁紧螺母；通过手控盒上控制按钮，控制焊枪角度调节机构电动调节焊枪偏移角度。

（2）焊枪调节完成后安装柔性轨道。需根据待焊工件焊缝的长度，确定导轨的长度。由于焊接小车需要占据一定空间，单根导轨的有效焊接长度约为 1.6m。若焊缝长度大于 1.6m 时，需两根或多根导轨通过专用零件拼接后，再进行整道焊缝的连续焊接。

（3）安装设备。逆时针旋转锁紧机构的锁紧手轮，至压紧轮分别向外翻 90°，使压紧轮与导轨的间隙足够大。将焊接小车放置到柔性轨道上，使两侧导向胶轮端面分别骑于导轨两侧边。将 4 个锁紧机构的压紧轮向内旋转 90°，使压紧轮位于导轨内表面。顺时针方向分别旋转 4 个锁紧手轮，使导向胶轮和压紧轮紧密压合导轨。注意：应确保压紧轮紧贴导轨，否则易导致锁紧旋钮无法旋转到位。用力推焊接小车，若小车不动，则安装完毕，否则需要调整导轨锁紧机构，直至小车锁紧。

（4）将上述焊接机、柔性轨道等组装成 mini 焊接系统并进行焊接试验。在需要焊接作业的工件上安装柔性轨道，注意保持与焊缝的位置符合设备施工要求。

（5）将焊接小车安装到柔性轨道，同时焊接小车的控制电缆与控制箱连接。

（6）将手控盒的电缆连接到控制箱，将焊接电源联机电缆连接到控制箱上。

（7）将焊接电源部分连线连接完善，将焊枪安装到设备焊枪夹持机构，进行焊接工作。

4）技术特点

自动埋弧横焊技术。通过可行性分析、设备研发设计、小型试验分析、优化设计方案、大型（1∶1）试验分析、现场试验及工艺评定、现场使用等技术路线开展攻关研究，成功研制出一项自动埋弧横焊技术，该技术通过自行设计的一种挂壁式自动埋弧横焊机构，实现了建筑钢结构现场超长超厚板横焊缝焊接施工的自动化。广州东塔项目成功地应用了该技术，大大提高生产效率。同时，应用该技术可有效提高焊接质量，保证均匀、稳定，其在钢结构施工机械化、自动化领域的突破，显著推进了建筑钢结构焊接技术的发展，为后期焊接施工柔性化生产提供技术依据，并为高智能化焊接机器人的研究提供实践载体。

5）应用价值

经财务测算，Mini 焊接机应用在钢结构焊接环节，取得了良好的经济效益，经济效益分析如表 7-7 所示。

Mini 焊接机与传统人工安装对比分析　　表 7-7

技术应用	类别	节约数量	成本	总计
Mini 焊接机器人	工艺人员	3 人/年	3 × 15 万元/年	105 万元/年
	巡视人员	5 人/年	5 × 12 万元/年	

该技术的应用，大大提升了焊接工艺管理效率，仅一个加工基地，每年可节约工艺人员 3 人，节约成本 15 万元 × 3 = 45 万元，节约车间管理巡视人员 5 人，节约成本 12 万元 × 5 = 60 万元，总计 105 万元；此技术后续推广应用至整个行业的加工制造厂及项目现场，将会产生更大的经济效益。

（1）焊接效率高

Mini 焊接机响应时间短，动作迅速，焊接速度远超手工焊接，而且运转过程不停顿、不休息。只要保证外部电、气等条件，就可以持续工作，提高了焊接效率，助力生产效率的提高。

（2）焊接质量稳定

在焊接过程中，只要给出焊接参数、运动轨迹，设备就会精确重复此动作，焊接时对于每条焊缝的焊接参数都是恒定的，降低了对工人操作技术的要求，焊缝质量受人的因素影响较小，焊接质量稳定，从而保证产品质量。

（3）可重复性高

设备可重复性高，只要给定参数，就会永远按照指令动作运行，因此焊接产品周期明确，容易控制产品产量。同时生产节拍是固定的，有助于安排精确的生产计划，促进提高生产效率。

（4）高智能、高效率、高品质

操作人员只需在软件中选择实际工件对应的坡口形式，即可通过焊丝接触传感自动检测并获得工件的板厚、坡口角度、根部间隙、焊缝长度、位置偏移量等焊缝信息，并自动演算出最适合的电流电压、焊接速度、焊接时间、摆幅、层数等焊接参数，最终完成多层多道焊接。

（5）全自动示教功能，自动生成焊接参数

设备经条件检测后完成示教，自动生成焊接参数，免去人工设置环节，如图 7-31 所示。

机器人版本 EB-900MAn

横焊平对接单边V型坡口 (B)

示教模式 手动　接头 平接头　衬垫形式 钢衬垫

示教　复制　删除

	板厚T1	板厚差L	余高TH	角度θ1	角度θ2	间隙b	
设定	19.5	0.0	1.5	4.1	34.6	23.2	AUTO
测量							

5层 32道

层一道	电流	电压	摆宽	速度	位置X	位置Y	停止
	A	V	mm	mm/min	mm	mm	sec
1 - 1	250	31	0.0	574	2.0	1.9	8
1 - 2	260	32	0.0	613	2.0	6.7	8
1 - 3	260	32	0.0	613	2.0	11.5	8
1 - 4	260	32	0.0	613	2.0	16.3	8
1 - 5	260	32	0.0	613	2.0	21.1	8
2 - 6	250	31	0.0	511	6.0	1.6	8
2 - 7	260	32	0.0	546	6.0	7.1	8
2 - 8	260	32	0.0	546	6.0	12.7	8
2 - 9	260	32	0.0	546	6.0	18.3	8
2 - 10	260	32	0.0	546	6.0	23.8	8

图 7-31　焊接参数生成

（6）适合狭小空间，作业环境差的地方焊接

只要能够满足设备本体、导轨、焊枪进入焊接的空间，即可完成焊接作业，减轻了狭小空间焊工的劳动强度，也提高了难以操作位置的焊接质量。

（7）适合较长，较厚钢板的焊接

经试验表明，该设备适用于较长、较厚钢板的焊接，如制造车间的巨柱、剪力墙本体结构的焊缝，安装现场的巨柱、剪力墙分段处的对接焊缝，如图 7-32 所示。

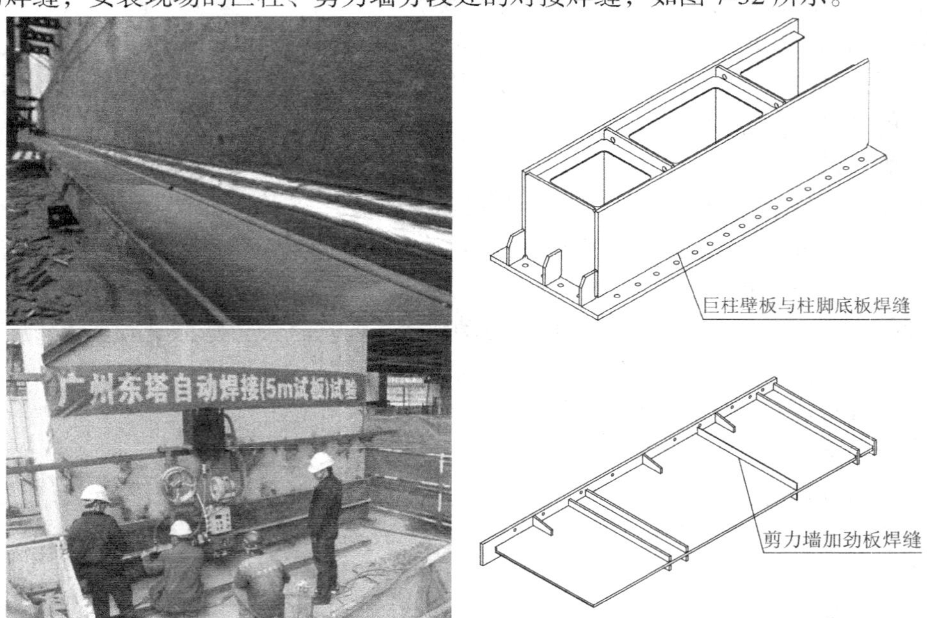

图 7-32　巨柱与剪力墙分段处焊接场景

7.3.2 装配式混凝土结构建筑施工智能装备系统

装配式混凝土结构工程建造任务的复杂化和专业化，催生出各种智能装备系统，随着新一代信息技术和智能硬件的发展，加快了建筑工业化的步伐。本节将以材料运输、施工放线及混凝土浇筑等几个重点场景为例，介绍典型装配式混凝土结构建筑施工智能装备系统的当前发展程度。装配式混凝土建筑施工主流智能装备系统如表 7-8 和图 7-33 所示。

装配式混凝土建筑施工主流智能装备系统　　表 7-8

序号	产品装备	厂家名称	面向的业务环节	主要功能	智能化特点
1	混凝土预制件专用运输装备	三一筑工科技股份有限公司	预制构件物流运输	大尺寸预制构件运输、定位	全电控一键自动切换
2	智能放线装备	北京麦格天宝科技股份有限公司	施工放线	可视化定点放样	根据电子图纸自动生成定位点
3	混凝土泵送装备	三一重工股份有限公司	装配式建筑混凝土后浇作业	混凝土智能布料	实现液压泵、阀、马达、油缸等在线化和智能控制
4	工程检测装备	广东博智林机器人有限公司、北京全恒通科技有限公司	施工质量检测	施工实测实量；混凝土密实度检测	AI 测量算法，使用虚拟靠尺、角尺等完成实测实量作业，自动化生成报表，超声波无损检测
5	智能穿戴装备	润得科技（深圳）有限公司	施工现场全过程	视频＋语音通话、轨迹回放、脱帽报警、静默报警、跌落撞击报警等	设备在线、语音、视频、人员定位、围栏管理、报警管理等

1）应用场景

装配式混凝土结构建筑施工智能装备系统是应用于装配式混凝土结构建筑建造过程的系统。从材料运输到施工质量检测，对不同的建造阶段进行各有针对性的智能装备系统辅助作业。

（1）材料运输。混凝土预制件通常采用半挂平板车运输，由于预制件形状大小和重量关系，运输车辆的装卸方式非常受限，运输效率较低；运输过程中预制件受力不均、保护措施不到位等情况容易造成边角磕碰，混凝土表面开裂等问题。混凝土预制件专用运输装备，采用中空框体车架，半轴独立悬架结构和可升降的油气减震技术，有效解决了建筑用预制墙板运输的特殊工况问题。

（2）施工放线。一般每道工序施工前都要进行放样测量。特别是现代工程项目，规模大、机械化程度高、施工进度快，对放样测量的密切配合提出了更高的要求。为了不影响施工的正常进行，应按照施工进度及时完成相应的测量工作。智能放线装备基于 BIM 模型等，提高了施工测量的效率和准确性。

（3）混凝土浇筑。传统混凝土泵送与浇筑，需要专业的操作人员来进行操作，操作技术要求较高，并受泵送距离、泵送高度和泵送速度等影响，无法保证质量。混凝土泵送智能装备的使用，借助液压系统数字化，实现精准泵送，提高泵送效率。

（4）工程检测。主体结构施工完成后，质量检测主要依靠人工辅以简单测量设备为主，测量设备落后，对人员的专业技能要求高，且人工劳动量大容易给后续工程施工留下了较多的质量隐患。采用智能化的工程检测装备，可以高精度、高效率自动化生成报表，测量结果客观准确。

（5）智能穿戴。工人在施工区内作业必须全程佩戴安全帽，安全帽是生命帽，关系到千万工人的生命安全。随着人工智能、信息化、数字化等技术与建筑行业的融合，智能安全帽在现场管理、轨迹回放、及时报警等方面发挥优势，保护人员安全，实现在线管理。

2）主要功能

材料运输阶段，混凝土预制件专用运输装备用于将大尺寸预制构件运输至施工现场，并实现可视化在途运输追踪；施工放线阶段，智能放线装备基于电子图纸进行结构施工前的放线作业；结构施工阶段，智能塔机装备用于物料的场内转运及构件吊装作业，混凝土泵送装备用于后浇混凝土的浇筑施工；结构验收阶段，工程检测装备用于检测工程施工质量及数据分析；整个施工过程中，工人在施工区内作业佩戴智能安全帽保障人身安全，并且便于人员管理。

3）技术特点

（1）混凝土预制件专用运输装备，适用于建筑用预制墙板运输的特殊工况。以三一筑工的混凝土预制件专用运输装备为例，其运输效率比普通平板车提升一倍以上，其特点为：

①运输能力强。装载空间大（9.5m × 3.75m × 1.5m），可运输最高达 3.75m 的预制件，最长可达 12m 的预制件。

②装卸速度快。采用定制托盘装卸预制件，单件装卸不超过 5min；标配 4 个可前后移动的液压夹具，可以快速固定不同尺寸的预制件。

③多种模式、自动切换。车辆具备装卸、行驶和越野三种模式，自动切换，简单易用。采用电液油气悬架系统，满足车辆任意载荷下减震需求，大幅度降低运输颠簸；三桥均匀承载，延长轮胎寿命；空载可提起第三桥，降低能耗和磨损。如图 7-33 所示。

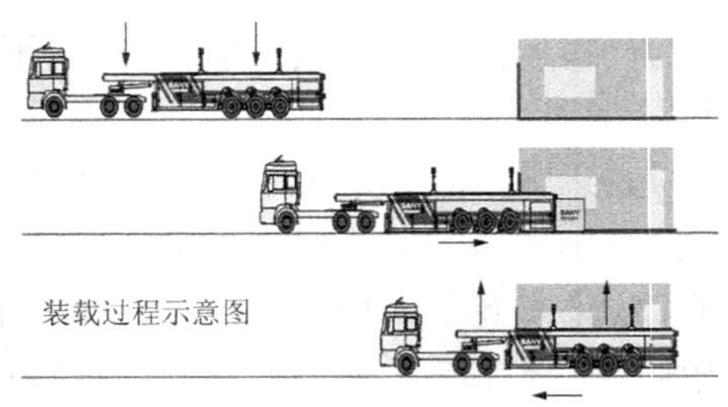

(a) 混凝土预制件专用运输装备装载示意图

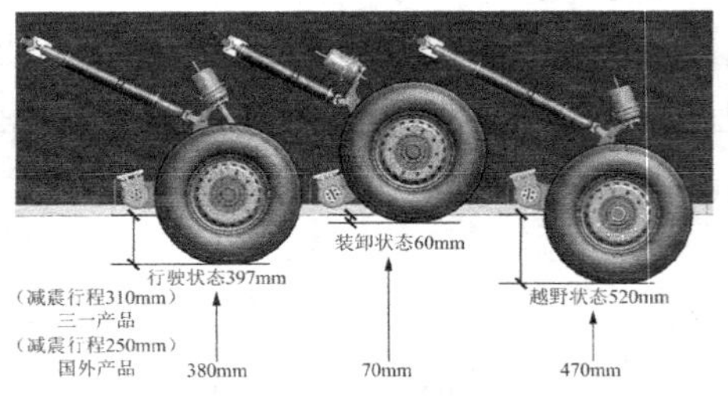

(b) 混凝土预制件专用运输装备装卸、行驶和越野三种模式

图 7-33　混凝土预制件专用运输装备的装载模式

（2）智能放线装备，一般采用执行BIM模型（驱动）—平板电脑（命令）—全站仪（指挥）—放线工作人员（执行）—标线的智能放线过程，且具有以下技术特点，如图7-34所示。

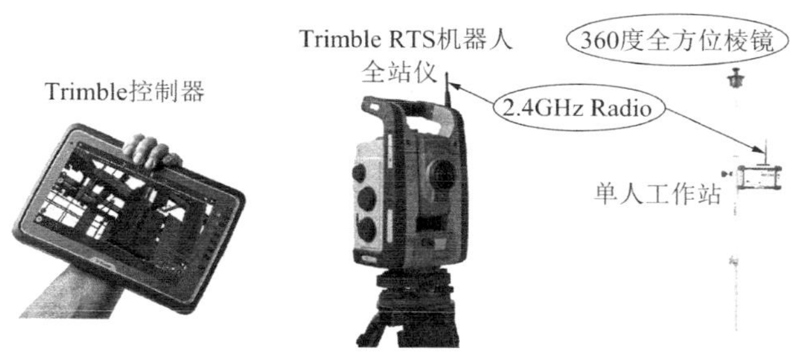

智能放线装备组成

多工种、多专业、多工作区域同时放线

自动激光打点标识

图7-34 智能放线装备组成与特点

①基于全站仪的高精度测量原理。主机部分是一台精度为1分（约2.54cm）的自动全站仪，换算成具体的距离数值就是“在100米处的角度偏差是±0.48mm”。

②只能“按图施工”的放线模式。整个放样过程中的数据读取与识图都是机器在思考，“人”在这个环节中是不参与的，设计师提供的图纸（或模型）是什么样的，它就放线成什么样。

③多工种、多专业、多工作区域同时放线的工作方式。与工地上一般要尽量避免多工种交叉施工作业不同，智能放线装备可以在同一个区域内同时放样多个专业的图纸内容，而且专业越多，整体放样效率就越高。

④“指哪打哪”，同级别放样无误差传递。智能放线装备不依赖于现场的轴网和标高线，而是基于现场的控制点坐标系，放样误差受现场坐标系的整体误差影响，但在每一个测站中所有的测量值之间不会有任何误差的传递。更重要的一点是，整个放样过程不需要人工去拉皮尺，设备会自动打出激光点用以标识。

（3）混凝土泵送装备，目前可以实现单机智能，并通过数字化平台对设备的工况、位置、运行状态进行监控，油耗情况进行分析，提供一定的预测性维护功能。以三一重工S系列泵车为例，该系列具有“臂架稳、打得快、不挑地、高智能、高可靠、油耗低”等鲜明优势，技术特点如图7-35所示。

①智能臂架技术。运用机电液联合控制，实现智能布料，臂架抖动≤±150mm。变权重轨迹规划求解，采用分段控制和权变系数，实现多节臂架自适应联动，以最快速度逼近

目标。动态倾角传感器、油缸位移传感器、油缸油杆腔/无杆腔压力传感器、高精度 GPS（卫星定位系统）数据融合，实时计算臂架姿态，精准控制臂架振动。

②数字液压技术。实现液压泵、阀、马达、油缸等在线化和智能控制，更高效、更可靠。通过液压系统的在线化，提升系统感知能力，全面呈现系统信息。监测系统清洁度、油温、振动等参数，利用大数据分析设备的健康状态，并进行故障预测。液压系统数字化，实现精准泵送，提高泵送效率 5%；智能布料，布料启停平顺，操控便捷，末端振幅降低 20%。

③高效节能技术。泵送排量与发动机转速、功率、扭距及喷油量进行自适应调节，发动机始终工作在最佳经济省油区。行业首创集成铸造节能阀组，对油道进行优化，液压阀压力损失降低 25%，响应和换向速度提升 20%，换向冲击下降 10%，液压件寿命提升 15%。

④泵车智能巡检平台。平台通过设备画像与量化评估，快速精准定位故障问题，节省时间和人员出差成本，可提升研发故障处理效率 60%。平台支持主动运维，通过向服务端与客户端推送预测故障，大大降低故障发生率，可提升客户满意度 15%。

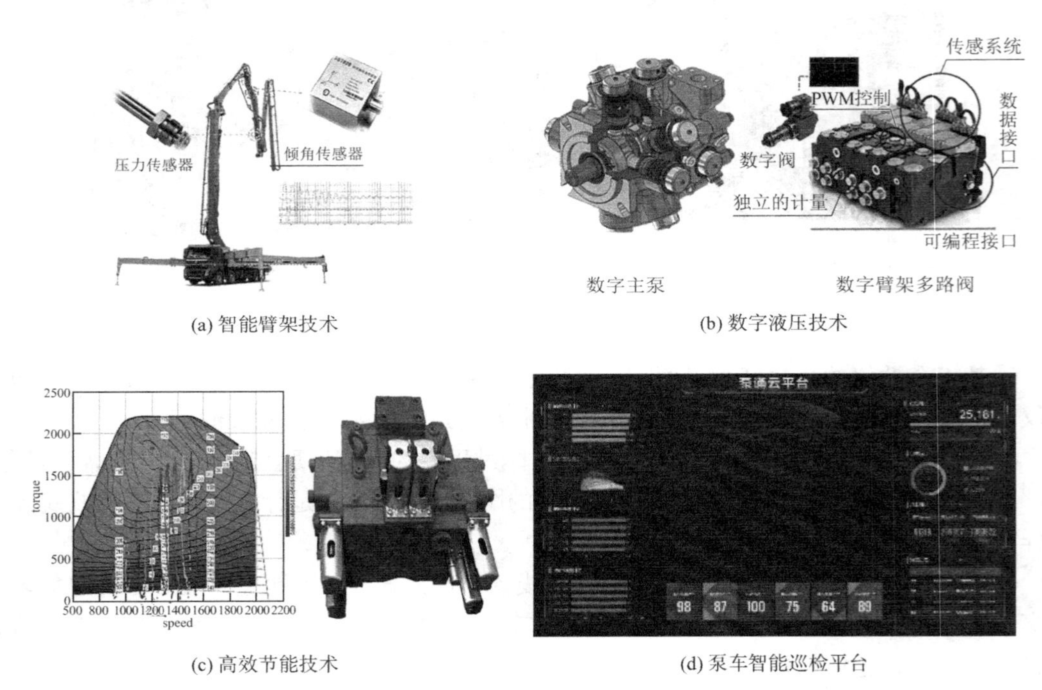

(a) 智能臂架技术　(b) 数字液压技术

(c) 高效节能技术　(d) 泵车智能巡检平台

图 7-35　混凝土泵送装备

（4）工程质量检测装备主要有实测实量装备和密实度检测装备两类，关键技术特点如图 7-36 所示。

①实测实量装备。采用先进的 AI 测量算法处理技术，通过模拟人工测量规则，使用虚拟靠尺、角尺等完成实测实量作业，具有高收益、高精度、高效率和智能化的特点，自动化生成报表，测量结果客观准确。

②密实度检测装备。混凝土密实度检测装备检测的原理主要基于超声波脉冲回波方法计算缺陷位置的深度，并采用合成孔径聚焦（Synthetic Aperture Focusing Technique，SAFT）的信号处理技术成像，检测浇筑的混凝土是否存在不密实、空洞、蜂窝等问题。该技术具

有无破坏性，检测快速精准等特点，已被广泛应用于混凝土结构检测当中。

(a) 实测实量装备

(b) 实测实量装备数据扫描

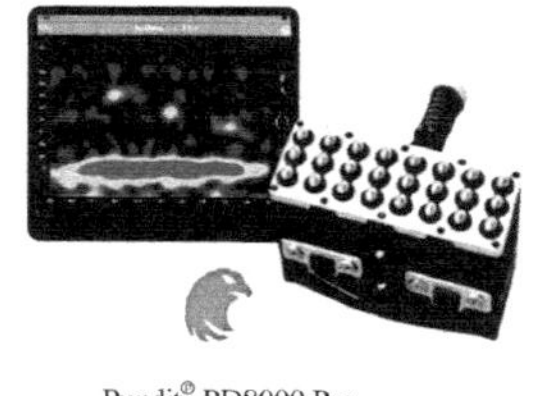

Amplitude

Δt

Time

$d \approx C\frac{\Delta t}{2}$

d

(c) 混凝土密实度检测装备

全景B-Scan

单个管道和钢筋成像

带有多个回波的后壁，以测定精确脉冲速度

2437m/s

短短20s内即可扫描1.2m纤维增强混凝土

(d) 混凝土密实度检测

图 7-36　工程质量检测装备与技术特点

（5）智能安全帽作为一类新兴形态的可穿戴物联网智能装备，近几年在工程行业中被较多采用，很多项目作为智慧应用亮点进行推介。智能安全帽主要技术特点如图 7-37 所示。

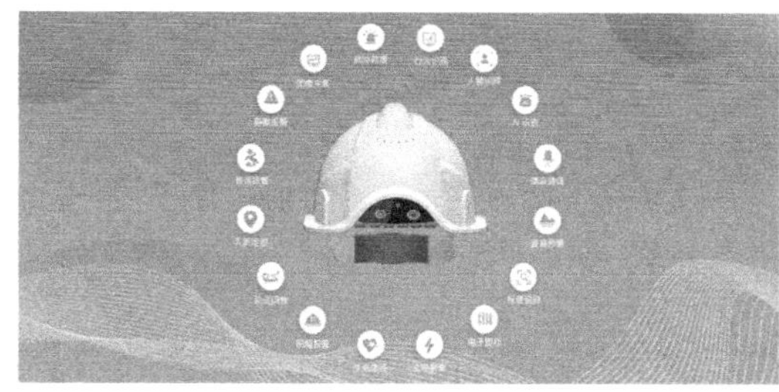

(a) 智能安全帽功能模块

(b) 智能安全帽后台管理系统

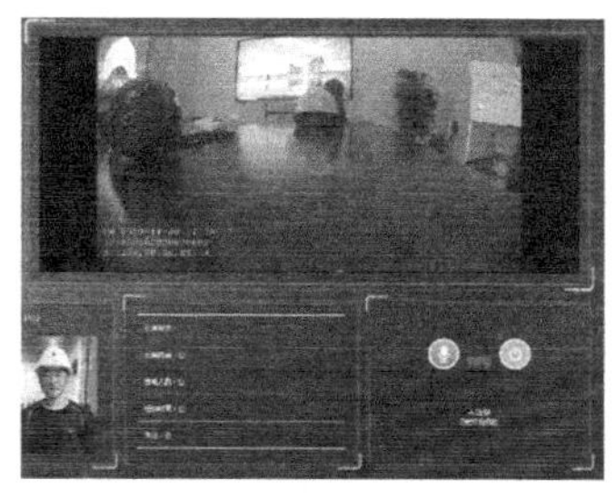

(c) 音视频通话

(d) 轨迹回放

(e) 脱帽预警

图 7-37　智能安全帽技术特点

①现场管理。管理端实时查看作业人员位置及分布情况，实时调度。监控作业实施细

节，发现问题，实时纠正。统计作业面各环节进度、报警数据，及时策划。

②轨迹回放。具备位置信息采集处理功能，形成活动轨迹数据上传。管理端支持轨迹查看，精确到某一天某个时间段的活动轨迹。

③及时报警。具备脱帽报警功能；温度过高预警，自动关机保护人员设备安全，并设有 SOS 紧急呼叫按钮，呼叫后台管理人员视频协助；跌落、碰撞时自动报警，呼叫后台管理人员协助；同时管理端可对报警信息进行及时处理、分类管理。

4）应用价值

装配式混凝土结构建筑在施工过程中应用智能装备系统，极大地减轻了施工作业人员的劳动强度，改善了施工作业人员的工作环境，提高了工程建设的施工效率，促进了建筑业的现代化发展，取得了显著的经济和社会效益。

（1）物料运输阶段，采用专用运输装备可实现大尺寸预制运输，平均运输成本可减少 2 元/t。

（2）施工放线阶段，智能放线装备能同时进行多专业三维空间放线，施工放线准确率接近 100%，减少返工，缩短工期，保证了施工质量。

（3）结构施工阶段，后浇混凝土的浇筑施工应用混凝土泵送装备，实现精准智能布料，提高泵送效率 5%。

（4）结构验收阶段，应用实测实量装备可节省 50%人工费用，作业效率较人工提升 2～3 倍；采用混凝土密实度检测装备，可在不破坏结构的前提下准确识别混凝土中存在的缺陷。

（5）施工过程中，工人佩戴智能安全帽，在保障人身安全的同时，实现了人员的在线化高效管理。

7.4　高层建筑施工智能装备系统

高层建筑施工智能装备主要聚焦高层建筑，采用物联网、BIM、智能化传感器等技术手段，实现高效协同作业，推动建筑业从劳动密集型向技术密集型方向转变，打造少人化乃至无人化作业场景。它是高层建筑智能建造体系的核心装备及载体，可集成多种智能建造装备。

在高层建筑施工装备方面，国外研究应用主要包括爬模、滑模等技术。德国派利（PERI）、奥地利多卡（DOKA）是全球主流的建筑液压爬模供应商，其产品在国内外高层建筑施工中得到广泛应用。与之相比，我国高层建筑施工装备具有功能丰富、承载力高、安全性能好等特点，处于国际领先水平。譬如，中建三局自 2007 年以来在高层建筑施工模架方面持续投入研发[2]，完成了由低位顶升模架平台[3-4]，到微凸支点低位顶升模架平台[5-6]，再到高层建筑施工智能装备集成平台[7]的迭代升级，为高层建筑建造提供了系统性解决方案。上海建工研发了跳爬式液压顶升钢平台模板体系，已形成较为成熟的技术体系和工法，成功应用于上海环球、上海中心等一批高层建筑施工中[8]。中建八局研发了基于尺蠖爬升原理的智能化顶升平台，应用于西安中国国际丝路中心大厦等项目，取得了良好的应用效果[9]。

当前，高层建筑施工常用的智能装备系统，如表 7-9 所示。下文以中建三局的高层建筑施工智能装备集成平台（简称“集成平台”）[10-11]为例，进行说明。

高层建筑施工常用的智能装备系统　表 7-9

序号	产品装备	厂家名称	面向的业务环节	主要功能	智能化特点
1	液压自动爬升模板	德国派利集团（PERI）	钢筋绑扎，模板支设、拆除和转运	实现竖向模板和操作架的液压自动爬升	可快速地完成立模、拆模和液压顶升操作，通过液压系统实现自动爬升
2	液压自动爬模系统	奥地利多卡集团（DOKA）	钢筋绑扎，模板支设、拆除和转运	提供竖向钢筋绑扎、合模、拆模等工序的作业面，实现竖向模板随操作架顶升	通过无线电遥控“按钮”爬升，可同时快速重新定位几个平行爬升装置
3	高层建筑施工智能装备集成平台	中建三局集团有限公司	主体结构施工作业	提供多个作业层，实现多工序空间流水施工；集成塔式起重机、布料机等大型装备，提高施工工效；搭载全方位在线监测系统，确保平台安全	实现工业化施工组织，集成多种施工装备，提供全方位安全保障，打造类工厂作业环境
4	跳爬式液压顶升钢平台脚手模板体系	上海建工集团有限公司	钢筋绑扎，模板支设、拆除和转运	满足钢筋、模板作业需求，且顶部设置有钢平台，可提供一定的堆载空间，满足一定的堆载需求	实现操作架和模板集成，采用小行程油缸分级顶升，提供一定的堆载空间
5	基于尺蠖爬升原理的智能化顶升平台	中国建筑第八工程局有限公司	主体结构施工作业	竖向模板随平台同步顶升，结构承载力大，满足较大堆载需求	采用完善的安全防护，提供实时安全预警，实现高效混凝土布料

该集成平台是中建三局研发的最新一代典型高层建筑智能装备，主要由钢平台系统、挂架系统、模板系统、支承系统、动力系统、监控系统及附属设施系统等组成，如图 7-38 所示，可提升高层建筑施工安全、质量与效率。

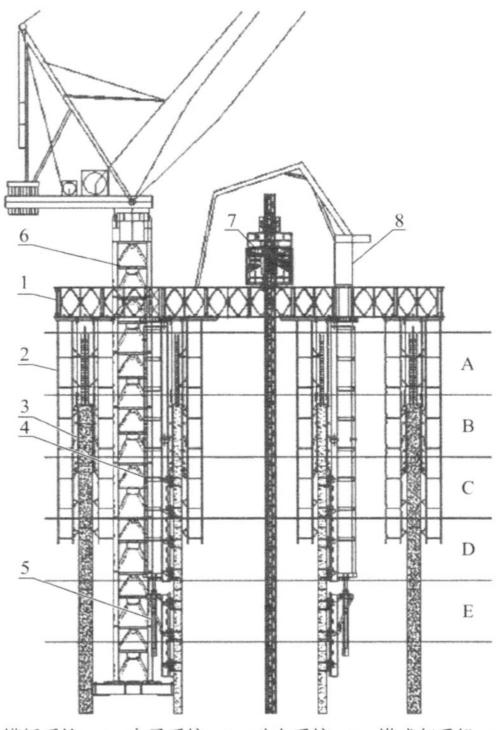

1—钢平台系统，2—挂架系统，3—模板系统，4—支承系统，5—动力系统，6—塔式起重机，7—施工升降机，8—混凝土布料机；A—钢筋绑扎层，B—模板支设层/混凝土浇筑层，C—混凝土养护层，D—上支架承力层，E—下支架承力层。

图 7-38　高层建筑施工集成平台系统组成图

其中，钢平台系统由主桁架和次桁架组成，是用以承载模板、挂架、集成装备及集成设施的空间框架结构，类似巨型“钢罩”扣在混凝土结构上部。挂架系统由立柱、横杆、走道板、防护网等组成，附着在钢平台系统下方，立面覆盖钢筋绑扎层、模板支设层/混凝土浇筑层、混凝土养护层等，为钢筋绑扎、模板支设、混凝土浇筑和养护等工序提供作业面。模板系统主要采用钢模板或铝合金模板，下挂于钢平台系统下方，随平台同步提升，提高模板周转效率。支承系统由支撑立柱、导轨立柱、油缸支撑架、附墙支座等组成，承担集成平台的荷载，并将荷载传递给混凝土墙体。动力系统由液压油缸和油缸泵站等组成，通过法兰盘和销轴与支承系统连接，为平台顶升提供动力。监控系统可对平台的对应力、应变、平整度、垂直度、风速、风压、温湿度等进行实时监测，并集成油缸控制系统，对平台的运行状态进行实时监控。附属设施系统是集成于平台上的施工设备，主要包括塔式起重机、布料机、施工升降机、控制室、工具房、堆场、办公室、卫生间、休息室及临水临电设施等。

1）应用场景

受建筑高度限制，高层建筑施工无法像普通建筑那样以地面为依托搭设脚手架。如何把大量材料以及施工人员安全运送至作业部位并保证施工的安全，是高层建筑施工必须要解决的难题。在以往的高层建筑施工中，施工设备与材料的运输、吊装和安装受建筑高度影响，施工效率和安全性得不到保障。集成平台集成了大型塔式起重机和安全防护、临时消防、临时堆场等施工设备、设施，实现了塔式起重机、模架一体化安装与爬升，可覆盖四层半的核心筒立体施工同步作业面，能有效解决高层建筑施工中存在的机械化程度低、受环境影响大、安全防护差、作业面冲突、智能化水平落后等突出问题，适用于公共建筑核心筒施工，尤其是 100m 以上高层建筑的主体结构施工。

2）主要功能

（1）工业化施工组织。构建多层同步作业面，集成平台覆盖整个核心筒，支持跨越四个半楼层，含 5 个作业层的封闭式同步作业。构建高效的垂直运输通道，集成平台创建了贯通建筑内外部的高效立体交通系统，施工电梯可由地面直达平台所有 5 个作业层，作业人员可快速到达平台任意位置。利用多层作业面优势，实现墙体、楼板各工序平面及楼层间高效流水施工，工效提升 20%以上，节约工期 2～3 天/层。

（2）多施工装备集成。集成平台集成了塔式起重机、布料机、电梯附着、堆场等施工设备，根据就近取材、全面覆盖原则布置设备、设施，快捷转运施工材料、充分发挥装备功效，提高机械化、自动化作业水平，降低工人劳动强度。

（3）全方位安全保障。集成平台构建了大跨度、多支点、整体抗倾覆的空间框架承载系统，形成一个强度、刚度大，跨越整个核心筒结构的巨型钢罩，承载力达上千吨，能抵御 14 级大风作用，较传统施工平台承载力及刚度提高 3 倍以上。同时，集成平台搭载采样频率高、抗干扰能力强、稳定性好的全方位智能在线监控系统，对平台的表观状态、应变能力、平整度、垂直度、风压、风速、温度等进行实时监测，通过运行状态分析、超限安全预警等功能，确保平台健康运行、安全可控。

（4）类工厂作业环境。集成平台含有全天候防护罩棚、喷淋、照明等设备设施，确保下雨、高温天气正常作业，实现温度、湿度及空气质量调节，提高工人作业效率，改善工人作业环境。

3）典型应用流程

以混凝土结构施工为例，介绍集成平台的顶升流程。在混凝土结构施工时，先绑扎上层钢筋，待钢筋绑扎完成及下层混凝土达到强度后，脱开模板开始顶升。在动力系统作用下，挂架、模板、集成装备及集成设施等随集成平台一起上升一个结构层。集成平台上升至目标位置，调整模板，封模固定后，浇筑混凝土，进入下一个施工循环。集成平台典型应用流程各阶段示意如图 7-39 所示。

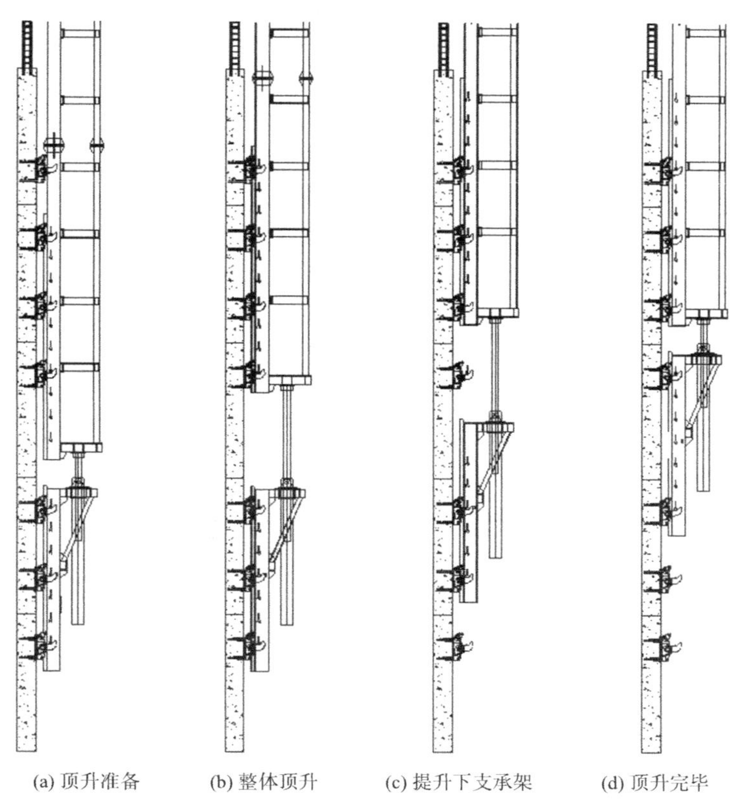

(a) 顶升准备　(b) 整体顶升　(c) 提升下支承架　(d) 顶升完毕

图 7-39　集成平台典型应用流程各阶段示意图

4）技术特点

主要承载结构构配件通用性、标准化程度高，构配件标准化率达 80%以上；单个支点竖向承载力达 150～400t，整体平台承载力可达 1000t 以上，能抵御 14 级大风的作用；搭载全要素实时在线智能化监控系统，对集成平台工作状态进行全方位监控，实时预警。

5）应用价值

最新一代高层建筑施工装备集成平台已在深圳城脉金融中心大厦完成应用，产生效益约 1150 万元。当前，该装备正在武汉长江中心、湖州 CBD、深圳华富村、海南海口塔、南京江北金融中心、武汉泰康金融中心等项目应用，取得了良好的经济效益，具有极高的应用价值。

7.5 智能塔机系统

塔机是塔式起重机的简称，也常被称为“塔吊”。作为建筑工地最常用的一种起重设备，塔机通常用来解决施工过程中垂直方向的运输问题。对装配式建筑施工而言，预制构件重量远高于传统建筑部件，对塔机起重能力要求大幅提高，而预制构件的安装则要求塔机能高精度就位。在此情况下，智能塔机的概念及相关的解决方案应运而生。

智能塔机是一种应用了先进的信息技术和智能控制系统的塔机设备。通过预设的程序和算法，智能塔机能自动调整姿态、吊装高度和速度，实现精确的吊装和定位。基于网络连接，智能塔机可以协助施工人员进行远程监控和操控，实时感知吊装过程中的重量、力度、倾斜度、风速等参数，自动判断和调整工作状态，并通过对吊装等历史数据的分析，预测风险，进行自动报警和诊断等。通过应用智能技术和控制系统，智能塔式起重机能够提高施工效率、减少人力依赖、降低施工风险，并提升施工的安全性和质量。

目前常用的塔机产品的制造企业有中联重科、徐工集团、三一重工、永茂建机、大汉科技等[12]（表 7-10），在智能化方面，主要是基于不断升级的通信技术（有线光纤、射频、4G、5G 等），在操控系统等方面进行可视化、智能化的改造。

国内常用的塔机产品　　表 7-10

厂家	产品装备	功能特点
中联重科	平头塔机起重机系列（WA7527-16HD、W750-40W 等）	1. 低速段启动快，停车稳； 2. 安全可靠，操控性好； 3. 涂装升级，人性化优
徐工集团	平头式起重机系列（XGT1750-64S、XGT1600-64S 等）	1. 低速段启动较快； 2. 人性化设计，操控与运输便捷； 3. 安全性高，适用工况广
三一重工	平头塔式起重机系列（SFT315C2、SFT160C2 等）	1. 低速段启动快，停车稳； 2. 起重性能优，操控安全； 3. 智能化程度高，操控环境舒适
永茂建机	平头式塔机系列（STT5630、STT1530 等）	1. 安全可靠、操控便捷； 2. 梯形臂架，快速安装
大汉科技	平头式塔式起重机系列（QTZ500、QTB321 等）	1. 安全可靠、操控便捷； 2. 安装简便

中联重科 5G 远程操控方案。基于 5G 网络，通过多视角画面监控、快速稳定的画面自动跟钩技术，保证了即使在最高速运行时，吊钩均始终平稳地锁定在司机的主视场最中央，同时集成了乱绳监测和障碍物报警等功能，操作手通过塔机操控中心对塔机进行（远程）操控[13]，如图 7-40 所示。

徐工 AMCS 智能管家控制系统。由显示器、PLC 控制器、重量传感器、行程限位器、风速仪和 CAN 通信总线集成而成，通过接收、处理各传感器的信息，再反馈给各电气件完成指令，实现数据信息的共享与交互。在塔机驾驶室内的显示器上能够清晰直观地显示塔机作业参数，实时监控重量、高度、回转、幅度以及风速仪等子功能系统，保障作业安全及施工效率[14]，如图 7-41 所示。

目前，三一重工已实现 5G 远程操控方案和双遥控智能塔机解决方案：5G 远程操控方案基于 5G 网络，基本摆脱了遥控距离的约束；双遥控智能塔机基于射频信号遥控塔机，适用于有限范围内（200m）在地面与作业面高效配合，实现装配式部品部件吊装的作业场景[15]。

图 7-40 中联重科 5G 远程操控方案

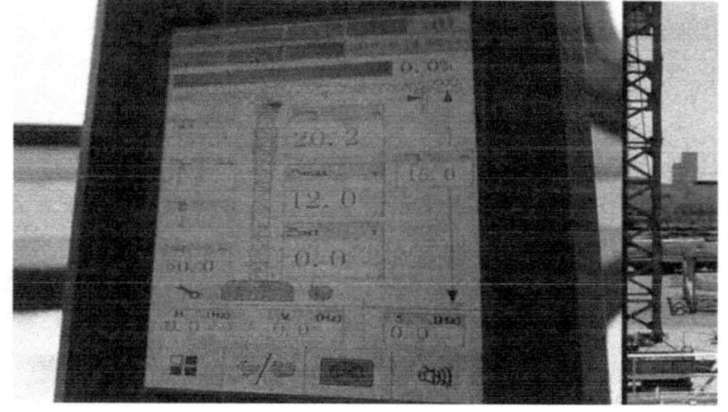

图 7-41 徐工 AMCS 智能管家控制系统

（1）5G 远程操控方案。使用人脸识别技术确保操控者身份认证，利用远程控制系统实时监控塔机状态和工况，保持与塔机驾驶室一致的操控布局，远程控制塔机作业。在集成了智能避障、群塔作业等功能的基础上同时提供多角度视频实时监控，实现吊钩视频跟随，乱绳监测报警，保持吊钩始终平稳地锁定在司机的主视场中央，集安全性、易操控、智能化、高感知于一体。如图 7-42 所示。

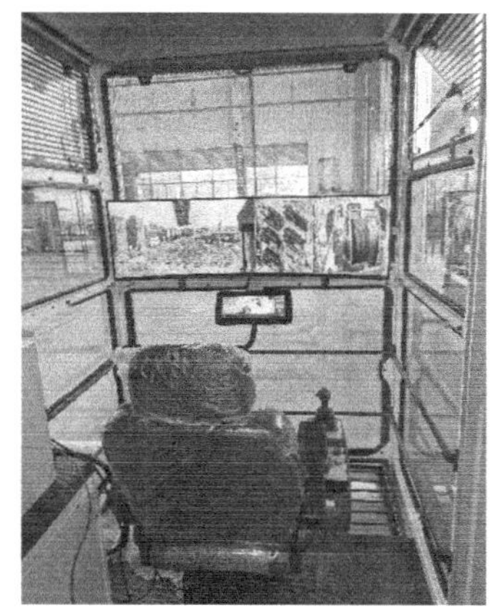

图 7-42 三一重工 5G 远程操控方案

（2）双遥控智能塔机方案。基于射频技术，采用双遥控地操方式，支持互锁保护，具备低延时、低成本、高可靠等特性，同时集成了塔机一键到位、智能避障等一系列智能化功能，加装视频模块可扩展乱绳监测、吊钩跟随等功能，给地面操作手提供更大的视野范围，减少视觉盲区。针对装配式建筑吊装作业现场具有最优的经济性、灵活性和应用效果，如图 7-43 所示。

图 7-43 双遥控智能塔机

下面以三一重工的平头塔式起重机系列双遥控智能塔机系统为例，进行介绍说明。

1）应用场景

装配式建筑吊装主要是利用塔式起重机完成叠合板、墙板、梁与楼梯等部品（统称“构件”）的吊装作业。吊装时：

（1）由地面指挥员通过对讲机向塔机操作室操作手下达指令并引导其操控塔机开到构件存放区落钩；

（2）地面建筑工人完成构件挂钩，确认无误后由地面指挥员通过对讲机向塔机操作手下达起吊指令；

（3）地面指挥员在起吊过程中引导塔机操作手避障；

（4）构件吊至楼面后，楼面指挥员通过对讲机引导塔机操作手将构件吊装到位并配合楼面建筑工人缓慢落钩；

（5）楼面建筑工人完成构件定位放置和稳固后，松开构件吊钩，楼面指挥员通知塔机操作手收钩并开始执行下一个吊装任务。

针对上述装配式建筑塔机吊装作业场景，分析并定义智能塔机应用场景，如图 7-44 所示，通过双遥控器 + 吊钩跟随 + 乱绳检测视频，集成自动避障、一键到位等功能实现塔机地操，既避免操作手爬塔疲劳并降低安全风险，又实现塔机智能化高效协同作业。

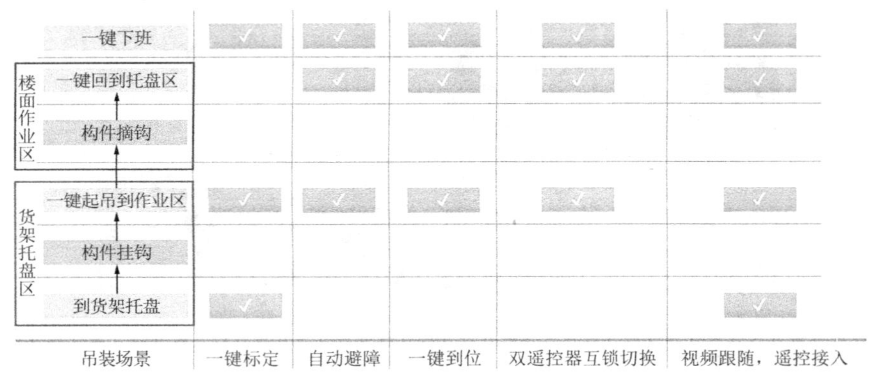

图 7-44 智能塔式起重机场景

2）主要功能

智能塔机实现从塔机顶部操控室操作升级为地上操控，减少高空作业，减少地面 + 作业面两个环节的对讲沟通，作业面工作量与难度最大的地方就近操控。主要功能如下：

（1）遥控地操，双遥控互锁切换。双遥控与塔机控制室控制器之间通过无线射频信号实现指令交互，有效通信距离 200m，延迟 < 300ms，地面操作手与楼层作业面操作手协同作业，遥控自动实现信号互锁，保证作业安全性。通过臂操遥控可以扩展控制，解放双手，塔机微调动作通过臂操遥控点动即可完成，使地面吊装作业少人化成为可能。如图 7-45 所示。

（2）视频吊钩跟随，乱绳检测。在塔机变幅小车上安装变焦摄像头模块，通过传感器感知吊钩和地面距离并实现自动变焦；监控模组采用电池供电，小车停在固定位置充电（可持续工作 6～7h）；小车视频信号通过无线网桥传回司机室，平衡臂安装卷筒监控摄像头实现乱绳监测并通过有线传输至司机室，两路视频信号通过司机室的无线 AP 发送至塔下视频接收模块实现实时监控，如图 7-46 所示。

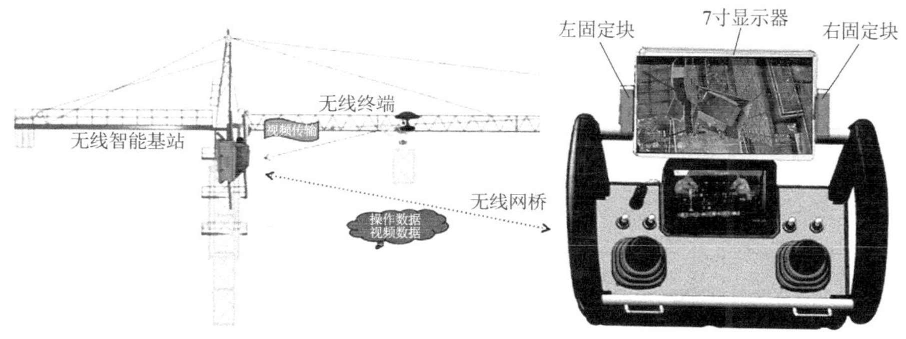

图 7-45 遥控地操示意

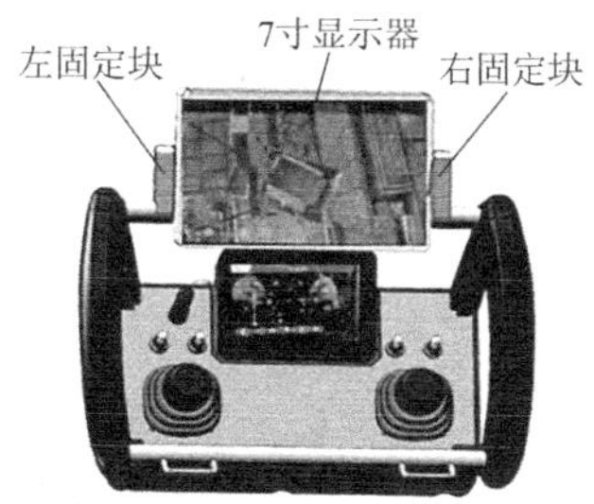

图 7-46 视频模块示意

（3）标定禁区，自动避障。通过遥控手动移动塔机到障碍物边界，按下标定按钮完成标定；构建障碍区的边界点，形成禁区；一键到位运行过程中，自动越过禁区；手动操作过程中，靠近禁区报警，如图 7-47 所示。

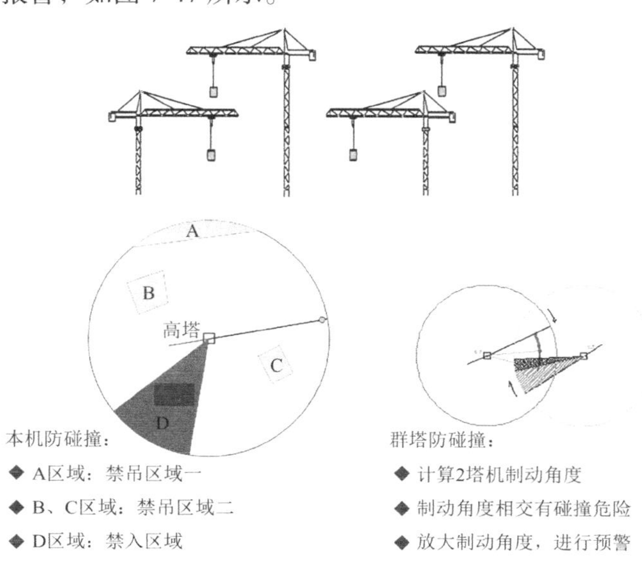

图 7-47 自动避障示意

（4）一键到位，一键下班。标定作业区位置（楼面作业区、地面货架区），当塔机位置发生变化时，重新手动操控塔机到位，标定更新目标位置；从任意位置向目标位置运动时，能自动规划运动路径及速度，并准确达到目标位置，如图 7-48 所示。

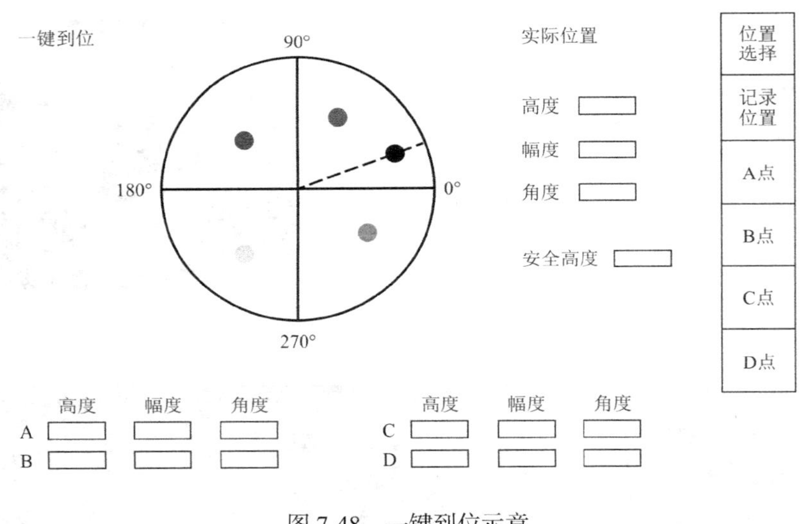

图 7-48　一键到位示意

3）典型应用流程

智能塔机系统典型应用流程如图 7-49 所示。装配式建筑智能吊装，首先要制定吊装计划与方案，确定计划后向工厂下发发货指令，施工现场则按照方案进行吊装准备。

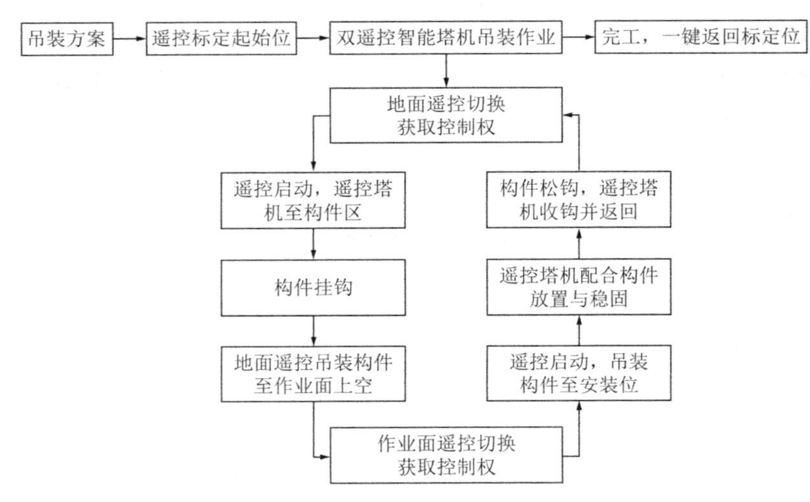

图 7-49　智能塔式起重机典型应用流程

开始吊装作业时，操作手利用智能遥控进行起始位标定，接着进入双遥控智能塔机吊装流程，针对每块构件：

（1）地面遥控优先获得操控权；

（2）操作手遥控塔机到达构件存放区落钩；

（3）构件挂钩；
（4）操作手遥控塔机起吊至楼；
（5）楼面操作手获取遥控；
（6）操作手遥控塔机吊构件至安装位上；
（7）操作手遥控配合安装工完成构件下放安置和稳定；
（8）构件松钩；
（9）操作手遥控塔机收钩并返回。

当完成一天作业任务后，操作手利用一键到位，遥控塔机返回起始标定位，然后关闭塔机和遥控。

4）技术特点

（1）智能无线遥控系统（AIRC 系列遥控系统）。基于射频信号，通过接收器扩展塔机无线操控能力，通过遥控实现模式切换、一键紧停、档位控制、地面与楼面标定位、一键到位、塔机回转运动、小车和吊钩运动控制等功能，配合塔机集成的自动避障等功能实现智能化作业。发射器和控制接收器的工作参数分别如表 7-11 和表 7-12 所示。

发射器工作参数　　表 7-11

<table>
<tr><td rowspan="10">发射器</td><td rowspan="3">无线通信</td><td>发射功率</td><td>10mW</td></tr>
<tr><td>频率</td><td>433MHz</td></tr>
<tr><td>天线</td><td>TX-440</td></tr>
<tr><td rowspan="3">工作参数</td><td>工作温度</td><td>−20℃～+70℃</td></tr>
<tr><td>电源</td><td>7.4V\5000mAh</td></tr>
<tr><td>满负荷工作时间</td><td>≥ 12h</td></tr>
<tr><td rowspan="3">外壳</td><td>外壳材质</td><td>工程塑料</td></tr>
<tr><td>机身颜色</td><td>灰黑 + 橘红（封样）</td></tr>
<tr><td>防护等级</td><td>IP65</td></tr>
<tr><td>其他</td><td>重量</td><td>≤ 2.5kg（含电池）</td></tr>
</table>

接收器工作参数　　表 7-12

<table>
<tr><td rowspan="15">接收器</td><td>发射功率</td><td>10mW</td></tr>
<tr><td>频率</td><td>433MHz</td></tr>
<tr><td>RX 灵敏度</td><td>−115dBm</td></tr>
<tr><td>天线</td><td>吸盘天线</td></tr>
<tr><td>CANBUS 形式</td><td>CAN2.0</td></tr>
<tr><td>电缆接头</td><td>RST5-RKT5</td></tr>
<tr><td>工作电压</td><td>16～30V</td></tr>
<tr><td>工作功率</td><td>≤5W</td></tr>
<tr><td>急停应用范围</td><td>EN954-1</td></tr>
<tr><td>工作温度</td><td>−20℃～+70℃</td></tr>
<tr><td>防护等级</td><td>IP54</td></tr>
<tr><td>外形尺寸</td><td>205mm × 137mm × 66mm</td></tr>
<tr><td>外壳材质</td><td>工程塑料</td></tr>
<tr><td>外壳颜色</td><td>橘红</td></tr>
<tr><td>重量</td><td>0.52kg</td></tr>
</table>

（2）臂操无线遥控系统。基于射频信号，解放双手，通过手持无线遥控扩展塔机无线操控能力，提供手持/臂操遥控互锁控制、紧停、塔机回转、小车和吊钩运动控制功能，发射器工作参数如表 7-13 所示。

发射器工作参数　　表 7-13

发射器	无线通信	发射功率	≥ 10dBm
		频率	425～440MHz
	工作参数	工作温度	−20℃～+60℃
		电源	3.7V\6000mAh
		满负荷工作时间	≥ 32h
	外壳	外壳材质	工程塑料
		防护等级	IP65
	其他	重量	≤ 1kg（含电池）

5）应用价值

智能塔机采用远程遥控 + 视频辅助的方式，改变传统塔机吊装地面指挥 + 爬塔操控的现状。双遥控智能塔机更是具备双遥控互锁、一键到位、智能避障、吊钩跟随、乱绳监测等一系列智能化功能，同时兼具成本低、易应用、少人化等优点。以一块预制墙板的吊装全过程为例，利用双遥控智能塔机自地面构件架起吊至作业面完成安装位构件下放，整个过程仅需 3min 左右，吊装全程无需专人地面指挥引导，操作手全程视野开阔、操控高效安全。双遥控智能塔机系统与传统吊装方式的比较，如表 7-14 所示。

双遥控智能塔机系统与传统吊装作业对比分析　　表 7-14

作业场景	传统作业方式	智能塔机作业方式	对比
物料上楼	1. 操作手爬塔操控； 2. 地面指挥对讲引导； 3. 建筑工挂钩	1. 地面遥控塔机； 2. 建筑工挂钩	1. 减少 1 人，用人减少 30%； 2. 避免爬塔，安全性提升； 3. 就近确认操作，效率和安全性都有提升，以构件定位松钩为例，作业量占据 70%，效率提升 50%
装卸车	1. 操作手爬塔操控； 2. 地面指挥对讲引导； 3. 建筑工挂钩/松钩	1. 地面遥控塔机； 2. 建筑工挂钩/松钩	
物料转场	1. 操作手爬塔操控； 2. 地面/楼面指挥对讲引导； 3. 建筑工挂钩/松钩	1. 操作手遥控塔机； 2. 建筑工挂钩/松钩	
吊装定位	1. 操作手爬塔操控； 2. 楼面指挥对讲引导； 3. 建筑工松钩	1. 楼面遥控塔机； 2. 建筑工松钩	

7.6　智能施工小型装备系统

在应急工程、抢险工程、线性工程、小散工程，视频监控接入网络部署难度大。在常规的住宅、场馆、基础设施等工程，摄像头监控接入引电、入网、安装、调试至少需要 1～

3d时间；接通后临电及有线通信易破坏；受临电和网络接入点限制，视频监控点位置变化和调整空间有限；施工阶段建筑楼层、地下空间内4G通信、无线网络覆盖弱或存在盲区，无法通过视频监控的方式实现项目内部施工的监控覆盖。如何克服项目“最后一公里的供电及通信难题”，实现企业各层级管理组织对施工建筑体内部及外部作业情况的全方位监控与作战指挥，是行业亟待解决的问题。在此情况下，智能施工小型装备系统开始进入行业视野。

智能施工小型智能装备系统是指在建筑施工现场使用的一种集成了智能化技术和装备的小型系统，如智能化的小型施工机械、无人机、传感器、智能监控系统等，通常具备体积小、重量轻，易于搬运和操作等特点。因应用场景广泛，智能施工小型智能装备系统的种类众多，常见的一些产品如表7-15所示。以下以中建科工的多功能移动智慧杆、鹰眼球机等为例，进行介绍。

智能施工小型装备系统（部分） 表7-15

厂家名称	产品名称	面向的业务环节	主要功能	智能化特点
中建科工	多功能移动智慧杆、鹰眼球机	施工全过程	集监控、照明、环境监测等于一体的集成装备	摆脱电网约束，动态观测项目各处实景
	360智能巡检机器人	施工全过程	360全景技术与机器人相结合，实现对施工内部情况的查看，留存项目建设影像资料	360现场全景对象捕捉、图像分析
海康威视	智能地磅	施工全过程	支持留证存档、支持称重关联图片、录像查询；支持上榜称重权限管理	红外相机识别、平台下发预约
	环境监测	施工全过程	提供空气质量监测、重污天气应急管控以及道路黑烟车、露天焚烧、扬尘污、VOCs（挥发性有机物）、餐饮油烟等监测应用	多光谱成像、物联网、无人机、大数据、智能认知等技术，构建多维动态感知网和数智大脑
	智慧广播	施工全过程	提供广播播音管理、广播预案管理、移动广播等广播业务应用	智慧广播平台，兼容各类广播终端
广联达	AI蜂鸟盒子	施工全过程	施工现场安全生产智能监控与精细化管理	融合AI＋IoT技术，并结合施工现场既有特点对AI算法进行针对性优化，实现施工现场“自动化监控、智能化管理”

1）应用场景

根据现场施工最后一公里的供电及通信的实际情况，中建科工构建了基于多功能移动智慧杆、鹰眼AR全景、360全景空间、无人机远程实况及点面体结合的远程立体作战指挥体系，广泛应用于房建、产业园区、基础设施等各类项目施工楼层/空间外部作业面的远程作战指挥，实现对项目施工现场高效的远程调度指挥。

2）主要功能

（1）多功能移动智慧杆

多功能移动智慧杆具有底座可便携移动、杆体可自动伸降5m、4G/5G无线通信、太阳能长时间续航（阴雨环境下连续7d）、应急照明、视频监控、环境监测、语音广播、广告播报、手机充电等功能，结合太阳能追日系统，实现户外应急场景下长时间应急监控需求，搭载自主研发的移动智慧杆平台，可快速实现指哪看哪、推哪看哪、看哪喊哪的应急应用效果，智慧杆分为以下三个版本：

①手动装配基础版智慧杆，如图7-50所示，具体参数如表7-16所示。

手动装配基础版参数表　　**表7-16**

移动方式	四轮人力推动、万向轮尺寸10cm
升降方式	手动装配
升降高度	1.8～3m
视频监控	200万像素4G通信球机一台
广播	户外防水音柱一台
充蓄电器	40W太阳能板两组（共80W）、电源管理器、60Ah铅酸电池2组（共120Ah）；220V外充电器一套
续航能力	连续阴雨天气续航7d
降杆尺寸	长×宽×高：0.9m×0.7m×1.8m
升杆尺寸	长×宽×高：0.9m×0.7m×(1.8～3)m

②手摇升降升级版智慧杆，如图7-51所示，具体参数如表7-17所示。

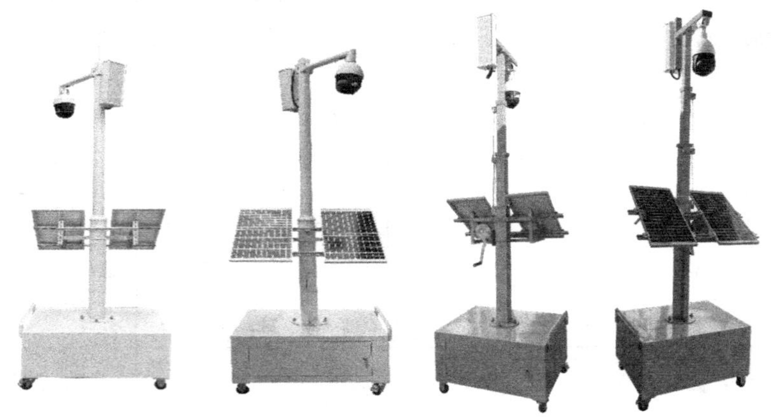

图7-50　手动装配基础版　　　图7-51　手摇升降升级版

手摇升降升级版参数表　　**表7-17**

移动方式	四轮人力推动、万向轮尺寸10cm
升降方式	手摇升降
升降高度	1.8～3.5m
视频监控	200万像素4G通信球机一台
广播	户外防水音柱一台
充蓄电器	40W太阳能板两组（共80W）、电源管理器、60Ah铅酸电池2组（共120Ah）；220V外充电器一套
续航能力	连续阴雨天气续航7d
降杆尺寸	长×宽×高：0.9m×0.7m×1.8m
升杆尺寸	长×宽×高：0.9m×0.7m×(1.8～3.5)m

③豪华版智慧杆，如图 7-52 所示，具体参数如表 7-18 所示。

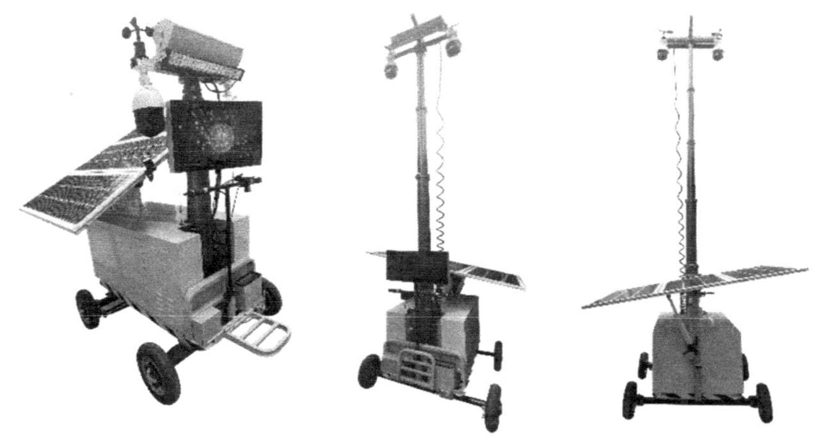

图 7-52 豪华版

豪华版参数表 表 7-18

移动方式	四轮电力驱动、轮毂尺寸 35cm
升降方式	气动、带自锁
升降高度	2～5.3m
视频监控	200 万像素球机 2 台、硬盘录像机一台
应急照明	LED 应急照明灯 1 台（50W）
屏幕播报	21.5 寸户外高亮屏一块
广播	户外防水单柱一台、功放一台
环境监测	八合一环境监测硬件一套
追日系统	追日机械机构一套
综合网关	4G、WIFF、电控、LAN 口、GPS 定位
充蓄电器	110W 太阳能板三组、电源管理器、180Ah 铅酸电池 4 组；220V 外充电器一套
续航能力	未使用照明负载工况下，连续阴雨天气续航 7d
降杆尺寸	长 × 宽 × 高：1.4m × 1.1m × 2m
升杆尺寸	长 × 宽 × 高：1.4m × 1.1m × (2～5.3)m

（2）鹰眼 AR 全景

鹰眼球机拥有多个摄像头，其中一组固定摄像头可拼接成一个动态全景画面；底部有个高分辨率球机，全景画面和球机画面可以联动操作，在全景画面中框选一个区域，球机会自动定位放大所选区域的精细画面。同时，在全景拼接的动态实影画面上，可以关联多个固定摄像头标签，关联查看部署在项目现场的摄像头画面，如图 7-53 所示。

为保障应用效果，鹰眼球机需安装在项目周边附属建筑的制高点，视角可以覆盖项目现场及周边外围交通。项目周边附属建筑可以提供较稳定的电源及网络，如图 7-54 所示。

图 7-53 鹰眼球机部署

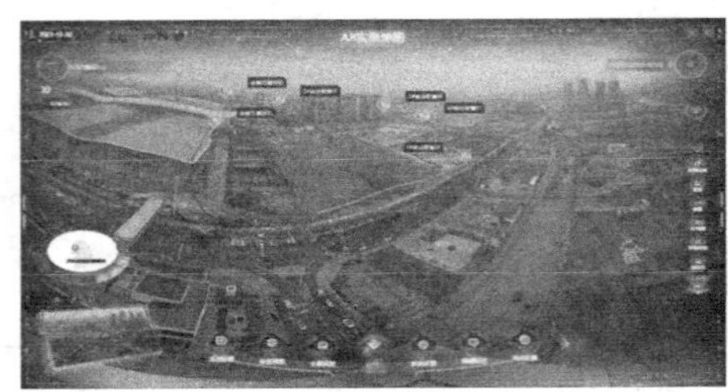

图 7-54 鹰眼应用画面

（3）360 智能巡检应用

在施工楼层/空间内部，巡检人员应用 360 全景相机在空间内进行巡检拍摄（360 全景拍摄过程不需要网络），相机拍摄影像通过相机热点传输至巡检人员手机。拍摄完成，巡检人员回到有网络的空间后，通过手机 4G/无线网络将拍摄影像上传至服务器。服务器上通过算力将全景影像与项目二维平面图自动关联并标记出拍摄的行走轨迹，管理人员通过电脑端/移动端网页就可以查看项目同一施工位置、不同日期的施工 360 全景的对比、实景与模型的自动关联与对比。同时，可以在全景拍摄过程中或在输出的全景影像上标记施工中的质量及安全问题。如图 7-55～图 7-57 所示。

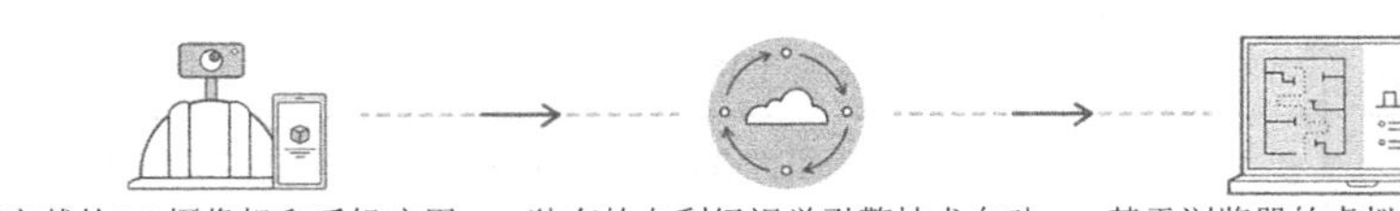

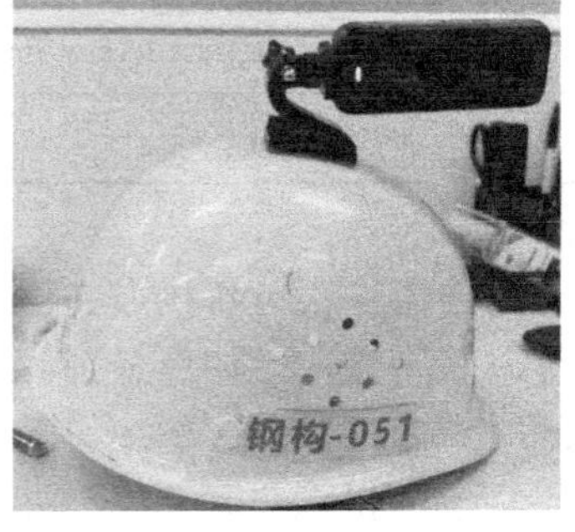

图 7-55 巡检拍摄

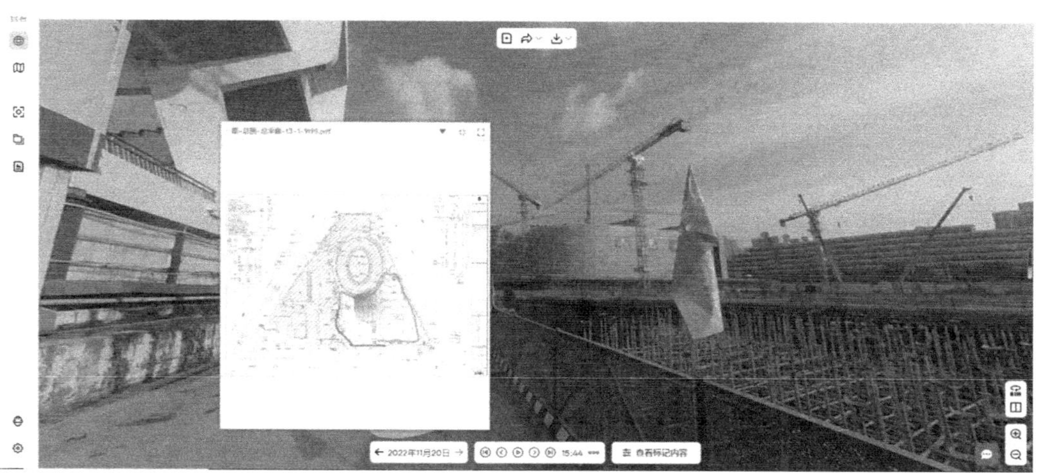

图 7-56 巡检轨迹输出

(a) 同一位置点：不同日期实景与实景对比

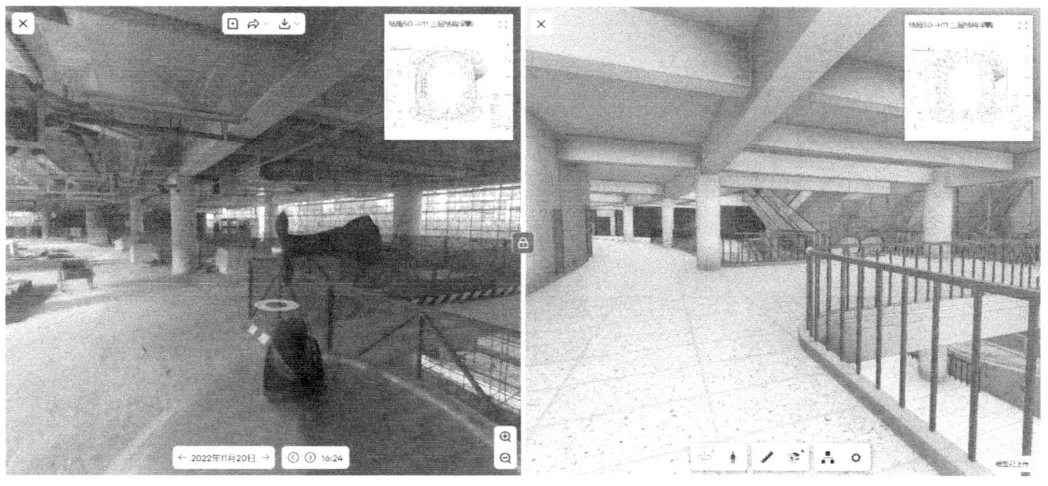

(b) 同一位置点：实景与 BIM 模型对比

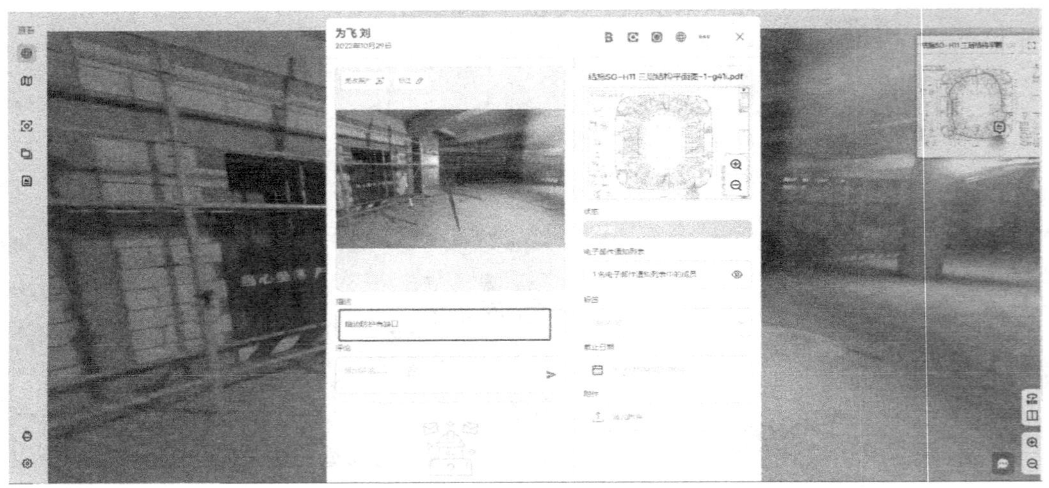

(c) 巡检质量/安全问题标记

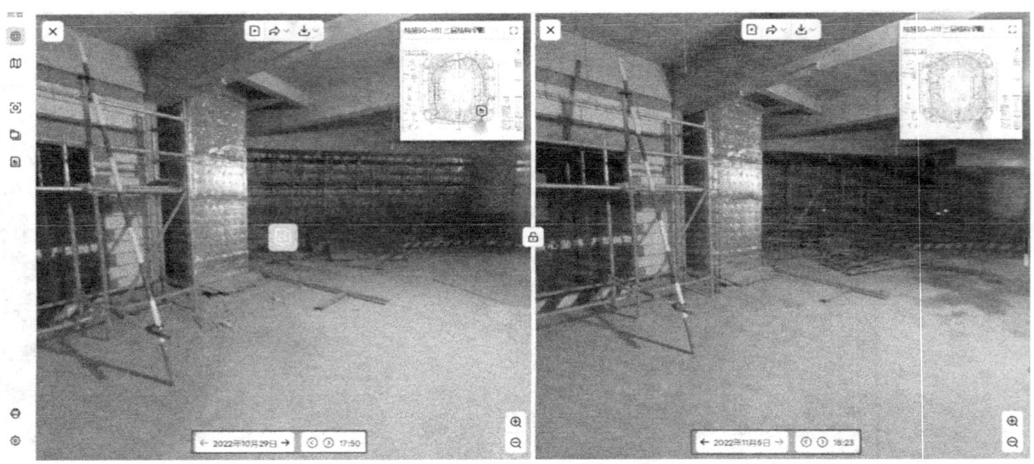

(d) 同一位置点：不同日期安全巡检问题整改情况对比

图 7-57　360 智能巡检应用

（4）无人机远程实况

应用任何品牌、型号的无人机，以智能手机为采集与传输载体，通过 4G 网络，传输至流媒体服务器，经服务器分发，使用方可在 Web/移动端实时查看无人机回传画面；在观看项目实况流的同时，可以通过语音对话能力给现场执行飞行操作的无人机飞手下达飞行指令，飞手收到指令后可以语音反馈互动。如图 7-58 所示。

任何品牌及型号无人机+手机（安卓系统）

私有云（应用服务）+公有云（流媒体）服务器

基于浏览器的画面观看及语音互动

图 7-58　无人机远程实况逻辑

3）典型应用流程

项目通过多功能移动智慧杆、鹰眼 AR 全景、360 全景空间、无人机远程实况，点面体结合的远程立体作战指挥体系，搭建了“点”“面”“体”的远程立体作战指挥体系。一是点状部署，将多功能移动智慧杆点状部署在项目交通要道和重点施工区域，移动智慧杆集应急照明、摄像头监控以及广播喊话等基本功能，杆体可升降、自带滚轮可便携移动、太阳能供电、采用无线通信，基于其移动和储能的功能，创新地设计了工友手机免费充电站，解决了户外工友手机充电难的问题。二是点面结合，通过在项目周边制高点，设置了鹰眼摄像头，可实时接入项目周边方圆近五公里的全景实况，通过全景画面实时联动高清球机缩放及调取移动智慧杆监控画面，编织成项目施工现场和外网交通平面监控网。三是立体指挥，在施工楼层/空间外部，通过无人机应用与直播技术融合，实现指挥中心与项目施工现场无人机飞手的实时互动，使指挥者的每一条指令都得到快速响应，可立体无死角俯瞰项目任意一个角落，使无人机真正成为指挥者的另一双“眼睛”；在施工楼层/空间内部，通过 360 全景拍摄技术与 AI 技术融合，实现巡检轨迹自动生成并与平台图纸自动关联，进而实现对施工楼层/空间内部影像的远程对比与查看，如图 7-59 所示。

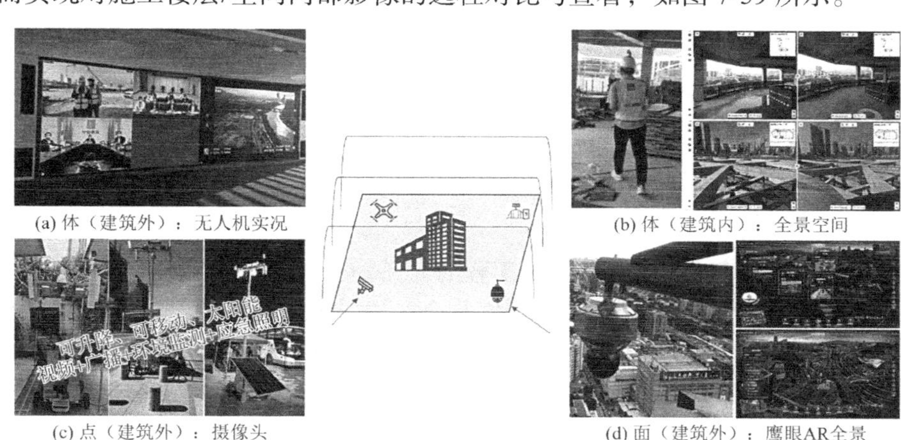

(a) 体（建筑外）：无人机实况
(b) 体（建筑内）：全景空间
(c) 点（建筑外）：摄像头
(d) 面（建筑外）：鹰眼AR全景

图 7-59　综合立体巡检

4）技术特点

（1）多功能移动智慧杆

主功能为视频监控、广播喊话。技术特点为：太阳能供电、4G 通信、杆体可升级、可便携移动。解决施工项目现场接电、入网难及稳定性问题，快速实现推哪看哪的监控需求。

（2）鹰眼 AR 全景

一个项目仅需安装一至两个鹰眼摄像头，就可以实现项目施工楼层/空间外部监控全覆盖。

（3）360 智能巡检应用

克服项目施工楼层/空间内部网络差或无网络覆盖情况下，获取楼层/空间内部施工结构化影像素材。

（4）无人机远程实况

将无人机技术与 5G 移动通信技术相结合，实时观测项目全貌，通过 5G 移动通信技术，动态协调项目现场资源，形成有效调度。

5）应用价值

通过多功能移动智慧杆，鹰眼 AR 全景、360 智能巡检应用、无人机远程实况等功能项联动作用，构建了智能建造的立体作战指挥能力，搭建出“点”、“面”、“体”的三维立体的项目级作战指挥体系。同时，也具备了除无人机、360 全景相机及手机外，不借助任何其他硬件设备 5min 内看到全国任何一个工地无人机时况的能力，以及在企业各层级均可随时随地调看项目鹰眼监控的能力，2h 内看到全国任何一个工地内部细部施工及进度的能力，构筑了企业级立体作战指挥能力。

提高人工利用率。立体作战指挥能力的搭建，不仅可以在一定程度上为提高工人的工作效率，也可以代替一部分工人工作，比如 AI 风险识别代替人工监控等，充分释放劳动力，提高人均产出比。

加强行业监管能力。通过构建覆盖“建设主管部门、企业、工程项目”三级联动的远程作战指挥能力，将多方数据联动，通过智慧工地一体化平台呈现工地安全质量监管相关的内容及数据，实现监管在线化、数字化。综合利用大数据分析，实现区域项目智能监控，有效防范风险；加强事前监管，减少事故。

7.7　应用案例

7.7.1　深圳城脉金融中心大厦项目

图 7-60　深圳城脉金融中心大厦

1）工程简介

深圳城脉金融中心大厦项目位于深圳市罗湖区红岭北路与桃园路交叉路口，东临已建楼金马广场，南侧为深圳市人民检察院，西侧为地铁 9 号线，北邻桃园路，是集办公、公寓、会所于一体的现代化多功能摩天大楼，如图 7-60 所示。塔楼建筑高度 388m，地上 70 层，地下 7 层[17-18]。整个建筑总建筑面积约 21 万 m^2，沿竖向分为 7 个区段，包括底层的商业中心、中部的办公楼层以及顶部的会所、公寓，各区段间由一层高的设备避难层分隔[16-17]。

2）应用准备

城脉金融中心大厦项目集成平台是由中建三局集团有限公司设计和研发的，主要由支承与动力系统、钢平台系统、挂架防护系统、模板系统和监控系统组成。支承与动力系统采用“点式勾爪 + 中等行程油缸 + 轨架一体式”的轻型支点方案；钢平台系统采用高抗剪贝雷架；挂架防护系统采用滑动外挂架 + 内筒集成式托盘（南北向中间三筒）+ 普通内挂架 + 防护网；模板系统采用集成平台式可后移模板 + 吊挂模板两种方案结合的钢模板系统；监控系统可对平台的对应力、应变、平整度、垂直度、风速、风压、温湿度及油缸运行状态进行实时监测，保障平台运行安全。

本项目集成平台跨越 4.5 个结构层高，总高度 28m，其中贝雷架平台高度 2234mm，上支架高度 19m，下支架高度 7m；外立面挂架高度 16m，布置 7 层；从下往上分别为下支架承力层、上立柱承力层、混凝土养护层、混凝土浇筑层、钢筋绑扎层，其平面和立面布置分别如图 7-61、图 7-62 所示[17]。

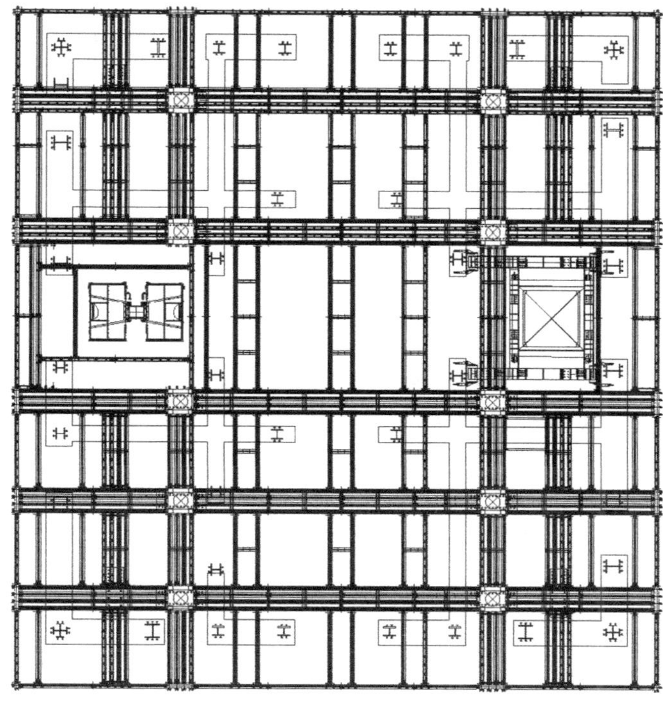

图 7-61 城脉集成平台平面布置图

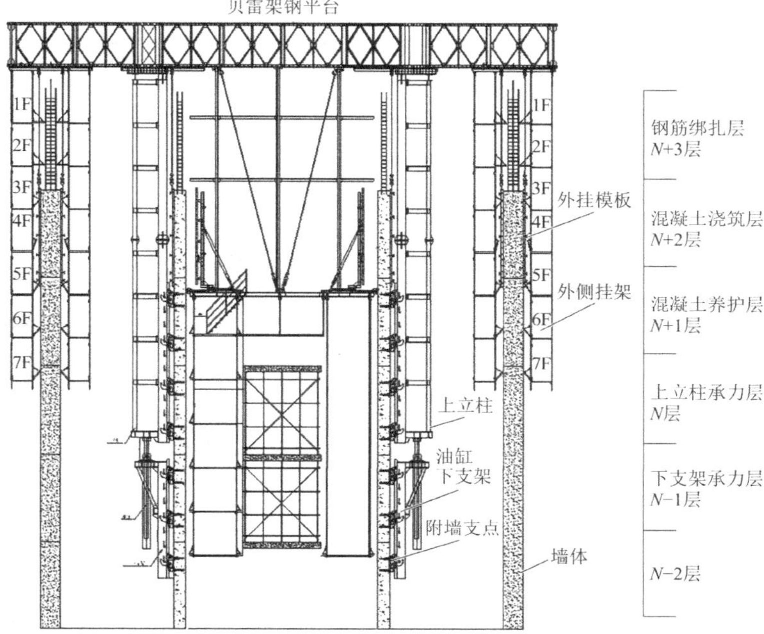

图 7-62 城脉集成平台立面布置图

3）应用过程

本项目集成平台支点布置在核心筒内部，支点处附墙支座通过可周转预埋件与墙体相连。为适应核心筒结构变化，核心筒 1～41 层为九宫格形式，集成平台共 14 个支点，其中 12 个支点受力，2 个备用支点尚未启用（黑色曲线圈内为备用支点），如图 7-63 所示；核心筒 42～52 层为五宫格形式，4 个支点拆除，8 个支点受力，核心筒南侧和北侧墙体内收，进入斜墙施工阶段，集成平台开始改造，施工至 50 层起 2 个备用支点启用，如图 7-64 所示；核心筒 53～70 层为五宫格形式，南北侧斜墙施工和集成平台改造均已完成，共 8 个支点受力，如图 7-65 所示[17]。

集成平台的整体传力路径为贝雷架钢平台-支撑立柱-支撑架-结构墙体，最终将全部荷载均传递至核心筒墙体上[17]。

4）应用效果

城脉金融中心大厦项目集成平台总重 818t，共计顶升 79 次，有效抵御了高空强风的水平荷载作用，整体运行平稳，现场应用场景如图 7-66 所示。本项目集成平台在伸臂桁架施工、核心筒墙体截面大幅内收、劲性钢板墙施工等特殊位置的施工过程中具有良好的适应性，明显减少了现场劳动力投入，提高了绿色施工程度，综合效益显著。此外，全方位安全监控系统可实时掌控集成平台的运行状态，有效提升了其运行的安全性。

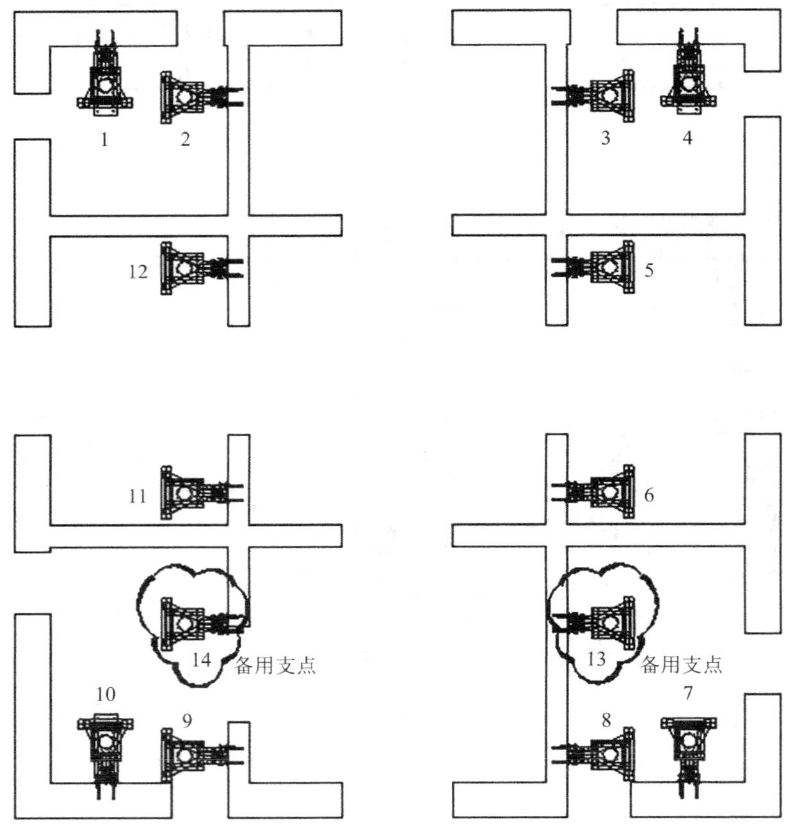

图 7-63　核心筒 1～41 层支点布置（12 个支点受力，2 个备用支点）

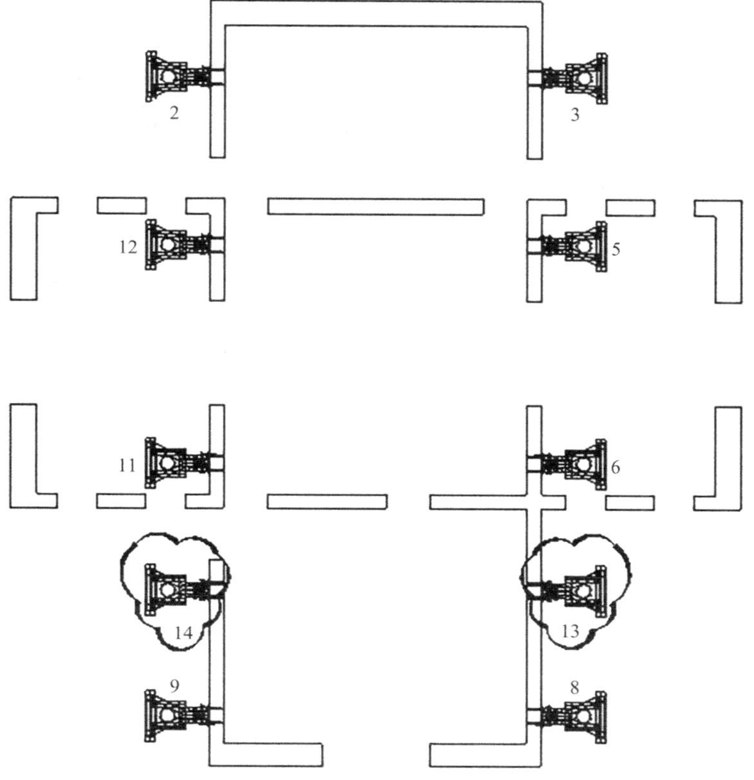

图 7-64 核心筒 42～52 层支点布置（8 个支点受力）

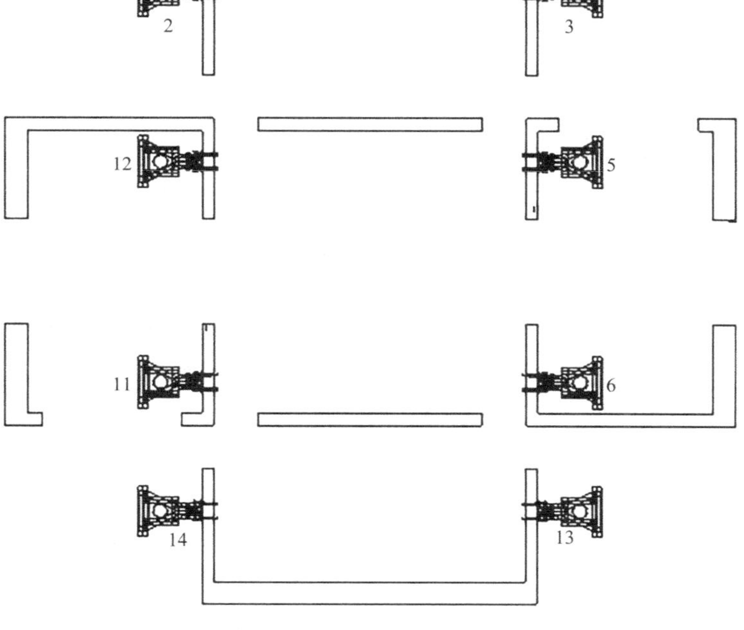

图 7-65 核心筒 53～70 层支点布置（8 个支点受力）

图 7-66　深圳城脉金融中心大厦集成平台

通过对安装工序进行优化，集成平台安装工期显著缩短；集成塔式起重机、施工电梯等大型设备，节约了设备租赁费；采用后移式钢模施工技术，解决了核心筒斜墙特殊构造的改造问题。本项目应用高层建筑施工装备集成平台进行核心筒施工，共计产生经济效益 1150 万元。

7.7.2　歇甲庄村定向安置房项目

1）工程简介

昌平区北七家镇歇甲庄村定向安置房项目位于北京市昌平区，项目总用地规模约 6.58hm^2，总建筑面积约 21.2042 万 m^2，共布置住宅 19 栋、独立配套公建 3 栋，同时设置了物业管理用房、老年活动站、社区助残服务中心、托老所等配套设施。主要楼栋建筑高度 47.1m，共 16 层。歇甲庄村定向安置房项目效果图如图 7-67 所示。

图 7-67　歇甲庄村定向安置房项目效果图

该项目住宅楼地上结构为装配式混凝土结构，应用三一建筑工业化系统（Sany Prefabricated Construction System，SPCS），预制率 44%～47%，装配率 55%，装配式建造面积 12.8 万 m^2。构件由三一筑工北京南口 5G 灯塔工厂生产，总供应量 35052 块。

2）应用准备

项目前期策划阶段，基于项目管理平台（Sany Prefabricated Construction Platform，

SPCP），实现 E/P/C（设计/采购/施工）实时在线协同，通过 SPCP 编制详尽的计划任务，各项任务的计划开始、完成时间、完成百分比、执行状态以及责任人都实现了在线化协同管理。项目计划管理界面如图 7-68 所示。

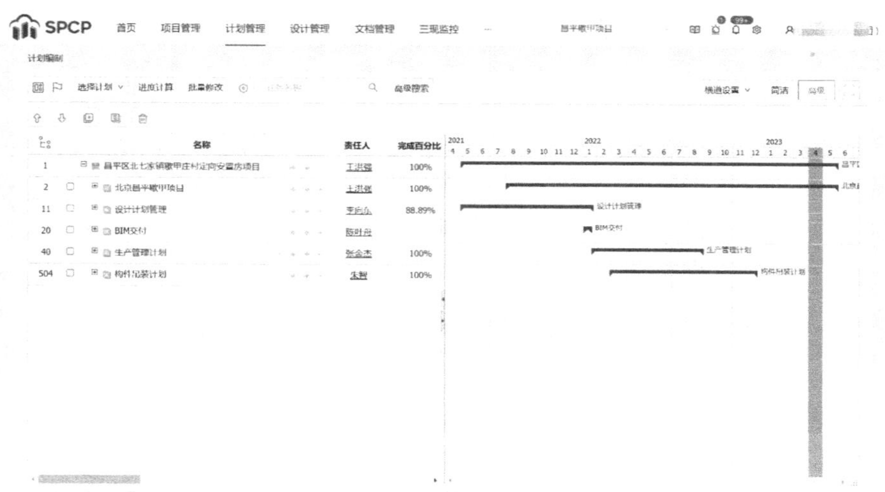

图 7-68 项目计划管理

项目预制构件采用装配式混凝土建筑制造智能装备生产，现场施工应用智能塔式起重机进行构件吊装，应用筑享云构件管理系统（Prefabricated Construction Management System，PCM），进行构件的全生命周期管理。

3）应用过程

基于 SPCS 平台，数字工地-工厂驾驶舱接入人员、设备、物料、质量、能源、监控等生产要素数据，做到全生命周期、关键角色、关键要素在线。灯塔工厂驾驶舱和数字工地驾驶舱如图 7-69、图 7-70 所示。

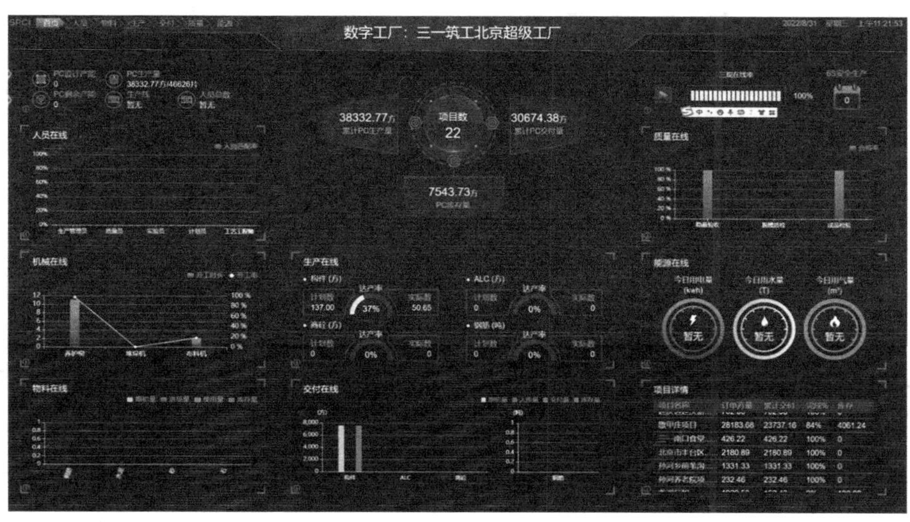

图 7-69 灯塔工厂驾驶舱

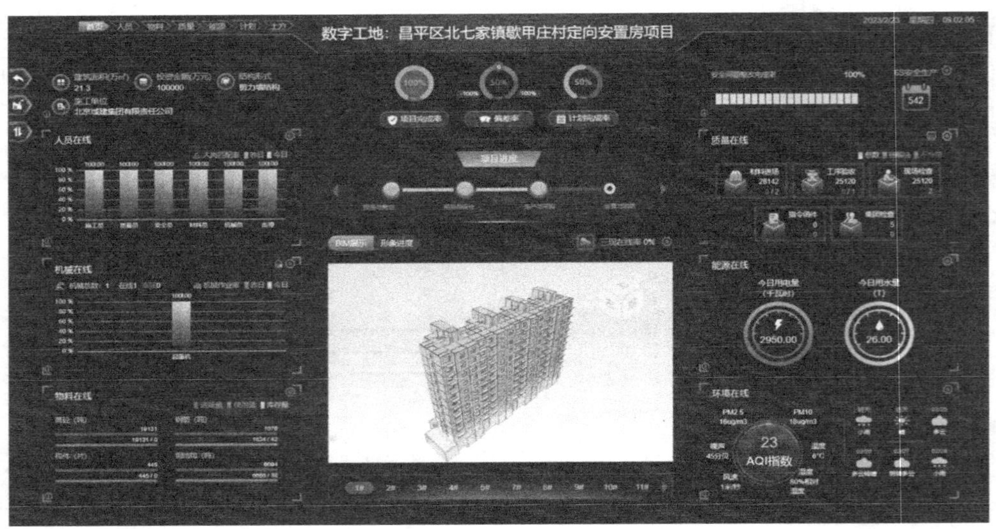

图 7-70　数字工地驾驶舱

在生产阶段，工厂通过计划编制，按照楼栋楼层进行构件生产排期策划，下发到工厂构件生产管理系统 PCM。基于图纸数据自动解析，中控室预制混凝土构件生产线执行系统（Precast Concrete Manufacturing Execution System，PMES）以中台服务 + 平板中枢化的人机协同控制划线、布模、钢筋生产投放、混凝土定时定量定配方生产、多板一次成型合模、自动堆养等，如图 7-71～图 7-74 所示，直到构件生产完成，然后根据工地的要货计划，在 PCM 中创建运输单，预制构件专用运输车将构件按车发运到现场，车辆的行驶轨迹在 PCM 能够实时可见。

图 7-71　数据驱动自动划线

图 7-72　机械手自动布模

图 7-73　智能翻转合模

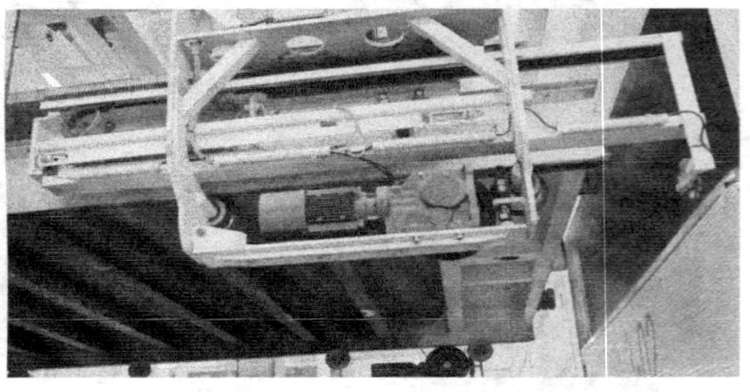

图 7-74　自动堆垛养护

在施工阶段，预制构件采用智能塔式起重机遥控吊装，如图 7-75 所示，实现吊钩可视化安全作业；应用 BIM 技术，PC 构件“一件一码”，PCM 施工端（操作界面如图 7-76 所示）采集构件状态信息，可以实现主体结构建造全过程模拟仿真；后浇混凝土的浇筑施工应用混凝土泵送装备，实现高效、精准、智能布料；结构验收阶段，采用混凝土密实度检测装备（混凝土密实度无损检测操作如图 7-77 所示），未发现混凝土中存在的明显质量缺陷；竣工时完成工程实体与数字模型的同步交付，如图 7-78 所示，实现建造全周期数据透明。

图 7-75 智能塔式起重机吊装构件

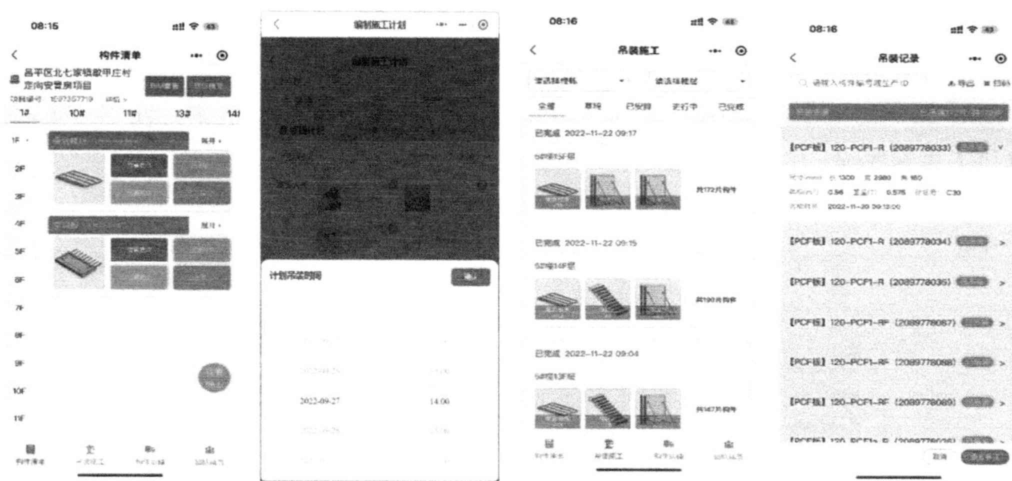

图 7-76 PCM 施工端

图 7-77 混凝土密实度无损检测

图 7-78 BIM 孪生交付

4）应用效果

昌平区北七家镇歇甲庄村定向安置房项目的构件生产自动化程度达到 85%以上，19 栋楼同步施工保质保供。现场施工效率可较现浇混凝土结构提高 15%以上，工期缩短 30%以上，整体工程进度提高 25%以上，标准层工期达到 6d/层。项目于 2022 年 10 月顺利通过北京市“结构长城杯”验收，专家组对工程的结构施工质量给予高度评价，也对SPCS结构技术体系的生产、施工质量高度认可。

7.7.3　深圳国际酒店项目

1）工程简介

深圳国际酒店位于深圳国际会展中心北侧，总用地面积10.3万m^2，建筑面积31万m^2，共25个单体建筑（包括6栋18层高层酒店、4栋7层多层酒店、1栋18层宿舍楼、1栋7层宿舍、13栋配套办公及设备用房）。项目定位为国际友人隔离防疫酒店，按照三星级标准建设，可满足5400人使用（包括隔离人员4700人，服务人员700人）。同时兼顾疫情后的酒店使用需求，可快速实现“平战结合”功能转换。依据深圳市装配式建筑评分规则，18层建筑装配式评分为100.9分，7层建筑装配式评分102分（满分102分），如图7-79～图7-81所示。

项目由中建科工集团有限公司以EPC总承包形式承接，于2021年8月底正式开工建设，历时116天竣工交付使用，第124天正式投入使用，为2022年春节期间深圳疫情防控提供了重要保障。

图7-79　深圳湾区会展国际酒店实景图

图7-80　客房实景图

图7-81　酒店走廊

2）应用准备

（1）组织方式。项目采用 IPMT 集成组合管理团队（Integrated Project Management Team，IPMT）+ EPC 模式。

（2）建造模式。项目采用了钢结构装配式（GS-Building）和模块化箱体（ME-House）两种快速建造模式。高层采用 GS-Building 体系，如图 7-82 所示。多层 ME-House 体系，内墙轻钢龙骨隔墙、外墙单元式幕墙，全装配式装修，空调采用变冷媒流量（Variable Refrigerant Volume，VRV）房间微负压、机电管线工厂制作、现场装配。

图 7-82 ME-House 生产线（侧板线 + 总装线）

3）应用过程

（1）立体作战指挥。项目通过移动智慧杆、鹰眼、无人机搭建“点”“面”“体”的三维立体作战指挥体系。

①点状部署。将移动智慧杆点状部署在项目交通要道和重点施工区域，移动智慧杆集应急照明、摄像头监控以及广播喊话等基本功能，杆体可伸缩至 5m 高、自带滚轮可便携移动、太阳能供电阴雨天气可续航 3d、采用无线通信，基于其移动和储能的功能，创新地设计了工友手机免费充电站，解决了户外工友手机充电难的问题。

②点面结合。在项目周边制高点，设置了鹰眼摄像头，可实时接入项目周边方圆近五公里的全景实况，通过全景画面实时联动高清球机缩放及调取移动智慧杆监控画面，编织成项目施工现场和外网交通平面监控网。

③立体指挥。项目使用航空管制解禁后的无人机，融合直播技术，实现指挥中心与无人机飞手的实时互动，使指挥者的每一条指令都得到快速响应，可立体无死角俯瞰项目任意一个角落，使无人机真正成为指挥者的另一双“眼睛”。

（2）施工进度实时掌握。项目应用了“BIM”“云计算”“物联网”“移动互联网”等技术对钢结构部品件及模块化箱体的制造施工进行全过程扫码跟踪，如图 7-83 所示；应用了“GPS”技术对建筑部品件的运输过程进行定位跟踪，如图 7-84 所示，通过“智慧云脑”的数据分析，实时可视化展现项目的建设进度。

（3）项目大数据分析与应用。基于业务信息系统应用，依托公司 BIM 数据平台，快速建立了防疫及实名数据模型、施工电梯利用率分析模型、工业化构配件全生命期跟踪等管理模型，强化项目的大数据分析与应用能力，服务与支撑项目快速建造管理，如图 7-85 所示。

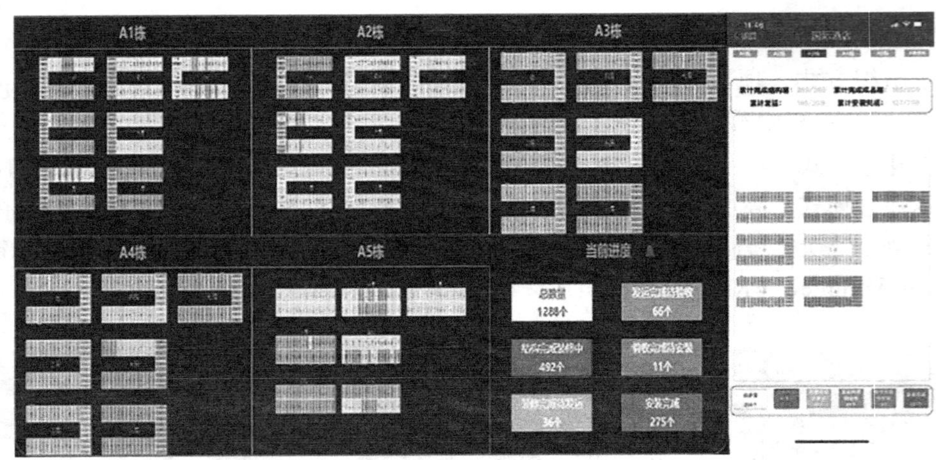

图 7-83　设计可视化楼层箱体地图，实时掌握施工进度

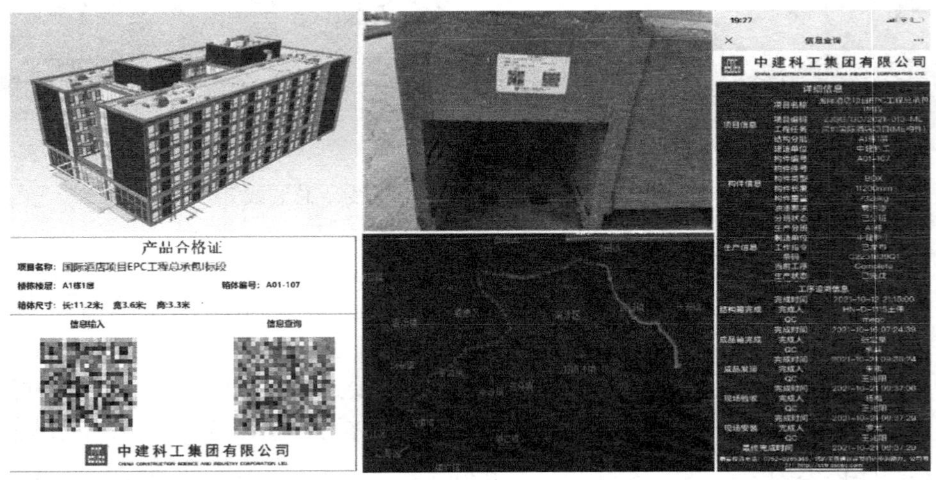

图 7-84　应用 BIM + 二维码 + GPS 定位，实现部品部件精准在途管理

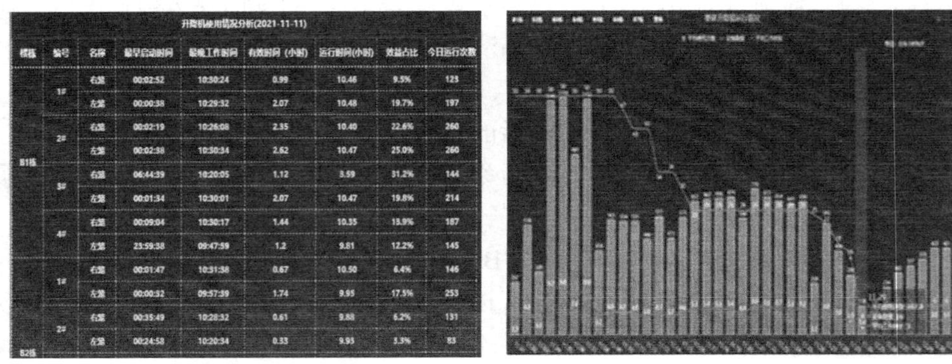

升降机使用情况分析(2021-11-11)

楼栋	编号	名称	最早启动时间	最晚工作时间	有效时间（小时）	运行时间(小时)	效益占比	今日运行次数
B1栋	1#	右笼	00:02:52	10:30:24	0.99	10.46	9.5%	123
		左笼	00:00:38	10:29:32	2.07	10.48	19.7%	197
	2#	右笼	00:02:19	10:26:08	2.35	10.40	22.6%	260
		左笼	00:02:38	10:30:34	2.62	10.47	25.0%	260
	3#	右笼	06:44:39	10:20:05	1.12	3.59	31.2%	144
		左笼	00:01:34	10:30:01	2.07	10.47	19.8%	214
	4#	右笼	00:09:04	10:30:17	1.44	10.35	13.9%	187
		左笼	23:59:38	09:47:59	1.2	9.81	12.2%	145
B2栋	1#	右笼	00:01:47	10:31:38	0.67	10.50	6.4%	146
		左笼	00:00:32	09:57:39	1.74	9.95	17.5%	253
	2#	右笼	00:35:49	10:28:32	0.61	9.88	6.2%	131
		左笼	00:24:58	10:20:34	0.33	9.93	3.3%	83

图 7-85　对现场施工升降梯利用率进行分析，为其拆卸时间提供依据

4）应用效果

（1）常态化防疫与实名维稳。基于国际酒项目防疫 + 实名应用的场景，构筑了公司项

目信息化防疫体系，及建立基于实名信息的保障农民工权益的维稳能力。通过梳理企业级应用架构，将项目级应用能力升级为企业级推广应用能力，进而构筑企业级常态化防疫与实名维稳能力。

（2）立体高效作战指挥。具备了除无人机及手机外，不借助任何其他硬件设备 5min 内看到全国任何一个工地无人机实况的能力，以及在企业各层级均可随时随地调看项目鹰眼监控的能力，构筑了企业级立体作战指挥能力。

（3）物联网硬件互联互通。基于公司物联网平台，实现了工地监控物联网硬件无门槛接入及互联互通能力，实现了项目环境监测数据与喷淋开关的联动，当环境总悬浮微粒（Total Suspended Particulates，TSP）数据超过设定阈值时，便触发喷淋控制开关自动开启；实现了项目视频监控与 AI 及广播的联动，当项目现场出现不安全行为时，AI 云端服务器会自动识别，并将预警提示以广播的形式下发至摄像头音箱。依托公司物联网平台，构筑了企业物联网硬件互联互通能力。

（4）形成建筑工业化构配件、部品部件全生命期跟踪能力基于公司钢结构全生命期管理平台，项目在实现 35500t GS-Building 构配件全生命期跟踪的基础上，功能拓展应用至 1288 个模块化箱体，构筑了企业建筑工业化构配件、部品部件全生命期跟踪能力。

（5）节省人工，提升生产效率。在项目的钢结构构件加工任务中，一个下料周期中 8 处人工复杂操作优化为 1 处人工简单操作；将原有材料管理、工艺下发、作业管理、零件记录与统计等环节的人工作业全部改由系统完成，摆脱了人工依赖；改变了行业传统的零散式、半人工的生产方式，形成 H 型钢卧式加工工艺标准，生产效率提高 30%。

参 考 文 献

[1] 好运达智创科技. 智能建造技术国内发展现状与前景展望[EB/OL]. https: //baijiahao.baidu.com/s?id=1715489755169828466&wfr=spider&for=pc. [2023-8-27]

[2] 张琨. 超高层建筑施工技术发展与展望[J]. 施工技术, 2018, 47(6): 7.

[3] 季万年, 杨玮, 顾国荣. 广州珠江新城西塔顶升模板体系设计与应用[J]. 施工技术, 2009, 38(12): 13-15.

[4] 王开强, 郭耀杰, 吴延宏, 等, 模块化低位顶升钢平台模架体系装配式空间钢桁架平台设计与研究[J]. 施工技术, 2012, 41(370): 1-6.

[5] 王开强, 陈波, 李迪, 等. 武汉中心可变微凸支点匣套型智能顶升模架设计[J]. 施工技术, 2013, 19(42): 6-11.

[6] 刘志茂, 孙克平, 郭峰, 等. 武汉中心可变微凸支点匣套型智能控制顶升模架监测系统的开发与应用[J]. 施工技术, 2013, 19(42): 1-5.

[7] Zhang Kun, Wang Hui, Wang Kaiqiang, et al. Significant progress in construction equipment of super high-rise building[J]. International Journal of High-Rise Buildings, 2018, 7(3).

[8] 龚剑, 朱毅敏, 徐磊. 超高层建筑核心筒结构施工中的筒架支撑式液压爬升整体钢平台模架技术[J]. 建筑施工, 2014, 36(1): 6.

[9] 郭强, 杨冠杰, 孙棋美, 等. 超高层建筑智能顶升平台的应用[J]. 山东建筑大学学报, 2022, 37(6): 126-130.

[10] 中建三局集团有限公司. 用于集成平台的轨架一体式支撑顶升系统及其顶升方法: CN202010242739.9 [P]. 2022-01-18.

[11] 中建三局集团有限公司. 轨架一体式附墙支承装置及其顶升方法: CN111379408B [P]. 2021-11-02.

[12] 王颖佳, 付盛忠, 王靖. 装配式建筑构件吊装技术[M]. 成都: 西南交通大学出版社, 2019.

[13] 勇闯科技无人区，中联重科 5G 应用引领行业发展[EB/OL]. [2023-8-31]. http: //www.chinacrane.net/news/202110/14/217930.html.

[14] AMCS 保驾护航，徐工塔机跨入智能新时代[EB/OL]. [2023-8-31]. https://mp.weixin.qq.com/s?src=11×tamp=1693451676&ver=4745&signature=EYiWFa4KRtxTYNF7QAcNuMmVjWN1MY*nV58OqNLhH*greK3bn5caERBV7lPSzlXPFXPVwMub-AL8U95Vpfaxoc7I5Ng0hxyadhBsd8m7aSR1rhjFYZia6OGX9jn6MsuS&new=1.

[15] 周冬梅, 唐修国, 陈常青, 谭鹏, 谢向华. 一种穿戴式智能遥控器和塔机控制系统: 中国, ZL202221687134. 1[P]. 2022-10-11.

[16] 曾佳明, 佘大涛, 罗淙仁等. 轻量化支点顶模集成平台在城脉金融中心大厦项目中的应用[J]. 施工技术, 2021, 050(020): 79-81. DOI: 10. 7672/sgjs2021200079.

[17] 王辉, 王开强, 杨辉等. 基于“空中造楼机”应用的某超高层结构剪力墙精细化有限元分析[J]. 建筑结构, 2022, 52(S02): 6.

第 8 章　国内典型 BIM 图形平台

8.1　概述

在计算机辅助设计（Computer Aided Design，CAD）、计算机辅助制造（Computer Aided Manufacturing，CAM）、计算机辅助工程（Computer Aided Engineering，CAE）等诸多应用领域，图形平台都是最基础的核心组件。随着工程建设中信息化应用的不断进步，图形平台经历了从二维图形平台到三维图形平台、再到 BIM 图形平台的演进过程，从简单的图形展示到信息承载，对其功能和性能的要求也在不断提高。BIM 图形平台是 BIM 软件最为核心的底层支撑技术，一般包括几何引擎、显示渲染引擎、数据引擎三大部分，并提供二次开发环境、参数化建模、协同设计和工程制图等主要功能，支撑多行业及各类专业 BIM 软件和应用插件开发。以往数十年中，图形平台的成熟技术高度集中在欧美发达国家，包括法国达索集团的 CGM、美国 Spatial Technology 公司的 ACIS、德国西门子公司的 Parasolid、美国 PTC 公司的 Granite 等，他们都有一款或一系列行业成熟应用软件伴随成长。

我国软件企业在自主图形平台方面也有数十年的研发历程：

20 世纪 90 年代，在国家“甩图板”工程的推动下，我国 CAD 的研发与应用取得了很大进步。众多国产 CAD 企业如雨后春笋般地建立起来，也产生了开目（华中理工大学）、CAXA（早期叫北航海尔、华正，发源于北京航空航天大学）、高华 CAD（清华大学）和 CFG（中国建筑科学研究院）等国产图形平台。因为有市场应用需求的迭代更新而成功产品化，支撑了国家“甩图板”工程。2000 年之后，清华大学、北京航空航天大学、浙江大学等自主研发的三维图形平台，由于没有市场成熟产品应用的迭代更新，最终没有很好地实现产业化。

1988 年，中国建筑科学研究院面向建筑结构分析设计推出了二维图形平台 CFG，2000 年面向建筑园林规划研发完成了三维图形平台 PKPM3D，在多年技术积累基础上经过十年集中攻关，中国建筑科学研究院旗下的北京构力科技有限公司于 2020 年推出了完全自主知识产权的 BIM 三维图形平台——BIMBase，并基于 BIMBase 开发完成了二十多款商品化国产 BIM 软件，在国内大量企业和工程项目中得到应用，整体技术达到国际先进水平，部分技术达到国际领先水平。

广联达科技股份有限公司（简称“广联达”）自 2007 年开始，以几何算法、显示渲染引擎、参数化建模等核心技术为重点攻关目标，开发了图形平台，并全面应用到三维算量及数维设计等产品中。2011 年面向全球推出 BIM 图形平台，并正式命名为 GGP（Glodon

Graphics Platform）。经过 10 多年的持续研发与完善，GGP 已成为建模设计、图形计算、实时渲染的基础底座，整体技术达到国内领先、国际先进水平。

中设数字从 2019 年开始，面向 BIM 设计、BIM 应用和管理应用需求，聚焦 BIM 图形平台、BIM 基础软件等关键技术，开展三维渲染、参数化建模、几何造型、大场景管理、文件自动化合并协同技术研究，2021 年底已完成了几何造型、三维实时渲染与虚拟仿真、参数化建模、工程出图等模块的开发，形成了马良 XCUBE BIM 数智设计平台软件（简称“马良 XCUBE”），并于 2021 年 4 月正式发布。

广州中望龙腾软件股份有限公司（简称“中望软件”）从 2019 年开始，面向泛建造行业三维设计协同等应用需求，开始研发参数化设计以及构件级协同设计技术，并计划于 2023 年推出中望三维创新平台（Three-dimensional Innovation Platform，3DI）。

近年来，面对当前错综复杂国际环境，中国工程建设行业的发展必须解决对国外技术依赖的风险问题。“十三五”期间相关部门在自主 BIM 技术方面立项了系列核心技术攻关项目，涵盖 BIM 图形平台、BIM 平台和应用软件多方面，目标是尽快掌握自主可控的 BIM 核心技术，解决中国工程建设长期以来缺失自主的 BIM 图形平台、国产 BIM 软件无“芯”的“卡脖子”关键技术问题，实现关键核心技术自主可控。通过多年的持续攻关，国产 BIM 图形引擎技术已取得大量突破，国产 BIM 图形平台已初具规模，在常规民用建筑 BIM 应用领域占有一定的市场，下面将对其中的 4 个典型 BIM 图形平台加以介绍。

8.2 构力科技 BIM 图形平台——BIMBase

中国建筑科学研究院构力科技基于 30 多年自主图形技术的积累，于 2020 年推出国内首款完全自主知识产权的 BIM 图形平台——BIMBase，核心源代码自有率达 100%，实现了 BIM 核心技术自主可控。

BIMBase 提供几何造型、显示渲染、数据管理三大引擎，以及参数化组件、通用建模、协同设计、碰撞检查、工程制图、轻量化应用、二次开发等 9 大功能。可以满足国内量大面广工程项目的建模和设计需求。其核心技术包括大体量图形处理的 BIM 图形平台技术、基于 BIM 图形平台的参数化建模技术、多专业模型关联协同设计技术、面向工程应用的数字化交付技术等，并在低配置硬件完成高性能渲染计算、行业标准内置、异步加载与分部分加载等技术具有创新性。

BIMBase 于 2021 年入选国务院国资委国企科技创新十大成果。作为基础工业软件，列入国资委《中央企业科技创新成果推荐目录》（2020 年版和 2022 年版）。目前，BIMBase 在建筑、电力和交通细分领域已率先实现 BIM 核心软件国产化替代和升级。在建筑工程领域，基于 BIMBase 的完全自主知识产权的全专业协同设计系统 PKPM-BIM、装配式建筑设计软件 PKPM-PC、装配式钢结构设计软件 PKPM-PS 已正式推向市场，并在市场应用中取得成功。据不完全统计，截至 2022 年 12 月，BIMBase 系列软件已推广到国内 4456 家建筑企业、政府和高校，已在超过 2 亿 m^2 的实际工程中应用。在装配式建筑领域，已处于领先地位。

如图 8-1 所示，BIMBase 为中国建造提供了数字化基础平台，通过开放的二次开发接口，支持软件开发企业研发各种行业软件，建设丰富的 BIM 软件开发生态，进而形成国产软件产业生态，为行业数字化转型和国家重大工程的数据安全提供有力保障。

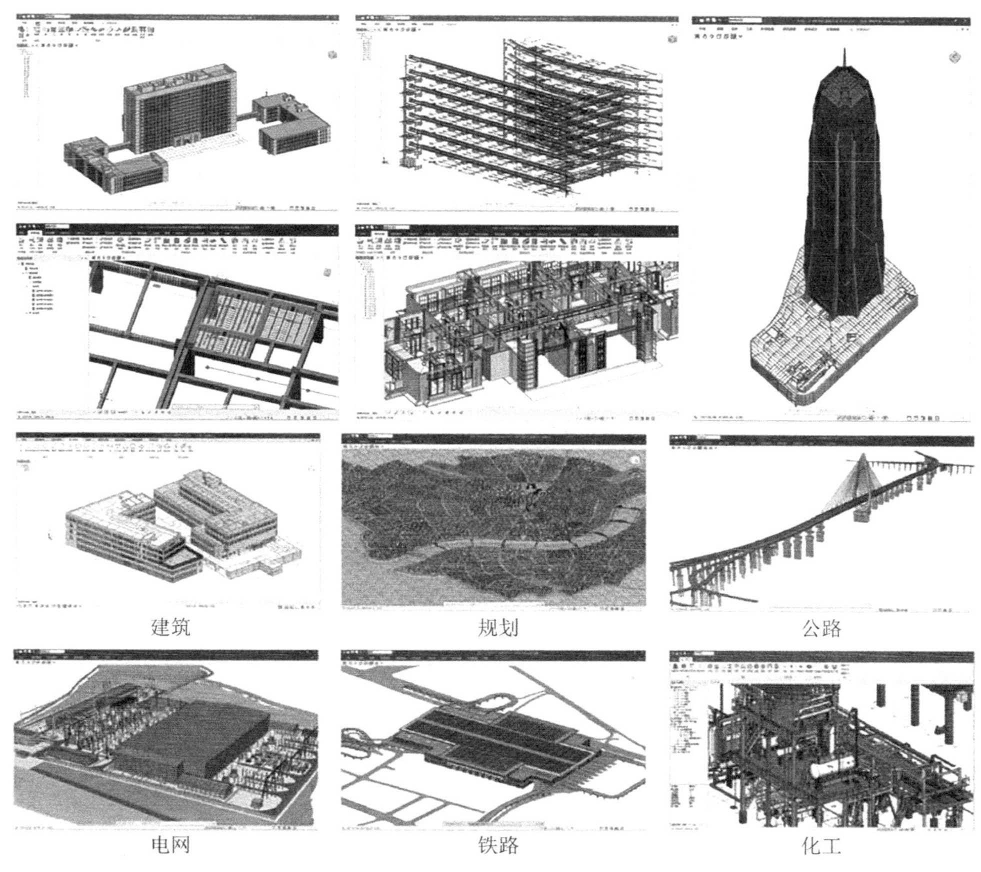

图 8-1 基于 BIMBase 的系列国产工程软件

8.2.1 主要功能

（1）几何引擎

BIMBase 提供了强大的几何造型能力，如图 8-2 所示，实现了基本造型和参数化造型两类造型方法。基本造型包含六面体、圆柱体、圆锥体等，该类实体简单易用，构造和编辑快捷高效。参数化造型包含拉伸、旋转扫掠、直纹扫掠，该类造型自然，形状表达丰富，参数扩展方便，满足通用、高效、精细的形状构造和编辑要求。

几何引擎对标国外 Parasolid 引擎，重点研究实现点、线、面、参数化实体、网格实体等几何造型技术和布尔运算、消隐运算、几何查询、碰撞检查等几何应用算法。目前，在几何造型和应用算法上满足民用建筑建模需求，同时，面向工程建设领域大体量造型及边界情况复杂多变的场景，对几何运算的效率及稳定性也有了进一步提升。

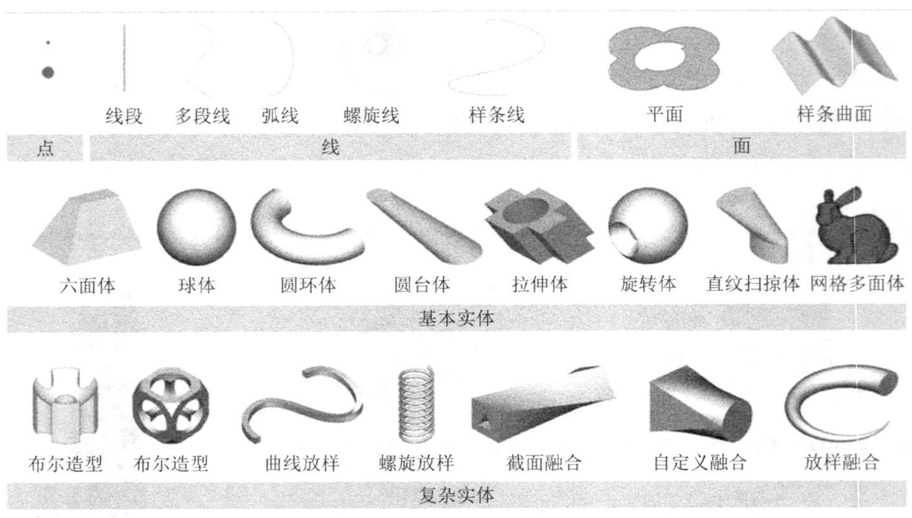

图 8-2　BIMBase 的几何造型和复杂造型能力展示

（2）显示渲染引擎

BIMBase 显示渲染引擎是面向工程建设领域的高性能、可扩展的实时显示引擎，支持 BIM 模型和工程图的浏览和编辑，如图 8-3 所示。引擎使用了双线程渲染、延迟渲染等渲染架构，采用基于物理的渲染、动态 LOD、动态加载、批次合并、可见性剔除、顺序无关透明等渲染技术，实现二三维大规模场景的高效绘制与渲染、全专业百万级 BIM 模型的流畅编辑与渲染显示提供了包括模型浏览、选择、透明、隐藏、模型树筛选、测量、漫游和剖切等操作，用户可以享受到材质、光照和阴影等效果带来的视觉体验。通过多线程渲染、场景动态 LOD 加载和可见性剔除技术，结合 GPU 技术，支持超过百公里的大尺度场景高效渲染，满足工程建设领域大体量模型流畅交互需求，如图 8-4 所示。

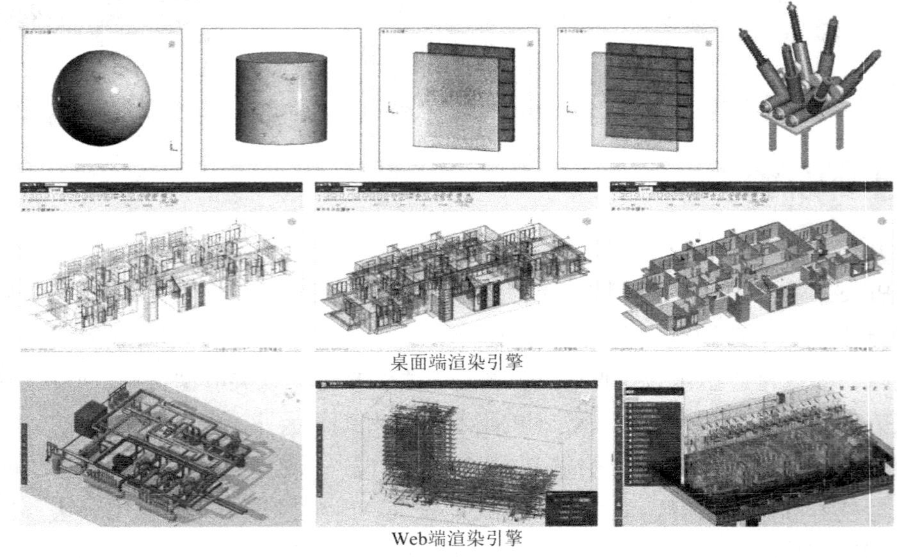

图 8-3　BIMBase 的显示渲染能力展示

图 8-4　BIMBase 的大尺度地形加载能力展示

（3）数据挂载

BIMBase 提供数据挂载机制，在建模过程中专注于模型细节，完成精细化的建模；数据挂载功能可以将相关数据与建筑元素关联，实现数据的一体化管理和应用。在模型完成后，提供属性信息挂接机制，能够自动/手动地进行 BIM 模型不同阶段的不同属性信息的挂接，以满足 BIM 模型全生命周期的模型信息精确赋予。

（4）参数化建模

BIMBase 不仅具备基本的几何建模能力，如图 8-5 所示，还具备参数化建模的能力，应用软件的开发者可以依托参数化组件的 Python 语言建模方式，通过简单的坐标赋值和变量函数关系式约束，快速搭建模型，并对各个参数进行约束设置。这种基于 Python 语言的建模方式，提供了更加灵活和自定义的建模模块，能够更加高效地进行建模操作，并满足特定的设计要求。

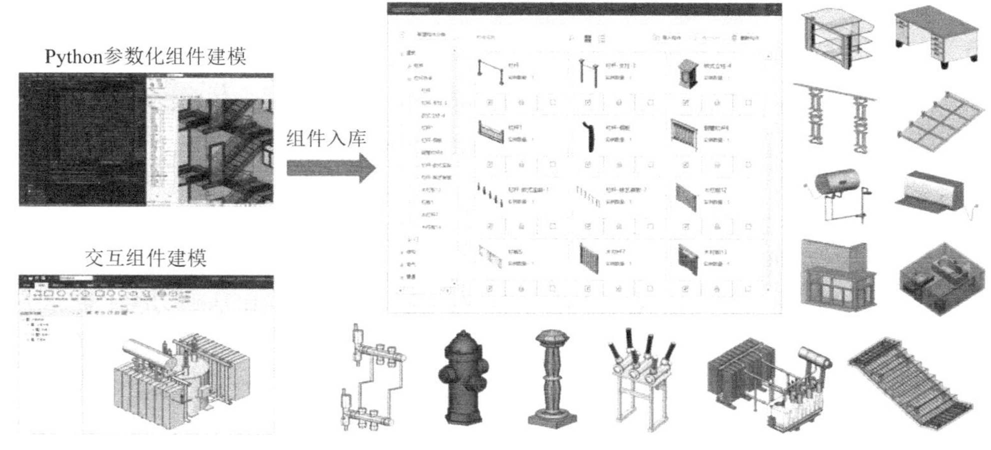

图 8-5　BIMBase 的开放参数化组件建模功能展示

（5）数据转换

BIMBase 提供强大的数据转换能力，可以将 BIM 模型与其他平台软件或格式进行数据交换和共享，促进协同工作和集成设计。目前，BIMBase 支持 RVT、SKP、DGN 以及 IFC 等国内外各种主流格式。BIMBase 还提供了一个开放的生态环境，其中包括常见 BIM 软件数据转换接口和各类专业插件的开发。

（6）二次制图

BIMBase 支持二维制图的生成，能够自动生成平面图、剖面图、立面图等，并与三维模型实时关联，确保图纸的准确性和一致性。BIMBase 能够同时胜任二维平面的快速绘制和三维空间的精准布局。通过数据转化、通用的建模手段，能够满足绝大多数建模人员的快速建模需求。

8.2.2　技术特点

BIMBase 是面向工程建设行业全生命期 BIM 应用需求，拥有完全自主知识产权的 BIM 图形平台，其主要技术特点包括：

（1）自主可控的 BIM 图形平台

BIMBase 包含自主可控的几何引擎、显示渲染引擎、数据引擎，经工信部信通院泰尔实验室评测，认证评估结果认为 BIMBase 的国产化程度、源码自主性和可控性程度均达到较高水平。图形引擎源代码自主化率达到 99.9%，核心代码自主化率达到 100%，获得了最高级别“BIM 软件技术创新 S 级（五星级别）”。

（2）面向工程建设领域数字化需求与特点的三大引擎

BIMBase 几何引擎包含数学算法库、基本体造型、复杂造型、专业应用算法等关键模块，并面向工程建设领域几何造型特点进行优化，在民用建筑领域 80%常规造型及运算效率上可对标国际主流几何引擎 Parasolid；BIMBase 显示渲染引擎可支持 2 亿三角面片 BIM 模型渲染帧率不少于 30 帧/秒，同时支持从 1mm 到 200km 的多尺度大场景显示，满足电力、交通长大线性工程需要；BIMBase 数据引擎面向数据创建与应用全流程，支持行业数据标准内置，创建满足行业数据标准的模型数据，保障数据在全生命周期的应用与数据资产沉淀。

（3）支持多专业构件级协同的建模技术

BIMBase 能够实现对构件级增、删、改、查权限管理，支持多专业多人基于同一模型的协同工作，提高团队协作效率，同时提供版本对比、模型共享等功能，满足团队管理流程与跨地域协同的应用模式。

目前，自主 BIMBase 图形引擎各项技术性能指标已达到国外成熟软件的 80%以上，可以满足建筑行业绝大部分常规构件的数字化建模需求，解决了自主三维图形平台从无到有的问题。经过多年的研发，国外主流 BIM 软件在 BIM 核心技术和基础功能上非常成熟，并在国内市场得到广泛应用。与之相对的是，国产 BIM 软件研发和应用起步较晚，需要持续攻关，从跟跑到并跑，逐步走向领跑。

目前 BIMBase 软件与国外软件的对比情况如下。

（1）基本功能方面，对于建筑工程项目的建模与出图，BIMBase 与国外软件基本相当。

同时，BIMBase 在符合本土规范标准及结构分析设计、绿建节能低碳、装配式建筑等细分领域颇具优势。

（2）软件性能方面，美国 Bentley 公司的 MicroStation 和法国 Dassault 的 CATIA 效率都比较高，但是 Revit 软件的内核使用的是十几年前的技术，不能充分利用现代多核 CPU、GPU 算力，而 BIMBase 运行时充分利用多核 CPU 和图形卡的 GPU 渲染，可以获得更好的流畅度，处于市场同类产品的前列。

（3）二次开发方面，BIMBase 对专业设计全流程应用支持较好，能更好支持 BIM 软件从建模、设计、出图到交付全过程应用开发。

（4）生态方面，国内软件企业多年来基于国外 BIM 软件平台进行了大量的各类软件、系统、资源库的开发，国外 BIM 软件处于优势地位，BIMBase 的开发和应用起步较晚，生态建设尚需努力。

（5）本地化服务方面，国外 BIM 软件本地化不足，不能及时响应国内应用需求，制约了国内 BIM 技术的深入应用。BIMBase 拥有专属服务团队，并专门成立了北京、上海、武汉三地的本地化团队，提供完善、及时的软件培训和技术支持。

此外，BIMBase 系统与国内应用最多的 BIM 软件 Revit 相比，各有所长。在功能方面 Revit 更加丰富，而大模型建模和渲染性能、脚本建模、线性工程支持、仿真计算、专业应用等方面 BIMBase 更强大，如表 8-1 所示。

BIMBase 平台与 Revit 对比　　表 8-1

对比维度	BIMBase	Revit
渲染引擎性能	支持大体量模型的流畅渲染； 对长大线性工程支持度较好	大体量模型的渲染效率稍弱； 对线性工程支持较弱
数据管理与兼容	支持内置行业数据标准，可实现全寿命周期的数据创建到数据应用打通；可直接读取 RVT、DGN、IFC 等数据	数据管理较好，同一使用族对象作为数据承载及扩展方式
协同机制	支持构件级、文件级协同设计	支持文档级协同
BIM 与计算对接	从底层平台对计算分析支持，较好支撑 BIM 模型与计算分析软件数据互通（PKPM、通用仿真 CAE）	平台层未对计算支持，以二次开发插件为主
应用领域	在建筑、电力领域正在推广应用，在装配式设计等细分领域处于领先；在交通领域初步推广	建筑和基础设施领域，在建筑领域应用广泛，基础设施领域集中在点状工程，对线状工程支持较弱
生态建设	生态正在建设，生态体系不断完善中，已有一批用户基于 BIMBase 开发	生态用户多，体系完善，有较为丰富的生态用户产品

8.2.3 应用价值

目前，针对工程建设领域需求，BIMBase 已经过数千个实际工程的深度应用和打磨，持续迭代升级，内核技术已趋于成熟，其稳定性和效率均对标国外主流 BIM 软件。基于 BIMBase 开发的建筑、电力行业 BIM 系列产品已经在市场上商品化推广和应用。

同时，面向国家重大工程中造型复杂和尺度大等建模设计需求，BIMBase 内核技术已进一步拓展到公路、铁路、电力、石化、水运等交通基础设施领域。BIMBase 与中国交建、中国中铁、中国铁设、国家电网等央企开展战略合作，应用于川藏铁路、特高压等国家重大基础设施工程中。

（1）产品化软件及应用

面向工程建设全过程应用，构力科技已基于 BIMBase 推出了全专业协同设计系统 PKPM-BIM、装配式建筑设计软件 PKPM-PC、钢结构设计软件 PKPM-PS、CAE 通用结构仿真分析系统、绿色低碳分析设计系统、铝模板智能设计系统、EPC 全流程 BIM 管理系统等 20 余款完全自主知识产权的国产 BIM 软件，可完成国内量大面广的常规建筑工程的设计，适应的单体工程规模可达 10 万 m^2 以上。这些软件均已实现商品化推广，在全国数千家企业得到广泛应用，在 BIM 正向设计、装配式建筑设计、数字化交付、BIM 审查以及建造全流程管理等方面均有高质量的应用实践。

①BIM 正向设计

在 BIM 正向设计探索方面，广东省院针对机电专业正向出图难的问题，通过 PKPM-BIM 探索出一套正向设计出图模式，并在广东美术馆、广东非物质文化遗产展示中心、广东文学馆项目中落地应用。

②装配式建筑设计

目前装配式建筑设计软件 PKPM-PC 已服务全国设计单位、构件厂一千多家，并在数千个实际工程项目中应用，在国内已处于领先地位。与基于 CAD 软件的传统设计方式相比，该软件可提高装配式设计效率 20%以上，降低 80%的拼装检测人工量，减少了大量错漏碰缺现象的发生，设计精度大幅提高。

③数字化交付

在数字化交付方面，湖南省院、江苏省院、广东省院、北京市院、中建八局设计院、天津大学设计院、启迪设计等众多大型设计企业，已采用基于 BIMBase 的 BIM 软件完成模型创建与交付。

④BIM 报审

基于 BIMBase 已建设了厦门、湖南、湖北、广州、南京等十多个省市的政府 BIM 智能审查系统，编制了配套的国产 BIM 标准，全国通过 BIM 报审的项目累计已达 3000 多个，有力推动了国产 BIM 软件的应用。其中，江苏省院铁北高中项目是南京市 BIM 施工图审查系统首个过审项目，湖南省采用构力科技的 BIM 软件完成设计和 BIM 审查的项目占比已达 21.5%，充分体现 BIMBase 在满足国内设计需求方面的独特优势。

（2）产业化应用

BIMBase 的主要应用单位是设计院，其次是施工单位、高校和政府主管部门。据不完全统计，截至 2022 年 12 月，BIMBase 已推广到国内 4456 家建筑企业、政府和高校，已在 2264 个超过 2 亿 m^2 的实际工程中应用，部分项目应用案例如图 8-6 所示。

①广东美术馆、广东非物质文化遗产展示中心、广东文学馆“三馆合一”项目

广东省建筑设计院设计的“三馆合一”项目总建筑面积 14.25 万 m^2，入选 2021 年第一批广州市 BIM 正向设计示范工程预计划名单。如图 8-7 所示，该项目采用国产 PKPM-BIM 协同设计系统进行了 BIM 机电专业正向设计，解决了智能应用、计算出图等关键问题。在约一个月的时间内，完成机电专业从三维建模、计算到出图的整个流程，为促进行业正向设计发展迈出坚实的一步。

图 8-6　基于 BIMBase 的应用案例展示

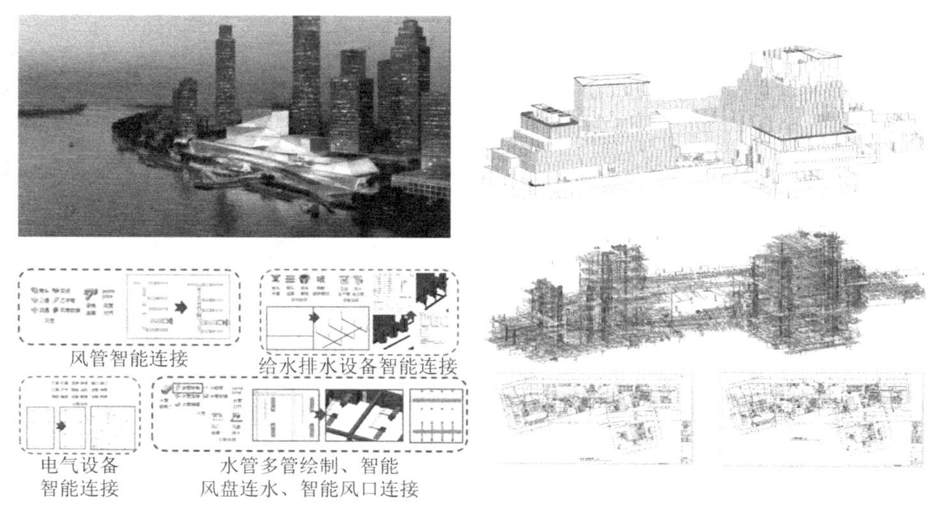

图 8-7　广东美术馆、广东非物质文化遗产展示中心、广东文学馆“三馆合一”项目展示

②江苏省玄武区铁北高中新建工程示范项目

该项目由江苏省建筑设计院设计，总建筑面积 5.1 万 m^2，是南京市第一个顺利通过

BIM 智能审查的项目。如图 8-8 所示，该项目通过应用基于 BIMBase 的国产 PKPM-BIM 全专业协同设计系统，实现了全专业一体化设计，通过 BIM 智能设计大幅提升了 BIM 设计和审查效率，让建筑设计更高效，方案更合理，结构更安全，建造更精致。

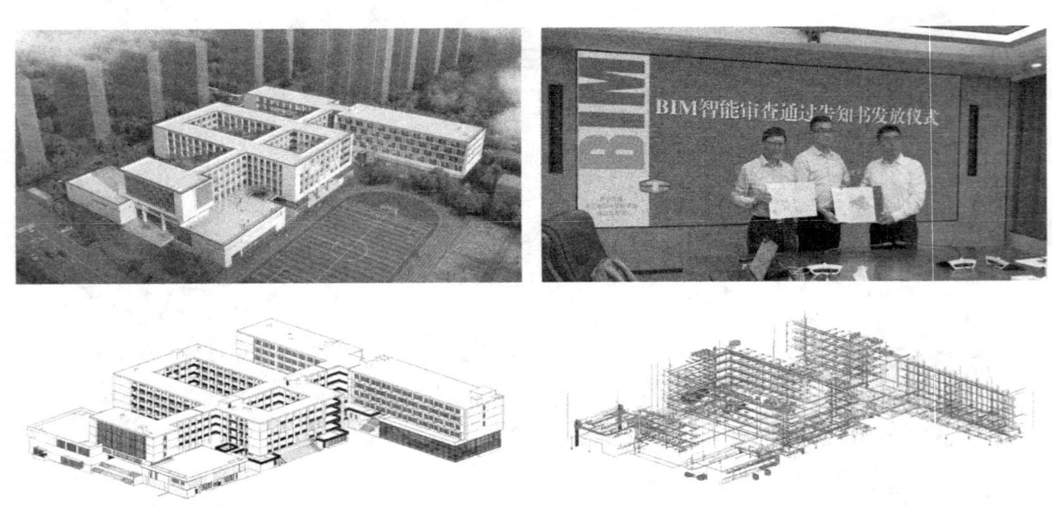

图 8-8　江苏省玄武区铁北高中新建工程示范项目展示

③北京门头沟区曹各庄办公楼项目

该项目由中国建筑设计研究院有限公司设计，项目规模 15.07 万 m^2，如图 8-9 所示，装配式设计软件 PKPM-PC 为该项目的设计和建造提供了高效便捷的数字化工具，使项目的三维建模、结构计算分析、构件布置与深化、钢筋排布、二维出图等工作高效顺利实施，实现了精细化设计，显著提升了设计质量。

图 8-9　北京门头沟区曹各庄办公楼项目展示

④北京丰台站

北京丰台站总规模 39.88 万 m^2，建筑总高度 36.5m，为亚洲最大规模高铁站，国内首座将高速车场和普速车场重叠布置的高铁站房。如图 8-10 所示，该项目应用基于 BIMBase 的钢结构项目全生命周期数字建造平台，覆盖钢结构从设计、深化、加工、物流、现场、交验等阶段的精细管理，为工程的 19 万 t 钢结构共计 11253 个构件的建造管理提供了及时、高效的管理途径，实现了钢结构全生命周期的信息化、精细化、智能化管控。

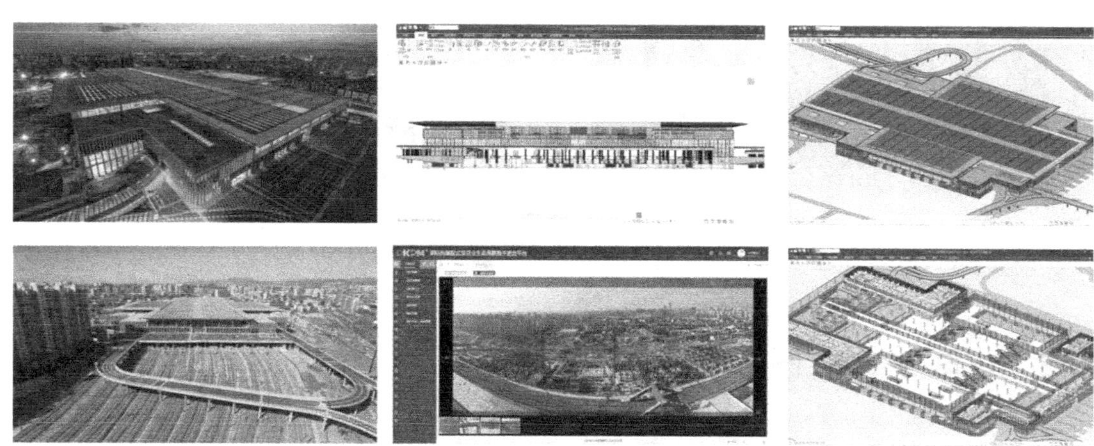

图 8-10 北京丰台站项目展示

（3）二次开发及生态建设

构力科技提供完善的二次开发体系。一方面提供了超过 1500 个 API 接口，覆盖几何造型、数据增删改查、参数化造型、工程制图等方面，能够支持用户完成 BIM 建模、设计、交付等全流程开发。同时，为了满足不同层次的客户需要，提供 C++、C#、Python 三种开发语言；另一方面，构力科技面向开发者提供了详尽的开发文档与视频培训资料，以及建模、出图等通用功能示例代码，帮助二次开发用户快速搭建研发框架。目前已有接近 400 家建筑、电力、交通领域用户基于 BIMBase 二次开发专业软件，几十家高校开设了基于 BIMBase 的 Python 开发课程。在基础设施领域中国中铁、中国中交、中国铁设等用户基于 BIMBase 开发面向交通领域的 BIM 软件。一批标杆用户基于 BIMBase 开发出产品软件，并面向市场进行产品化销售和推广，取得较好经济效益，如北京高佳科技有限公司开发的石化三维设计软件、福建晨曦信息科技有限公司开发的算量软件等。

在自主 BIM 生态建设方面，构力科技近两年已举办七场大赛（或集训营），举办国产 BIM 软件培训数十场，覆盖设计院、高校、软件开发单位，通过各种形式的培训触达近一万人。如图 8-11 所示，构力科技与中信工程、中国中交、中国中铁、中国铁设、国家电网、华为公司、科大讯飞等众多企业开展战略合作，为工程建设行业提供 BIM 核心引擎和数字化基础平台，助力相关企业研发各工程领域的国产 BIM 软件，共同推进工程建设行业数字化技术发展。

图 8-11　与多行业央企开展战略合作，构筑 BIMBase 生态

8.3　广联达 BIM 图形平台——GGP

广联达 BIM 图形平台（Glodon Graphics Platform，GGP）是广联达面向建筑行业图形类产品研发的核心技术平台，为行业图形类应用相关产品提供可利用的图形技术公共组件和服务。

2004 年，广联达举全公司之力从零开始研发图形平台，以几何算法、显示渲染引擎、参数化建模等核心技术为重点攻关，以三维算量软件为先发，结合公司其他软件产品的持续打磨和累计亿万次的调用，日臻完善，成为公司三维图形类产品的基础底座。2011 年，广联达面向全球推出全新一代图形平台，并正式命名为 GGP。经过 10 多年的持续研发与完善，GGP 已成为建模设计、图形计算、实时渲染的基础底座，全面支撑建筑产业数字化、智能化相关终端软、硬件产品的研发，整体技术达到国内领先、国际先进水平。GGP 在几何算法方面，支持复杂类型和基本体的形体描述及相关算法。在显示渲染方面，基于空间高效组织的场景数据和动态调度技术，解决了大模型显示效率的瓶颈问题。在参数化建模方面，支持约束和变量的参数化方式来定义和扩展族及族类型，减少了通过代码和编码的方式进行构件类型的扩展和模型描述的解算。在技术性能方面，百万级构件的布尔运算成功率大于 99.99%，绘制亿级三角面片时帧率不低于 30 帧/s，支持 40 余种主流 BIM 数据格式转换。

8.3.1　主要功能

GGP 由几何算法、显示渲染和参数化建模等三大引擎组成，提供专业的曲线曲面算法和实体布尔运算、高效的大模型数据渲染和显示、强大的模型描述和基于 BIM 全生命周期的海量数据管理。

（1）几何算法引擎

GGP 几何算法引擎主要包含数学基础库、几何算法库、通用造型库、业务造型库、网格算法库等核心模块，提供几何点、线、面、体的描述和运算、2D/3D 实体造型和布尔运算（图 8-12），支撑 BIM 构件编辑及相关操作和以 BIM 为核心的应用功能，方便建筑设计人员完成场景中曲线墙、曲线斜墙、墙体附着、楼梯造型、通道造型等常见的业务造型设计和通头、后浇带、土方放坡等非标组合构件设计。

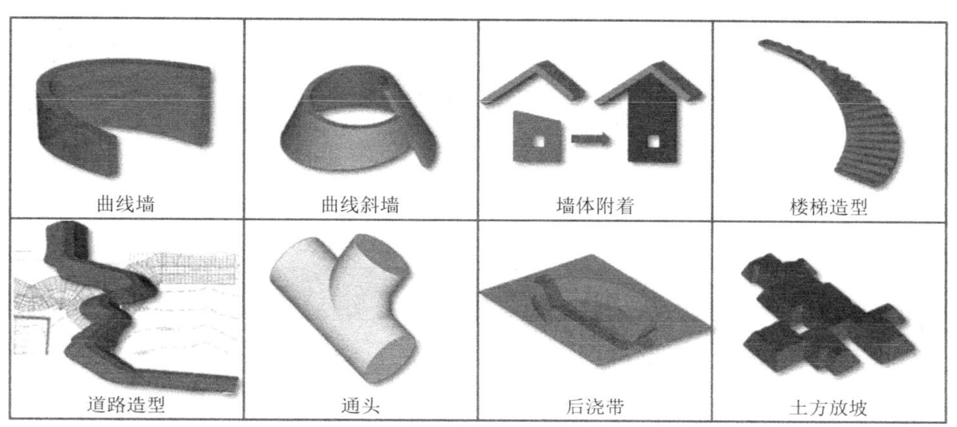

图 8-12　GGP 图形平台几何算法示例

与 ACIS 等国际先进几何算法引擎相比，GGP 几何算法引擎在数学计算、通用造型、图形变换、位置关系检查等方面具有等同的能力；在拓扑描述方面除 BRep 体之外，还支持多面体的描述和相关几何算法。此外，GGP 几何算法引擎提供适用于我国建筑行业的业务造型能力。

（2）显示渲染引擎

GGP 显示渲染引擎分为桌面端、Web 端、移动端、VR 体验平台和离线渲染服务。桌面端渲染引擎通过分批渲染、动态调度、遮挡剔除等技术，高效渲染百万级构件的三维场景；通过阴影、反射、高光、粒子和流体等技术实现真实感环境模拟（图 8-13a）。Web 端渲染引擎通过轻量化处理技术，在主流浏览器上流畅地显示超过一亿三角面片的三维场景（图 8-13b）。移动端渲染引擎支持八千万三角面片的流畅交互及多种渲染效果（图 8-13c）。VR 体验平台支持将三维场景一键发布至 VR 设备，提供漫游、瞬移、观光塔和飞鸟等沉浸式浏览（图 8-13d）。离线渲染服务基于物理真实的光照模型和材质系统，为用户提供强大的远程渲染能力，满足用户对高精度渲染质量的需求。

与 HOOPS 等国际先进渲染引擎相比，GGP 显示渲染引擎在三维显示、显示效果、交互控制、接口支持等方面的能力基本相当；在文本显示方面除基本字体外，还支持线宽、线型、填充的定义、绘制及离散和基于流的显示数据组织和渲染流程高效渲染。此外，GGP 渲染引擎内置 CAD/BIM 中常见显示物的覆盖及遮蔽显示、多方式动画编辑、实时高分辨率视频录制等功能。

（3）参数化建模引擎

参数化建模引擎通过统一的参数化驱动建模内核，提供完整的 BIM 数据表达及扩展、通用造型、约束解算、交互操作、数据交换及符合国产化出图需求的二维出图能力。在通用造型功能方面，具有拉伸、旋转、放样和融合等能力；在交互操作方面，具有各种类型拾取和近程、远程捕捉能力及构件通用编辑如偏移、旋转、平移等；在二维出图方面，提供丰富的线型、填充、文字、标注等二维图元，具备常用平、立、剖、轴侧、节点大样及各种消隐、遮挡出图能力更好地满足出图需求。参数化建模引擎提供的交互建模能力能通过绘制构件轮廓，做出复杂构件造型，也能快速造出如空调、屋顶等造型（图 8-14c），还能通过关联更新机制提供诸如管道和门阀构件自动匹配的能力（图 8-14d）。

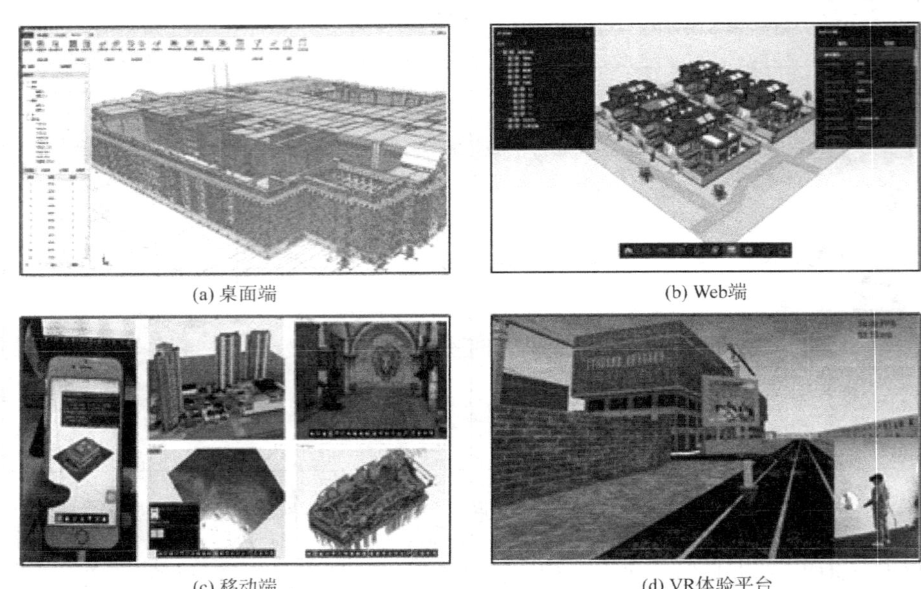

(a) 桌面端　(b) Web端　(c) 移动端　(d) VR体验平台

图 8-13　GGP 的渲染效果示例

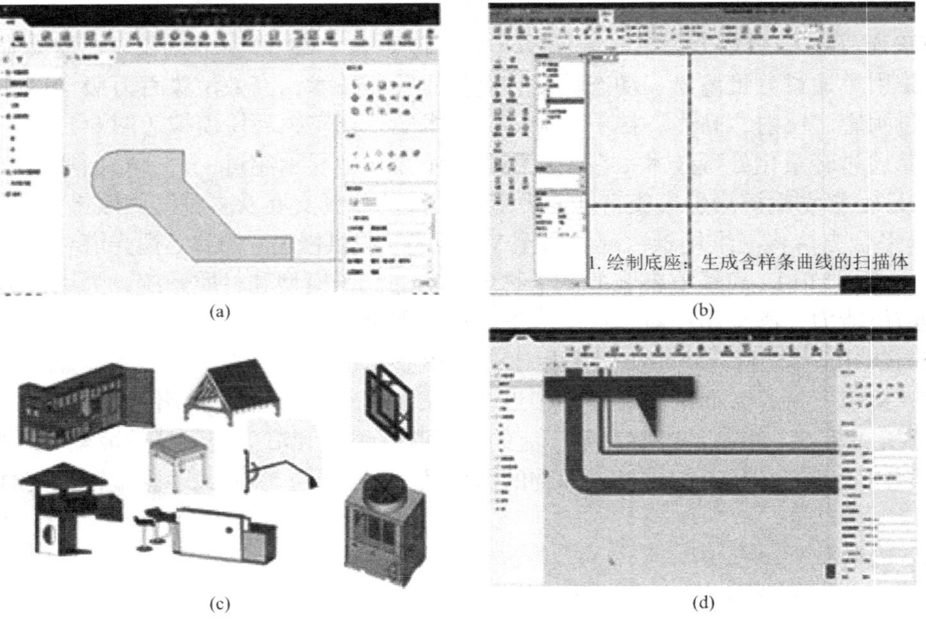

(a)　(b)　(c)　(d)

图 8-14　GGP 的参数化建模示例

与 Revit 等国际先进建模引擎相比，GGP 参数化建模引擎在参数化建模、通用造型等方面的能力相当；在约束支持平行、垂直、对称等更多类型、快速形体造型工具等方面有所超越；在二维出图方面，能更好地满足国内的二维出图需求。

8.3.2 技术特点

GGP 支持全行业基于三维图形平台的应用开发，在几何造型复杂度、布尔运算稳定性、大规模 BIM 场景渲染效率、参数化构件创建、BIM 数据互连互通等方面，与国际领先的 BIM 平台底层基础功能基本相当。

（1）关键性能指标

GGP 在几何造型、布尔运算、渲染效率和数据连通等方面表现突出，在中国信通院泰尔实验室国产化测评中获评 S 等级，相关核心组件获得满分通过。如表 8-2 所示，在几何造型方面，GGP 具备 2D/3D 几何表达和复杂曲线/曲面功能、通用实体造型功能和建筑业务造型功能。在布尔运算方面，GGP 具备求交核心算法、基于实体造型的构造体布尔运算，百万级构件平均时间小于 0.5s/次。在渲染效率方面，GGP 桌面端渲染引擎绘制两亿三角面片的平均帧率不低于 30 帧/s、Web 端绘制五千万三角面片不低于 45 帧/s。在数据连通方面，GGP 具有 BIM 数据结构化表达、扩展和管理等功能，支持 40 余种主流格式导入。

（2）与国外平台对比

自 BIM 技术提出至今，几何造型始终是 BIM 软件最核心的基础部分。在建筑业，与国外主流软件厂商的 BIM 图形平台的几何造型能力相比，如 ACIS（Autodesk 公司使用的 BIM 图形平台之一）、CGM（CATIA 公司使用的 BIM 图形平台之一），GGP 在聚集行业、客户群体、扩展能力和技术支持等多方面具有独特的优势，但在产品形态、成熟程度等 3 方面有待加强和完善。

几何造型能力比较：GGP 与国外主流软件 BIM 图形平台　　表 8-2

	GGP	ACIS	CGM
产品形态	优点：良好的可扩展性，满足各种定制化的需求，费用低。 缺点：需要根据业务开发符合自身需求的产品	优点：具备友好的二次开发接口和技术支持，使用成本低 缺点：多个产品之间联系松散	优点：提供数百种丰富多样的应用模块 缺点：比较昂贵
聚焦行业	全行业解决方案	主要在建筑、工程和机械领域	主要在航空、航天、汽车等领域
客户群体	面向有一定开发能力的厂商	针对客户提供多个产品组成解决方案	应用于复杂造型、超大体量的项目设计
扩展能力	用户根据自身业务特点进行组合并以独立的软件呈现，满足定制化需求	二次开发生态已形成；API 成熟程度不同，不同软件上的二次开发互相独立存在	采用基于组件的开放式体系结构，易于二次开发，可做各种插件和定制
成熟程度	对齐主流产品的能力并逐步改进和超越，已经过多个产品打磨验证	非常成熟，国内运用广泛	成熟度较高
技术支持	针对平台核心功能和系统性运用解决方案提供全面技术支持和开发服务，保证客户开发过程顺畅	国内有开发团队和较多二次开发商，但具备行业整体解决方案开发商偏少	在国内有一百多家合作伙伴，针对特定领域有项目支持和定制开发经验

8.3.3 应用价值

作为广联达的图形和建模核心技术平台，GGP 在支持上层产品的快速研发、满足公司现有和未来产品规划及行业产品开发中已形成核心竞争力，并成功应用于建筑设计、施工和运维等产品和服务中。

（1）产品化软件

如图 8-15 所示，基于 GGP 几何算法引擎、显示渲染引擎和参数化建模引擎，广联达设计产品线开发了建模平台、建筑设计、结构设计、机电设计、市政设计和深化设计等产品，实现各类复杂构件创建、三维模型编辑、主流格式交换、结构计算以及工程出图等；算量产品线开发了土建钢筋、安装算量、精装算量等产品，实现复杂造型建模、模型扣减、关联更新、高性能汇总计算、碰撞检查以及海量图形数据的高效管理和物理存储等；施工产品线开发了三维场地布置、模板脚手架、钢筋翻样等产品，实现大规模脚手架管件扣件的流畅显示、施工场地复杂构件的材质和阴影效果、施工模拟及动画生成、施工模型的一键式 VR 体验切换等。

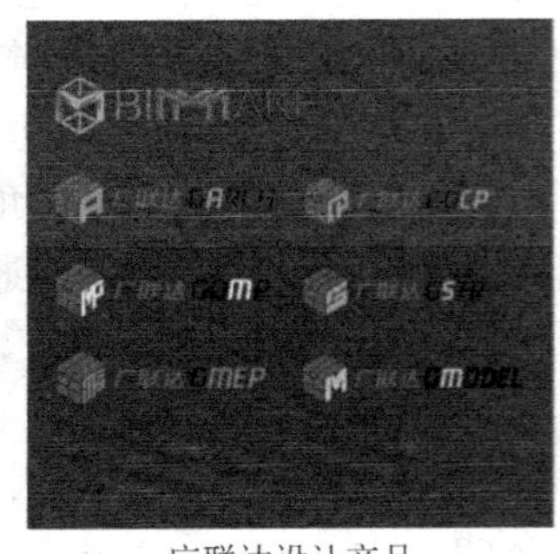
广联达设计产品

广联达算量产品

广联达施工产品

图 8-15　基于 GGP 的设计、算量和施工类产品

以“更快、更优、更全”为使命的 BIMMAKE，是基于 GGP 的图形和参数化建模等核心技术，为 BIM 工程师和技术工程师打造的聚焦于施工全过程的 BIM 建模及专业化应用软件，已服务数千个施工项目，支持一键导入算量 GTJ/Revit 等模型，支持创建场地、基础、主体、二次结构、临建、防护等构件；内置国家规范 22G、16G 系列平法规则以及更符合施工业务的计算设置、节点设置及施工段甩筋算法，获得更精准的钢筋翻样量，一键汇总钢筋总计划量；通过施工算法生成钢筋模型，一键提取钢筋施工量，钢筋三维节点编辑，配合构件编辑能力和工序动画组件，深化方案交底提效 50%。据 BIMBOX 调研结果（2021 年 3 月），BIMMAKE 是建筑行业工程人最常用的两款 BIM 软件之一，超过 6 万名施工工程师正在使用。

（2）产业化应用

①协同设计项目案例：中海天津城市广场 3 号楼

中海天津城市广场 3 号楼项目，选择基于 GGP 的设计软件完成 BIM 建模及出图等任务。该项目整体的建筑系统非常复杂，设计内容涵盖非承重墙系统、门窗系统、楼梯系统、电梯系统、幕墙外围护系统等，运用广联达 BIM 机电设计软件，完成各专业的 BIM 三维模型设计，以及具体的出图任务交付。

②运维项目案例：深圳广电金融中心建筑智能化工程

本项目总建筑面积 23 万 m^2，BIM 运维管理平台基于 GGP 开发环境开发，大幅提升运维信息化水平、运维安全性能和运维管理效能。基于 BIM 图形引擎、模型数据接口，实现运维模型轻量化自动处理、运维信息精准、模型加载显示速度快的效果。BIM 与建筑物联网进行融合，使空间信息与实时数据融为一体，运维管理人员可以通过 3D 平台更直观、清晰地了解楼宇信息、实时数据等情况。

③施工验证企业案例：上海宝冶集团有限公司

上海宝冶集团有限公司承建的深圳市第二儿童医院项目，建筑面积 30.9 万 m^2。该项目采用广联达基于 GGP 的 BIM 设计产品，极大地降低 Revit 模型使用难度。在质量安全方面，通过对施工单位及岗位管理人员工作进行了量化，使考核有依据，保障了质量安全问题的闭环解决。在生产管理方面，平台针对每周计划分配、执行、了解过程，自动汇总展示，极大地提高了现场效率，让施工现场的大数据可视化，便于领导指导后续工作。BI 大屏实时根据业主需求制定 BI 看板展示内容，所有的数据做到图形化，整合了所有碎片化资源，科学辅助企业决策。

（3）二次开发生态

截至 2022 年底，GGP 已公开发布 1000 多个 API 和开发工具包，在 100 家以上设计企业、施工企业、工程企业中验证应用，参与应用验证的施工企业 96 家、设计企业 20 家、工程企业 29 家。基于 GGP 进行二次开发的企业主要有上海沪东造船厂、碧桂园地产集团有限公司、中南建筑设计院股份有限公司、黄河勘测规划设计研究院有限公司、中国恩菲工程技术有限公司、浙江浙大中控信息技术有限公司等 20 余家，如图 8-16 所示。上海沪东造船厂下属的上海东欣软件工程有限公司基于 GGP 进行二次开发，开发国产船舶产品设计软件 SPD6.0。较之前基于 AutoCAD 平台开发的三维交互体验船舶设计，具有高性能大规模场景支持、交互操作流畅、多个专业、各种构件的参数化建模、二三维一体化、建模出图一体化等亮点。

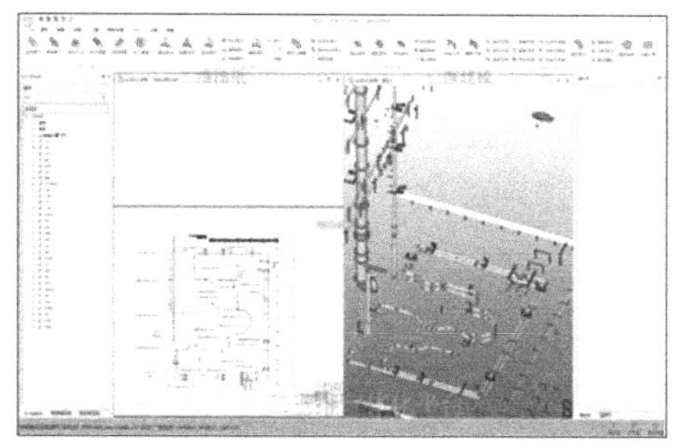

(a) 沪东造船厂–船舶设计SPD6.0

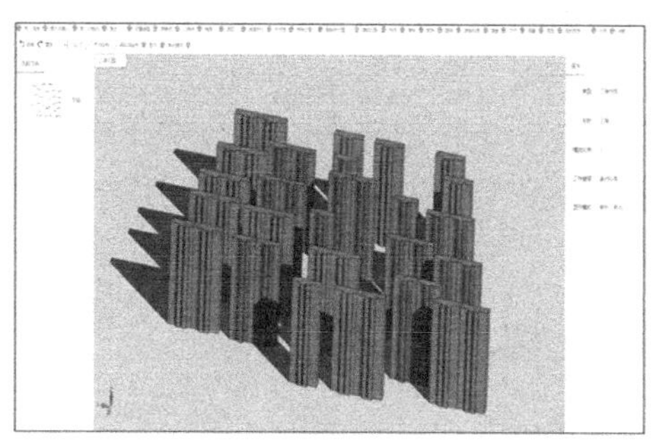

(b) 碧桂园–智能规划强排系统

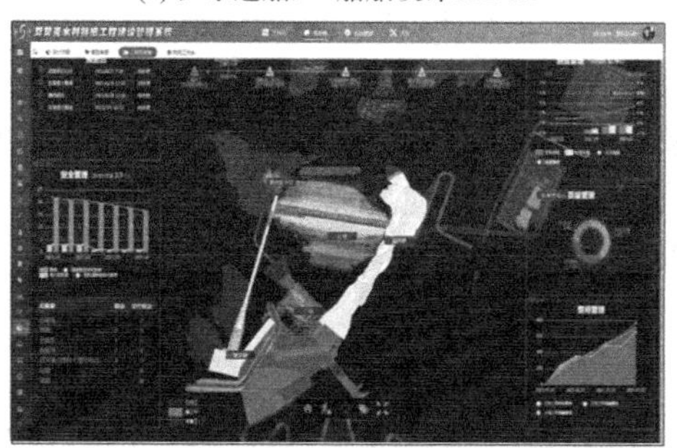

(c) 黄河勘测院–水利水电管理系统

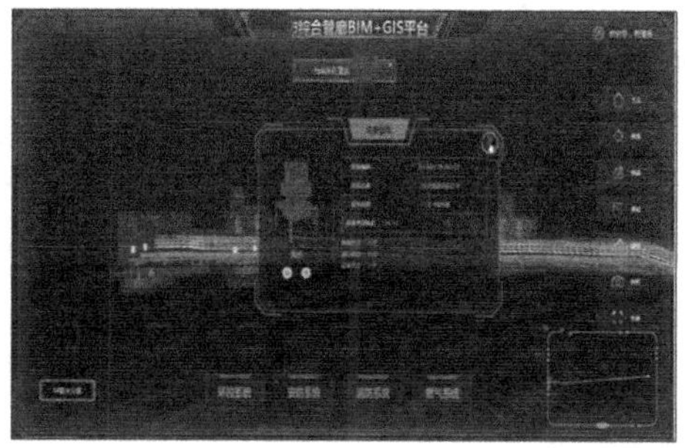

(d) 浙大中控–城市综合管廊平台

图 8-16　GGP 二次开发典型案例

8.4　中设数字 BIM 图形平台——马良 XCUBE

从 2019 年开始，中设数字面向 BIM 设计、BIM 应用和管理应用需求，聚焦 BIM 图形平台、BIM 基础软件等关键技术，开展三维渲染、参数化建模、几何造型、大场景管理、文件自动化合并协同技术研究，2021 年底已完成了几何造型、三维实时渲染与虚拟仿真、参数化建模、工程出图等模块的开发，形成了 BIM 图形平台软件——马良 XCUBE，并于 2021 年 4 月正式发布。

马良 XCUBE 是基于云计算微服务技术，搭建的新一代自主研发 BIM 图形引擎和工业基础软件，具有完全自主知识产权的几何引擎、渲染引擎、数据引擎，提供参数化建模、几何造型、协同工作、大场景管理、三维可视化等 SaaS 服务。

马良 XCUBE 具备建筑设计通用能力、空间定义能力、二三维协同设计能力、云化多源数据渲染模拟能力等，可应用于规划设计、方案设计、初步设计、施工图设计等，可为运维管理、多源数据管理、三维智能审查审批等提供支撑，同时打通市场主流软件数据，实现数据全生命周期传递。

自 2021 年起，马良 XCUBE 已完成主要内容研发，并于 2021 年在中国建设科技集团率先开展 2300 多个项目的测试，积极推进软件研发的产研用一体化，通过实际应用不断优化提升软件功能。

截至 2023 年 6 月底，马良 XCUBE 先后入选 2022 年国资委国有企业十大数字技术典型成果、中央企业科技创新成果推荐目录（2022 年版）、2022 全球数字经济大会数字经济创新引领成果、2022 年首届 BIM 应用成果大会“2022 国产 BIM 软件产品”、2021 年首届中央企业数字化转型峰会企业数字化转型十大成果等。马良 XCUBE 关键核心技术国产化率大于 95%，实现 BIM 图形核心引擎和 BIM 基础软件国产化、自主化、云端化、生态化、产业化。

8.4.1　主要功能

（1）基础几何造型能力

面向建筑概念草图设计和三维快速建模场景，马良 XCUBE 主要具备直线、曲线、曲面造型、多边形造型、实体造型、布尔运算及造型编辑等二三维造型能力，以及二维绘制、工程出图等平面绘制能力，帮助用户快速进行方案设计、推敲优化建筑设计方案、经济技术指标实时统计等，同时支持模型渲染美化、效果图和高清渲染效果视频输出，可实现方案设计阶段二三维协同设计、汇报、方案报批的业务闭环。几何造型、曲面造型及项目模型示意如图 8-17～图 8-20 所示。

（2）建筑参数化装配能力

建筑参数化装配模块主要用于实现 BIM 建筑专业三维建模与智能管线系统设计管理能力，支持对建筑、机电 BIM 模型的创建、编辑、修改、查看、协同管理等，包括建筑形体自由造型、空间设计、机电系统管理计算与自动生成系统图、参数化构件编辑、参数化装配、工程出图等功能（图 8-21、图 8-22）模块。目前马良 XCUBE 支持 DWG、SKP、IFC 等 12 种常见数据格式，并支持模型导入盈建科软件中进行结构设计、计算分析与出图等；兼容工业设计软件 ICS/STEP 格式文件，实现与制造业设计生产衔接。

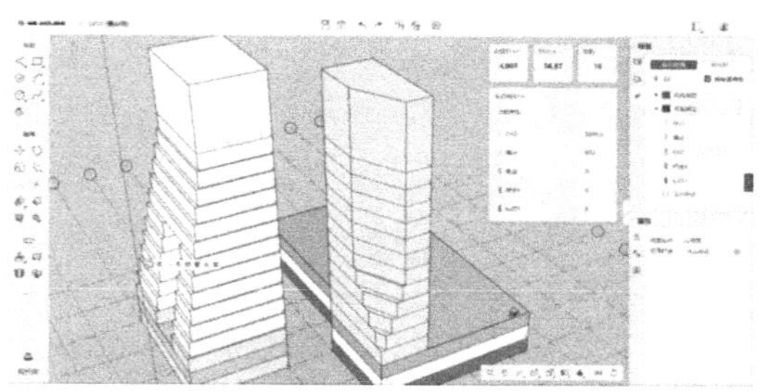

图 8-17 马良 XCUBE 基础几何造型

图 8-18 马良 XCUBE 复杂曲面造型

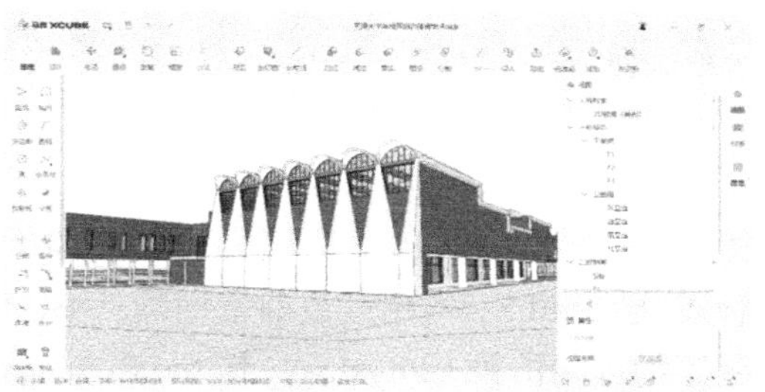

图 8-19 天津大学体育馆模型展示

图 8-20 康巴艺术中心模型展示

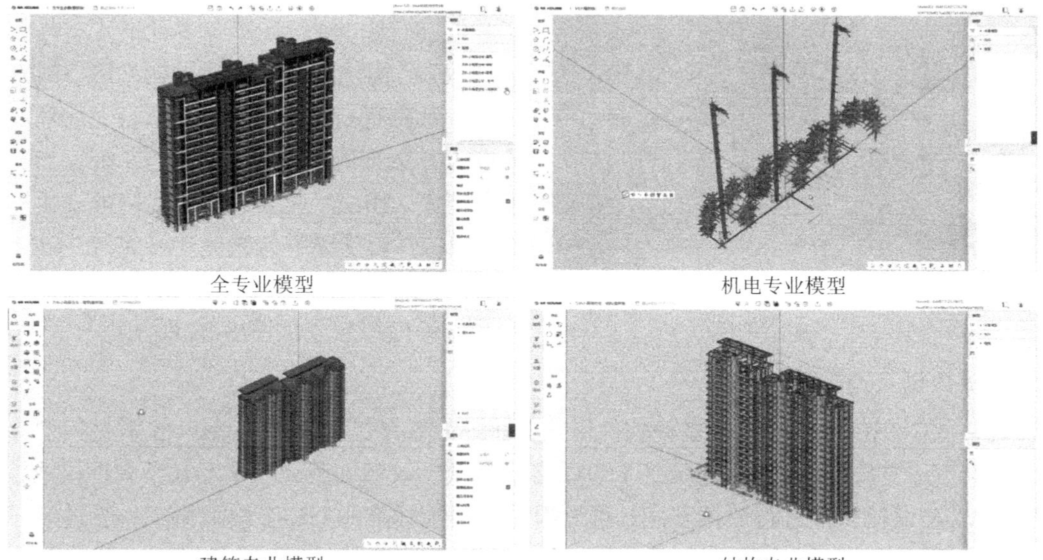

全专业模型 机电专业模型

建筑专业模型 结构专业模型

图 8-21 参数化建模与装配

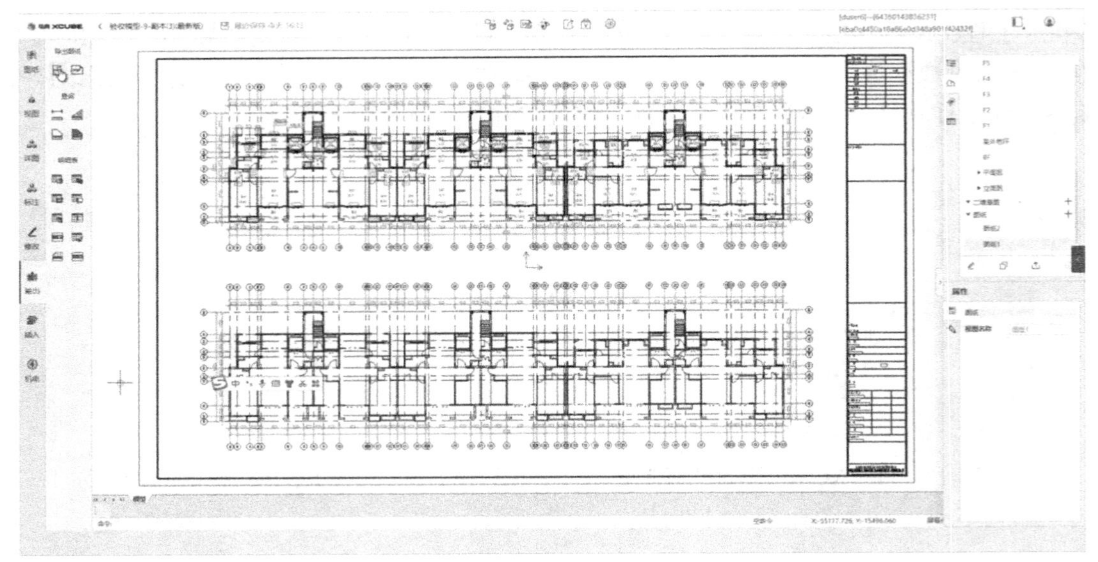

图 8-22　工程制图

（3）实时云端图形渲染能力

自主云端渲染引擎支持亿级三角面片数三维模型浏览与渲染，支持建筑面积超 10 万 m^2 的模型打开；4000 万三角面片模型渲染平均帧率超过 35FPS，均超过目前常用国外 BIM 软件的可视化性能。目前已实现主要功能包括：基于物理的渲染（Physically Based Rendering，PBR）、高动态范围成像（High Dynamic Range，HDR）、屏幕空间环境光遮蔽（Screen Space Ambient Occlusion，SSAO）、屏幕光反射算法（Screen Space Reflection，SSR）等渲染效果，基于 LOD（level of detail，LOD）技术提升帧率和性能；支持倾斜摄影等多种格式文件解析与加载，已实现将海量多元异构 GIS/BIM/IoT 及业务数据进行汇聚、清洗、融合、治理及服务能力，数据库涵盖 10 余类的二维 GIS、白模、精模、BIM、业务数据；支持可视化平台二次开发，可支撑智慧园区运维系统、CIM 城市管理系统、工地建设管理系统等场景应用。实时渲染模拟效果如图 8-23 所示。

图 8-23　实时渲染模拟

（4）数据互通方面

马良 XCUBE 目前已兼容多种软件格式，如：支持所有版本的 SketchUp 素材模型导入和加载装配、支持 AutoCAD 生成的 DWG 格式图纸导入和加载、可导入 ICS 文件格式，进而与 CAXA 设计软件进行数据复用；可导出符合国际标准的 GLTF 模型格式，通过第三方 Viewer 查看模型；可导出符合标准的 DWG 格式图纸，实现对象和参数的自动化映射；可导出为 Revit 文件格式，进行数据有效转换，实现深化设计；可导出为盈建科的文件格式，进行结构分析等。

8.4.2 技术特点

马良 XCUBE 以首创的空间定义建模算法、二三维协同设计方法和实时渲染技术，实现多行业方案设计、多专业参数化建模和快速出图，简单易学、便于推广；打通城市空间、建筑业、制造业等多种数据源，实现从公里到毫米的空间精细化管理；底层预留丰富的数据接口，实现二次开发满足企业定制化需求，并与国产硬件和操作系统完美适配，构建国产化软件产业生态；云架构设计从源头保证数据安全，为数字中国建设贡献力量。

目前马良 XCUBE 在三维仿真和实时渲染方面能够支持 4000 万以上三角面片的模型的渲染，渲染期间平均帧率达到 30FPS 以上，实现 SketchUp 2018 的全部基础虚拟仿真功能，并额外完成 4DBIM 模型、气候模拟等功能。在几何造型方面，达到 Parasolid 的民用建筑领域造型基本功能的 82.5%。在参数化建模方面实现 Revit 2018 的全部基础通用设计功能，实现 Revit 2018 的建筑基础建模功能的 87.5%，实现 Revit 2018 的全部结构、暖通、给水排水基础建模功能，实现 Revit 2018 的电气基础建模功能的 94.7%，实现 Revit 2018 的工程制图基础功能的 88.89%。

8.4.3 应用价值

（1）产品化软件

马良 XCUBE 以首创的空间定义建模算法、二三维协同设计方法和实时渲染技术，形成“马良 XCUBE-方案”“马良 XCUBE-BIM”“马良 XCUBE-图形引擎”三大主要板块（图 8-24），可实现多行业方案设计、多专业参数化建模和快速出图的集成式设计。

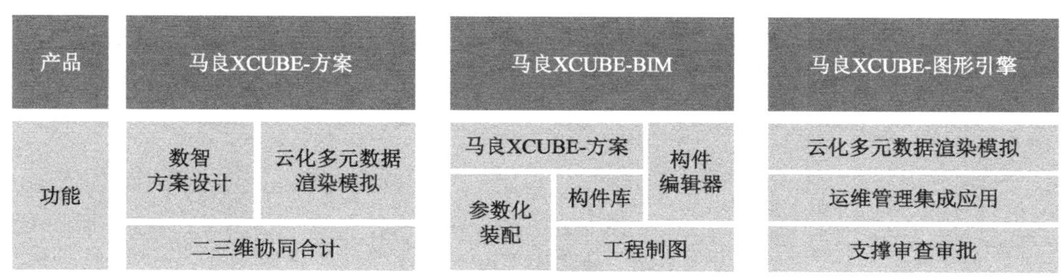

图 8-24 马良 XCUBE 三大板块

其中，马良 XCUBE-方案软件聚焦规划设计与建筑方案设计阶段，集成草图绘制与编辑、几何造型、特征建模、二三维设计、制图出图、指标统计、多源数据融合、渲染模拟等多种设计功能，满足规划设计、建筑方案设计、设计方案汇报等多种设计场景，一站完成建筑方案设计。

马良 XCUBE-BIM 软件聚焦初步设计、施工图设计阶段，具有自定义构件设计、多专业参数化构件装配、工程制图等基础功能，具备建筑、结构、机电全专业建模能力，同时集成生态化的云端构件库、资源库，以便实现跨项目复用。

马良 XCUBE-渲染引擎软件适配于国产操作系统和芯片的云端渲染仿真，可以支撑多种 BIM 数据 GIS 数据多源融合，实时编辑与模拟各种光影效果，支持高清图片（VR 全景图）和视频输出。同时内置大量材质、模型库资源，方便用户对场景进行模拟和编辑调整。

（2）产业化应用

在马良 XCUBE 系列软件研发的同时，软件在实际工程项目中的试点应用验证工作也在积极推进中。2021 年起，马良 XCUBE 在中国建科集团率先开展实践应用，目前已累计完成武汉数字城市档案馆、海口市民中心等 2300 余个项目的试点应用与测试，项目类型包括住宅、地铁轨道交通、办公、文体建筑、学校、商业综合体等。部分项目试点应用效果如图 8-25～图 8-29 所示。

借助中国建设科技集团优越的设计与 EPC 产业化背景，马良 XCUBE 积极推进产研用一体化，在广泛的项目资源中积累了大量工程应用试点经验与测试数据，通过实际应用不断优化提升软件功能，对产品进行充分打磨与验证，保持软件的持续更新与迭代，以便更好地适应市场需求。

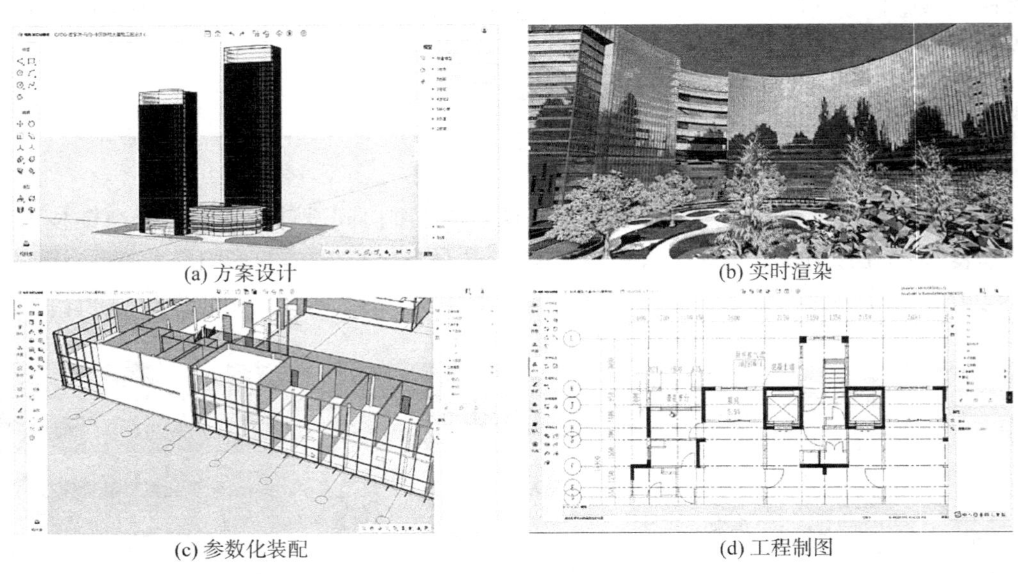

(a) 方案设计　(b) 实时渲染

(c) 参数化装配　(d) 工程制图

图 8-25　马良 XCUBE 应用实践

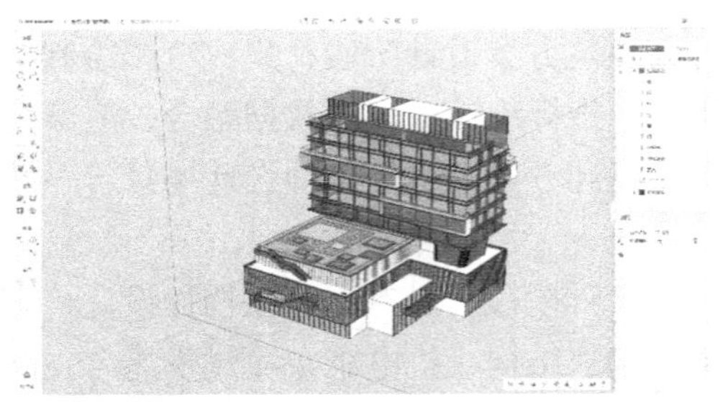

图 8-26　武汉数字城市档案馆模型展示

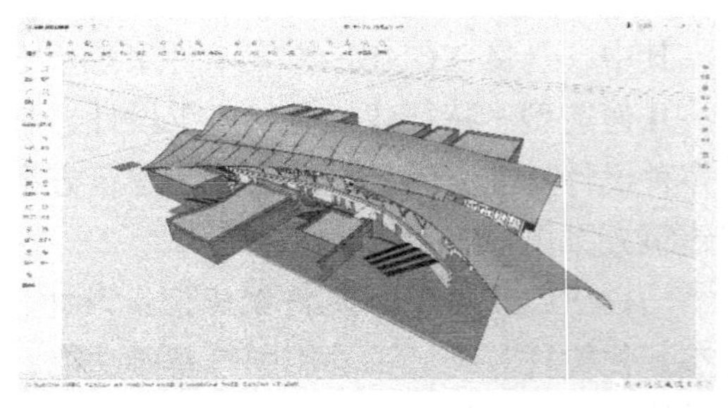

图 8-27　海口市民中心模型展示

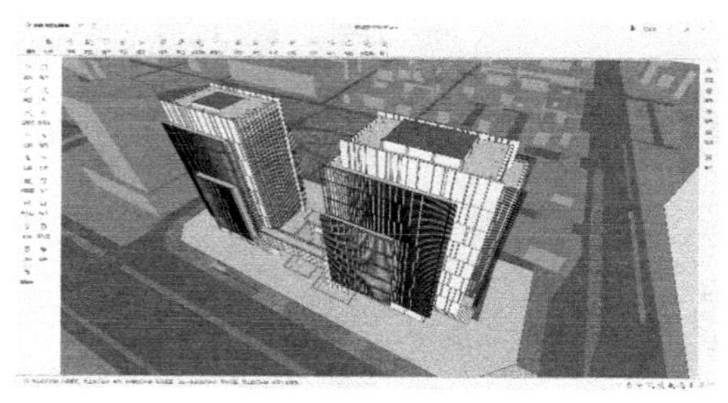

图 8-28　农科院模型展示

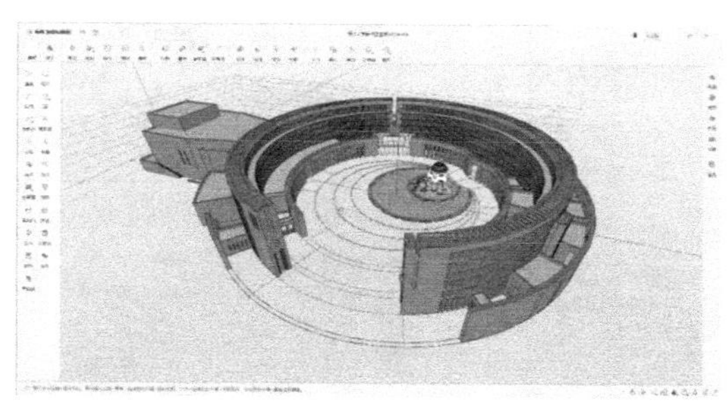

图 8-29　天津大学主校区主楼模型展示

（3）二次开发与生态拓展

马良 XCUBE 提供多种二次开发接口，以及城市级数据模型的轻量化和可视化渲染展示。本着平等互利、优势互补的原则，贯彻开发合作携手共赢的理念，目前已与 500 余家单位签署了马良 XCUBE 软件生态建设合作协议，积极推动国产 BIM 技术生态建设。借助底层数据对接能力，可以通过马良 XCUBE 平台提供的定制化能力，开发基于多个不同业务线的特色产品，构筑国产 BIM 软件生态圈。

（4）提高产业链数据使用效率

马良 XCUBE 贯通方案涉及全过程，涵盖建模、指标统计、制图出图、渲染、效果图输出、动画显示等功能。同时可联通建筑业、制造业及城市空间等数据，打通多行业多种数据源，实现建筑全生命周期的成果整合，减少数据损失，从数据源头支撑产业上下游发展，实现多行业数据互通互联，全生命周期成果整合，大大减少建筑设计及各环节重复劳动。

（5）助力城市基础数据建设

马良 XCUBE 作为一款三维 BIM 建模基础平台，对于智慧城市的核心需求，如数字孪生、城市数字资产积累、城市治理、数据处理、历史数据保留等均有着良好的支持。马良 XCUBE 具备完善的三维模型可看、可查、可建、可改能力，为数字孪生系统、城市治理等应用提供数据源，为数据结构化管理提供有力的数据保证。

8.5　中望 BIM 图形平台——3DI

面向行业痛点，中望软件于 2019 年启动“悟空计划”，目标是研发出支持大体量建筑、大场景市政交通、大载重船舰、大型飞机的新一代三维图形平台，面向泛建造行业，提供多维度的全生命周期整体解决方案。作为中望 BIM 图形平台，3DI 主要面向建筑、市政、水利、水电、船舶、航天等设计以及建造阶段，主要应用场景包含三维模型设计、数据模拟分析、工程图、虚拟建造、数据流转等。3DI 依托中望软件过去 20 多年的技术积累，并基于中望自主可控几何内核 Overdrive 研发，在国际上达到领先水平。如图 8-30 所示，中望 BIM 图形平台作为通用的图形平台，提供通用、基础的建模能力、协同设计能力、大体量渲染能力、后端数据管理能力等，在此基础上，通过对外提供大量有效、易用的 API 接口，支撑各个行业平台的搭建。

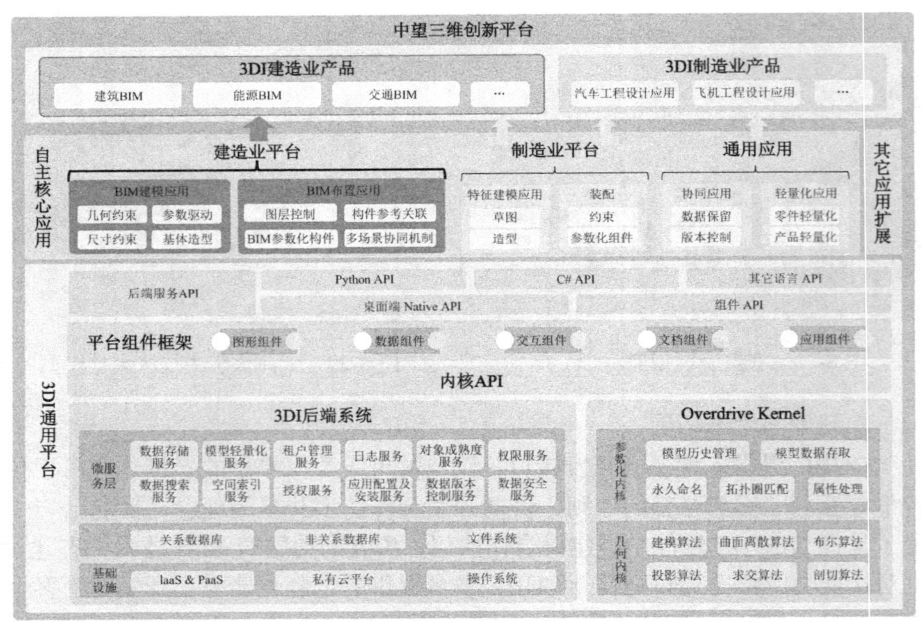

图 8-30　3DI 框架图

8.5.1　主要功能

（1）几何造型设计

为满足精细化造型需求，平台支持多种几何造型创建及编辑能力，主要包含基本造型设计、曲面设计、Mesh 建模、有序特征历史建模、无序特征历史建模能力；对实体、特征集进行布尔交、加、减运算，对模型对象进行移动、复制、阵列、镜像、旋转、拔模、打孔、抽壳、体积偏移、缩放等编辑操作。几何造型能力是图形平台基础能力之一，中望软件在机械领域拥有十余年技术积累，3DI 能满足外形更复杂、更精细的建筑或机械设备设计需求。如图 8-31 所示，平台可构建以下几何造型。

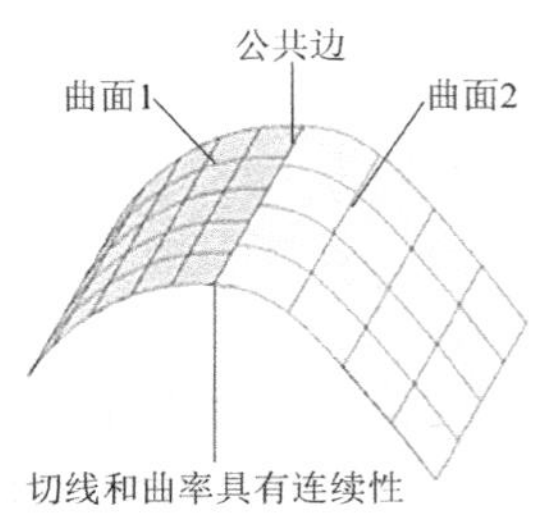

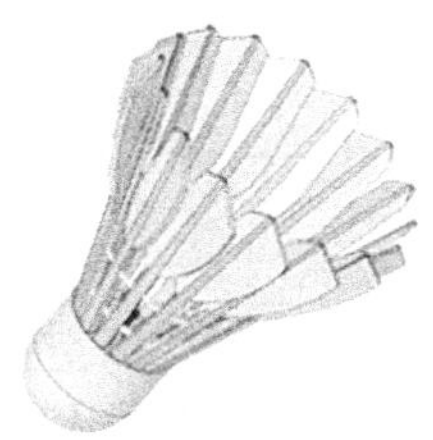

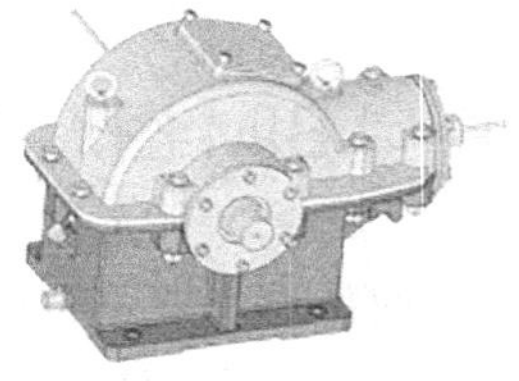

图 8-31　几何造型

（2）参数化设计

为满足参数化模型驱动需求，平台支持用户自定义变量、表达式，通过变量 + 表达式，并结合约束求解器，对模型对象进行更自由、更强大的参数化驱动。

（3）多专业设计模块

为满足建筑全专业设计需求，平台提供建筑、结构、给水排水、暖通、电气专业设计模块，各设计模块内嵌建筑标准规范条文云库，满足设计过程中自动分析计算，有效提升设计质量。

（4）设计协同一体化

为满足设计过程中协作需求，平台将设计工具与协同平台进行一体化研发，结合构件级按需加载以及增量式传输机制，提供原生构件级实时协同设计以及版本管控功能。如图 8-32 所示，身处不同地域的不同人员，通过网络传输，基于后端单一数据源，通过后端微服务，实现构件级别的协同设计。

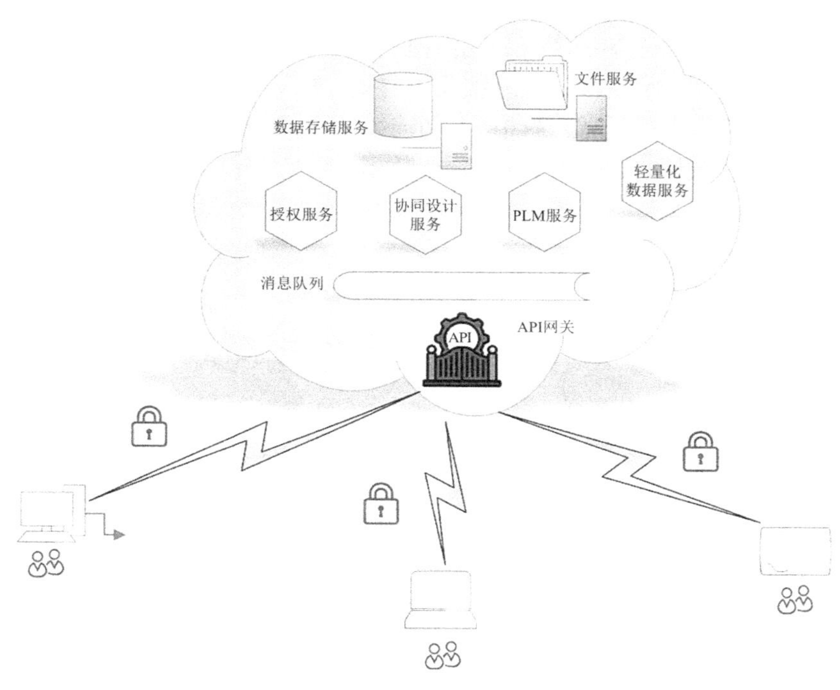

图 8-32 协同设计

（5）工程图设计

为满足出图要求，平台除提供常规二维制图功能外，还提供基于 MBD 三维数字模型标注功能，将建筑的几何尺寸、建造信息等工程信息 100%表达在三维数字模型中，实现建筑业真正意义三维数字交付。

（6）数据转换

为满足跨阶段数据流转需求，3DI 作为基于云服务的全生命周期管理平台，提供多种数据兼容以及数据转换功能，支持规划、设计、施工、运维等多个阶段所需的模型数据，同时支持国内外标准数据格式。

与达索 3DExperience 平台对比，中望 3DI 的几何造型设计、参数化设计功能并不占优势。但达索 3DExperience 平台模块划分复杂，对用户来说学习经济成本较高，对应模块本土化匹配不足，不能很好地适应国内的设计、施工流程、标准规范，中望 3DI 面向建筑行业，能够提供与国内行业匹配程度更好的功能模块，同时更好地内嵌国内标准规范，在设计方面更加符合中国工程师的期望。在工程图设计方面，中望 3DI 平台更加贴合国内的出图标准。同时中望 3DI 平台的拓展性更强，能够更好地服务行业需求，对于不同行业的需要，中望软件能够更快地响应，进行相应的功能开发，周期更短，平台可改造性更高。

8.5.2　技术特点

3DI 的目标是成为满足多个领域需求的同一平台，并具备单一数据源、百万构件级装配、正向协同设计、高扩展性等平台特性。在中望软件完全自主可控的 Overdrive 自主内核、约束求解器等 CAD 核心技术储备下，自主设计 3DI 框架。目前 3DI 具备的一些技术特点如下：

（1）采用具备完全自主知识产权的几何内核 Overdrive，关键核心技术自主可控，容差精度达到了 10^{-5} 水平，比肩世界顶级三维几何内核。如图 8-33 所示，支持实体和曲面混合建模，曲面精度高，可支撑最高 G3 曲率相切连续的造型，同时提供强大的几何计算功能，布尔、裁剪、求交、投影、延伸等算法优异且稳定。

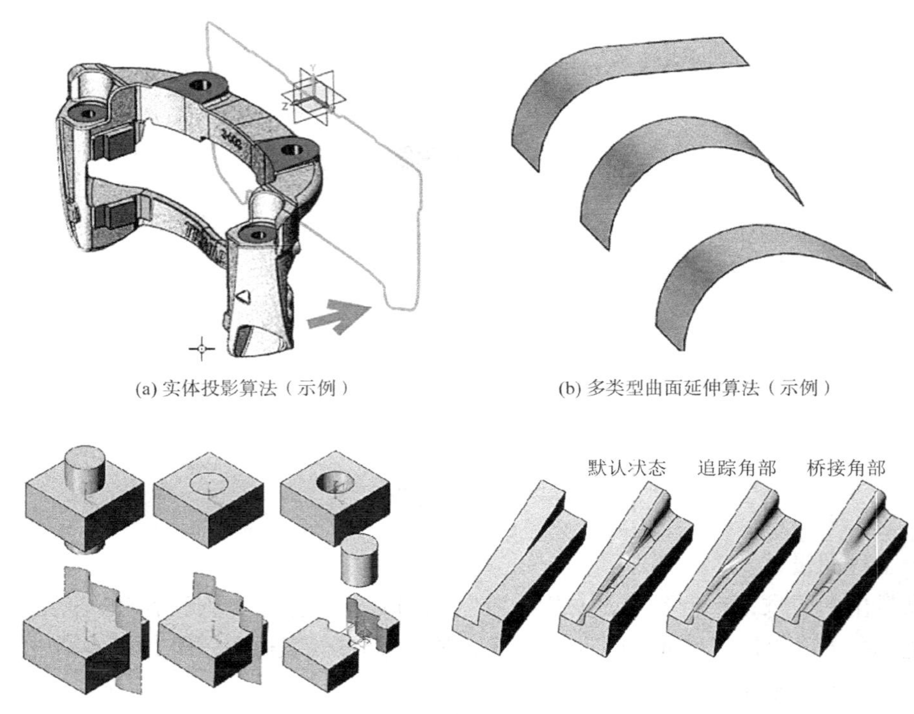

(a) 实体投影算法（示例）　　(b) 多类型曲面延伸算法（示例）

(c) 各种三维实体建模算法实现（示例）

图 8-33　几何内核支持多样几何算法

（2）拥有自主几何约束求解器技术，包含几何约束、尺寸约束（包含距离、角度、半径、垂直、平行、同心、相切、水平、数值等），能够定义几何对象之间的某种几何关系，同时也可以确定几何对象的自由度、约束度，基于此可以实现复杂的、带关联关系的施工仿真模拟。

（3）拥有大体量优化技术，包含数据库存储管理技术、高性能图形引擎技术、智能按需加载技术、按需更新技术等。平台采用关系数据库 + 二进制文件的存储策略，分别存储所有构件模型属性、模型间关系及建模数据信息，通过数据库将所有构件数据进行管理和组织，与单个大文件方式相比，能更好地匹配大体量工程。平台图形引擎能够利用GPU硬件加速、CPU多核处理等算法，优化显示效率、提升开图速度。平台采用显示结构优化、共用内存优化、遮蔽剔除优化、包围盒存储优化等技术，优化大体量模型的帧率、内存、操作时间等。如图8-34所示，采用智能按需加载策略，支持轻量化模型、原生模型之间的动态切换，在同等渲染载荷下，能够支持更大体量；面向大装配，平台采用按需更新技术，能够有效控制装配关系重计算的负荷，提升重生成的体验。

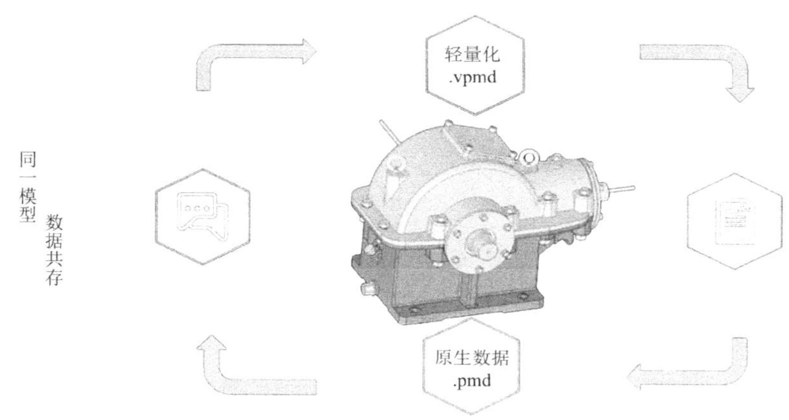

图8-34 轻量化、原生数据转换

（4）采用单一数据源技术，采用C/S和B/S混合架构，通过后端存储单一数据源，实现所有人在同一数据上工作，实现构件级协同设计，同时不同专业、不同阶段基于一套模型流转，实现一模到底，避免翻模倒模。

（5）兼容异构应用、异构数据技术。平台采取模块化设计，快速兼容异构应用。基于3DI，不同行业、专业创建不同子模块组建各自应用APP。平台采用统一的三维模型数据表达，工程属性数据与三维模型数据分离（数模分离），数据类型、模型关系均支持面向不同行业拓展，能够有效支撑不同行业建模需要，解决不同阶段间的数据孤岛情况，实现上下游阶段的数据互通。

（6）采用参数化建模技术，采用有序特征历史建模技术，支持特征回滚、插入特征，同时包含无序特征建模技术（行为特征建模），更好地支持多行业、多场景的建模需求。平台支持设置变量、表达式实现实时驱动三维模型，实现工程模板、零件族功能，能够实现模型的高效快速复用。如图8-35所示，采用动态容差技术，支持在一个工程项目内同时创建超大尺寸、超小尺寸的模型，支持e^{-5}～e^{10}mm级别的模型创建。采用BRep和NURBS技术，支持任意实体模型的三维空间表达，支持创建高阶连续曲面和曲线。如图8-36所示，参照拓扑结构图，平台针对体模型、面模型、线模型等模型元素采用永久命名技

图8-35 兼容大、小尺寸模型

术，并基于该套对象命名技术，实现了一套完整的精确/非精确的命名匹配技术，有效地实现设计模型元素在设计过程中因动态变化的追溯，实现了三维 CAD 系统的稳定可靠的元素追溯能力。

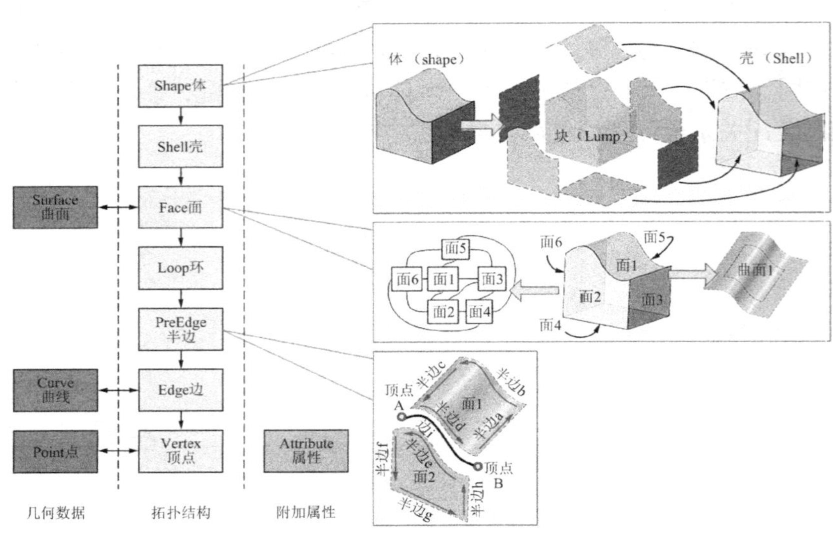

图 8-36　拓扑结构

8.5.3　应用价值

中望 BIM 的软件产业化条件良好。目前，中望系列软件已出口美国、德国、日本、新加坡、巴西等 90 多个国家和地区，推出中、英、法、德、俄、日、西班牙等 15 个语言版本，全球正版用户数已突破 90 万。同时，已与全国 3000 多所院校进行了多方面的深度合作，依托先进的 CAD/CAM 技术，从教材编写、课程开发再到实训室建设，充分满足教学改革的要求，为本科、职业院校提供建筑、机械专业、3D 打印创新实践等整体解决方案，构建系统化人才培养体系。

中望系列产品在建筑、电力、轨道交通等行业服务与合作的行业龙头企业远超 100 家，如图 8-37 所示，包括中国建筑股份有限公司、中国交通建设集团有限公司、中国建筑科学研究院有限公司、招商局集团有限公司、保利发展控股集团股份有限公司、广州市建筑集团有限公司、深圳市华阳国际工程设计股份有限公司、苏交科集团股份有限公司等。

图 8-37　行业企业客户

在解决方案及应用效果方面，如图 8-38 所示，平台将实现对企业已有的设计资产进行高度重用和快速建筑设计（模板技术）；支持大体量工程，提供构件 LOD350 建模和设计应用的能力。同时，以数据管理为核心，设计过程支持模型并行设计，并行设计是 BIM 协同设计的重要技术支撑，不但可以完整地表达产品信息，而且支持提供设计参数的继承关系及其变化约束机制，保证了设计参数的一致性。在平台应用层主要支撑 BIM 数据管理和设计协同两大场景，可以满足从数据、建模、设计、到管理 4 大方面协同，例如：可以满足数据在专业内、专业间从设计到提资、受资流转的流程，跨阶段协同时，可以满足成果发布到下一阶段的场景应用。模型应用层主要支撑多专业的数字模型建立，例如：建筑、结构、给水排水、暖通空调、电气等专业模型建立。生态应用层主要支撑跨平台、跨软件的数据流转。

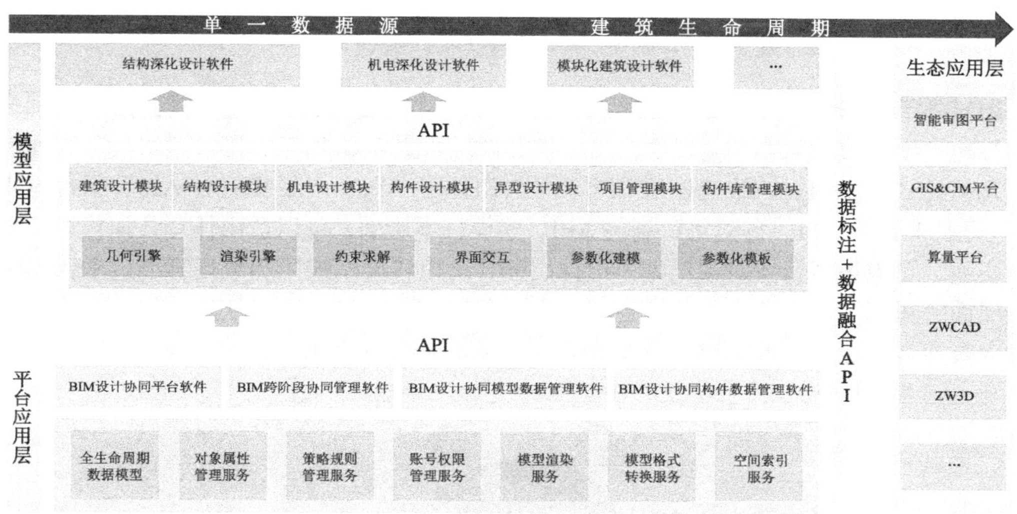

图 8-38 BIM 解决方案的全景图

案例验证方面，随着设计理念和建造技术的发展，各种复杂异形体建筑越来越多出现在人们的视野中，设计过程方面也变得越来越复杂，如图 8-39 所示，中望 BIM 在 BIM 构件设计、异形体造型设计、多专业正向设计、大型工程项目的协同设计与管理等方面进行案例验证。例如：建立 BIM 构件案例，验证参数化模板机制，支持多级 LOD 深化设计以满足跨阶段的建模需求；建立异形体造型案例，验证 NURBS 曲线及曲面建模技术，满足从概念设计到深化设计一体化适配；建立多专业的建筑模型案例，验证基于云服务和单一数据源在全流程数据驱动业务流转，以满足大型工程项目的协同设计与管理。

在二次开发生态方面，为满足数字化生态建设，平台提供从几何计算到建模，从平台组件层到行业平台层，不同维度、不同层级的 API 接口，满足不同层级二次开发需求。中望软件在全球拥有两百余家生态合作伙伴，3DI 依托成熟生态社区，迅速在 CIM、造价、电力、AI 审图、二次开发等不同领域，建立 BIM 生态圈。

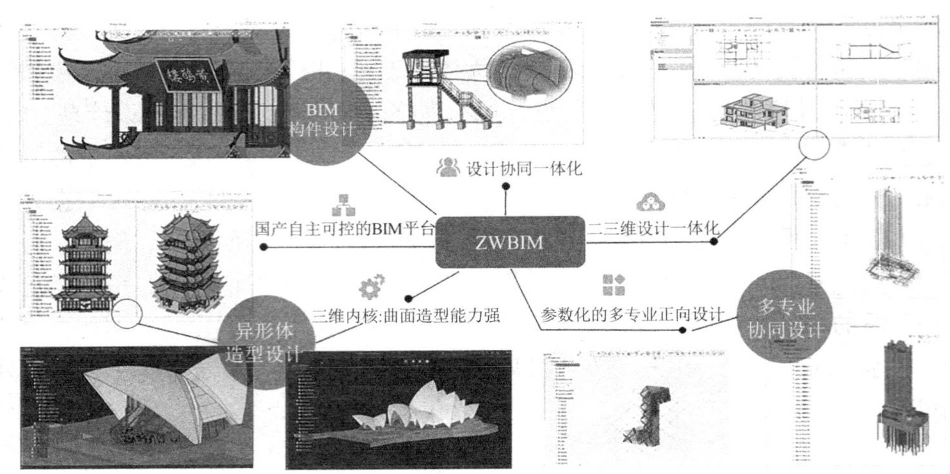

图 8-39 BIM 解决方案案例验证

BIM 平台为开发人员提供多层次且开放的二次开发接口 API，遵循高内聚、低耦合、不同模块高度集成的原则，实现平台的高扩展性。如图 8-40 所示，接口按层次分为如下几类：几何计算层 API、三维建模层 API、平台组件层 API、产品装配层 API、平台应用层 API、行业平台层 API、自动化定制层 API。建模技术层面，可以造出任意几何模型；数据对象层面，可以拓展行业对象类型；组件层面，可以将异构应用和数据容纳进平台；应用业务层面，可以定制行业专业业务逻辑；自动化层面，可以进行工作流程的自动化处理。开发人员通过多层次 API 能够实现造型自由、功能强大的应用。

图 8-40 多层次的 API 接口

在技术支持能力方面，中望软件在中国广州、武汉、上海、北京、西安以及美国佛罗里达州均设有产品研发中心，拥有国际化的研发团队，支持持续进行产品研究和开发、产品功能完善以及性能优化提效，为客户提供不间断的产品升级和更新服务。在各办事处配备了专业的技术支持工程师，为全国各地的客户提供及时、有效的线上和线下支持服务，包括且不限于电话支持、在线客服、邮件支持、现场支持、专题培训等技术服务项目。同时针对客户相关要求，支持针对性地进行资源调配，帮助客户顺利推进产品应用以及方案实施。中望软件提供全方面的技术服务，包括但不限于如下内容：

（1）成立专项服务小组，配备专业、具有同类项目丰富经验的工作人员，包括项目经理、售前售后技术支持工程师、研发工程师等，并进行合理分工，明确权责。

（2）提供产品安装包以及授权许可，根据客户要求，在约定时间内完成产品安装、授权部署或提供对应的专业指导培训。

（3）提供产品基础入门培训，或根据客户实际使用需求提供专题培训，帮助客户顺利上线中望产品并开始实际工作使用。

（4）在软件使用过程中，中望软件为客户提供线上线下多方位的售后技术支持服务，解答客户的产品疑问、操作使用等问题。

8.6 总结与展望

BIM 图形平台是 BIM 软件的“芯”，是破解国产 BIM 软件发展“卡脖子”问题的关键核心技术。通过数十年的不懈努力和近年来国家的政策支持，“十三五”期间国产 BIM 图形平台实现了从 0 到 1 的突破，取得了可喜的初步成果。但我们应该认识到 BIM 图形平台核心技术的研发是一项需要长期投入和攻关的工作，技术成熟周期较长。在当前国内主要 BIM 软件均为国外垄断、并已形成产业生态链的情况下，要建立基于自主 BIM 图形平台的软件生态环境，需要长期艰苦的研发投入，需要政策的扶持和引导，更需要广大用户的支持。只有通过大量实际工程应用对国产 BIM 软件进行迭代完善，才能推进国产软件逐步成熟。从“十四五”开始，面向建设领域国家重大需求，国产 BIM 图形平台将展开深度研发，实现从 1 到 10 的扩展，平台的功能、性能、容量、扩展性方面将进一步实现突破，不仅支持建筑工程的全生命周期数字化应用，应用范围还将进一步扩展到基础设施领域，同时支撑 BIM 软件成果数据实现安全可控。这对国产 BIM 图形平台提出了全新的需求和挑战，需要大家同心协力持续攻关，促成工程建设行业 BIM 核心软件的国产化替代和规模化应用，实现高水平科技自立自强。

第9章　智能化系统发展趋势

9.1　概述

建筑业是国民经济重要支柱产业，与整个国家经济的发展、人民生活的改善密切相关。但我国建筑业发展采用的建造模式较为传统，数字化、工业化程度较低，在整体城镇化进程放缓、建筑业人口红利消失以及“双碳”目标下，我国建筑业转型迫在眉睫。为此，有必要积极探索建筑业新产品新业态模式，充分利用新一代信息技术的优势，实现与建筑业的深度融合，构建智能建造与新型建筑工业化协同发展的智能化系统体系，推动建筑数据整合共享和业务协同，提高建筑质量、效率和可持续性，服务建筑业转型升级。随着深度学习、第五代移动通信（5th Generation Mobile Communication Technology，5G）、虚拟现实（Virtual Reality，VR）、增强现实（Augmented Reality，AR）、混合现实（Mixed Reality，MR）等新一代信息技术的飞速发展和广泛应用，智能化已经渗透到建筑全生命期的各个环节，从设计到施工再到运维，不仅改变了建筑的建造模式与管理方式，也创造了新的价值和机遇。面向智能化发展的大趋势，作为智能化的必要工具，智能化系统具有巨大的发展空间和潜力，产业化路径也日趋清晰。可以预计，未来，我国将在政策和标准引导、技术创新突破、数据安全提升、应用场景挖掘以及行业生态构建等方面全面加大发展力度，进一步深化智能化系统的技术自主与应用普及，推动建筑业高质量发展，促进管理范式变革，实现“建造大国”向“建造强国”的历史性跨越。

9.2　政策和标准的引导不断完善

为了推动传统建筑业转型升级，我国不断完善和健全建筑业信息化、智能化的政策和标准体系，主动引导智能建造和建筑工业化协同发展，促进建筑行业智能化系统的形成。

智能建造作为建筑行业智能化系统的重要实现手段，相关政策的颁布将为构建智能化系统提供顶层设计。早期的政策集中在建筑工业化方面。早在2013年，住房和城乡建设部发布的《绿色建筑行动方案》中就提出“推广适合工业化生产的预制装配式混凝土、钢结构等建筑体系，提高建筑工业化技术集成水平”。2016年，国务院在《关于进一步加强城市规划建设管理工作的若干意见》中提出装配式建筑的十年期发展目标。近年来，国家大力推动建造智能化进程，大量政策涌现引导智能建造与建筑工业协同发展。2020年7月，住建部发布《关于推动智能建造与建筑工业化协同发展的指导意见》，将建筑工业化、数字化、智能化作为发展目标，明确到2035年迈入智能建造世界强国行列。2021年，《关于推动城乡建设绿色发展意见》等文件发布，强调了对智能建造发展模式、智能建造标准化和装配式结构的探索。2022 年,《"十四五" 建筑业发展规划》发布，对建筑业转型升级提出新的要求。表 9-1 总结了从 2016 年以来的部分智能建造与建筑工业协同发展相关的国家政策。

部分智能建造与建筑工业化协同发展的相关政策　　表 9-1

时间	政策名称	颁布部门
2016 年	《国务院办公厅关于大力发展装配式建筑的指导意见》	国务院办公厅
2017 年	《关于促进建筑业持续健康发展的意见》	国务院办公厅
2020 年	《关于扩大战略性新兴产业投资培育壮大新增长点增长极的指导意见》	国家发改委、科技部等
	《关于推动智能建造与建筑工业化协同发展的指导意见》	住建部等
	《关于加快新型建筑工业化发展的若干意见》	住建部等
2021 年	《住房和城乡建设部办公厅关于同意开展智能建造试点的函》	住建部办公厅
	《国家标准化发展纲要》	中共中央、国务院
	《关于推动城乡建设绿色发展意见》	中共中央办公厅、国务院办公厅
	《绿色建造技术导则（试行）》	住建部办公厅
2022 年	《关于公布智能建造试点城市的通知》	住建部
	《"十四五" 建筑业发展规划》	住建部
	《"十四五" 城镇化与城市发展科技创新专项规划》	科技部、住建部

2022 年《住房和城乡建设部办公厅关于征集遴选智能建造试点城市的通知》发布后，住建部又将北京、天津、保定等 24 个城市列为智能建造试点城市，积极探索建筑业转型发展的新路径。对此，各个省市都对智能建造做出了相关规划。2023 年以来，截止到 6 月，各省市地方的智能建造相关政策爆发式涌现，个别城市围绕国家政策进行深化。例如，2023 年 3 月,《苏州市 2023 年度智能建造推进工作要点》中提到率先推广建筑机器人应用，要求到 2023 年底，全市单项 5 万 m^2 以上房建工程项目全面使用建筑机器人辅助施工。

响应政策的支持和对创新人才的需要，各地高校也陆续开设智能建造专业，培养"复合型"人才。自 2018 年末同济大学先行开设以来，每年新获批智能建造专业的高校数量持续不断增长。根据教育部 2023 年 4 月 6 日新印发的《关于公布 2022 年度普通高等学校本科专业备案和审批结果的通知》(教高函〔2023〕3 号)，2023 年度又有 38 所高校获批智能建造本科专业，涨幅明显增大。目前，全国共有 106 所高校开设智能建造专业，从近年来的发展趋势来看，未来将有更多的高校加入这一行列，共同培育新时代产业人才队伍。

同时，随着建筑业信息化的不断发展，配套的规范标准也在不断完善。我国先后制定并发布了建筑信息模型相关的 6 部国家标准，包括《建筑信息模型应用统一标准》《建筑信息模型分类和编码标准》《建筑信息模型存储标准》《建筑信息模型设计交付标准》《制造工业工程设计信息模型应用标准》《建筑信息模型施工应用标准》，对从统一应用原则、分类存储、编码到设计施工全过程 BIM 应用做了系统要求。2021 年，国务院印发了《国家标准化发展纲要》，在"推动新型城镇化标准化建设"部分提出推动智能建造标准化，完善建筑信息模型技术、施工现场监控等标准，为未来建筑业标准化发展进一步指明了方向。

纵观过去几年的相关政策和标准，我国已经推出一批智能建造与建筑工业化协同发展的相关政策和标准，为各地展开智能建造等新兴技术应用与落地提供了良好保障和机制体制支撑，也为智能化系统指明了确切可行的发展道路。总体上来说，近年来相关政策和标准的数量不断增加，并朝着更加全面，更加深入的方向发展，有助于深化智能化系统的内涵，拓展其广度，具体可总结为以下两个发展趋势。

（1）国家政策标准体系不断健全

我国自“十三五”起大力发展智能建造和建筑工业化，相关政策标准不断发布。截至目前，有关政策和标准已经涵盖了技术普及、人才培养和试点城市三方面的重点工作，如图 9-1 所示，形成了较为全面的引导体系，以下从这三个侧重点分析政策和标准是如何不断完善的。

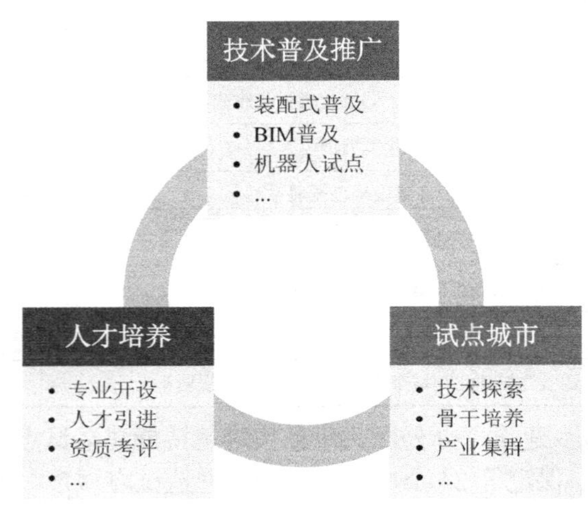

图 9-1　政策标准覆盖范围

①2016—2017 年，即“十三五”初期，智能建造和建筑工业化相关政策较少，重点关注传统建造中存在的问题，并大力鼓励新技术的推广，缺乏对社会全方位的引导。这两年间的政策往往重点强调对建筑设计、施工方式、建设组织模式的变革，围绕装配式的建筑设计、部品部件生产、施工环节展开，目标在于对传统建筑业中各环节所存在的问题进行改善。

②从 2017 年起，认识到新技术的创新与新模式的变革离不开高水平人才的支持，相关政策开始关注人才培养、新工科建设等方面，不断完善高校、研究所、公司和社会的人才培养方案，并反过来促进新技术的普及。如 2017 年，工信部在《关于深化产教融合的若干意见》中提到“加强智慧城市、智能建造等城市可持续发展相关专业建设”。同年，同济大学率先向教育部提出申请并获批国内首个“智能建造”本科专业，并于次年首次开设。随后，与智能建造和建筑工业化相关的政策中往往都会提及“强化科技支撑”和“加快专业人才培育”的引导。

③从 2021 年开始，国家政策以试点项目、案例征集等工作为抓手推广智能建造，推动建筑业工业化、数字化、智能化转型，努力走出一条适合我国国情的智能建造发展新路径。2021 年 2 月，住建部在广东、上海、重庆选取了 7 个项目开展智能建造试点，以提升工程质量安全、效益和品质为目标，打造一批可复制、能推广的样板工程。2022 年 5 月，住建

部决定征集遴选部分城市开展智能建造试点，并于 11 月将 24 个城市列为智能建造试点城市。

至此，政策的引导形成了较为全面的体系，推动相关工作相互促进、协调发展。未来，围绕这三个方面，更多的标准和规范将被颁布，形成良好的发展生态，积极引导智能建造与建筑工业化的协同发展。新的政策将更加关注智能化系统的全局部署，从整体入手，进一步丰富建筑业智能化系统的内涵，将不仅仅局限于以智能建造为主的智能化水平提高，而包含从研发、试点到实施的全产业链上下游协同发展，为构建智能化系统提供可靠的支持。

（2）地方政策标准紧跟国家导向并持续深化

我国幅员辽阔，智能建造和建筑工业化的实现不可能一蹴而就，需要地方政策充分考虑本地的发展情况，根据自身优势和不足制定针对性的发展路径，逐步紧跟和深化国家政策，保证智能化系统和建筑工业化的推进。

2022 年 11 月 9 日住建部印发《关于公布智能建造试点城市的通知》后，作为试点城市的广州、深圳、苏州等城市明确提出，推动建设一批智能建造产业基地，加快建筑业与先进制造技术、新一代信息技术融合发展，提高科技成果转化和产业化水平，带动自主创新软件、人工智能、物联网、大数据、高端装备制造等新兴产业发展，为稳增长扩内需、壮大地方经济发展新动能提供重要支撑。当下，各试点城市建设如火如荼，24 个城市以成功入选智能建造试点为重大契机，充分发挥建筑业和先进制造业发展优势，实施智能建造与智能制造“双轮驱动”战略，吹响智能建造的冲锋号。

分析这 24 个城市与智能建造相关的政策，其中最基本的是对数字化建造项目的数量要求和智能建造的占比要求，大部分城市都构建了智能建造产业链，并搭建了建筑产业的互联网平台，加快了数字化进程。很多城市根据优势提出了更多深入的发展要求。例如，北京市、雄安新区、广州市等地明确要求根据试点研究制定与智能建造相关的标准，解决智能建造的标准欠缺问题；保定市、温州市则在文件中提到要实现 BIM 报建审批、审图等更为智能的设计环境；哈尔滨市、苏州市和乌鲁木齐市等在政策中指明要率先推广建筑机器人的应用，强化建造装备研发。这些新的政策引导都是基于国家智能建造相关政策展开的，提出了融合地域特色的更加深入的要求，大力推动了建筑业的转型升级。

此外，除了这 24 个城市以外，也有很多城市发布了针对当地情况的相关政策。据不完全统计，2021 年以来，超过 31 个省市相继提出“十四五”期间智能建筑行业发展规划。未来，更多地区、更多政策将持续关注智能建造相关的数字化技术，加速推进建筑业转型发展，重塑企业竞争格局。

由此可见，在相关政策的大力推动下，随着智能建造和建筑工业化协同发展的不断推进，建筑行业的智能化系统的内涵将不断拓展，由局部到整体，最终形成全社会、全产业链的智能化系统。

9.3 自立自强的技术创新凸显

面临百年未有之大变局，各行业均面临更加复杂的挑战和变革。数字化的软件和智能化的机械设备作为构建建筑业智能化系统的关键技术，直接影响智能化系统的先进水平。但我国这一领域的发展较晚，建筑业智能化系统的发展长期依赖国外软硬件产品。近年来，在我国相关政策引导与激励下，针对建筑产业数字化的投入逐渐增加，CCID 赛迪《2022—2023 年中国数字建筑产业发展研究年度报告》[1]显示，2022 年中国数字建筑产业规模达 356.9 亿元，同比增长 6.5%。未来三年，中国数字建筑产业规模有望突破 440 亿元。整体上来看，我国相关高校、企业紧密协作，在核心技术的攻关、自主软件及装备的研发、应用方面均取得了长足进展。以下将围绕与 BIM 技术相关的自主软件、工程机械及其智能化发展情况和智能建造装备研发应用三部分，分析我国智能化系统相关技术自立自强的发展趋势。

（1）与 BIM 技术相关的自主软件

BIM 技术作为建筑业信息化实施的基础，已经在全球工程建设领域获得了广泛认可。尽管我国 BIM 技术发展相较国外偏晚，但得益于我国大规模工程建设需求拉动，近年来，我国在 BIM 技术实践应用方面取得了长足进展。根据《中国建筑业 BIM 应用分析报告（2022）》，在被调研的 700 多个调研对象中，约 88.18%在其建模业务中使用了 Autodesk Revit、Civil 3D、Infraworks 等国际主流 BIM 软件；同时，国产 BIM 品牌产品正日益受到市场认可，被调研企业的 56.06%与 42.34%分别在其业务中广泛使用了广联达系列 BIM 软件产品与品茗系列软件产品。

通过对比，近年来国产 BIM 的相关软件可以总结为以下两个发展趋势。

①以本土化 BIM 应用软件为主要业务，持续推动图形平台创新发展

中国本土 BIM 软件厂商数量较多，针对大量行业需求研发了大量应用型软件与管理平台软件，相关软件以项目业务为导向，注重将软件产品与本地化业务相结合，有效提升了工程项目的建设效率。可以说，在国内，BIM 技术大规模运用于工程实施中，BIM 的应用软件越来越多，围绕“BIM +”的深度应用也越来越多。这一点同样反映在全国综合性的 BIM 大赛上，无论是中国建设工程 BIM 大赛，还是龙图杯全国 BIM 大赛。针对施工单位而言，近年来都呈现出以下三点趋势：BIM 应用普及度整体呈逐年上升趋势；应用 BIM 的项目类型越来越丰富；BIM 技术的应用点越来越广。

但是，目前行业内使用的基础平台软件仍以国外软件为主，如 Autodesk Revit、Bentley 等。近年来我国政府和相关企业在 BIM 基础软件和核心图形平台研发方面投入大量资源。广联达、构力、中望软件、中设数字等公司都在研发自主产权的底层 BIM 图形平台，详细内容可参考报告的第 8 章。尽管当前国产的 BIM 基础软件实力仍较为薄弱，但在积极的政策引导和巨大的市场需求推动下，更多具有自主知识产权的新技术将不断涌现，逐步解决国产 BIM 的“卡脖子”问题。

在这样的大背景下，国产 BIM 相关的软件厂商逐渐形成了“以本土化 BIM 应用软件为主要业务，持续推动图形平台创新发展”的新格局。如广联达公司 2022 年的年报[2]显示，该公司的主要业务包括数字造价业务、数字施工业务、数字设计业务、海外业务和其他业务，各部分占营业收入比重分别为 72.84%、20.24%、1.84%、2.34%和 2.74%。可见，基于具体工程项目的数字造价、数字施工是公司的主要营业手段，占比 90%以上，而基于“自主图形平台”的数字设计业务仅占 1.84%。但是，在公司 2022 年的研发投入中，基于自主

三维图形平台搭建的 BIM 设计专业软件项目仍然是四大研发项目中的一个。该项目重点打造设计协同平台，将进一步提升设计效率、扩展企业业务，最终赋能设计行业实现数字化转型升级。同样，对于品茗科技股份有限公司而言，该公司尚未拥有自主的 BIM 三维基础图形平台，其 2022 年度的主要营业额都来自于智慧工地产品和建筑信息化软件。但是，在 2022 年间，公司在 BIM 三维基础图形平台上继续加大研发投入，并推出了三维基础图形平台及应用软件的用户测试版。

②从建筑单一任务的数字化应用到全生命周期建筑产业数字化的探索

在 BIM 技术应用的早期，国产数字化软件往往只能做到面向建造过程单一任务的优化，推出了一系列面向建筑设计、施工和运营的独立软件平台。但当下建筑业信息化的快速发展对基于 BIM 技术的国产软件提出了新的要求。CCID 赛迪《2022—2023 年中国数字建筑产业发展研究年度报告》[1]中提到了中国建筑产业的主要趋势：未来中国数字建筑产业的发展不再局限于建筑单一场景的数字化探索，而是立足业务和技术平台，面向建筑全生命周期、全产业链条、全生产要素、全参与方，朝着业务协同和数据流通的方向发展。

国产的 BIM 相关软件纷纷开始朝着立足于全生命周期，面向全产业链条的方向发展。2023 年 6 月，"广联达建筑业务平台"重磅发布，为行业提供开箱即用的工程建设领域专业能力和系统性数字化支撑能力。这是首个贯穿项目全生命周期的建筑产业平台，标志着工程建设领域数字化的平台底座、建筑行业数字化的核心能力平台正式问世。除了广联达以外，各大本土化的 BIM 软件厂商纷纷推出了自己的集成平台，如品茗科技的"APaaS 平台（数字建造技术中台）"，构力科技的"BIM 建造管理平台"，斯维尔的"BIM5D 云平台"等，虽然很多平台尚且不能应用于建筑项目的全生命周期，但集成能力相较于前几年有所进步，以应对新趋势下的建筑业信息化发展。

可以说，国产 BIM 相关软件虽然还处在不断进步的发展阶段，但整体上呈现出独立自主、自立自强的发展态势，未来将在更多的工程案例中发挥自身的优势，大力推动我国建筑业信息化的发展，并面向国际提供"中国的 BIM 方案"。

（2）工程机械及其智能化发展情况

工程机械是支撑国民经济的基础性产业，被视为国民经济的"晴雨表"和"风向标"。在大型工程机械方面，国产的施工机具能够在国际上占据一定的市场，并不断朝着创新的方向发展。据全球工程机械信息提供商——英国 KHL 集团旗下的《国际建设》杂志近三年（2021—2023 年）[2-4]发布的"全球工程机械制造商 50 强"榜单来看，50 强企业中中国品牌有 10 家。在 2021 年，中国企业销售额占全球的 24.9%，是占比最高的国家。相较于 2018 年中国的销售额占比 13.9%，提升显著，中国品牌在世界范围内的影响力也越来越大。此外，为了适应建筑业信息化的快速发展，国产的大型施工机械也处在不断创新发展的道路上。以徐工集团的起重设备为例：徐工起重机在智能化、网联化方面不断创新，并制定了轮式起重机智能化的 5 个级别作为自身的发展目标，如图 9-2 所示。在实现智能化的过程中，应对作业环境的识别难题等，自主研发大范围作业空间的精确识别技术，实现自动化作业。此外，山推公司自主研发的无线遥控推土机，遥控距离可达 1000m；中联重科推出凌云系列智能泵车，首创管路失效主动预警功能，能够在混凝土输送管失效前 1000m^3 进行预警提示。未来，围绕智能化和网联化，国产施工机械有两个创新发展方向，其一是全方位感知，自动化作业。其二是多机互联作业，实现科学管理；多机种协同，提升施工效率。

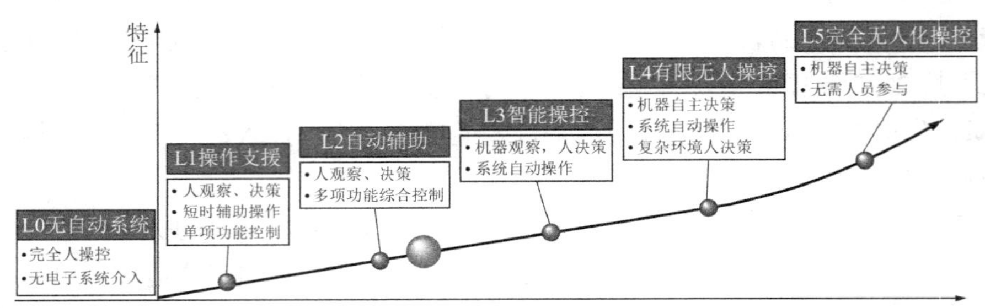

图 9-2　徐工集团轮式起重机智能化等级

从整体上来说，国内的施工机械能够实现自立自强，拥有着庞大的国内市场和国际市场，在技术创新上同样有着不俗的实力，推动建筑业信息化和工业化的快速发展。

（3）智能建造装备研发应用

整体上来说，我国现代建筑工程的智能建筑技术研究和应用目前仍处于初期阶段，部分核心技术依赖从国外引进。但在政策与市场的支持下，我国已经出现了一批优秀的智能建造装备企业，在一定程度上推动建筑建造的产业化升级，助推建筑产业链的延伸。近年来国产的智能建造装备主要涵盖三个部分：预制构件的智能化生产和施工设备、智能模架系统和大型施工平台以及建筑机器人。有关前两个部分的国内发展情况可参考本报告的第 7 章，其中介绍了大量国内厂商，诸如三一筑工、山东天意、中建三局、中建八局等公司都拥有自立自强的创新技术，能够对标国外的相关先进设备。

建筑机器人是最近两年蓬勃发展的智能建造设备，能够很大程度上缓解人工作业的痛点性问题。从全球市场来看，近年全球建筑机器人行业的规模保持持续增长态势，国外的部分建筑机器人产品已投入商用阶段。例如，日本清水建设的钢焊接机器人；美国 Construction Robotics 公司的 SAM100 半自动砌砖机器人；澳大利亚 Fastbrick 的 Hadrian X 砌砖机器人和新加坡企业 Transforma Robotics 的 QuicaBot 建筑质量检测机器人等。

国内的建筑机器人相关技术研发立足于解决建筑施工所面临的技术难题和实际需求，与国外单点突破的模式不同。国内建筑机器人企业从一开始就瞄准体系化或系列化产品研发，对建筑机器人相关关键技术进行了系统化研究。我国的建筑机器人研发以碧桂园集团的广东博智林机器人有限公司（以下简称“博智林”）为代表，除研发建筑机器人产品外，同步开展了建筑机器人相关的关键技术研究并取得多项成果。目前，博智林在研及部署的建筑机器人接近 50 款，如图 9-3 所示，覆盖了建筑全周期智能建造工序，包括混凝土施工及修整、砌砖抹灰、室内装修装饰、外墙高空喷涂、地库装修等，并通过“BIM + FMS + WMS + 建筑机器人”多机施工系统首次实现了装修阶段的多机协同施工。

目前，部分技术较为成熟的国内建筑机器人已经被用于商业化。以博智林为例，有 33 款机器人已被商业化应用，在全国 600 余个项目中应用，累计施工面积已超过 1000 万 m^2。其中较为典型的案例包括顺德凤桐花园项目、广州白云站项目、北滘凤凰台和汕头金平大港河西侧项目，为智能建造与新型建筑工业化协同发展提供了可复制的经验做法。无疑，国产的建筑机器人技术以其创新性和先进性，将持续推动建筑业转型升级和信息化、数字化的发展。

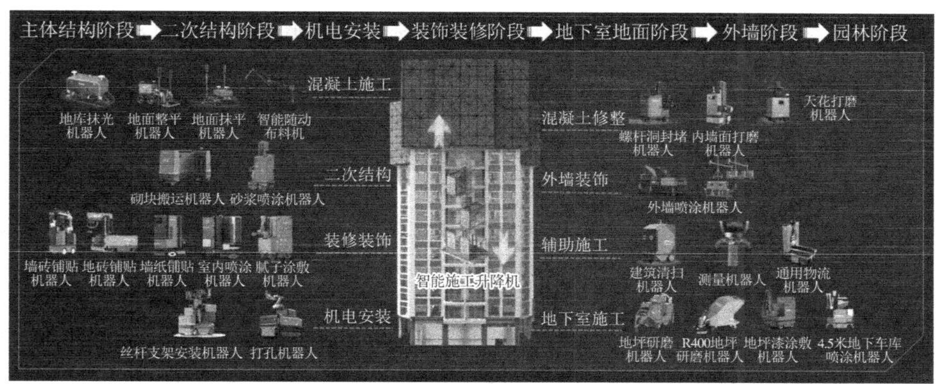

图 9-3　博智林机器人全场景覆盖建筑机器人应用

综上所述，我国智能化系统相关软件和智能装备研发已初步呈现出自立自强、独立发展的积极态势。虽然我国起步较晚，但近年来结合大量工程实践涌现了大量创新性的软件平台和智能装备，并逐步应用于大量真实工程案例。相信不久的将来，国产智能化系统将逐步摆脱“卡脖子”难题，在更多领域实现自主乃至引领性发展。

9.4　可信可控的数据安全提升

在数字化时代，数据是一种有价值的资产，对于工程项目建设和管理有着重要意义，数据安全的重要性不言而喻。过去几年，工程数据信息安全主要依靠传统的静态保护手段，例如 USB 加密狗、防火墙等，这类技术可以有效保障施工数据安全，防止数据泄露和更改。在建筑业转型升级的过程中，建筑信息智能化系统不断普及，技术的融合将传统的虚拟世界与物理世界相互连接，利用传感器、摄像头等联网监测采集建筑物全生命周期的海量数据。面向人网物融合的“智能+”时代新需求，越来越多的工程数据被纳入信息系统中，如建筑设计图纸、施工计划、质量检测等。从海量数据中挖掘出有价值的信息，实现数据在各个阶段的整合共享、协调管理和智能分析，可以为设计决策、施工调度、设备运维等提供支持和建议。这些数据的安全存储、传输和利用意义重大，在这个过程中保护数据安全是实现安全利用的首要任务。与此同时，在工程设计、施工及运维过程中，工程数据不断被创建、更新与修改，如何追溯数据变更，确保数据来源及修改过程可信，也是建筑业面临的迫切需要解决的问题。静态的单点防护工具已无法满足需求，更需要细粒度的、统一的配置策略管控，因此面向智能化系统的数据安全治理技术得到发展，即在数据流动和使用状态中对其进行动态保护，逐渐从风险承受模式走向安全保障模式。围绕建筑业数据安全可控与可信、可追溯利用，不断萌发新技术和新方案。

（1）数据安全治理技术

私有云可以让企业拥有自主可控的云计算能力，目前大型企业数据中心多采用私有云的形式，便于企业进行内部控制和协调，避免了公有云数据中心存在的隐私问题和可用性问题。但是，随着建筑的智能化、自动化水平越来越高，对于数据“互联互通”的要求也越来越高，而私有云中的数据无法实现从一个供应商到另一个供应商之间的零成本转移，并且云服务提供商水平参差不齐，数据混乱。为了将系统的内部能力与外部服务资源灵活地结合在一起，混合云得到发展，在这个过程中，数据安全风险也在加剧增长。集成各个子系统的智能建筑一体化系统，可以实现建筑物内所有信息的采集、传输、监视和共享，但是也可能出现各种类型的外来安全性问题，数据在产生、存储、交换、销毁等流程中面临着不同的风险，并非单点技术可解决，而是需要自上而下的体系化建设，如何解决数据流动和数据安全天然存在的矛盾，确保信息动态流动过程中的数据安全已经被广泛研究。

数据安全技术主要包括数据识别（数据分类分级）、数据审计、数据防护、数据共享、身份认证、数据加密等。数据识别中目前常用的技术包括自然语言处理（Natural Language Processing，NLP）、图像识别、知识图谱（Knowledge Graph，KG）等；数据审计中目前常用的技术包括用户异常行为分析（User and Entity Behavior Analytics，UEBA）、全链路分析等；数据防护中目前常用的技术包括脱敏算法、水印算法、网络数据泄露防护、终端数据泄露防护、隐私计算等；身份认证中目前常用的技术包括身份和访问管理（Identity and Access Management，IAM）、零信任网络访问（Zero Trust Network Access，ZTNA）、堡垒机等；数据加密中目前常用的技术包括透明加密、公钥基础设施（Public Key Infrastructure，PKI）等。这些技术被广泛应用于解决数据采集、数据存储、数据处理等场景下的数据安全问题。许多数据安全中心对于上述技术进行了较好的创新和融合，研发对应的处理平台，应用于金融、能源、汽车行业，但是新兴的数据安全技术在建筑行业中的应用相对较少。

一个重要的挑战是，目前的数据脱敏技术主要针对结构化数据，但是在建筑行业，施工数据中包含大量非结构化数据，如文档、图纸、BIM 模型等，这些数据同样可能包含敏感信息，而针对非结构化数据自动实现脱敏仍然是一个难题。文档和图纸中的自然语言描述，BIM 模型中的几何结构信息，都需要先进行解析才能识别出需要脱敏的内容，这需要结合 NLP、计算机视觉（Computer Vision，CV）等前沿技术进一步进行研究与创新。此外，随着数据量的飞速增长，基于大数据分析的安全技术也将成为未来发展重点。这包括使用机器学习算法分析用户访问行为，发现异常模式；利用关联规则等方法评估信息泄露风险的影响范围；采用可视化技术更直观地呈现安全态势；构建基于云计算的安全风险监测和预警平台等。这些技术的应用可以实现对海量数据的智能分析，及时发现安全隐患并进行风险评估，从而主动采取必要的防范措施。总体来说，建筑行业的数字化转型和智能化系统的完善需要数据安全技术的创新与进步，以应对数据类型和应用模式的变化。

（2）基于区块链的数据可信追溯

BIM 是建筑业转型过程中不可或缺的技术，可以实现数字集成和可视化，但是它并不能有效协调建造业本身存在的组织间的信任关系薄弱、数据安全监管困难、信息不对称等问题。区块链技术是一种分布式数据库技术，它能够实现去中心化、不可篡改、可追溯的数据存储和交易[5]。通过共享数据、流程和规则，以可信信息流为基础，服务于生产协同、流通管理等环节，具备基础性、公共性、强外部性等基本属性。区块链技术特点及应用领域如图 9-4 所示，在项目建设过程中科学合理地应用区块链技术能够很好地与 BIM 技术形成互补，解决数据协同过程中的诸多难题，实现建筑项目的全生命周期管理，提高建筑质量、安全和效率。

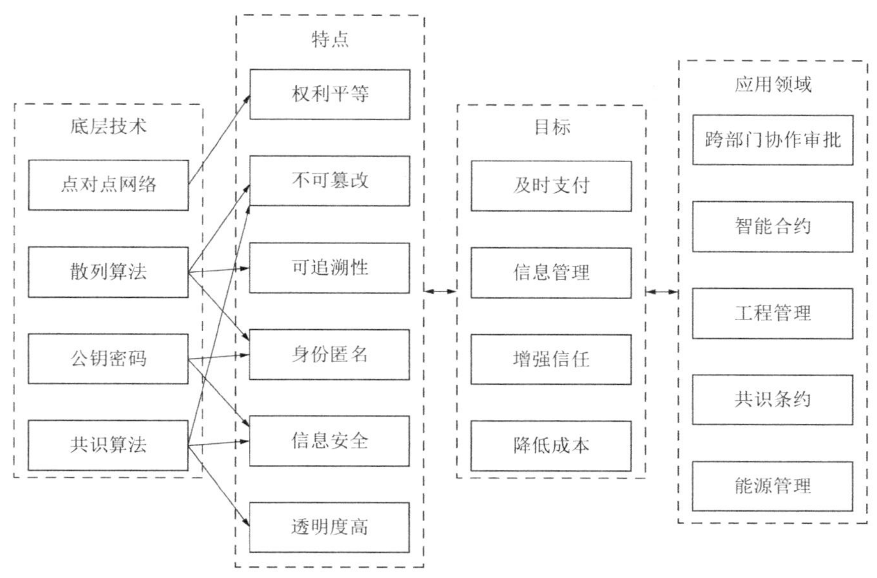

图 9-4 区块链技术特点及应用领域

跨部门协作审批、智能合约、工程管理是较早应用区块链技术的领域，相关研究都处于发展阶段。创建好 BIM 模型，将模型数据上传至区块链，可以实现所有部门的审批工作流程基于去中心化的区块链技术在线上自动运行，行政审批结果上链能够有效降低协作成本，提高协作效率，并保证数据的安全和可追溯。从 2018 年的完善工程担保体系研究到 2021 年的保证企业财务管理系统中各类成本、支出、决算等数据的安全性和真实性，智能合约的研究一直尝试解决合同执行方面的问题，追踪工程质量和工程款去向，当工程数据符合智能合约设定的条件，则自动触发智能合约点对点的支付操作。解决了供应商和承包人之间的互信问题，提高协作效率。区块链技术在工程管理中的应用主要有工程数据采集、工程资料存证、计算工程量等，区块链技术可以实现建筑材料的溯源和质量控制，通过区块链记录材料的生产、运输、使用等环节，防止假冒伪劣材料的流入。同时，区块链与物联网的融合能够实现物理-数字世界的可信链接，保障链上链下数据一致性。利用物联网终端设备安全可信执行环境，可以将物联网设备可信上链，解决物联网终端身份确认与数据确权的问题，保证链上数据与应用场景深度绑定，让物联网中的隐私数据变得有据可循，实现链上存证，在安全方面更易于防御和处理。

随着区块链相关研究的增加，利用区块链的共识机制，将合同内容转化成数字化的共识条约以及利用区块链提高建筑业的能源性能效率和能源交易效率的方法也被提出，但是在国内工程中的应用较少。此外，如何整合目前已经实现的功能，实现基于 BIM 的智能化系统构建还需要进一步探索。

9.5 深度融合的应用场景牵引

深度融合是指在不同的应用场景下，利用各种数字化技术和智能化手段，实现信息的共享、交互和协同，整合建立完善的建筑信息化系统，实现建筑工程全生命周期的数字化、集成化、智能化。在实践中探索和创造一些具有实际价值和创新潜力的应用场景，推动各应用场景和各类型技术的深度融合逐渐成为促进建筑全要素智能化升级、各环节运行提质增效的必然趋势。目前，信息化技术在智能设计、智能生产、智慧工地、智慧运维等典型应用场景中已经被广泛应用，使用范围涵盖房建、商业综合体、剧院、厂房、古建筑修缮等多类型工程，但仍以碎片化典型场景应用为主，缺乏多场景的整合应用和创新应用。

鉴于工程建造全过程涉及多个行业、多个建设主体，需对工程供应链不同环节、生产体系与组织方式、企业与产业间合作等进行全方位融合，需要实现多技术、多场景的高度融合与深度应用。

为实现建筑工程全生命周期的智能化，信息技术需深入应用到设计、生产、施工、竣工验收、运维等所有阶段，从而实现应用场景的深度融合，需要进一步突破数据孤岛，确保多源异构数据的安全共享，利用新兴技术助力工程建设全过程的优化和决策。只有真正实现面向建筑全生命周期的多应用场景深度融合，才能推动建筑业实现数字化转型和智能升级。

（1）建筑工程全生命期典型应用场景

①智能设计。伴随先进信息技术的发展，工程设计从手工不断向自动化、智能化持续演进。近 20 年来，随着 BIM 技术的推广与普及，参数化设计生成、多专业协调、正向设计等应用不断深入，为建筑业信息化发展的再一次飞跃带来了新机会。计算机辅助设计（Computer Aided Design，CAD）识图、BIM 自动翻模、建筑结构智能生成式设计等已经可以实现普通住宅与简单公建的全专业协同设计。此外，智能审图可以对建设项目内部涉及的构件级对象进行数字化量化分析，自动化判定模型中的部分设计信息与国家行业和地方标准之间的符合情况。如何利用知识引导设计，利用数据驱动一体化设计，实现更复杂的生成式设计以及提高自动审查的范围和准确性仍有待进一步研究，为建筑业提质增效带来新的助力。如图 9-5 所示。

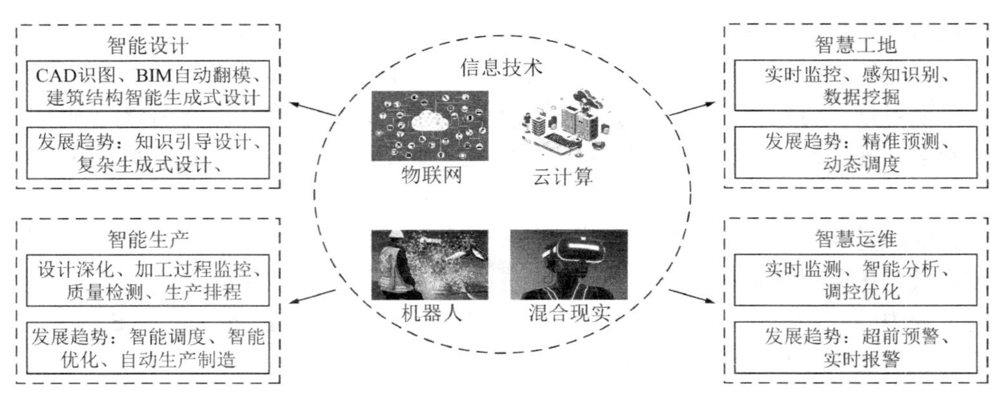

图 9-5　建筑工程全生命期典型应用场景

②智能生产。当前，信息技术已在部品部件设计深化、加工过程监控、质量检测、生产排程等方面得到了较多应用，利用 BIM、全球定位系统（Global Positioning System，GPS）、无线通信等多技术融合，初步实现了数据驱动设备自动化生产，促进了工厂生产线的智慧

化升级。然而，如何将工厂实体空间及其数字空间模型对应，构建数字孪生工厂或智能工厂，实现生产排程计划的智能优化和各类加工设备的智能调度仍有待继续研究。同时，引入并整合机器人、3D 打印、物联网等智能设备，实现建筑构件的自动化、个性化加工制造，使工厂生产线进一步向精细化、规模化方向升级，也亟待新的探索和实践。

③智慧工地。智慧工地以施工全过程管控为核心，通过物理空间的实时感知与数字空间的动态映射更新，实现对施工现场的人员、设备、物料、施工进度和质量的实时监控与智能管理，并通过海量感知数据的挖掘分析，实现施工过程各要素的趋势预测及动态调度。当前的实践应用仍以感知和识别为主，如何进一步挖掘数据价值，构建工地数字孪生模型并实现"人机料法环"各要素的精准预测与动态调度，将是下一步施工管控精细化、智能化、高效化的重要方向。

④智慧运维。智能物联时代，基于 BIM、云计算、大数据等技术，建筑运营维护的智能化、远程化、个性化服务已经初步实现。通过在建筑内外部空间部署各类传感器、监控设备，不但可以实时监测环境健康状况，还可以采集建筑能耗数据和资产设备状况。全面掌控设备整体状况和使用情况，及时进行设备状态跟踪，为建筑设备科学管理提供有效的数据支撑。此外，通过智能分析和深度挖掘，可以实现简单的全区域智能预测和调控优化。近几年，伴随着系统集成类软件的快速发展和广泛应用，我国智慧运维的市场规模不断增长，通过统一的大数据云平台将物业各部门紧密连接，实现高效联动与安防管理、能耗管理、应急疏散管理、建筑维护管理，有效检测系统多维度数据和全域运营生态并实现超前预警和实时报警已成为未来一段时间的迫切需求。

（2）多场景高度融合与深度应用

我国的智能建造发展态势良好，从 9.3 节中 BIM 相关软件发展趋势中可以反映出 BIM 应用普及度整体呈逐年上升趋势，针对的项目类型和应用点都越来越广，将设计与现场业务结合，实现了融合应用，但整体仍处于发展初期，仍缺乏多种应用场景的高度融合与深度应用。需要进一步进行建筑业基础研究和创新实践，推动 BIM 平台及相关技术在规划、设计、生产、施工和运维全过程的多场景融合应用，实现工程建设项目全生命周期不同环节、生产体系与组织方式、企业、产业等多行业多主体间的数据共享和信息化管理，为项目方案优化和科学决策提供依据。例如，利用云计算和大数据技术，构建统一的建筑项目协同平台，进一步打破数据孤岛，连接业主、设计方、施工方等多方参与者，实时协同和信息共享。建立统一的建筑行业知识库和标准库，推动设计决策、施工方案、运维管理的标准化和智能化。应用 VR、AR 和数字孪生技术，实现虚实融合的设计评审、施工仿真、运维管理，提升协同效率。深化多场景融合应用可以全面提升建筑过程中的智能化水平，构建面向建筑全生命周期的智能化系统，统筹规划管理，推动中国建造从价值链中低端向中高端迈进。

9.6 众创众用的开放生态

软件是新一代信息技术发展的基础，我国建筑业的软件研发以用户需求为导向，企业、高校等科研机构共同研发与投入，从完全依靠国外软件逐渐向软件的自主研发转变，在应用中不断优化，形成了开放、协作、共享的产业生态。这种众创众用的产业生态，为建筑业提供了多样化和高效化的解决方案。近年来软件产业发展迅速，2000—2020年的20年间，软件业企业收入由560亿元增长至81616亿元，年复合增长率高达28.3%，2022年其业务收入跃上十万亿元台阶[6-7]。由于工程计价信息、工程造价行业管理、工程造价咨询成果将朝着数字化和软件化的方向发展，建筑软件将极具增长潜力。BIM技术在创建、计算、管理、共享和应用海量工程项目基础数据方面具有前所未有的能力，可以大幅提升工作效率及工作质量。BIM技术的广泛应用，也必将强力推动建筑业向数字化、智能化方向转变，BIM软件市场空间广阔，中国建筑软件产业发展环境优越，围绕项目全生命周期各环节提供特定的解决方案，服务于智能化系统构建，推动我国建筑业变革与升级。

（1）创新生态引领自主BIM平台发展

近年来，国产软件的自主研发已经非常活跃，开始转变以点工具为主的发展模式，逐渐进入市场，虽然产业规模占全球比重小，但增长率远高于全球水平。在科技行业与建筑行业越来越紧密融合的背景下，数字赋能建筑产业转型升级成为共识。能够提供建筑全生命周期信息化产品和服务的建筑业计算机领域代表厂商如广联达、构力、品茗、盈建科等，在围绕企业的核心BIM平台不断完善底层支撑能力，覆盖数字几何算法、图形实时显示、真实感渲染、数据可视化、三维重建等关键技术领域并取得了重要技术创新成果，全面支撑建筑产业数字化、智能化相关终端软、硬件产品的研发，并与我国各主要建筑企业合作定制研发系列专业软件，持续扩增有关开发接口、文档等。部分企业还尝试了基于BIM的集成管理平台的研发，旨在整合成熟稳定、开箱即用的技术组件和业务组件，覆盖建筑行业信息化涉及的完整技术体系，围绕项目的各参与方提供高效协同服务。软件的研发应用体现出欣欣向荣的生态特征，整体技术达到国内领先、国际先进水平，但是还需要进一步根据市场需求完善软件功能从而不断推广应用。

（2）定制化需求引领BIM软件二次开发

Revit作为国内使用度最高的软件，被广泛应用于各个专业领域。自RevitAPI开放以来，国内外基于Revit平台开发了一大批实用插件，如美国CSI公司研发Revit与结构计算软件ETABS互导的CSIxReit插件、美国CTC公司的BIM管理套件以及印度ProtoTech Solutions公司的OBJ Exporter For Revit插件。我国基于Revit的二次开发虽然相对较晚，但是橄榄山、红瓦、盈建科、品茗等大量国产公司投入研究。此外，国内软件厂商自主研发的BIM平台也逐渐开始尝试面向市场开放二次开发能力，使得开发人员和团队可以针对自身的个性化需求进行定制开发，使BIM的软件二次开发总体呈现出百花齐放的态势，未来也将不断发展。

（3）开源生态迈向高速发展

软硬件成果开源共享与利用可以促进建筑业转型升级、实现高质量发展、提升国际竞争力。中国企业呈现拥抱开源，乐于使用开源软件，数据开放的趋势，2020年开源软件对中国企业的渗透率已经达到88.2%[8]，阿里、华为、青云科技等大型企业积极研发高性能、高可用、高安全、易运维、全开放的产品，赋能百行千业的数字创新。2021年GitHub上的中国开发者人数达到755万，其中，物联网、网络安全以及制造业、工业与机器人行业代码库中开源软件占比最高。得益于政策支持、软件产业高速发展、行业人才不断集聚，我国开源产业已经初具规模，市场上涌现了一批自主开源的企业，并形成了开源社区、开源产业联盟、开源基金会等开源组织，中国开源软件产业图谱如图 9-6 所示[8]。建筑企业也顺应开源趋势，积极交流、协作开发，开发出与主流设计软件兼容的数据接口，对外开放模型全部数据访问权限，支持软件自动化操作，推动建筑领域开源生态发展。通过开源协作，可以整合创新资源，实现跨界融合，建立灵活开放的数字化产业生态。开源是建筑业转型的重要动力，将推动建筑设计、施工、运营的智能化升级，提高产业效率和质量。总体来说，我国开源生态建设正处于起步阶段，未来几年将会是高速发展时期，处于各发展成熟期的软件都有望加入到开源阵营中来，为国内的软件产业发展带来更强增长动力。

图 9-6　中国开源软件产业图谱

参 考 文 献

[1] 广联达+. 遥遥领先! CCID 赛迪: 广联达处于领导者地位[EB/OL] (2023-07-14). [2023-08-10]. https://mp.weixin.qq.com/s/U4V6GF9AZOwveaII0fKCmg.

[2] 搜狐网. 2023 全球工程机械 TOP10: 美国 2 家, 日本 2 家, 德国 1 家, 中国呢? [EB/OL]. (2023-06-15). [2023-08-10]. https://www.sohu.com/a/685649155_100235743.

[3] 搜狐网. 2022 年全球工程机械企业 50 强: 中国十家上榜（附榜单）[EB/OL]. (2022-06-11). [2023-08-10]. https://www.sohu.com/a/556311751_121124366.

[4] 雪球. 2021 全球工程机械制造商 50 强排行榜, 中国徐工、三一、中联重科进前五[EB/OL]. (2021-05-30) [2023-08-10]. https://xueqiu.com/6140821506/181257482.

[5] 蔡耀, 蒋黎晅. 基于 CiteSpace 的国内外建筑业区块链的研究热点与趋势分析[J]. 建筑经济, 2022, 43(S01): 69-74.

[6] 头豹研究院. 2021 年中国 BIM 行业研究报告[R]. [2023-08-10]. https://www.leadleo.com/report/reading?id=61825003c653e103f48e871c&position=0.

[7] 工业和信息化部运行监测协调局. 2022 年软件和信息技术服务业统计公报[ZB/OL]. [2023-08-10]. https://www.miit.gov.cn/gxsj/tjfx/rjy/art/2023/art_77b5e552aacc47e3a682c4527a4fab7f.html.

[8] 2022 年中国开源软件产业研究报告[R]. [2023-08-10]. https://report.iresearch.cn/report_pdf.aspx?id=3931.